社 科 学 术 文 库

LIBRARY OF ACADEMIC WORKS OF SOCIAL SCIENCES

外国历史大事集

古代部分·第二分册

朱庭光 ◉ 主　编

张椿年 ◉ 副主编

戚国淦　马克垚 ◉ 分册主编

中国社会科学出版社

图书在版编目(CIP)数据

外国历史大事集. 古代部分. 第二分册/朱庭光主编. —北京：中国社会科学出版社，2017.3

(社科学术文库)

ISBN 978 – 7 – 5161 – 9650 – 2

Ⅰ.①外… Ⅱ.①朱… Ⅲ.①世界史—古代史 Ⅳ.①K1

中国版本图书馆 CIP 数据核字(2017)第 005361 号

出 版 人	赵剑英
责任编辑	刘志兵
特约编辑	张翠萍等
责任校对	郝阳洋
责任印制	李寡寡

出　　　版	中国社会科学出版社
社　　　址	北京鼓楼西大街甲 158 号
邮　　　编	100720
网　　　址	http://www.csspw.cn
发 行 部	010 – 84083685
门 市 部	010 – 84029450
经　　　销	新华书店及其他书店

印刷装订	北京君升印刷有限公司
版　　　次	2017 年 3 月第 1 版
印　　　次	2017 年 3 月第 1 次印刷

开　　　本	710×1000　1/16
印　　　张	29.75
插　　　页	2
字　　　数	503 千字
定　　　价	128.00 元

凡购买中国社会科学出版社图书,如有质量问题请与本社营销中心联系调换
电话:010 – 84083683

再版说明

　　《外国历史大事集》出版于 20 世纪 80 年代，是当时我国世界史学界知名学者们多年辛苦劳动的集体成果，体现出了扎实的学术功底和应用价值，是重要的学术参考书。二三十年过去了，此书仍然受到我国世界史学界的重视和广大读者的欢迎。

　　《外国历史大事集》此次再版，受到中国社会科学院创新工程的大力支持，将其列入社科学术文库。根据中国社会科学出版社的建议，此次再版时，将版式改为小 16 开；消除了原著中的一些错别字，对表述不够准确的地方也进行了推敲审定；删除了不清晰的插图，增加了古代部分的大事记内容。再版工作受到世界历史研究所专家们，包括一些退休专家的大力支持，他们对原著进行了细心审读，付出了辛苦劳动。参加审读的专家有如下同志：古代部分：第一分册，刘健；第二分册，郭方。近代部分：第一分册，于沛；第二分册，汤重南；第三分册，于沛；第四分册，部彦秀。现代部分：第一分册，沈永兴；第二分册，王章辉；第三分册，于沛；第四分册，姜芃。世界历史研究所科研处的同志也为再版修订做了大量工作。

　　衷心感谢中国社会科学院创新工程的支持！感谢参加修订工作的各位同志的辛勤劳动！对中国社会科学出版社决定再版《外国历史大事集》和出版社有关人员的辛苦劳动表示衷心感谢！

中国社会科学院世界历史研究所

2016 年 11 月

初版说明

　　《外国历史大事集·古代部分·第二分册》共辑入中世纪史上有一定历史地位和影响的历史事件记述 43 篇，起自公元 5 世纪西罗马帝国灭亡，迄于 17 世纪三十年战争结束。按事件发生的年代先后，以欧洲、亚洲及非洲、美洲的顺序依次编排。

　　本册编辑小组由戚国淦、马克垚、郭方、徐晓光四位同志组成。由戚国淦、马克垚任主编，分工审阅、修改了全部稿件。郭方、徐晓光负责全部稿件的组织、初审和修改工作。周以光参加了部分稿件的组织工作。张椿年通读了全部稿件并提出了修改意见。唐枢校阅了全书的文字编排。本书插图由郭方提供，封面设计姜樑。

1985 年 10 月

目　　录

查士丁尼复辟旧罗马帝国

彭小瑜

公元 3 世纪以后，奴隶制罗马帝国陷入日益深重的社会危机，帝国东、西部经济、政治和文化发展的不平衡，使帝国的经济、政治中心逐渐向东部转移。330 年，帝国迁都拜占廷城并更名君士坦丁堡。至 395 年帝国终于彻底分裂，出现了后人所谓的"东罗马帝国"（也称拜占廷帝国）和"西罗马帝国"。此后，统一旧罗马帝国的政治阴魂虽经久不散，但已经不复可能成为现实。6 世纪，东罗马皇帝查士丁尼（527—565 年在位）为复辟旧罗马帝国而积极活动，结果是代价巨大而不能成功。

查士丁尼和他的政治理想

查士丁尼在他的叔父查士丁（518—527 年在位）之后成为东罗马皇帝。他即位以前就已担任禁卫军最高长官等高级官职，是东罗马宫廷中强有力的人物。旧罗马帝国的大一统局面这种过时的政治传统，正是查士丁尼梦寐以求的政治理想。

分裂以后的罗马帝国虽然实际上是由两个皇帝统治下的两个国家，其中西罗马皇帝已成为日耳曼蛮族将领的傀儡，但在当时人心目中，在名义上、观念上只有一个罗马帝国。法令和官方文件有时由东、西罗马两位皇帝共同署名，通令也常常由东、西部全体最高行政长官共同发布。476 年，西罗马灭亡，东罗马皇帝更俨然以旧罗马帝国的继承人自命，如查士丁尼便是如此。查士丁尼复辟旧罗马帝国的政治理想又带有宗教狂热的色彩，极富进攻性。原来的罗马帝国西部地区，6 世纪时多在日耳曼蛮族统治之下，用查士丁尼的话来说，"哥特人以暴力夺得了我们的意大利，却至今不把它交还"。而且这些蛮族国家的统治者都信奉基督教异端阿利乌斯派。这个教派主张基督是上帝创造的人而不是神，因而不能与上帝同语，同时反对教会占有过多的财富，尤其是地产。与罗马正统教会的教义之争，实际上是这些国家与罗马权威分庭抗礼的一个表现。这些情况都是东罗马所不能接受的。基督教自4世纪以来已成为罗马国教，罗马皇帝被认为是基督教正统的保护者，罗马帝国和基督教实际是一而二、二而一的关系。查士丁尼是强硬的正统教徒，他立志荡平异端的蛮族国家，重建政治和宗教双重统一的罗马帝国。

当时的政治形势和条件使得查士丁尼可能进行对西部的征服战争，并且能够一时取胜。

查士丁尼的经济政策和宗教政策是为他的复辟活动服务的。查士丁及其前任皇帝阿那斯塔希（491—518年在位）厉行节约，统治时国库充裕。查士丁尼即位之初，帝国的财政状况虽因查士丁尼的挥霍而有所恶化，但仍不至窘迫。可是，为了适应大规模对外扩张的需要，查士丁尼不惜委任酷吏，施行苛政，横征暴敛。主管财政的最高行政长官是卡帕多西亚的约翰（531—541年在职），他竟有"既不惧怕上帝又不顾惜世人"的名声，当时人咒骂他对百姓家中每只瓶罐都不放过。查士丁尼为增加收入实行专卖制度，国家掌握获利丰厚的丝绸专卖权。还增收一种附加的土地税，一年得金币达3000磅之巨。查士丁尼在财政税收上采用竭泽而渔的办法，主要是保证他放手进行西部战争。这一目的也决定了他同教会的关系。

查士丁尼的宗教政策有两个方面是值得注意的。一是所谓"皇帝教皇合一论"。他认为国家的统治者既是皇帝又是教皇，同时握有最高的世俗权力和最高的神权。他积极维护教会的权益，打击异教徒，于529年封闭了新柏拉图学派设在雅典的"学园"，此举被认为是西方文化史上希腊罗马古典文化为中世纪基督教文化取代的标志。查士丁尼虽给予教会许多支持和特权，但自认为拥有并实际行使着干预教会事务的权力，他视教会为国家的仆人、政治的工具，由此导致了他宗教政策的又一个方面：极力交好（实为控制）以罗马教皇为首的西部教会，以便在"收复"旧罗马帝国西部领土的活动中取得那里教会的支持。查士丁尼其神学观点原来就与西部教会一致，拥护451年查尔西顿宗教会议的决议，坚持基督神人二性并存于身的正统教义之说，反对基督一性论的异端观点。他本人也是依靠君士坦丁堡的查尔西顿派的拥护而登上皇位的。但在东罗马、埃及、叙利亚诸省一性派势力强大，这不免使查士丁尼的宗教倾向呈现摇摆性。533年，他曾经试图调解查尔西顿派与一性派的矛盾，统一东、西部的教会。他的这一行动激起了西部教会的强烈不满。随着对意大利东哥特人战争的展开，查士丁尼开始一边倒向查尔西顿派，从而博得西部教会对他的支持。

528 年，查士丁尼下令编纂帝国法典，结果产生了著名的《民法大全》（计有《查士丁尼法典》《法理汇要》《法学总纲》《法令新编》四部分）。这部法典，字里行间充斥着对昔日罗马帝国光景的追念和赞颂，又基本因循罗马旧法，以至近代法学家批评它具有过多的理论和脱离实际的倾向。这部法典的另一突出特点是明确肯定皇帝的专制权力：皇帝是唯一的立法者、唯一有权解释法律，皇帝"至高无上，至圣至明"。罗马帝国的专制君权在查士丁尼时期发展到了一个新阶段。他进行内政改革，赋予行省长官以军事和行政全权，大大加强了中央对地方的控制和盘剥；元老院和城市"吉莫"（带有自治性质的市民组织）在政治生活中的影响都减小了。中央集权和专制君权在政治上保证了查士丁尼贯彻他的政治主张，实际上是促成他为实现所怀抱的过时的政治理想而一意孤行，最后造成灾难性的后果。

东罗马在东方和西方所面临的形势是不同的。对查士丁尼复辟计划最大的威胁来自兴起于帝国东面的萨珊波斯。532 年，查士丁尼同波斯新王科斯洛兹订立"永久和约"，东罗马以支付代守帝国边境费用的名义给波斯11000 磅黄金。这一和约的签订确定了查士丁尼东方政策的基本原则，即对波斯以防御为主，以便尽可能保证西部征服战争所需的兵力。在西部地区，查士丁尼意欲进攻的汪达尔王国、东哥特王国此时内部动荡不安，社会矛盾尖锐。日耳曼蛮族上层统治者背弃昔日的军事民主传统，成为新兴的封建主阶级，同本族群众龃龉日多，并加紧侵占当地罗马人的地产。蛮族同罗马人的冲突又因宗教矛盾和民族矛盾而加剧。这些情况决定了蛮族王国的统治不甚稳固，也给查士丁尼以可乘之机。尤其是各蛮族王国的统治者谈不上对查士丁尼的复辟活动有清醒的认识，他们本族的文化十分落后，因而他们受罗马旧制影响很深，在名分上还处处不敢僭越东罗马皇帝，多以为"罗马皇帝就是人间上帝，对之忤逆之人必犯深重罪孽！"在东罗马的严重威胁面前，各蛮族国家不能联合起来，反而互相掣肘，以致为东罗马各个击破。

对北非汪达尔人、意大利东
哥特人的征服战争

533 年，东罗马军队进攻北非的汪达尔王国，揭开了长达 20 年的西部征

服战争的序幕。439年，汪达尔人在该萨利克率领下由西班牙跨海攻入北非，占领迦太基城，建立汪达尔王国。476年，该萨利克同东罗马订立和约，此后多年双方相安无事。但信奉阿利乌斯派的汪达尔人在国内对罗马人压迫较重，不能宽容罗马人的正统基督教信仰，对当地的罗马元老也严厉镇压，元老或被囚入狱中，或沦为奴隶，他们的土地亦多被没收。于是北非的教会人士和元老纷纷逃往君士坦丁堡，恳请查士丁尼收复帝国"失地"，驱逐蛮族和异端。汪达尔新王希尔得利克（系罗马皇帝瓦伦丁尼亚的外孙）同东罗马亲善，停止了对罗马人的宗教迫害。据说，查士丁尼与之私交甚好，曾劝说他臣服于东罗马。530年，不满国王亲罗马政策的汪达尔贵族在盖利麦领导下废黜希尔得利克，拥立盖利麦为王。东罗马向盖利麦发出最后通牒，要他把希尔得利克安全送到君士坦丁堡，被盖利麦严词拒绝。查士丁尼认为征服北非的时机已到，匆匆与波斯媾和，开始积极准备对汪达尔人发动战争。

在查士丁尼看来，这场战争只不过是收回罗马对北非统治权的行动。他还得到教会的大力支持。他忘乎所以地宣称，慷慨的上帝不仅还给我们阿非利加各省，还要让我们洗雪汪达尔人攻占罗马城所带来的耻辱。东罗马众大臣都激烈反对开战，卡帕多西亚的约翰向查士丁尼力陈远征北非的危险和困难。当时汪达尔人的军队虽较该萨利克时代战斗力有很大下降，训练与战术也稍逊于东罗马军队，但仍不失为一支劲旅，骑兵有三四万之众，海军称雄于地中海西部，远比东罗马可用于北非的兵力强大。查士丁尼对大臣的劝阻置若罔闻，从东部前线召回大将贝利撒留，授予他指挥北非战事的全权。

533年6月，贝利撒留和他的部下乘船从君士坦丁堡出发前往北非。虽然临行前大主教为他们的胜利作了祈祷，但士兵和送行的人都认为此去凶多吉少。贝利撒留麾下只有16000人马，其中只有5000骑兵，这大概是东罗马能从东部前线调出的最大兵力了。贝利撒留因为害怕受到汪达尔海军的攻击，在航行途中多次停船靠岸。9月才抵达北非海岸。为避开汪达尔海军，东罗马军队在迦太基城以南约240公里外登陆。盖利麦在此之前一直没有认真备战，并且把舰队主力和5000人马派往撒丁岛去镇压叛乱。听到东罗马入侵的消息，盖利麦立即下令处死希尔得利克，率兵迎击东罗马军队。9月13日，双方激战于突尼斯城附近的阿得齐姆。战斗中，汪达尔人先占上风，可惜盖利麦因兄弟战死悲痛不已，放弃了对部队的指挥，汪达尔人一时大乱，贝利撒留趁机收集散兵，反攻得胜。盖利麦率残部向西退到努米底亚，贝利撒留则北上直取迦太基城，9月15日攻下该城。12月，东罗马军队又在迦太基城附近击败前来反攻的汪达尔人。盖利麦只身逃往努米底亚，投靠柏柏尔人，后来在困顿绝望之中要求东罗马人送给他一把七弦琴以弹奏亡国之恨、一块海绵以揩抹亡国之泪，不久他投降贝利撒留。534 年，汪达尔王国被灭亡。

查士丁尼在征服汪达尔王国后立即着手全盘复辟罗马旧制。各教堂一律复归正统基督教。所有汪达尔人都被褫夺公职，汪达尔战俘成为东罗马官兵的奴隶，他们的妻女也被强占。但汪达尔人 100 多年统治的影响绝非行政命令可以消除，查士丁尼宣布罗马元老被剥夺的地产一律归还给他们的后代，可是年代久远，地产往往已易手多人，归还原主的法令很难实行。534 年以后，同汪达尔女子结婚的东罗马士兵拒绝将汪达尔人原先占取的土地交还皇室和原主，多次发动兵变；柏柏尔人也多次来攻。一直到 548 年，东罗马在北非的统治才相对稳定下来。

在征服汪达尔人不久，查士丁尼开始发动对东哥特人的战争。

东哥特国王狄奥多利克（493—526 年在位）一度与东罗马和意大利的罗马元老维持比较友好的关系，到他晚年，情况有所变化。东哥特贵族凭借武力和特权侵占罗马元老的地产，同罗马人的矛盾日益尖锐。查士丁和查士丁尼改变阿那斯塔希的宗教政策，与罗马教皇和西部教会改善关系，同时在东罗马大肆迫害阿利乌斯派，这些举动在政治上也直接危及信奉阿利乌斯派的东哥特人对意大利的统治，引起东哥特人的不满，而意大利罗马人中亲东罗马的势力却因此受到鼓励而有所抬头，狄奥多利克对这一派势力猜忌愈重、镇压愈严。对东罗马，狄奥多利克还是尽量避免与之发生正面冲突。狄奥多利克死后，其外孙阿特拉里克成为国王，实权则掌握在他母亲阿拉马松塔手里。阿拉马松塔自幼受罗马教育，服装打扮也学罗马妇女，佩耳环头饰。她代表亲罗马的一派东哥特贵族，这些人主要是原来狄奥多利克周围的宫廷近臣，但此时他们的势力已有所削弱。受罗马文化影响较小的东哥特军事贵族日益强烈要求对东罗马和意大利的罗马元老采取更强硬的政策，他们轻慢阿拉马松塔，不让她用罗马文化教育年轻的国王，而让国王同东哥特武士一起习武练兵。534 年，阿特拉里克酗酒而死，阿拉马松塔地位不稳。她以前就曾经同查士丁尼暗中联系，这时便派密使赴君士坦丁堡，表示要把意大利交还东罗马。为巩固自己的地位，她又立表兄弟狄奥达特为国王，企图以他的名义继续掌握实权。哪知狄奥达特翻云覆雨，反把阿拉马松塔囚禁，后又把她处死。查士丁尼以此为借口向东哥特兴师问罪。

　　征服意大利是查士丁尼复辟活动最重要的一部分，东罗马使节曾威胁狄奥达特说，皇帝此次不达目的，决不休战！狄奥达特向东罗马提出的求和条件几近投降，查士丁尼还是轻蔑地加以拒绝，挑起了历时近20年的"哥特战争"。

　　战争的第一阶段（535—540年）：535年9月，东罗马军队占领了达尔马提亚。12月，贝利撒留统帅8000人登陆西西里岛，当地的东哥特军队未经认真抵抗就投降了。翌年6月，贝利撒留攻入意大利本土，包围那不勒斯城。意大利的罗马人这时多倾向于东罗马，但除少数元老贵族外，一般人对这次战争并无很高热情，他们所关心的是如何避免或减少战争对自己的祸害。那不勒斯居民一度与攻城的东罗马军队激战，意大利罗马人对东罗马入侵有组织的抵抗，见于记载的仅此一次。

　　狄奥达特幼习希腊哲学，处世奸诈多变，却文弱无统帅之才，面对敌人的进攻惊慌失措，甚至与东罗马密议投降。那不勒斯失陷后，东哥特人废黜并处死狄奥达特，推举战士出身的维提却斯为王（536年11月）。为了同东哥特人中已渐流行的王位世袭传统相妥协，维提却斯强娶阿拉马松塔之女马他松塔为王后。然后率领东哥特主力离开罗马，北上集中到拉温那，以便对付与东罗马结盟来攻的法兰克人，并防止罗马城居民从内部作乱。史家多认为维提却斯北上之举是一条下策，他不仅错误地以主力去对付次要的敌人（法兰克人此时已答应同东哥特人媾和），而且因为强迫罗马城居民宣誓效忠东哥特，并将一大批罗马元老当作人质押解到拉温那，激化了同罗马人的矛盾。维提却斯代表了东哥特军事贵族的利益，与阿拉马松塔等投降派不同，这一部分人抗敌坚决，但是文化落后，目光短浅，看不到意大利罗马人同东罗马的矛盾，不善于利用自狄奥多利克时代以来东哥特人与意大利罗马人千丝万缕的联系，致使东哥特人在意大利陷入孤军作战的窘境。536年12月，贝利撒留进军罗马，罗马教皇和居民献城投降。人数不多的东哥特守军不战而走。

　　537年2、3月—538年3月，维提却斯率军围攻罗马。当时东哥特军队号称15万，其中又多数是骑兵。贝利撒留对东哥特人来攻事先有所准备，储存粮草，修整城墙。东哥特人拙于射箭，东罗马士兵却善于使用强弓硬弩，给攻城者极大杀伤。饥饿和伤亡曾使罗马居民十分恐慌，维提却斯下令处死充当人质的罗马元老，丢失了劝诱罗马居民投降的机会，实际上是巩固了贝利撒留的后方。东哥特人屯兵城下，久攻不克，粮草、士气都出现了问题，又有恶疫来袭，不得已同贝利撒留休战三个月。这以后，东罗马援兵到来，又风传马他松塔打算叛变，出嫁东罗马某将领。维提却斯只好匆匆撤离罗马一带。围攻罗马的失利大伤东哥特的元气，但维提却斯依然拼力统率部下苦战两年。540年，贝利撒留占领东哥特王国都城拉温那，维提却斯被俘，东哥特人退居波河以北地区。

战争的第二阶段（541—554年）：维提却斯曾遣使游说波斯王科斯洛兹，请他趁查士丁尼移兵意大利的时机进攻东罗马，波斯打算扩张领土，索取重金，同时又害怕东罗马在西部战争中取胜而增强实力，遂于540年破坏和约，入侵东罗马统治下的叙利亚、亚美尼亚、伊比利亚，直抵黑海沿岸。查士丁尼一味求和，545年以5000磅黄金为代价同波斯订立为期五年的休战协定，仍以精锐投入意大利对东哥特作战。

东罗马在意大利稍稍站稳脚跟就开始压迫当地的罗马人。其时，贝利撒留已奉召返回君士坦丁堡，查士丁尼派遣"财政专使"亚历山大到拉温那。"财政专使"是查士丁尼新设的官职，专门负责新征服地区的税收事务，担任该官职的人以其所得的1/12作为自己的俸禄，因此搜刮甚为酷烈。亚历山大首先提高给东罗马士兵增加薪饷的条件，激起了士兵的怨恨。他又以赔偿皇帝损失为借口向意大利罗马人勒索巨款，凡在过去40年中担任过东哥特官职者俱不能免。经历战乱的意大利本来已是残破不堪，亚历山大却大力在此推行以苛重著称的东罗马税制，激起各方不满，一时大失人心。这种形势为东哥特新国王托提拉（541—552年在位）所利用，他率军南下，节节胜利，543年收复那不勒斯，545年底重新包围罗马城。东罗马在意大利的统治处在危机之中。

托提拉在诸蛮族国王中是一个突出人物。他不仅在军事上沉重打击了企图征服意大利的东罗马军队，而且采取了一系列同查士丁尼复辟计划针锋相对的政治和社会经济措施。他有自己的政治纲领，那就是驱逐东罗马侵略者，恢复东哥特对意大利的统治。他清醒地认识到，意大利罗马人与东罗马有很深的矛盾，查士丁尼恢复旧罗马帝国的实质是把他的专制统治强加给意大利。东哥特人是可以同意大利罗马人联合的。为争取罗马人的同情和支持，托提拉严肃军纪，禁止士兵抢劫财物、伤人妻女。有一次，一个意大利农民前来申诉，说他的女儿受了托提拉一个卫队士兵的侮辱。托提拉决意对犯罪者处以死刑，他对前来求情的将领们说：我们只有一个选择，或者是东哥特国家的安全，或者是这个罪人的生命。这一事件说明，托提拉正确地认识到，建立和维护同意大利罗马人的友好关系，对于抗击东罗马的事业具有重大的意义。托提拉曾经宣布，免除隶农对主人、自由农民对东罗马的义务，隶农之租和自由农民之税转交东哥特。这样一来，既取得了东哥特所需的给养，又承认了意大利下层群众趁战乱夺取地主土地的事实，从而得到了群众的拥护。在托提拉与东罗马长达十几年的战争中，有大批奴隶逃离自己的主人，其中有一些加入东哥特的军队并获得了自由。托提拉对他们给予保护，严词拒绝罗马元老追回这些奴隶的要求。当然，托提拉并没有提出过解放奴隶的明确纲领，也没有解放奴隶的专门措施。他之所以保护奴隶，主要是为了稳定自己的军队，这些奴隶已成为他的士兵。

有一些罗马元老贵族迷恋于古典文化，蔑视蛮族统治者，托提拉对于隶农、奴隶的政策又直接侵犯了他们的利益，所以这部分人在意大利各地反东罗马呼声日高的情况下，反而与查士丁尼更加密切地勾结。可以说，托提拉和查士丁尼在客观上分别代表了打击奴隶制和维护奴隶制的势力。

东哥特对罗马的第二次围困也历时整整一年，但此次形势与前一次有所不同。东哥特人内部比较团结，而查士丁尼虽然派贝利撒留返回意大利作战，但因为忌怕将领专权自重，不愿授之以统一指挥军事的大权，致使东罗马各将领不能很好地配合。托提拉在战争中显示了较强的军事才能，他并不强攻罗马城池，而是严密封锁运粮进城的道路，扫清罗马周围的敌人。罗马城内饥荒日甚，待援无望，人心惶惶。546 年 12 月，在内应接应下，东哥特人攻入城内。托提拉对敌视东哥特而拒不投降的罗马元老痛加斥责，并没收他们的财产。他认为罗马及周围地区已破败不可守，故不久又撤出罗马。

必须指出，托提拉并没有摆脱蛮族领袖所常有的局限。他不能在名分上摒弃东哥特对于东罗马的从属地位，也不能彻底破坏罗马旧制、强化东哥特的国家机器。他在攻下罗马后曾写信给查士丁尼说："我恳求你接受和平、赐我们以和平。我还清楚地记得阿那斯塔希和狄奥多利克时代的情形，他们的统治距今并不遥远，他们的臣民享受着和平与繁荣。假如你能恩准我的请求，我将把你当作我的父亲一样看待，并且情愿作为你的同盟者同你的任何敌人战斗。"托提拉第二次攻下罗马后（549 年），请回了流落他乡的罗马元老及其家属，修缮了被战火毁坏的罗马城给他们居住，同时再次遣使向查士丁尼求和。托提拉这种在政治上不成熟的表现，难以鼓舞人民群众反东罗马的斗志，不可能不削弱东哥特的战斗力，也大大影响了他自己在战略上的筹划安排。托提拉晚期的军事活动已越来越带有掠夺财物的性质。所以，东哥特最终仍不免为东罗马所击败。

查士丁尼因在意大利连遭挫折而大为沮丧，但仍顽固拒绝同东哥特媾和，在缓和了同波斯的紧张关系后，便委任太监那西斯为指挥意大利战事的总司令。招募了三四万新军增援在意大利的东罗马军队。552 年，东罗马大败东哥特于意大利中部的塔地那，托提拉阵亡。554 年，那西斯又消灭了东哥特人的残余势力，并驱逐法兰克人到阿尔卑斯山以北，从而实现了查士丁尼征服意大利的梦想。

同一年，西班牙的西哥特王国发生内战，阿那塔其推翻国主阿吉拉，自立为王。他请求查士丁尼派兵来支援他，结果东罗马军队借机占领了西班牙东南部的许多城市，这是查士丁尼为恢复旧罗马帝国大一统局面而向西扩张的极限。

复辟活动的消极后果

复辟旧罗马帝国是查士丁尼一生怀抱的政治理想，是他 30 多年政治活动的主要内容。结果是汪达尔王国和东哥特王国的被剿灭，北非和意大利的被征服。查士丁尼个人，可谓才能出众；查士丁尼一生作为，可谓轰轰烈烈。可惜，他的理想、他的活动都背离历史前进的方向，他的事业也就不可能真正成功。他非但没有重建成旧罗马帝国，而且把东罗马推到了崩溃的边缘。

前已述及，查士丁尼的复辟活动主要是在他的政治理想指导下的对外扩张，同时又带有一定的维护奴隶制经济的色彩。无论是在意大利还是在东罗马国内，奴隶制生产关系在 6 世纪早已崩溃瓦解；从查士丁尼的社会经济政策和他的整个立法活动来看，对于这种情况在相当程度上是给予承认的。释放奴隶所需的手续简化了；过去国家对每个奴隶主所能释放奴隶的数目有严格规定，现在则取消了这种限制；卖子为奴或自卖为奴受到禁止；奴隶在主人同意后也可以担任神职，没有征得主人同意而担任神职一年以上者，主人不得追回，被释奴隶的法律地位也有了提高，可以成为元老院成员和高级官员。可是，东罗马的经济、政治和文化毕竟受到旧罗马帝国奴隶制很深的影响，查士丁尼又以恢复罗马旧制的名义扩张东罗马的统治到北非和意大利，这就不能不在各个方面起维护甚至加强残存的奴隶制度的作用。征服意大利以后，查士丁尼发布"国务诏书"，宣布托提拉打击奴隶制的法令和措施无效。查士丁尼复辟活动的反动性，正在于此。

西部战争耗去了东罗马大量的财力和兵力。当时人记载说，阿那斯塔希留下的黄金有 32 万磅之多，查士丁尼将之挥霍殆尽。开支浩大，于是就加紧对人民的盘剥，查士丁尼所设新税竟达 18 种之多。纵使如此，到查士丁尼晚期，东罗马的国家财政仍不免破产。为保证西部战争的进行，查士丁尼在 545 年与波斯议和后，大量裁减东部驻军，并长期拖欠他们的薪饷，实际上是放松了对东罗马本土的防守。562 年，东罗马被迫以屈辱条件同波斯订立"五十年和约"，每年"补贴"波斯黄金 3 万索里达①。当东罗马军队在北非和意大利不断征战与庆祝胜利时，斯拉夫人联合保加尔人不断入侵巴尔干半岛，抵达亚得里亚海—科林斯湾—爱琴海沿岸，威胁到东罗马的心脏地区。在东部的退让并没有在西部得到补偿，东罗马对北非、意大利的统治也不稳固。在北非，柏柏尔人不断袭击东罗马军队。在意大利，东罗马的重税盘剥激起人民的强烈不满，东罗马的希腊文化传统与意大利拉丁文化传统的差异又促使反东罗马的情绪高涨，查士丁尼不得不给当地居民一定的自治权力。国力衰弱的东罗马此时已无力派重兵守卫新征服地区，568 年，伦巴德人攻入意大利北部，后又南下，东罗马在意大利只剩下几个设防城市及其周围的狭小地区。这时，东罗马本土则受到波斯人和斯拉夫人越来越严重的威胁。

东、西部教会的分裂倾向是东、西罗马社会发展不平衡的结果，非人力所能扭转。查士丁尼为讨好西部教会而压制一性派的政策，加深了东罗马的埃及、叙利亚诸省同中央政府的矛盾，加剧了东部教会内部的不和，不利于查士丁尼的统治。为调和同一性派的矛盾，查士丁尼于 546 年发布所谓"三章令"，谴责在查尔西顿会议上已恢复名誉的提奥多勒等三人，这三人是被一性派视为"异端"的；553 年，查士丁尼又召集第五次全体教会会议（君士坦丁堡会议）以确认"三章令"。但查士丁尼此举不仅遭到查尔西顿派的西部教会的强烈反对，也未能平息一性派的不满。后来西部教会虽被迫屈从皇帝的旨意，但东、西部教会从此嫌隙日深。查士丁尼在他当政的最后几年转向一性派，同西部教会关系十分紧张。统一东、西部教会于东罗马的控制之下，重建理想化的、旧罗马帝国时代的"独一的教会"，是查士丁尼复辟活动的一个重要方面，也是以失败告终。

---

① 72 索里达等于 1 磅。

　　晚年的查士丁尼体弱力衰，沉溺于神学之中，无心亦无力理事，东罗马国敝民穷、内外不安。查士丁尼的倒行逆施引起人民群众的怨恨，当时的民间盛传他是"魔鬼"和"无头怪物"的化身。565 年，查士丁尼在举国上下的一片咒骂声中死去，留给他的继承者的并不是他曾致力去复辟的、大一统的罗马帝国，而是一个风雨飘摇、危机四伏的国家。

拜占廷文化

邓新裕

欧洲中古文化的一枝奇葩

拜占廷帝国本是中世纪的泱泱大国，在当时具有高度的物质文明。纵述世界文化史，拜占廷文明是不可或缺的。今天，在探究人类文明的成就，历数古今文化的源流与形式时，也总要提到拜占廷式建筑和拜占廷派艺术。拜占廷文化以其独特的风格著称于世，成为世界文化流派的一宗。

西罗马帝国在公元 5 世纪被蛮族灭亡后，饱经浩劫的西欧大地一片破败景象，希腊罗马的古典文化破坏殆尽，陷入所谓的"黑暗时代"。直至欧洲发生"文艺复兴"，才结束了这种局面，其间经历了漫长的 1000 年。然而，在此期间，并非整个欧洲都是文化上的空白点，拜占廷帝国就屹立在古罗马帝国的东半部，继续存在了 1000 多年之久。与分崩离析、群起割据的西方相比，拜占廷是一个统一的专制帝国，保持着罗马时代的政制和法律，保存了希腊罗马时期的古典文化。国内仍有大规模的经济组织和频繁的商业活动，都城君士坦丁堡恰位于欧亚间的重要商道上，长途跋涉的商队和扬帆远航的船队络绎不绝地从四方到来，卸下大量货物，其中很大一部分供给首都和各地的作坊作原料，制成各种物品供本国消费和出口。拜占廷的奢华本来就超过了西方，经济的繁荣更丰富了它的物质和文化生活。拜占廷人的生活也毫不单调乏味，他们之中盛行各种饶有趣味的娱乐活动。拜占廷人具有一种爱美感，这种感觉必然影响到他们的生活，从而产生出许多精美的艺术品来。拜占廷不只拥有是古典文化的宝库，其文化发展出自己的格调，形成一种新的中世纪文化，无数学者、工匠、艺术家以他们的才智与匠心作出了贡献。在近代的西方文化兴起之前，拜占廷文化一枝独秀，在欧洲古代与近代间架起一座横越千年的文化桥梁。

　　拜占廷帝国处于特殊的历史条件下，孕育了它独特的文化。首先，它是罗马帝国名正言顺的继承者，全盘接受了古典文化的遗产，希腊罗马的文化传统从未中断过。宫廷里经常讨论希腊的哲学思想和朗诵荷马史诗。在君士坦丁堡城中，大批古典式的雕像装点着公共建筑，俨然上古遗风。其次，这个东罗马帝国自从君士坦丁大帝皈依基督教以来，就成为第一个基督教国家。全国分布着几百所修道院，都城中布满了圣徒的遗迹。人们笃信东正教，遇事总要求神谕启示。画家在描绘帝王肖像时，总要模仿圣像，在人物的头上加上一道光轮。拜占廷文化打上了基督教的烙印。虽然东正教势力极其雄厚，但并未像西方那样超越世俗权力。总的来说，拜占廷人不受宗教清规戒律的束缚，追求欢乐的生活、盛大的典礼和富丽堂皇的排场。再者，拜占廷地处各种文明荟萃的场所，它的领土曾囊括了埃及和西亚文明的旧壤，因此必然也吸收了东方文明，它的文化染上了一层东方色彩，更加瑰丽多姿。由此可见，拜占廷文化是上述三者交融结合的产物。

　　拜占廷文化1000年来绵延不断。它大约在6世纪时融合各种因素，形成一种新的中世纪文化。查士丁尼在位期间（527—565年）是拜占廷文化初放光芒的辉煌时期。但是从7世纪至8世纪，拜占廷局势动乱，内外交困，纷扰不断，文化经历了一个黯淡时期。雅典的大学早已被关闭。亚历山大、安条克和贝鲁特各地的学校随着这些地区的失陷，落入阿拉伯人之手。即使在这个时期，教育也未完全中断，一些财力充裕的人可延请私人教师传授知识。此时正值圣像破坏运动，凡是带有人像的艺术品都遭到毁灭的厄运，君士坦丁堡的早期拜占廷艺术品几乎荡然无存。艺术的形式只能局限于纯粹的装饰和表现十字架形象。9世纪后，圣像破坏最终结束，国内又趋于稳定，文化恢复繁荣。9世纪初，也正是拜占廷文化受阿拉伯文化影响的高峰。不久就进入马其顿王朝（867—1056年），这是拜占廷文化的黄金时代。1204年，第四次十字军洗劫了君士坦丁堡，拜占廷文化又一次遭到飞来横祸，许多历时千年的艺术珍品毁于一旦，损失空前。但为时不久，巴列奥略王朝（1261—1453年）登位后，拜占廷文化又出现了它后期的繁荣。

　　拜占廷文化的内容经纬万端，兹就以下几方面分述之。

学术、科学、哲学蔚为大观

拜占廷人认为他们与蛮族统治下的西欧人之不同，在于西欧人多数目不识丁，而自己知书识字，因而具有一种优越感。社会的教育水平很高。人们把接受良好的教育视为一种美德，而胸无点墨则很不光彩。求学受业蔚然成风，启蒙教育由学生共同聘用私人教师任教，高等教育由专职教授讲授。教育的一门必修课是攻读希腊语言文学，即掌握古典文化的基础。

拜占廷学者荟萃，哲学家总穿灰色的服饰，医学家惯穿蓝色袍服，学者队中也有披僧服的教士。诚然，许多教士都是博学之士，但拜占廷不用像西方那样，必须依赖教士才得以维系教育之不绝如缕。帝国各地遍布学术中心，亚历山大、雅典、安条克、贝鲁特等地自古以来学术就极盛行，这些城市分别以医学、哲学、文学等学科见长。首善之区君士坦丁堡也是一座文化名城，执学术界的牛耳，素以修辞学著称。君士坦丁堡大学创建于425年，据载，该校草创时，在其中任教的有：希腊语和拉丁语雄辩家分别为五人和三人，希腊语和拉丁语文法家各十人，法学家二人，哲学家一人。这所大学是国内首屈一指的学府。拜占廷境内研究学问的气氛很浓，它在学术上取得进展是理所必然的。

拜占廷科技很先进，拜占廷人承袭古代的传统，很早就在医学方面作了探究。早期的一个宫廷御医奥里巴修（325—403年）编了一部医学百科全书，为数达70册。出生于阿米达城的埃修斯，担任查士丁尼的宫廷医生，他撰文对眼、耳、鼻、喉和牙齿作了分析，在当时来说是很精辟的。埃修斯叙述了甲状腺机能亢进和狂犬病的症状，内容极为精彩，也记述了切割扁桃腺等外科手术。特拉里城的医学家亚历山大（约525—605年）已能较精确地论述肠胃病和肺病，提出肺病的治疗法，对各种肠道寄生虫进行命名。此外，他还写了医学教科书，被译成拉丁文、阿拉伯文、希伯来文等好几种文字，影响很大。中古时代的医学虽然不免掺入了迷信的成分，但上述医学家对疾病的阐述是很有见地的。

炼金术始终很盛行，一似古代那样，拜占廷的炼金术士不懈地在这个领域里从事实验，摸索前进。炼金术促进了化学的发展。拜占廷已将科技应用在军事上，7世纪时，皇家舰队中的大型快速帆船装备着一种称为"希腊火"的武器，这是由生石灰、硫黄、挥发油即石油精配制成的火药，装在雷管里，通过船首的一个青铜发射管打出去，一遇到水就喷出火来，能在水面上燃烧，也叫"湿火"。因为是拜占廷希腊人所发明的，所以称"希腊火"。这一配方被列为国家机密，从未见诸文字。拜占廷不但把希腊火装在战船上，也装在君士坦丁堡的城头上。673年，阿拉伯的海上舰队兵临君士坦丁堡城下，拜占廷人大规模使用希腊火击沉阿拉伯战船，迫使舰队后退。其后，在717年，拜占廷人再次用希腊火击败阿拉伯舰队对都城的进攻。这也是欧洲历史上首次使用火药。

拜占廷早期主宰哲学领域的是新柏拉图主义，它综合了柏拉图的哲学体系与其他哲学派别而形成，虽然与神学有一些瓜葛，但与神学有别，其本身是唯理的哲学体系。该学派最初是普洛蒂努斯在3世纪时创立的，拜占廷时代的许多哲学家继承了这个流派，又将其大加发展，分别在亚历山大、雅典及叙利亚地区形成支派。亚历山大的新柏拉图学派注重纯学术性研究，绝少带有神学的内容。教会当然对这种异教色彩侧目而视。该地的一位女哲学家兼数学家伊芭提娅，以博学多才和雄辩闻名。她原先专攻数学，曾为《圆锥曲线论》和《天文学法典》等著作作过注释，她转向哲学领域后，根据柏拉图和普洛蒂努斯的学说创立了自己的哲学体系，举办哲学讲座，吸引了许多不同职业的人纷纷从四方奔来听讲。伊芭提娅极喜爱哲学，即使她在路上行走时也经常停下来，为人解答柏拉图和亚里士多德著作中的疑难点。她的著作没有能留下来，史料表明：伊芭提娅的异教信仰，以及她与亚历山大主教的政敌交厚，招致主教的怀恨，一群修士在415年野蛮地谋害了这个女哲学家。伊芭提娅之死，使亚历山大新柏拉图派受到重大打击。

伊芭提娅死后，亚历山大城中崇信异教的哲学家为了逃避教会的迫害，转而来到雅典寻求避难栖身之所。雅典向来是哲学中心，在那里授课比较自由，学生的生活也较活跃，他们喜欢鲜艳耀目的装束和欢乐的活动。该地哲学界的一个代表人物是普罗克鲁斯（约410—485年），他是柏拉图学院派的首领。拜占廷的许多哲学家同时兼长科学，普罗克鲁斯也擅长数学，为欧几里得的《几何原理》作了注释，凭借数学来研究哲学，他创造了三段论法的原理，使哲学的形式系统化，并著有柏拉图的哲学对话评解数篇、《论柏拉图的神学》等著作。

529年，查士丁尼终因雅典城带有强烈异教色彩，封闭了雅典的各学院。希腊古典哲学约从公元前6世纪开始，经历了漫长的11个世纪后，暂告一段落。不过，当时其他学科却依然云蒸霞蔚。

繁荣的史学与文学

史学与文学的关系很密切，与古代人一样，在当时人心目中史学即文学，史学带有浓厚的文学色彩。

拜占廷史学是在古希腊罗马史学的沃土上发展起来的，史学家们把古代的大历史学家奉为圭臬。除了仿古的历史外，也有编年史。

纵观这一漫长时期，史学家人才辈出，著作汗牛充栋。攸那皮厄大约生于347年，是一个新柏拉图主义哲学家，在史学上也有所述作。他写了一部《哲学家与诡辩学者传记》，提供了许多宝贵的第一手资料。他的另一部史学著作《世界史》描写了从公元270年至400年间的历史，不过此书已经佚失。5世纪时，君士坦丁堡的一个史学家、人称学者苏格拉底的基督徒，写了一部《教会史》，时限从公元305年至439年，持论极为客观公允，对异教也无非难之词。他写作时利用了会议活动记载、君士坦丁堡的官方编年册、国王与主教间的往来信件等许多原始资料，记事颇正确可靠。同一时期，在巴勒斯坦加沙诞生的史学家索佐门的《教会史》大半抄袭了苏格拉底之作，只是添加了一些新史料。他的希腊文风格很优美。475年前后，君士坦丁堡的佐西穆斯完成了《罗马帝国史》，叙述自奥古斯都当政起，至410年西哥特人攻陷永恒之都罗马为止的帝国盛衰事绩。作者曾任朝廷贵官，这是他有感于时世艰难而作。他在治史中强烈反对基督教，认为它是导致罗马帝国倾覆的原因。

拜占廷最杰出的史学家是普罗科比（约500—565年），生于巴勒斯坦的该撒利亚，后任大将贝利撒留的幕僚，随征北非、意大利等地，亲眼目睹了查士丁尼的对外战争。562年，又被任命为君士坦丁堡行政长官，熟知政情和宫闱内幕。普罗科比的经历使他的著作本身带有珍贵的第一手史料的性质。他以身历的情景写成了《查士丁尼战争史》，记述了拜占廷帝国先后侵攻汪达尔人，东、西哥特人的历次战争，以及与东邻波斯帝国的抗争，对战争场面刻画入微，读来引人入胜。他的另一部著作《论查士丁尼时代的建筑》则详尽地叙述了查士丁尼统治时期拜占廷境内各种雄伟壮丽的建筑物，充满了对这个君主的歌功颂德之词。

1623年，即普罗科比身后1000多年，在拜占廷帝国的图书馆里发现了一部《秘史》，记述了查士丁尼时期的朝政与宫廷生活轶事，经考证为普罗科比所撰。作者在《秘史》中一反颂扬查士丁尼的常态，揭露了他的专制统治黑暗无道，无情地披露了皇帝查士丁尼与皇后提娥多拉（约500—548年），以及以前作者笔下的英雄贝利撒留及其妻安东妮娜的大量丑闻。作者在不同场合对同一人物的褒贬竟有天渊之别，以致有人怀疑《秘史》不是普罗科比的作品。但现经考证，《秘史》确是他所写，因慑于查士丁尼的权势，不敢在生前发表。此书具有很大的史料价值。普罗科比仿效希罗多德和修昔底德等人的风格，像希罗多德一样注重历史对后世的训诫作用。

9世纪中期的史学家哈马托卢斯的《编年史》记载了自太古时代至公元842年的历史，包罗拜占廷的情况甚广，是一部很有影响的编年体著作，且流传深远，成为以后俄国编年史学家的范例。

有时帝王或皇室人员本人就是学者。10世纪时的皇帝君士坦丁七世（905—959年）很赞助学术和艺术，他本人也有志于此，编著了巨作《拜占廷帝国及邻近各国记》，内中记载了毗邻各族的情况。君士坦丁七世亲自撰写其祖父巴西尔一世（约813—886年）的传记，还主持编写其他书籍。又过了一个世纪，出了一个皇室女史学家安娜·科穆宁娜（1083—1148年之后）。她是科穆宁王朝君主阿历克塞一世（1048—1118年）的公主，文才出众，政治上雄心勃勃。当她为其夫争夺皇位失败后，被贬入修道院，遂潜心修史。安娜熟知政治，能接触皇室档案。她追思其父在世时的情景，1148年，用史诗般的语言写成了《阿历克塞皇帝政事记》，其中颇多赞颂其父及其家族处，并提及第一次十字军东征。她这部著作被认为是中世纪重要的希腊文史籍。约翰·康塔库曾（约1292—1383年）是拜占廷后期的枭雄人物，曾大事征伐，逐鹿天下，后为皇帝约翰六世（1341—1355年）。他于1355年退位后遁入修道院，亲自撰写了一部从1320年至1356年的历史回忆录。

拜占廷后期的史学家还有尼塞塔斯·阿科米纳特斯（1216年卒），他的21卷的历史著作栩栩如生地描述了从1118年至1206年的史事，大多是作者目睹观察而记录下的见闻。他断定拜占廷文明高于拉丁文明。乔治·阿克罗波利塔（1217—1282年）身为政治家兼史学家。他的著作在时间上衔接阿科米纳特斯的著作，续写君士坦丁堡被第四次十字军攻陷后拉丁帝国时期的历史。

文学也师法古代，包括在拜占廷语法教育中的一项内容是学习古典文学，要求学生了解所有古典名作，特别是荷马史诗。《伊利亚特》和《奥德赛》已家喻户晓，并被广泛引用，拥有的读者仅次于《圣经》。由于强调古典文化的结果，世俗文学多倾向于仿古形式，但也不乏拜占廷作家独创的风格，如在诗歌方面，流行一种古雅的讽刺短诗，机警而富于形象比喻。许多作品保存至今。

《希萝与利安德》是 5 世纪中期的著名诗篇。作者穆萨埃乌斯的生平已不可考。诗中描写青年利安德游过达达尼尔海峡，到他钟情的人儿希萝身边去，不幸溺死。希萝得知后"从峻峭的危岩倒栽葱跳下，伴随死去的情郎随波逐浪"，殉情而亡。

11 世纪时，还有一部用方言写就的世俗文学，这就是叙事史诗《边民迪杰内斯》，它以纷扰不宁的帝国东部边界为背景，这里不时发生对穆斯林和征伐股匪盗贼的战争。诗中叙述了主人公边境贵族迪杰内斯的一生，描写他与一个女子攸多克茜亚的爱情，与猛兽搏斗，以及敉平盗匪的战斗等冒险生涯。当时，拜占廷封建化的过程已告完成，军事封建主已经出现，迪杰内斯就是军事贵族的形象。全诗富于传奇色彩，流传有好几种版本。

尽管羊皮纸的价格腾贵，书籍仍大量传抄，散播拜占廷的文化。

辉煌的建筑和艺术

拜占廷在建筑上的成就更为出色。它在造型和技术上继承了罗马式建筑的巨大遗产，同时吸收了东方各国的建筑风格，匠心独运，创造了典型的拜占廷式建筑：圆拱门、十字形布局、圆顶，寻求装饰效果，广泛采用稀有的大理石、黄金等材料和镶嵌工艺。

都城君士坦丁堡的市街建筑有一定的格局与规定，街道宽度必须在 12 英尺以上，私人住宅的阳台必须高于 15 英尺，突出部分距对街墙壁不得少于 10 英尺。街道设有下水道。6 世纪时，君士坦丁堡的面貌发生了很大变化。532 年，尼卡起义点燃的大火把该城前代的建筑夷为平地，原先的圣索菲亚大教堂也付之一炬。起义平息后，查士丁尼得到了重建都城的机会。他立即传令清除瓦砾焦土，不惜斥巨资大兴土木，实施其雄心勃勃的建设计划。以白色大理石重建元老院，在黑海之滨修建夏季御用别墅，用五光十色的大理石重修公共澡堂。查士丁尼想把圣索菲亚大教堂建成一个举世无双的宗教建筑物，特地从米利都城和特拉里城聘请了两位最负盛名的建筑师——伊西多尔和安特米尼斯来负责这项工程，采集各地大理石，广征金珠、宝石与象牙，供装潢之用，动用了 1 万名工人，花了 5 年 10 个月，于 537 年才建成。共耗资 32 万磅黄金。它并非献给一个名叫索菲亚的圣人，而是奉献给上帝的"圣智"。据说，竣工之时，查士丁尼步入金碧辉煌的教堂，惊叹道："赞美上帝使我得以完成这一工程，所罗门啊！我胜过了你！"

圣索菲亚大教堂可以说是拜占廷建筑艺术登峰造极的杰作。正堂上面覆盖着一个巨大的圆顶，采用"悬挂式"支架在四个大拱门上，两边拱门向外伸展，分别支撑在两个半圆顶上，这是拜占廷建筑的创新。外形显得十分神圣而崇高，内部采光条件良好。拱门、柱头、飞檐布满了古典式的石刻，装饰着华丽的镶嵌画。这种建筑术在以后 1000 年中几乎没有变动过。1453 年，君士坦丁堡陷落后，土耳其人把圣索菲亚大教堂改为清真寺，在其周围加盖了四个铅笔形的尖塔。

圣索菲亚大教堂以及许多宗教建筑物幸存下来，但拜占廷帝国的皇宫、别墅和公共澡堂等世俗建筑物大都倾圮湮灭了，保留下来的很少，只有在考古发掘中才能见到。不过，今天依然可以看到君士坦丁堡城墙的遗迹。当年，深沟高垒的城墙固若金汤，最初是在 5 世纪时为抵挡哥特人和匈奴人而建造的，筑有宽 60 英尺的深护城壕和共厚 25 英尺的三道城墙。前面两道是短墙和外墙，即使都被攻破，还有第三道内墙，宛如坚固无比的要塞，上设近百个 70 英尺高的塔楼。在此后的 1000 年中多次阻挡了垂涎拜占廷富庶的外族入侵者的进攻。

艺术家、画师和能工巧匠们用他们灵巧的双手从事创造性的劳动，创作出许多绘画作品和工艺品，琳琅满目，各具特色，形成了艺术上的拜占廷派。

拜占廷的绘画很多是描绘圣像，尤其是圣像破坏运动（8—9 世纪）过去后，圣像画以更迅猛之势发展。面部画得十分细致，千篇一律，人物动态较呆板。绘画形式雷同，体现了拜占廷画风的特有风格。镶嵌画是高超的拜占廷艺术形式，用来装饰宫殿和私宅的地板、墙壁以及教堂的穹顶和四壁，以成千上万块方形的大理石、彩色玻璃、瓦片等材料，精工镶嵌而成。人物形象和背景十分简洁，清晰可辨，从远处眺望能产生最好的效果。镶嵌细工在 6 世纪时达到尽善尽美的境界。壁画也是拜占廷绘画的主要形式，流行于 10 世纪以后，以替代材料昂贵的镶嵌画。各地留有许多拜占廷时期著名的壁画。画家还用手工为书籍手稿描绘彩色插图，色调艳丽明亮的画幅富有装饰意味，金光熠熠，十分精美。羊皮纸或牛皮纸的书籍本来就昂贵，装饰性书籍更是珍奇的艺术品了。

工匠生产出金杯、银匙、嵌宝石的首饰、绣花地毯和珐琅制品等各种手工艺品，供给皇室或出售给平民，还远销海外。入夜首都皇室工场烛光高照，陈列着各式贵重的工艺品，招徕顾客。拜占廷极盛时期，象牙从印度、非洲运来，也向北欧海盗收购。象牙雕刻是拜占廷人喜爱的艺术，他们把牙雕作为记事板、三折写字板等使用。拜占廷艺术的成就和技艺令后世赞叹不已。

拜占廷音乐，通常是指中世纪希腊东正教教堂里诵唱的圣诗，间或指节日庆典时演奏的乐曲。今天人们还可以从当时论述音乐理论的著作残卷，以及保存下来的圣诗中了解它的鳞爪。这类音乐据认为最早始于4世纪，起初是用一种叫作"纽姆乐谱"的抽象符号来记录音符，现已不能完全释读。拜占廷音乐都配上希腊文的歌词。6世纪时的僧正罗马努斯是著名的圣诗作者、出色的诗人。8世纪时，大马士革的圣约翰写出了很好的圣诗。9世纪时，有一个名叫卡茜娅的美丽女子，她甘愿失去当皇后的机会，出家为尼，将一生奉献给为圣诗谱词。

都市的剧场里经常上演哑剧、舞剧和音乐歌剧，以取悦市民。还常演出马戏，查士丁尼的皇后提娥多拉及其女友安东妮娜早年都是马戏演员。每逢狂欢节，人们总要载歌载舞，尽情庆贺。

拜占廷文化的流传与影响

拜占廷文化在中古时期放射出奇特的光彩，遍及四方，影响了周围所有的邻国以及欧亚道上与之交往的往来过客。为数众多的民族受惠于拜占廷的文明。为了传播基督教信仰，拜占廷皇帝把传教士派往国外，从而把丰富的拜占廷文化传播到各地。早在6世纪时，君士坦丁堡的传教士就已经深入到埃及以南的努比亚。其时，西罗马故地也一度置于拜占廷帝国版图内，这些地方都留下了拜占廷文化的踪迹。9世纪时，拜占廷文化在斯拉夫人居住地区传播，取得了最大的成功。传教士的行踪更向东去，足迹及于罗斯，把文化的种子传遍了整个东欧。

拜占廷文化对东欧与俄国的熏陶是尤为显著的。863年，摩拉维亚国王罗斯第亚斯拉夫要求拜占廷皇帝米海尔三世（839—867年在位）派一位懂得他们民族语言的传教士向他本国人民传布基督教。一个名叫西里尔（827—869年）的希腊教士奉君士坦丁堡教长的差遣，偕同其兄美多德

（826—885 年）前往。西里尔为摩拉维亚人创造了一套斯拉夫字母。但是，西里尔在摩拉维亚的尝试因外界的日耳曼势力从中作梗，而未成功。后来他的弟子把斯拉夫字母输入保加利亚，得到了采用。至 10 世纪，包括俄国在内的拜占廷的东欧邻国都接受了东正教信仰。西里尔的斯拉夫文字形式经过加工修饰后，被俄国和塞尔维亚采用了。根据西里尔所创的文字拼写的古斯拉夫语，至今仍是这些国家教堂仪式中的用语。西里尔和美多德由于对斯拉夫人的文化作出了重大贡献，被称为"斯拉夫人的使徒"和"斯拉夫文化之父"。

东欧与俄国是拜占廷文化的最大受惠者，它们十分钦慕崇拜拜占廷的风尚，颇以模仿吸收其文化为荣。保加利亚人和塞尔维亚人悉心仿造拜占廷的宫殿与教堂。东欧的山峰上和山谷里点缀着拜占廷式的拱门和圆顶。俄国人则依君士坦丁堡的式样建立了基辅、莫斯科等好几座重要城市。957 年，基辅奥尔迦女大公亲赴君士坦丁堡受洗。她的孙子基辅大公符拉季米尔出兵帮助巴西尔二世（约 963—1025 年在位）平叛，事后娶了巴西尔之妹安娜为妻。符拉季米尔偕同他的臣民举国皈依了东正教。除了传教活动外，拜占廷还通过贸易的方式同俄国保持联系，也起了很大的文化传播作用。总之，在工商业、学术、文学艺术等各方面，拜占廷文化使这一地域的国家受益匪浅。东欧及俄国多半被纳入拜占廷文化圈内。一位杰出的拜古廷学家在谈到东欧与拜占廷文化的渊源时说："拜占廷对东方的斯拉夫世界来说，犹如罗马对西方的日耳曼世界一般。"将它与西欧接受罗马的影响相提并论。

拜占廷文化对西欧的影响也是显而易见的。在拜占廷早期统治过的西欧地区，如拉温那、罗马等地都残留下不少拜占廷建筑和艺术。虽然这些地区已经脱离了东罗马帝国，但是它的文化在那里却是长存的。拉温那新圣阿波利奈尔教堂中，保存有 6 世纪时的镶嵌画"圣女手捧荣冠图"，画中人物如真人大小，排列紧密；罗马一所教堂内所存 8 世纪的壁画，人物面向正前直视，线条鲜明，都是拜占廷派风格的人像画珍品。拜占廷的建筑艺术也影响了历史名城拉温那，著名的八角形圣维大利教堂是拜占廷建筑的一个范例。再如威尼斯的圣马可教堂也是按拜占廷建筑的模式建造的。

拜占廷文化甚至到达西欧未属它统治过的地方，同时影响了阿拉伯文化。法兰克王国查理大帝统治时期所造的某些教堂也采用拜占廷建筑技术、装饰艺术和地板拼花图案，如今天在德国亚琛耸立着的拜占廷式教堂所示。11 世纪时，阿拉伯统治者和德意志奥托帝国的君主特地雇用拜占廷匠人从事营造业。早期拜占廷的东方紧邻波斯对拜占廷建筑的雄风也十分仰慕。传说某一波斯统治者的皇宫刚落成，他正为自己的新居而沾沾自喜。由于听了拜占廷皇帝派来的使臣发了些议论，说"上层给鸟儿住正好，下层给老鼠住正合适"，波斯王仅仅为了这些微词，就把崭新的宫殿推倒重建。文化史上还有一桩几乎为人忘却的珍闻：西方餐桌上富有西餐特色、十分有用的餐具之一——叉子，最早是一位拜占廷公主带到威尼斯去，才传入西方的。

综上所述，西起西西里，东到高加索，从俄罗斯北部直至红海之滨，在这一广大的地域内，分布着无数的圆顶与圆拱门，拜占廷派绘画和工艺品，拜占廷文化遍及欧洲，可说是无远弗届。

最后，文艺复兴运动也有赖于拜占廷保存古典文化之功，如本文开首所述，拜占廷这个中世纪的知识宝库和文明之乡，保存了大量希腊罗马时代的古籍。如君士坦丁堡大学，忠实地保护了古代的书牍典籍，直至拜占廷帝国的末期。拜占廷学者十分珍惜古代文化的遗产，崇尚研究古典之风。他们搜集书册甚丰，不断抄写并传播古代的史学家、戏剧家、诗人和雄辩家的手本，将众多的拉丁文著作译成希腊文。14 世纪时，西欧发生文艺复兴运动，多方搜罗希腊罗马的古籍，拜占廷为这场文化运动保存了大量珍贵的资料。如果没有拜占廷学者研究与保藏希腊罗马时代的著作，后来的人文主义者寻觅到的古典名著会远为贫乏，对古典时期作家情况的了解也肯定要少得多，文艺复兴重新发现古典文化，也将遇到更大的困难，这样说并不夸张。在这方面，拜占廷是具有巨大功绩的。

查理曼帝国统一西欧大陆

郭　方

公元 8 世纪到 9 世纪之间，欧洲大陆西部与中部曾统一于法兰克国王查理大帝及其子孙的统治之下，这虽然只是短时期的不巩固的统一，但对欧洲以后的历史发展却有着深远的影响，为中世纪欧洲封建制度的形成，罗马基督教会在欧洲大部分地区统治地位的确立，欧洲中世纪特有的经济形态与文化形态的发展起到了重要的作用。

查理曼帝国建立的过程

自从 4 世纪末各蛮族部落侵入罗马帝国，西罗马帝国于 476 年灭亡以来，欧洲一直处于动荡之中。罗马帝国是以地中海为中心，横跨欧、亚、非三洲的大帝国，从未深入欧洲大陆腹地，仅在高卢与不列颠建立了不稳固的统治。在西罗马帝国原来版图上建立的各个蛮族国家，如西哥特王国、东哥特王国、勃艮第王国、伦巴德王国等，时有兴亡，迁徙不定，在经济、政治、文化各方面没有什么巩固的成就。486 年，在欧洲大陆西北角，濒临北海的莱茵河口一带，法兰克人部落首领克洛维建立了法兰克王国，在莱茵河下游西岸的奥斯特拉西亚一带建立了巩固的根基，并较快地占领了高卢大部分地区。克洛维率领法兰克人信奉了原来罗马人的国教罗马基督教会，使法兰克人与高卢—罗马人的教俗统治者较易合作，形成了巩固的统治。克洛维的子孙后代相继为王，被称为"墨洛温王朝"。但从 7 世纪开始，法兰克王国不断分裂，内战频繁，墨洛温王朝国王大权旁落到掌管宫廷事务的宫相手中。奥斯特拉西亚地区的大封建主兰登的丕平从 613 年起开始世袭宫相的职位。其后代赫里斯托尔的丕平凭借雄厚的实力，战胜了高卢北部纽斯的里亚地区和高卢东南部勃艮第地区的封建主，于687年重新统一法兰克王国。他的儿子查理·马特任宫相时（714—741年），面临占领了比利牛斯半岛的阿拉伯人的全面入侵。732年在普瓦提埃一战，查理·马特率法兰克军队重创阿拉伯人，随即连连获胜，将阿拉伯人驱至比利牛斯山以南，阿拉伯人至此失去了进攻欧洲的势头。查理·马特又实行了军事采邑制，即不再无条件地分给下属土地，而是以服骑兵军役等义务为条件分封下属终身拥有的土地，即使教会、修道院拥有土地也需向他承担一定义务。查理·马特此举被后世视为西欧封建等级制的起源。这些措施使法兰克王国和查理·马特的势力大大加强。查理·马特之子矮子丕平继承宫相后，更进一步插手意大利，保护罗马教皇不受伦巴德王国的侵犯。在罗马教皇的支持下，矮子丕平于751年废掉了有名无实的墨洛温王朝国王，成为加洛林王朝第一代国王。矮子丕平继续干预意大利事务，于756年把意大利中部"献给"罗马教皇，使教皇国领地正式形成。矮子丕平768年去世时，把土地分给了他的两个儿子查理与卡洛曼，经过内争后，查理于771年卡洛曼去世时统治了全部法兰克王国，他就是被后世称为"查理大帝"或"查理曼"的唯一真正统治过欧洲中、西部大陆的帝王。

查理在即位之初，首先出兵高卢西南部的阿奎丹，巩固了法兰克王国在那里的统治。随后应罗马教皇阿德里安的求援，率军翻越阿尔卑斯山，进攻意大利北部的伦巴德王国，经过一年多的征战，于774年攻占伦巴德全境，查理便自兼伦巴德国王，并进军罗马，接受教皇赠予的"罗马人长老"的称号。查理对教皇重申其父矮子丕平献土的诺言，实际上却把意大利大部分地区置于法兰克王国的控制中。

从772年起，查理就越过莱茵河东进，深入欧洲中部腹地，进攻日耳曼人萨克森部落所在地区。萨克森人尚未脱离原始部落状态，也从未被罗马帝国与罗马基督教会所统治，他们对法兰克人的侵略奴役进行了顽强持久的抵抗。战争旷日持久，查理多次发动大规模战役，对萨克森人采取大批屠杀、强行迁徙等镇压手段，但是查理更重视以确立西欧的封建制度和罗马基督教会的统治来巩固征服成果。查理曾发布敕令，在萨克森地区普遍建立教堂，要求所有的萨克森人向教堂交什一税，贡献土地与仆役，参加宗教活动。不尊重教会、不守教规者，均处死刑。不忠于国王、侵犯领主者处死刑，信奉原始宗教习俗者，也罪至处死。经过33年和18次重大战役，查理最终征服萨克森地区，普遍建立了伯爵辖区与教区以实行统治。征服萨克森是西欧封建制度向中欧、东欧地区推进的开端，是欧洲经济、政治、文化重心从地中海沿岸向大陆腹地转移的开端。

在进行萨克森战争的同时，查理也多次命令法兰克军队越过比利牛斯山进攻阿拉伯人。778 年在一次出征回师途中，后卫部队在朗塞瓦尔峡谷遭到巴斯克人伏击，查理部将罗兰英勇战死，这一事迹在 11 世纪前后被编为法国英雄史诗《罗兰之歌》，查理与罗兰被颂为欧洲中世纪封建君臣关系的典范和抵抗"异教徒"的榜样。这次出师不利并未使查理放弃努力，经过 20 余年不断出击，终于在比利牛斯山以南建立了西班牙边防区，并给予西班牙北部两个臣属的基督教小国以支持，为以后数百年间西班牙、葡萄牙人驱逐阿拉伯人的"光复运动"奠定了基础。

查理于 787 年进军巴伐利亚，废黜其公爵，将这个地区置于直接统治之下，此后继续向东推进，与易北河东岸的斯拉夫人部落发生战争，使一些斯拉夫人部落被迫臣服。法兰克人的进攻也迫使中欧的日耳曼人部落东移，这就是长达近千年的日耳曼人向东欧斯拉夫人和波罗的人地区渗透的"东进运动"的先声。

法兰克人同时也进军到多瑙河下游地区，对在潘诺尼亚的阿瓦尔汗国进行了大规模战争。阿瓦尔汗国是由亚洲迁来的游牧部落柔然人建立的，曾称雄一时，掳获了各地的大量财富。从 788 年到 796 年经过 8 年鏖战，法兰克人攻克了阿瓦尔人坚固的环形堡垒，灭掉了阿瓦尔汗国，得到大量战利品。

法兰克人在一些地区的小规模征服也造成了深远影响，如对弗里西亚地区的征服使后来的尼德兰开始了封建化与基督教化的进程；为抵御北欧人入侵建立的丹麦边区，为巩固在多瑙河统治建立的奥地利边区和在高卢西北角建立的布列塔尼边区，均对后来这些地区的发展起了重大影响。以大陆为基地的法兰克人在强盛时曾一度与阿拉伯人和拜占廷帝国争雄于地中海，迫使意大利南部的本尼文托公国称臣，控制了科西嘉岛与撒丁岛。

查理在位 46 年间（768—814 年）进行了 50 多次战争，使整个欧洲的形势大为改观。取代过去包围地中海的罗马帝国的，是一个北临北海和波罗的海、西临大西洋、南临地中海的陆地帝国。高卢、日耳曼和意大利地区被合为一体，势力并伸及西班牙人和斯拉夫人居住的地区。在这个广大帝国内，蛮族人与罗马人，基督教徒与原始异教徒的明确区分基本消除，大体一致的俗权教权封建统治开始形成。查理自然不能以一个蛮族国王的头衔为满足了。800 年，在查理进军罗马援救罗马教皇利奥三世时，于圣诞节在罗马圣彼得大教堂被教皇加冕为"罗马皇帝",取得了罗马帝国继承人和罗马基督教会保护者的地位。由此,也开始建立西欧、中欧广大地区是由皇帝与教皇实行双重统治的这种中世纪西欧封建法统的体系和理论。查理的这种地位不久便得到东罗马帝国皇帝与阿拉伯帝国哈里发的承认。

查理曼帝国的经济社会状况

法兰克王国之所以能够稳步扩张,最终成为一个大帝国,与其境内有着较为稳定的经济基础和社会结构有很大关系。法兰克人从事农业已有数百年之久,社会阶层逐步分化为贵族、自由人、半自由人和奴隶,与原高卢—罗马人中的元老贵族、自由公民、隶农和奴隶阶层分别有着相当大程度的融合。法兰克人的贵族封地也采用了罗马大地产庄园的经营方式。在法兰克王国建立后数百年间,由于贵族领主的压迫、侵夺,以及战争和灾荒,"自由人"这一阶层中许多人不得不实行"委身式",即宣称自愿托庇于领主的统治和监护,使自己的土地成为领主的"自由人份地",担负起向领主提供劳役、交纳产品、从军作战的义务。还有一种被称为"恩赐制"的方式,即自由人把自己的产业交给教会,再由教会转赐(实际一般为原有产业,可能有所增减)给其使用。这种进程大大增长了贵族、教会的财富和势力。不过由于这些依附者尚有自由人身份,生产与活动尚有一定主动性,同时独立经营产业的自由人尚有一定数目,使得法兰克王国能同时利用封建领主与自由人的财力和人力。半自由人和奴隶则源于原有的隶农和奴隶,以及被征服的某些部落、罪犯、俘虏、债务人及购买被掠为奴者等。他们多数也被安排在份地上耕作,但是他们必须担负繁重的劳役,交纳贡物,并附着在份地上世代由领主作为不动产继承或转让。领主尚有相当多的家内奴隶为之役使,并被作为动产看待。在法律上,贵族、自由人、半自由人、奴隶的地位是有明显差别的。阶层高的受到大得多的保护,而阶层低的则受到重得多的惩治。但是到查理大帝时期,这种法律差别有所缩小,即使奴隶也给予一些上诉主人的权利。

查理曼帝国时期国王和教俗大领主的大规模产业组织形式是庄园。查理大帝曾颁布一个长达70条的《庄园敕令》,一些教俗领地,如巴黎的圣日耳曼修道院等也留下了较详细的庄园记录。从这些文献中可以看到,庄园以农业为主,还有牧业、林业、渔业及其产品的加工业,以及制造各种生活用品、生产工具和武器的手工业等,在庄园内无所不包。庄园的生产一方面要自给自足,另一方面要提供给领主各个方面的需要，很少有分工专门生产和商品交换的情况。在庄园内，自由农民、半自由人和奴隶的基本劳动，是在划归自己名下的小块份地和领主自营地中规定的小块份地上耕作，有着不同的劳役义务与交纳产品的规定。从这些庄园材料中可以看到，生产门类和产品质量比从前有所进步，但农民的生活水平很低，即使封建主的生活方式也很粗陋。国王以至各级封建主对庄园的剥削经常采取"巡行"的方式，即带着大批人马轮流住在各庄园一段时期，消耗和带走庄园的产品。庄园均有专门的管事负责各种事务，严密地控制着农民的生产和生活，并设有教堂和法庭。当时组织得如此严密的大庄园不是很普遍的，主要是在国王的重要领地和一些教俗大封建主的领地上存在，但这种体制为西欧中世纪的庄园制奠定了基础。

在这种生产力水平难于提高的自然经济状况下，国王和各个领主以掠夺土地和劳动力作为增加财富的主要手段。这也就是法兰克王国不断扩张征服的主要动力。法兰克王国的行政单位、领地组织是与军事组织结合的，作战将领就是国王各地区行政官员，即伯爵、公爵和一些边防区长官，还有主教、修道院长和对国王效忠的封臣，士兵则主要是法兰克、高卢—罗马和日耳曼各地的自由农民。粮食、装备、武器、马匹、运输工具均必须由从军者自备，由将领监管负责准备齐全，结队出发。没有足够资产装备从军的人，则需几个人合为一组供应一个从军者，并为他提供各种服务。每年春夏由国王下令出征几乎成为一种惯例。战争的结果是封建领主得到大量土地财富，自由农民的生命财产则遭到重大损失，并耽搁了生产。这样农民能够担负从军义务者越来越少，也无法维持生产，越来越多的人把土地交给领主，以致人身依附为奴，又为教俗封建主掠夺土地和劳动力开辟了一条渠道。由于骑兵战术的发展，各级封建主组成的骑士队伍成为军队的主体，而供养骑士，为领主提供生活、作战物资和各种劳役便成了农民的必尽义务。伯爵、侯爵和公爵这些领主本来是国王管理各地区的行政官员，在这个变化过程中逐步把农民的土地和人身归为个人私有并世袭相传下去，农民便逐步变成了封建主的农奴。

城市与商业活动在查理曼帝国内仍然存在，但没有起到重要作用。由于生产力水平低下，自然经济占统治地位，罗马帝国时遗留的城市多半只是行政、军事中心和教会驻地，没有多少工商业活动；商人也多是犹太人、拜占廷人等外来人，经营少量奢侈品和本地无法生产的盐、铁等贸易，在法兰克王国的社会结构中是没有专门从事工商业的阶层的。法兰克人的这个大陆帝国，处于北面和西面为诺曼人，南面为阿拉伯人，通向亚非的道路为拜占廷人控制的状态，更加剧了这种闭锁情况。

在查理大帝统治时期，由于以上种种原因，社会结构已开始发生重要变化，即各个封建主不再是只为国王统治地方的官员臣属，许多人演变为独霸一方的封君，即把下属看作只向他个人效忠的封臣，把农民视为他的农奴，把地方看作他拥有财政、司法最高权力的世袭领地。国王为了取得这些势力强大的封建主的支持，不得不向这种倾向让步，颁予他们以"特恩权"文件，正式承认封建领主这种权力，同时在有些情况下，为了制止有些封建主对其他领地（尤其是教会领地）的侵夺，国王也给予这些领地特恩权以相牵制。国王发布的一些敕令也不得不承认私相缔结的封君封臣关系，以利于他们率军为国王作战。自此封建等级制开始形成，也就造成了王权衰微、帝国分裂的局面。查理曼帝国趋于强盛之结果，也就是它分崩瓦解的起因。

查理曼帝国在政治、宗教、文化方面的成就

查理曼帝国的建立距西罗马帝国的灭亡已有300多年，在此期间西欧一直处于分裂混战状态，古典文化的传统、罗马帝国遗留下的行政司法制度被破坏殆尽，基督教会也处于组织混乱、教派纷争之中，各个蛮族国家虽然时有兴亡，但蛮族部落原始落后，在文化方面一片空白的状态没有很大改变。查理大帝不但以武功建立了帝国，也非常重视以文治来巩固其统治。查理大帝在改进行政、司法制度，加强基督教会的组织和作用，提倡文化教育方面采取了许多措施，使这个短期统一的帝国出现了被后世称为"加洛林文艺复兴"的局面，对西欧中世纪文明的形成有着重大作用。

法兰克王国的统治方式保留着蛮族王国的许多传统，国王和法兰克人的贵族形成上层统治集团。据统计，在110个查理曼帝国的重要人物中有70人是出身于法兰克人旧地奥斯特拉西亚的贵族，有52人与国王家族有亲戚关系。宫廷和地方的重要官员多从法兰克贵族中选派。国王每年召开被称为"五月校场"的法兰克民众大会，由各地贵族率部参加。一方面这是民众表示对国王的拥戴和赞同这种原始民主的遗风，另一方面也是出征前的动员大会。国王一般在贵族会议中商讨重要事务，发布重要敕令。国王拥有最广大的领地和最充裕的收入，是战争的最高统帅、战利品的最高分配者，各级领主和民众均需向国王宣誓效忠。国王的权力没有什么具体的限制，可以发布

敕令修订各部落的传统法律，确立基督教会组织遵行的教义教规，进行司法判决，规定军役劳役、税收和物价。从查理大帝所发布的一系列敕令，可以看到他对行政、司法、教会、文化教育各方面均实行了许多改革性的措施。

查理大帝即位后，就要求全帝国境内 12 岁以上男子均需向皇帝宣誓效忠，要求每个人必须持有正确的基督教信仰，尊重国王的财产和各项权力，尊重教会，保护孤寡，服军役，交纳赋税，尊重法律，公正参加司法审判等。对于这些基本要求，查理大帝颁布了许多敕令加以具体规定。其中着重强调的改革性措施，一是加强和改善各种教会组织及其作用；二是修订法律，加强和改进司法程序，要以教安民，以法治国。而要做到这两点，又非要有文化知识的人才不可，由此出发，查理大帝便成了文化教育事业的提倡者。

查理大帝认识到，要统治一个幅员广大、部族纷杂的帝国，罗马基督教会是个最有力的工具。罗马教会各级组织如主教区、教区、教堂和修道院，虽在罗马帝国后期已开始建立，但在西欧长期分裂混战的情况下一直进展不大。罗马教皇名义上臣属拜占廷东罗马皇帝，但在基本的教义、教规方面已各执己见，分道扬镳，不少蛮族王国信仰的是反罗马教会的阿利乌斯教派，罗马教皇在自己领地上也经常腹背受敌，力竭计穷，向信原始宗教的蛮族部落传教也一直收获不大。教会组织管理松弛，腐败现象和各类丑闻层出不穷，教士知识水平极低，许多人根本目不识丁，一般民众对基督教信仰也没什么了解。查理大帝在建立帝国的同时，也一直着重努力改革教会的状况。他力倡保护和尊重罗马教皇，以罗马教皇为号召使全帝国的教会各组织一体化，帝国征服所到之处，原始异教、非罗马教会的基督教派均被铲除。查理大帝还操纵了罗马教会与拜占廷基督教教会的教义之争，主持制定了"加洛林书"，进一步确立了罗马教会的教义和仪式。800 年查理被教皇加冕为"罗马皇帝"后，罗马教会与东罗马帝国便基本脱离关系，号称"普世公教"的罗马教会，随着查理曼帝国版图的扩大，逐步统治了除巴尔干半岛和俄国之外的欧洲，这种"一统天下"的局面延续到 16 世纪宗教改革时才被打破。但查理大帝对罗马教皇虽然表面尊崇，实际上视为属下，历任罗马教皇虽有所不满，也无可奈何。至于大主教、主教和修道院长，更完全是查理大帝的部属。查理发布敕令，派出巡按使，检查教规遵行情形，讲道唱诗、举行仪式是否合格尽责，对教区居民是否达到管理监督之效。到查理统治后期，在帝国内已建立了 21 个大主教区，教堂更是无处不有，遍布欧洲的严密教阶组织从此开始形成。

查理大帝的另一个重大努力就是对法律和司法制度的改革。当时帝国内的众多部族各有各的传统习惯法，每个部族遵行自己的法律，这些法律大多原始落后，极不完备。司法制度更为简陋，迷信的"神裁法"、野蛮的决斗、血族复仇和只凭宣誓定案等广为流行。查理大帝决心整顿这种状况。他发布了许多敕令，对各部族的法律进行补充修改，并且强调，官员要根据成文法典而不是自己的意图审判，过去法律不合理的地方要修改，司法审判要公正无私，不允许贪赃枉法，司法审判要根据证据而不是言辞，严禁作伪证，并明确规定了建立十二人陪审团的制度，任何受到不公正判决的人，有权一直上诉到皇帝面前。尽管这些原则与历史上的实际情况并不符合，但当时能提出这些原则也是一大进步。查理大帝这些措施，为形成中世纪各部族之间通行的"普通法"体系奠定了基础。

查理曼帝国的基本行政区划是伯爵辖区，有300—600个之多。伯爵由国王任命，掌握行政、司法、军事、财政各方面的权力。在伯爵之下还有副伯（后一译子爵）、百户长等助理官员和下属。伯爵本是皇帝可以任免的官员，后来变成世袭的封建领主。查理大帝并在边疆要地设立边防区，边防区长官辖地较大，拥有权力也较大，这个职位是后来侯爵头衔的来源。个别拥有更大军事权力者或臣服属地（如巴伐利亚、阿奎丹、本尼文托等）的首领被授予公爵称号。为监督皇帝政令的实行，查理大帝设立了巡按使团，每个使团由一名伯爵和一名主教或修道院长组成，每年派出多个，分别巡行各地数次，拥有特别权力处理重大行政司法问题，监督各地官员和教会。查理大帝的宫廷传统上是为国王及其家庭服务的机构，设有御膳官、御厩官、侍从长、宫廷教士、书记、宫伯等职，随侍左右。国王的宫廷最初没有固定驻所，在帝国内尤其是国王领地内巡行，由各庄园提供宫廷的需求。在帝国建立后，查理大帝在奥斯特拉西亚的亚琛建立了大规模的宫殿和教堂，常驻于此；宫廷的各种人员也开始担负行政、司法、宗教、军事、外交等各项事务，逐渐变为专管各项事务的大臣。

查理大帝年少时没有受到多少文化教育，只是一位体格魁伟、武艺高强的蛮族霸主。但由于统治所需，他十分重视文化教育的作用。他在帝国内外大力搜求有学问的人才，如英格兰约克的阿尔昆、意大利比萨的保罗、法兰克人爱因哈特等，均被延揽到宫廷与查理大帝朝夕相处，并办了宫廷学校。查理大帝在敕令中曾表示自己对于推动学习要"不遗余力，全力以赴"，而自己应当"以身作则，努力提倡"。他认为："虽然正确的行为比知识还好，但是先有知识，后有行为。""只有正确地使用文字，才能学会正确的思想。"查理大帝虽已至老年，但仍乐于从头学习文化知识，掌握了拉丁语并学习希腊语，还学习算术、几何、天文和音乐。他要求宫廷成员、官员、教士都要学习，不只是学习基督教的文献，也要学习古典文化的"自由艺术"。他要求教会和修道院设立学校，教育儿童读书识字。查理大帝还亲自对宫廷学校的儿童加以监督，斥责不爱学习的贵族子弟"仗着出身，仗着财产，对我谋求上进的命令置若罔闻"。他声称只有发奋读书的人才能得到他的恩宠。他对下属的要求是"思想虔诚，谈吐文雅，行为端正，语言流利"。查理大帝大力搜寻古典文献和早期基督教文献，由学者们加以校正、抄写，使大量古代典籍得以流传至今。相当数量的附属于宫廷、教会和修道院的学校建立起来，使西欧经过一段文化黑暗后又重见一线光明。查理大帝也开创了君主以尊重奖掖学术为荣的好风气，对后来欧洲君主有相当影响。查理大帝在学习文化时也未数典忘祖，他又采取措施丰富了日耳曼人的语言词汇，收集整理了蛮族古代的传说歌谣，经过这段号称"加洛林文艺复兴"的努力，蛮族传统、古典文化与基督教思想文化进一步融合，奠定了欧洲中世纪文明的模式。

查理曼帝国的分裂与演变

尽管恢复罗马帝国的光荣和建立地上的"上帝之城"是查理曼帝国的理想，但这个帝国是在一位杰出国王的领导下，由一批封建主为掠夺土地财富而发动战争建立起来的，它的存在与发展要看是否符合封建主阶级的利益。到查理大帝晚年，法兰克人的征服能力已达到极限，对北欧诺曼人的进攻和地中海沿岸阿拉伯人的侵袭已无还击之力。各地封建主和教会上层不择手段地掠夺土地财富，不仅使大批农民破产，皇帝的各项权益也大受侵害。没有足够的自由农民为皇帝当兵效力，本来不多的税收和国家劳役也无从征发，王室领地甚至也被领主侵占。查理大帝多次发布敕令指责，派巡按使团纠弹封建主的跋扈，但收效甚微。教俗封建主已经"饱而思飏"，忙于扩张自己的势力而不愿再听命于中央皇权了。查理大帝不得不按封建主的势力范围，于806年立遗嘱将帝国平分给三个儿子，只是由于两个儿子先他而死，查理大帝才得以把统一的帝国和皇帝称号传给儿子虔诚者路易，于814年以72岁高龄去世。虔诚者路易的能力和权威远不如查理大帝，受贵族和教会势力的操纵。虔诚者路易虽然作了一些努力加强中央行政机构，利用教会改革来继续维护统一，但在以他三个儿子为首的封建主逼迫下，不得不在817年预先将帝国划分给三个儿子罗退尔、丕平和路易，长子罗退尔保留皇帝称号和对其他两个王国的最高统治权。此时皇帝的称号已不如实际领土有吸引力，当虔诚者路易想再划出一部分领土给新生的儿子秃头查理时，罗退尔首先发动叛乱，父子、兄弟间兵戎相见，多年混战不休，直至840年虔诚者路易去世。

此时，帝国实际上已分裂多年，本来由各个不同部族组成的地区已形成不同的系统。842年，当统治帝国东部的日耳曼的路易和统治帝国西部的秃头查理结盟反对长兄罗退尔时，订立了"斯特拉斯堡誓言"，为使双方所有参加结盟的封建主均能理解遵行，誓言不是用拉丁文，而是用东法兰克人通行的古德语和西法兰克人通行的古法语写成，并用两种语言当众宣读，这被认为是最早用古德语和古法语写成的正式文件。在罗退尔被迫求和后，三兄弟于843年订立了"凡尔登条约"，将帝国正式分为三部分，日耳曼的路易的东法兰克王国包括了大部分日耳曼部族居住区，如萨克森、阿勒曼尼亚、图林吉亚、巴伐利亚、卡林蒂亚等地区，成为后来德意志国家的前身。秃头查理的西法兰克王国包括了原高卢大部分地区及勃艮第、阿奎丹、加斯科尼和西班牙边防区，成为后来法兰西国家的前身。罗退尔的中法兰克王国则是夹在东、西法兰克之间的一个狭长地带，包括弗里西亚、洛林、阿尔萨斯、普罗旺斯、伦巴德，并对意大利中部的教皇国和南部的本尼文托、斯波勒托两个公国有宗主权，还保留有名无实的皇帝称号。但这个中法兰克王国部族纷杂，划界不清，此后千余年便成为东西两强反复争夺的对象。

罗退尔于855年死后，中法兰克王国便分裂为三，长子路易获得了意大利和皇帝称号，次子获得洛林，三子获得普罗旺斯。在870年统治洛林的次子死后，两个叔叔日耳曼的路易与秃头查理在墨尔森又进行了一次瓜分，日耳曼的路易得到了亚琛、科隆、特利尔、美因兹和阿尔萨斯，秃头查理得到了洛林的西部地区。此时，三个法兰克王国开始长期遭受诺曼人、阿拉伯人和马扎尔人的进袭，尤以诺曼人的威胁最大，几个法兰克王国被攻得无力他顾，名义上的皇帝称号便在几个王国中相对最有权势者之间转移。877年，秃头查理以皇帝名义发布"克尔西敕令"，开始承认各封建领主的权位可以不经皇帝或国王认可就能世袭。887年，帝国最后一个得到公认的皇帝胖子查理，由于面对诺曼人的进攻束手无策，被贵族废掉。此后，西法兰克王国（即法兰西）加洛林王朝的国王延续到987年，为卡佩王朝取代。东法兰克王国（即德意志）加洛林王朝的国王延续到911年，后来取代王位的萨克森王朝第二代国王奥托一世于 962 年被罗马教皇封为罗马皇帝，算是继承了查理大帝的皇帝传统。

　　查理曼帝国短暂的统一，使得欧洲地中海沿岸的罗马人的古典奴隶制社会和大陆腹地蛮族人的原始部落社会，在共同过渡到中世纪封建社会这个漫长过程中，跃进了重要的一步。帝国由于各地区在经济上缺乏联系，政治形势的分裂倾向，广大地区之间各部族在文化与经济上的众多差异，因而很快消失了，但它却留下了长久存在的影响，即欧洲中世纪所共有的政治、经济、思想、文化传统。

中世纪教皇国家的形成

段　琦　孙庆芳

在中世纪意大利的中部，有一片罗马天主教会的教皇直接管辖的领土，它就是长达 1000 年的"教皇国"（756—1870 年）。

教皇国的形成经历了一个漫长的过程。它始于公元 6、7 世纪，罗马主教掌握了罗马城及周围地区的统治权，格列高里一世（590—604 年在位）是第一位拥有强大势力的教皇。此后 8 世纪中叶法兰克王矮子丕平的"献土"，使教皇辖地进一步扩大。经过几世纪的变迁，这片土地不断延伸，其行政机构日臻完善，到了 12 世纪，教皇英诺森三世时期教皇国的势力达到了顶峰。

中世纪教皇国是基于教皇对世俗财产的要求，教皇神权与法兰克俗权相结盟的产物，是西欧封建政教合一统治制度的象征。教皇国的形成，使得教皇在神权之外，又成为一名世俗君主，保障了神权的独立，这是教皇发展成为西欧基督教会首领地位的重要因素。教皇国的出现意味着罗马与拜占廷关系的破裂，对日后西方新的拉丁体系的基督教文明的发展，造成了重要影响。与此同时，教皇国成为世俗和教会贵族争权夺利的"肥肉"，教皇神权急剧世俗化。在近代，教皇国成为意大利统一的严重障碍，最后淹没在统一运动的浪潮中。

"丕平献土"

"丕平献土"并非偶然，这是西欧，特别是意大利、法兰克的政治形势变化与西欧封建化关系的发展所决定的。

中世纪初期的西欧，逐渐出现两股大的政治力量，一是罗马天主教会的神权（神权化的政治势力），二是法兰克的世俗政权。

罗马天主教会在罗马帝国时期，已拥有大量的世俗领地和财产，主要是在意大利南部和中部。因为该教会自称是耶稣最大门徒彼得所创立，该教会教产统称为"圣彼得产业"。罗马教会借助于优越的地理条件——地处帝国都城，借助于彼得——耶稣最大门徒的继位人的资格，在西欧基督教会中享有较高的威望。它在西欧广泛传教，建立直属罗马教会（称"母教会"）的"子教会"。这样，罗马教会的势力渗透到西欧各地。

476年西罗马帝国灭亡后，东哥特王国（493—555年）在意大利建立，定都拉温那，尊东罗马帝国皇帝为皇帝。东哥特人信奉基督教的阿利乌斯派别，但对所谓正统的罗马天主教采取宽容政策，听任教皇自由发展势力。意大利人民处于日耳曼异族的统治和包围之中，把教皇看成是旧罗马帝国唯一存在的残余，视为罗马帝国存在的象征。教皇的确发挥了保存、维护罗马传统文化的作用。554年以后，东罗马帝国皇帝查士丁尼（527—565年在位）收复了意大利。他既通过设在拉温那的拜占廷总督控制教皇，又责成教皇和罗马元老院共同管理罗马。603年罗马元老院消失，教皇成为唯一的罗马最高统治者。

位于高卢地区的法兰克人是日耳曼民族中较强悍的一支。法兰克王克洛维（486—511年在位）看到基督教会在欧洲根深蒂固，认为要取得当地罗马贵族的支持，在西欧站住脚跟，进而吞并西欧其他信仰阿利乌斯派的日耳曼王国，就必须举起罗马教会的旗帜，于是他在496年毅然率领亲兵受洗，皈依罗马教会。法兰克王国成为当时西欧唯一的天主教王国。到了8世纪，该王国实权落到宫相矮子丕平手中，当时国王空有虚名，是个未成年的孩子。尽管如此，法兰克居民仍习惯地把国王当作王国的首领。丕平（741—768年在位）既想拥有实权，又要王国的最高荣誉，起意篡夺王位。他看到，要废黜国王，必须取得国内业已强大的基督教会的支持，而首先要征得颇有声望的教权首领——教皇的同意。丕平在751年为此事派使者到教皇扎迦利（741—752年在位）处，教皇很痛快地回答：掌握实权者应为王。丕平在第二年立即召集王国贵族、教士会议，将国王削发为僧，自己登上王位。

支持是相互的，当伦巴德人从北方进入意大利威逼罗马时，教皇便要求丕平协助解围。

伦巴德人568年开始入侵意大利，直接切断了拉温那和罗马的通道，占领意大利的北部，并在意大利中部和南端进行了扩张，出现了斯波勒托和本尼文托两个伦巴德人公爵领地。教皇的世俗领地和教产被侵占或受到威胁。东罗马帝国的疆域从埃及到波斯边境，从黑海到多瑙河流域，其防御力量是极其有限的，特别是从 7 世纪 40 年代起，阿拉伯人对拜占廷经常入侵，东罗马帝国全力以赴反击，对意大利的防卫几乎没有力量，拜占廷不得不默许和承认教皇在意大利的强大地位，让教皇组织抗击伦巴德人的力量。当时在意大利形成拉温那和罗马两个抵抗中心，意大利民众，包括东罗马帝国在意大利的军队，也倾向罗马。拉温那一度被伦巴德人占领。教皇一方面打着为东罗马帝国收复意大利领土的旗号，另一方面为自身收回教产而努力。

733 年，东罗马帝国皇帝利奥三世（717—741 年在位）没收了意大利南部的教会财产，作为对罗马教皇抵制"圣像破坏运动"的报复。这个举动激怒了教皇，教皇和拜占廷的关系急剧恶化。为了弥补教产的重大损失，教皇收复伦巴德人占领的领土的决心越坚，把这些领土据为己有的愿望就越来越强烈。因此，当 751 年伦巴德人兵临罗马城下，并于次年提出罗马归伦巴德人保护，罗马居民每个人头交纳一个古罗马金币的贡金时，教皇斯德望二世（752—757 年在位）先后采取了三个行动：一是向东罗马帝国求救，但后者没能派出一兵一卒。二是教皇光着脚，扛着圣像，带领属下神职人员进入教堂，把灰撒在恸哭的罗马居民头上，向天主乞求赐予和平，但是乞求了半天，也无济于事。最后，教皇把乞求的眼光转向法兰克王丕平，于 754 年 1 月赶到法兰克王国。

丕平曾受到教皇的支持，创建了加洛林王朝。教皇有难，丕平不好袖手旁观。考虑到以后还需教皇神权来支撑加洛林王朝，丕平决定全力帮助，丕平先是派出三个使团出使伦巴德王国，进行调停，均告失败，后来决定出兵远征。此时加洛林王朝尚未强大到可控制意大利领土，丕平的军事行动停留在为教皇收复失地，以赠礼的办法把意大利中部领土赠给教皇。丕平在 754 年 4 月于克尔西签订了献土的文件。

从 754 年到 756 年，丕平两次打败伦巴德人。756 年，伦巴德王艾斯托夫根据法兰克、罗马、伦巴德三方协议，把他侵占的意大利中部领土交给教皇。这片领土包括东罗马帝国在意大利的拉温那首府和大部分总督区，在彭达波利斯地区的大部分城镇，以及埃米利亚、科马基奥和纳尔尼的某些城镇。这时没有明确的边界，而是以罗马教皇和拉温那主教、两地贵族所拥有的地产为范围。丕平特意从巴黎派出一名修道院长，去索取这些城市的钥匙，连同 754 年献土的文本，一起放在罗马梵蒂冈圣彼得的陵墓上，以示丕平向天主、向圣彼得奉献的诚意。

教皇世俗权力的依据

754 年克尔西献土文件是教皇国最早的文字根据，可惜它失传了。另一个根据却是伪造的"君士坦丁赠礼"。

丕平献土引起了东罗马帝国的抗议，因为丕平理该将意大利中部领土归还拜占廷。丕平称他的献土是为了圣彼得，为了教皇替他的加洛林王朝祈祷。教皇为了确保自己得到的领土，竟然伪造了一封罗马皇帝君士坦丁大帝（306—337 年在位）的书信，称它是写给当时罗马主教西尔威斯德一世（314—335 年在位）的。这封信写道：君士坦丁大帝曾得麻风病，罗马祭司要皇帝用儿童殷红的热血洗澡，君士坦丁不忍心杀害无辜的儿童，没有依从。有一天，君士坦丁梦见天主向他启示，劝他领洗除病。他决定试验一番，就请求罗马主教为他施洗。当他跳入水池时，天空忽然显现出一只手，神采四射，向他伸来。一出水面，身上麻风病全好了。于是君士坦丁决定重谢罗马教会：迁都君士坦丁堡，把罗马，以至整个西罗马帝国都交给罗马主教及其后任管辖。

很明显，信中称君士坦丁迁都君士坦丁堡、奉献罗马给教会的说法是违背历史事实的。教皇当时并没有出示君士坦丁文件真迹。有的史学家认为，后来流传下来的书信文字是 11 世纪以后编造的，当时教皇只是口头说说，用于欺骗东罗马帝国。东罗马帝国不知底细，在这封伪书面前，除了哀叹，没有别的办法。这样，丕平的献土和伪君士坦丁书信相结合，奠定了教皇国的基础。这份伪造文件，到 15 世纪，才被意大利人文主义者洛伦佐·瓦拉经过缜密考证，彻底揭穿。

但是教皇拥有的这一片土地还不能称为国家，这不仅因为"教皇国"的名称是 11 世纪以后才出现的，更重要的是这些领土是作为教产接受的，并且教皇不能长期有效地行使主权。比如，赠送给教皇的拉温那总督区，由于有着较深的拜占廷影响，一直不服从教皇管辖，拉温那主教也不服从教皇的神权。另外，在意大利本土上，只要有伦巴德人的存在，教皇的世俗权力就受到严重的挑战。

768 年，教皇的保护人丕平去世，法兰克王国由他的两个儿子统治。王太后愿意与伦巴德人和解，让大儿子查理与伦巴德公主联姻。771年，查理成为法兰克王国的唯一统治者，他采取了支持教皇的政策。同年，查理与伦巴德公主离婚，查理与伦巴德王的联盟破裂。773年，后者举兵进攻罗马公爵领地，教皇阿德里安一世呼吁查理出兵，提醒查理应该担负起754年4月克尔西协定的义务。查理驱兵南下，一举灭了伦巴德王国，自立为伦巴德王，并且第一次采用了"伦巴德兼罗马人国公"的头衔。774年复活节，查理进入罗马，在教皇的要求下，他确认丕平献土，以武力压服拉温那主教承认教皇的领土主权。

但是，教皇又提出新的领土要求，要求查理把伦巴德人在意大利所占领的全部土地归还教皇。查理执意不肯，双方在781年重新签订协议，正式划定教皇领土的范围：罗马公爵领地（这是丕平时代没有明确提到的）、拉温那总督区、彭达波利斯地区，以及伊莫拉、波洛那、法昂扎、菲拉拉、安科纳、奥斯莫和奥玛纳等城市。规定教皇拥有这些领土的君权。协议还详细说明教皇在萨比尼、斯波勒托、本尼文托、卡拉伯利亚、托斯卡纳和科西嘉等地拥有的教产。查理以"罗马国公"的资格，拥有教皇领土上的司法审判权。

如果说，754年丕平与教皇的克尔西协定为教皇国的最早文献，那么查理与阿德里安教皇的这个协定就是教皇国历史上最有权威的协定，它保证了相当一段时期教皇领土的稳定性。

814年查理死后，法兰克帝国迅速解体，教皇失去强有力的保护，罗马城内贵族派系纷争，力图控制教皇人选，进而攫取教皇的世俗领土。于是，教皇总是要与新上任的法兰克皇帝签订协定，重申丕平献土和查理划定的教皇领土，以及对教皇承担的义务。至今原件保存下来的有824年协定，由虔诚者路易皇帝（814—840年在位）的长子罗退尔与教皇尤金二世（824—827年在位）签订，称为"罗退尔宪章"，规定法兰克皇帝向罗马派驻使节，监督教皇领土上的政治和宗教事务，每个新当选的教皇必须当着罗马人向帝国使节宣誓效忠。

从9世纪下半叶起，意大利诸侯强大起来了，教皇实际上只拥有罗马公爵领地的世俗权力。960年，意大利王贝冷加发兵攻打罗马，教皇约翰十二世（955—964年在位）急忙从日耳曼萨克森王朝奥托一世（936—973年在位）那里搬来救兵。次年，奥托一世替罗马解了围，教皇奉送他一顶桂冠，把他加冕为罗马帝国皇帝，奥托一世回赠教皇一个新的契约（962 年 2 月 13 日）①，保证为教皇收复教会领土，并加赐几座城池，继续向罗马派驻帝国使节，而教皇必须宣誓效忠神圣罗马帝国。这个契约只是加洛林王朝与教皇所达成的协议的重复，不同的是，教皇改换萨克森王朝作为靠山罢了。

契约签订的第二天，奥托一世就离开了罗马。奥托把收复教会领土的条款抛置脑后，教皇所乞求的保护成了一句空话。从 965 年到 996 年，罗马贵族克雷吕奇控制了教皇的人选，成了教皇领土上的太上皇，教皇所能控制的领土寥寥无几，势力衰微。这种局面一直到 11 世纪上半叶才逐渐改变。1001 年，神圣罗马帝国皇帝奥托三世压服了罗马的贵族势力，获得了教皇人选的控制权，为教皇索回了彭达波利斯地区的八个郡。1020 年，帝国皇帝亨利一世正式颁布诏书，下令恢复 9 世纪教皇领土的版图。但这诏书未能得到全面执行。

教皇国的最后形成

从 11 世纪中叶起，由于西欧封建割据与混战的局面十分严重，有统一组织的教会在经济、政治上相对强大起来。同时，许多人希望借助教会力量维持和平安定，希望教会革除积弊，变得更为强大。教皇的权势趋于顶峰。教皇权势的兴起是借助于克吕尼修道院的改革派的力量。改革派以法国克吕尼修道院为中心，在全西欧发起了一个广泛的运动，重振日益败坏的教会道德，反对俗人控制神权，反对教会神职买卖。该运动大大提高了教会以及教皇的威望。克吕尼修道院以它雄厚的经济力量支持教皇，击败了意大利世俗诸侯，占据了教皇宝座。1049 年，第一位德籍克吕尼改革派教皇利奥九世上台。他的出现预示着教皇世俗权力的发展进入了一个新的时期。

教皇利奥九世首先整顿罗马教会的领导机构，使之成为管理教皇宗教和世俗权力的"罗马教廷"。该教廷是在罗马教会主教公署基础上发展起来的，由主教公署原先的收发机要员和书记员组成专署，称"宗座文书局"，办理对世俗君王来往公函。"宗座财政局"也建立起来，主管教皇本人及教皇领土的财政事务。当时教廷最重要的一个机构是"枢密院"，它是由罗马教会高级神职人员——枢机主教组成的，统辖教廷政教事务方针，教皇从西欧各

———————————

① 这个契约的原本至今仍存梵蒂冈档案馆。

地聘请热心改革的教会人士担任枢机主教。

克吕尼改革派教皇尼古拉二世（1058—1061 年在位）在 1059 年制定了教皇选举法：教皇由枢密院枢机主教以 2/3 以上多数票选出。这就排除了世俗权贵的干预，教皇得以在政治上获得独立。

接着，改革派教皇们积极恢复和扩大世俗领土。他们广泛地派出钦差大臣——"教皇钦使"到意大利各地去，压服各地主教和诸侯服从教皇，指派教皇钦使主持各地政教事务。

1059 年，教皇尼古拉二世还与意大利南部的诺曼人达成协议，迫使意大利人归还在南意大利的教会财产和一些领地。诺曼人答应每年向教皇缴纳贡金，承担保卫教皇领土和教皇本人的职责。

12 世纪以后，罗马教会发展成西欧神权统治的国际中心，教皇的权势发展到最高峰，教皇国最终以独立的、体态完备的国家出现了。

教皇英诺森三世于 1198 年上台。他极力驱除德国在意大利的势力，首先是掌握西西里的控制权。他的成功是借助于意大利人民的反德情绪。

西西里原属诺曼人国王统治。1194 年德皇亨利六世通过他的妻室是诺曼国公主的关系，在西西里称王，施行残暴的统治，激起西西里人民的反抗。德皇亨利六世还无视教皇的领土主权，擅自将安科纳、拉温那公爵领地和罗马尼阿交给其心腹管辖。教皇英诺森三世上台前一年，德皇亨利六世去世，德国境内皇位争夺激烈，亨利六世的遗孀带着其子腓特烈二世（1194—1250年）在西西里躲避。腓特烈二世虽是西西里国王，此时还是个婴孩。教皇要求作西西里国王冲龄时代的监护人和保护人，得到皇太后的同意。教皇趁机行使西西里的摄政权。但这一举动引起亨利六世心腹的不满，举兵攻打西西里。教皇耗费了大量资财，组织军事力量，才打败了对手，控制了西西里，再次收回拉温那、安科纳以及罗马尼阿地区的主权。

教皇英诺森三世还利用教廷自制的地图到处索回教皇的领土。当时罗马教廷中流行着多种教皇领土的地图，标明丕平和查理曼赠送的城镇地域。这些地图实际上是前任教皇们随意绘制，任意扩大"赠礼"范围。英诺森三世就按照地图去行使主权，在他的势力尚未达到的地方，实行欺骗活动，如派出说客到托斯卡纳地区，宣称该地区自古以来就是教会的领地。与此同时，教皇还利用德国局势混乱，以及德国在意大利的领土出现无政府状态，趁机占领了梅迪奇纳、阿尔杰拉塔、蒙泰韦利奥和马革尔达的全部领地。教皇还把势力扩展到那不勒斯边境，和乌姆伯利亚与亚平宁山之间的富庶地区。

德国争夺皇位的两个家族也竞相讨好教皇。1198 年，竞争的一方——霍亨斯陶芬家族的腓力普表示，他愿意以"土地、城堡、钱财"的高昂代价，换取教皇为他加冕。教皇立刻派出钦使，到腓力普处协商，在腓力普答应教皇的一切请求之后，钦使赦免了腓力普曾率军侵占教皇领土的罪过。同年 9 月 8 日，教皇承认他为皇帝，举行加冕仪式。竞争的另一方——布伦斯威克的威尔弗家族奥托，也于同年自行加冕为德皇。双方大动干戈。1209 年 10 月，奥托最终获胜，教皇转而为他行加冕礼。奥托为获得这顶王冠，作出了许诺，并在天主面前发誓：确认教皇对西西里的统治权，承认教皇现在所拥有的领土为教皇国疆土。至此，教皇国最后确立。

1207 年，教皇英诺森三世在意大利维特尔博城召开会议，制定了教皇国的统治模式，即教皇国由各个省分治，各省省长由教皇委任，由教会高级神职人员担任，俗人只能担任下属官职，或统率各省自己的军队。各省省长每年要向教皇缴纳贡金，并宣誓效忠。这种体制与当时西欧封建的君臣封授制是一致的。

教皇国的最高权力机构是罗马教廷，各省上诉案件最后由教皇或教皇指定的枢机主教审理，在教廷中设立"教皇最高法庭"。教皇国以罗马为首都，以黄、白、绿三色旗为国旗，教皇为教皇国最高主宰。

教皇国在历史上存在 1000 年。它的存在确保了教皇行使神权的独立性。这是其他基督教会主教所不具有的条件。君士坦丁堡基督教会和罗马教会一样，在罗马帝国时代是由皇帝直接扶植的，它们是基督教界东、西两大中心。但是，君士坦丁堡教会始终掌握在世俗政权的手中，在中世纪它牢牢地受控于东罗马帝国。1054 年东、西教会正式分裂成"正教会""天主教会"后，君士坦丁堡教会虽是正教会之首席，却不能出现类似罗马教廷政教合一的中央集权机构。而罗马教会通过教廷不断发展宗教势力，形成天主教的教皇体制。

教皇国的出现可以说是意大利人民的灾难。这种封建专制神权统治的国家，是顽固的封建制度的象征，成为反对革命、反对进步的堡垒。意大利的统一事业只能推迟到近代来完成。在 19 世纪初至 70 年代，意大利人民不断与教皇国专制统治作斗争，最后在 1870 年完成了统一事业，以军事力量攻破了罗马，教皇国居民全体投票，以 99% 以上票数宣告教皇国的灭亡。

教皇国灭亡后，意大利历史上又出现"罗马问题"，即教皇不承认意大利王国，宁可充当罗马教皇宫——梵蒂冈宫的"囚徒"。罗马教皇经过 59 年的抵抗后，宣告失败，于 1929 年 2 月正式与意大利王国签订条约，承认既成的政治地理现实。意大利王国政府考虑到历史上教皇国的事实，给教皇一个体面的下场：在罗马西北角梵蒂冈，让教皇独自成立一个国家，面积 0.44 平方千米。这就是今天的"梵蒂冈城国"。不管怎么说，教皇又有一小块地方用以保障神权的独立。

中世纪神圣罗马帝国的兴衰

潘绥铭

神圣罗马帝国是中世纪欧洲继加洛林帝国之后出现并号称是其直接继承者的又一个庞大帝国。它自 962 年建立到 1806 年覆灭，延续 844 年之久。它以德国为主体，曾囊括现今的奥地利、瑞士、卢森堡、荷兰、法国东南部、意大利北部、西西里岛、捷克、匈牙利、波兰西部和北部等地，形成一个多民族帝国。它在欧洲许多国家，尤其是德国、意大利和东欧的历史上留下了深深的烙印，其影响直至近现代。从 11 世纪的授职权之争到 16 世纪的宗教改革，它与罗马教廷长期斗争，成为中世纪政教之争的最主要战线。它与欧洲各国的关系错综复杂，在它的历史上出现过一系列征战、角逐、联姻的悲喜剧。在中世纪欧洲政治格局和国家体系的形成过程中，它发挥了巨大作用。帝国本身的演变，其王朝更迭与疆域变化也是欧洲政治经济制度史上的突出现象。它始终没有形成中央集权的统一民族国家，而是实行独特的"选帝制"，是封建割据政治体制最典型和最巩固的代表。因此，了解中世纪神圣罗马帝国的来龙去脉，无异于掌握了理解欧洲封建社会史的钥匙之一。

帝国的建立和称霸欧洲的野心

神圣罗马帝国的主体民族是德意志人。他们是中欧日耳曼各部落的总称，居住在莱茵河两岸，分为萨克森、巴伐利亚、士瓦本和法兰克尼亚四大部落。9 世纪后半期他们在此基础上建立四个公爵领地，同为加洛林帝国的组成部分。888 年以后，加洛林帝国实际上已经分裂为法兰西、德意志、意大利、勃艮第、洛林等几个独立地区，但是建立大帝国和保持皇帝称号的思想已在法兰克国家各部分中深深扎根，就看谁能首先强大到足以实现这一目标。

911 年，德意志人中的法兰克尼亚公爵康拉德一世开始号称德意志国王，但他的势力仅限于本公爵领地，众望不归。萨克森公爵捕鸟者亨利却高明得多，他首先使图林根部落与萨克森结盟合并，壮大自己的力量。919 年 5 月他又迫使康拉德一世屈服，自己当选为萨克森与法兰克尼亚的国王，由美因兹大主教加冕，称亨利一世（919—936 年在位）。日后缔造并统治神圣罗马帝国的萨克森王朝由此开始。亨利一世在位期间办了三件为后世发展奠基的大事。首先，他按照蛮族军事民主制传统，用六年时间先后迫使士瓦本、巴伐利亚公爵承认自己为全德意志国王。其次，他向西打败法兰西国王，于925 年迫使洛林公爵归顺自己为婿。他向易北河与萨勒河以东的斯拉夫人开战，征服了几个部落，建立了梅泽堡前哨阵地，从而使波希米亚各公爵承认自己的最高领主权。德意志国家的基本疆域就此初步确定。最后，他于 928年把伯爵的称号和领地授予洛林主教，实际上就是把教会置于自己麾下，开创了王权控制、利用教权的先例。亨利一世作为德意志国家的奠基者，为后代开辟了通向帝国之路。

亨利去世后，其子奥托继承王位（936—973 年在位），并在亚琛的原加洛林帝国皇宫中加冕。这预示着这位坚定、务实、雄才大略的新国王将沿其父的三个方向，着手缔造帝国。

奥托继任国王时，仍按传统先由四大公爵同意，再经全体德意志人确认。这样获得的王权自然弱不禁风。奥托即位伊始，各公爵就开始反叛，连萨克森人也有不少支持其兄或其弟夺位。奥托则征讨与联姻双管齐下，逐一制服或取代了包括洛林在内的五大公爵；继而任命他们为王室的将帅、大臣、侍卫长等，实际上把他们变成自己的封臣与下属。他自己则不再是众公爵的首领，而是中世纪欧洲第一位真正名副其实的国王，其王权远比同时代的英法强大集中。

奥托继承其父利用并控制教会的政策。他为制服巴伐利亚公爵，直接任命了一位巴伐利亚主教，把原公爵的司法权授予他。此举开创了教会大贵族掌握世俗政权的先例，后世称为"奥托特权"，但同时也确立了主教由世俗君主授职的原则，为后世教俗之间的授职权之争埋下种子。

奥托在东西两面为巩固和扩大版图而战。他迫使法国国王屈服后，于950 年使勃艮第依附于己并划定它与法国普罗旺斯地区的边界线。加上早已数度争夺的洛林，这两个地区从此成为法德两国不断争夺、屡屡开战的导火线，直至近代。与此同时，奥托在东面已经占领了易北河与奥德河之间斯拉夫人土地的一半，并加强对波希米亚的控制。因此，与居住在匈牙利的马扎尔人的决战就不可避免了。955 年马扎尔骑兵全军出动，围攻奥格斯堡。奥托率五大公爵与波希米亚军于 8 月 10 日在该城附近的莱希彻底击溃敌军。这一战，不但马扎尔人对德国和西方的威胁彻底消除，而且为德国日后夺取匈牙利撞开了大门。奥托乘胜前进，于 968 年在马格德堡建立大主教区，专门统辖易北河以东被征服的斯拉夫人地区，基督教势力由此更广泛地深入东欧。

基业既稳，奥托便踏上前往罗马的征途，去实现其父遗愿和蛮族两百年来的宏图——摘取皇帝之冠。

意大利从 915 年起就四分五裂了。南部归顺拜占廷帝国，北部豪强争雄战乱不已。951 年奥托自称为意大利国王，961 年趁罗马教皇与地方豪强斗争失利向他求援之机，占领整个北意大利。962 年 2 月 2 日，奥托在罗马圣彼得大教堂由教皇加冕为皇帝。历史上的神圣罗马帝国从此正式建立，而奥托也因其文治武功被后世尊为奥托大帝。

但是奥托所创帝国当时尚无定名，他自己的称号也只是"帝国奥古斯都"。这个称号是查理大帝称帝时从古罗马帝国继承而来，并为加洛林帝国历代皇帝所沿用。其全称是"上帝加冕的最伟大的奥古斯都，君临罗马帝国的伟大慈祥的皇帝"。这一称号并不表明皇帝的统治范围和帝国的实际版图。奥托沿用之，意在表明自己是加洛林帝国的合法继承者，因而是欧洲基督教世界和世俗各国之主。因此过去和现在都有不少历史学家把加洛林帝国也包括在神圣罗马帝国世系之内，而我国则从 962 年奥托称帝开始计算。"罗马皇帝"这一称号是从奥托二世（973—983 年在位）开始沿用的。从康拉德二世任内的 1034 年起，帝国才定名为"罗马帝国"，用以指明该皇帝当时的统辖地域。1157 年腓特烈一世又把帝国尊为"神圣帝国"，到 1250 年才两称合一，确定"神圣罗马帝国"的国名。随着帝国日衰，1440 年后又改称"德意志民族的神圣罗马帝国"，到 1508 年连皇帝也改称"选帝"了。帝国和皇帝称号的演变如历史之镜，映出神圣罗马帝国由兴而衰的过程。

奥托大帝创建了帝国，但也从此把后代带进了干涉控制意大利这个泥潭。在他之后，萨克森王朝（919—1024 年，1125—1137 年）和法兰克尼亚王朝（或称萨利安王朝，1024—1125 年）的八位皇帝无不陷入一种可悲的恶性循环中：前一个皇帝攻掠意大利，赴罗马加冕，耗尽国力后暮年归国（其中大败而只身落荒的就有三位）；新帝刚一即位就面临国内大贵族的反叛与东西方敌国的攻战，竭尽全力平定局势后，却又奔向罗马，重蹈覆辙。

两朝八帝都秉承一贯政策，对罗马教皇和本国教会既利用又控制，有利可图时也不辞效力，只是手法不同。亨利二世（1002—1024 年在位）把整块伯爵领地及其司法权授予各主教，故于 1146 年被教皇追封为圣徒。亨利三世（1039—1056 年在位）把匈牙利纳入西欧基督教世界，从而把东正教势力从维也纳附近驱逐到贝尔格莱德一线。历代皇帝都坚持自己拥有的主教授职权。他们推动并利用 11 世纪开始的罗马法复兴运动，同日益增长的教皇势力斗争。例如康拉德二世（1024—1039 年在位）就宣布，在帝国一切领地上，包括罗马，必须按罗马法而不是教会法审理任何案件。这种斗争终于导致了 1075 年皇帝亨利四世与教皇格列高里七世的授职权之争，而且在 1122 年的沃尔姆斯和约之后，也一直持续下去。

帝国在内政外交上毕竟还是获得了不少成就。从康拉德二世起，皇帝支持和保护中小封建主对其领地的自由继承权，并一度推广到北意大利，在一定程度上削弱了大贵族的力量，也加快了帝国内相当迟缓的封建化进程。对外，帝国于 1034 年攻占然后吞并了勃艮第王国（法国称之为法朗什孔太），使其成为阻止法国插手意大利的主要屏障。

霍亨斯陶芬王朝与帝国的衰落

如果说萨克森王朝和法兰克尼亚王朝时期是神圣罗马帝国创立和日盛的阶段，那么接下来的霍亨斯陶芬王朝（1138—1254 年）就是帝国盛极而衰的开始。

霍亨斯陶芬王朝得以建立，实际就是大贵族势力已足以抗衡王权的标志。萨克森王朝的罗退尔三世死前，已把王位留给女婿。但各公爵和主教惧怕强大王权的延续，就另选他们认为势力最小、性格懦弱的士瓦本的霍亨斯陶芬家族的康拉德三世为王（1138—1152 年在位）。康拉德三世却不甘为傀儡，与德意志最强大的另一家族威尔夫家族长期激烈斗争，但至死也未见输赢。因此他无暇顾及意大利事务，成为帝国历史上第一位未去罗马加冕的皇帝。1152 年 3 月 4 日，其兄之子腓特烈一世当选国王，这就是著称于史的巴巴罗萨（红胡子之意），后世尊为腓特烈大帝（1152—1190 年在位）。在他任内，神圣罗马帝国似乎一度恢复了奥托大帝时代的强盛与荣耀。

身高貌伟的腓特烈一世像奥托大帝一样雄才大略、野心勃勃。但他所面

临的形势却今非昔比。内部大贵族势力日大，难以制服；外部法英两国王权
与国势都已大大加强，尤其是昔日俯首帖耳的教皇经授职权之争已与皇帝平
起平坐，国内教会贵族更加听命于教皇，形成新的分裂势力。腓特烈审时度
势，决心把夺取意大利、制服教皇作为主攻方向，以巩固和提高皇帝地位，
威压内外敌手。

　　1153 年，腓特烈率军攻入罗马，教皇不甘失势，在加冕问题上对他百般
刁难纠缠，直至 1155 年 6 月 18 日才勉强为之加冕。经此一事，腓特烈备感
教皇权力的威逼与制约，于是他利用罗马法复兴的成果，于 1157 年在帝国
名称上冠以"神圣"一词，直接与教皇自命的"神圣教廷"称号抗衡。他
还仿效奥托大帝随意废立教皇，于是 1161 年历史上第一次出现教会选举的
教皇与皇帝拥立的教皇对峙的局面。1165 年腓特烈拥立的教皇巴塞尔三世发
布圣谕，承认神圣罗马帝国具有与加洛林帝国相同的性质、地位和权力。这
等于重申查理大帝和奥托大帝皇权高于教权，高于各国王权的原则。至此，
政教之争达到顶峰，皇帝领先一步。

　　法理上的权力要靠牢牢控制意大利才能实现，而这正是腓特烈无能为力
之处。此时意大利各城市已相当强大，它们奋起反抗帝国的统治与剥削。法
英和东欧各国以至拜占廷帝国都不能容忍这样一个强大帝国再度君临欧洲，
纷纷牵制破坏。因此腓特烈虽然六攻意大利，略地毁城屠掠一空，却屡战屡
败，尤其是 1166 年的罗马之战和 1176 年的雷纳诺之战，其精锐骑士死伤殆
尽，自己只身脱逃，连军旗和自用盾牌也皆为敌获。他只得签约放弃对北意
大利诸城的一切要求。尽管他安排其子亨利六世（1190—1197 年在位）利
用联姻，于 1194 年吞并了西西里王国，但已于事无补。1177 年腓特烈签约
承认教会选举的教皇为唯一合法者。1179 年教廷又制定新的教皇选举法，改
过去一致同意原则为 2/3 多数原则，于是昔日皇帝利用自己的亲信大主教阻
挠破坏教皇选立的一贯手法也告失灵。

　　腓特烈以外战解内忧的国策适得其反。各公爵在连绵的对外战争中拥兵
自重，正是他们的反对迫使腓特烈屈辱地匆匆结束征讨意大利之战。尤其是
宿敌威尔夫家族的狮子亨利公爵趁机向东向北扩张，占领了莱茵河下游直到
今日荷兰的广大地区，夺取并扩建了 1143 年建成的北方重镇律贝克以及斯
拉夫地区的梅克伦堡和波美拉尼亚。地广势大的亨利已成腓特烈心腹大患。
1180 年，腓特烈援引部落传统与封建领主法强行分割了亨利的全部领地，重
新分封给自己的亲信，进而剥夺了亨利的职权与爵位。腓特烈从巴伐利亚划

出一个单独的公爵领地——奥地利，从萨克森划出威斯特发利亚公爵领地。他又把律贝克收归皇帝直辖，此即"帝国城市"的首例。王权虽一时稳固了，但霍亨斯陶芬家族与威尔夫家族的斗争却绵延不绝，遍及帝国，尤其是新划出的各公爵领地随即就成为新的分裂之源。

1190 年，"伟大的皇帝"腓特烈一世死于十字军东侵途中，而"最强大的教皇"英诺森三世（1198—1216 年在位）却在帝国首次王权大危机的时刻登上了历史舞台，把皇权打得一蹶不振。

1197 年亨利六世死后，腓特烈之弟腓力普继位。但狮子亨利次子奥托·威尔夫也在英国扶助下称王。次年 6 月内战爆发。英诺森三世于 1205 年为腓力普加冕，意在乘其求助之机压倒皇帝。1208 年伯爵奥托谋杀腓力普后继位，亨利六世之子腓特烈也于 1212 年宣布为王，双方分别在英国和法国的支持下打了一场四年之久的"代理人式的内战"。最后还是腓特烈向教皇屈膝讨好，许诺顺从，英诺森三世才于 1215 年宣布废黜奥托，批准腓特烈为王，称腓特烈二世（1212—1250 年在位）。帝国和霍亨斯陶芬王朝竟落到靠教皇来结束内战并保障其延续的可悲地步。

腓特烈二世想重占意大利以反抗新教皇的欺压，为此他不惜向国内教俗大贵族作出重大让步以求他们的支持。1220 年 4 月他在法兰克福发布国务诏书《教会公侯特权法令》，1232 年 4 月又发布更为著名的《（世俗）公侯特权宪章》。这两份诏书授权教俗大贵族随意建立城堡和城市，在各自领地内拥有设卡、征税、铸币、司法的全权，并公然称他们为"一邦之君"。诏书打击原是王权支柱之一的城市，禁止它们结盟，禁止收留入城农民。这两份诏书此后成为德国的基本法，是后来帝国分裂割据政治体制的基础，也是选帝制和《金印诏书》的直接法律依据。

对大贵族的让步并没有给腓特烈二世换来在意大利的胜利。伦巴德城市与教皇结盟，在 1249 年的法塞尔塔战役中大败其军，俘获其子及 3000 官兵。次年 10 月腓特烈二世在悲戚中死于意大利。通向罗马之路至此已被断绝，但其后代仍如飞蛾扑火般接踵而来。霍亨斯陶芬家族最后一个男后裔，15 岁的小康拉德所率 7000 骑士，在 1268 年 8 月 23 日的塔利亚科佐之战中全军覆灭，他本人被俘后在那不勒斯被斩首。从此，该家族灭绝，帝国在欧洲的优势丧尽，意大利实际上已脱离了帝国。

此外，历代皇帝还卷进了十字军东侵的恶流浊浪。康拉德三世领导第二次十字军，腓特烈一世丧命于第三次，腓力普策划第四次，腓特烈二世则发起并亲率第六次。他们都企图在"圣战"中重振皇威，却都徒费国力，无获而终。

霍亨斯陶芬王朝终结于外患内忧之中，这是 1220 年和 1232 年两份诏书的直接结果。该王朝最后的皇帝康拉德四世（1250—1254 年在位）死后，大贵族蜂起夺位，但又势均力敌，无一胜者，形成 1254—1273 年的"大空位时期"，或称"皇位虚悬时期"，帝国险些告终。因此，如果给霍亨斯陶芬王朝立墓碑的话，就应该写上："驾驭教廷的皇帝之威、挟制全欧的霸主之势、囊括意大利的帝国之梦、喝令本族诸侯的王权之声，皆随之而逝。"

帝国的体制向巩固封建分裂发展

大空位时期虽短，帝国的政治经济制度却发生了重大变化，并延续到帝国之终。

首先是七大选侯出现并垄断选帝权。直到 1198 年，按照传统，凡是帝国属下的公爵伯爵一级的教俗贵族都可以平等地参加选举皇帝。但康拉德四世的继任者荷兰伯爵威廉却没有召集这样的选举会议，只征得帝国几位最有势力的教俗大贵族的同意便自称国王。1257 年他死后又需选举新王时，大贵族便援引先例垄断了选举权，排斥了中等贵族。他们商定三条基本原则。（1）只有帝国内领地最大职位最高的七位教俗诸侯才可选帝，故称选侯。当时是美因兹、科隆、特利尔的三位大主教，莱茵区的帕拉提纳特伯爵、萨克森公爵、勃兰登堡总督。第七位选侯因巴伐利亚公爵与波希米亚国王相争而未定。（2）选帝权由选侯世袭。但女婿是否可继承未定。（3）选举必须一致同意才有效，即每个选侯都有否决权。选侯制由此始，并因发挥作用结束了大空位时期而得以确立。选侯制不但宣告集中强盛王权的结束，也因此产生了新的问题，注定大贵族将为争夺选侯职权而无休止地争斗。

其次是帝国骑士的产生。伯爵、男爵、修道院长之类的中小封建主一直是帝国军队的主力，历代皇帝也一贯扶植保障其地位及小领地继承权。他们人多势众，倾向皇权，又实际统治帝国大片领土。选侯们既无法消灭他们，又需要其支持，于是作为垄断选帝权的一种补偿，承认他们为帝国骑士，即由帝国而不是某个领主分封的骑士，大贵族不得干涉或剥夺其各方面的独立权利。结果，数百个独立小国在帝国内林立起来，长期混战，实为另一乱国之源。

　　最后是帝国城市与城市同盟的建立。11世纪起陆续出现的德国城市，有许多经长期斗争获自治权后，又逐步发展为具有公爵、伯爵领地的同样权利，独立于任何领主，仅仅承认皇权，故称为"自由的帝国城市"。其首例即律贝克城。各城市为抵抗大贵族和盗匪般的帝国骑士的侵掠而结成同盟。1226年组成的莱茵同盟到1254年已包括从科隆到巴塞尔的70个城市。次年其代表参加帝国会议，但因内部矛盾而于1257年瓦解。1256年，波罗的海沿岸各城市以律贝克、罗斯托克和维斯马为核心结盟，1299年正式组成著名的汉萨同盟，立足于战乱之世达413年之久。

　　大空位时期波希米亚国王奥托卡二世势力膨胀威胁他人，选侯们出于恐惧一致选举哈布斯堡家族的鲁道夫一世为王（1273—1291年在位），并支持他于1278年击败并杀死奥托卡二世。哈布斯堡王朝由此出现于帝国历史。虽初期仅有鲁道夫一世和阿尔布雷希特一世（1298—1308年在位）两人称帝，但该王朝后来从1438年起直到帝国之终统治368年。鲁道夫一世的长子则从1282年起受封奥地利，开创了奥地利的哈布斯堡王朝，一直统治到1918年，历时636年，是欧洲最长寿的王朝之一，并因此在帝国内举足轻重。

　　鲁道夫一世的继位是帝国政治的一个转折。他承认法国已在欧洲事务中居支配地位这一严酷现实，放弃干涉和控制意大利的企图，只求保住罗马皇帝和意大利国王的虚名。他开始使用"帝国的德意志部分"这一概念，实乃自认仅是德意志国王之始。他一反旧策，承认帝国城市的独立地位，批准城市同盟，甚至不惜动用武力打击那些横行霸道的帝国骑士，以保障城市的权益。他利用嫁女结亲（他有6个女儿）拉一方打一方，驾驭大贵族。他首次规定帝国领地应与诸侯领地分开。他吞并了匈牙利，却无法阻止瑞士联邦实际上永远从帝国独立出去（1291年）。他在国内恢复了秩序和管理，避免了帝国在大空位后解体，但他一无丰厚收入，二无强大军队，三无统治机器，只能维持松散的表面的统一。因此，皇位虽不再虚悬，却已被架空了。尽管如此，鲁道夫一世加强王权的努力仍然惹恼了选侯们，1308年以后的130年间，他们再也不允许哈布斯堡家族登上皇位了。

　　1308—1313年和1346—1437年的卢森堡王朝，1314—1346年的巴威王朝，历经七帝。其间，1323—1324年法国操纵的阿维农教皇连发三道圣谕，宣布神圣罗马帝国不过是教皇的一块封地，应受教皇统治。皇帝路德维希四世攻入罗马，于1327年破天荒地不由教皇，而由罗马城人民代表加冕。但与教皇的斗争毕竟败局已定，因此从 1220 年到 1530 年的 310 年间，16 位皇帝中只有 5 位承蒙教皇加冕，此后就一个也没有了。

为反抗教皇，路德维希四世于 1338 年在伦塞召集的一次帝国会议宣称：即使皇帝不是由全票而仅由过半数票选出，教皇也无权干涉其权力。结果宣言确立的选帝新原则反而更有利于教皇的干涉。1346 年路德维希尚在人世，教皇就纠集过半数选侯按新原则选举亲教皇的查理四世（1346—1378 年在位）为帝。

查理四世所属的卢森堡家族以波希米亚王国为根基，因此他把德意志的利益放在第二位，把神圣罗马帝国斥为"不合时代的错误"。卢森堡王朝各帝也都如出一辙，故后世皇帝指责他们是"波希米亚的亲爹，帝国的后父"。在当时内外交困的窘境中，查理四世对外一味忍让求和，对内则企图用空前的让步换取诸侯对他和卢森堡家族的支持。1356 年他发布《金印诏书》（或译《黄金诏书》），其主要内容，一是把选帝制完善定型，即七大选侯确定为以波希米亚国王为首，保留原定的 6 个，排除巴伐利亚公爵；选侯由长子继承，选票过半数即生效，选出新帝前由选侯共同执政，选举地定为法兰克福。二是重申 1220 年和 1232 年特权法令授予教俗贵族领地内独立全权，又加上宣战权（附庸反领主除外）。

《金印诏书》果然给查理四世个人带来一时的虚荣。他加冕为帝后又兼任意大利和勃艮第国王，还险些继承法国王位。他生前就安排其子当选为帝，延续了卢森堡王朝。但他也打开了潘多拉盒子。诸侯成为绝对君主，除徒有虚名的帝国会议外，中央政权荡然无存，皇帝又降为蛮族时代的众王中较强者。帝国和德意志只不过是一个地理概念而已。

查理四世死后，卢森堡、哈布斯堡、维特尔斯巴赫三大家族开始长期争权夺利，并与教会大分裂时期（1378—1417 年）三个对立教皇的相互斗争紧紧纠缠在一起，加剧了动乱。德国南部的城市同盟与诸侯联盟内战四年之久。尤其是 1419—1434 年的捷克（波希米亚）胡斯战争严重动摇了卢森堡王朝的根基。贵族和选侯需要一个较强的皇帝来保卫东部边界，遂于 1438 年重请哈布斯堡家族出山，选举该家族阿尔布雷希特二世为帝。他在位两年即死，由腓特烈三世继位（1440—1493 年在位）。新帝立即启用"德意志民族的神圣罗马帝国"的新称号，以示其明智务实之心，其实不过是为时过晚地承认 1250 年以来帝国的可怜相罢了。1508 年马克西米连一世又经教皇批准自称"被选出的皇帝"。因此直至帝国之终，所谓哈布斯堡王朝其实只是一块既不神圣，又无罗马，更非帝国，连真正的皇帝也没有的土地的名义首领，只是德国封建主的虚荣心所需要的一种梦幻偶像而已。

神圣罗马帝国对欧洲各国的重大影响

神圣罗马帝国自建立之时起，就处在欧洲政治斗争的旋涡中心，而它也掀起过阵阵风浪，波及四邻各国。

帝国和教廷始终同为意大利分裂和内乱的两大祸根。除了延绵数百年的皇帝与教皇之争殃及意大利之外，从 12 世纪起，德国霍亨斯陶芬与威尔夫两大家族的争斗也扩大到意大利。前者与意大利大小封建主结盟，组成"吉伯林派"（皇帝派），其名源于霍亨斯陶芬家族在士瓦本的威伯林根城堡。后者拉拢工商业城市结成"圭尔甫派"（教皇派），其名源于威尔夫家族名称。双方的流血斗争持续到 15 世纪，意大利各阶层各地区，包括但丁那样的文人学士无不卷入其中。虽然两派的斗争后来逐渐具有靠谁来统一意大利的意义，但其结果只是皇帝与教皇瓜分意大利的分配比例不时变化而已。

从 1140 年左右起，德意志人开始向易北河以东的斯拉夫人地区大规模移民，史称"向东突进运动"，并于 1220—1270 年达到顶峰。这种移民实际上是帝国王公贵族（尤其是狮子亨利）直接发动、亲自组织和领导的大规模对外扩张。他们控制了匈牙利，把帝国边界推进到奥得河以东，甚至接近维斯瓦河。他们还在波罗的海南岸和东岸建立了许多飞地或城市，如里加、多尔帕特、累发尔等。1300 年以后大规模移民趋于停顿，但在第一次十字军东侵中由德意志人组成的圣剑骑士团和条顿骑士团以空前残酷的灭绝性征战继续这种扩张。1226 年波兰公爵请条顿骑士团来征服非基督教徒的普鲁士人，同年皇帝腓特烈二世封骑士团团长为帝国公爵，领有东普鲁士地区。从 1280 年到 1410 年，条顿骑士团以剑与火为德意志移民开路，建立了拥有 1400 个村落和 93 座城市的国家，还力图把版图与帝国本土相连。虽然条顿骑士团于 1410 年被波兰和立陶宛击败，以后又臣服波兰，但普鲁士从此成为德国插在东欧腹背的一把利剑。帝国镇压了胡斯起义，分裂毁坏了捷克，奥地利从此居于几乎全东欧的领袖地位。另外，它也领导了东欧和巴尔干地区反抗奥斯曼帝国的斗争。

帝国在与法、英的斗争中，强时动武，弱时联姻。1437 年帝国已衰，却用联姻吞并了卢森堡公国。1477 年勃艮第公爵在镇压尼德兰城市时败死，只遗一女。皇帝马克西米连一世（1493—1519 年在位，当时尚未当选）与之结婚，又与法国激战数年，终于在这场"勃艮第遗产之争"中获胜，把勃艮第与尼德兰纳入帝国版图。后来马克西米连之子与西班牙公主结婚，生子查理。1516 年查理以外孙身份继承西班牙王位及其全部领地：那不勒斯和西西里、撒丁岛和广阔的美洲殖民地，称国王查理一世。1519 年他又以孙子身份高价贿赂七大选侯当选为皇帝，称查理五世。他在 1521—1544 年连续 4 次发动意大利战争，击败法王，几乎控制意大利全境。他还侵占北非，占领除巴西外整个中南美洲。查理五世的三大洲帝国在欧洲史无前例，但这绝不是神圣罗马帝国的复兴，只是哈布斯堡家族婚姻、武力加阴谋的外交政策的一时产物。这个怪胎既无政治经济基础又违背建立民族国家的历史潮流，连查理五世也意识到了，他 1555 年逊位时重又把德国与西班牙分开。此后德国疆界就基本固定下来了。

　　15 世纪和 16 世纪德国内部矛盾更加激化，查理五世加强王权的企图一开始就被诸侯挫败。此时，历史上皇帝与教皇的争权已转化为德意志民族与罗马教廷之间、广大人民与腐败教会之间的斗争，并引发了 1517 年起的马丁·路德宗教改革。同时，德国教俗封建主自《金印诏书》发布后加紧对农民的压迫剥削，农民则从 1476 年起发动"吹鼓手小汉斯""鞋会""穷康拉德"等一系列起义，最终发展为 1524—1525 年的农民战争。这两场风暴并没有破除帝国内部的纵横樊篱和外部的紧束枷锁，无法无天的大小诸侯反而获得了割据混战的新理由和新动力。17 世纪，天主教在内部改革后向新教反扑，荷兰、英国、法国、西班牙、瑞典、丹麦等国都不同程度地强大起来，把德意志地区视为"帝国遗产"，行将瓜分。两者归一，触发了几乎彻底毁灭德国的三十年战争（1618—1648 年）。

　　德国农业、手工业和商业曾在 14 世纪和 15 世纪大大发展，在采矿业等部门中还出现了资本主义萌芽。但分裂的帝国无法形成共同的经济中心，加上封建贵族的打击剥削，德国经济 15 世纪末就落到了西欧各国后面。尤其是德国完全被排挤出海外扩张和殖民掠夺的圈子，使其工商业发展和资本主义萌芽被扼杀，长期停滞在封建农业社会的阶段。一度繁荣的帝国城市虽然在 1489 年被明确列为帝国会议的正式成员，但为时已晚，城市在外国蓬勃发展的商品经济的强大竞争下一蹶不振。它们既无力支持王权（实际上也无王权可支持），也无力重振经济，非但不能缔造国内统一市场，连地区性经济中心的地位也是勉强维持。1669 年汉萨同盟苦苦挣扎，无法维持，终于宣告解散，德国内部不复存在任何足以统一与复兴的经济力量。

德国文化发展还算顺利，从奥托大帝到腓特烈一世、鲁道夫一世等著名皇帝，不但武功赫赫，文治也卓越。皇帝中也不乏多才多艺之人。帝国宫廷中容纳、培养了不少法学家、艺术家，教会中产生了马丁·路德这样的伟大思想家。1348 年布拉格大学创立，日后成为中欧学术与文化中心。到文艺复兴时代德国大学已近 20 所，并涌现出伊拉斯莫、胡登、丢勒等一批人文主义大师与艺术巨匠。德国人发明了齿轮钟与金属活字印刷术，一度几乎垄断全欧的印刷、制钟、制海图、制航海仪器及宝石加工等行业。但这些成就都被帝国的分裂与落后损害，后继乏人。

三十年战争后，荷兰与瑞士正式脱离帝国，德意志分裂为 360 个小国，混战不已。帝国存在的唯一象征只是帝国会议，而小贵族和市民在其中几乎不起作用，唯有普鲁士与奥地利形成两个新的对立的权力中心。勃兰登堡的霍亨索伦家族（1415—1918 年）从 1618 年起成为普鲁士公爵，逐步建立起普鲁士军事专制主义官僚国家，并成为德意志诸邦中最强者，一直与哈布斯堡家族争夺帝位。至 19 世纪初，法国大革命的民主共和狂飙给帝国以最后一击。1806 年 4 月 6 日，在拿破仑的威逼下，皇帝弗兰茨二世被迫放下皇冠，宣告卸去帝国首领之职责。神圣罗马帝国这具政治僵尸终被埋葬。

天主教神职册封权之争

孙庆芳

天主教神职册封权之争是中世纪西欧特有的历史事件。它发生在 11 世纪下半叶至 12 世纪初，斗争是在教皇与德皇之间展开，以妥协的方式告终。这场斗争是中世纪教权和王权第一次公开的、大规模的较量，斗争的实质是争夺世俗财富和权力。

神职册封权的由来

"神职册封权"，亦称"主教叙任权"，或称"授职权"，指的是授予天主教和修道院长一类高级神职人员以封地和职权的一种特殊权力。"册封权"一词源自拉丁文，原指中世纪初期西欧封建主对其附庸授以领地的权力。天主教会借用来指授予主教、修道院长指环和牧杖，象征对其封地拥有宗教权力，授予权标，象征拥有封地的世俗权力。

为什么主教和修道院长拥有宗教和世俗两种权力呢？这要介绍一下基督教①主教制和修道院制产生、发展的情况。

基督教在 1 世纪初产生于巴勒斯坦，逐渐在地中海沿岸一带传播，当初基督教会由一些长老共同主持，到 2 世纪以后逐渐出现一些固定的教会监督人，专门管理教会事务。这些监督人成为神职人员，出现了我们今天所称为"主教"的职位。起初每个教会实行多主教制，到了 2 世纪中叶后，转变成单一主教制。在 313 年罗马皇帝君士坦丁大帝（306—337 年在位）正式承认基督教合法地位之前，主教们仅有宗教权力。在 313 年以后，君士坦丁大

---

① 在 1054 年基督教东、西教会正式分裂之后，西欧基督教会才独立成为天主教系统，在这之前统称"基督教"。

帝馈赠教会世俗领地，准予神职人员免除徭役和赋税，允许教会有买卖奴隶的权利。鉴于帝国的东方教会中出现异端派别，北非出现反对帝国统治的教会分裂派，君士坦丁大帝赋予主教，特别是正统派主教审判教徒的权力。380 年，罗马皇帝狄奥多西一世（379—395 年在位）发布"全体凡众"敕令，将基督徒外的其他教教徒定为异教徒，接着又颁布禁止其他宗教法令，把其他宗教的庙宇和财产转交基督教会。这样，随着基督教会经济势力的壮大，主教的权力也急剧上升。

进入中世纪以后，在日耳曼各族中，西欧法兰克王国国王克洛维（486—511 年在位）首先皈依罗马教会，在王国内进一步加强主教的权力。在克洛维开创的墨洛温王朝统治期间，宫相查理·马特（714—741 年在位）把法兰克的采邑制度引入教会之中。主教领受采邑成为国王的侍臣，负有服兵役、带领士兵打仗的义务。教会又把它的土地分给一些世俗领主，后者向教会交一定的地租。查理大帝于 768 年执政时，开始了中世纪西欧体态完备的封建神权统治。他在宫廷中聘请一些主教和其他神职人员当谋士，主教可以参加政府会议，与政府官员巡视各地。主教利用政治特权和宗教迷信又进一步扩大领地，在领地上享有皇帝授予的"特恩权"：除征收捐、税、罚金、各种苛捐杂税外，还拥有司法权，审理居民的民事、刑事案件，还把居民组成武装，由主教亲自统辖。后来，这种特恩权又扩大到领地周围地区。

修道院制是在罗马帝国时代出现的。自 4 世纪以来，基督教会与罗马统治者结盟，这引起一些教徒的不满。有些人为了标榜教会是纯属超越性的，不入世俗，便在旷野和荒山上修道，后来有些人联合起来，成为一种隐修院组织，过着集体的、与世隔绝的生活。隐修院是修道院的一种形式，也是最早出现的形式。到了中世纪以后，修道院进一步发展。修道院广泛地在西欧建立起来。这时修道院已经变成封建庄园，修道院长成为教会封建主，修道院长也与法兰克王国内的主教一样，享有同等的种种特权。中世纪西欧的世俗君王、贵族、主教大批兴建修道院，利用农奴劳动。以 10 世纪法兰西的一个圣里奎尔修道院为例，它在当时并不算很富有，从它遗留下来的地租和捐费清册中可以看到，它拥有 2500 处庄园，在修道院内有 117 名奴隶，在修道院外拥有 2500 幢房屋，它的佃户除交纳地租外，每年还要提供 1 万只小鸡、1 万只阉鸡、7.5 万个鸡蛋和 400 磅蜂蜡。

以上情况说明，中世纪的主教和修道院长是属于教会封建主阶层，拥有宗教和世俗权力。他们是由西欧封建统治阶级扶植起来的。

主教、修道院长人选的产生和就职仪式也有一番演变过程。

在罗马帝国时代，他们是由教徒和下层神职人员选举产生的。在中世纪，法兰克王国国王却是严格控制主教、修道院长的人选，一律由国王批准，其任免权掌握在国王手中。在查理大帝时代，随着查理曼帝国疆土不断扩大，几乎整个西欧（除了意大利中部、南部和西班牙南部以外）的教会都控制在皇帝手中。西欧整个教会都纳入封建体系，也就是说实行封建的君臣分封制度。法兰克国王作为封君，教会主教、修道院长作为封臣，两者之间要举行一定的仪式，来确立这种封君封臣关系，国王要进行"册封"，即主教和修道院长要向国王举行宣誓效忠仪式。国王拥有的这种权力就称"册封权"。

"天主教神职册封权"是国王攫取世俗财富的一种手段，又是国王控制教会的根本办法。国王可以借册封权出卖神职，也可以利用神职的空缺，把该教会或修道院的收入据为己有。当时，在世俗封建主看来，主教、修道院长等神职是一块大"肥缺"，因为教会的领地不像世俗封建主那样因子嗣承继而不断被分割，相反地是不断扩大。主教和修道院长等教会上层拥有一套严密的组织系统，能够严格控制教徒，通过种种宗教活动把教徒的一生都控制在教会的罗网之中。主教和修道院长还可以修改世俗法庭的审判，设立监狱，控制文化教育，可以在宗教的名义下征收各种名目的租、税、罚金、捐等。因此，谁要是获得主教、修道院长等神职，谁就成为大地主，成为政治地位显赫的人物。因此，这些高级神职成了贪婪者追逐的目标。国王就不断提高这些神职的价格，牟取暴利。同时，国王也把自己的心腹安置在这些职位上，顺从他者可获得这些神职，逆者罢免，以保证教会成为王权的一种统治工具，确实保证国王对教会封建主这一阶层的控制。

教皇权势的发展

11 世纪以后，罗马教皇却站了出来，要求行使神职册封权。

进入中世纪以来，教皇们对于神职册封权长期觊觎，垂涎欲滴。但是要强夺这种权力，必须与世俗王权进行一番较量。教皇们苦心经营了好几个世纪，其权势的发展经历了好几个阶段，终于获得了强大的实力地位。

自 5 世纪中期以来，罗马主教开始谋求对全基督教会的最高领导权，正式提出了一个"彼得首席论"。意思是说，根据《圣经》《马可福音》第 16

章第 18 节，耶稣要把彼得当作教会的磐石，要把天国的钥匙交给彼得管理，因此彼得是全教会的"首席"；而罗马教会是彼得建立的，罗马主教是彼得的继承人，罗马主教应该是全教会的首席。当然，这种理论是荒谬的，这种形式逻辑也是滑稽可笑的。但在当时还是很能迷惑人的。在公元 6、7 世纪时，罗马主教趁拜占廷皇帝对意大利的控制削弱之机，首先统治了罗马，继之又在意大利中部占据了大片土地，在格列高里一世（590—604 年在位）任罗马主教时，对西欧教会开始有了较强的影响，此后罗马主教逐步独占了教皇的名号。在 751 年，教皇与西欧新兴封建主法兰克王国结盟，支持法兰克王丕平篡夺王位后，后者在 754 年战胜意大利北部伦巴德人时，强迫伦巴德人把侵占的意大利中部一片领土交给教皇，教皇从 756 年起在这片领地上形成了一个世俗国家，俗称"教皇国"。这样，教皇在宗教权力之外，又获得了相当大的世俗权力，这为"彼得首席论"的推行奠定了坚实的物质基础。这使得当时与罗马教皇争夺全基督教会领导权的君士坦丁堡总主教，也自叹不如。从 9 世纪中叶起，教皇谋求至高无上权力的活动进入一个新的阶段。

843 年，查理曼帝国分裂为二个王国：西法兰克王国、东法兰克王国和中部法兰克王国。这些王国不断发生封建混战，王权衰落。919 年萨克森王朝在德意志兴起，于 962 年建立了神圣罗马帝国。神圣罗马帝国皇帝们同样抓住神职册封权不放。但是神圣罗马帝国远不如昔日的查理曼帝国，它的版图大大缩小。帝国内出现大大小小独立的诸侯，皇权衰落。德皇支持教会，利用教会钳制世俗诸侯，但适得其反，教会势力不断膨胀，德皇无力控制。从 9 世纪中叶起，教皇抛出了一个伪造的文件集，因托名伊西多尔所编，故称《伊西多尔教令集》。这部书中的历史文件有一半是伪造的，有一半是篡改的。全书贯穿一个思想：从基督教产生时起，教皇就是全教会的领袖，教皇的权力在君权之上。这部伪书直到 15 世纪以后才被人们识破。在本文所讲的这段时间里，教皇们就大量引用伪书向德皇争权。

教皇与德皇的争权首先得到西欧教权派的支持。西欧教会中形成一股主张教权至上的势力，要求教会独立于世俗政权，并凌驾于王权之上。这股势力举起教皇的大旗，在克吕尼改革运动的浪潮中汇合起来。

克吕尼改革运动是由法国南部克吕尼修道院发动的，在 11 世纪蓬勃地开展起来。克吕尼改革派具有强大的修道院经济势力，他们起先是改革日趋世俗化的修道院制度，11 世纪中叶以后，几个克吕尼改革派的信徒占据了教皇的职位，成为西欧教权派的首领，开始同皇帝分庭抗礼。德皇作为世俗封建主的首领，教皇作为教会封建主的首领；一方主张教权至上，一方主张皇权至上，形成了对垒的局面。这种对垒局面的形成，是由于在几个世纪中，教皇与教会已逐步拥有越来越多的土地财富，在西欧形成了强大的经济力量，并对西欧产生很大政治影响。而这个时期西欧各国割据严重，皇帝和国王的势力都大为削弱。封建内战频起，一部分反抗皇帝与各国国王的封建贵族也支持并依凭教会势力，使教皇形成能够左右整个西欧局势的力量。

卡诺沙之行

　　11 世纪中叶，东西教会分裂，西部教会独立成为天主教会系统，教皇占据了西欧天主教会的统治地位。教皇在与君士坦丁堡总主教的争权以分裂告终后，紧接着就谋取神职册封权，展开了教会摆脱世俗控制的斗争。

　　1049 年，教皇利奥九世（1049—1054 年在位）在兰斯宗教会议上宣布主教应由神职人员和教徒共同选举产生。1059 年，教皇尼古拉二世（1058—1061 年在位）发布命令，禁止教士娶妻，禁止买卖神职，禁止教士从世俗贵族手中领受神职。但在当时，这些禁令、决议仅为一纸空文。教皇格列高里七世（1073—1085 年在位）上台后，才真正揭开了神职册封权的斗争，并把这场斗争引向高潮。

　　格列高里七世原名希尔得布兰德，少年时在修道院受教育，青年时留学法国、德国，接受克吕尼派改革思想，后来成为克吕尼改革运动的积极推动者。在成为教皇之前，他曾在罗马教廷任要职，从事改革活动近 30 年。他在教廷中出谋划策，培植改革势力，曾在 1059 年协助教皇尼古拉二世制定了历史上第一部教皇选举法，抵制世俗势力对教皇选举的控制。

　　1074 年，格列高里七世召开了罗马宗教会议，发表改革纲领：坚持神职人员独身，废止神职买卖，反对君王任命主教、修道院长及其他神职。这是他任教皇以后为夺取册封权的第一步行动。

　　1075 年，格列高里七世进一步颁布了 27 条《教皇敕令》。该敕令不仅要把国王控制教会的传统权力收归教皇，而且还宣称，唯有教皇有权废黜皇帝，有权解除人民对邪恶统治者效忠的誓约。同年，教皇再次召开罗马宗教会议，明确禁止德皇及其他世俗贵族委任神职人员。教皇把德皇亨利四世（1050—1106 年在位）的几位近臣以出卖神职问罪，其意在于起杀一儆百的作用。

这时，德皇亨利四世正忙于平息内乱，无力应付教皇的挑战。但当他镇压了萨克森地区叛乱以后，便在 1075 年秋天，率军进入意大利，与教皇展开斗争。他支持当地反对教皇改革的势力，照旧行使册封权，多次委派主教。在当年圣诞节，德皇指使他在罗马的心腹闯入圣彼得大教堂，劫持了正在做弥撒的教皇，押入罗马贵族占奇尤斯的城堡中。后来罗马支持改革的教徒围攻城堡，教皇才获释返回。格列高里七世十分恼怒，痛斥德皇的这种暴行。德皇却在 1076 年于沃尔姆斯举行会议，向教皇进行反击。

亨利四世在会上指控教皇曾雇用凶手企图暗杀自己，指控他行为不轨，与意大利托斯卡纳伯爵马蒂尔达夫人有暧昧关系。德皇最后以"一位并非来自篡夺而是奉天承运的国王亨利"的名义，写信给"并非教皇而是假僧侣的希尔得布兰德"，信中对教皇人身大肆攻击，信尾责令他"立即从圣彼得宝座上滚下来"。这封信由专人送到罗马。

当亨利四世的书信送到罗马后，格列高里七世也不示弱，立即召开罗马宗教会议，宣布革除德皇的教籍，名曰"绝罚"①，并且按照 1075 年《教皇敕令》，废黜亨利四世皇位，解除其臣民对亨利的效忠义务。

"绝罚"是天主教会一种极重的处分，由教皇或主教行使处分。凡受此处分者，任何人不可与他往来，只有受处分者向教皇或主教悔罪并求得赦免后，才能撤销处分。德皇因受绝罚变成孤家寡人，日耳曼境内克吕尼派趁机鼓动反叛德皇，与德皇敌对的日耳曼世俗诸侯也推波助澜，萨克森地区再次叛乱。1076 年 10 月，德国贵族在特里布尔会议上限定亨利在次年 2 月 22 日以前求得教皇宽恕，否则予以废黜。亨利四世在强大的敌对势力面前，生怕丢了皇冠，不得不急忙带领全家，动身到意大利。当亨利四世一行翻过阿尔卑斯山时，已是次年 1 月。听说教皇正在马蒂尔达伯爵夫人的卡诺沙城堡中，便冒着严寒，疾驰前往。据格列高里七世事后写给西欧政、教两界的信中说，亨利四世在卡诺沙城堡门前赤足站立了三天，屏去皇帝服饰，身披粗毛服装，哭求宽恕。教皇出于怜悯，赦免了他。一位中世纪的皇帝向教皇请罪，这是前所未有的。这就是历史上著名的"卡诺沙事件"。

---

① "绝罚"，拉丁文原意为"断绝往来"。

沃尔姆斯宗教协定

　　这时德国国内一部分诸侯另行推选士瓦本的鲁道夫为德王以代替亨利四世。亨利得到宽恕后回国，接着便是一场长期内战。1080 年，鲁道夫被杀，亨利获胜。格列高里再度革除亨利的教籍并废黜其王位。但亨利此时在国内的处境已经好转，他非但不服，还另立了一个新教皇，并率兵侵入意大利，进攻罗马。1084 年，格列高里的来自南部意大利的援军诺曼人将德国军队从罗马赶走，但他们却洗劫了这座城市。格列高里无法在罗马停留，遂流亡南意，死于该处。

　　此时的罗马教会出现了两个教皇并立的局面，这也是政教之争在教会内部的反映。一方的教皇克莱门特三世（1080—1100 年在位）为亨利四世所立，史称"敌对教皇"。他原是德皇在意大利的代表，积极支持亨利反对格列高里的改革。他任教皇之后，亲自为亨利四世加冕。另一方的教皇来自克吕尼改革派，被视为正统教皇。这段期间的正统教皇先后有两人，先是维克多三世（1086—1087 年在位），后是乌尔班二世（1088—1099 年在位）。维克多三世在位不久，即被德皇党羽赶出罗马。乌尔班二世早年曾是格列高里七世从事改革的得力助手，任红衣主教和教廷驻德国特使。他接任教皇后继续奉行改革政策。由于罗马为敌对教皇所据，乌尔班周游各地，宣传改革，并召集宗教会议，以扩大改革派的势力和影响，直到敌对教皇被逐以后，才重返罗马。

　　乌尔班二世为了树立教皇权威，曾以通奸罪革除法国国王腓力二世的教籍。而他最重要的活动则是 1095 年在克勒芒宗教会议上发动第一次十字军的东侵。教皇因这一行动而成为西方统治阶级的中心人物，对树立教皇权威、削弱德皇地位具有重要意义。

　　乌尔班二世及其后任还挑动亨利四世诸子叛乱，反对其父。亨利四世最后被少子亨利篡位。

　　新任德王亨利五世（1106—1125 年在位）继续坚持保有神职册封权。继乌尔班二世任教皇的帕夏二世（1099—1118 年在位）则是克吕尼派骨干，长期辅佐格列高里七世和乌尔班二世。争夺神职册封权的斗争继续进行。1110 年，亨利五世率军来到罗马，谋求教皇为之加冕称帝。教皇仍要求亨利五世转让册封权，后者不肯，教皇让步，提出以德国教会放弃封建领地作为交换条件，德皇仍不答应。教皇拒绝履行仪式，使加冕礼无法进行。亨利五世大怒，把教皇连同红衣主教一起逮捕囚禁，教皇被迫签订承认亨利五世册封权的协定并为他加了冕。许多历史学家把1111年这次事件看作卡诺沙事件在罗马教会方面的重演。但到1112年，教皇恢复自由以后，不承认前述协定，坚决要求收回册封权。此后政教之争又趋炽烈，重新出现皇帝进军罗马，废立教皇和教皇革除皇帝教籍的局面，斗争延续了10年。

此后，新教皇卡利克斯特斯二世登位（1119—1124年在位）。他与德皇和其他一些王室都有亲戚关系，本人具有熟练的外交才能，这场册封权的斗争就由他来收场。当时欧洲正忙于十字军东征，德皇和教皇反复较量了半个世纪后，都想结束这场争斗。这时，英、法两国，也曾出现过册封权的争议，最后政教双方达成协议，把主教、修道院长的宗教权力和世俗权力分平，由教会和国王分别授予。（英国在1107年，法国稍晚）教皇卡利克斯特斯二世于1122年仿照先例实行和解，与德皇亨利五世在沃尔姆斯签订协定。

根据沃尔姆斯宗教协定，德皇同意教会自由选举主教及其他高级神职人员，教皇同意在德国的选举应在皇帝或其代表莅临下举行，遇有分歧，由皇帝出面裁决。首先由皇帝授予主教、修道院长以权标，作为领地上世俗权力的标志，继由教皇授予他们以指环和牧杖，象征领地上的宗教权力。在意大利、勃艮第等地，主教和修道院长应在当选后半年内履行上述仪式。

1123年，教皇卡利克斯特斯二世召开了天主教宗教会议，批准了沃尔姆斯协定，神职册封权的斗争暂告中止。然而政教之争远未结束。教皇虽有时也暂占上风，但是随着各国王权的日益增强，教权终将从属于世俗权力。

十字军远征

陈兆璋

十字军远征，是指 11 世纪末到 13 世纪末，西欧封建主阶级打起从异教徒穆斯林手中夺回基督教"圣地"耶路撒冷的旗号，对东地中海各国进行的持续近两百年的侵略战争。参加出征的西欧部队，因胸前或臂部佩有十字标记，得名为"十字军"。

十字军远征的历史背景

11 世纪的西欧，城市兴起，商品货币关系逐渐发展，封建贵族对城市商品和东方奢侈品的需要日增，从领地上剥削所得已不能满足他们日益增大的胃口。当时西欧实行长子继承制，封建领地由长子继承，其余诸子成为无地骑士，常靠服军役和劫掠商旅为生。因此，封建主，特别是小封建主，渴望向外夺地掠财，那神话般富庶的东地中海各国就成为他们梦寐以求的宝地，这是导致西欧封建主阶级发动十字军东侵的根本原因。

在十字军远征中起着特别重要作用的是西欧天主教会。它不但是西欧封建社会的精神支柱和最大的封建领主，而且，在封建割据的西欧，它又是巨大的国际中心。教皇企图通过发动东征一箭三雕：争夺封建霸权，进一步凌驾于西欧各国君主之上；重建统一的基督教世界；扩张到伊斯兰教势力范围中去。

西欧城市商人，特别是威尼斯、热那亚和比萨的商人，企图从阿拉伯和拜占廷手中夺取地中海东部地区的贸易港口和市场，独占该地区的贸易，也积极参与十字军。

11 世纪西欧的农民，大都沦为农奴和依附农民，封建主胃口的扩大，使他们受到更加苛重的剥削与压迫。另外还受到持续灾荒的困扰，11 世纪的法国就有 26 个荒年；第一次十字军远征前，1089—1095 年，西欧又连年歉收。濒临死亡的农民被骗往东方，梦想寻找摆脱饥饿和封建枷锁的出路。

这时，地中海东部地区的客观形势有利于西欧封建主实现其侵略计划。塞尔柱突厥人兴起后，于 1055 年占领巴格达并解除阿拔斯哈里发的政治权力；又于 1071 年在曼齐克特大败拜占廷军队，俘获皇帝罗曼拉斯四世，实际上摧毁了拜占廷在小亚细亚的权力。接着，突厥人又夺取埃及法蒂玛王朝的领地叙利亚和巴勒斯坦，并占领大部分小亚细亚。突厥人在小亚细亚建立罗姆素丹国，定都尼西亚（后迁爱科尼阿姆），他们的前哨与君士坦丁堡隔岸对峙，一苇可航，严重地威胁着拜占廷帝国。11 世纪 80 年代末，突厥人的另一个部落、北方的佩彻涅格人与拜占廷国内异端者的反抗运动联合在一起，于 1086 年、1088 年在多瑙河附近先后大败拜占廷军队，并进而骚扰色雷斯。1091 年，佩彻涅格大军直逼君士坦丁堡城下，塞尔柱突厥人准备与他们联合行动。尽管佩彻涅格人后来吃了败仗，但拜占廷岌岌可危的处境迫使皇帝阿历克塞一世（1081—1118 年在位）不得不派遣使臣向教皇和德国皇帝求援。至于塞尔柱突厥人的强盛，为时并不久，1092 年开始分裂为摩苏尔、大马士革、阿勒颇、安条克和的黎波里等几个总督区，它们之间互相敌视，干戈扰攘，无力阻止西方侵略者的进攻。

第一次十字军远征

1095 年 11 月，教皇乌尔班二世（1088—1099 年在位）在法国奥文尼的克勒芒召集宗教大会，号召组织十字军。他说："让一切争辩和倾轧休止，登上赴圣墓的征途吧！从那个邪恶的种族手中夺回圣地吧！那个地方，如同《圣经》上所说，是上帝曾经赐予以色列后嗣的，遍地流着奶和蜜。耶路撒冷是大地的中心，其肥沃和丰富超过一切土地，是另一个充满欢娱快乐的天堂。"他将赎罪的权利赐给一切参加者。在乌尔班煽动下，在场者异口同声迸发出"上帝所愿"的呼喊。

首先踏上征途的是受骗的农民。1096 年春天，毫无组织的农民十字军有五六万人，在法国亚眠僧侣隐士彼得和德国骑士穷汉瓦尔特等人带领下，由法国北部、中部和德国莱茵河地区等地，分五批陆续起程。他们给公牛蹄钉上掌，让它们驾着两轮车，载着什物，携带妻儿，一同前往。这些穷困的农民没有什么装备和给养，常沿途抢劫。他们的行径引起匈牙利人、保加利亚人和拜占廷人的愤恨，在经欧洲途中，就被歼灭约半数。其余半数于1096年夏抵达君士坦丁堡后，渡海到小亚细亚，又几乎被突厥人全歼。

第一次封建主和骑士的十字军队伍于1096年秋天，分成四队向君士坦丁堡进发。法国南部的队伍由土鲁斯伯爵雷蒙率领，经过伦巴德，取道伊利里亚。洛林的队伍由布荣的戈弗雷及其弟鲍尔温率领，通过德国，取道匈牙利。诺曼底的队伍由诺曼底公爵罗伯特率领，越阿尔卑斯山，由巴利渡亚得里亚海，取道都拉索。意大利南部的诺曼人由大兰多的博希芒德及其侄儿坦克雷德率领，由布林的西渡亚得里亚海，取道伊庇鲁斯的发罗那港。各路骑士共约3万人，于1097年春先后抵达君士坦丁堡。他们垂涎君士坦丁堡的富庶，动手抢劫四郊，并拖延行期。拜占廷皇帝阿历克塞一世之女安娜·科穆宁娜公主记述道："当皇帝催促布荣的戈弗雷过博斯普鲁斯海峡时，他却一天天地拖延……后来皇帝派遣一些将军带着他们的队伍……强迫他过海峡……他们亲自出来战斗。帝国队伍战斗极勇敢，拉丁人转身撤退。戈弗雷终于觐见皇帝并宣誓，应允凡他攻取而原属于拜占廷帝国的城市、地区或要塞，皆将转交皇帝委派的总督。之后，他接受一笔金钱，并应邀到皇宫内饱享盛宴，然后过海峡而去。"其他十字军首领，也大都在皇帝软硬兼施下，宣誓称臣，承认新占领的土地为帝国封土后，率军渡过海峡，前往小亚细亚。

1097年5月，十字军开始围攻尼西亚。当城垣将破时，由于拜占廷和尼西亚的突厥部队暗中勾结，尼西亚不向十字军，而向拜占廷投降。7月，十字军在多里利昂再败突厥部队。不久以后，鲍尔温又占领埃德萨。但十字军面临的困难并不少，在穿过小亚细亚时，因缺水、缺食和酷暑，死亡甚众；为争夺城市和分赃不均，经常内讧；十字军不遵守对拜占廷的誓言，和拜占廷的关系迅速恶化。

1097年10月，十字军开始围攻安条克。由于沿途劫掠，十字军大发其财。斯提芬伯爵于次年春于安条克城外给他妻子的信中写道："靠上帝恩典，我正极端走运……我们行军已23周，现在我所拥有的黄金、白银以及其他财物已两倍于我离开时你所期望的数量。"但是围攻长期未能得手，不少人死于严寒和饥饿。直至1098年6月，靠内应才攻占该城，但入城4天后，又被来援的摩苏尔突厥军队包围，困守25天，才打退摩苏尔部队。

1099年1月，十字军向耶路撒冷进军，6月，抵达城下。经过两年半的

东征，十字军由于伤亡和脱逃等原因，减员甚多，进攻耶城时，共有步兵
1.2万人，骑兵1300人。但驻守耶路撒冷的法蒂玛王朝部队仅1000人，他
们面对10余倍之敌，奋起抵御近40天。7月15日，城陷。一个十字军人记
述城陷时，十字军对耶路撒冷守军的一场屠杀："敌人的血深达我们战士的
踝部""我们进了城，对萨拉森人边追边杀，一直追杀到所罗门庙。萨拉森
人集结在那里，坚强地抵抗一整天，以至整个庙宇流满了他们的血……然
后，十字军人散布到全城各地，攫取黄金、白银、马匹、骡子，并占领所有
满装各种货物的房舍"。在这场大屠杀中，被杀者7万人，妇孺亦未幸免。
经过对耶路撒冷的洗劫，十字军中"很多穷汉遂变成富翁"。

占领耶路撒冷以后，十字军在巴勒斯坦和叙利亚南部建立起耶路撒冷王
国，下面有安条克公国、埃德萨伯国和的黎波里伯国三个附庸国。十字军国
家按照西欧的封建模式，分为若干男爵领地，男爵领地之下再分为若干骑士
采邑。关于领主与附庸的关系以及封建世袭制度，在一部叫作《耶路撒冷法
典》的书中作了详细规定。恩格斯指出，"耶路撒冷王国在耶路撒冷法典中
遗留下了封建制度的最典型的表现"。[1]

但十字军国家的统治并不牢固。首先，十字军国家里基本劳动群众是农
奴和其他依附农民，不论是穆斯林（阿拉伯人）或基督教徒（叙利亚人和
希腊人），都受到残酷的剥削与压迫，不断起来反抗其新领主，1125年，贝
鲁特就爆发过大规模的农民起义。其次，十字军国家主要是在地中海东岸
1200千米以上的狭长地带，缺少天然疆界，时刻有遭受进攻的可能。十字军
国家的军事占领并未彻底完成，穆斯林仍保有阿勒颇、大马士革、艾米沙和
哈马等地。并且耶路撒冷中央政权软弱，每一个附庸国和每一块封建领地实
际上都是一个独立的辖区。十字军首领又内讧不已，有的甚至向穆斯林乞援
来对付同教兄弟。

为巩固十字军国家的地位，在教会的庇护下，组织起几个僧侣骑士团。
神庙骑士团于1119年成立，主要由法国骑士组成，因以所罗门庙为安身之
所，得名为"神庙骑士团"。医院骑士团成立于1120年，是将早在11世纪
上半叶意大利人为收容贫病朝圣者而在耶路撒冷建立的圣约翰医院重新组织
而成，也叫圣约翰骑士团，成员多为意大利骑士。德国的条顿骑士团是1190
年由巴勒斯坦的日耳曼人在阿克成立的。僧侣骑士团是一种宗教性的军事组

---

[1]　《马克思恩格斯书信选集》，人民出版社1962年版，第533页。

织，直属于教皇，成员须严守安贫、守贞和听命三大戒律。他们镇压被征服土地上人民群众的反抗运动，保卫十字军领地，在十字军东征中，扮演重要的角色。但由于他们在十字军国家里有着独立地位，不受当局指挥；加上他们不守戒律，致力于积聚财富，在东方拥有大量土地并从事商业活动（在欧洲也拥有大量土地与钱财），因此与当地统治阶级的矛盾日深。为巩固十字军国家而建立的僧侣骑士团，结果反而加深了十字军国家内部的矛盾。

第二、三次十字军远征

1144 年，突厥摩苏尔总督伊马德·丁·赞吉攻占埃德萨。罗马教廷趁机煽动组织第二次十字军远征。

1147 年夏，法、德两国各已组成 7 万人左右的大军，参加者多为骑士。农民在经受第一次十字军远征的惨痛教训后，仅数千人参加。第二次十字军由德皇康拉德三世（1138—1152 年在位）和法王路易七世（1137—1180 年在位）各率己部，分头进军。康拉德率领的德国十字军先出动。他们越匈牙利，经色雷斯进入君士坦丁堡，渡过海峡后，10 月底，与爱科尼阿姆素丹战于多里利昂附近，大败而退，德国十字军大部分铩羽而归。康拉德和一些残兵败卒则留待路易七世队伍的到来。

当第二次十字军刚发动时，一向觊觎拜占廷帝国的西西里国王罗泽二世一方面与埃及穆斯林国家联盟，一方面率军占领拜占廷的科孚岛，蹂躏科林斯和底比斯，并攻掠爱奥尼亚群岛。拜占廷为对付西西里，遂与刚刚打败康拉德的爱科尼阿姆素丹讲和。不久之后，当法王路易七世的队伍到达小亚细亚时，素丹又予以重创，法军死亡过半。

1148 年，康拉德和路易的残部与耶路撒冷王国的军队会合。他们一道围攻大马士革，但未能得手。大马士革总督使用挑拨、行贿等手段，致使十字军溃散。康拉德和路易先后狼狈返国，第二次十字军全归失败。

但东方穆斯林世界却不断加强并日趋统一。1171 年，埃及军事长官萨拉丁·优素福·伊本·阿尤布发动政变，推翻法蒂玛王朝，建立阿尤布王朝（1171—1250 年），萨拉丁自立为素丹。他迅即征服大马士革和阿勒颇，把埃及、美索不达米亚和北叙利亚都统一在他的指挥之下。1187 年 7 月，萨拉丁在提比里亚湖附近的赫汀发动对十字军的进攻。耶路撒冷国王发倾国之兵，集结了大约 1200 名骑士、2000 名本地轻骑兵应战，结果几被全歼，国王也被俘。接着，萨拉丁又攻占阿克、贝鲁特、西顿、雅法、凯撒利亚和阿斯卡伦等沿海城市，一举切断耶路撒冷与欧洲的交通。9 月 20 日，萨拉丁围攻耶路撒冷城，10 月 2 日耶路撒冷乞降。

　　萨拉丁占领耶路撒冷的消息，使西欧大为震动，教皇乌尔班三世惊惧而死。于是西欧又组织主要由德、英、法三国大封建主和骑士参加的第三次十字军（1189—1192 年）。由德皇红胡子腓特烈一世（1152—1190 年在位）、英王狮心理查（1189—1199 年在位）和法王腓力二世（1180—1223 年在位）亲自率领。德皇怀着吞并拜占廷的野心，和拜占廷的近敌爱科尼阿姆素丹结盟，又与刚脱离拜占廷的保加利亚和塞尔维亚谈判联合反对拜占廷。拜占廷则与萨拉丁联盟，共同对付十字军。第三次十字军一开始就不顺利。1190 年 3 月，德皇率领的 3 万德国十字军进入小亚细亚。6 月，由于德皇在小亚细亚的一条小河落水淹死，德国十字军即折返国内。英、法两国十字军分头出发的时间略晚于德国，中途在西西里岛又耽搁半年多，直至 1191 年春末才到达叙利亚，旋即参加东方十字军正在进行的阿克城围攻战。十字军之包围阿克城，早在 1189 年 8 月便已开始，英、法十字军的到来，增强了围攻的力量。阿克城坚守近两年，1191 年 7 月，十字军在付出极人代价后才得以占领。攻占阿克城以后，由于英、法两王之间矛盾重重，法王腓力旋即率军回国。英王理查留在东方，虽继续攻占雅法和阿斯卡伦，但进攻耶路撒冷的企图并未实现。1192 年 9 月，理查与萨拉丁签订和约：十字军保有从泰尔到雅法的沿海地带，耶路撒冷仍归埃及，但三年内基督教徒可自由进入耶路撒冷。第三次十字军远征并没有收到多大成果。

第四次十字军远征

　　教皇英诺森三世（1198—1216 年在位）即位不久就号召组织第四次十字军远征（1202—1204 年），目的是阿尤布王朝统治中心的埃及。第四次十字军的参加者主要是法、德、意的贵族，实际起支配作用的却是意大利城市威尼斯。1201 年，当十字军使者向威尼斯总督恩里科·丹多罗商谈载运十字军前往东方的条件时，他就决定变十字军的军事征伐为商业活动。当时，威尼斯与埃及商业关系密切，威尼斯向埃及大量输出木材、铁和武器，每年可获利百万，还输入奴隶。因此丹多罗极想将十字军进攻的矛头从埃及转向威尼斯的商业劲敌拜占廷。

丹多罗提出按照每个人 2 马克，每匹马 4 马克计算，共需运费 8.5 万马克为条件，答应提供船只载运十字军。1202 年，当十字军集中在威尼斯时人数较预定的为少，未能交足原定的款额。威尼斯就迫使十字军进攻威尼斯的商业对手，同奉基督教的扎拉城，以其掳获来补欠款。1202 年 11 月，扎拉城陷，遭到极其残酷的劫掠。

13 世纪初的拜占廷已经十分衰弱，为对付时常来犯的突厥人和意大利南部诺曼人等，军费开支浩大，因十字军诸国与东方直接发生商业联系以及威尼斯等意大利城市共和国在拜占廷拥有极大特权等原因，国库收入锐减，经济力量受到极大破坏。政局又十分动荡，时常发生宫廷政变。丹多罗与十字军首领孟菲拉侯爵卜尼法斯就以 1195 年政变中的废帝伊萨克二世之子的求援为借口，转送十字军攻打君士坦丁堡，而拜占廷的衰败不堪使得十字军极易得手。

1204 年，十字军攻陷拥有 40 万居民的君士坦丁堡。十字军在城中纵火三昼夜，全部坊肆以及收藏古典书籍极为丰富的君士坦丁堡图书馆都付之一炬。他们还奸淫、掳掠、屠杀当地民众。据当时人记述："他们把奉祀上帝的处女用以满足贪色的青年的淫欲。他们不但掠夺皇室财富，毁坏贵族和平民的财物，而且还一定要残暴地打劫教会，甚至打劫教堂的用具，把祭坛上银制饰品打得粉碎，打劫圣所，并掠走十字架和圣者的遗物。"他们把掠夺来的不可胜数的金银、宝石、绸缎、皮货以及其他珍宝运回西方，其中包括极其名贵的艺术品。

随着君士坦丁堡的陷落，拜占廷帝国大部分领土都被侵占。十字军在巴尔干建立起拉丁帝国（1204—1261 年，为区别希腊帝国——拜占廷而命名），下有帖撒利亚王国、雅典公国和亚该亚公国三个附庸国。希腊正教会被置于罗马教皇统治之下。

在这次远征中获利最大的是威尼斯。它得到拜占廷 3/8 的领土，包括君士坦丁堡的一部分，亚得里亚堡和马尔马拉海沿岸大量据点，还占领爱琴海上的许多岛屿和伯罗奔尼撒西南部。不久之后，又得到克里特岛。

第四次十字军建立起来的拉丁帝国，在当地人民不断反抗下，终于在 1261 年灭亡，拜占廷复国。

继第四次十字军东征之后，还进行了几次东征，没有一次取得成功。在当时的西欧社会，"十字军"之名十分流行，各地儿童平日都以组织十字军东征为游戏，而且当时西欧民间出现一种荒谬的说法，认为有罪的人不能夺回圣地，只有纯洁的儿童才能感动上帝，出现奇迹。1212年，在多旺姆少年斯蒂芬和科伦少年尼古拉的宣传下，法国和德国分别集中起数万儿童。法国儿童从马赛分乘七艘船出发，两艘在地中海沉没，其余五艘开往埃及，船上儿童全被船主贩卖为奴。德国儿童由科伦出发，沿莱茵河南下，越过阿尔卑斯山，沿途死亡殆尽，残留者溃散。

教皇英诺森三世利用数万儿童的死亡，在1215年拉特兰宗教会议上煽动组织第五次十字军（1217—1221年）。1217年，匈牙利王安德鲁二世、德国和奥地利的公爵以及荷兰伯爵率军东征。1218年，安德鲁抵达阿克时，已经感到这次东征是徒劳无功之举，遂率军折返欧洲。其余十字军向埃及进军，于1219年夺取尼罗河口的达米埃塔，但在1221年向曼苏拉进军时，却遭到挫败。同年8月，双方签订休战八年和约，十字军撤离达米埃塔。

教廷把第五次十字军失败的原因归于德皇腓特烈二世（1212—1250年在位）之未履约参加，处以"绝罚"。腓特烈二世为向东方扩张，组织第六次十字军（1228—1229年）。教皇格列高里九世宣布禁止这次十字军，并出兵占领腓特烈在意大利南部的领地。1229年，已经到达东方的腓特烈巧妙地利用埃及素丹和大马士革总督之间的矛盾，与埃及素丹谈判，缔结条约，保证支持素丹，反对他的敌人；素丹愿将耶路撒冷和拿撒勒、雅法、西顿、伯利恒等城市交予德皇统治。嗣后腓特烈回师欧洲，驱走他领地上的教皇军。但巴勒斯坦的十字军在腓特烈离去后，却勾结大马士革的总督，对抗埃及素丹。1244年，埃及素丹出兵，重占耶路撒冷。

埃及重占耶路撒冷后不久，法王路易九世（1226—1270年在位）为在地中海上扩张势力，组织第七次十字军（1248—1254年），远征埃及。参加者主要是法国骑士。1249年，十字军在埃及措手不及的情况下，突然登陆达米埃塔，并向南围攻曼苏拉。但在埃及军队英勇抗击下，终于大败，被俘者万人，包括路易本人在内。路易被迫同意归还达米埃塔并交付巨额赎金后，才被释放。

第七次十字军结束后不久，蒙古旭烈兀率军西侵，于1258年占领巴格达，摧毁阿拔斯王朝，接着又攻陷阿勒颇和大马士革。埃及部队在大马士革以南的地方大败蒙古军，随后攻陷十字军控制下的凯撒里亚、雅法和安条克等地。

1270年，法王路易九世雇用骑士，组织第八次十字军侵入突尼斯，但不久就因瘟疫流行，路易染疫身亡而退兵。

此后，尽管教皇还企图组织新的十字军，但都无结果。十字军在东方的残余占领地如泰尔、西顿、海法和贝鲁特等地则相继为埃及所攻克。1291年，十字军在东方最后一个据点——阿克，经埃及军队43天围攻，也丢失了。十字军以全部失败而告终。

第四次十字军以后，十字军运动由高潮转向低潮直至终止的根本原因，除了东方人民不断起来反抗、打击十字军之外，还有以下几点：（1）13世纪的欧洲由于生产力的增长和王权的加强，中小贵族或从农民那里剥削到更多财富，或投身国王部下作雇佣军人，或自行经营农牧场，不一定要冒险远征东方。（2）一部分德国骑士正在波罗的海沿岸侵略西斯拉夫人，一部分法国骑士正指向法国南部的阿尔比派异端，他们就近都有了新的掠夺对象。（3）西欧城市逐渐与伊斯兰教国家建立起商业关系，不愿因战争影响商业。（4）第四次十字军赤裸裸地扔掉了宗教外衣，彻底暴露了十字军侵略的本质，教廷难于再作大规模的宣传鼓动。

十字军远征的后果

绵延近两百年的十字军远征使东地中海各国人民遭受国破家亡、生产力大倒退、文化大毁灭的灾难，大大阻碍了这些国家的历史进程。对西方人民来说，也是一场浩劫，数十万人死于非命，耗费资财不可胜数。

十字军远征是西欧封建社会阶级矛盾尖锐化的形势下，封建主侵略野心扩张的产物。但远征的结果，罗马教皇和西欧封建主所怀抱的目的并未得逞。他们在东方占领的土地最后全部丧失。罗马教皇利用远征虽然一度提高地位，但随着十字军真面目的暴露，教皇威信急剧下降，希腊正教会与罗马教会的裂痕更深，教皇建立世界教会的企图最后也落空。远征并不能转移西欧农民与封建主的对抗，1188年，当罗马教廷决定在英、法征收萨拉丁什一税作为十字军人的装备费用时，法国就爆发了反对萨拉丁什一税的暴动。

对于参加远征的西欧商人来说，由于远征的结果摧毁了阿拉伯和拜占廷商人的垄断地位，意大利、法国南部和西班牙东部的一些城市与东方的贸易兴盛起来。东方不少的先进技术如纺织、金属加工和制糖等，先进的农业如种植水稻、西瓜、柠檬等，都传到西方。不过，中世纪西方与东方的交往，在十字军远征之前已经开始。东方文化成果主要是经由西班牙的阿拉伯人和拜占廷人通过贸易传入西方。使西方与东方接触而有所得，主要是通过和平交往，而不是侵略战争的结果。

　　十字军运动刚开始时，封建主因需要货币，让农民用货币赎买自由，促进封建社会发生变化。但通过东征，西欧封建主学会东方生活方式，服用考究，开支加大，进一步加强了对农民的榨取，这又激化了封建主与农民的矛盾，孕育着 14 世纪农民反封建斗争的新阶段的到来。

西欧中世纪大学的形成与成就

郭 方

大学这种高等教育制度的形成和发展，是西欧中世纪文明对世界文化的重大贡献。世界各地区各民族自古以来就有种种较高水平的教育机构，但西欧中世纪的大学逐步形成的组织原则、教学体系、学业考核制度、法律地位等，却是近现代世界高等教育制度的直接先驱。大学陶冶培养出的各种人才，为近代西欧在科技、文化和发展生产力各方面处于领先地位作出了重大贡献，对于西欧在政治制度和思想发展方面的演进也有着巨大影响。

西欧中世纪大学形成的条件

公元 5 世纪，在西罗马帝国灭亡之后，希腊、罗马灿烂的古典文化迅速衰落，古代的各种文化教育机构也几乎荡然无存。统治西欧各地区的各个蛮族王国刚刚脱离原始部落状态，在文化教育方面还是一片空白，刚刚兴起的国王、贵族、领主、骑士等各级封建统治者多是一介武夫，没有受过任何文化教育。只有在思想意识方面统治西欧的罗马基督教会，还需要保留一些文化知识。但罗马基督教会由于巩固封建统治的需要，对广大人民思想行为进行严密控制，仇视古典文化，反对学习有关社会、自然界和科学技术各方面的知识，因为学习这些知识是与教会所宣扬的神话和迷信相抵触的。许多教会统治者认为，"信仰是源于对所信仰的东西的无知""只是由于信仰才产生知识，而不是由于知识才产生信仰"。加之由于西欧大部分地区部族的生产和文化水平很落后，宗教蒙昧主义曾盛行一时。西欧中世纪初期的文化知识和科技生产水平，比起当时世界其他文明地区处于显著落后的状态。

随着西欧经济、政治的逐步发展，罗马基督教会的这种愚民政策是无法完全保持下来的。首先教会就需要培养一些能够巩固教会统治、进行宗教活动、宣扬教义的教士和僧侣。于是陆续出现了一些修道院学校、大主教区学校和教区学校，以意大利修道士本尼狄克（480—548 年）开创的本笃会修道院所组织的教育活动影响最大。教会首先需要的是对教士和僧侣进行读、写、算和教义基本知识的教育。这就需要利用古典文化的一些成果，逐步形成了被称为古代"七艺"（后来总称为"文艺学科教育"）的学习课程，"七艺"即语法、修辞、辩论、算术、几何、天文和音乐。但所学习的教材已不是古典文化的杰出成就，而是由 5—7 世纪的凯伯拉、博埃修斯、克修都若斯、伊西多尔等学者按照教会的需要简化、改编而成。语法、修辞和辩论主要是用于学习罗马教会用语拉丁文以及对基督教义进行阐述和问答，算术开始只用于计算宗教节日，几何则只保留了欧几里得的一些定理而无证明，天文则用于观察星辰运转以确定宗教节期的准确性，音乐主要用于宗教唱诗。8—9 世纪，法兰克国王查理大帝（768—814 年在位）一度统一西欧大部分地区，为了帝国的巩固，查理大帝大力提倡文化教育，要求对教会学校进行重大改进，使古代"七艺"的学习水平进一步提高。他所支持的学者阿尔昆、马拉斯等人对兴办学校和倡导教育的努力，使欧洲的学术教育中心不再限于地中海沿岸，而扩展到高卢、日耳曼、不列颠群岛等地区。此后，盎格鲁撒克逊国王阿尔弗雷德大帝（871—899 年在位）、神圣罗马开国皇帝奥托一世（936—973 年在位）在英格兰和德意志也进行过提倡文化教育的努力。但是在整个中世纪初期，文化教育只局限于为教会和宫廷服务，教育水平停留在基本知识的传授，没有多少显著的提高。

直至 11 世纪末到 12 世纪，西欧的文化教育事业才有了重大进展。其根本原因是经济的发展导致了工商业的繁荣，许多城市成为工商业中心，还出现了许多新的城市。城市中各种手工业、商业、银行业等百业俱兴，人们的交往增多，西欧与其他地区的来往也多了起来，人们的思想眼界较以前开阔了，生产、生活、社会活动需要更多的文化知识，社会也有一定财力供一些人学习、研究各种科学文化知识。在这种条件下才有了普遍建立高等教育机构的可能。但西欧大学的产生，还有它特殊的历史条件。

西欧城市各种组织的形成、发展为大学的组织奠定了基础。在中世纪初期，西欧只有基督教会各级组织，和从国王、诸侯到骑士各级封建贵族领地的体制。由于西欧封建领地往往分裂得很小又不相统属，教权与俗权又相互牵制斗争，没有统管工商业和商品经济活动的能力，于是各种手工业的同业行会、商会便发展起来，成为控制城市的力量。由于行会争取各种经济、法律、行政权力的斗争成果，一些封建主又企图利用工商业得到更多货币和商品，许多行会以至整个城市或多或少取得了自治权。在行会的发展和斗争过程中，形成了较为严密的组织与规章制度，成为大学组织形式的榜样，最初的大学机构，也就是学生行会或教师行会。

随着经济活动与政治活动范围的扩大，西欧与外界也有了更多的文化交流。特别是 11 世纪末到 13 世纪，西欧封建主进行了多次侵略性的"十字军远征"，接触到了高水平的拜占廷文化和阿拉伯文化，带回许多学术典籍。在阿拉伯人占领的比利牛斯半岛和诺曼人占领的意大利南部，许多学者将古典文献和阿拉伯文献由希腊文和阿拉伯文译为拉丁文。由此，中世纪的欧洲才开始了解到古典文化的面貌，如亚里士多德的全集，包括《逻辑学》《形而上学》《物理学》《动物学》等，柏拉图的一些著作，欧几里得的几何原理，托勒密的天文学，希波克拉底斯和盖伦的医学著作等。另外还有一些伊斯兰文化的杰出成就，如阿维森纳的医学和哲学著作，阿威罗伊的哲学著作及各种代数学、化学、天文学、医学方面的知识。这对于当时西欧的学术界和文化教育是一场大的革新，除了原来的文艺学科有了很大的改革和发展外，新的三个高等学科即神学、法学和医学也开始确立，为大学各学科的形成准备了条件。

早期基督教"教父学"的基本倾向是只阐明教义和信仰，排斥理性思维和哲学讨论的。虽然有一些学者力图使信仰与理性、教义与哲学调和起来或使之并存，但都被罗马教会斥为"异端邪说"。到了 11 世纪，面对西欧学术文化的发展，这种单纯的排斥已经无以服人了，于是罗马教会和众多的学者不得不把宗教与哲学、信仰与理性、主观概念与客观具体事物这一系列问题联系到一起加以研究讨论，这就形成了经院哲学。由此产生了众多的学说。经院哲学的论题无所不包，把应信仰什么道德真理，个人的思想意识与感情爱好等精神活动，以及自然界的客观事物的规律等各类问题全混在一起。经院哲学的争论，分为"唯实论"与"唯名论"两大派。唯实论的最初代表是安瑟伦（1033—1109 年），认为一般概念是客观真实的存在，而具体的个别的事物只是一般概念的外表或现象，而最高、最终极的一般概念就是上帝。唯名论的最初代表是洛色林（1050—1106 年），认为只有具体个别的事物才是真实的存在，一般概念只是一些个别事物的名称。这种理论发展下去便有动摇教会根本教义的危险，因此总是受到教会压制的。其后，法国学者阿贝拉（1079—1142 年）在这场争论中进一步提出："怀疑才能开辟研究的道路""只有研究才能得到真理""要信仰必须先对其了解""怀疑无罪""教义要经得起辩驳"种种大胆的观点，更是大大激起了论战的热潮。论战在法国进行得最为激烈，由此法国成为神学研究的中心。尽管教会支持唯实论而残酷迫害唯名论学者，论战却无法休止。在阿贝拉多次进行讲学和论战的巴黎，许多反抗教会专制的教师纷纷组织起来，终于形成巴黎大学。在这场论争中伦巴德的彼得（1100—1160 年）编成的《嘉言录》成为教授神学的基本教材。随着古典和阿拉伯的哲学、科学知识大量流入欧洲，亚里士多德的哲学思想和科学思想极大地冲击了神学研究，宣扬非理性的信仰的教条更站不住脚了。于是意大利教士托马斯·阿奎那（1226—1274 年）编著了《神学大全》等著作，把逻辑学、物理学、生物学、伦理学、哲学、政治学、天文学、地理学等各类知识全纳入经院哲学的体系之内。从而证明，一切学科，自然界和社会中的一切事物，由理性来认识也能符合信仰，信仰最终是高于理性的，最高的真理还是信仰，至于有些信仰不能用理性认识，那是由于人的理性的局限，只能由上帝的启示去认识。《神学大全》便成为中世纪神学教育的标准教材，但是一直受到唯名论者和其他种种学派的挑战。由此可见，神学教育尽管是为宗教服务的，中世纪神学上的论争却有着广泛的意义，是那个时代的学者认识客观世界和人本身的思想活动，锻炼理性思维、分析自然、社会及人本身的种种现象与问题，以及进行政治斗争的方式。

与此同时兴起的另一重要学科是法学。在中世纪初期，古代的法律传统也被破坏殆尽，各蛮族部落各有自己的传统习惯法。这些法律是相当原始落后的，尽管后来有相当的改进，并成为依据传统判例形成的"普通法"体系，但还是不能适应西欧经济政治发展的需要，尤其是工商业的发展，商品、信贷和财产转移关系的复杂化，行会、商会和自治城市的广泛建立，迫切需要完善的法律体系和从事各种法律工作的专门知识阶层。拜占廷东罗马皇帝查士丁尼在位期间（527—565 年），根据罗马共和国与帝国法律传统编纂的《民法大全》，体系严格完备，尤其对财产的所有权和转移关系有着明确的规定。这种罗马民法体系，在罗马帝国的旧地意大利一直没有中断应用，随着意大利北部伦巴德地区工商业的发达和众多自治城市的出现，更形成了一个从事罗马法专业的阶层，法律的系统专业教育也就不可缺少了。最早闻名的是 12 世纪初在意大利波洛尼亚系统讲授罗马法的爱纳里乌斯。他和其他一些学者的教学活动促成了以教授法律而著名的波洛尼亚大学的产生。与罗马民法兴起的同时，随着罗马教廷和各级教会在整个西欧势力、财富的增长，教会法体系也逐步形成。教会法庭在西欧各地与世俗法庭并立，教会法庭在处理思想信仰、婚姻、继承、教士、教俗争执等方面有专门的权力。波洛尼亚的一位僧侣革拉先于 1142 年编纂了《教会法令集》，波洛尼亚除了教授罗马法外，在教授教会法方面也成为权威。在中世纪欧洲的法律教育和司法裁判中，罗马民法、教会法和普通法有时并存互为补充，有时激烈斗争互不相容，因此，罗马法和教会法的教学是分为两个系统的。

由于人们日常的实际需要，基督教会传说耶稣又是为人医病者，所以医学也较早得到发展。中世纪初期的医学是与巫术迷信混在一起的，后来才片断了解到古希腊医生希波克拉底斯和古罗马医生盖伦的一些著作。但是推动医学有较大发展的，还是 11 世纪末以来阿拉伯医学的传入。欧洲从阿拉伯人的译本和注释中知道了希波克拉底斯、盖伦等古典医学家著作的全貌和阿拉伯人医学的重要成就，尤其是阿维森纳（980—1037 年）的医学著作更被奉为经典。在意大利南部，与拜占廷文化和阿拉伯文化接触较多，古希腊、罗马的医术较多地保存下来。尤其是风景秀丽、气候宜人，并有矿泉的滨海城市萨莱诺，是许多病人和负伤者的疗养胜地，在中世纪初就设有医学学校。11 世纪末到 12 世纪初，一位犹太学者康斯坦丁努斯·阿非利加诺斯来到萨莱诺，翻译了大量的希腊文和阿拉伯文的医学著作，使当时先进的阿拉伯医术得以传入欧洲，第一所医科大学萨莱诺大学便由此逐步形成。在医学中讲授的除希波克拉底斯、盖伦和阿维森纳的著作外，还有尼古拉斯的《消毒述要》、伊萨克的《热症篇》和《饮食篇》。不久医学教学便扩大到西欧各地，后来还添加了外科与解剖学的课程。

正是在这样一种经济社会发展与学术兴起的条件下，西欧的大学才得以形成、发展。

中世纪大学组织的形成

中世纪大学组织是在城市与行会组织发展的条件下形成的，欧洲"大学"一词原来的意义是由人们组织起来的团体，后来又发展为专指由从事学习、教学和研究的人组织起来的团体。此后在大学形成的过程中，又有了较为明确的含义，指并非专由一个地区或一个阶层团体得到学生，而是由各个地方来的学生组成的学校。它从事包括有神学、法学和医学这些学科的高等教育，而且每种学科由多位教师讲授。大学的组织与教学的形成经历了一个长期过程并有着各种类型。

意大利的波洛尼亚大学起源于学习罗马民法和教会法的学生组织。波洛尼亚所在的伦巴德地区，处于西欧和东方贸易往来的通道，罗马教皇与神圣罗马皇帝进行长期斗争的中间地带，工商业发达，出现了大批的自治城市，为学术研究的兴起提供了有利条件，欧洲各地的学生纷纷到此求学。但是中世纪城市和行会的法律、规章是维护本地人利益的，对于这些外来的学生极为不利，学生在房租和学费上受到敲诈，甚至要他们替同乡人归还欠下的债务。于是这些学生便逐步组织起来形成团体，制定了自己的规章从事学习和聘请教师。学生团体考核聘请教师的学术质量，规定聘金和讲授课时数量，还有一些更详细的规定，如教师上课不得迟到早退，必须按照课本逐节进行讲解和论证，如果一门课不能吸引来五个以上的学生，这门课的讲授资格便被取消。学生团体与城市当局协商房租标准，不得允许有人向房主出高租来驱逐学生。而由学生团体认可在学识和讲授方面合格的教师，才有资格向学生进行考试，并授予从事法律等专业的合格证书。随着学生团体的壮大和规章的完备，波洛尼亚大学便成为西欧第一所有着完备制度的大学。

学生团体之所以能取得这样的成就，主要是由于中世纪城市行会林立，法规纷杂，在团结起来的学生面前不得不让步，而学生多是富家子弟和有教会支持资助的教士，也是城市的经济来源，教师则多为"游学之士"，也要从学生团体得到可靠收入。德国的神圣罗马皇帝和罗马教皇在意大利北部城市激烈争夺，各城市均有"皇帝党"与"教皇党"之分，都要争取具有法律和其他学识的人才。1158 年，皇帝腓特烈一世（巴巴罗萨）授予波洛尼亚大学特许状，批准了大学自治的法律地位，1189 年教皇克莱门特三世的通谕，更进一步明确了保障学生租房居住、商定租金的权利。大学从这些敕令与通谕中获得的重要法律权利还有：大学生可以自由通行，城市与各地方当局不得阻碍；大学生与外人发生诉讼，均由大学审理；大学师生免交赋税，免服兵役。

随着由西欧各地来的学生人数的增多，学生团体为便于组织和管理，又分为"同乡会"，首先是分为阿尔卑斯山内和山外两个同乡会，后来山内同乡会又分为伦巴德、托斯卡纳和罗马三个同乡会，山外同乡会又分为高卢、皮卡迪利、勃艮第、普瓦图、图尔内与缅因、诺曼底、加泰隆尼亚、匈牙利、波兰、德意志、西班牙、普罗旺斯、英格兰、加斯科尼 14 个同乡会。

同乡会的原则是互相保护、帮助、共同娱乐。要求纯洁、友爱，照顾病人，提供贫困者的需求，防止争吵斗殴，埋葬死者，互助学业的研修，援救被迫害者等，每个学会有专门的负责人，并收一些会费。最初学生团体没有集中的领导机构，只是在有重大问题时派代表共同会商，后来各团体共同选举产生了校长，并授予校长以司法权力。学生对同乡会和校长的关系是采用缔结章程、宣誓遵守服从的形式结成的，这种组织形式主要是保证学生的学习、生活和不受外人侵犯，教师是处于这种组织之外的，但是学生团体除了聘任与判定合格的教师之外，也不干涉教师的教学、考试与学术活动。

波洛尼亚大学在成长过程中也经历了多次斗争，包括与城市当局、封建贵族、教会和师生内部的斗争，有司法斗争、武装自卫、学生罢课、教师罢教、大学集体迁移等种种形式。由于大学学术水平卓越，并善于利用矛盾取得支持，斗争往往取胜，以致这些斗争形式均被承认为大学的合法权利。波洛尼亚大学到13世纪初学生已达5000余名，除了民法与教会法外，于1316年增设医学，1360年增设神学。波洛尼亚大学这种由学生主持管理校务的体制，成为意大利、法国南部、西班牙、葡萄牙等地大学的榜样。大学的法律教育的影响遍及西欧，但较为轻视神学与经院哲学，形成了较为自由的学术气氛，也为孕育意大利的人文主义思想提供了条件。

西欧中世纪大学的另一个典型是法国的巴黎大学。巴黎在查理曼帝国时代就设有教会和宫廷学校，此后巴黎的几个著名教堂和修道院学校，尤其是巴黎圣母院的主教学校一直持续发展。12世纪古典文化的复兴，经院哲学的形成和唯名论与唯实论的激烈斗争，在巴黎的教会学校是最为集中的研习和讨论场所。过去的宗教教育已远远不适应需要，许多人要求接受文艺学科、哲学、神学和教会法的教育。而在教会势力强大的法国，进行这类教学必须得到教会颁发的许可证。最初这种许可证由教会学校的校长颁发，由于教会学校校长对许多学科毫无知识并经常以出售许可证牟利，严重损害学者的声誉和权利，各教会学校的教师便组织起来抗议与抵制。1179年，在拉特兰宗教会议上的斗争，使教皇亚历山大三世颁布通谕，严禁教会学校校长出售许可证，并必须担保教学人员的质量。教皇特别斥责了巴黎圣母院主教学校的校长。此后，取得教学资格就主要取决于教师团体的"授职"了。由于巴黎的教师与学校拥有很高的声誉和地位，西欧各地求学的学生纷纷来到巴黎学习，以得到教师团体的授职。教师团体由于拥有众多的学生，势力逐渐强大起来，经常与巴黎的市民发生冲突。巴黎的教师团体便向教皇亚历山大三世请愿，取得了由教师审判有关学生的法律案件的特权，实际上是由一个教师专门组成的法庭审理。后来这些特权又由教皇西斯廷三世于1194年加以确认，将巴黎大学所有师生置于教会法管理之下，使他们在与俗人的争端中享有教士特权，并实际由大学处理。法国国王腓力二世（奥古斯都）于1200年正式承认了巴黎大学的特权。在这些斗争中，教师团体把过去的习惯和规章写成了具有法律效力的文件，并使教师团体成为处理各类法律事务的法人团体，指派固定官员，使用专门印章，并最后排除了主教学校校长对大学的权力。虽然教师和学生均具有教士身份，但由于他们来自各地，不愿受巴黎当地教会组织的管辖，终于在1231年得到罗马教皇的支持，又取得了独立于当地教会的自治权。巴黎大学的教师团体之所以能够连续取得这些成就，主要是当时罗马教廷的权力达到最高峰，罗马教皇企图利用巴黎大学对法国的教会和俗权进行控制，而巴黎大学又汇集了西欧各地有权势、有学识的教士，权倾西欧的教皇英诺森三世，就曾是巴黎大学和波洛尼亚大学的学生。

在大学成长过程中起重要作用的是人数最多的文艺学科教师团体。他们也组成了法兰西、皮卡迪利、诺曼底和英格兰4个同乡会（实际包括了西欧其他地区来的人）。但教师更上一层的组织是分学科的教授会，分为文学、神学、教会法学（罗马民法在巴黎被禁止讲授）和医学4个教授会。每个教授会有权颁发本学科的教学许可证书，决定本学科的教学规则和学生纪律。每个教授会选举一个会长。大学的重大事务由几个教授会共同会商。到13世纪末，文学教授会的会长由于拥有较多人力、财力，实际上成为巴黎大学的校长。巴黎大学这种由教师团体主持校务的体制，成为英格兰、苏格兰和北欧各大学的榜样。巴黎大学最盛时曾达5万多人，号称与教皇和皇帝并为欧洲三足鼎立的势力，尤其以文艺学科和经院哲学最为著名。巴黎大学在神学和宗教事务上的权威和影响，在14世纪教廷分裂时期甚至凌驾于教皇之上，形成了大学中强大的宗教保守势力，一直延续到欧洲近代时期。

中世纪大学中还有一个具有特别影响的典型，即英国的牛津大学。牛津在中世纪初期就有一些学者在此教学，在1167年左右，由于英王亨利二世与法国国王的争执，许多英国的教师和学生陆续由巴黎大学回到牛津，按照巴黎大学的组织方式讲学，逐步形成了牛津大学。但是牛津既不是工商业中心，也不是政治和教会中心，教师、学生的研习和生活必须以独特的方式加以保证，于是便形成了学院制度。学院制度在西欧其他大学也存在，起源于为付不起房租的穷学生提供宿舍，逐步形成学生共同学习和生活的组织。但是在牛津，学院成为大学体制的主要形式，大学是因一个个学院的建立而发展起来。学院是由英国各地的贵族、教会以至国王捐助的资金、土地和房屋而建立起来的，最早形成的是大学学院（1249 年）、贝利奥尔学院（1260 年）和莫顿学院（1263 年）。每个学院订有由国王和教会当局批准的章程。章程包括尊重捐献者的意愿，服从某个教俗上层的领导，教师团的组成，院长的产生和权力，经费的运用，学生的学习规章和纪律等。学院对于招收师生、经费应用和进行教学方面均拥有自主权。学院拥有学生和教师宿舍、教堂、食堂、教室、图书馆和庭院，各具风格。大学的重大事务由各学院院长会商，并轮流分工负责。大学的校长是由国王和教会任命的，主要是负责大学独立的司法权。学院制度的建立在当时具有重大意义，它为许多贫穷的学生和教师提供了学习、生活的保障，使各种教授、学习、管理制度能够系统化和贯彻实施，并为大学提供了可靠的经费来源，使大学不仅在司法上，并且在经济上也加强了独立性。

牛津大学虽然在一个小城市形成，但也经历了与城市当局和市民的长期斗争，甚至发生多次武装冲突。在 1209 年一次武装冲突中，逃散的一部分师生跑到剑桥，逐步形成了剑桥大学。此后牛津学生又几次被市民打得逃散。但是牛津大学得到国王和教会的支持，国王在 1244 年、1248 年、1275 年一再颁发的特许状中保护牛津大学的权利，最终在 1355 年大学战胜城市当局，成为牛津的掌权者。大学的得胜也是由于大学建立了许多学院，全英国各地的学生均来此就学，人力、财力增强并博得了全国的支持。虽然学院林立，制度各异，牛津大学的教师还是形成了严密的组织来管理大学。来自英国南方和北方的教师分别选出两个学监，学监后来取得了指派各学科的教师代表选举校长的权利。全体教师又逐步形成教师会议，教师会议提出和修改学校规章，讨论决定重大财政收支，总管授予学位事项。教师会议多次与教会和修道院团体对大学教学的干涉进行斗争，并取得胜利。

牛津大学在西欧中世纪也起到重大的作用。牛津校长格罗塞特和学者罗吉尔·培根对抗教会压力，最先开展对自然科学的实验研究。邓斯·司各特和威廉·奥卡姆发展了唯名论，对抗罗马教会的正统神学，成为中世纪学术界对罗马教会基本信仰和理论最严重的挑战。约翰·威克里夫提倡国家教会，反对罗马教皇和教士，成为宗教改革运动的先驱。

在波洛尼亚、巴黎、牛津等大学榜样的带动下，到 15 世纪末，整个西欧建立了近 80 所大学。意大利有 20 所，法国有 18 所，英国有 2 所，苏格兰有 3 所，西班牙有 13 所，葡萄牙有 1 所，德意志神圣罗马帝国境内（包括尼德兰、捷克和瑞士）有 16 所，匈牙利有 3 所，波兰、丹麦和瑞典各有 1 所。大学是在中世纪封建制度下，在城市、行会、教会团体各种组织的影响下形成的，但在形成过程中，大学却又与这些组织和制度进行了激烈的斗争，取得了存在、发展和自主的种种权利。尽管大学组织并不能摆脱封建制度和神权统治总的束缚和要求为其服务的目的，但是追求知识、追求真理、追求得到改造社会和自然界的能力这种人类进步的总倾向，是限制不了的。正因为西欧中世纪大学这种组织为此提供了较为良好的条件，才会成为近代高等教育制度的先导。

中世纪大学的教学活动与成就

中世纪西欧大学的教学活动随着时间与地区的不同有许多差异，因此只能概述一些基本的共同特点。

中世纪西欧并无系统的小学、中学教育，学生在进入大学之前，一般要在教会学校和后来由城市兴办的文法学校学习基本的读、写、算术和宗教教育，特别要初步掌握拉丁文，因为拉丁文是大学教学和生活交际中唯一通用的语言。学生在 13—16 岁便可以进入大学。大贵族子弟是很少进入大学的，他们一般接受骑士和宫廷教育，以继承爵位和领地。但大学生主要是靠父母的供给，所以小贵族（尤其是无继承权的非长子），乡绅、富裕市民（从事工商业与学术者）的子弟是主要成分。另外就是教会人士的亲戚、子弟和各地教会资助而来的贫穷少年（多半为了在教会任职）。最初的大学并无固定的校舍和资产，随着大学的发展尤其是学院的建立，才使较为贫困的学生以至教师有更多学习研究的机会。最初的大学纪律管理十分松弛，学生只是拜一位教师总管学习，经常有荒废学业、闹出种种事端者，因生活无法维持而中途辍学的也为数不少。后来随着大学组织和设备的完善，尤其是学院的设立，才有了严格的制度和纪律。学生要在学院固定的宿舍就宿，早上五六点钟按时起床，共同在食堂就餐，参加礼拜，按时上课，闭门自修，只是在一定时间才可离开学院外出。一般大学学生和教师均有教士身份，所以要求独身不婚。当时大学的生活供给标准是不高的，一些贫穷的学生被许可乞讨，吃富有学生分剩之食，做助教谋生。青年学生在一起经常举行球赛、打猎、舞会、音乐等活动，但这均是自行组织而非大学认可的，也免不了有斗殴、酗酒、赌博、宿娼之类的事情。同时这些学生组织起来，以言论文字甚至武力攻击学校当局、教会、封建领主，直至国王和皇帝的事也时有发生。被称为"异端"的反教会思想也在大学流行。

大学的教学也逐步系统化。大学最初 2—4 年，是以教师讲解辅导教材为主，每次上课长达 3 小时，每日有课一两次。教师先给学生说明教材梗概及主要思想，简要叙述本章知识，逐句诵读原文，再重述重点、释疑和旁征博引。教材常有较原文更长的各家注解。此后就要组织学生个别或分组提出问题，进行对辩，再要求每个学生自选问题，进行有独到见解的论证，并进行答辩。随着年级的增高，学生的答辩分量越来越多。学生只有通过由相当高资格者组成的教师团体主持，并有相当多权威人士旁听的答辩，才能取得学士、硕士或博士资格。由于书籍和书写工具是昂贵难得的，学生必须下很大工夫背诵，记熟大量教学书籍，并有熟练的分析、逻辑推理和辩论能力，才能通过答辩的道道关口。

在教材内容上，文艺学科作为基础，中世纪初期"古代七艺"的教材已远远不够了，还加上了亚里士多德、托勒密、西塞罗等人的原著，后来逻辑学和哲学得到特别的发展，成为文艺学科的高级课程。哲学分为自然哲学（物理学、动物学、植物学）、道德哲学（伦理学、政治学、经济学）和形而上学三部分，基本上是以亚里士多德全集各书为教材。最初是要求学习六七年得到硕士学位，也就是取得担任教师资格的证书。学士最初只是对于正在就学以求得教师资格的学生的称呼，后来由于大学需要助教，学生也需以此谋生，便有了学士学位，一般学习 4 年可以得到。而神学、民法、教会法和医学除了要有文艺学科的基础外，还需要长时间的专业学习，有时多达 16 年之久，由这些学科结业的一般便授予博士学位（不一定要先有学士与硕士学位）。原先大学要求穿戴的教士袍服由此发展出各学衔不同的样式，授予学位也发展出了隆重的穿袍、奏乐、游行、宴会仪式。获得这些学衔，也就逐步成为担任教师、法官、律师、公证人、高级教士和医生的必要条件。大学在社会上的地位便更加重要。

处于罗马教会神权统治之下的中世纪西欧，大学的教育，不得不适应教会教义教条定下的框架。在学习神学、经院哲学和教会法时，只就教会定下的教义教规和教材研讨，根本很少涉及《圣经》本来的意义及原文（希伯来文和希腊文）的真意。在学习像亚里士多德等古典作家的著作时，也是按教会的教义加以歪曲来适应神学观念。大学中自然科学和医学的教学，也得符合基督教的信仰和宇宙观，如上帝创世、地球中心等，并且对权威的学说不能提出疑问。因此，尽管中世纪的大学师生养成了良好的研读、注释、逻辑分析和推理、辩论的能力，并力图以理性来求知，但总的并没有摆脱教条与权威的局限性。而随着西欧经济和文化的发展，文艺复兴和人文主义运动的兴起，打破了这个局限性。文艺复兴在学科上的突破，首先是在大学的基础学科文艺学科。在文艺学科教授和学习的一批学者，如彼德拉克、薄伽丘、洛伦佐·瓦拉、伊拉斯莫、戴塔普尔、黎希林、科勒特等，从研习古典文化中发现了被教会歪曲的基本知识上的谬误，而威克里夫、胡斯、马丁·路德、慈温利、加尔文等在大学研修神学的学者，在此基础上又指出罗马教会在教义、教条上的谬误。掀起文艺复兴和宗教改革伟大运动的杰出人物，大多数是受过大学教育的学者。而在文艺复兴和宗教改革运动的冲击下，大学培育出了哥白尼、开普勒、伽利略、培根、哈维等第一批杰出的近代科学家。套在中世纪大学上神学专制的枷锁一旦出现裂痕，便人才辈出，不少人由学究和臣仆变为新时代精神的主将，使西欧首先跨入科学、文化的新时代。

在这个大转变时代，大学的组织和地位也有所变化。由于中世纪的社团和教会组织的衰败以及大学规模、设备、需求的扩大，旧有的对大学的经济政治支持来源已经不能胜任了。新兴的民族国家中的王权，一些发达的领地和城市共和国的当局，开始以国家财政来直接支持大学。英国的牛津和剑桥大学，法国的巴黎大学，奥地利的维也纳大学，西班牙的萨拉曼加大学是国家的荣耀，威尼斯的帕多瓦大学和佛罗伦萨的大学是城市的骄傲，海德堡大学、科隆大学、图宾根大学、那不勒斯大学则是领地发达的象征，而克拉科夫大学、布拉格大学、哥本哈根大学、乌普萨拉大学是弱小民族独立自强的希望。大学建筑辉煌，规模剧增。虽然专制王权和反宗教改革的势力还要给大学套上新的桎梏，但是科学、文化的发展毕竟又迈出了一大步，大学的师生在随后两三个世纪作出了百倍于前人的辉煌成就。

诺曼征服

郭振铎

诺曼征服，是指位于法国西北部之诺曼底公国的威廉公爵于 1066 年对英国的征服。这次征服对于英国历史的发展产生了深远的影响。

威廉入主英国

诺曼征服前夕的英国，正处于社会动荡不安的重大转变时期。11 世纪，英国封建化正在激烈地进行，自由农民阶级分化，大土地所有者攫取农民的土地，使农民失去人身自由而降为农奴的过程日益加剧；大土地所有者拥有庞大的地产并有一定的政治独立性，封建庄园逐渐在成长。但是，英国封建化的进程，比起隔岸的法国，显得有些迟缓。这时英国已有许多城市兴起，著名的有伦敦、约克、牛津、温彻斯特、亨廷顿等。

英国政局长期攘扰不安。早自 8 世纪末开始，丹麦人（来自北欧的诺曼人，在英国史上通称丹麦人）对英国就进行了几乎不间断的侵袭。9 世纪初期，威塞克斯国王虽然兼并六国，统一全英，但无力遏止丹麦人的入侵。9 世纪晚期的名王阿尔弗雷德曾一度打败丹麦人，但也只能签订和议划疆而守，将东北部的半壁江山让给丹麦人统治，这片土地遂称作"丹法区"。10 世纪末，丹麦人再度大举入侵，于 1016 年征服英格兰全境。丹麦王卡纽特拥有一个包括丹麦、挪威、瑞典和英格兰的庞大国家。1035 年，卡纽特死，国家解体，英格兰乃得复国。1042 年，威塞克斯王朝的后裔笃信者爱德华（1042—1066 年在位）登上英格兰王位。

爱德华之父为威塞克斯国王伊塞尔雷德，母为诺曼底公爵之女埃玛（后来改嫁卡纽特），所以他有一半诺曼人的血统。丹麦人统治英国期间，爱德华一直住在诺曼底宫廷，对于诺曼人深有好感。他归国即位后，任命了一批诺曼人在朝廷和教会中担任要职，以与国内诸侯势力相抗衡。1066 年初，爱德华去世，没有子嗣，贤人会议推选出哥德温家族的威塞克斯伯爵哈罗德继为英王。哈罗德的王位还没有坐稳，就受到两个王位争夺者的挑战。一个是哈罗德的兄弟，得到挪威国王支持的陶斯提格；另一个是诺曼底公爵威廉。

诺曼底公国在中世纪初年为诺曼人首领罗洛所建。公国内部建立起强有力的统治，境内比较安定，各地流民纷纷前来投奔，使这片土地迅速发展起来。到威廉任公爵的时候，诺曼底公国成为法国境内最强大的诸侯。

威廉（1027—1087 年，英国史称威廉一世，1066—1087 年在位）是诺曼底公国的第七位公爵，1035 年登位，年仅 8 岁，国内臣属不服，时起叛乱。1047 年，威廉得到法国国王亨利一世的帮助，压平境内叛乱，树立起自己的权威。1053 年，他同弗兰德尔伯爵鲍德温五世之女马提尔达结婚，从而与这一欧洲最富地区结成联盟。1063 年，他征服了缅因。此后，他还控制了布列塔尼。这样，英吉利海峡和多佛尔海峡南岸一线便都掌握在威廉或其盟邦的手中。入侵英国，夺取王位，已具地利条件。

关于英王王位继承问题，威廉与当时在位的两个国王据说曾有成约。1051 年，威廉访问英国，据他后来宣称，英王爱德华曾许诺在其死后将王位传给自己。1064 年，哈罗德巡弋英吉利海峡，乘船遇风在法国海岸失事，为朋蒂乌伯爵所获，送到诺曼底。哈罗德为了能够返回英国，被迫向威廉宣誓，支持他对英国王位的要求。因此，威廉认为登上英国王位，已是指日可期，却不料英国贤人会议拥戴哈罗德为王。威廉既怨英人之违反约定，更恨哈罗德的背弃誓言，决心以武力夺取王位。

威廉为这次远侵做了充分的准备工作。他下令伐林造船，征募水手，从弗兰德尔、布列塔尼和法国南部以及意大利等地招募骑士。在外交方面，他取得教皇和法、德、丹麦诸王的支持。1066 年夏季，威廉已做好准备，专等海上风顺，即行出征。

哈罗德听到消息，也赶忙准备。他招募一些渔船和商船组成小型舰队。军队的核心是国王的亲兵，但为数不多，大部分是来自各地的徒步农民组成的民军。哈罗德的军队严阵以待，许久不见动静，队伍开始涣散。9 月中，突然从北方传来外敌入侵的消息。

挪威国王哈拉德·哈德拉达偕同陶斯提格率军在约克郡海岸登陆，哈罗德率军北上迎敌。1066 年 9 月 25 日，两军在斯坦福桥激战，哈罗德大获全胜，挪威王和陶斯提格被杀，入侵军溃逃。正当哈罗德欢庆胜利之际，威廉已于 9 月 28 日率军在伯文西登陆,移驻哈斯丁斯,纵兵抢掠,以激哈罗德前来决战。

哈罗德闻讯,慌忙率军南返。10 月 14 日,双方大军在哈斯丁斯展开激战。

威廉分兵三路:左翼是布列塔尼伯爵阿南指挥的不列颠人,右翼是勃罗根的欧斯特斯指挥的来自各国的雇佣兵,中路是威廉亲自指挥的,手持教皇"神旗"的诺曼人。每翼又分成三线:第一线为弓弩手,第二线为重装步兵,最后为骑士,总兵力约 1.2 万人。哈罗德采取方阵战术,队伍形成一个防御的盾墙,左侧为威塞克斯的步兵"龙旗",右侧为哈罗德的骑兵"将旗",总兵力为 6300 人。双方经过一天的血战,至夜色朦胧之际,哈罗德军队损失惨重,哈罗德和哥德温家族成员伤亡殆尽,最后哈罗德也受伤殒命。失去指挥官的英国军队无力再战,四处逃窜,威廉终于取得最后胜利。接着,威廉率军进驻伦敦,12 月 25 日在这里加冕为王,号称威廉一世。威廉对英国的征服史称"诺曼征服"。以后,诺曼王朝统治英格兰历时 80 余年(1066—1154 年)。

威廉在哈斯丁斯战役中取胜,主要原因有以下几点。第一,哈罗德始终未得到英国贵族阶级的全力支持,尤其是北方两个大封建主艾德温和莫尔卡伯爵,对哈罗德离心离德,不肯支援,致使哈罗德孤军作战。而对方那些为了掠夺战利品、获得领地和农奴而来的大陆上的封建主和骑士们则团结在威廉周围,奋力作战。第二,哈罗德的军队装备简陋,有的还使用石斧,徒步战斗,同威廉装备精良的骑兵相遇,相形见绌。第三,哈罗德的军队,刚刚结束战斗,又复长途徒步行军,劳累不堪,而威廉的军队在哈斯丁斯近郊,已休整两周,兵强马壮,以逸待劳。加之哈罗德指挥失当,不肯据垒坚守,以劳敌师,而是急于求战,驱疲惫之师,挡精锐之敌。胜负之势,显而易见。

1067 年春,威廉因诺曼底不靖,返回大陆,进行抚绥。英格兰交由其弟奥多主教和大臣费茨－奥斯伯恩代为治理。由于奥多的暴虐,激起东南部肯特人和西部威尔士人的反抗。威廉赶赴英国,调兵遣将加以镇压,接着自己又带兵北进,迫使北方大封建主艾德温和莫尔卡归顺。

1068 年,丹麦国王斯温经过两年的准备,前来与威廉争夺英国王位,舰队开进汉伯河口。消息传来,几乎整个英格兰同时掀起反诺曼人的斗争。西南部居民汇合起来围攻埃克塞特,西部的威尔士人再度起义,北部诺森伯里亚的起义声势更大，他们打出了旧王朝后裔埃德加的旗号，夺取约克城，杀死了3000诺曼人。消息传来，引起威廉的狂怒，声言必报此仇。但是，作为有见识的军事家，威廉在紧张复杂的局势面前，区别了轻重缓急，抓住了主要环节。他只带少数随从驰往汉伯河丹麦军营，用重金贿赂丹麦人，使其停战撤军。然后他又采取各个击破的策略，先率军打到威尔士边界，并命费茨－奥斯伯恩率兵前往西南，解埃克塞特之围。威廉本人随后挥师北上。

英格兰北部和东北部地区还保留了人数众多的自由农民，他们成为1069年和1071年这一地区起义的主要参加者。威廉对约克、达拉姆地区的起义进行了残酷镇压，屠杀了无数的居民，抢走财产、农具和耕畜，焚毁村落，把富饶的约克和达拉姆地区变成长期荒芜的地带。在诺森伯兰和麦西亚地区的艾德温和莫尔卡两伯爵得到苏格兰王马尔科姆的支持，举兵反抗，也遭镇压。号称平民英雄的赫勒华尔德在英格兰东部沼泽地带坚持最久，斗争最顽强，最后伊利岛失守，起义失败。到1072年，威廉征服了英国全境，他以此获得"征服者"的称号。

威廉统治英国的政策及其影响

威廉在征服英格兰之后，采取各种措施以巩固其统治。

威廉重用随他前来的诺曼底贵族，他的兄弟巴约主教奥多以及威廉·费茨－奥斯伯恩、蒙哥马利等人，均被委以重任。少数盎格鲁撒克逊贵族虽被保全，留在朝中，但有名无实。为了保卫边境安全，他在西部威尔士边区设置切斯特和希鲁兹伯里两个边地伯国；1072年苏格兰王马尔科姆臣服后，他在北方建立达拉姆伯国，设主教治理。

为了杜绝此后再次发生自由农民的反抗事件，威廉采取了暴力手段。他纵军抢劫农民土地、森林、牧场，变自由农民为农奴，于是封建庄园普遍建立，使英国封建化过程终于完成。马克思就威廉的征服后果指出："成为英国最初社会基础的真正自由农民逐渐减少……（威廉）征服增强并加速了封建制度的这种排斥英国过去自由的倾向。"

威廉征服盎格鲁撒克逊贵族之后，剥夺其所有的领地，分给诺曼底和法国封建主（他的亲属、追随者和教会人士）。唯有盎格鲁撒克逊封建主中的骑士阶层得以保持其世袭领地，为国王服军役，但必须臣属于诺曼底的诸侯（英国习惯称大地主为诸侯）。威廉是全国土地的最高所有者。新受封的贵族享有一切特权，但要提供一定数量的骑兵，为国王作战；为了履行军役，他们又将自己的一部分封地再分赐给自己的臣属。

由于诺曼底诸侯被分赐领地是按照征服和没收土地的进程而逐步进行的，所以他们所分得的土地分散在各郡。例如，威廉·菲兹·安斯寇尔夫的地产以达德利城周围广大村庄为中心，其余地产散布在 12 个郡；又如，里奇蒙特的亚兰公爵在东部诸郡拥有辽阔的封土，其余很多采邑则零星分散于各地区。这种分封方式的目的在于，使诸侯们的领地不能连成一片，从而无法组成强大的地方公国、伯国，对抗中央。同时威廉本人占有全部耕地的1/7。王室还占有绝大部分森林。森林区域辽阔，有苛酷的森林法加以保护。王室森林规定为禁猎区，农民若进入禁区打猎，处以挖眼之刑。王室拥有巨量土地，构成王权强大的物质基础。

与此同时，威廉把英国的教会也置于王权之下。他下令把原来由盎格鲁撒克逊人担任的教会高级职务，均改由诺曼人担当，将享有盛誉的坎特伯雷大主教斯蒂甘解职，由效忠于威廉的诺曼人朗弗兰克担任。教会成为威廉的支持力量。

威廉一世为了增加王室的收入和确保封建贵族的既得利益，在 1086 年下令，进行全国土地调查，并编成了《土地赋役调查簿》。这本调查簿当时被人称为《末日审判书》，这是因为威廉派遣的陪审员在各地调查，犹如世界末日审判一样，在出席作证时必须说出真相，不得稍存隐瞒。这本调查簿为后人留下了极其珍贵的史料。在《末日审判书》里，详细地登记了下列诸事：每一个郡里，哪些世袭领地是属于国王的，哪些是属于教会和世袭领主的；每个诸侯有多少个臣属（骑士、家臣）；每个庄园有多少土地（份地）；地主和农民各多少耕畜；多少土地被分给了农民；有多少家用奴隶；庄园里有多少自由农民、多少森林、草地、牧场、磨坊、鱼池、盐场、制铁坊以及其他手工业等，巨细靡遗。文件里还记载了在威廉征服前、征服中和进行调查时，世袭领地内部的货币收入约有多少，等等。威廉一世急于知道这一切，其目的在于要根据这些详尽的记载，要求人们承担封建义务和纳税义务。《末日审判书》的编制也是自由农民逐步地转化为农奴的关键，很多自由的和半自由的农民已被登记在维兰（农奴）一类里面。

诺曼征服后英国的社会状况

人们可以从《末日审判书》中看到当时英国农民阶级的状况。1086 年全英国人口有 155 万人，其中 95% 从事农业。畜牧业居第二位，主要是在东北部的约克郡、林肯郡和西部的哥德苏勒高原和牛津郡的芝勒特恩山冈。畜牧业已经非常盛行，羊毛成为商品输出中的重要物品。11 世纪末，自由农村公社已变成农奴公社。《末日审判书》所称的维兰、边农、茅舍小农、奴隶和自由农民等负担沉重的封建义务，其中特别是维兰、奴隶被课以实物租和货币租以及其他贡赋。但到 12 世纪上半期，上述所有的依附农民都转化为农奴。可见，威廉的征服促使英国封建制度最后形成。

威廉的征服对于英国城市和工商业的发展也产生了影响。《末日审判书》中列举了 100 个城市。全国约有 5% 的人口居住于城市，当时，伦敦、多佛、坎特伯雷、诺里支、诺定昂等大城市的市民，在经济上比较富裕。由于大多数城市都位于国王领地之上，国王就是领主，这种情况使得城市难于摆脱国王的控制。但威廉实行有利于城市的政策，受到市民的拥护。威廉从城市得到的财政收入源源不断，国库十分富裕。

由于英格兰、诺曼底与缅因的联合，促使英国城市与大陆的商业贸易日益发展，它们与大陆的联系日益密切，尤其是经济发达的弗兰德尔，需要英国输入大量的羊毛。英国商人享受国王特别的保护，伦敦商人尤为得利。威廉在位初年，就曾下令承认伦敦市民的特权和自由。这个城市成为英国同大陆贸易的中心。

较早地得到国王保护的英国城市，也给予国王以积极支持，两者结为联盟，这为英国王权的加强和此后中央集权的建立准备了条件。

征服也对威廉的政权产生深远影响，使它与同时期大陆上的王权有着明显的不同。

威廉是在征服中获得其王室领地的，在所征服的地方，他将大量土地据为己有，大部分城市都位于这些土地之上。王室领地比起任何诸侯的领地，面积都大若干倍。这为强大王权提供了物质基础。同时期法国的卡佩王朝是不能与之相比的。

威廉是以远征军统帅入主英国的。诸侯和所属部下，以战功获得土地和官爵的赠赐。在朝廷中，威廉仍以军事领袖身份行使权力，其威信远比大陆上那些与诸侯平列的国王高。

与大陆上不同，英国除西部和北部边境设有三个边地伯国外，内地没有强大的公国和伯国。地方划分为郡，设置郡守，管理行政、司法事务，维持"国王的和平"。郡守由国王任命，其权力要比境内拥有领地的贵族大。

1086 年，威廉规定所有大大小小的封建主都要向国王宣誓，承认对国王的臣属关系，这就是有名的"撒利斯伯里誓言"。这与当时大陆上通行的"我的附庸的附庸，不是我的附庸"的制度迥然不同。

为了巩固其统治，威廉还沿袭了盎格鲁撒克逊人的某些旧制。在地方行政上，利用了旧有的区议会和郡议会，协助分配赋税、调查事件和审理案件。在军事上，保存了由自由农民组成的民军——斐尔德，作为补充兵力。1075 年的一次诸侯叛乱，即为威廉调遣的民军所平。

威廉的王权得到封建主阶级和教会的支持，关心国家统一、反对封建内讧的城市，也支持威廉。希冀从国王那里得到保护以免于沦为农奴的自由农民，也同样支持王权。通过征服而建立的诺曼王朝，便得以在英国巩固其统治，延续 80 余年。

诺曼征服在英国历史上开辟了新的一页，它给英国封建社会的发展，带来了深远的影响。

大宪章的订立

陶松云　卫　灵

大宪章，是13世纪初英国金雀花王朝国王在同诸侯贵族斗争中被迫接受的封建性文件。

亨利二世进行改革加强王权

金雀花王朝（1154—1399年）创建初期，王权强大。第一代国王亨利二世（1154—1189年在位）依靠骑士和市民的支持，采取措施，加强王权，使得在他执政之前，因封建内讧而一度削弱的王权重新巩固和强大起来。

亨利二世是法国安茹伯爵的继承人，在法国拥有大片领地，包括安茹、曼恩、屠棱、诺曼底等。同阿奎丹女公爵的婚姻，又使他在入主英国继位为王后，这些地区便统归英国辖领。1169年又取得布列塔尼。这样，法国疆土几乎有1/2并入了英国版图，形成疆域辽阔的"安茹帝国"。

亨利二世登位后，着手整顿封建秩序。他严厉镇压内乱期间乘机骚动的大封建主，拆除他们建造的300多座城堡。又任命自己的亲信担任地方郡守，把原来任职的一批大封建主撤换下去。

为了削弱封建势力，亨利二世实行军事和司法改革。在军事方面，过去的传统是封建附庸每年为国王服军役40天，这不仅不利于长期对外作战，而且造成王权对封建主军事力量的依赖。为了改变这种局面，亨利二世允许附庸缴纳代役钱，即所谓"盾牌钱"，以免除军役。然后用这笔钱招募常年服役的军队，由此加强国王的军事力量。他还采取恢复民军的措施壮大军力。他命令所有自由民按照财产状况置备一定的武器，随时应召出征。

在司法方面，亨利二世规定自由人在缴纳一定费用之后，可越过领主法庭直接向国王法庭申诉。骑士、市民和富裕自由民由此可以摆脱领主司法权力的束缚，因而更加支持王权。国王法庭以"誓证法"取代野蛮残酷的"神命裁判法"，提高了法庭的信誉。国王的巡回法官在地方审理案件时，让当地居民参加陪审，出庭作证。陪审员一般为 12 名，从骑士和富裕自由民中选出，作证时必须发誓不作伪证。司法改革削弱了地方领主法庭的作用，扩大了国王法庭的权限，并通过收取罚金使王室收入增加。同时，也进一步吸引了骑士、市民和自由农民上层充当王权的支持力量。亨利还试图限制教会法庭的权力，使英国教会从属于王权，但受到坎特伯雷大主教的强烈反对和教皇的干涉与威胁，因而未能实现。

亨利二世的一系列改革，大大强化了王权。这与大封建主的利益是相矛盾的。在他晚年，诸侯反对派的势力抬头，法王腓力二世为了削弱金雀花王朝对法国领地的统治，支持并煽动亨利的法国臣属和他的儿子们反叛国王。亨利在与反叛诸侯的残酷斗争中忧愤而死，王权发生动摇。

嗣立为王的是亨利之子理查一世（1189—1199 年在位）。他是个徒有其名的君主，在位 10 年，只有几个月的时间住在英国。他长期在外作战，只把英国看作财源供给地，不断从这里筹措对外战争和冒险行动的经费，对于朝政很少过问。理查在第三次十字军远征的归国途中，为奥地利公爵所俘，并被转交给德皇囚禁起来。英国为此征集了 10 万英镑的巨款才将理查赎回。理查一世穷兵黩武，造成国家财政拮据，于是加重税收，又引起普遍不满。诸侯和理查的弟弟约翰利用国王长期在外之机，积极活动，阴谋政变。这次政变虽未能成功，却反映出这一时期由于国王对内统治松弛，封建贵族势力再度抬头。

约翰王内外政策的失败

1199 年，约翰即英国王位，他是亨利二世的幼子，过去亨利向约翰的兄长们封赐土地时，他因年幼未被封予，故有"无地王"的绰号。约翰统治时期（1199—1216 年），社会上的不满情绪更加强烈，诸侯与王权的矛盾日益尖锐。

首先是他的对内政策不得人心，损害了社会各阶层的利益。在英国，封建附庸制度比大陆更为完备，原则上所有封建主都是国王的附庸，必须对国王宣誓效忠，但是国王和附庸都应恪守各自的权利和义务，即使在过去王权不断加强时期，国王也谨慎地维持既有的权利义务准则。约翰却利用从亨利二世继承下来的强有力的国家机构，对各阶层施加压力。他以封建习惯法所不许可的方式，任意没收附庸的领地，干涉领主法庭的审判权力，激起大封建主的愤怒；他为对法作战筹集资金，过分地课征额外捐税，激起各阶层的愤恨。过去一向支持国王的骑士和市民也苦于无止境的横征暴敛而背离国王，在国王与诸侯的冲突中站在诸侯一边。曾经支持过王权的教会，这时也因国王对教会选举的干涉和苛捐杂税的增加，转而支持诸侯。约翰失去了从前的王权支持者，在与大封建主的斗争中陷入完全孤立的境地。

约翰对外政策的失败更激化了国内的不满情绪。英国和法国由于领土问题长期结怨。此时法国正值腓力二世在位（1180—1223年），他是卡佩王朝杰出的君主，毕生致力于法国的统一事业，其最大障碍则是英国金雀花王朝。1202年腓力二世借口约翰不履行作为法王封臣的义务，宣布剥夺他在法国的全部领地。1204年，约翰失掉了诺曼底，在此后的几年时间里，又接连失去了安茹、曼恩、屠棱和波亚图的一部分。英国在法领地丧失殆尽，只剩下西南部的几块领地。

正当约翰在法领地接连丧失的时候，他又因坎特伯雷大主教的人选问题和教皇英诺森三世（1198—1216年在位）发生激烈的争执。1205年，英国坎特伯雷大主教去世，英国神职人员自己推选出一人继任大主教。约翰为控制教会，强迫神职人员重新选出一个为他所中意的人员任职。两个当选人均前往罗马，求见教皇请予任命。此时，正值罗马教廷权势鼎盛时期，教皇英诺森三世野心勃勃，不断寻找时机插手各国内政，以求实现教皇在西欧的绝对统治。英诺森三世宣布两人的当选均属无效，改派在教廷任职多年的英国神甫斯蒂芬·郎顿充任坎特伯雷大主教。约翰拒绝承认郎顿为新任大主教，教皇便下令禁止英国的宗教活动。之后，又对约翰施以绝罚。1212年宣布废黜他的王位，把王位转授给法王腓力二世。约翰曾采取没收教会财产等报复手段回敬教皇，但由于国内政策的不得人心，臣民的怨恨增长，诸侯伺机反叛，他得不到支持力量，最后不得不向教皇让步。1213年他不仅承认郎顿为坎特伯雷大主教，并且承认自己为教皇的臣属，答应每年向教皇缴纳一千英镑作为岁贡。

约翰虽然向罗马教廷作了让步，但他内心欲恢复安茹帝国版图的雄心并未由此丧失。为此他又筹划和德皇奥托、弗兰德尔伯爵结成同盟，共同出兵与法国交战，1214年7月布汶一役，英国及其盟军被彻底击败，约翰收复失地、重振帝国的企图完全破灭。

大宪章订立的过程

约翰从法国战场战败归来时，国内的政治形势也已经十分紧张。

诸侯们趁约翰在国外期间与坎特伯雷大主教郎顿议定，要求约翰遵守前代国王，特别是亨利一世的法律，尊重臣民的自由，如果国王不肯接受，就将诉诸武力。1215年初，诸侯们全副武装去见约翰，提出要求，遭到约翰的拒绝。约翰此举引起了全国的愤慨，诸侯们组成"上帝和神圣教会军"，以罗伯特·弗茨－瓦尔特为统帅，向伦敦进军，伦敦市民向诸侯军队敞开大门。埃克赛特和林肯城效法伦敦；苏格兰和威尔士答应支援；北部诸侯疾速进军以会合在伦敦的同僚。约翰向雇佣军发出征召，又向教皇呼吁求援，但都无济于事。站在他对面的，是手执武器的整个民族，而立于他背后的，在一段时间里只有7名骑士。在此众叛亲离的情况下，约翰只好答应同诸侯谈判。

谈判于1215年6月15日在泰晤士河畔的兰尼米德草地开始举行。诸侯方面人多势众，约翰方面只寥寥数人。诸侯事先已拟好一份列举他们各项要求的文件。为了对国王起到更有效的约束作用，他们又在此文件的基础上拟成大宪章。双方经过一番争执，于6月19日达成协议，然后由约翰在大宪章上签字。

大宪章全文共63条，其主要内容是限制国王的权力，保障教俗贵族的经济、司法和政治特权不受侵犯。

大宪章的第1条规定，国王不得侵犯教会所享有的一切自由权利，特别是自由选举教职的权利。

大宪章的第2条规定，国王直接封臣的后嗣享有封地继承权，国王只可按照旧日规定数额向他们征收继承税。伯爵、男爵继承人缴纳100英镑，骑士继承人最多缴纳100先令，再小的封地根据旧有习惯缴纳更少的数额。

第3—5条，是关于对未成年继承人监护的规定。国王委托的监护人必须妥善管理封土遗产，不得滥肆征用人力物力，俟继承人成年后，将全部遗产交付继承人，国王不得收取继承税或产业转移税。此项内容进一步保证了封建主的封土继承权。

关于国王征收税金问题，宪章第12条、第14条规定：国王只可自行征收三项税金，即国王被俘的赎金、国王长子受封和长女出嫁时的花销费用。

除此之外，不经全国会议同意，国王不得另行征收任何盾牌钱和协助金。为了召开会议，国王必须向教俗大贵族分别发出征召，并通过官吏对中小贵族进行召集。通知诏书至少要在开会之前 40 日送到，说明召集理由。这些规定旨在限制国王的任意征敛，保障封建主阶级的经济利益。

在司法方面，大宪章对犯有罪行的教俗、封建主也是偏袒的。第 21 条、22 条规定：伯爵和男爵非经同等级者的陪审，不得被课以罚金。教士犯罪时也照此办理。第 52 条进一步规定，任何贵族以前未经同等级者裁决而被国王夺去的土地和城堡，国王必须退还。亨利二世和理查一世所非法没收的财产，现仍在国王手中者也应照此办理。这实际上完全推翻了以往国王法庭对贵族案件的审判处理。

关于司法审判权，第 34 条规定：此后不得再行发布强制转移土地争执案件至国王法庭审判的令状，以免自由人丧失司法权。这里所讲的享有司法权的自由人，当然只能是封建领主。这项规定是对亨利二世扩大国王法庭权限做法的否定，使被削弱的封建领主司法权利得到恢复，因此是个倒退。

为了防止国王反悔，宪章第 61 条规定：由大封建主组成 25 人委员会，负责监督大宪章的执行，一旦发现国王有破坏宪章条款的行为，便要求国王立即改正。如果在 40 天内不见有改正的表示，25 人委员会便可采取一切手段向国王施加压力，包括夺取国王的城堡、没收土地和财产等，直到破坏宪章行为被纠正为止。这一条的主旨在于削弱王权，王权必须听命于大封建主，而大封建主则可以采取任何手段对付国王，包括使用武力，从而使封建混战合法化。

大宪章也有一些保障自由人利益的条文。使教俗贵族以外的享有自由人身份的阶层如骑士、市民、自由农民等也能够得到一些好处。例如在税收方面，第 15 条规定：今后除了三项固定税金以外，国王不得准许任何人向自由人征收协助金。三项税金的征收数额，也务求合乎情理。在司法裁决方面，第 39 条规定：除根据同等级者的合法裁决和国家的法律，不得对自由人加以逮捕、监禁、剥夺财产、剥夺法律保护、流放或使其受任何其他损害。

大宪章单独给予骑士、市民的利益并不多，但毕竟涉及这方面的内容。如规定不得强迫拥有领地的骑士服额外军役（第 16 条），确认伦敦和其他城市已享有的自由（第 13 条），在全国统一度量衡（第 35 条）等。

对于广大农奴，大宪章没有给予任何好处，只是在第 20 条中提到一句：

农奴犯罪时，应同样处以罚金，但不得没收其农具。看来这是封建主出于自身利益的考虑而提出的。

此外，大宪章还有许多条文载录关于限制王权的细节。

这样，亨利二世加强王权的一系列改革成果几乎全部被废除，只是在宪章的个别条文中还保留了它的痕迹。如第 15 条依旧规定土地占有案件由国王的巡回法官在地方会同该郡骑士四人就地审理。第 38 条对"神命裁判法"再次给予否定。这表明那些适应时代潮流的改革措施是不可逆转的。

约翰毫无遵守大宪章的诚意。大宪章签署后不久，他一方面转向谋求罗马教廷的政治支持，因后者对大宪章中有关削弱教皇对英国教会至上权的规定十分恼怒，另一方面纠集力量与贵族军队开战，内战由此再起。在这种情况下，贵族派势力索性不再承认约翰名义上享有的国王权限，他们拥立法王太子路易为英王，并以军事上的优势控制了大部分地区，使约翰无法得胜。1216 年，约翰在征战途中患病死去。幼子亨利继位，是为亨利三世（1216—1272 年在位）。

大宪章的历史意义

大宪章是力主地方分权的诸侯与统一王权斗争的产物，其结果是将诸侯的封建特权以法律形式肯定下来，而王权则受到宪章条文的限制。这在当时英国加强中央集权的历史进程中，显然具有倒退的性质。因此，大宪章所规定的封建寡头政治是不可能得到实施的。

骑士、市民在反对国王暴政的斗争中，曾经是封建大贵族的临时同盟者，因之大宪章也给予他们某些权利。这表明他们开始成为不容忽视的政治力量。各阶层的联合行动成为当时政治斗争的一种新形式，它为日后英国议会的建立提供了重要经验。

大宪章把农奴阶级置于法律保护之外，然而，随着商品经济的发展，农奴制日趋没落，越来越多的农奴摆脱了封建束缚，获得人身自由。大宪章中关于保障自由人利益的条文便具有新的、更为广泛的意义，解放了的农奴同样能够享受到所规定的权利。

在亨利三世在位的漫长时期，大宪章的原则逐渐被承认为法律的基础。后来的几代国王，都曾郑重地重新确认大宪章。但到 16 世纪，都铎王朝建立起君主专制政体时，由于王权的日臻巩固和强化，大宪章的影响几乎烟消云散。至斯图亚特王朝的詹姆斯一世（1603—1625 年在位）和查理一世（1625—1649 年在位）的专制时期，由于国王和议会下院的矛盾日趋激化，下院的资产阶级和新贵族代表才又把大宪章作为限制王权的法律依据，重新抬了出来。这些资产阶级和新贵族的代表在 17 世纪 40 年代初开始的"长期议会"上，不断地摘引大宪章的某些条文，并赋予新的解释，其中特别是关于司法权和征税权问题上国王要尊重和服从议会权力的有关规定，成为资产阶级限制和反对王权的有力武器。从而使得大宪章的原则在新的形势下，得到了有利于资产阶级利益的引申、贯彻和发展，使这一原是贵族用来限制王权的封建性文件，成为英国资产阶级革命胜利后确立君主立宪政体的宪法性文件之一。大宪章的历史传统也为后来的资产阶级政府及历史学家所重视，被称作是"自由大宪章""英国自由的奠基石"。直到今天，大宪章仍然是英国宪法的重要组成部分。

汉萨同盟

洪 宇 金 林

汉萨同盟是中世纪北海和波罗的海沿岸城市所结成的政治经济同盟。这个同盟的目的是确保商路安全,维护商业特权,垄断北欧的贸易。"汉萨",德语义为商业公会、同盟或集团。中世纪德意志商人在北欧许多城市都组织各式各样的同业公会。这些同业公会统称为"德意志汉萨"。14 世纪中叶以后,"汉萨"一词特指"汉萨同盟"。汉萨同盟的兴起、繁荣和衰落,经历300 多年长期的历史过程。

汉萨同盟形成的历史条件

汉萨同盟的兴起,是中世纪欧洲各国生产发展、交换频繁和城市壮大的必然结果。11—12 世纪,欧洲各国的封建制度基本形成,农业和手工业的生产水平有了显著提高。旧城市逐渐复苏,新城市不断涌现;以城市为中心的商品生产和商品交换逐渐发展起来。欧洲各地区之间的商品交换,以至东西方的贸易越来越频繁。德意志处于欧洲的中部,成为东欧与西欧、南欧与北欧进行贸易的必经之地。因此,德国各城市的中介贸易占据重要地位。

从 12 世纪中叶起,德国封建主开始推行"东进政策"。他们向易北河以东、波罗的海南岸和东岸地区推进,把大片斯拉夫人、普鲁士人、波罗的人的土地德意志化。这样一来使波罗的海南岸和北海沿岸的大部分土地,掌握在德意志人手中,这个地区的商业为德意志商人所控制。这就使德国北部的城市和商业的发展处于十分有利的地位。

12—13 世纪,北欧诸国仍处于封建割据时期,国势衰微,王权软弱。北欧地区的城市刚刚兴起不久,与德意志北部的城市相比,无论在生产技术上还是资金上都处于劣势。因此,北欧各国政府为了解决财政上的困难,不得不以商业特权来换取北德商人的巨额货款和财政资助。这样就使北德商人渗入这些国家，打入他们的商业市场，最终垄断了整个北欧的贸易。

由于德国政治上不统一，使德国手工业和商业的发展受到很大的阻碍。没有强大的中央政权，首先使商旅的安全得不到保障。整个德意志分裂为几百个公国、侯国，教俗诸侯割据一方，战争频繁；兵匪为害，拦路行劫；关卡林立，课税无度。在 13 世纪，仅莱茵河上就设有关卡达 62 处之多。由于国家不统一所带来的一切后果，对于以中介贸易为主的德国城市无疑是重大的障碍。既然帝国政权不能保护城市的利益和城市的发展，那么德意志城市就只能依靠联合的力量以保护自己的切身利益。于是在德意志南方和北方具有共同利害关系的城市，结成了不同的城市同盟。汉萨同盟就是在这种历史条件下自然形成的。

汉萨同盟的起源

汉萨同盟的形成经历了长期的历史过程。追根溯源，汉萨同盟的滥觞是北德商人公会和部分城市的联盟。"德意志汉萨"一词于 14 世纪中叶始见于记载，但它的起源和萌芽应该上溯到 11 世纪。北德商人公会最早形成于瑞典的哥特兰岛维斯比城。哥特兰岛位于波罗的海的中央，为海上航路的交汇之地。这里早就麇集了大批操各种语言的商人。11 世纪时德国商人也在这里获得一块居留地。来自律贝克、科隆、乌特勒支等 30 多个城市的商人，为了保护共同的商业利益，在维斯比城建立了第一个北德商人公会，命名为"神圣罗马帝国赴哥特兰岛航海家联谊会"。

1163 年占领律贝克的萨克森公爵亨利，为了调解瑞典商人和德国商人之间的矛盾，为维斯比和律贝克两地商人颁发特许状，授予他们许多特权。作为回报，瑞典当局则准许北德商人在维斯比居留地内实施他们自己的法律，由他们自己的官员进行司法审判。这些特权的取得对于北德商人向外扩张势力具有重要意义。

海外四大商站的建立及其逐步攫取商业特权，是汉萨同盟形成过程的重要阶段。早在 1066 年以前，以科隆为首的莱茵河地区的城市与英格兰之间即有着商业往来。"诺曼征服"以后的形势促进了英国与大陆的贸易。1157 年，亨利二世颁发了准许科隆商人在伦敦建立商站的特许状。12 世纪末，英王理查身陷囹圄，科隆商人慷慨解囊捐赠赎金，从而被免除商站的年租和应向国王缴纳的其他税款。1266 年、1267 年，亨利三世分别授予汉堡和律贝克商人在伦敦建立商站的特权。1282 年三个互相竞争的德国商站合而为一。1320 年更多的北德商人联合起来在泰晤士河畔建立一个"钢院商站"。60 多个北德城市都有商人代表驻在这里。商站拥有高大的围墙和防卫设施。站内储备大量武器，提防外人的武装攻击。商站享有很大自主权，其成员不受英国法律的约束。直至 15 世纪 70 年代，都是科隆商人在商站占据统治地位。北德商人还在英国其他城市中建立 15 处分站，其中最重要的有波士顿、亚茅斯、赫尔等。在名义上伦敦商站对各分站都有管辖权，但实际上有些分站（如英国东海岸几个分站）完全处于独立地位，受律贝克和汉堡商人的控制。

13、14 世纪，布鲁日是北海地区最大的贸易中心。南北水旱商路有许多在这里衔接和交汇。从意大利经过阿尔卑斯山到莱茵河的商路；从罗尼河、索恩河经香槟到马斯河和弗兰德尔的商路；从威尼斯、热那亚、西班牙经海上到达弗兰德尔的海上航路，都是以布鲁日作为终点的。各地区的大宗交易经常在这里举行。1252 年，律贝克和汉堡的商人代表与布鲁日城当局进行谈判，取得了许多商业特权，并且在这里建立一个永久性的商站，统一管理北德商人的贸易。布鲁日商站与伦敦的不同，这里没有深沟高墙的院落，货栈沿河而立，没有专门的防卫设施。在汉萨同盟全盛时期，布鲁日商站曾拥有300 名商人。北德商人在这里虽未建立起垄断地位，但却保持着强大的优势。南欧和北欧的商品，多通过布鲁日商站转换运销。如果特权遭到侵犯，他们就回报以商业封锁。北德商人对布鲁日的第一次商业封锁发生在 1307 年。其结果是布鲁日当局被迫承认，德国商人有权根据德国惯例处理他们之间的法律纠纷。

12 世纪末，哥特兰岛的北德商人在诺夫哥罗德建立了圣彼得商站。其后北德商人又在普斯科夫、波洛茨克、维帖布斯克和斯摩棱斯克建立分站。1189—1199 年，为了对付高额关税和地方官的专横，北德商人中断了与诺夫哥罗德的贸易，直到地方当局屈服为止。1229 年维斯比的北德商人公会与罗斯王公缔结了一项条约，使诺夫哥罗德商站获得了一系列特权。从此以后，商站实际上成为自治团体。北德商人竭力阻止诺夫哥罗德人与波罗的海国家进行直接的贸易。如果罗斯商人敢于独立西航，等待他们的将是无情的劫掠。北德商人的垄断加深了与罗斯商人的矛盾，唯恐罗斯人进行反击和报复，诺夫哥罗德商站深沟高垒，戒备森严。四周用厚木板夹成高大板墙，院内建有木结构的棱堡塔楼，入口处设置警卫，夜间院门上锁，由烈狗和更夫巡夜。

北德商人还在挪威的卑尔根建立另一个主要商站。卑尔根濒临北海，交通方便，成为格陵兰岛、冰岛、法罗群岛、设得兰群岛和奥克尼群岛与欧陆贸易的中心。挪威国王哈康四世统治时期（1223—1263 年），曾授予北德商人许多特权。北德商人在挫败挪威王埃里克二世之后，商业特权得到进一步扩大。他们虽然享有挪威市民的许多权利，却逃避了作为市民的纳税义务和其他义务。1278 年卑尔根商站正式成立，但北德商人至此尚未垄断贸易。直至 14 世纪初叶马格纳斯七世继位（1319 年）以后，他们才最后排挤掉英格兰和苏格兰的竞争者，完全控制了挪威和欧洲其他地区的贸易。卑尔根商站终于发展成为有严密组织的国中之国。大约 3000 名德国商人、工匠和学徒，居住在濒临码头的 22 座独立庭院内。他们不与当地人通婚，也没有遵守挪威法律的义务。

北德商人海外四大商站的建立是他们攫取北欧贸易垄断权的第一步，是汉萨同盟的前身。

汉萨同盟的诞生

从 13 世纪 40 年代起，在北德某些城市之间开始形成城市同盟。1241 年，汉堡与律贝克为了保护连接波罗的海和北海的陆上通道而结成了第一个城市同盟。其后律贝克与泽斯特、不来梅、科隆也建立了同盟关系。1256 年，文德人诸城举行了第一次有记载的会议。参加这次会议的有律贝克、施特拉尔松、维斯马、罗斯托克、格赖夫斯瓦尔德以及后来的吕内堡。文德人城市同盟的建立是向汉萨同盟迈进了一大步。

北德各个城市同盟建立和巩固之后，都要向海外发展和扩大贸易，因此北德城市发生了争夺海外商站控制权的斗争。每个商站都有一个商人议会，作为最高的权力机关。除伦敦外，其他三个商站都有几名从德意志人中选出来的站长。他们在参赞的协助下指导商站的一切活动。但是到 14 世纪中叶情况发生了变化。布鲁日商站由于受百年战争的影响，以及商人内部的争执和城市当局对其特权的侵犯，而陷入困难境地。这就构成结盟城市干涉布鲁日商站的借口。1356 年，结盟城市派驻布鲁日的代表强迫商站承认北德城市同盟的领导权，作为商站上级机关的城市同盟有权制定商站的政策，指导商站的活动。城市同盟也承担了保护海外商人的利益及其特权的义务。伦敦和诺夫哥罗德商站也经历了类似的权力转移过程，不过时间比布鲁日早很多。1282年，伦敦三个商站结束了各自为政的局面，其领导权仍控制在科隆商人手中。1293年，律贝克夺得了维斯比城商人的领导权，继承了维斯比与罗斯的贸易。诺夫哥罗德商站从此处于文德人城市同盟的掌握之中。

海外商站权力的统一和集中不仅加强了它们的竞争能力，而且巩固了它们的特权地位。1303年英王爱德华一世批准了"大特许状"，不仅扩大了德国商人在英国的特权，而且成为日后汉萨同盟坚持其特权地位的法律依据。从1317年起北德商人在伦敦争得了交纳与当地商人相等的关税的权利。1360年，布鲁日当局被迫废除了交易经纪人制度，北德商人因此摆脱了巨额佣金的负担。

海外商站降格为城市同盟的下属机构，是北德商人公会和城市同盟发展的终结，标志着汉萨同盟的正式诞生。

14世纪60年代，汉萨同盟为确保其在北海—波罗的海区域的商业特权和贸易垄断权，同丹麦政府的阻挠和干预进行了坚决的抗争。双方尖锐的冲突最后诉诸战争形式，其结果是汉萨同盟获得胜利。这个胜利不仅使汉萨同盟成为斯堪的纳维亚地区政治事务中的支配力量，而且使其确立了在北海—波罗的海区域的商业垄断地位。它标志着汉萨同盟的权力达到顶峰。1375年，神圣罗马帝国皇帝查理四世访问律贝克时，正式承认了汉萨同盟的合法性，从此开始了汉萨同盟发展史上长达百余年的鼎盛时期。

汉萨同盟的成员和组织机构

汉萨同盟在长期历史发展过程中，始终是一个松散的联合体。参加同盟的城市都是为了取得商业上的利益而结合到一起，因此同盟的一切活动都是围绕这个内容而展开。

同盟成员的数目一直没有精确的统计。迄今为止，从未发现完整的汉萨同盟成员的名单。一般认为汉萨同盟的正式成员在70—77个。[①] 所以中世纪的罗斯人曾以"七十城"之名称来称呼汉萨同盟。按照区域划分，同盟城市可分为四个集团：其一是以律贝克为首的文德人城市集团，其中包

① 这个数字是通说，可能指极盛时期成员数，如果把加入过同盟的全部成员都算上为90多个，可能是96个。

括汉堡、维斯马、罗斯托克、格赖夫斯瓦尔德、基尔、施特拉尔松、斯台丁、吕内堡和卡缅等城；其二是以科隆为首的威斯特发里亚城市集团，其中包括闵斯特、奥斯纳布吕克、多特蒙德、泽斯特、帕德博恩、格罗宁根、兹伏勒和亚琛等城；其三是以不伦瑞克为首的萨克森城市集团，其中包括不来梅、马格德堡、汉诺威、勃兰登堡、柏林和奥得河畔的法兰克福等城；其四是以但泽为首的普鲁士—立沃尼亚城市集团，其中包括里加、埃尔平、柯尼斯堡、默麦尔、哥尔丁根、温道、勒维尔、佩尔瑙和德尔普特等城。

　　文德人城市集团在汉萨同盟内居于支配地位，核心城市为律贝克。1226年律贝克从德皇腓特烈二世那里获得特许状，成为帝国城市以后，发展迅猛，势力大增。尤其是在与丹麦战争中，律贝克成为它的组织者和领导者，为汉萨同盟的胜利立下了汗马功劳。律贝克从此成为同盟的保护人和政策的制定者。但是律贝克并不能完全控制汉萨同盟。在参加同盟的一些大城市（如律贝克、科隆、汉堡、不来梅、里加和但泽等）之间存在着激烈的权力之争。

　　汉萨同盟的最高权力机关为同盟代表会议。这个会议按规定每三年召开一次，必要时得召开临时性会议。在汉萨同盟全盛时期，同盟会议频频召开，到后期则越来越少。据记载，第一次同盟会议召开于1363年。从1363至1400年的37年间共召开过34次同盟会议；从1400年至1460年的60年间共召开了12次会议；从1461年至1550年的90年间仅召开过7次会议。大多数同盟会议都在律贝克的黄金大厦举行，间或在科隆、汉堡和罗斯托克等城召开。同盟会议召开之日在同盟史上被称为"汉萨日"。开会的时间一般安排在降灵节。[①] 入盟城市在原则上必须派一两名市议会议员作为代表出席会议。但是由于交通和资金困难，一些中小城市往往委托大城市兼做自己的代表。代表出发前，这些城市必须先行集会，讨论大会议程，确定方针政策，为代表们起草训令。1447年的同盟会议，参加的城市最多，共有39个城市的代表出席。在一般情况下，只有10—20个城市出席。讨论重大问题时，除入盟城市外，海外商站、条顿骑士团亦派代表出席。上述1447年的会议为了确定与勃艮第公爵谈判的方针，骑士团总团长和伦敦、布鲁日、卑尔根三大商站都有代表参加。

---

　　① 复活节后的第七个星期日。

同盟会议的议题极其广泛。从保护商路安全到度量衡制度，从维护国外商业特权到对外国宣战媾和，从新航路的开辟到滞销商品的处理，等等，均列入会议日程。此外，会议还受理盟员间的商业纠纷，讨论新城市的入盟申请。同盟会议的决议收录在每次会议的备忘录中。决议必须有半数以上代表通过，一俟通过即成为同盟立法。全体成员必须遵守，违者将受到开除的惩罚。这种规定只有在同盟的鼎盛时期才能执行，到了同盟的衰落时期对于决议阳奉阴违，甚至公然抵制的事例屡见不鲜。因汉萨同盟大势已去，对于抗命的成员也只能听之任之。

从严格意义上说，同盟本身并没有一套完整的管理机构和组织形式。偌大的同盟连一枚统一的印章也没有。一般将律贝克的印章视为同盟的标记。但是同盟会议的文件，以召开会议城市的印章视为有效，并非全靠律贝克的印记。同盟没有共同的金库，只有在特殊情况下才向成员征收临时性的捐税，例如为了战争的需要，或为了货款给封建诸侯以换取某种商业特权，才向同盟城市分摊款项。1361 年为了回击丹麦的扩张和肃清海盗之猖獗，曾向同盟成员征收磅税，就是一例。同盟征税，反对者颇多，与用途无直接利害关系的城市反对尤烈。同盟往往以威胁手段才能达到筹款的目的。

汉萨同盟曾数度集结起庞大的海军和陆军，赢得了不少辉煌的战绩。然而同盟本身并不存在常备军。遇有战事，主要由有关城市提供人员、装备和经费，以应不时之需。一俟和平到来，军队自行解散，复归各城市掌握。1367 年科隆会议后，汉萨同盟集结起空前规模的大舰队，就是由沿海城市提供舰船和人员，内陆城市提供经费的。

汉萨同盟没有对全体成员都有约束力的统一法律。同盟成员大多采用"律贝克法"。这部法律制定于 1265 年，初为 13 条，后有增补。主要内容是防御海盗和维护贸易特权。第一条规定："每个城市都要加强防御海盗和防御其他破坏者，以使航海商人自由进行贸易。"早在 1293 年，麦克伦堡和波美拉尼亚的商人在罗斯托克举行代表会议，决定今后凡与他们有关的案件，都要按照律贝克法进行仲裁。参加会议的城市中，有 26 个投票赞成，遂成决议。海外商站的章程也大多以律贝克法作为蓝本。现存的诺夫哥罗德商站的 7 份章程，就是在不同时期以律贝克法为基础而制定的。但是，这种情况也不是绝对的，马格德堡和易北河下游的城市则大多采用"多特蒙德法"。

汉萨同盟的贸易

　　汉萨同盟商人活动的主要地区是波罗的海、北海及其周围国家。他们所经营的商品主要是原材料和生产、生活必需品。同盟商人运抵伦敦的商品主要有：粮食、蜂蜜、盐、钾碱、水獭皮、野兔皮、鼬鼠皮、貂皮、啤酒、原木、树脂、沥青、琥珀、锡、铁、铜等；运出的商品有羊毛、毛线、床罩和粗呢。诺夫哥罗德进口的商品主要有亚麻、手套、彩线、针、羊皮纸、腌鱼、金属、葡萄酒和食盐等；出口商品主要是蜂蜡、蜂蜜、亚麻布、大麻、蛇麻子、皮革、木材和毛皮等。输入卑尔根的主要商品是谷物、面粉、酒类、纺织品、大麻、沥青、食盐等；输出的是皮革、毛皮、奶油、木材、海象牙、鲱鱼和干鳕鱼等。在布鲁日，同盟商人主要是用北欧的产品与意大利、法国、尼德兰等地的商人进行交换；交换的外地商品主要是呢绒、葡萄酒、香料、贵重纺织品和一些奢侈品。从汉萨同盟交换的商品来看，大体上可以看出它的商业活动规模是很大的。汉萨同盟商人与意大利商人不同，他们除商业活动外，从不涉足银行业和其他行业。同盟有时借钱给封建主，其目的不是营利，而是换取商业特权，如果特权得到批准，债务也就一笔勾销。

　　同盟的商品运输主要依靠水路，即使在德国本土也多利用内河航运。原因是水路比陆路相对地安全一些。1390—1398年，连接特拉夫河与易北河的格莱登运河被开凿。不伦瑞克为了与不来梅建立航运关系，于1459年疏通和整治了奥克河。为了保证水上运输的安全，在最重要的港口建立灯塔，设置浮标，配备专职领水员。同盟的商船都建有船首堡和船尾堡，必要时可改装为战舰。船上备有小型武器，形势险恶时则编队航行。同盟有严格的海上纪律，鼓励船员拥有船只的股份，以加强他们的责任感，提高航行的安全。

　　汉萨同盟始终坚持排外主义的立场，坚决反对外国商人染指其商业特权，无情打击一切竞争者。同盟明令禁止与俄国人、英国人、弗兰德尔人结为商业伙伴，不准与盟外商人发生借贷关系，签订契约，合伙经营，互租船只等。如果发现为外商代运或代售货物的同盟商人，定要严惩不贷。同盟商人如与外国人结婚，立即丧失原先享有的一切特权。对于在同盟城市经商的外国人也有许多强制性规定：不准在城内定居，不得在城区外从事商业活动；非经同盟商人的中介，外商之间不得互相交易。为了独霸诺夫哥罗德市场，同盟禁止荷兰人学俄语。

汉萨同盟为维护成员间的团结，对内始终坚持平均主义的原则。这一点在诺夫哥罗德商站的章程中反映得尤为明显。章程的第一条规定："任何人在一年之内只能往诺夫哥罗德运货一次"；第六条又进一步限制："无论合营的还是个人的交易，任何人在诺夫哥罗德的投资每年不能超过一千马克"。由此可见，同盟成员间是以同行关系，而不是以竞争对手身份来实现他们商业垄断的。

同盟的最高惩罚是开除盟籍。这对同盟城市和同盟商人来说无疑是可怕的。它不仅意味着会失去往日的特权，而且将失去与同盟成员进行贸易的权利。对违章者的惩罚是维系同盟存在的有效武器。汉萨同盟对其成员的惩罚最早见于记载的是在13世纪末。当时文德人城市集团与挪威国王埃里克二世发生武装冲突，有些城市不愿对挪威作战。这个集团对不愿参战的城市首先采取了开除的惩罚。1470年，为了分摊派遣谈判代表和肃清海盗的花费，同盟代表会议决定扩大布鲁日商站的征税权，从弗兰德尔扩大到尼德兰的其他港口。科隆率先反对这一决议。为了惩一儆百，严明纪律，同盟于1471年将科隆开除，直到1476年科隆表示愿意遵守同盟决议，始恢复其盟籍。像科隆这样强有力的成员竟然在开除的打击下表示屈服，可见这个武器的威力之大。有时同盟出于政治的考虑开除某些盟员。1374年不伦瑞克爆发反对城市议会的起义，有些议员被处死，有些议员被流放。同盟立即决定将不伦瑞克开除，在同盟控制的市场上驱逐它的商人，直到商人贵族又恢复统治，才准许它重新入盟。不过这种惩罚手段很少采用，往往只是恫吓而已。

15世纪，汉萨同盟对北欧的商业垄断受到各方面的严重挑战，最终还是被打破了。1370年的斯特拉尔松和约并未带来永久和平。1412年，丹麦新任国王埃里克再次发难，不仅抢劫汉萨同盟的过境商船，而且向国内市场投放大量成色不足的货币，使正常贸易变成投机性活动。同时，丹麦王还利用荷兰商人抵消汉萨同盟的影响。在双方谈判破裂之后，汉萨同盟于1427年屡被丹麦所击败。一支满载食盐的船队全部落入丹麦人之手。此后同盟船队只有在武装护航的情况下才能通过松德海峡。北方的海上贸易基本上陷于瘫痪，同盟的商业霸权受到严重威胁。最后经过条顿骑士团总团长的调停，于1432年双方达成五年停战协定。汉萨同盟在北欧的贸易得到一定的恢复。但是埃里克死后，他的后继者继续执行排斥汉萨同盟的政策，一方面竭力扶持本国商人，另一方面利用荷兰城市与汉萨同盟竞争。

　　荷兰城市乘汉萨与丹麦斗争之机，突然崛起。15 世纪 30 年代，由于大洋暖流的关系，使鲱鱼渔场从波罗的海转到北海，荷兰商人大发其财，经济实力迅速壮大。又由于布鲁日的兹温港长期淤塞，使汉萨同盟在与荷兰人的竞争中处境不利。荷兰的商业活动威胁了汉萨同盟的垄断地位。同盟采取海上劫掠的方式对荷兰人发动一场商业战争。但普鲁士和立沃尼亚地区的城市反对这种行动，条顿骑士团和科隆也不与同盟合作，最终不得不于 1441 年接受丹麦国王的调停，在哥本哈根与荷兰城市签订十年停战协定。同盟取消了对荷兰贸易的限制，承认其商人的贸易自由。从此荷兰商人在鲱鱼、法国食盐和波罗的海粮食贸易中所占比重越来越大。

　　1435 年勃艮第公爵将英国商人逐出尼德兰，使同盟的毛织品贸易受到严重打击。同盟两次与公爵谈判，均毫无结果。1447 年，同盟决定迁移贸易中心，实行商业封锁，以反击勃艮第公爵。汉萨同盟以勃艮第境外的德文特和坎彭代替布鲁日的地位。但是，商业封锁并未能制服勃艮第。1457 年在律贝克召开的同盟会议上，请勃艮第－弗里芝人的代表参加，双方达成协议，缔结一项和约。双方都做了让步，汉萨同盟承认了取代弗里芝人的勃艮第公爵官员拥有司法权，而公爵则同意设立一个常设委员会处理双方可能发生的纠纷。汉萨同盟不再要求公爵取消对贵金属进出口的限制；公爵则承认汉萨同盟从前获得的一切特权。

　　英国人最早开始对同盟城市进行商业渗透。他们在 14 世纪末叶来到普鲁士城市但泽，后因英国攻击了同盟商船，双方关系益趋恶化。普鲁士城市到处驱逐英国商人；而英国则于 1423 年以德商拒付津贴为由，封闭伦敦钢院商站，并将其成员投入监狱。直到 1437 年双方才重新修好，签订了新的条约。根据这个条约，同盟商人不仅恢复了原有的特权，而且连"商人凭照"（1303 年）都没有提到的免税项目也都被列入豁免之内；同时也承认了英国商人有权在同盟城市进行贸易和居留，并享有免税的权利。协定虽然达成，但双方都没有彻底履行。英国人的海上劫掠时有发生，汉萨同盟也不愿承认赋予英国商人的权利。双方关系时好时坏，摩擦不断发生。

　　15 世纪 70 年代，瑞典的民族主义势力高涨。瑞典参政会修订了市政法，正式宣布市政管理机构必须完全由瑞典本国人组成，废除了过去"半数是德意志人"的规定，实际上剥夺了同盟商人的参政权。在挪威，1483 年继位的国王汉斯，承其父志，也致力于限制汉萨同盟的特权。

汉萨同盟的衰亡

15 世纪中叶是汉萨同盟发展史的转折点。汉萨同盟从这个时期起日益显露出衰败的迹象。在 15 世纪，一种新的政治力量开始登上西欧的政治舞台。中央集权的民族国家取代封建割据。随着政治统一的完成和民族意识的增强，各国人民强烈要求取消外国商人的特权地位。民族经济的发展和繁荣也使这些国家有可能摆脱对汉萨同盟的依赖。15 世纪后期，斯堪的纳维亚诸国摆脱汉萨同盟影响的民族愿望日益强烈。汉萨同盟在海外的特权地位再也维持不下去了。1494 年，莫斯科大公伊凡三世首先从诺夫哥罗德驱逐北德商人，关闭汉萨同盟的贸易市场。在尼德兰，由于安特卫普和阿姆斯特丹取代布鲁日成为贸易中心，布鲁日商站遂于 1540 年关闭。挪威国王的卑尔根总督对汉萨同盟的商站施加压力，不愿加入挪威国籍的德国工匠，在武力威胁下被迫投降，并于 1559 年离开这个城市；留下来的同盟成员开始在挪威定居。1548 年，瑞典的瓦萨王朝取消了汉萨同盟的商业特权。1597 年，伦敦的钢院商站也寿终正寝。昔日覆盖着整个北欧的汉萨同盟巨大商业网，现在已经荡然无存。

新航路的发现和商业重心的转移也给汉萨同盟以沉重的打击。由于大西洋沿岸成为商业中心，尼德兰和英国的城市迅速发展起来，经济实力急剧增强。1500 年，荷兰人在波罗的海的船只总数已经超过了汉萨同盟。16 世纪中叶，英国通过阿尔汉格尔斯克与莫斯科国家建立贸易关系。北德城市无力与英商竞争，从而丧失控制北海和波罗的海的商业霸权。

条顿骑士团的衰落也沉重地打击了汉萨同盟。1410 年在格伦瓦尔德（坦能堡）战役中，条顿骑士团大败。1454 年，普鲁士爆发了反对骑士团的起义。波兰国王支持起义，并对骑士团宣战。1466 年，骑士团被迫与波兰签订第二个托伦条约。骑士团丧失了东普鲁士以外的全部领土，并承认波兰的宗主权。除但泽（格但斯克）外，普鲁士城市大多从此一蹶不振，实际上等于退出了汉萨同盟。骑士团的衰落使汉萨同盟丧失了一个重要盟友和强有力的支柱。

国际形势的变化对汉萨同盟的前途无疑产生了重大影响，但是造成汉萨同盟衰落的根本原因还在于同盟内部。

首先，同盟城市各集团之间在经济利益方面存在严重分歧，由此产生了一系列矛盾。以律贝克为首的文德人城市集团居于同盟的中心地位，控制着连接北海和波罗的海的陆上通道，无论在政治上还是经济上都能对同盟成员施加影响。为了保护自己的特殊利益，它竭力阻止波罗的海东部城市与北海各国进行直接贸易。这不仅引起汉萨同盟与荷兰人、英国人的多次冲突，而且也引起其他城市集团的强烈反感。14 世纪后半期，波罗的海东部普鲁士—立沃尼亚城市集团，终于摆脱文德人城市的阻挠，穿过松德海峡与西方建立了直接的贸易关系。14 世纪末，这个集团的主要城市但泽和里加，开始实行利己的贸易垄断政策，即使其他地区的同盟商人也遭到了排斥。律贝克虽然极为不满，但也无可奈何。由于维斯比益趋衰弱，里加还力图控制与俄罗斯的贸易。到 1418 年，里加在与俄罗斯的贸易中已经与律贝克平分秋色。1459 年后，它完全排斥了律贝克，居于垄断地位。另一个具有独立经济利益的城市集团是以科隆为首的威斯特发里亚—莱茵河流域城市集团，它们主要从事于与英国和尼德兰的贸易活动。葡萄酒是这个地区贸易的大宗，获利丰厚。但是 15 世纪以后，由于汉萨同盟与英国、尼德兰的关系恶化，使得十分兴旺的葡萄酒贸易开始衰落，从而引起这个城市集团对汉萨同盟的不满。每当汉萨同盟与英国、尼德兰对抗时，科隆集团的商人总是持反对态度。正是由于汉萨同盟内部的分裂，才使同盟于 1447 年对布鲁日的商业封锁没有取得完全成功。东西欧两大城市集团和条顿骑士团都反对这一封锁，科隆甚至召回 1452 年出席同盟会议的代表，不惜以退盟相要挟，坚决要求取消这一商业封锁。汉萨同盟最终被迫对普鲁士做出让步，制定一项新的规定，除蜂蜡、毛皮、金属等贵重物品必须在同盟指定的贸易中心进行交易外，一般商品，主要是普鲁士的沥青、焦油、谷物、亚麻等，均可在任何地方销售。这个新规定等于取消了一部分商业封锁。城市集团间的纷争严重地削弱了同盟的力量，使其在对外事务中越来越处于软弱的地位。

其次，同盟内部的民主运动也使其日益虚弱。汉萨同盟城市的领导权一般都掌握在商业贵族手中。从 14 世纪后半期起，市民阶级掀起了争取参政权的民主运动。一开始汉萨同盟尚能压服争取民主的市民，如 1374 年压服了不伦瑞克的民主运动，但是到了 15 世纪情况就大不相同了。1407 年，罗斯托克和维斯马的城市当局被迫同意让发难的行会代表参加城市议会。从 1408 年起，同盟的中心城市律贝克也爆发了民主运动，在整整的 10 年间由于内部斗争使它陷于瘫痪，同盟本身也徘徊于崩溃的边缘。为了维护同盟自身的权威，某些成员曾一度想把领导权转到吕内堡手中，但是一些重要的同盟成员拒绝服从吕内堡的命令。在各城市市民运动平息以后，一些城市当局为了取悦地方行会开始执行排外政策，从而加深了同盟内部的矛盾。

最后，德国本身政治经济发展的特殊性也使同盟走向衰落。15、16 世纪，英国、法国、西班牙、俄罗斯等国已经形成中央集权的统一国家，而德意志仍然四分五裂。由于德国经济发展地区性联系比较强，因而没有形成统一的国内市场。国家的分裂反过来又使经济发展受到阻碍。特别是行会制度的牢固使商品经济的发展受到很大限制。13—15 世纪，德意志又坚决彻底地推行了强制会籍制，把城市工商业完全置于行会的控制之下。到 15、16 世纪资本主义萌芽时期，行会制度已经失去了它的积极作用，变成经济发展的桎梏。而行会控制下的城市经济自然得不到充分发展的条件。16 世纪的律贝克手工业行会共有 65 个之多，因此生产规模的扩大和新技术的采用障碍重重，商业活动也受到很大限制。当英、荷等国开始远洋航行之后，一度称雄海上的汉萨同盟只能望洋兴叹，退出海上竞争的舞台。德国经济发展的落后性决定了汉萨同盟衰亡的必然性。内陆城市不再需要同盟的保护，逐渐断绝了与汉萨同盟的关系。沿海大城市由于经济上处于劣势，不得不抛弃已经过时的商业垄断。即使是汉萨同盟的首领律贝克城也不得不依附于美因河畔的法兰克福的市场。海外特权的丧失和商业垄断的破灭使维系汉萨同盟的纽带断绝了。1669 年，同盟举行了最后一次会议，只有 6 个城市参加，从此以后，汉萨同盟彻底瓦解了。

汉萨同盟的存在在一定历史时期内是有其积极意义的。恩格斯指出："汉撒同盟垄断了海上航路 100 年之久，遂使整个德国北部脱离了中世纪的野蛮状态。"[1] 汉萨同盟在封建割据的条件下，利用集体的力量开展商业活动，对于北德城乡经济的发展都有积极的意义。汉萨同盟为了自身的需要，大力发展内河航运，从而极大地改善了北德地区的交通运输条件。此外，由于同盟商人的活动加强了北海和波罗的海周围地区的经济交流，沟通了原料产地和手工业中心之间的联系，客观上有利于这些地区经济的发展。

但是汉萨同盟的历史作用还有另外一个方面，它加剧了德国政治上的分裂，阻碍了自由贸易的发展。汉萨同盟的城市与英、法等国的城市不同，它从未帮助君主实现中央集权，它始终是"分散的集团的代表"[2]。为了维护

---

① 《马克思恩格斯全集》第 7 卷，人民出版社 1959 年版，第 386 页。

② 《马克思恩格斯全集》第 18 卷，人民出版社 1964 年版，第 647 页。

极少数商业寡头的利益，汉萨同盟竭力镇压各城市的民主运动，反映了这个同盟的保守性和反动性。在国外，同盟的垄断政策给邻国商业的发展带来不利的影响。为了追求高额利润，同盟还实行低价收购和高价出售的政策，残酷地剥削和奴役各国劳动人民。

胡斯战争

范达人

胡斯战争（1419—1434 年），又称捷克农民战争，是 16 世纪以前中世纪欧洲规模最大、时间最久的一次人民反抗斗争，在捷克历史上写下了光荣的一页。

战前捷克社会的政治经济状况

捷克从 10 世纪起成为神圣罗马帝国内的一个王国，由于国内王权与贵族长期进行斗争，双方均寻求神圣罗马皇帝的支持。在此期间，大批日耳曼人移民进入捷克境内，控制经济政治命脉；国王与贵族往往不顾民族利益，讨好皇帝、日耳曼诸侯，使日耳曼人与捷克民族矛盾逐步激化。

15 世纪初的捷克，是欧洲经济最发达的国家之一。农业已普遍推行三圃制，部分农民实行轮耕制，并且注意施肥。矿业和手工业也相当发展。在"发现美洲"之前，捷克是欧洲白银供应的主要国家，以库特纳山为中心的丰富银矿闻名欧洲。捷克铸造的银币格罗什通行全欧。到 14 世纪，捷克已有手工业行业 200 种，捷克制造的兵器也很出名，它生产的大炮出口国外。捷克还是欧洲第一批创办玻璃厂的国家，波希米亚的水晶玻璃，畅销欧洲各国。在农业、手工业、矿产发展的基础上，当时的捷克，已拥有近百个城市，布拉格是全国最大的工商业中心和政治中心，有居民约 4 万人，可与英国的伦敦媲美。

随着社会生产和商品经济的发展，捷克的社会矛盾也逐渐激化。国内的主要矛盾是封建主与农民的矛盾，而城乡封建主大部分是德国的移民，阶级矛盾与民族矛盾交织在一起。天主教会是国内最大的封建主，占有全国耕地大约一半。以布拉格教区为例，教会占有一半土地，而当时的捷克国王才占地1/6。布拉格大主教一人就领有900个村庄和14个城市。在捷克，教会的上层大都是德国人。他们穷奢极欲，巧取豪夺，把种种赋役的重负，压在捷克广大人民头上。罗马教皇也通过教会把捷克作为教廷收入的重要来源。这样，在农村，捷克农民不仅要向封建主缴纳实物税、人头税、力役钱等，并负担各种杂役，而且要向封建王朝交付王国税、普通税、户口税等，还要向教会交什一税、乐捐以及其他巧立名目的苛捐杂税，这一切使他们日益贫困，难以为生。在城市控制企业，享有各种特权的德国贵族的残酷压榨下，赤贫者的总数占城市人口的40%—50%。捷克的中产阶级也受到德国贵族的压迫与排挤。

捷克的阶级矛盾、民族矛盾和宗教矛盾交织在一起，错综复杂。由于教会在捷克所处的特殊地位，这场反封建斗争首先表现为反教会的斗争，杨·胡斯的宗教改革活动，是这次农民战争的先导。

胡斯的宗教改革活动

胡斯约于1370年诞生在捷克南部胡西尼茨村的一个穷苦人家。1396年在布拉格大学毕业，实习两年后成为该校正式教授。1400年被任命为神甫。他深受英国宗教改革家约翰·威克里夫著作的影响，有志于捷克的宗教改革。从1402年起，他在布拉格的伯利恒教堂任传教士。在传教中，他反对德国封建主与天主教会对捷克的压迫和剥削，揭露教会的种种丑恶行为，谴责他们对穷人的榨取。他说："甚至穷老太婆藏在身上的最后一个铜板，都被无耻的神甫搜刮出来，不是花在忏悔上，就是花在弥撒上；不是花在圣徒遗物上，就是花在赎罪上；不是花在祈祷上，就是花在埋葬上。说神甫比强盗还狡猾，还凶恶，难道不对吗？"1409年胡斯被选为布拉格大学的校长，布拉格大学成为捷克宗教改革的中心。胡斯从批判教会的奢侈堕落发展为要求改革教会。他主张废除烦琐豪华的宗教仪式，要求教士服从世俗政权，认为教会占有大量土地是一切罪恶的根源，力主教会财产还俗归公。他还提出俗人和僧侣一样"享用两种圣体"（酒和面包），用捷克语做礼拜和传教。

胡斯的思想和言论，反映了捷克各阶层人民的愿望，因而获得捷克广大群众的拥护。应该指出：胡斯并不从根本上反对宗教和封建制度，只是要求作些改革而已。

1412年，教皇约翰二十三世，为了与那不勒斯国进行战争，需要筹款，就派人到捷克兜售赦罪符，借此骗取人民的钱财。胡斯对此举进行激烈的抨击，号召人们起来抵制这些穿道袍的狐狸。布拉格下层居民、帮工、贫苦学生响应胡斯的呼吁，举行了反教皇的示威游行。游行中，一个布拉格著名娼妇扮演教皇免费分发赦罪符，以此讽刺教皇。然而，这次行动遭到捷克执政当局的镇压，三名参加化装游行的青年帮工被处死刑。胡斯也被迫接受捷克国王的"忠告"离开布拉格，到捷克南部农村活动。在农村，胡斯继续布道，宣传他的主张，并利用乡村安静的环境，完成了一些重要著作，如用捷克文写的《布道录》《论买卖宗教职位》等。

胡斯反映捷克人民爱国主义情绪的言行，激起了罗马教廷、德国贵族和教士们的仇恨。1414 年决定在康士坦斯（现瑞士境内）召开全欧洲的宗教会议。这次会议的重要议题之一，就是所谓保卫天主教学说免受异端侵犯的"信仰案"。而在教会心目中，当时最大的"异端"莫过于胡斯的反教会活动。会议开幕之前，胡斯就接到出席会议的命令。神圣罗马帝国的皇帝西吉斯孟为了骗取胡斯应召出席，宣称保证胡斯人身安全，并有公开申辩的权利。胡斯深知此行是险途，但用他自己的话来说，"为了要在那里公开证明真理的伟大"，在全世界面前保卫自己的学说，他毅然前往，出席康士坦斯宗教会议。

宗教会议于当年 11 月开幕，会议要求胡斯无条件放弃自己和威克里夫的学说。胡斯坚贞不屈，严词拒绝。他说："如果由于我的软弱而动摇了人民的信念，那我还有何面目去见苍天，去见千千万万的人民呢?" 1415 年 7 月 6 日，宗教会议与西吉斯孟皇帝相勾结，以"不思悔改的异教徒"的罪名，把胡斯活活烧死。

"胡斯派到处夺取政权"

胡斯殉难的消息传来，在捷克人民中引起了强烈的反响。捷克的农民、贫民乃至一些中产阶级人物，冲进教堂和寺院，痛打牧师和僧侣，捣毁教堂和礼拜堂，掀起一股反对天主教会的浪潮。这股反抗的怒涛，逐渐发展成为一场以农民战争为主体的社会运动。由于这次战争是在胡斯的旗帜下进行的，所以称"胡斯战争"。捷克斯洛伐克的历史学家亦称之为"胡斯革命运动"。

捷克的上层人物主要通过书面的形式进行抗议，据统计有 451 名高级贵族和骑士在抗议书上签名。他们驳斥宗教会议对胡斯的异端指控，并指出焚死胡斯是对所有捷克人的侮辱。而广大的捷克人民则以武装斗争的形式，为胡斯复仇，回答教会的暴行。从 1415 年到 1419 年，在捷克南部不少地区先后发生了多起捣毁寺院、驱逐僧侣、夺取教会财产的事件。在比塞克、克拉托维、塞齐莫伏、乌斯蒂等地，人民还严惩了那些民愤极大的教士。1418 年，教皇马丁五世颁布了反对胡斯派的诏书，这对捷克人民的反抗运动来说，犹如火上浇油，使之愈演愈烈。1419 年，在柯兰达·瓦茨拉夫的率领下，南方重要城市比尔奇的贫民和手工业者，赶走了封建主，夺取了城市政权。1419 年年 7 月 22 日，来自全国各地区的 4.2 万名农民在塔波尔集会，他们庄严宣誓，表示不惜用生命来保卫"神的言论"，坚决与压迫者进行斗争。农民们不顾大贵族罗什姆切克要用死刑处决运动的参加者的威胁，公开走上武装反抗的道路。塔波尔聚会这一天，标志着这次伟大的捷克农民战争的开始。同年 7 月 30 日，布拉格爆发了城市平民的起义。这天清晨，胡斯的信徒——杨·哲里夫斯基发表演说，号召人们进行武装起义，来反对上帝的敌人——剥削者，推翻国王。当哲里夫斯基率领群众路过布拉格市政厅大厦时，窗内抛出一块石块打碎了哲里夫斯基手中的圣杯。愤怒的人民立即冲进大厦，制裁了挑衅者，把 8 个市议员从四层楼窗口扔出窗外，投入刀枪林立的人群之中。接着，全城警钟齐鸣，手执武器的起义者捣毁教堂、修道院，夺取了布拉格新城区的政权。这就是著名的 1419 年布拉格起义。在这次起义的影响下，捷克东南一些城市也相继起事。

8 月中旬，捷克国王瓦茨拉夫四世在胡斯战争的风暴中惊惧而死。西吉斯孟皇帝以瓦茨拉夫四世的弟兄的名义，要求继承捷克王位。但是，捷克人民不能容忍参与杀害胡斯的刽子手占据捷克王位，为此，他们以更大规模的反抗斗争来粉碎西吉斯孟的要求。当时的情景，正如人们所说："胡斯派到处夺取政权。"到 1421 年春季，全国大部分地区已在胡斯派控制之下。

打退十字军五次讨伐

捷克农民战争的火焰越烧越旺，波及邻国，震动欧洲。波兰、立陶宛、德国、奥地利等国都不同程度地爆发了同情和支持胡斯派的反封建斗争。甚至在遥远的英国和弗兰德尔，也有不少人视捷克为一个接近福音书上自由理想的国家，投奔捷克。这一切对罗马教皇来说，是极大的威胁，他把捷克看作心腹之患，决心扑灭这场动摇他统治基础的运动。1420 年 3 月，在伏罗茨拉夫召开的神圣罗马帝国会议上宣读了教皇马丁五世讨伐胡斯分子，进行十字军东征的诏书。西吉斯孟皇帝号令德国封建主予以积极支持，并立即征募侵略军。十字军的核心是德国封建主，还有不少匈牙利人、捷克天主教大贵族以及来自欧洲各地具有野心的骑士和雇佣兵。

1420 年 4 月，西吉斯孟皇帝率领 10 万大军入侵捷克，直扑布拉格。这伙"十字军"一路上烧杀抢掠，无恶不作。这是欧洲反动势力对进步的胡斯运动的一次围剿。在这关系到民族生死存亡的紧急时刻，捷克人民发扬爱国主义精神，奋起保卫祖国。7 月 14 日在维特科夫战役中，胡斯革命军大败十字军，取得了第一次反讨伐的胜利。接着，胡斯革命军又粉碎了十字军第二次（1421 年 9 月—1422 年 1 月）、第三次（1422 年 8—11 月）讨伐。在这三次胜利的反讨伐斗争中，涌现出一位杰出的军事统帅——杨·杰式卡。

杨·杰式卡（1360—1424 年）出生在一个贫穷的骑士家庭，年轻时曾参加反对德国条顿骑士团的格伦瓦尔德等战役，有较丰富的作战经验。1419 年他投身于胡斯运动，参加过 7 月的布拉格武装起义，以后他一直是胡斯革命军的一位优秀的军事指挥官。他在胡斯革命军中制定了军事法规，革新了作战方法，为取得三次反讨伐的胜利作出了重大贡献。他所制定的军事法规规定："击败了敌人，占领了城市、堡垒和要塞，或在战场上缴获某种战利品，无论多少，须集中起来送到长官指定的大堆里。"还规定军队内部要互相爱护和不准违抗命令，不准抢劫、酗酒、奸淫等。新的作战方法，主要是大车战，把车用铁链连在一起，车上装有轻便的野战炮。这样，整个大车阵俨如一座活动的堡垒，便于保存自己、打击敌人，使十字军的骑兵无所施其技。杨·杰式卡后来双目失明，仍坚强地指挥战斗，直到 1424 年 10 月 11 日病死于瘟疫。捷克人民为了纪念这位功勋卓著的民族英雄，把粉碎第一次十字军讨伐的维特科夫山改名为杰式卡山。

罗马教廷和西吉斯孟皇帝不甘心失败，经过三年多的准备之后，又于 1426 年 6 月组成了第四次十字军进行讨伐。后来又在 1431 年发动第五次讨伐。当时杰式卡已经病逝，大普洛科普继任军事指挥。他也是一位杰出的军事家。大普洛科普继承和发扬杰式卡的军事思想和战略战术，转防守为反攻，把战争推向敌人的统治区。先后进军匈牙利（1427 年 12 月底）和西里西亚（1428 年），并远征德国的萨克森和法兰克尼亚等地，攻抵波兰和波罗的海沿岸（1432 年）。这样，胡斯革命军不仅彻底打退了第四、第五次讨伐，而且由于反攻的胜利，大大扩展了胡斯运动的影响。胡斯军高唱"你们是上帝的战士"的军歌，凯歌行进。敌人闻风丧胆，节节败退。

胡斯革命军反对五次十字军讨伐，使这次捷克农民战争更具有民族解放战争的特点，马克思把胡斯战争概括为"捷克民族为反对德国贵族和德意志皇帝的最高权力而进行的带有宗教色彩的农民战争"①。

圣杯派、塔波尔派与战争的失败

罗马教廷和西吉斯孟皇帝看到用武力压不倒胡斯运动，反而促使捷克民族团结一致，越战越强。于是，他们决定改变手法，采取以谈判为名，实行分化瓦解的策略。

捷克民族在反对外敌的过程中，曾经有过暂时的一致。但由于阶级利害不一，从战争一开始，内部就主要分为两大派。

一派叫"圣杯派"，他们代表捷克的中产阶级、小贵族和富裕农民的利益。其纲领为 1420 年拟定的"布拉格四条款"，主张：捷克独立，没收教会财产，用捷克语祈祷，自由传教，禁止外国人担任官职和拥有土地，用新的胡斯派教会代替正宗教会，俗人也可以用酒杯领圣餐（圣杯由此得名），等等。这一派有与德国封建主矛盾的一面，他们想取而代之，所以在一定时期有参加斗争的可能性与现实性。但基于其阶级本质，又有与广大的农民、贫民矛盾的一面，因而在斗争中往往动摇，甚至可能叛卖。

另一派叫"塔波尔派"，他们以其在捷克南部的根据地塔波尔城得名。这一派的基本群众是农民、手工业者、矿工、城市贫民等。他们的社会政治纲领，以"千年上帝之国"为依据，认为政权必须交给人民，一切领主、贵族、骑士都应打倒，如同要砍掉森林的歪树一样。他们在行动上实行生活资料的共同使用制，把自己带来的一切财物，都放到街上的一些大桶里，不分你我，公共享用。正如恩格斯在《德国农民战争》一书中所说的："在塔波尔派里甚至已经在神权政治装璜之下出现了共和制倾向。"② 这一派是胡斯战争的主力，是运动的左翼。但是塔波尔派的思想也没有超出农民平均主义思想的范畴，而这种倾向与新市民阶层的要求是相矛盾的。

---

① 《马克思恩格斯全集》第 6 卷，人民出版社 1961 年版，第 199 页。
② 《马克思恩格斯全集》第 7 卷，人民出版社 1961 年版，第 404 页。

这两派在胡斯的旗帜下联合，又统称胡斯派。

1431 年 12 月，罗马教廷在巴塞尔举行宗教会议。会议的主要任务是终止异端活动，矫正和改造教会，建立普遍的和平。这些都与胡斯运动有关，而且在很大程度上是针对胡斯运动的。会议发出咨文邀请胡斯派代表参加。1432 年 5 月，胡斯派代表与天主教代表在希伯会晤。由于胡斯派代表的坚决立场，迫使天主教会代表承认他们将作为平等的一员，而不是异端来参加会议。1432 年 12 月胡斯派代表前往巴塞尔。胡斯派在与宗教会议的辩论中，以大普洛科普为首的塔波尔派毫不妥协，没有达成协议。宗教会议则与圣杯派进行秘密谈判，双方签订了巴塞尔协定。根据这个协定，宗教会议同意俗人领圣餐时可以用圣杯饮酒，并承认在财产问题上"维持现状"。这就是说，已经被没收的教会财产和德国贵族的财产不再归还原主，而捷克方面则要停止战争，解散军队。这个协定的签订，说明圣杯派从阶级私利出发，叛卖了胡斯运动。因为他们已基本上实现"布拉格四条款"纲领，将没收的一部分教会和德国贵族的财产据为己有，并且由于驱逐了德国贵族的结果，掌握了城市政权。在这种情况下，圣杯派害怕塔波尔派的进一步发展会危及自己的既得利益，所以决定与教皇和西吉斯孟皇帝勾结，转而镇压塔波尔派。新兴资产阶级终于与封建主携手，在镇压农民群众的斗争中联合起来了。

1434 年 5 月，圣杯派在教会和德国反动势力的支持下（如巴伐利亚公爵约翰和僧侣巴洛尔就给圣杯派 3500 金币的援助），用 2.5 万名步兵、几千名骑兵和 600 辆战车向塔波尔派阵地进攻。塔波尔派只有 1 万名步兵、800 名骑兵和 360 辆大车。双方会战于里滂，塔波尔派寡不敌众，加上塔波尔派内部骑兵指挥恰彼克临阵脱逃，结果遭到惨重的失败。大普洛科普等许多塔波尔派将领壮烈牺牲，数千名战士阵亡。圣杯派还血腥地屠杀了塔波尔派群众（其中包括老人、妇女和儿童）共达 3 万多人。

里滂战役的失败，标志着胡斯战争的基本结束。塔波尔派的余部在杨·罗加的率领下，坚持到 1437 年 9 月 6 日的"西翁战役"。塔波尔城直到 1452 年才被攻陷。

胡斯战争虽然失败了，但意义重大，影响深远。它是捷克人民在历史上引以骄傲的辉煌篇章。在长达 15 年的战争中，捷克人民前赴后继、英勇顽强、抗击外敌，为后代留下了不畏强暴、坚持真理、保卫祖国的革命传统。这一精神财富，即所谓胡斯精神，一再鼓舞着捷克斯洛伐克人民为祖国的独立、自由和解放而斗争。同时，由于胡斯战争，使当时的捷克在一定时期内摆脱了神圣罗马帝国的控制，得到了政治上的独立。由于捷克文的广泛使用，也大大促进了捷克民族语言和文化的繁荣。在捷克人民中流传着一句名言："没有胡斯革命运动，就没有捷克民族。"这是有道理的。

　　捷克的胡斯战争是在欧洲国家中首举义旗对罗马教廷的大规模的武装反抗。它深刻地影响着其他国家的宗教改革运动和人民群众的斗争。16世纪的德国宗教改革和农民战争，就是在胡斯战争的影响下发生的。马丁·路德的理论和宗教教义受胡斯派的影响是很深的。许多人文主义者也对胡斯派的斗争有深刻印象。所以，可以毫不夸张地说：捷克人民的胡斯战争对世界历史的发展做出了重大的贡献。

百年战争

胡玉堂

1337—1453 年，在英格兰和法兰西君主间，时断时续地进行了 100 余年的战争，史称"百年战争"。百年战争时间之长，规模之大，在中世纪西欧是空前的。它是英法封建社会矛盾发展的产物，又对英法两国的历史产生巨大的影响。

百年战争的原因

14 世纪的英法正在发生影响深远的变化，城市和商品货币经济显著发展；农奴制度开始衰落；市民等级已作为一种新兴的经济和政治力量登上历史舞台；封建领主割据称霸的势力已经削弱；王权正在增强。但是，以王权为中心的国家统一远未完成，不少大封建主，还保持传统的特权和独立地位。城市的自治权力没有保障，它们不同程度地受封建统治者的控制和压榨。农民尚未完全摆脱掉他们受奴役的身份，而新的地租、高利贷和赋税的负担压得他们喘不过气来。封建社会的旧问题、旧矛盾，在新的形势下，显得更为严峻和尖锐。英法百年战争是在这样的历史条件下发生、进行的：英法两国王室之间复杂的封建关系和封建领地争夺，是持续了两百多年的老问题，两国王权加强的新趋向，唯有在清算封建旧关系、旧势力的前提下，才能发展。商品货币经济高度发展的弗兰德尔诸城市的形势演变，又使英法封建统治者之间的冲突和战争不可避免。

1066 年，法国诺曼底公爵威廉征服英国。他在法国仍拥有大片领地。他是英国国王，同时，又同法国国王处于附庸和宗主的关系。1154 年，法国安茹伯爵亨利入继英国王位。他通过继承和婚姻关系，在法国拥有 6 倍于法国王室领地的广大土地。13 世纪初，法王腓力二世夺回英王在法国的大部分领地。13 世纪中叶，法王路易九世以英王承认法王为宗主的条件，仍让英王占有法国西南部的基恩和加斯科尼。英法王室之间这种奇怪的依存关系，在王权不断增强的形势下，成为两国局势不断恶化的基本因素。

英法王室、封建主之间，长期相互婚嫁。姻亲关系又同财产继承权密切相联。这种关系，牵涉到两国王室领地和王位继承问题，更使矛盾尖锐化。1328 年，法国卡佩王朝的查理四世去世。他无子无弟，只有一个妹妹，是英国的王太后，即英王爱德华三世（1327—1377 年在位）的母亲。这样，爱德华三世便成了法国王位的合法继承人。可是，法国三级会议不愿英法在同一顶王冠下合成一国，乃以男系继承为理由，推举查理四世的堂弟，瓦洛瓦伯爵的儿子腓力为国王。新王即腓力六世（1328—1350 年在位）做了瓦洛瓦王朝的第一位君主后，爱德华对法国王位仍念念不忘，腓力六世也由此对英国高度戒备。

法国西南部的基恩等地，作为英王领地，长期处在英国封建领主的统治下。基恩生产的葡萄酒和沿海食盐，供应英国市场。封建剥削收入加上经济上的联系，使英王坚持对这些地区的统治权。腓力六世则要求以宗主身份收回基恩等地，同时，也以此作为对英王的威慑手段。

英法在弗兰德尔的利害冲突，加剧了双方的紧张局势和战争的到来。弗兰德尔位处法国边境以北，工商业十分发达。它同意大利沿海城市，都是西欧经济发展最先进的地区。它的衣料纺织工业，特别是毛纺织业，闻名遐迩。毛纺织业的原料羊毛，主要来自英国。"没有羊毛，就没有衣料。"弗兰德尔居民倾向英国，英王也企图控制弗兰德尔。但是，统治该地区的，是身为法国诸侯的弗兰德尔伯爵。他的后台，是腓力六世。对弗兰德尔控制权的竞逐，成为英法王室之间的严重问题。

1328 年，弗兰德尔西部城市居民在布鲁日、伊普尔两城市倡导下，发动反对封建领主统治的起义。腓力六世登位不久，即应弗兰德尔伯爵的邀请，率大军镇压。数千市民被法国骑士屠杀，城市被弗兰德尔伯爵控制。英国和弗兰德尔的来往被禁止，英国商人被逮捕，英国的对策是禁止羊毛出口（1336 年）。受害的是弗兰德尔城市的毛织业受到致命的打击，毛织工人面临失业。迫于生计的弗兰德尔城市居民，把愤怒集中于法国封建主。根特成为反抗法国统治运动的中心。1337 年，根特富有的衣料商人凡·阿地维尔特领导了这一运动。次年，弗兰德尔许多城市组成了联英反法阵线。

腓力六世对爱德华不断施加压力。他煽动、支持苏格兰进行反对英王的斗争，并宣布要归并基恩（1337 年 5 月）。为了抑制弗兰德尔城市的反法运动，他授意弗兰德尔伯爵以 5000 士兵驻守些尔德河出口的加特森岛，切断英人同弗兰德尔的联系。在这种挑战下，1337 年英军渡海登陆。它击溃了加特森的法国守军，冲破了法国的封锁。英法百年战争，就以这一年为开端。

战争的第一阶段（1337—1360 年）

加特森战役的次年，爱德华三世率军进入弗兰德尔，并由此进攻法国北部。但是，弗兰德尔附近地区的诸侯不愿为英王出兵攻法，各城市因情况复杂，也对追随英王进行反法战争有不同程度的疑虑。爱德华为此不敢引军深入。在北法的毕卡地，英军和法军相距仅三四英里，未交锋而后退。1340年，英王在弗兰德尔因战事不佳而班师回国，但他宣布自己兼任法国国王，表达了要同法王决一高低的决心。

两国国王都已考虑到，隔海相望的英法交战，控制海道——英吉利海峡——是胜败的关键。法国已经征集、组织了一支法国有史以来最庞大的舰队，共 200 艘，停泊在些尔德河口。英国也组成拥有 120 艘舰船的舰队，由爱德华亲自率领渡海。1340 年 6 月，海战在斯鲁伊斯附近海面展开。长期和海洋打交道的英军，经过 9 小时的战斗取得胜利。战败退回大陆的法军，又受到弗兰德尔市民武装的袭击，几乎全军覆没。

英军入侵欧陆的海道畅通后，英王拟亲自率兵自弗兰德尔侵入法国的心脏，由于 1345 年发生了弗兰德尔的亲英派领袖凡·阿地维尔特被根特市民处死的事件，爱德华不得不改由法国中部诺曼底登陆（1346 年 7 月）。英王在到达巴黎附近后，又引军北向。此时法王统率的大军，也赶到法国北部。于 8 月 26 日，在克勒西附近，两军展开激战。

克勒西之战，是西欧历史上一次著名的战役。英法国王皆亲自指挥。英军人数有 2 万余，包括 1.2 万名威尔士弓箭手。法军人数，为英军两倍以上。经过一天的激战，法军大败，死于疆场者 4000 人，其余溃散。这次战役的重要意义，在于一支新型的军队战胜了沿袭几百年来传统形式的封建武装：以自由农民组成的弓箭手和手执长刀的英国步兵，战胜了骑马披甲的法国骑士。英国的弓箭手，是一支有组织有训练的部队。在英王和苏格兰作战中，已有长期的锻炼。他们的强弓硬箭，能在 170 码的距离内射穿一个身披胄甲的骑士的大腿和马鞍，并有惊人的速度和准确性，可谓是当时欧洲最新式的武器。法国骑士在冲锋陷阵中的勇猛，是无可非议的，但仅是依靠个人的勇武，要求他们有组织有纪律地进行战斗，几乎是不可能的。他们蔑视法王所雇佣的热那亚射手。热那亚射手的战斗力固然不及英国的弓箭手，而法国骑士既不信任雇佣兵，又不愿雇佣兵占有"胜利的光荣"，在阵地上争先恐后地往前冲杀，热那亚射手的队伍被冲乱，许多射手在骑士的铁蹄下受践踏。冲锋的骑士被密集的飞矢射下战马后，沉重的铁甲使他们行动艰难，只有被英国战士任意砍杀。

在克勒西战役后一年（1347 年），英军占领了加来。加来市民孤城困守，几近一年，英军占领后，他们皆被驱逐。此后 200 年，加来成为被英国长期占领的城市。这个距英国最近的战略重镇，不仅是英军渡海作战的重要据点，也成为英国羊毛运销欧陆的主要集散地。

加来失陷后不久，黑死病席卷了法国北部和英国（1348 年）。某一时期，巴黎一天死者达 800 人。英法的短期休战，同黑死病的猖獗有关。1350 年，法王腓力六世去世，后继者为约翰二世（1350—1364 年在位）。

约翰登位后 6 年，百年战争的另一次大战波亚图战役（1356 年 9 月 19 日）爆发。统率英军的是爱德华三世的长子，威尔士亲王爱德华，因披挂黑色，号称"黑亲王"。英军人数不足 1 万，但劲健善战。法王约翰率领的骑士大军，人数至少倍于英军。战斗中，法军战死者万余人，被俘者 2000 多人。约翰二世同他 14 岁的幼子腓力，皆为英军俘虏。

黑亲王带着大批战利品回国。法国国王被俘后，由太子查理处理国政。1360 年，英法在布勒丁尼签订和约。法国西南阿奎丹地区（包括基恩和加斯科尼）大片领地归属英王，加来仍为英国据点。被俘的约翰二世的赎金，定为 300 万金克朗。这是一笔巨大的金额。

在法国，战败引起了国内危机，1358 年爆发了巴黎市民起义与扎克雷农民起义[1]，但均被封建王公镇压。

战争的第二阶段(1369—1380 年)

布勒丁尼和约后四年，法王约翰二世去世。太子查理继位为查理五世（1364—1380 年在位）。

---

[1]　扎克雷源自对农民的蔑称"穷汉扎克"。

战败的法国是一个烂摊子。黑亲王爱德华成为英国在法广大领地的总督，时时威胁法国的安全。那瓦尔王查理勾结英国，不断挑起战祸。流散法国各地的雇佣兵、小贵族，成帮结伙，组成武装"伙团"。伙团有时分股骚扰，有时结集作战。他们劫掠庄园城市，索诈财物，拦劫饷款，甚至攻占城堡，参与封建内战。

但法国的困难局面，通过查理五世在财政、金融和军事上的有效改革，逐渐趋于克服。法英和约的订立，也使法国有了一个喘息和整顿的机会。

在税收方面，炉灶税、盐税、关卡税，自腓力六世以来曾不定期开征。在查理时期，这些赋税逐渐固定化、永久化。查理取消了过去 30 年来流通的劣质货币，铸造一种金银含量充足的新货币。这一措施，对法国经济的正常发展、各项改革的推行、王权信誉的提高，都有重要的作用。

在军事上，查理吸取了他祖父、父亲失败的教训，力求建立一支能克敌制胜的军队。他把全国各级贵族列入军役名册，应征在王家元帅指挥下作战。而他的军队并不主要依靠贵族骑士。他重视步兵，加强训练弓箭手，扩大雇佣兵的队伍。他检查各地碉堡和城市的防御工事，有的增强，有的重建。他组织炮兵，使它在攻城破坚时发挥作用。他扩建海军，英国的制海权因此受到严重的威胁。他对法国传统的战略、战术，作了巨大的改变：避免大军阵地决战；人力、物力集中于城堡；让敌军在残破的村野消耗力量；同时，抓住有利条件，乘机出击。

查理沉重地打击了反对王室的封建主，平服了在各地猖狂的武装伙团。他接受了被英国黑亲王侵凌和横征暴敛的法国封建主与城市的申诉，决心废弃屈辱的对英和约。

1369 年 5 月，法国正式宣告废除布勒丁尼和约。英军不久入侵。1370 年，查理五世任命小贵族出身的杜·吉斯克林为王家元帅。他率法军贯彻坚壁清野，实行游击式战争，起了重要作用。1374 年，英国王子兰开斯特公爵率 3 万骑兵入侵法国，行军 5 个月，只剩 6000 疲惫的战士，退回波尔多。英王在法国的大片领地和许多城市，皆被法军攻克。1380 年，英军被迫停战。英王除保留包括加来在内的几个法国沿海城市外，其余土地尽归法王。

英军在战争中的失利，加剧了英国国内的社会危机。百年战争以来，赋税日益增加。70 年代英国人民的负担，较百年战争初增加 2/3。1381 年，著名的瓦特·泰勒农民起义，就是在英王于百年战争失败后连续开征人头税的背景下爆发的。

英国在政治上也不平静。英王爱德华三世于 1377 年去世；由他的孙子 10 岁的理查二世（1377—1399 年在位）继位。通过争权夺位的斗争，理查二世被他的堂弟兰开斯特家族的亨利四世（1399—1413 年在位）所推翻，英国的金雀花王朝被兰开斯特王朝（1399—1461 年）所代替。当亨利五世（1413—1422 年在位）在位时，英王再次发动了侵法战争。

战争的第三阶段（1415—1422 年）

百年战争的第二阶段，法国取得胜利，但法国人民的牺牲是重大的，生产受战事破坏，赋税、徭役的负担沉重。胜利并没有让城乡人民减轻负担。农民和手工业工人不堪忍受，在法国各地普遍发动起义。自 1382 年起，巴黎、卢昂、亚眠、兰城、里姆、奥尔良、里昂等许多城市，纷纷开展武装斗争。巴黎的"锤子党人"起义[1]，更震动全国。号称"绿林人"的农民起义[2]，遍及法国中部和南部农村。弗兰德尔城市，发动了反对伯爵统治的广泛斗争。15 世纪初叶，巴黎市民发动"卡博什派"[3] 的起义，延续了四个多月（1413 年 4 月底至 9 月初）。

这些起义都发生在查理六世（1380—1422 年）在位期间。查理六世 12 岁登位，几个身为王亲国戚的公爵，左右朝政。他们争权夺利，使君主统治名存实亡。

封建统治集团内讧的主要角色，分成两派：勃艮第派和阿曼涅克派。勃艮第派的首领勃艮第公爵，除了拥有物产丰富、土地辽阔的勃艮第公国外，还是工商业发达的弗兰德尔的领主。包括巴黎在内的法国北部和东部，是他的势力范围。阿曼涅克派的首领是奥尔良公爵和他的亲属阿曼涅克伯爵。他们的势力主要在法国中部、南部。1407 年，奥尔良公爵被刺，两派矛盾激化。1411 年，内讧、冲突发展为内战。两派为了争取盟友，都曾同英王挂钩。勃艮第公爵同英国兰开斯特王朝早有了联系，这时更订立密约，相互勾结。1415 年 8 月，英王亨利五世率军在塞纳河口登陆。英法战争再度爆发。

10 月 24 日，两军在埃金库尔（克勒西东北）会战时，法军人数约 5

---

[1] 起义发生于 1382 年 5 月，起义者袭击兵器库，取铅锤为武器，故称"锤子党人"。

[2] 起义者在山野丛林作战，故称"绿林人"。

[3] 起义领导人为皮匠卡博什，故名。

万，英军约 1.3 万。法军无统一指挥，封建骑士蔑视雇佣军，市民支援部队也无法发挥作用。结果，重蹈百年战争初期的覆辙，败得很惨。死亡、重伤的法军在 7000 人以上，三个公爵战死，奥尔良公爵、波旁公爵皆在俘虏之列。英军损失仅 500 人。

埃金库尔战役后，英王回英休整，再度引兵前来。他们在法国横行无阻。勃艮第派控制王室，太子查理逃出巴黎（1418 年）。1419 年，勃艮第公爵被刺，这更使法国的内讧恶化。1420 年 5 月，在特尔瓦城，在法国王后和勃艮第年轻公爵主持下，同英王亨利五世订立屈辱的和约。法国除了割让大片领土给英王外，又答应亨利五世娶查理六世之女加萨林为王后，承认亨利为查理王位继承人。法国王后否认她同原来的太子查理的母子关系，称他为"所谓太子"。亨利指望在查理六世死后，在他的英国王冠上，又加上法国的王冠。

亨利五世同加萨林在和约后两周举行婚礼。可是，1422 年，这位野心勃勃的亨利因病去世。几个星期后，法王查理六世去世。亨利五世和加萨林的儿子亨利，一个 10 个月的婴儿，被立为亨利五世的继承人，称亨利六世。幼王的摄政，是亨利五世的弟弟贝特福公爵。

战争的最后阶段（1422—1453 年）

尽管贝特福公爵名义上是全法国的摄政，但法国并没有被英王吞并。只是它已变成一个残破的法国。英国贝特福公爵实际上是北部法国的统治者。西南的基恩，西部的诺曼底，也是英国的势力范围。亲英派勃艮第公爵是法国东部和东北部的霸主。太子查理，即以后的法王查理七世，当时只保有卢瓦尔河流域及其以南一带地方。无论在南部或北方，都有武装的伙团活动。他们是原来作战部队中散落、游离出来的兵勇，也有从各地城乡逃荒、流浪、成群结伙的难民。农田荒芜，城市萧条，正常的生产秩序被破坏，物价高涨，饿殍载道，野狼在田野以至城市徘徊。巴黎境况也极恶劣。一个文献说，在巴黎"当屠狗者杀光了所有的狗以后，穷苦的人们跟着他到郊区找寻肉类和可吃的内脏……他们吃猪所不要吃的东西"。15 世纪初叶的法国，是它历史上最不幸的时期之一。

太子查理的处境极为困难。他缺钱、少兵。勤王的贵族拥戴他，但力量不大。英国统治者和勃艮第派，甚至他母亲都否认他的王位继承人地位，他自己疑虑重重，信心不足。

　　然而，太子查理所企求的依靠力量，在法国已经出现。15世纪初叶的法国，还不可能形成民族国家。但形成民族国家的因素已开始萌芽、发展。百年战争促进法国人民爱国心的滋长。法国人民逐步认识到，他们所受的灾难，是由于英国侵略军的践踏、掠夺以及因此而加重的负担。封建内战，也因英王的插手而恶化。不赶走英国侵略者，人民的生活和生命，就无法得到保障。而建立一个独立、安定的国家，就需要巩固王权。爱国和尊王，在当时法国人民的思想上是联系在一起的。太子查理，是被英国侵略者和亲英势力所排挤的法国王位的继承人，人民的爱国心寄托在他的身上，并非偶然。这种爱国心，在贞德的活动上体现出来。

　　贞德，是法国东北香槟和洛林交界处一个小村子的农家姑娘。她约生于1412年初。她的村子在大路旁，经常可以听到各地传来的消息。她听到了英国侵略者的横行跋扈和法国人民的深重苦难之事，也听到亲英的法国贵族和王后所干的坏事；她知道法国太子被驱逐，在卢瓦尔河以南彷徨，她也为英国侵略军进一步吞并法国的灾祸而担忧。几年以来，一种强烈的感情和愿望，使她决心解救法国，向太子请缨，从军效劳。她的爱国热情和她对宗教的虔诚，使她幻觉到，天使长和圣徒在闪耀的光辉中授予她神圣的使命：从英国统治者手中挽救法国。1429年初，她听到战略重镇奥尔良城被英军围攻情况危急的消息，就在邻近小城一个贵族军官支持下，身披武士胄甲，骑马去见太子。

　　贞德见到踌躇不定的太子后，首先就坚定他抗英复国的信心和决心。"我告诉你，凭上帝支持，你是法兰西真正的继承人，国王的太子。"来自民间的贞德为查理带来了人民的爱国热情。她说服太子给她军队去救援奥尔良。1429年4月底，贞德率领的援军冲入奥尔良城。她的坚强英勇鼓舞了法军士气，也使敌人闻风丧胆。5月8日，奥尔良城全部解围。这使法国被动的作战局面开始改观了。

　　奥尔良一战后，贞德认为法国的当务之急是要有自己的国王。她力劝太子按照传统去兰斯大教堂举行法国国王的加冕礼。可是，从法国中部到东北边境的兰斯，有相当长的距离，还得经过许多被英军和亲英派贵族占领的城市，事实上，这是一次进军。太子听从贞德劝说后率军起程，沿途城市一一被法军攻克。7月17日，查理在兰斯大教堂举行了国王加冕礼，称查理七世（1429—1461年在位）。

　　贞德的名声传遍全国。农民、市民闻风而起，在各地和英国侵略军斗争。贞德继续披坚执锐、身先士卒地作战。但是一个农村姑娘享有这么大的威望，使法国的贵族担心乃至害怕。1430 年 5 月下旬，贞德在康边城附近和敌军作战，在撤退回城时，城门却在她面前关闭。结果，她被勃艮第派军队所俘。勃艮第派以 1 万金克朗把她出卖给英国人。1431 年 5 月 24 日，贞德被英人以异端女巫的罪名，在卢昂的广场上活活烧死。死时，她的年龄不满20 岁。

　　贞德的光辉事迹，正是广大法国人民心胸中萌发的爱国心的象征。法国人民迅速、广泛、热烈地响应贞德的号召。在查理加冕后不久，法国东北部的许多城市，包括兰城、索亚松、普罗文等，一个又一个地开城门欢迎查理。活动在各地的武装力量，很多是城乡穷苦人民和下层教士组成的。他们在查理的将领率领下参加反英战争。不少城市市民，或向查理献城，或驱走英人和亲英势力。在此情况之下，查理七世进入巴黎（1436 年 4 月）。英王占领的领地、城市，先后被查理七世的军队克复：诺曼底在 1450 年，基恩在 1453 年，加斯科尼已没有英国领主。勃艮第公爵在不利的形势下，只能同英国分手而同查理七世讲和。百年战争，在 1453 年以法胜英败而最后结束。除了加来港还被英国占有外，英王在法国的占领地全部由法王收复。

　　百年战争终结了。法国受战争的破坏是严重的。可是，战争也洗刷了封建领主制留下的阻碍它前进的东西。英国封建侵略势力已被赶出；法国的封建诸侯割据势力，虽在路易十一（1461—1483 年在位）时期才被最后削平，但查理七世已奠定了王权集中、国家统一的基础。英国对法战争的失败，使大封建主失去在法掠夺土地、财富的希望，于是，英国封建主内部斗争恶化，爆发了三十年的封建内战玫瑰战争（1455—1485 年）。在战后建立的都铎王朝（1485—1603 年），才统一全国，建立起君主专制制度。

玫瑰战争

王 华

玫瑰战争（1455—1485 年）是英国 15 世纪后期爆发的一场封建内战。战争以金雀花王朝王族的后裔兰开斯特家族、约克家族之间争夺王位的形式表现。由于约克家族以白玫瑰为标志，兰开斯特家族以红玫瑰为标志，后来的都铎王朝史学家遂称为红白玫瑰战争。经过这场内战，亨利·都铎建立起强大而又统一的都铎王朝（1485—1603 年），开始实行君主专制制度。

战争的起因

15 世纪初，英国封建社会的发展进入一个新阶段，农奴制基本消失，绝大部分农民获得了人身自由，农业经济中心由封建领地经济开始向货币地租占重要地位转化，并实行大量商品化生产的小农经济。在城市中行会制度也开始瓦解，在农村出现了资本主义生产的最初形式即分散的手工工场，商业中对外贸易由出口羊毛为主转为出口呢绒为主。在 15 世纪初，伦敦成立了大手工场主与商人联合经营外贸的"冒险家公司"。

在这种经济发展的过程中，原来的封建贵族发生分化，一部分封建贵族由于领地收入日益减少，为了维持日常的奢华生活，不得不另谋出路。他们当中的一大部分人，乐于参加控制王权的斗争，以便在国王与宫廷那里得到各种经济上大有好处的特权。也有一部分贵族开始适应新的经济发展，经营与市场、外贸、手工工场有紧密联系的农业和畜牧业。这些新兴的贵族和在经济发展中富裕起来的农民、市民，希望有强大而稳定的中央政权保证经济发展、国内市场流通和对外贸易，而没落的旧贵族却希望通过王权和对外战争，进行掠夺，并攫取政权来侵吞国库和独占经济特权，以挽救自己的没落。玫瑰战争就是在这种形势下爆发的。

兰开斯特王朝的腐败统治也是玫瑰战争的重要起因。1422年，亨利六世在襁褓中登上王位。此后，国政日乱，大贵族贪污成风，争权夺利，亨利六世变成傀儡。到了50年代，亨利六世屡犯癫痫，贵族们更加恣意妄为，国债累计已近40万镑，宫廷开支每年由1万镑上升到2.4万镑。英法百年战争于1453年以英国惨败告终，不仅降低了兰开斯特王朝的威信，亦使新贵族和市民上层失去了向海外进行经济扩张的机会，旧贵族和军队势力则再也无法掠夺法国财富，无不归怨于朝廷。由于王室力量的衰微，各级附庸更加效忠于自己的直接领主。这些领主、附庸，再加上从法国失败而归的职业军人，形成了大大小小的军事集团。他们割据一方，互相攻掠，朝廷不敢过问。

在长期斗争中形成的西北部和东南部两大贵族集团势力，均想夺取全国政权，便成了战争直接导火线。金雀花王朝的爱德华三世（1327—1377年在位）有5个儿子，长子爱德华1376年死后，王位直接传给太孙理查二世（1377—1399年在位）。1399年，爱德华三世第三子的嫡子兰开斯特公爵亨利篡夺了理查二世的王位，建立兰开斯特王朝（1399—1461年），称亨利四世。由于兰开斯特王朝依靠的主要是西北部经济较为落后地区的旧贵族，这一改朝换代长期未为经济较发达的东南地区贵族所承认。到15世纪中叶时，爱德华三世第二子的后嗣约克公爵理查和第三子的另一后嗣塞西莉·内维尔结婚，东南部一些贵族乘机宣布约克公爵比亨利六世享有更充分的王位继承权，积极支持他夺取王位。亨利长期无子，加剧了这种局势。1452年，约克军队同兰开斯特军队就曾发生过严重对峙。1455年夏，玫瑰战争终于爆发了。

约克公爵同亨利六世的斗争

战争一共分为四个阶段：1455—1460年为约克公爵同亨利六世斗争阶段；1461—1465年为约克王朝爱德华四世同亨利六世斗争阶段；1466—1471年为爱德华四世同大贵族沃里克伯爵斗争阶段；经过12年和平，1483—1485年为约克王朝理查三世同后来都铎王朝的亨利七世斗争阶段。

第一个战役是1455年5月22日的圣阿尔朋斯战役。在这以前，约克公爵与执掌朝廷大权的萨姆塞特公爵矛盾已十分尖锐。当亨利六世下令在莱斯特召开咨议会时，约克公爵遂以自己赴会的安全没有保障为理由，率领他的内侄，骁勇善战的沃里克伯爵及数千附庸军队前往。亨利六世在王后玛格利特和萨姆塞特公爵的支持下，也带领一支较小的武装队伍赴会。

5月22日清晨，兰开斯特军队在圣阿尔朋斯镇附近获悉约克军队已经迫近的消息，连忙抢占了这个镇子，并在街口修建了工事。约克军来到镇边时，约克公爵向亨利六世提出了罢黜和惩治萨姆塞特公爵的要求。当这些要求被拒绝后，他于上午10时下令部队向镇里发起进攻。

由于兰开斯特军队用障碍物堵住街口，约克军的几次攻击都未能奏效。为了打破僵局，沃里克伯爵率领一些壮士绕到镇后面，翻墙越屋冲进镇内。他们在冲锋时吹着喇叭，并派人敲响镇内高塔上的警钟以壮声威。兰开斯特军队顿时人心大乱，溃不成军。

在这次战斗中，兰开斯特军队死亡约100人，萨姆塞特公爵战死。亨利六世身负箭伤躲在一个硝皮匠家中，战斗结束后被约克军俘获。约克公爵深知自己夺取王位的时机尚不成熟，便假意向亨利六世表示效忠，企图把朝廷大权从兰开斯特派手中夺过来。

此后5年中，约克派同以王后玛格利特为首的兰开斯特派展开了明争暗斗。在此过程中，约克派逐渐占了上风。1460年7月10日，沃里克伯爵在北安普敦战胜兰开斯特军队，再次俘虏了随军行动的亨利六世。战斗结束后，沃里克伯爵下令屠杀战败的贵族和骑士，连大贵族白金汉公爵也被处死。

约克公爵被北安普敦的胜利冲昏了头脑。他来到伦敦，在未与亲信贵族磋商的情况下提出了王位要求，在他的武力威胁下，多数贵族用沉默来表示反对。约克公爵面对这种窘境，只好作出让步，暂不夺取王位，但迫使亨利六世宣布他为摄政和王位继承人。这意味着剥夺了亨利六世幼子爱德华的王位继承权。

逃往北方的玛格利特王后闻讯大怒。她从苏格兰借到一些人马，加上兰开斯特派贵族的附庸军队，在约克郡一带骚乱，伺机南进。

约克公爵闻听自己领地受到侵害，从伦敦率一支数百人的军队匆匆前去征剿。由于轻敌冒进，约克军队在威克菲尔德城被兰开斯特军队包围起来。约克公爵连忙派人向各地求援。兰开斯特军队利用了这个机会，先后派出两支队伍打着援兵的旗号混入威克菲尔德城，接着发动总攻。12月30日，约克军在内外夹攻下溃散，约克公爵及其次子爱德蒙被杀。玛格利特下令将约克公爵的首级高悬在约克城上示众，并扣上纸糊的王冠。

爱德华四世同亨利六世的斗争

约克公爵的死使兰开斯特派士气大振，他们接着打败了凶悍的沃里克伯爵，向伦敦进军。但是，由于征集的苏格兰军队纪律很差，到处洗劫市镇和修道院，引起英国人民的强烈反感。在玛格利特进军的路上，伦敦市政府派人向她声明，如果她不能管束住军队，伦敦将不允许她入城。玛格利特无奈，只好暂停下来整饬军纪。

这时，约克公爵的长子，19 岁的爱德华已在战火中磨炼成为英勇善战的将军。他借着兰开斯特军队休整的机会招聚部众，挥师疾进，于 1461 年 2 月 26 日进入伦敦。3 月 4 日，他在沃里克伯爵和伦敦市民上层的支持下自立为王，称爱德华四世（1461—1483 年在位），开始了约克王朝（1461—1485 年）的统治。

爱德华四世知道，玛格利特是绝不会善罢甘休的。于是，他决定主动发起进攻。在伦敦、坎特伯雷、布里斯托尔等城市的大力支持下，他很快组织起一支数目可观的军队，并于 3 月 13 日向北进发。

28 日，双方在约克附近的艾尔河畔相遇。爱德华四世意识到这里的地形对自己很不利，于是便及时调整部队，竭尽全力夺取艾尔河上的一座栈桥。经过一番苦战，约克军在付出重大代价后，终于夺下桥梁，全军跨过艾尔河，在一个地形十分优越的地方安营扎寨。后来事实证明，这一行动的意义是重大的。

第二天清早，双方大军在离这桥梁 6 英里的陶顿展开了决战，这是玫瑰战争中规模最大的一仗。站在约克方面的有 8 名贵族，而在兰开斯特方面则至少有 19 名。兰开斯特军队在 2.2 万人以上，远胜于约克军。可是，这也带来一个问题，集中这样大的部队作战，给协调指挥带来了困难。战斗在风雪中开始，由于兰开斯特军处于逆风中，弓箭发挥不出威力，约克军的弓箭手则能大量杀伤对方，从而弥补了人数上的劣势。不过，兰开斯特军的前锋部队仍然表现出色，他们向约克军的骑兵部队猛冲，很快占了优势。但这仅是孤军深入，因主力部队行动迟缓，未能策应，这便给了爱德华四世稳住阵脚、重新集结队伍的机会。在随后的恶战中，沃里克伯爵独当一面，支撑住了危局。双方正相持不下时，约克方面的一支生力军及时赶到，冲垮了对方左翼。这样一来，兰开斯特军队大败，许多贵族战死或被俘处死，玛格利特带着亨利六世和少数随从仓皇北逃。

约克军虽然获得大胜，但也精疲力竭，元气大伤。他们无法扩大战果，只好听任玛格利特一行逃回苏格兰。

此后四年中，双方在英国各地的战事时有发生。由于爱德华四世的军队拥有新型大炮，一座座封建城堡在隆隆炮声中倒塌下来。1465 年，沃里克伯爵再次俘获亨利六世并送进伦敦塔囚禁。至此，国内兰开斯特残余势力已基本肃清，玛格利特携带幼子爱德华被迫流亡法国。

爱德华四世同沃里克伯爵的斗争

1455 年到 1465 年这 10 年战争期间，沃里克伯爵的势力有了很大膨胀，无论财富、领地或附庸势力都大大超过以前的任何大贵族。沃里克及其亲友把持了朝政，被称为"立王者"。在人们心目中，年轻的爱德华四世不过是他的被保护人罢了。但爱德华四世不甘心像亨利六世一样成为大贵族的傀儡，随着兰开斯特复辟危险的消失，他开始暗中削弱沃里克伯爵的权势。

双方的矛盾首先在爱德华四世的婚姻问题上暴露出来。1465 年，沃里克伯爵奉王室之命渡海到法国，礼聘一位法国女贵族为爱德华四世的王后。在他完成使命归国时才获悉，爱德华四世已宣布同伍德维尔家族的伊丽莎白结婚了。这使沃里克伯爵在国内外大为丢脸，他内心对国王的愤怨是不难想见的。爱德华四世对约克派的大贵族并不信任、重用，他通过授予封号与封地给中小贵族，利用他们支持自己的统治。爱德华四世还避开大贵族盘踞的议会行事，强迫议会通过给他终身收关税之权。爱德华四世重用伍德维尔家族成员，又罢免了沃里克伯爵的弟弟乔治的约克大主教职务。在外交上，爱德华四世拒绝同法王路易十一联姻，却把妹妹嫁给了路易十一的死敌——勃艮第公爵"大胆查理"。爱德华四世的这些措施，使沃里克伯爵极为恼火。他决意针锋相对，把自己的长女嫁给了爱德华四世的弟弟，一心要篡夺王位的克劳伦斯公爵，并在国际上取得了法王路易十一的支持。

1469 年夏，沃里克伯爵和克劳伦斯公爵以"清君侧"为名，指控某些王室亲信，突然向爱德华四世发起进攻。国王的一些至亲好友也在关键时刻背叛了他，投向反对派一边。这使沃里克伯爵势力迅速扩大。亲朋的意外背叛使爱德华感到心烦意乱，导致了他在军事部署上犯下错误：他未能集中兵力迎敌，也没有亲临前线指挥，派去同声威赫赫的"立王者"沃里克伯爵角逐的，竟是两名互相猜忌、号令不一的新贵族。结果，7 月 26 日，他的军队在考文垂附近被歼，几天以后，爱德华四世才在诺丁汉获此败讯。在计穷力竭的情况下，爱德华四世不得已于 8 月初亲自来到沃里克伯爵的军营求和。

沃里克伯爵碍于约克派一些贵族的反对，暂时没有废黜国王，但实际却将他置于自己的控制之下。如果再加上幽禁于伦敦塔中的亨利六世，此时"立王者"手中竟掌握着两个国王的命运。这在英国历史上是绝无仅有的现象。

为了向忠于爱德华四世的约克派贵族施加压力，沃里克伯爵和克劳伦斯公爵煽动北方各郡起来叛乱，并拥戴克劳伦斯公爵称王。爱德华四世深知情况危急，趁沃里克伯爵不在伦敦之机，于 9 月召集了一支军队离伦敦北行。这时，北方各地的叛乱正在蔓延，爱德华四世决定暂不与沃里克伯爵正面冲突，一边镇压北方叛乱，一边扩大队伍。爱德华四世一路势如破竹，半年以后，北方叛乱完全荡平，并获得了沃里克伯爵等人煽动叛乱的证据。这样一来，沃里克伯爵和克劳伦斯公爵不仅声名狼藉，而且难与爱德华四世得胜之师争锋。1470 年 3 月，沃里克伯爵的队伍在内外压力下瓦解，他和克劳伦斯公爵不久逃往法国投靠路易十一。

路易十一基于法国的利益，希望英国内乱不断。因此，他力促沃里克伯爵同这时仍在法国的老对手玛格利特和解。玛格利特虽然对沃里克伯爵极为痛恨，但为了使自己的独生子能最终登上王位，只好委曲求全。沃里克伯爵势穷力孤，为了推翻爱德华四世，不得不同意与玛格利特联合。经路易十一居间调停，双方达成妥协，沃里克伯爵向手下败将玛格利特俯首称臣，并答应扶持亨利六世复辟；玛格利特则对沃里克伯爵既往不咎，并与之结为亲家：她的儿子同沃里克伯爵的次女缔结婚约。可以看出，这一结盟从一开始就有着潜在的危机。双方并未真正和解，而是暂时互相利用，随时都在准备抛弃对方。这一结盟也使野心勃勃的克劳伦斯公爵大失所望，他对沃里克伯爵十分不满，这使他们之间已含有分裂因素。

沃里克伯爵在路易十一的大力支持下积极组织军队，准备打回英国。他的众多亲信党羽闻讯后，再次在北方煽起叛乱。爱德华四世只好亲率军队前去征剿。这年 9 月 13 日，沃里克伯爵的队伍在英国东南部登陆，而这时爱德华四世仍在约克。在爱德华四世匆匆南下迎击的路上，他手下由沃里克伯爵的弟弟约翰率领的 6000 人哗变，并企图捉拿他。爱德华四世剩下的军队还不到 2000 人，完全无力抵抗。他只好逃往尼德兰，依附于妹夫勃艮第公爵查理。

10月6日，沃里克伯爵的队伍进入伦敦。亨利六世本来就身体孱弱，精神委顿，经过五年囚徒生活，从伦敦塔中出来时已成行尸走肉。沃里克伯爵虽然知道他难以统治英国，但为了继续得到法国的支持，仍让他复辟了。沃里克伯爵的这一行动在政治上十分失策，许多人视他为法王路易十一的代理人；伦敦市民对亨利六世的复辟反应冷淡；克劳伦斯公爵则十分愤怒，开始暗中盘算抛弃他了。

暂居尼德兰的爱德华四世则在勃艮第公爵查理的支持下，积极筹集力量准备复夺王位。1471年3月12日，爱德华四世率领2000名士兵乘船来到英国东部沿海试图登陆。由于兰开斯特贵族的队伍戒备森严，船队不得不在凄风苦雨中向北漂泊。两天后，他们在赫尔附近登陆，旋被当地6000多地方守军包围起来。爱德华四世扬言自己此行并非为了夺回王位，而是要求保留自己的世袭约克公爵头衔，地方守军信以为真放他走了。3月18日，约克守军也向他敞开了城门。爱德华四世占领约克后，不满沃里克伯爵的约克党人纷纷投奔他。他在整顿扩充队伍的同时，迅疾扫荡周围的敌军。

爱德华四世登陆的消息传来后，沃里克伯爵就积极准备迎击。但是，一切都是那样不顺他的心意。路易十一新近同"大胆查理"签订停战协定，暂时不会支持他；玛格利特稽留法国观望，迟迟不肯发兵救援；国内的兰开斯特党人对他既怀恨又猜忌，不肯听命……面对爱德华的咄咄攻势，沃里克伯爵只好回避同他决战，避入考文垂城中固守，以便等待各路援兵到来后内外夹击。在深沟高垒面前，爱德华四世用尽办法攻城无效。沃里克伯爵的援兵陆续赶到了，他为此十分忧虑。4月2日，克劳伦斯公爵率领4000多人驰援沃里克伯爵，来到考文垂附近。爱德华四世伺机劝导利诱，克劳伦斯公爵本来担心兄长饶不了自己，现在见兄长情致殷殷，遂重新归顺了他。

爱德华四世得到克劳伦斯公爵相助，如虎添翼。当敌人援兵纷纷靠近考文垂时，他决计转而奔袭伦敦。4月5日，爱德华四世撤离考文垂郊外，向伦敦方向疾进。沃里克伯爵担心伦敦失守，一面集合部队追赶爱德华四世，一面致信他的弟弟，留守伦敦的约克大主教乔治固守待援。乔治的军队不过7000人，而且士气不振，根本无法同爱德华四世对抗。4月12日清晨，爱德华四世在伦敦市政府和市民的热烈欢迎下进入城内，亨利六世再次成为阶下囚。

4月14日是复活节，沃里克伯爵企图乘爱德华四世在伦敦过节之机进行突袭。然而，饱经挫折的爱德华四世这回早有准备，他及时把队伍拉出伦敦，北上迎击。

就在复活节这天早上，双方在伦敦以北的巴恩特决战。爱德华四世鉴于自己的部队不到9000人，而根据情报沃里克伯爵约有2万人，决定先发制人。清晨4时许，他率领队伍在浓雾中发起攻击。沃里克伯爵沉着应战，战斗很快进入白热化。爱德华四世虽然在右翼占了上风，但左翼则为兰开斯特党人牛津伯爵的军队击溃。牛津伯爵继续率军冲杀，向战斗最激烈的中央部分冲去，以支援沃里克伯爵。可是，沃里克伯爵的部下在浓雾中把接应者误认为是爱德华四世的军队，因而发生误战。这场自相残杀对整个战役发生了决定性影响，沃里克伯爵的战线在爱德华军队的冲击下崩溃了。战斗结果，英国历史上最强大最跋扈的贵族——沃里克伯爵被杀，据当时记载，他部下知名的贵族以及骑士扈从战死者达1000人。

也是在巴恩特战役这一天，玛格利特和她儿子爱德华在法国骑士的伴送下返回英国，在南部港口威第斯登陆。她获悉沃里克伯爵的死讯后，不敢同爱德华四世对阵，立即悄然转向威尔士山区前进，以期收集兰开斯特派旧部。爱德华四世闻讯率军追赶。几经曲折，终于判明了玛格利特的诡秘去向。5月4日，玛格利特在离威尔士不远的杜克斯伯里遭到截击，爱德华四世的大炮很快粉碎了兰开斯特军队的抵抗。结果，玛格利特被俘，她的独生子爱德华和许多兰开斯特贵族被杀。

5月21日，爱德华四世回到伦敦，旋即秘密地处死亨利六世。至此，兰开斯特家族被诛杀殆尽，只有不合继承法的远亲里士满伯爵亨利·都铎流亡法国，声称是兰开斯特事业的继承者。

爱德华四世1471年闪电般的胜利，使他获得了卓越统帅的声誉。他统率一支小小的军队纵横于整个英格兰，其组织之严密、作风之顽强、行动之果决在当时都是罕见的。此外，爱德华四世善于集中优势兵力选择有利地形决战，也是他取胜的因素。但最重要的是，他在一定程度上维护了新贵族和市民上层的利益，因而得到他们的有力支持。

1471—1483年，英国国内恢复了和平，爱德华四世依靠新贵族和市民上层，实行重商政策，使工商业得到迅速恢复和发展，尤其是实行鼓励呢绒业出口的政策，使英国奠定了工业产品向大陆出口的优势地位。近年来也有些西方史学家主张以杜克斯伯里战役作为玫瑰战争的结束点。

理查三世同亨利七世的斗争

　　1483 年开春，爱德华四世病危，他深知宫廷中握有实权的伍德维尔家族不孚众望，并要在他死后闹事，遂将两个未成年的儿子托付给他的弟弟、一度被伍德维尔家族排挤的格洛斯特公爵，由其担任摄政。但事与愿违，当爱德华四世 4 月死后，格洛斯特公爵不仅剥夺了伍德维尔家族的所有权力，而且将两位王子幽禁在伦敦塔，并于 7 月 6 日自立为王，称理查三世。

　　理查三世原是忠于爱德华四世的事业的，他在年轻时便因英勇善战和绥抚北方有功而受到约克党人的拥护。但是，他篡位以后与爱德华四世的一些宠臣发生了冲突。为了巩固自己的地位，他用阴险残酷的手段迫害政敌，使贵族们人人自危。他的两个胞侄在伦敦塔中神秘地消失了，据说也是他秘密杀害的。随着他的威信日益下降，约克党内部矛盾激化了。

　　在武装反抗理查三世失败以后，约克党人中的反对派以伊利主教摩顿为首，开始同远在法国的兰开斯特王统继承人亨利·都铎接触。亨利·都铎在叔父彭布鲁克伯爵的扶持下，长期以来一直在聚集力量，准备杀回国内，他当然不会放过这一有利机会。在摩顿主教的斡旋下，他很快同反理查的约克党人结成联盟，并同爱德华四世的合法女继承人，长女伊丽莎白缔结了婚约。

　　1485 年夏季，理查三世已处于众叛亲离、风雨飘摇的境地，完全靠暴力和阴谋维持着政权。8 月 1 日，亨利·都铎在法王查理八世的资助下，率领 2000 人的军队扬帆离开塞纳河口。6 天以后，他们在威尔士的米耳福德港登陆。这里是彭布鲁克伯爵昔日治理的地方，因而没有受到多少抵抗。亨利·都铎一边挥师向东挺进，一边遣人与尚在理查三世营垒中的大贵族联系，呼吁他们反戈一击。由于亨利·都铎在上一年末和这年 6 月曾两度发布檄文，英国各地拥护他的人这时都行动起来了，他的队伍激增到 5000 多人。

　　理查三世意识到局势严重，乃以不愿从军者将判处死刑和没收财产相威胁，拼凑起一支万人大军。8 月 22 日，双方在英格兰中部的博斯沃思决战。在战斗紧要关头，理查三世的大将斯坦利勋爵（亨利·都铎的继父）和诺森伯兰伯爵按兵不动；斯坦利勋爵的弟弟威廉·斯坦利爵士则率 3000 人公开倒戈。约克军遂告瓦解，理查三世战死。从而结束了约克家族的统治。

　　博斯沃思战役之后，亨利·都铎即位称亨利七世（1485—1509 年在位），建立起都铎王朝。不久，他同爱德华四世长女伊丽莎白隆重结婚。这标志着红白玫瑰战争的结束。虽然此后 10 多年中约克党人曾多次举行大规模反抗，几乎推翻了亨利七世的统治，政局直到 1497 年才安定下来，但史学家们通常仍以博斯沃思战役为玫瑰战争结束的标志。①

玫瑰战争的历史意义

玫瑰战争的历史意义是深远的。

首先，战争加剧了旧贵族的危机，促进了新贵族的发展。每次战役中都有大批贵族战死，战斗之后，又有一批战败贵族被没收财产、褫夺爵位、投入监狱甚至处死，一些门阀世家遭到灭顶之灾。在整个玫瑰战争期间，被褫夺爵位的有公爵 7 人、侯爵 1 人、伯爵 16 人、子爵 2 人、男爵 15 人、骑士 85 人。新贵族也在战争中发展起来，他们从事商业冒险，改进地产管理方式，已经具有资产阶级的倾向和习惯。此外，一些企业家、地产投机商在这一时期的聚敛致富、投身军事政治活动，为他们下一代被都铎君主封为贵族奠定了基础。正如恩格斯所指出的："对英国幸运的是，旧的封建诸侯已经在蔷薇战争中自相残杀殆尽。他们的继承人，虽然大部分是这些旧家族的后裔，但是离开嫡系已经很远，甚至形成了一个崭新的集团，他们的习惯和倾向，与其说是封建的，倒不如说是资产阶级的。"②

其次，市民阶级的力量在战争中得到增长。在战争期间，重大战役都是在乡间或小镇进行的，英国城市除个别外都不曾遭到战火的破坏。伦敦、考文垂、布里斯托尔等城市的市民对战争进程一再显示了自己的影响。因此，爱德华四世、理查三世和亨利七世都不能不迎合他们的利益以换取支持。在战争期间，他们的经济实力有了相当发展，这从英国外贸的急剧增长中可以看出来。同战争初期相比，战争末期出口羊毛增长 79%，呢绒增长 129%。市民上层开始向近代资产阶级转化，历史意义重大的圈地运动于 15 世纪 60 年代在英国开始发生，这不是偶然的。

最后，这一战争也有利于等级君主制的瓦解和君主专制制度的建立。战争使国王权力进一步扩大，封建割据势力遭到沉重打击。新贵族和市民、租

---

① 近来一些西方史学家认为，玫瑰战争的上下限应为 1452—1497 年。
② 《马克思恩格斯选集》第 3 卷，人民出版社 1972 年版，第 392—393 页。

地农业家的联合力量有可能同旧贵族抗衡了。在战争期间，议会权力削弱，咨议会权力扩大以及其他改革，就是建立在这一新的统治阶级内部力量平衡基础上的。由于爱德华四世把许多权力集中到自己手里，一些西方史学家甚至称他为英国的"第一位专制君主"。都铎王朝继承和发展了这些因素，建立起了强大的君主专制政体。马克思指出："君主专制发生在一个过渡时期，那时旧封建等级趋于衰亡，中世纪市民等级正在形成现代资产阶级，斗争的任何一方尚未压倒另一方。"[①]

---

① 《马克思恩格斯全集》第 4 卷，人民出版社 1958 年版，第 340 页。

意大利文艺复兴

朱龙华

　　文艺复兴运动是欧洲封建社会末期代表新兴资产阶级势力的文化和思想上的革命，它最早发生于意大利，也以意大利为其最典型的代表。恩格斯评述文艺复兴说："这是一次人类从来没有经历过的最伟大、进步的变革，是一个需要巨人而且产生了巨人——在思维能力、热情和性格方面，在多才多艺和学识渊博方面的巨人的时代。"① 这种情况也以意大利表现得最为突出。意大利文艺复兴时期包括14、15 和 16 世纪，但当时意大利并非统一国家，发展很不平衡，文艺复兴主要发生于一些先进城市，其中最重要的是中部意大利的佛罗伦萨。

　　佛罗伦萨在 13 世纪末至 14 世纪初已成为西欧最大的工商业城市之一，资本主义经济的萌芽已很明显。当时的一位历史学家记述佛罗伦萨经济的发展情况时说："本城的毛织业行会所属工厂作坊约有 200 个或更多，它们每年生产 7 万至 8 万匹毛呢，价值在 120 万佛罗琳金币以上。（这笔钱）有 1/3 以上留在本城作为劳工的报酬，企业主的利润还不计在内。有 3 万人靠这行业过活。"当时佛罗伦萨的毛织业实际上已是资本主义性质的经济，企业主是资本家，劳动者则是数以万计的程度不等的雇佣工人。除了毛织业，佛罗伦萨的银行业也是全欧最发达的，它们掌握了大量现金，从而以一种独特的方式提供了资本的积累。不仅经济上如此，政治上，佛罗伦萨也在 13 世纪末、14 世纪初建立了由市民阶级，亦即当时的新兴资产阶级掌握政权的城市共和国。由毛织业、银行业等七大行业的成员组成了城市政府最高当局——长老会议，而城市和近郊农村的封建贵族则被剥夺了担任高级公职的权利。另外，所有雇佣工人也不能享有任何政治权利，使这个城市政权具有资产阶

---

① 《马克思恩格斯全集》第 20 卷，人民出版社 1971 年版，第 361 页。

级专政的色彩。在这样的经济和政治背景下，佛罗伦萨成为文艺复兴的摇篮和它的最大中心，也就不难理解了。下面就以佛罗伦萨为主，分 14、15、16 世纪三个阶段介绍意大利文艺复兴的概况。

14 世纪：初始期文艺复兴

自 14 世纪开始，佛罗伦萨的新文化出现了蓬勃发展的景象，当时人们认为这是封建社会中前所未见的，似乎是光辉灿烂的古典文化的"再生"和复兴，因此也就把这种文化发展总称为"文艺复兴"。这种观点，早在当时人对但丁和乔托的文艺活动的评价中已有表露，后来由于人文主义极力提倡学习古典文化，就更为深入人心，这也就是日后史学上通称这时代为文艺复兴的由来。当时人这种看法既表现了对自己新时代的赞赏，也表现了对古典文化的肯定和对中世纪封建文化的批判。他们认识到希腊罗马古典文化中的进步成分，例如哲学中的人本主义思想、文艺中的现实主义传统，以及科学技术的研究，等等，和封建社会黑暗时代的教会文化确实判然有别、对比鲜明，前者是值得仿效的典范，后者则是应予抛弃的糟粕；另外，当时人尊古典为良师益友，恢复和学习古典文化的努力，绝不是单纯的复古，而是意味着反对封建旧文化和创造新文化，即创造符合新兴资产阶级和人民大众要求的新文化。因此，这个名为学习古典的复兴运动，实际上却是一个春意盎然的新文化运动。

在学习古典和创造新文化的过程中，人文主义思想起着重大作用。人文主义来源于人文学，它最初是一种市民阶级要求掌握文化的世俗教育活动。在中世纪时，教会垄断文化教育，神学占据统治地位，大学课程不仅少得可怜，而且主要为神学服务。市民阶级兴起后，城市的大学和一般学校开始重视那些和神学关系较少而能为市民经济政治服务的学科，其中主要是修辞学，市民通过它不仅可以掌握商业通信、契约文件以及政治辩论等实际生活所需的手段，还可以接触古典文化的著作。因为修辞学的教材完全取自希腊罗马古籍。这样，以修辞学为渠道，在 14 世纪的先进城市中逐渐形成了人文学这一新学科和新思想。最初的这些从修辞学走向人文学的人都是市民活动家——商人、律师、俗人教师、学者，等等。到 14 世纪后半期，人文学趋于成熟，逐渐成为文艺复兴新文化的主流，它本身也从教育活动进而发展为内容丰富的思想体系，代表着新一代人们的世界观。在 14 世纪的著名文化人物中，但丁和乔托可以说是属于前半期的阶段，而彼德拉克和薄伽丘则可以说属于后半期，亦即人文主义趋于成熟期的阶段。

但丁（1265—1321 年）是佛罗伦萨的政治活动家和诗人，他在 1302 年后因派系斗争失败遭到终生流放，遂以诗歌创作为自己的主要事业，《神曲》则是其不朽名作。恩格斯称赞但丁说："封建的中世纪的终结和现代资本主义纪元的开端，是以一位大人物为标志的，这位人物就是意大利人但丁，他是中世纪的最后一位诗人，同时又是新时代的最初一位诗人。"① 这是对但丁的历史地位的确切评价。但丁的《神曲》也可说是中世纪最后、新时代最初的一部伟大诗篇，故事情节本身是宗教性的：诗人漫游了地狱、净界和天堂，见到了各类灵魂、诸天圣众直至上帝，其中自不乏中世纪神学观念，但是代表着文艺复兴新思想的萌芽却是诗篇中的精华。他借神游三界的情节广泛反映社会现实生活，爱憎分明，观察入微，抨击教会的贪婪腐化和封建统治的黑暗愚昧；同时，他要求人们关心现实生活，强调人的"自由意志"，歌颂有远大抱负和坚定顽强的英雄豪杰，公开提倡以古典为师，并且努力使文化普及于市民群众，坚持文学创作应该使用口语和群众语言，使《神曲》成为奠定意大利民族语言的重要基石。这些都鲜明地表现了他的人文主义思想倾向。和但丁同时代的乔托（约 1266—1337 年）则是在美术方面具有同样开创之功的伟大人物。乔托也是佛罗伦萨人，并且和但丁友谊甚笃。乔托的壁画像但丁的诗一样，虽然题材仍是宗教性的，却开始努力表现真实生动的人物形象和充满矛盾的现实世界，传达出当时初露曙光的人文主义思想，并且在表现技法上取得巨大革新，被日后的文艺复兴艺术大师奉为新美术的鼻祖。可以说，以但丁和乔托为开始，文艺复兴的伟大时代揭幕了。

彼德拉克（1304—1374 年）在人文学的研究和宣传上更见成效，被称为"人文主义之父"。他的抒情诗坦率表露了作者的内心生活，无论是爱情的热烈和生活的渴望，写来都逼真而细腻，在当代和后世都极受欢迎。然而彼德拉克对当代和后世最有影响的作品，却不仅仅是这些抒情诗，最重要的还有他用典雅的拉丁文写的文章、书简，等等，其中更为鲜明地表现了他的人文主义思想：对古典文化的崇敬与学习，对中世纪旧文化和经院哲学的厌恶与嫌弃，对人性的肯定和个性自由的追求，等等。在他的带动下，意大利

---

① 《马克思恩格斯选集》第 1 卷，人民出版社 1972 年版，第 249 页。

文化界学习古典成风，掀起了搜求古籍和仿效古典文风的热潮。而且，这种仿效并不停留在形式上或文体上，而是着重吸取古典文化的精神实质，是利用古典文化来反对和批判中世纪的宗教神学与禁欲主义。正因为这样，彼德拉克在古典文化中愈来愈多地找到了合乎新时代的人文主义要求的东西，而古典学同时也就是人文学，两者合而为一。与此相伴的是，他开始从时代的角度批判中世纪旧制度，他看到的中世纪是一个愚昧、黑暗、野蛮和退化的中世纪。用"黑暗时代"来称呼中世纪，彼德拉克可说是其第一个源头。彼德拉克的好友薄伽丘（1313—1375 年）则是第一个近代小说家和热情的人文主义战士。他的名作《十日谈》包括 100 篇短篇小说或故事，以诙谐生动的语言讽刺教会和贵族，赞扬市民群众，被誉为欧洲现实主义小说的滥觞。但他同时也是和彼德拉克并肩齐力推进人文主义学术运动的主将，他不仅仅写了许多仿效古典的诗文，还学彼德拉克的榜样到处搜求古籍抄本，取得显著成效，其中最有代表性的一次就是他到蒙特卡西略修道院的寻访，他终于在门倒墙斜的古老藏书室中找到了许多久已遗佚的重要古籍，把它们从毁灭的边缘上抢救过来。他不仅精通拉丁文，还在彼德拉克的鼓励下，求师教他学会了希腊文，成为从 10 世纪以来第一个懂希腊文的西欧学者。他还担任了佛罗伦萨大学的但丁讲座，注释了《神曲》，写了但丁的传记，并把但丁的文学活动称为"复兴"。所有这些，都足以说明为什么他自己认为平生主要贡献不在他的《十日谈》，而在于人文主义的学术研究。

经彼德拉克和薄伽丘的提倡，人文主义和文艺复兴文化在佛罗伦萨蓬勃发展起来。尤其重要的是，人文主义学者开始进入政治界，为共和国政治服务，在这方面开辟道路的是萨琉塔蒂（1330—1406 年）。他从 1375 年起终身担任佛罗伦萨政府的文书长，他用拉丁文写的檄文、信函和外交文件为佛罗伦萨政府解决了不少问题，佛罗伦萨的敌人——米兰统治者甚至赞叹说，萨琉塔蒂的一纸文书所起的影响，可和 1000 兵马的武力相当。人文主义和佛罗伦萨的市民政治的结合，为人文主义的进一步高涨准备了良好条件，因此到 15 世纪，就迎来了人文主义和文艺复兴的新高潮。

15 世纪：早期文艺复兴

15 世纪初年，佛罗伦萨不断面临外敌的威胁，市民阶级为了对外反抗强邻，对内巩固专政，更重视利用人文主义作为动员群众和激励人心的手段。

他们把维护共和国的要求说成是保卫独立、自由和新文化繁荣的斗争。每当外敌大军压境之时，人文主义的口号就能发挥巨大作用。而人文主义的高潮也在保卫自由独立的斗争中掀了起来。15 世纪初期的两位佛罗伦萨人文主义的代表：列奥纳多·布鲁尼（1369—1444 年）和波绰·布拉丘里尼（1380—1459 年）都像他们的老师萨琉塔蒂那样长期担任佛罗伦萨文书长，他们都写有《佛罗伦萨人民史》之类的著作，极力赞扬佛罗伦萨的共和政治和新文化的繁荣。他们还以空前未有的热情学习和恢复古典文化。布鲁尼除了精通拉丁文外，更千方百计力求精通希腊文。然而，这方面的困难很大。薄伽丘虽然走了第一步，但由于师资和教材的缺乏，他没能传下衣钵。在 14 世纪末，萨琉塔蒂才在几位热心新文化的佛罗伦萨商人资助下，从拜占廷请来一位造诣很深的希腊学者赫雷索洛那，开了四年的希腊文讲座，布鲁尼就是其中最热心的学生之一。他描述这次学习说："当时我正在专攻法律，要不要放弃它而去学希腊文呢？在我心里引起了剧烈的斗争……我想，意大利已有 700 年没人精通这种文字了，但我们却异口同声地肯定一切学问都是从它而来。难道可以放弃这样一个神圣的机会么？我终于决定全力投入赫雷索洛那的讲座，我学习得那样用心，以至白天所学所读，晚间睡梦中也一直萦回于脑际。"布鲁尼勤学的结果，确实为他，也为整个新时代打开了知识的宝库，他后来翻译和编纂了不少希腊古典名著，特别是他们那种废寝忘食以古典为师的热烈态度，转变了一代学风，使 15 世纪真正变成了"人文主义的世纪"。

和热烈学习古典并驾齐驱的，是搜求古本古籍的努力。在这方面，波绰·布拉丘里尼是个著名的代表。他曾遍访意大利、瑞士和德国的古老修道院，希望能从中搜寻和抢救出一些佚亡古籍。例如，在瑞士圣加仑修道院的一个荒废多年，据说只用来拘禁死囚的塔楼里，他发现了好几种佚亡的抄本，其中包括古罗马诗人昆体良的《修辞学全书》，这是所有人文学者梦寐以求的珍宝，于是他用一个多月的时间，把这部书抄录下来，并急速送到佛罗伦萨。在佛罗伦萨，他受到了最热烈的欢迎，布鲁尼写信给他说："整个文坛都将为你已发现的宝藏欢欣鼓舞，你真不愧是那些被你发现的古籍的再生父母，就像英雄卡米卢斯是罗马的再造者一样。"从这个具体例子中，我们不难想见当时人学习古典的热烈情况。然而，正如我们前已指出，当时人学习古典并不是单纯的模仿，而是借古典来反对封建旧文化，创造新文化。因此古诗文对他们说来决不是什么古董，而是真正的生活教科书，随着人文学的研究，也就推动了哲学、史学、政治学以及自然科学的研究，形成了新的人文主义教育制度，尤其对现实主义新艺术的发展起了重大影响。人文主义在反对宗教禁欲主义方面也进一步提出了肯定人性和人的全面发展的思想，这就是日后资产阶级人道主义思想的一个重要来源。这种全面发展的人的思想，就是要达到恩格斯所说的那种"在思维能力、热情和性格方面，在多才多艺和学识渊博方面的巨人"。在15世纪，确实有不少学者和艺术家力求实践这个思想，把自己培养为学识渊博、技艺全面、精力充沛的人物。而对于人的创造能力的信念，更激发了许多歌颂人的尊严的时代最强音，把人文主义提倡"人道"以反对"神道"，提倡"人权"以反对"君权"，提倡"个性解放"以反对"宗教桎梏"及其一切残余的进步观点发挥得淋漓尽致。例如，洛伦佐·瓦拉（1407—1457年）通过考证教廷的《君士坦丁敕令》确系伪造，动摇了教廷对西欧拥有统治权的理论根据，并在《论享乐》一文中提出了反对教会禁欲主义的人生观理论。15世纪后半期的人文主义者米朗多拉在《论人的尊严》的演说里，借上帝的口表述人的伟大时说："我把你放在世界的中间，为的是使你能够很方便地注视和看到那里的一切。我把你造成了一个既不是天上的也不是地上的，既不是与草木同腐的也不是永远不朽的生物，为的是使你能够自由地发展你自己和战胜你自己。你可以堕落成为野兽，也可以再生如神明……只有你能够靠着你自己的自由意志来生长和发展。你身上带有一个宇宙生命的萌芽。"尽管他们还不反对上帝并且仍然信奉宗教，15世纪人文主义对人性的强调却给日后的资产阶级留下了一份贵重的遗产，在资产阶级上升的时代，这是他们手中的一个反封建的有力的武器。

　　15世纪早期文艺复兴的另一重大发展是艺术上的成就。新艺术从乔托的创作中就开始起步了，但是14世纪后半期它经历了暂时的停滞，因为他的后继者们拘泥于仿效老师，背离了现实主义方向，成就不大。到15世纪初期，随着人文主义的高涨，在古典艺术的启示下，新艺术大师再度高举面向自然的大旗，才促成了新艺术的高潮。因此，在艺术方面，以古典为楷模同样发挥了非常积极的作用，正如恩格斯所说："罗马废墟中发掘出来的古代雕像，在惊讶的西方面前展示了一个新世界——希腊的古代；在它的光辉的形象面前，中世纪的幽灵消逝了；意大利出现了前所未见的艺术繁荣。"[1] 15世纪佛罗伦萨的两位著名艺术大师——建筑家布鲁列尼斯奇（1377—1446

---

① 《马克思恩格斯全集》第20卷，人民出版社1971年版，第360页。

年）和多纳太罗（1386—1466 年），就是通过到罗马废墟学习而形成自己的新风格的。他俩青年时代联袂而至罗马，在古城废墟中直接对残柱断墙和雕像碎片学习观摩，那种热衷的程度甚至被人误认为是在搜求埋于地下的宝物。通过这种直接的观摩学习，他们就能创作出许多既有优美的古典形式又有新时代特点的建筑和雕刻，终于使整个文艺复兴艺术的发展走上了全新的道路。布鲁列尼斯奇的建筑杰作是佛罗伦萨大教堂的圆顶，这个在高度和宽度上具有空前规模的大圆顶，曾被人认为即使用 100 年时间也难以完成，而布氏仅用十多年（1420—1436 年）就建成了它，不仅设计新颖美观，而且显示了他对工程技术的精湛知识，使这个建筑变成了新时代第二个宏伟的纪念碑，直到今天仍矗立于佛罗伦萨城中，成为全城的标志和象征。布鲁列尼斯奇还利用他的科学知识从事透视法的研究，为绘画的现实主义表现奠定了科学理论的基础。他的好友多纳太罗则从古典雕刻中得到了现实主义的真髓，不仅倾慕于古典雕像的和谐与优美，还直接观察、研究甚至解剖人体。他的作品在充满古典精神的同时，又异常逼真生动，被当时人誉为"使顽石具有生命"。多纳太罗的杰作如《圣乔治像》《大卫像》《佣兵队长格太梅拉达骑马像》，等等，都以其现实主义的形象体现人文主义的思想，达到了表现形式与思想内容的高度结合。在他们两人帮助和启示下，年轻的画家马萨卓（1401—1428 年）在壁画领域进行了巨大的革新，把透视画法与人体解剖知识运用于绘画，进一步发展了乔托的现实主义传统。这位只活了 20 多岁的画家的作品气魄浑厚，人物形象具有强烈的立体感和重量感，而背景空间则合乎视觉法则，具有前所未见的真实的深远效果。因此，他的为数不多的作品日后一直是所有文艺复兴大师学习的榜样。在马萨卓之后，意大利文艺复兴绘画的繁荣期来到了，在 15 世纪这 100 年间，佛罗伦萨一地就产生了许多即使在世界美术史上也足够称为第一流的画家，达到了恩格斯所说的那种"前所未见的艺术繁荣"。

在 15 世纪，文艺复兴在意大利得到了广泛传播，威尼斯、米兰、罗马等城逐渐成为新文化和新艺术的重要中心，与此同时，文艺复兴也传向西欧各国，促成了北方文艺复兴的萌发。

16 世纪：盛期文艺复兴

16 世纪的意大利呈现出远比前两个阶段复杂而矛盾的情况，一方面是文艺复兴文化进入盛期；另一方面却是经济政治的发展面临复杂的局面：意大利的工商业衰落，政治日益混乱，外国势力占据统治地位，城市共和国逐渐转变为封建君主国。这种经济政治的逆流终于决定了盛期文艺复兴的命运：它是短暂的（实际上只包括 16 世纪前 20 年）；经过 100 余年的反复，从 17 世纪起，意大利的经济文化进入一个长期的衰落过程，而意大利也丧失了它在欧洲历史上的领先地位。

盛期文艺复兴的三位伟大代表都是艺术家。艺术在这时候走在新文化的最前列并非偶然，因为只有艺术才最充分地体现了人文主义思想，同时又吸收、结合了科学技术的积极成就。意大利盛期文艺复兴的第一位巨人就是身兼艺术家和科学家的列奥纳多·达·芬奇（1452—1519 年），恩格斯称赞他说："列奥纳多·达·芬奇不仅是大画家，而且也是大数学家、力学家和工程师，他在物理学的各种不同部门中都有重要的发现。"[1] 他确实是这样一位博学多能、百艺精通的全面发展的人的完美典型。他的艺术创作在体现人文主义思想和掌握现实主义技法上有了极大的提高，塑造了一系列无与伦比的艺术典型。例如，他的壁画《最后的晚餐》，描写耶稣被捕前与门徒最后聚餐的情景，深刻而又精确地画出各种人物的典型性格和动作，被誉为世界艺术宝库中的不朽杰作，古今千百幅同类题材的作品和它相比都黯然失色；他的《蒙娜丽莎》画像则表明对人的观察分析与艺术概括都达到了极高的境界。画中妇女的微笑含意无穷，超过一切言语形容。同时，列奥纳多·达·芬奇精深的艺术创作又是和他广博的科学研究密切结合的。他对许多学科都有浓厚兴趣和重大发现，在解剖学、生理学、地质学、植物学、物理学、应用技术和机械设计方面建树尤多。他对人体观察之精密，解剖之周详，远远超过同时代任何医学家。他不仅在历史上第一次正确、全面地描述了人体骨骼和摹画了全部肌肉结构，而且在神经和血管系统方面有不少新发现。他研究过各种岩石构造、地形演变和古生物遗迹，最早提出地质学和地史学的概念。他在物理学、光学、静水力学上的各种发现也是非常惊人的。特别在机械设计方面，他的探索极有创见。他曾设计先进的纺车、高效率的起重机、各种车床、冲床和钻床，而且预想到飞机、潜艇、自行车等，被誉为许多现代发明的先驱。列奥纳多·达·芬奇的现实主义艺术实践和精博的科学研究还使他进一步形成了初步的唯物主义观点，他在笔记中写道："我们一切知

---

[1] 《马克思恩格斯全集》第 20 卷，人民出版社 1971 年版，第 360 页。

识来源于我们的感觉。""依我看，那些不从经验（一切无可怀疑的结论的母亲）中产生，又未曾被经验检查的知识，就全是虚假而极端谬误的。""一切真科学都是通过我们感官经验的结果。"他这种先进的哲学思想不仅使他和中世纪传统断然决裂，而且也使他能够摆脱当时新文化阵营中出现的保守和唯心主义的逆流。

和列奥纳多·达·芬奇并列的另外两位盛期文艺复兴的代表：米开朗琪罗（1475—1564 年）和拉斐尔（1483—1520 年），也都在艺术创作上取得了极高的成就。米开朗琪罗在建筑、雕刻、绘画方面都留下了不朽的杰作。他创造的人物形象雄伟有力，精确生动，体现了浪漫主义和现实主义的结合。他在罗马梵蒂冈西斯廷礼拜堂屋顶上画的壁画，面积达 500 多平方米，是世界上最宏伟的艺术巨作，其中充满了热情洋溢、力量无穷的英雄形象，虽然壁画的题材仍属于基督教的神造世界和人类的故事，但作品本身却反映了新时代的气魄和信心。米开朗琪罗的许多雕像精美无比，在技艺上已超过了希腊古典雕刻的杰作，他还设计了罗马圣彼得大教堂的圆顶和一些著名建筑，在发展文艺复兴的建筑艺术上很有贡献。作为后起之秀，学习和充分吸收了列奥纳多·达·芬奇和米开朗琪罗的优秀成果的拉斐尔，则通过自己的画幅把人文主义的理想发挥到极致，在秀美、和谐、典雅的艺术风格上放出异彩。他画的圣母像最为著名，圣母马利亚的形象在他笔下已没有丝毫神秘的宗教禁欲主义的气味，而成为生活中的温柔美丽的女性典型。拉斐尔也在梵蒂冈教皇宫中留下了一系列极为优美的壁画作品，无论构图、形象的描绘都达到了第一流水平。他的生命虽然短促，却是佳作如林，影响极大，被后世尊为"画圣"。他们三人在 16 世纪的意大利艺坛上取得的成就，以后一直是欧洲文化和西方文化宝库中最灿烂的明珠。

马基雅维利（1469—1527 年）是盛期文艺复兴最有影响的政治学家和史学家。他曾长期担任佛罗伦萨共和政府的重要职务，有丰富的政治和外交工作经验，在共和政府被推翻后，他转而从事政治学和历史学研究，写有《君主论》《罗马史论》《佛罗伦萨史》等书。马基雅维利主要是从意大利的历史和实际中寻找政治问题的解答，他竭力不把政治的概念和任何道德的、伦理的或宗教的概念牵扯在一起，使政治学成为一门独立的学科，因而他被资产阶级学者称为"政治学之父"。他认为人类的政治发展自有其规律，虽然他所谓的规律是从人性论出发，但在摆脱中世纪的神权政治观点上已前进了一大步，并总结了列奥纳多·布鲁尼等人文主义者有关城市共和政治兴替演化的论点。联系到意大利当时强敌压境、城市衰落的现状，他认为唯一的出路在于建立统一的中央集权君主国，他的《君主论》一书主要就是讨论这个问题。然而，可悲的是，当时在意大利既不存在支持统一的强大的资产阶级，也不存在能担当集权君主的政治势力，因此他的讨论不得不围绕着君主统治的手段、计谋、气度等问题上，构成了他的政治学说的一些特点。马基雅维利强调为建立这种君主国应该采用一切手段，并且指出政治统治的实质是不顾一切保持实力。从此出发，他发表了一系列大胆的言论，强调统治者既要坚忍狠毒，又要假仁假义；既要勇猛善战，又要能说会道。残暴能使人敬畏，他就不必顾虑被人指为残暴而退缩；慈悲能受人爱戴，他即使没有也要假装做出来。在《君主论》第18章，当讨论到君主应如何遵守信义的问题时，他就写下了那些日后被称为"马基雅维利主义"的名言："每个人都同意，一个君主能有信于人民，诚笃不欺，那是最好不过的了。可是经验却告诉我们：那些成其大事的君主很少恪守信用，反而总是善用机巧，使那些守信的人大上其当。由此可见，双方相争决定胜负有两种途径：一取决于法律，一取决于强力，前者是人类独有，后者为兽类同具。然而当法律无济于事的时候，就须求助于强力。因此，君主应兼用人兽之术。古人对此有一形象的教喻，他们用阿奚里和其他古代君主受教于半人半马仙基隆门下的故事，说明君主之师既兼有人兽之性，君主之术也应该是兼有两者之长，缺一不可。所谓君主之效法野兽，主要是指狮子与狐狸，因为狮子虽勇却不能识陷阱，狐狸虽猾却不能抗恶狼，因此要兼有狮狐之长，如狐之善识陷阱，如狮之威敌恶狼，才可立于不败之地。如果只学狮子，那就要吃亏。由此可见，一个聪明的君主眼见遵守前约于己不利之时，就不能，也不应该讲什么信用，或者，当那些使他守信的理由已不存在之时，他就不妨失信。假若人皆圣贤，我这种观点当然不能成立，可是人性本恶，他们不会守信于你，你又何必跟他们讲什么信用，何况一个君主总会找到合法的理由为自己的失信辩解的。关于这些，当代有无数事例可以说明，多少条约协议都由于君主的失信而归于失败；而那些学狐狸学得最到家的君主就能得到最大的成功。——然而，有必要指出，善学狐狸还得善于伪装，为狐却不露尾，使人不知其为狐，乃为上策。"在这里，马基雅维利的政治学说实际上变成了对资产阶级政治欺骗手法的揭露，同时也鲜明地反映了整个文艺复兴文化的资产阶级个人主义的特色。与马基雅维利同时期的圭契阿迪尼（1483—1540年）的史学著作，卡斯蒂里奥论文艺复兴风格的《廷臣论》，阿里斯奥托的文学诗作《狂怒的奥兰多》，是文艺复兴盛期著名的代表作。

　　16世纪初年，佛罗伦萨共和派曾两次起义，驱逐了从15世纪中期便大权独揽的银行家美第奇家族。但是，得到罗马教皇和西班牙武力支持的美第奇统治者最后终于复辟，并在1532年受封为公爵，把佛罗伦萨所在的托斯卡纳地区变成了公爵国，意大利盛期文艺复兴也从此宣告结束。当时除米开朗琪罗还健在外，我们上面所说的几位代表皆已去世，在意大利只有威尼斯一地还有一个文艺复兴艺术流派——威尼斯画派继续繁荣到16世纪末。可是，在意大利以外，德国、英国、法国和西班牙的文艺复兴运动正方兴未艾，取得了巨大进展。16世纪欧洲的两个具有伟大历史意义的事件"哥白尼日心说"引起的科学革命和马丁·路德领导的宗教改革，也是在文艺复兴影响下发生，并从广义上说包括在文艺复兴的洪流中的。

北方文艺复兴

张执中

所谓北方文艺复兴，是相对于意大利而言的。它是指 16 世纪和 17 世纪初在英国、法国、德意志、尼德兰等国家和地区①所发生的早期资产阶级新文化运动。

文艺复兴的种子来自意大利，但它只有在合适的气候和土壤中才能生根、发芽、开花、结果。14、15 世纪，阿尔卑斯山以北地区工商业和城市的发展，已经在慢慢地创造出这种合适的气候和土壤来，并且产生了一些土生土长的新文化萌芽。特别是 15 世纪中叶以后，由于和平在某些国家的恢复，生产技术的改进以及新航路的开辟，中、西欧的工商业迅速发展起来，资本主义因素产生并日趋活跃。经济的发展促成了许多城市的繁荣。像英国的伦敦、尼德兰的安特卫普、法国的里昂、南德的奥格斯堡和纽伦堡，都是一些工商业和资本主义活动的中心。在这样的一系列城市中，财富日益增长，市民资产阶级逐渐兴起，为新文化的传播创造了良好的社会环境。

实际上，意大利的新文化不仅适合中、西欧资产阶级的胃口，也在一定程度上受到封建王公贵族的欢迎。当时，政治、外交和宫廷生活都有了很大发展，新的风气逐渐形成，上层统治阶级对语言知识、修辞技能以及礼仪、风度的优雅越来越感兴趣。他们也需要一些人文主义的学识，因而常常对新文化采取赞助的态度。英国的亨利八世、法国的法兰西斯一世、神圣罗马帝国皇帝马克西米连等君主都在自己的宫廷中帮助了文艺复兴文化的推广。

从 15 世纪中叶起，意大利的学者就来到英国、法国和德意志等地，传授拉丁文和希腊文知识，介绍古典的和意大利人文主义者的著述。他们的活动引起了欧洲各国学者和艺术家对人文主义思想和学问的兴趣。这些北方人

---

① 也可包括比利牛斯半岛，但本文暂不涉及这一地区。

纷纷前往意大利拜师求学，然后把新思想新知识带回本国，广为传播。15 世纪下半叶印刷术的推广，正好为他们提供了有效手段。

这样，大约从 1500 年起，意大利文艺复兴的种子就在中、西欧许多国家和地区扎下了根，与当地的新文化萌芽结合在一起，发展成一个北方文艺复兴运动。

北方的人文主义者

16 世纪北方的人文主义者在许多方面继承了 15 世纪意大利人文主义的传统，例如他们对人的价值和现实生活的肯定、对古典著作的浓厚兴趣、对经院哲学和教会专制的反感、对教育和普及新知识的重视，以及对政治问题的关心，等等。但北方民族也有自己的社会历史背景和文化传统，也有自己面对的特殊现实问题，因此，北方人文主义者有许多与意大利人文主义者不同的地方。

北方人文主义者最大的特点，就是他们比其意大利前辈更多地关心宗教问题。在北方，古典的异教文化影响较少，而中世纪教会的影响较深，除了法兰西斯一世的宫廷之外，没有形成一种足以冲淡宗教感情的世俗享乐之风。另外，教会的种种劣迹在北方引起了普遍不满，一场宗教改革的运动正在酝酿之中。在这种环境中，宗教问题不能不引起人文主义者的关注。

北方人文主义者发现，旧的教会传统已经不再适合于新的形势。他们希望按照资产阶级的要求，给基督教以新的解释。他们力图从教会的教条和活动中清除种种神秘的、原始的、烦琐的和虚浮的东西而使之合理化和近代化。他们利用人文主义的语言和历史考证方法，去研究《圣经》和早期教父们的著作，目的是摆脱中世纪的译本和诠释，从《圣经》的原版中去寻求真理。因为这个缘故，北方人文主义常被称作"基督教人文主义"。其实，通过研究古代语言文学来加强对基督教研究的传统，在彼德拉克时就已经开始了。但一方面由于实际的需要，一方面也由于古代语言知识的增长，这一传统在 16 世纪的北方人文主义者中间形成了更为普遍的风气。

在德意志，人文主义者约翰·黎希林（1455—1522 年）推广了希伯来文的研究，并将它用于诠释《旧约》。他是德意志"理性人文主义者"的领袖。这些人对教会的教条采取理性的态度，不但批评赦罪符、圣职买卖、教会人员兼职和教会滥用世俗权力，而且攻击经院哲学，力图用简朴的、伦理的基督教来取代烦琐的神学和教会仪式。在英国，以约翰·科勒特（1467?—1519 年）为首的"牛津改革家"把希腊文作为研究重点，目的是更好地理解《新约》，恢复基督教的纯洁。在法国，巴黎大学人文主义领袖雅克·勒费弗尔·戴塔普尔（1450?—1536 年）也做了类似的工作，开创了类似的传统。

最典型、最杰出的人文主义者是代西德利乌·伊拉斯莫（1466—1536 年）。伊拉斯莫出生于尼德兰，但其活动和影响是国际性的。就像 14 世纪的彼德拉克和 18 世纪的伏尔泰一样，伊拉斯莫以他过人的才智和渊博的学识赢得了各国学者和宫廷人士的崇敬，被誉为"人文主义之王"。伊拉斯莫对宗教问题十分关心，但他对教义差别和圣物之类东西不感兴趣。他认为，真正的基督徒不在于他受过洗礼、涂过圣油，或会用三段论的方法去争论教义，而在于他从内心深处的感情上信奉上帝，并以虔诚的实际行动去仿效上帝。因此，他希望消除一切有碍虔诚的东西，回到早期基督教的简朴状态中去。为了实现这一目标，他立志首先使所有的人能够亲自阅读《圣经》。为此，他花了许多精力来出版希腊文原版《新约》，并把它重新译成拉丁文，同时，纠正了《圣经》旧权威译本中的许多错误。

北方人文主义者的这些活动在当时产生了很大影响。他们批评教会，加深了人们对教会旧传统的不满；他们将《圣经》置于俗人手中，为一般基督徒直接寻求"上帝福音"铺平了道路；他们对《圣经》旧译本的不信任，也助长了人们对权威的怀疑态度和批判精神。所有这一切都动摇了教会和教皇的威望，增强了改革的动力。因此，尽管北方人文主义者本身一般主张维护教会统一和从内部来改革教会，但他们的活动却在客观上为新教的改革运动作了重要准备。

无疑，北方人文主义者对宗教问题是比较感兴趣的。但是，即使在宗教问题上，他们也怀有一种明显的世俗倾向。他们首先是反对关于圣礼、圣物的神秘和迷信观念；他们不像中世纪教徒那样希望从一种所谓的罪恶感中解脱出来；他们也不把目光盯住上苍，祈求超自然的恩赐，等待外来救星。相反，他们中大多数人注重和肯定人世生活；他们对自己的能力充满信心，相信可以通过追求知识和道德的目标达到自我解救。实际上，在他们心目中，现实的道德和社会行为问题比任何来世彼岸的问题都更为重要。例如黎希林，他所感兴趣的首先是基督教中的伦理内容。伊拉斯莫更是如此，他的注意力与其说在灵魂的得救方面，不如说在于人的向善和社会风尚的改良方面。他强调基督徒应以虔诚的行动去仿效上帝，就是让他们去追求种种美德。他的名著《愚颂》（1509 年？）一方面颂扬人们身上表现出来的淳朴性格，另一方面讽刺与嘲笑了当时社会、政治、宗教生活中的各种腐败和愚昧现象。

北方人文主义者的世俗兴趣，更明显地反映在他们对现实政治问题的关切上。在北方，由于政治环境不同，没有意大利城邦中的那种共和主义传统论题，如怎样维护政治自由等。但北方人文主义者有自己的政治理想，也试图设计出自己的改革方案。一般来说，他们希望由开明君主来治理国家，从事社会福利的改善工作。与许多意大利人文主义者一样，他们把教育看作培养贤君的手段，把劝诫当作改造统治者的良方。因此他们自告奋勇地充当统治者的谋臣或谏士，热心地著书立说，大量地论述关于君主的教育、政府的德政原则等问题。伊拉斯莫写了《一个基督教君主的教育》（1516 年，是献给未来皇帝查理五世的），恐怕是这类书中最有代表性的一本。他在书中说：君主必须认识到自己生而为国，而不是为了营私，否则就不是真正的君主，而是强盗、吃人者和暴君。

谋私利而不顾公共福祉的现象，是北方人文主义者普遍认为当时社会中最腐败最亟待改革之处。但是他们并不把制度的改革作为起点，而是从人心的改变入手。他们认为国家大治的前提和政治成功的关键是美德。所以他们一方面要求全体国民从德向善，另一方面强调统治者须以身作则。他们在古代道德家的影响下，为君主们指出了四项必备的品质，即公正、坚毅、节制和睿智。其次三项是：慷慨、仁慈、守信（北方人文主义者对马基雅维利的权术思想并不赞同）。还有一点，北方人文主义者比其意大利前辈更强调虔诚。也就是说，君主必须是比臣民更好的基督徒。可见，在政治问题上，北方人文主义者最后也往往归结到道德和宗教的问题上去。

但有一个伟大的例外，那就是英国的人文主义者托马斯·莫尔（1478—1535 年）。莫尔在他的《乌托邦》（1516 年）一书中，对当时各国统治阶级利用政治手段欺压人民的罪恶作了最深刻的揭露。他在书的末尾借希斯拉德之口说："我将现今各地一切繁荣的国家反复考虑之后，我断言我见到的无非是富人狼狈为奸，盗用国家的名义为自己谋利。"莫尔比别的人文主义者更高明的地方在于，他并不简单地把社会和政治生活中的弊病与罪恶归因于人的愚昧、缺乏道德心或对宗教的不虔诚，而是把它们归因于财产的私有制。他设想了一个没有私有财产、没有欺压与不公平的理想国度，第一个明确地表述了空想社会主义的许多原理，其历史影响十分深远。

北方人文主义者的活动是多方面的，我们上面所谈到的仅是能反映其特点的几个方面。在宗教、伦理和社会政治思想领域之外，他们的活动还对教育的改革、文学艺术的繁荣、自然科学的进步做出了或多或少、或直接或间接的贡献。

文学

在意大利，文艺复兴时期人们对生活的热情主要表现在绘画和雕刻中；在北方，则主要表现在文学中。

文艺复兴时期的文学不同于以前的一个特点是，越来越多的作家用方言写作。慢慢地，每个国家或民族发展出一种最流行通用的语言，例如法国巴黎周围地区的语言，德意志中世纪行吟诗人的高地德语，英国的伦敦土语，等等。这些语言被用于成百上千的诗作、小说、剧本以及关于宗教、历史、政治的论文中，通过印刷各自在本国或本地区广泛流传。这样，经一代代作家的塑造、改进，它们后来分别成了各国的标准语言。在这种民族语言的基础上，各国形成了自己的民族文学传统。

就文学本身而言，北方文艺复兴的成就主要在法国和英国。在法国，两个最著名的作家是拉伯雷和蒙田。

弗朗索瓦·拉伯雷（1494—1553 年）的小说在 16 世纪法国文学中成就杰出。他的作品从多方面反映出文艺复兴的精神，特别是世俗精神。1533 年以后，他陆续出版了五部《巨人传》。书中描写的三个巨人饕餮好酒，纵情大享声色口腹之乐，与教会宣扬的禁欲主义恰成鲜明的对照。他们满怀好奇心理，善做冒险之事，充满了探索精神，体现了文艺复兴时期人的理想。另外，当时社会上的偏见、错误、罪恶和愚蠢都受到了拉伯雷的嘲讽，从江湖庸医到昏君恶僧无不成为他的攻击目标。有人说他的讽刺是破坏性的，有人把他看作伟大的思想解放者。他创造了许多人所皆知的人物典型，他与加尔文一起被认为是法国近代散文的奠基人。

米歇尔·德·蒙田（1533—1592 年）是当时法国最杰出的散文作家。他至少在三个方面带着时代的特点：一是他深爱古典作品并对它们具有广博的知识；二是对与人类生活相关的一切，他都有浓厚的兴趣；三是他十分强调个人的重要性。在他看来，个人能否享受生活的乐趣，比一切政治制度、宗教信仰等问题都更重要。在另一个方面，他比其他文艺复兴时期的思想家走得更远，不但宣布人类有权怀疑和不信宗教的权威，而且对理性也有所怀疑。他的信条之一就是："万事可能又不可能。"1580—1588 年，他的《散文集》问世，其中论题众多，但都涉及人性问题。文章的笔调亲切自然，充满诗意，堪称散文体的杰作。它们对法国的巴斯卡尔、莫里哀、拉·封丹、孟德斯鸠、卢梭以及英美的许多著名作家都有很大影响。

在英国，文艺复兴文学的果实也许结得更多些。14 世纪时，杰弗里·乔叟（1340？—1400 年），为宫廷出使意大利时，受到很大影响。回国后他用英国方言写了《坎特伯雷故事集》，在内容上体现了一定的人文主义思想。到 16 世纪和 17 世纪初，英国的文学十分繁荣，涌现出一大批杰出的诗人和作家。16 世纪诗人的最大代表之一是埃德蒙·斯宾塞（1552？—1599 年），写有《仙后》，被称作第一部英国资产阶级的民族史诗。最重要的散文作家是法兰西斯·培根（1561—1626 年），他是英国论说文的创始人。他的《论说文集》涉及哲学、宗教、政治、人生等各种问题，文中充满警句格言，至今脍炙人口。

英国当时的文学主要以尘世间的人物作为描写对象，世俗味十分强烈，充满英雄的、浪漫的和探险的精神。文学作品主要为上层服务，但有一种形式却具有广泛的群众基础，那就是戏剧。

一谈到戏剧，人们自然要想起莎士比亚来。威廉·莎士比亚（1564—1616 年）不但是英国文艺复兴而且是整个欧洲文艺复兴最伟大的作家之一。他的戏剧作品有很多，较著名的有《罗密欧与朱丽叶》（1595 年）、《威尼斯商人》（1597 年）、《哈姆雷特》（1601 年）、《奥赛罗》（1604 年）、《李尔王》（1605 年），等等。他笔下的人物性格分明、栩栩如生，是一个个现实生活中的典型，反映了他对人的精微观察和深刻理解。人间的各种感情以及它们的交互作用，在他的剧中表现得淋漓尽致。在他的作品中最充分地体现了文艺复兴的精神，如对世界和自然的热爱，对青春和美的欣赏，对爱情和友谊的歌颂，对古典作品的崇敬，对新发现的欢愉，以及对人类力量的信心和对资产阶级进取精神的肯定。另外，他憎恶封建的门第观念和旧道德传统，痛恨社会上的种种陋习和偏见，也批判早期资产阶级身上暴露出来的一些卑鄙自私的品质。他的作品一直触及时代的最深刻的伦理哲学问题。他虽为他的时代而写作，却被尊为一切时代的伟人。

绘画

在北方的艺术中，早在 15 世纪就有了文艺复兴的萌芽，主要是在尼德兰。15 世纪末起，意大利的影响越来越大，促使北方文艺复兴艺术兴盛起来，在 16 世纪达到高潮。

北方文艺复兴的画家就像北方人文主义者一样，从他们的意大利老师那儿接受了不少新精神。他们致力于真实和准确地描绘世界，创造出倾向于现实生活的新艺术。日常生活、风景和肖像在他们的绘画中占有重要地位，宗教的题材也常常被世俗化了。但在北方，艺术主要不是从古典艺术的基础上发展起来，较少异教趣味，而中世纪传统的影响较多些。例如意大利的宗教画一般是很宁静的，世俗味极强，而北方许多画家则有意表达内心虔诚的冲动。又如在形式方面，意大利画家身处古罗马遗迹之中，不太珍视哥特式的东西，往往认为它们缺少理性，不够优雅。北方画家却在哥特式艺术的环境中成长起来，较多地保留了这种传统。一般来说，他们的作品工于细节刻画，但缺乏和谐和内在的力感，他们对人体美的理解不够，较少人体的杰作。此外，在画种方面，意大利广泛流行的壁画在北方地区相对较少，通常认为这与建筑和气候特点有关。但北方画家也有自己得心应手的手段，那就是版画。版画这种较带实用性的艺术形式常为意大利人所轻视，但它在北方常用来给书本作插图，拥有较多的读者。

北方文艺复兴的绘画可以以尼德兰和德意志的绘画作代表。在尼德兰，简·凡·爱克（1385？—1441 年）扮演着意大利马萨卓的角色，以他为标志，尼德兰绘画在受到意大利影响以前就进入了文艺复兴时期。凡·爱克的绘画十分重视与实物的酷肖，其写实功夫之深，曾赢得 15 世纪意大利人文主义者巴多罗米·法西奥的赞赏，称他为"我们时代的第一画家"。1432 年他为根特的圣巴冯教堂完成了一幅题为《圣羊崇拜》的壁画。画中描写了众多的人物和天使，还绘有动物、花卉，刻画细致，色彩鲜明，交织着自然主义与中世纪的观念。在他的《阿诺尔费尼的婚姻》等画中，同样显示了高超的写实技巧。凡·爱克喜用油彩作画，是最早将油画技法完善化的人。

16 世纪初，尼德兰艺术家受意大利的影响较大，后形成了一种模仿意大利绘画的风气。这使他们在描写人体和构图方面有所进步，但自己的创造性减少了。16 世纪中叶，尼德兰产生了一个具有自己风格的重要画家皮埃特·

勃鲁哲尔（1525—1569 年）。他也去过意大利，向意大利人学习，但他把握了意大利艺术的要义，同时保留了尼德兰人的眼光。他是安特卫普的人文主义者，认为人受制于自然并应该留在自然之中。农民生活可以最典型地用来说明这种观点，因为他们与土地和岁月的交替有着最密切的联系。所以农民对他有特殊的吸引力。他的《安乐乡》《农民舞》《农民的婚礼》等画，充满了农村生活气息，体现了农民的性格。而他的《雪中狩猎》等画则展现出广阔的自然风光。

在德意志，文艺复兴绘画于 16 世纪上半叶达到了独创的顶峰，堪与意大利文艺复兴盛期的绘画相媲美。但在此之前，德国的画家主要是手工艺人，不是真正的艺术家。市民是艺术的主要赞助者，画家们为了迎合他们的口味，追求叙述性的、真实细致的描绘，不太讲究形式的完美。绘画尚带一种图解的性质，比较原始。与意大利接触之后，德意志的绘画大大进步了。

阿尔布勒希特·丢勒（1471—1528 年）是结合了北方传统和意大利影响的伟大代表，也是德国盛期文艺复兴的开创者。他满怀探索兴致，十分重视理论，这在北方艺术家中是不多见的。他以研究的眼光画下了大量人物、动物和植物的速写，画本上还有各种设计的草图。晚年他又致力于透视法和人体比例的研究。因此，人称他为"德意志的列奥纳多"。他的作品较重画家内心的表达，显示出一种想象和情绪的力量。他的《四使徒像》描绘了富有个性、坚强有力的宗教斗士形象。在《启示录》《马利亚的生活》《受难》等画中，《圣经》的题材被灌注了民族的和人民的内容。他的许多画都反映了当时社会的重大运动。就绘画形式而言，丢勒对色彩的直感较弱，但在线条的灵活运用及其丰富的表现力方面却占有独特的地位。他为自己赢得国际声誉的是他的版画。此外，他对德意志风景画和静物画的发展也有许多贡献。

汉斯·霍尔拜因（1497—1543 年）是德意志文艺复兴最后一位重要画家。他的画没有一丝神秘主义色彩，完全是世俗生活的产物。德意志传统的线条运用在他手中转变成了征服视觉和心理现实的手段。他曾为伊拉斯莫的《愚颂》作了许多插图。后来伊拉斯莫把他介绍到英国，在莫尔的帮助下成了英国的宫廷画家。肖像画是他的特长，具有爽朗鲜明、个性真确的特点。他以毫无阿谀逢迎的态度，真实地绘下了伊拉斯莫、莫尔、亨利八世等许多当时的风云人物。

自然科学

布克哈特说，文艺复兴是"世界的发现和人的发现"。所谓世界的发现包括两个方面：一是对自然美的意识，一是对自然现象的探索。16世纪和17世纪初，是欧洲自然科学开始大变革的时代，这是文艺复兴的一个重要方面。

推动科学走向变革的因素是很多的。在此，我们主要来谈谈人文主义者的活动所产生的影响。人文主义者对科学的推动并不是显而易见的，这是因为：第一，他们本身对科学很少有直接的贡献；第二，他们的态度也往往不够科学，他们关于自然的许多观念，还受古代权威的束缚；第三，他们厌恶系统的、抽象的思维方式，对科学的进步有妨碍（在这点上，经院哲学倒是起过一些积极的作用）。但是我们也应该看到事情的另一面：人文主义者对世俗世界的重视，唤起了人们研究周围事物的兴趣；他们对实验活动的推崇，促使人们更多地去关心经验事实；他们批判了宗教的权威，扩大了人们的心胸，有助于改变人们对权威的心理态度，为下一步打倒世俗的权威开了头；他们对古籍的发掘、整理和出版工作，为人们掌握古代的科学成就提供了便利；而他们对柏拉图的研究，也引导人们从自然界中寻找数的关系，这曾帮助了哥白尼、开普勒等人冲破直观感觉和经验材料的局限，提出科学的假说。

尼古拉·哥白尼（1473—1543年）是当时最重要的科学家。他是一个波兰教士，年轻时曾去意大利波洛尼亚学习，受到文艺复兴思想的影响。回国后，他利用业余时间从事天文学研究。当时，古代托勒密的地心说在天文学中占据统治地位。这种理论受到经验常识、亚里士多德的权威以及教会的支持。哥白尼凭着科学的精神，根据自己的观测和推论，大胆地提出，在宇宙中，太阳"坐在皇帝的宝座上"。1543年，他发表了《天体运行》一书，把他的新天文学理论——日心说公布于世。他的观点在当时并未被人们所接受，但它本身却是一座科学史上的里程碑。它标志着自然科学对宗教和古代权威的反叛，标志着近代科学革命的开始。不但如此，由于哥白尼的日心说取消了上帝创世论中地球在宇宙中所处的中心地位，人们将会怀疑人是万物之灵的旧信条，从而导致关于人的观念和人们的信仰的改变。

哥白尼以后又出现了另一位重要的德国天文学家约翰·开普勒（1571—

1630 年）。开普勒利用了一个丹麦天文学家所做的大量天文观测记录，发现了行星运动三定律，不但发展了哥白尼的日心说，而且为以后牛顿天文学体系的建立打下了基础。像哥白尼一样（甚至比哥白尼更明显），追求世界关系中数学上的和谐性和单纯性是开普勒刻苦工作的动力，可见当时的科学还带有非近代的成分。其实，无论是开普勒还是哥白尼，以及当时许多别的科学家，他们本身对上帝还是相信的。他们中有些人的工作也常常出自神秘的宗教式的热情。这是当时科学家常有的一个特点。

除了天文学以外，16 世纪和 17 世纪初，北方在医学、化学、植物学、生理学、物理学等许多方面也都有了一些新的开端和重要进展。当时科学的进步既得力于数学，也受观察和实验活动的推动。英国医生威廉·哈维（1578—1657 年）的工作是实验活动的范例。他通过大量的动物活体解剖和对人体的观察，提出了血液循环论，推翻了古代权威盖伦的生理学理论。

与当时人们越来越注意收集材料、越来越重视实验工作的情况相适应，在英国思想家法兰西斯·培根那儿产生了近代的归纳法和实验科学理论。培根分析了亚里士多德和经院派逻辑方法的缺陷，指出，只有在实验活动中运用归纳法，才能达到对一般公理的发现和检验。他在《新工具》（1620 年）一书中，给科学活动制定了一定的程序。他提出，科学应从观察和记录各种经验事实开始，详尽地收集材料，然后加以系统地整理、分类和列表，最后进行综合概括，找出事物之间的联系和普遍法则。培根的方法也有其缺点，但比经院哲学的空洞思辨有了质的进步。培根的目的显然是要求得真知，但他寻求知识并不是为了知识自身。他反对空谈无效的东西，热情地主张用知识来扩大人类统治宇宙的力量，改善人类的生活条件。

这是一种新的知识观。这种知识观彻底推翻了一切宗教的、世俗的权威，正确地指出了知识的真正来源在于对客观事物的研究，从而克服了大多数人文主义者的弱点，把文艺复兴思想解放运动推到了一个新的高度。这种知识观一反亚里士多德和奥古斯丁为知识而知识的传统，给人类指明了一条运用自己的能力去为自己创造幸福的道路。这样，以培根和伽利略为标志，真正的近代科学精神诞生了。这是整个文艺复兴最重要的成果。它开启了 17 世纪的思想革命，并对 18 世纪的启蒙运动产生了重大影响。

收复失地运动

郑如霖

在 8 世纪初到 15 世纪末，伊比利亚半岛的基督教徒反对伊斯兰教哈里发国的斗争，是以收复被伊斯兰教徒所侵占的土地为中心内容的，因此，这次长达 800 年之久的斗争在西班牙历史上被称为"收复失地运动"。半岛上几乎所有的基督教封建主、农民和手工业者都参加了这次运动。

收复失地运动的历史背景

阿拉伯—摩尔人征服了伊比利亚半岛后，占领了半岛上 3/4 的地区，将西哥特人、苏维汇人及汪达尔人等驱赶到西北部狭隘的山区地带。

伊比利亚半岛在阿拉伯—摩尔人统治下，经济上发生了巨大的变化。在旧卡斯提利亚高原缺乏天然资源，而且气候变化较大，由于季风带关系，故雨量稀少，土地干燥，各地仅仅生长杂草与灌木。在新卡斯提利亚高原地区，在马德里东南有西班牙中央草原，而在南方又有阿拉伯人称为"焦土"的拉曼查荒漠，西方则是有名的厄斯特勒马都拉草原。至于天然森林皆因发展畜牧业而被砍伐掉，仅仅在大西洋岸的山脉腹地还保存一些森林。因此，大部分土地只适宜于畜牧业。但阿拉伯—摩尔人凭着他们吃苦耐劳的精神，修建大型水利灌溉系统，引卡斯提利亚与亚拉冈高原的水源，以浇灌其不毛之地，进行深耕细作。他们引进东方大量农作物及经济作物，结果把荒野都变成了五谷丰登的良田。尤其是在安达卢西亚平原，也由于阿拉伯—摩尔人的努力开垦耕耘，在格兰那大、莫西亚、瓦伦西亚等地，栽桑养蚕，使其所纺织的丝绢成为欧洲最优质的纺织品，远销欧洲及近东各地。他们还在半岛中部和北部，用非洲良种绵羊等发展起养羊业及其他畜牧业来。摩尔人还开发其征服地上的丰富矿产资源。阿拉伯—摩尔人就是这样推动了半岛上广大地区社会经济的发展，使它成为中世纪欧洲的"地上天堂"。

阿拉伯—摩尔人发展了半岛社会经济，也提高了这里的文明水平。如当时哈里发国家的首都哥多瓦是这个时期欧洲的一盏明灯。在 10 世纪时，这里有居民 113300 户，约 50 万人。艾米尔（总督）在此创办免费高等学校 27 所，并在最大的清真寺里创办起在欧洲居于优越地位的哥多瓦大学，吸引着欧洲许多信仰基督教及伊斯兰教的学生来此学习。而在这所大学里收藏着 40 万册图书，许多书籍都是珍本。在这里建有清真寺 700 座、公共澡堂 300 所，还有铺砌长几英里的街道，从路旁小屋里射出的灯光，把大街照得通明。而"七百年后的伦敦还连一盏路灯都没有"，"在巴黎，过了几百年之后，下雨天如果有人敢于出门走一走，街上的烂泥还会使他的两脚陷到踝骨"。这是两种多么鲜明的不同图景！这里哈里发的宫廷是全欧最富于魅力的宫廷之一，哥多瓦的华丽仅次于巴格达和君士坦丁堡，成为世界三大文化中心之一。伊斯兰教统治下的西班牙是当时阿拉伯天文学家、数学家、医学家、文学家和诗人以及地理学家荟萃的地方。因此，西班牙半岛在伊斯兰教统治下，不仅是欧洲物质财富的"天堂"，而且更是精神文明的宝库，成为欧洲最繁荣富庶的地区。

但是，随着哈里发国家封建经济的发展，各种社会矛盾也日趋激化了。伊斯兰封建主对被征服地区人民的封建剥削、民族压迫和宗教歧视大大地加强起来。被征服地区的基督教徒在被迫成群结队地皈依伊斯兰教后，仍然遭到种种不平等的待遇。在哈克木一世统治时期（796—822 年），因其放荡不羁、酷爱狩猎和狂饮，败坏朝政，使局势发生剧变。人民不仅反对这位艾米尔的荒淫生活，而且还反抗其禁卫军的残暴横行。于是从 805 年开始，新穆斯林首先揭竿而起，随后，反对哈克木暴政的起义在新穆斯林居住区里，接二连三地持续发生。这一系列起义虽告失败，但艾米尔的统治地位则受到沉重的打击，使阿拉伯—摩尔人统治者的政局十分混乱。早在 732—755 年短短的 23 年期间，西班牙的省长就更换达 23 次之多。而在人民纷纷起义之后，这种情况更趋于严重了。

由于封建土地所有制的发展，地方的封建割据势力迅速增长。到了 11 世纪上半叶，强大的艾米尔国家已经变得四分五裂，这时在半岛南方的许多城市或省区里，出现了 23 个封建小国家，其创立者都是一些首领和小王公。他们之间互相残杀，弄得精疲力竭，两败俱伤，这就大大地削弱了伊斯兰教国家的统治力量，推动了被统治者起来反抗斗争。

在这期间，统治阶级政治危机迭起，统治地位极不稳固。在西班牙半岛的穆斯林统治者的内部和东部哈里发国家一样，在封建制度发展中，内部矛盾不仅表现为不同教派之间的尖锐斗争，而且还表现为宫廷内部的阴谋、暗杀和发动政变种种形式的复杂斗争。如1232—1492年的260年间共有21位素丹在位，其中有6位曾经上台两次，有一位称为穆罕默德八世者则曾上台三次（1417—1427年、1429—1432年、1432—1444年）。这是统治者内部矛盾尖锐化的典型事例。这种王朝内部斗争的表面化，促使伊斯兰教的统治地位危殆，从而推动并加速了基督教国家起来为收复失地而斗争的历史进程。

西班牙自8世纪被阿拉伯－摩尔人征服后，西哥特人、苏维汇人和汪达尔人被驱赶到西北部边陲地带，建立起阿斯图里亚王国，占有半岛面积1/4的贫瘠土地。他们念念不忘夺回失去的祖先土地。艾米尔国家的繁荣富庶早就引起这些基督教徒的羡嫉，阿拉伯社会的动乱更为他们造成了一种可乘之机。随着国家人口的增长、农业生产的发展，特别是畜牧业经济的成长、牛羊迅速繁殖，迫切需要扩大牧场的面积。畜牧业是新、旧卡斯提利亚和亚拉冈广大地区最重要的经济，所以这就成为推动基督教徒要从阿盘伯人手中夺回被侵占的土地的主要动因。

在北方逐步形成的一系列基督教小国，以地处西北隅的阿斯图里亚为基地，不断向阿拉伯人反攻，逐步地蚕食艾米尔的统治地盘，并先后在半岛的中北部建立起那瓦尔、雷翁、卡斯提和亚拉冈等封建国家。其封建政权逐步强化，开始加紧向阿拉伯人夺取土地，进一步扩大其封建领地。

收复失地运动的进程

收复失地运动始于718年科法敦加战役。在这次战役中，西哥特人后裔的领袖培拉约在科法敦加的山隘对阿拉伯人发起突然袭击，杀死大量伊斯兰教徒，并俘获一大批战俘，阻挡了穆斯林继续北进的道路，保存了北方山区中基督教的最后势力。以科法敦加战役为起点，伊比利亚半岛上的基督教徒在"十字架反对弯月旗"的圣战幌子下面，开始了长达800年的收复失地运动。这次运动是基督教封建主领导下进行的西班牙人民反侵略反奴役的斗争，它的主力军是农民、手工业者和市民。半岛上几乎所有基督教人民都参加了运动。但是，基督教徒的斗争经历了多次的反复，斗争的道路相当曲折。

　　8—9 世纪是收复失地运动的第一阶段。这是运动的动员和开始阶段。科法敦加战役的胜利大大鼓舞了基督教徒的反抗斗志。此后，基督教的阿斯图里亚王国在阿尔方索三世时，不断蚕食穆斯林占领地，使自己的势力逐步得以扩大。

　　从 10 世纪初开始，恢复失地运动进入一个重要发展阶段。

　　10 世纪初年，阿斯图里亚王国扩张领土后，分裂为雷翁王国和卡斯提王国，其后它们又重新合并为强大的卡斯提王国，这个王国在运动中起着主要的作用。在半岛东部形成了加泰隆尼亚与亚拉冈和那瓦尔国家。1137 年加泰隆尼亚与亚拉冈合并为亚拉冈王国。11 世纪末年，在卡斯提王国西面兴起了葡萄牙伯爵领地。1139 年，葡萄牙伯爵大败摩尔人，被军队拥立为国王，称阿尔方索一世，他继续扩大胜利成果，于 1147 年夺取里斯本。三个国家好像三把利剑，刺向南方伊斯兰教艾米尔国家的统治心脏，推动了收复失地运动的迅速进行。

　　11 世纪，在穆斯林的艾米尔国家分裂成为许多小国之后，雷翁王国的阿尔方索六世带头反对异教徒，凭借其强大国力，团结南北方的基督教徒力量，几乎将穆斯林完全征服，取得了收复失地的巨大胜利。后来，西班牙的阿拉伯人向非洲狂热的阿尔摩拉维德派的穆斯林求援，结果把阿尔方索六世的反攻暂时遏止。然而阿尔方索六世在不久后又继续向前推进，扩大征服地区。沿大西洋岸南下夺取了特茹河岸的里斯本、辛特拉及圣塔伦等地并向半岛的中部及东部不断蚕食，扩大占领地区。而在他的长期收复失地的斗争中，法兰西的勃艮第大公等外国基督教军队，因垂涎于穆斯林国家的财富和战利品，也在"十字架反对弯月旗"的幌子下，纷纷前来投效，加速并扩大其反阿拉伯人斗争的战果。可是，在这位基督教国王逝世后，国内发生内乱，阿拉伯人又乘机反攻，收复失地运动又经历了一次曲折。

　　13 世纪是收复失地运动的关键时刻。自从 12 世纪中叶新的征服者阿尔摩哈得人由北非来西班牙代替阿尔摩拉维德派穆斯林之后，他们向基督教国家发动强大的反攻，像其先辈一样蹂躏许多地方。这样"十字架反对弯月旗"的斗争终于形成了 1212 年拉斯·那瓦斯·德·陶罗萨地方的大决战。这时正是教皇英诺森三世当政时期，教皇权力达到登峰造极的地步。他号召欧洲各国发动十字军以支援西班牙的基督教国家共同反抗穆斯林。托勒多大主教作为信使奔走于欧洲各国宫廷，请求各国王公贵族组织十字军。英、法带头派遣大军到达，组成基督教联军，由卡斯提国王阿尔方索八世率领，对穆斯林发动攻击。双方于1212年7月16日，在哥多瓦以东70千米的拉斯·那瓦斯·德·陶罗萨小山丘进行决战，那瓦尔和亚拉冈国王率领西班牙大军，从右翼和左翼配合阿尔方索八世作战。而大主教罗德立哥则千方百计地鼓舞士气，大声疾呼："教友们，让我们为圣战而牺牲在这里吧！"经过一场血战之后，哈里发穆罕默德·纳绥尔（1199—1214年在位）所统率的60万大军，幸存而遁逃者仅有1000人，几乎全军覆灭，其中阵亡者达10万以上，其余则被俘获，哈里发本人逃脱。

西班牙诸基督教国家在联合反攻穆斯林的同时，他们之间也在进行着你死我活的争夺。基督教徒的内部兼并与反穆斯林斗争交互作用，推动了西班牙各国的合并与统一。拉斯·那瓦斯·德·陶罗萨战役尚未结束，西班牙北方各基督教王国之间就展开了激烈的火并，最后仅剩下亚拉冈、卡斯提和葡萄牙三个王国。其中亚拉冈王国占有了加泰隆尼亚、马约卡岛、米诺卡岛和瓦伦西亚等地区，在半岛的东海岸具有极大的势力，而卡斯提王国则并吞了雷翁王国，从半岛的中央向南逐渐伸张势力，先后从穆斯林手中夺回了哥多瓦、塞维尔、莫西亚、直布罗陀等地，从三面包围了保留在穆斯林手中的狭小而又极强固的格兰那大王国。从12世纪到14世纪期间，卡斯提与葡萄牙不断发生争夺领土的战争。

阿拉伯－摩尔人自拉斯·那瓦斯·德·陶罗萨战役遭到惨败后，再也无法恢复元气，基督教国家收复失地运动的历史进程大大地加快了。到了13世纪末年，阿拉伯人只剩下南部弹丸之地——格兰那大，这是半岛上最富庶的地区，阿拉伯人凭借内部雄厚实力，依靠外部非洲穆斯林的支援，负隅顽抗。基督教国家的收复失地运动最后再一次经历着艰难曲折的道路。

15世纪末叶，西班牙王国占领格兰那大，夺取反侵略斗争的最后胜利。

穆斯林统治下的格兰那大凭借有利条件，利用基督教国家内部矛盾，不但长期负隅顽抗，而且还不断侵袭基督教国家，阻碍其最后收复失地，完成统一事业。15世纪中叶，卡斯提王国成为雄视半岛的头等强国。但在1454年名王胡安驾崩后，因长子亨利四世与次子阿尔方索争夺王位进行内战，前者统治托勒多以北各城市及地方，后者则占有托勒多、哥多瓦、布哥斯、塞维尔等南部城市。这就使卡斯提王国陷于分裂状态，两王互相争战，全国处于一片混乱之中。这时，格兰那大王国的阿拉伯—摩尔人伺机准备大举反攻，力图拯国家于危亡，伊比利亚半岛大有被穆斯林重新征服之危。

可是，随着卡斯提公主伊萨伯拉与亚拉冈王子斐迪南的联姻（1469

年），两个王国合并为西班牙王国。这种中央集权化的国家的建立，使王权空前强化，国力大为加强。与此同时，格兰那大王国在其首都格兰那大虽然拥有人口 25 万，驻有精兵 5000，兵精粮足，为西班牙各基督教国家所望尘莫及。但其国王哈桑父子之间争夺王位，骨肉相残。哈桑死后他的弟弟叶兹扎噶尔继位。叔侄之间纠纷不断，斗争十分剧烈。这种客观形势为西班牙王国完成收复失地大业创造了可能性与现实性。

西班牙国王斐迪南与女王伊萨伯拉利用洛兰那大王国内乱及其国王哈桑扰乱边境（1481 年）之机，由加的斯侯爵攻陷了格兰那大要塞阿拉玛，建立了进军格兰那大的前哨，鼓舞了西班牙人民最后收复失地的热情和信心。翌年，国王及女王虽数度率领空前庞大的精兵亲征，但因格兰那大新王叶兹扎噶尔既英勇善战，又深得民心，使西班牙军虽付出高昂代价，仍屡遭挫败。而且，正当西班牙军队攻陷马拉加之际，原亚拉冈王国威雷那侯爵伺机起兵作乱，致使国王与女王不得不分兵回国平定内乱，使反攻进程一度停顿。

在格兰那大方面，因王室成员之间发生冲突以至演成内战，抗击西班牙实力大受影响。斐迪南伺机加紧进攻，使西班牙在 1492 年获得了最后的胜利。

收复失地运动是在双方都以宗教斗争为外衣和争取外来援助的情况下，经历着上述反复、缓慢又曲折的斗争道路而完成的，它构成这个运动的另一个重要特点。

收复失地运动的重大后果

收复失地运动是中世纪西班牙、葡萄牙两国大部分时期的重要历史内容，它对于西、葡两国封建社会产生了极为深刻的历史影响。

1. 政治方面，在激烈的反外族压迫斗争中促进中央集权化的民族国家的形成。在比利牛斯半岛上长达 800 年反阿拉伯—摩尔人的斗争中，在因收复失地而形成的西班牙王国和葡萄牙王国里，不仅推动了它们的共同语言、共同地域、共同经济生活和共同心理素质的形成和发展，而且还加速了它们的中央集权统一国家的建立进程。从雷翁王国、卡斯提王国、那瓦尔王国和亚拉冈王国以及葡萄牙王国逐步合并成西班牙和葡萄牙两个民族国家中，这些国家的"王权在混乱中代表着秩序，代表着正在形成的民族而与分裂成叛乱的各附庸国的状态对抗。在封建主义表层下形成着的一切革命因素都倾向王权，正像王权倾向它们一样"。[①] 在半岛上各族人民混合中，逐渐发展起来新的西班牙民族和葡萄牙民族，这种日益明显日益自觉地建立民族国家的趋向，"是中世纪进步的最重要杠杆之一"。[②] 半岛上在社会经济的发展和长期收复失地运动的斗争等过程中，通过兼并而形成的亚拉冈和卡斯提这两个王国最终合并为一个统一的西班牙王国；而葡萄牙则发展为独立的国家，由于这个王国有利于通商的地理位置和活跃的海上贸易，恩格斯把它称为"伊比利安的荷兰"[③]。

2. 经济与社会生活方面，在反对外族统治的斗争中，引起了经济结构的重大变化，形成社会生活及国家制度的重大特点。西班牙半岛上的基督教国家在长期反抗阿拉伯－摩尔人的斗争中，逐步地形成具有本身特点的社会生活和国家制度。这对西班牙和葡萄牙历史的发展起着巨大的影响。其主要之点列举如下。

第一是养成尚武好战的社会风气而轻视工商业活动。由于西、葡两国在收复失地运动中是以反抗穆斯林为重要目的，因而在两国人民的心目中，以维护基督教而与阿拉伯—摩尔人进行战争为其毕生中最为神圣而崇高的事业，每个人都以追求建立武功为无上的光荣。特别是一些西班牙贵族，在其儿子十三四岁时，就带他们上战场观战。在西班牙这个国家里不仅是一般俗人好战成性，就是"鄙视尘世"生活的僧侣阶级也都乐于驰骋沙场。如当时最负盛名的大主教什密尼斯就曾经说过他对火药味的爱好远超过熏香的味道。西、葡两国封建主集团遂养成了重武轻文的好战习气。同时，一般的西班牙贵族都认为经营工商业是一种极不体面的事业。在王国未颁布驱逐犹太人命令之前，主要的工商业都是由犹太人经营和管理的。

第二是西、葡两国国民分成僧侣、贵族和平民三大等级。到了15世纪中叶，每个西班牙的大贵族都拥有大片土地，其中如古斯曼家族和孟多萨家族都是富埒王公，权倾天下。他们拥有许多封建特权。如享有土地不可分割的特权，负债后不受官吏逮捕的特权，即使是那些属于武士集团的小贵族也和大贵族一样，享有免税和不受裁判等特权。而僧侣阶级的权势尤为强大，

---

① 《马克思恩格斯全集》第21卷，人民出版社1965年版，第453页。

② 同上书，第452页。

③ 同上书，第457页。

其封建特权更高一层，因为教会在反阿拉伯人斗争中获得最多的财富。每当征服一座摩尔人的城市，人民都必须为那里新建教堂而捐献大量的财产。15世纪末，一个主教或大主教的岁入多达 38.5 万杜卡特金币。许多名门望族子女都担任高级圣职，或进修女院，他们甚至还垄断这些职位。如在休尔哥斯修女院里，仅是贵族出身的修女就达到 150 人。而这些修女院的势力极大，附属有 17 所修道院，支配 14 座都市和 50 个村镇。许多身居高位的教士热衷于政治活动而献身于沙场战争。此外，僧侣、世俗贵族在垄断畜牧业活动时，获得国王所颁给的组织"麦斯塔"（羊主团）的特权。这批拥有特权的贵族，每年到了 4 月春暖花开时，就命令牧者赶着无数的牛羊从厄斯特勒马都拉向北到雷翁王国的旧址过夏，到了 9 月秋高气爽时又赶着牲畜回到原来的出发地，沿途的农作物大部分遭践踏，使农业走向衰落。

第三，政府为了保护畜牧业而抑制农业的发展，制定"阿尔卡巴拉"（买卖税）赋税制度。自卡斯提与亚拉冈合并后，1480 年开始允许卡斯提的谷物输入亚拉冈，促进了卡斯提的农业逐渐发达，特别是在莫西亚一带地方因土地肥沃，农业远比畜牧业繁盛，但当伊萨伯拉看到那里的羊群从 5 万只减少到 1 万只时，立即采取保护畜牧业的措施，对农产品再加征什一税，从而使农业日趋萧条，畜牧业得到发展。这就是她所颁布的阿尔卡巴拉制度。根据这个征税法，每人每天所吃面包均已被征三次税款：在商人购买谷物时征收 10% 的税，在工人磨成面粉时又征收 10% 的税，在面包师制成面包时再征收 10% 的税。这种税制沉重地打击了农民的生产积极性，使西班牙的农业经济进一步走向衰落的道路。

第四，国家允许"自由城市"拥有自治特权。由于卡斯提王国是在同穆斯林斗争中成长起来的国家，一般是将历年从阿拉伯—摩尔人手中所夺回的土地，或归王室直辖或赐予贵族和寺院。在一些新征服的危险地区或险要地带，为着鼓励人民居住而加以保护，就在那里建筑起堡垒，从而发展为新城市，赋予它们以种种自治特权。随着收复失地运动的节节胜利，此类新城市就不断增加，其经济实力与政治地位也在不断提高。这类自治城市特权虽不尽相同，但一般都享有自选市长与市议员的特权，而后再由市长任命民事、刑事审判官等。各城市为了维护市政与经济工作，都拥有巨大财产，并且管理其周围的村庄。这些城市与王权联盟共同对抗贵族专横跋扈，在一定时期内在三级会议及国家政治生活中都有特殊地位，并对国王的行动也起着一定的牵制作用。特别是卡斯提国会形成于 1188 年，比英、法都早，被称为欧

洲"国会之母"。第三等级的代表除了市民外还有农民。国会不但拥有批准
国王征收新赋税的权力，而且还享有立法创制权等。

第五，国家成立了"神圣同胞团"作为抵御外敌、打击内奸的重要组织
机构。这种组织最早是在 13 世纪成立起来的，其目的在于保卫国家和制裁
叛乱贵族。在伊萨伯拉女王时期得以恢复和加强。她为了筹措该团经费，规
定每百户征收年税 1800 马拉维迪。神圣同胞团的主要任务是打击一切作奸
犯科的暴徒，维持全国各城市、乡镇的治安。神圣同胞团的法官遍布全国各
个城镇，每当逮捕犯人归案时就进行审讯，并且一经判决就由神圣同胞团执
行。这个组织在最后进攻格兰那大王国，完成收复失地运动中所起的作用尤
为巨大。它曾发挥了国防军的职能与作用，并对其后西班牙国家的政治生活
起着重大作用。

第六，在反攻阿拉伯人胜利后，西、葡国家获得统一，封建割据局面消
失，民族获得独立，社会生产力得到解放，人民处于和平安定的生活中，专
制君主在一定时期内鼓励工商业和农业经济的发展，使社会经济得到显著的
进步，特别是在伊萨伯拉统治时期（1474—1504 年），西班牙的国库收入增
加达 30 倍。

3. 科学文化方面，西、葡两国人民在与阿拉伯—摩尔人的长期斗争中，
逐步接受先进的阿拉伯文化，从而提高了半岛上的社会生产力水平。穆斯林
的西班牙，在中世纪欧洲文化史上谱写了最光辉的篇章。如在语言、语法
学、字典编纂法等语言科学上都创造出卓越的成就，这些成就往后为西班牙
所吸收。穆斯林的抒情诗、阿拉伯人的歌曲为基督教居民所接受而逐步普及
于整个半岛。穆斯林的乐师还活跃于卡斯提和亚拉冈的宫廷之中，阿拉伯人
的天文学、地理学及数学等科技都被西、葡两国人民所接受，特别是天文仪
器设备、地图学等都为西、葡发展航海事业、远洋经商以及新航路开辟提供
了重要条件。

阿拉伯人在工艺与建筑技术上的巨大成就也为西、葡两国人民所接受。
如卡斯提许多城市的呢绒制造业、托勒多和塞维尔的刀剑以及许多地方的金
属制造品、玻璃制造品、陶器都获得很大的发展。

西班牙人学习阿拉伯—摩尔人的农业生产技术，接受他们对植物的栽培
和经济作物的种植技术，推动了农业、畜牧业经济的发展。但是，还必须看
到由于统治阶级制定的错误政策，导致了卡斯提等地高度发展的农业走向衰
落，使许多良田变成一片荒野的凄凉景况。在长期反阿拉伯—摩尔人的斗争

中，农业受到严重的蹂躏，水利工程遭到严重的破坏。

在持续反阿拉伯—摩尔人斗争中为开辟新航路提供了重要的条件。西、葡的国王、贵族、市民和广大的劳动人民在这场斗争里，不断接触阿拉伯、东方和希腊的文化、科学技术，提高其地理知识、航海术和造船术，对西、葡发展成强大的海上国家、开辟新航路活动具有极为重要的意义。例如，葡萄牙人与穆斯林和犹太商人、学者的接触，使他们了解到非洲大陆的具体情况，掌握那里有关的资料。特别是葡萄牙在收复失地运动节节胜利声中占领休达，继续反击穆斯林，不断沿非洲西海岸探索黄金、象牙、奴隶，寻找理想的基督教王国，期待给予伊斯兰教在北非势力以毁灭性的打击，从而巩固其反阿拉伯人斗争中的胜利成果，这些行动都为往后开辟其直通印度的新航路提供了十分重要的条件。

西、葡两国还在收复失地运动中锻炼出一支强大而训练有素的海陆军。它们具有勇冠欧洲的头等战斗力，为以后进行殖民掠夺活动做好充分的准备，这些都为其早期殖民大帝国的建立奠定重要的基础。此外，如卡斯提的建立城市的方法和监护制度、剥削形式，对其后的殖民地的社会经济结构都起过重大的作用。

西葡殖民帝国

郑如霖

在西欧殖民主义的历史中，西班牙和葡萄牙是新航路的最先开辟者和殖民主义急先锋。它们最早建立起庞大的殖民帝国，但因其本身存在着难于克服的内部矛盾，因而只是貌似强大的"泥足巨人"。

西、葡是欧洲开辟新航路与
开展殖民掠夺的急先锋

15 世纪下半叶，欧洲的商业资本家及封建主贵族等为了要到东方进行掠夺，积极地寻找直通东方的新航路，西、葡两国充当了急先锋。葡、西首先探求新航路并不是历史的偶然，在这后面隐藏着深刻的社会动因。

西、葡两国都是当时欧洲海上重要和强大的国家。它们在长达 800 余年的收复失地运动中，不断从阿拉伯—摩尔人手中收复了大片土地，并逐步成为欧洲强国。特别是葡萄牙更是形成"伊比利安的荷兰——由于航海业的发达为自己争得了独立生存的权利"[1]。西、葡在与阿拉伯征服者、突尼斯、阿尔及利亚及摩洛哥的海盗进行斗争中，拥有了强大的步兵，并因此精通了阿拉伯人和意大利人的制造兵船和海战的技术，成为当时欧洲海上的主要强国。

西、葡两国较早也较顺利地建立起君主专制政治，这就使它们在殖民扩张的道路上有可能捷足先登。葡萄牙在 15 世纪初年若奥一世（1385—1433年在位）统治时，就逐渐具备了君主专制制度的特征，三级会议的活动在逐步减少。若奥一世在位 48 年，三级会议召开 25 次；若奥三世（1521—1557

---

① 《马克思恩格斯全集》第 18 卷，人民出版社 1964 年版，第 647 页。

年在位）在位 36 年仅仅召开 3 次，三级会议逐步丧失其作用。西班牙则由于 1479 年卡斯提与亚拉冈的合并而形成中央集权的民族国家。君主专制政治制度宣告成立，这就为探索新航路提供了政治上的重要条件。

在西班牙和葡萄牙，无论是僧俗封建主、贵族还是商人，都十分迫切需要寻找黄金、香料和丝绸等东方贵重物品。正如巴托洛门·拉斯·卡萨斯主教在揭露西班牙僧侣追求黄金时说：僧侣"手里拿的是十字架，心里想的是黄金"。因为西、葡两个封建国家在长期反阿拉伯人斗争中耗尽财富，国库经常空虚；封建主、贵族收入日益减少，经济拮据，生活日困；中小贵族谋求向外发展，寻找新的土地、财富和农奴；中等阶级需要发展生产，进行原始积累，也迫切需要黄金。因此上述各阶级都需要到东方或非洲寻找黄金，以解决国内黄金匮乏的问题。

此外，西、葡两国国王、皇亲国戚和封建主贵族对航海事业的大力倡导，也推动了两国的殖民活动。如 1415 年葡萄牙陆海军攻占休达城后，亨利亲王就以此为据点，组织力量不断沿着非洲西海岸逐步向南搜索和掠夺黄金、象牙和奴隶。1486 年迪亚士奉国王之命航行到非洲最南端的好望角，为后来最终开辟直达东方航线奠定基础。西班牙国王斐迪南、女王伊萨伯拉更是积极鼓励发展海上贸易。同时，西、葡两国也具备了远渡大洋的航海技术和必要设备。西、葡两国在长期与阿拉伯征服者的斗争中，了解并掌握腓尼基人、迦太基人和阿拉伯人的天文、地理知识和航海技术以及造船术等，这些都为其首先探求新航路提供了十分重要的条件。

在上述社会背景和条件下，西班牙国王斐迪南和伊萨伯拉接受了意大利热那亚水手哥伦布的远航计划，答应了他对新发现土地上权益的要求条件。这位勇敢的水手在 1492 年率领两艘不大的船只和 80 多名水手，经过 70 天的航行，终于"发现"了以后被称为亚美利加洲的"新大陆"。由于哥伦布的远航成就，引起了西、葡两国对新发现土地的权益的矛盾与冲突，两国于 1494 年在托得西拉斯城签订了第二个西、葡两国瓜分世界的协定。凡位于佛得角岛以西 370 里加处南北子午线以西的一切非基督教国家，被宣布为西班牙的财产；在子午线以东的一切国家则为葡萄牙的财产。1497—1499 年葡萄牙国王命令其航海家瓦斯科·达·伽玛率领 5 艘船和 200 多名水手，沿着迪亚士的航线绕过好望角直抵印度，运回大量东方珍贵的财物，其纯利润高达60 倍，因而轰动整个欧洲。

哥伦布和达·伽玛成功地发现新大陆和开辟直达东方的新航路，在人类历史的发展上是具有巨大意义的。马克思和恩格斯明确地指出："美洲的发现、绕过非洲的航行，给新兴的资产阶级开辟了新的活动场所。东印度和中国的市场、美洲的殖民化、对殖民地的贸易、交换手段和一般的商品的增加，使商业、航海业和工业空前高涨，因而使正在崩溃的封建社会内部的革命因素迅速发展。"[①] 这些发现使欧洲以地中海为中心的国际贸易转移到了大西洋沿岸，奠定了海洋贸易的基础，推动并促进了商业革命和价格革命，从而加速了西欧资本主义的发展。美洲被"发现"以后，新大陆的金银源源不断地被运入欧洲，欧洲的工商业经济迅速发展起来，这就破坏了欧洲那种古老的封建制度，成为资本原始积累的重要来源之一。在欧洲各国中，西、葡两国的原始积累进行得最为迅速，就是由于它们首先大肆进行殖民掠夺的缘故。

西、葡两国在建立海上殖民帝国的过程中，各有特点。16世纪的上半叶，葡萄牙人通过对东方商业和战略要地设立掠夺据点的形式，建立起殖民大帝国。它在这个世纪的头20年就把印度洋等东方最重要的贸易垄断权紧握在自己的手中。葡萄牙人在迪乌用强大的船队摧毁了自己的对手——阿拉伯人与埃及人的船队，接着在红海和波斯湾又打垮了自己的竞争者——威尼斯商人，确立其在红海及波斯湾出口的控制权（1509年），进而占领了香料贸易中心及战略要塞马六甲（1511年）。翌年，他们又发现了当时著名的香料群岛，这里就成了他们获得暴利的源泉。其后，葡萄牙人又在我国的澳门（1517年）及日本九州岛的南岸（1542年）等海岸登陆。他们对非洲西海岸到好望角的控制权早已在握，而对巴西广大地区也奠定其统治基础。这样，葡萄牙的殖民帝国就建立起来了。

但是，当葡萄牙人在东方进行掠夺时，西班牙的殖民者则采用不同的方式来征服中南美洲的广大地区，并将其殖民地化。在对黄金、香料以及到印度的西方航道的探索中，西班牙的冒险家研究了西印度群岛及中南美洲的各个区城。1519—1522年麦哲伦探险队完成了第一次的环球航行，占领了菲律宾群岛，并与葡萄牙发生了严重的冲突，使这两个殖民急先锋几乎处于战争边缘。1519—1521年殖民冒险家埃尔南多·科尔特斯征服和掠夺了墨西哥，而1531—1535年另一个殖民强盗弗朗西斯科·皮萨罗则征服和掠夺了秘鲁和智利。他们仅仅是殖民者当中最著名的代表人物。之后，广大的中南美洲

---

① 《马克思恩格斯选集》第1卷，人民出版社1972年版，第252页。

都处于西班牙征服者的统治之下，一个庞大的西班牙殖民帝国也就建立起来了。

由此可见，西、葡两大殖民帝国的建立是采用不同的形式来实现的。前者主要是用征服广大的土地，后者则采用建立殖民的掠夺据点。其所以产生这种差异性的主要原因是受到殖民主义者本身条件与殖民对象所决定和制约的。首先，16 世纪的葡萄牙在欧洲是个蕞尔小国，人口不超过 150 万，它除了拥有强大的海上舰队之外，在东方的军事力量不超过 1 万人。如果要靠武力完全征服东方的文明古国印度、波斯和中国等，是不可能的。其次，葡萄牙对非洲主要是掠夺黄金、象牙和奴隶，这些可以间接地从阿拉伯商人及黑人土著王公贵族手中交换而获得。他们这时对非洲内部地区还不感兴趣，而且也不需要。最后，葡萄牙主要是力图垄断对东方的贸易权益，其商人、奴隶贩子及封建主贵族并不准备将被发现的土地完全占为己有，只想到用军事力量及狡诈手段要土著王公承认葡萄牙的国王拥有对商业贸易的垄断特权，别国商人必须通过葡萄牙商人购买物品，从而取得对东方贸易的专利垄断，以掠夺惊人的利润。基于上述原因，就决定了葡萄牙殖民者不采用征服大片土地的办法来建立其庞大的殖民帝国。反之，16 世纪的西班牙是欧洲第一流的封建强国，人口超过 960 万，拥有一支训练有素的强大的陆海军。从这个世纪中叶到末叶，仅移居到中南美洲的移民就从 5 万人增到 11.8 万人。首先，西班牙所面对的被征服对象大部分是处在原始社会阶段的印第安人，征服者的新型火器、战马等可以发挥其巨大的作用，很快就能够将印第安人征服。其次，殖民者还可以利用土著居民中众多部落间的矛盾，采用印第安人打印第安人的伎俩，比较迅速地征服广大的土地。再次，西班牙的封建王公及小贵族在收复失地运动结束后失了业，正需要寻找新的土地和农奴，于是新大陆正是他们用武之地。最后，国王对于冒险的拓殖者也实行收复失地运动中的封赐土地的办法，这就大大地推动了他们对新大陆的征服活动，也加速了中南美洲被征服的历史进程。这些就决定了西班牙采用征服大片土地的办法来建立起庞大的殖民帝国。

西葡殖民帝国的统治政策及其殖民掠夺

西、葡对殖民地的统治与掠夺都是通过直接的、赤裸裸的暴力、贿赂和诈骗等手段来实现的。在扩张的初期，多半是实行公开的抢劫与掠夺。他们把公海上的海盗活动变成了完全合法的现象，甚至把在公共场合的强盗掠夺也当作了理所当然的行为。他们在新旧大陆都到处搜寻黄金，并以最野蛮的方法进行夺取。1493—1600 年葡萄牙人仅从非洲就运走 27.6 万公斤黄金。西班牙殖民者在美洲的掠夺更是有过之而无不及。仅殖民强盗科尔特斯一人在阿兹特克土王王宫虏获由金矿块、金制品和镶嵌宝石的器皿构成的"蒙特祖马宝藏"，其价值就达到 15 万金比索。

西、葡殖民政策的决策人主要都是封建国王、僧俗封建贵族。他们都对殖民地居民进行封建的甚至是奴隶制的剥削与压榨。在新航路开辟时，西班牙还是一个落后的农业国，封建生产方式在其内部占着统治的地位。所以，西班牙的新航路开辟和殖民扩张在很大程度上是由封建主利益决定的，殖民掠夺几乎仅仅是有利于国内封建主。在开辟新航路和侵占美洲土地的过程中，贵族也必然起着主导的作用。而葡萄牙的航海事业则是在封建王公、皇亲国戚的推动下发展起来的。

因此，他们在殖民地所实行的重要政策，是把两国本身在旧世界已过时的生产方式——农奴制带到新大陆或在东方维持下去。西班牙在新大陆生产领域内，实行强迫劳动，使土著居民沦为农奴甚至奴隶的地位。西班牙早在 1499 年就开始把爱斯班诺尔岛分成若干区，强迫每一区的住户为该区的占有者工作。这种制度，在 1503 年为西班牙国王所批准。葡萄牙在东方殖民地中也利用并维护了落后的封建剥削形式。在他们已建立普遍政治统治的地区里，就开始对土著居民广泛实行租税掠夺。他们在锡兰岛制定继承税，竟占遗产数额的 1/3。他们强迫当地居民栽植亏本的经济作物，并缴纳总收成的 12%。他们还向土著居民强行征收进出口商品价值 17% 的关税。西班牙殖民者在美洲实行残酷的封建力役。他们有权动员 14% 的秘鲁男性居民和 4% 的墨西哥男性居民来从事强制性的劳动。被征的印第安人往往被送到属于国王的矿山上干活，特别是在波托西银矿中从事最艰苦的劳动。监护制度是西班牙殖民者广泛采用的剥削印第安人的重要形式。监护人把这块土地变成其世袭领地，被监护的印第安人实际上陷入农奴的地位。在墨西哥谷地中，科尔特斯把 18 万印第安人分配在 30 个监护区内。1500 年，在秘鲁的 500 个监护区里最少有 5000 印第安人在服劳役。1642 年，在墨西哥仅归属于国王的监护区就达 140 个。葡萄牙在巴西也仿效实行监护制度。他们在东方殖民地上也普遍实行封建贡赋、力役等剥削方式。

西、葡两国在殖民地所实行的剥削形式主要是比封建农奴制更为残酷的奴隶制剥削。其落后性则更有利其长期维持殖民地的统治。

西、葡两国在殖民地的土地、贵金属矿藏都是被封建国家的王室所垄断。当西班牙冒险家们侵占土地和发现金银矿山后，王室就宣布都应归其所有。葡萄牙殖民者在巴西发现金刚石矿后，就把它归为国王所有，并且命令矿井与外界隔绝。在主要矿井周围几十千米以内的草木被铲平，土地变成荒野，而国王却从矿井开采中获得巨大的收入。

西、葡两国都在殖民地干贩卖黑奴和进行不等价交换等肮脏勾当，从中获得神话般的利润。葡萄牙人早已在西非捕捉和贩卖黑奴而臭名昭著。而西班牙人也不甘落后，积极地扮演这种角色。葡萄牙人从非洲运走奴隶、黄金、象牙和乌檀木等贵重的商品；从印度以十分微贱价格收购鸦片、宝石、丝绸、香料和珍珠等；又从印度尼西亚掠得贵重的丁香、豆蔻、龙涎香、生姜和大米等；从中国和日本运走茶叶和瓷器等贵重商品。他们从欧洲输出不值钱的商品，强迫土著居民进行不等价的交换。如经常用有孔玻璃球、镜子和其他不值钱的东西向黑人交换珍贵的商品。更有甚者，西葡殖民者还强迫土著居民每人买一副眼镜，其荒唐、暴虐莫此为甚！

西、葡两大殖民帝国的殖民性质虽然相同，但它们在具体的殖民政策上却有很大的差异。其中，西班牙的殖民政策最直接地体现了殖民主义的残酷性与野蛮性，最能说明资本原始积累的本质。西班牙实行骇人听闻的剿灭土著居民的政策。爱好自由的印第安人不能接受奴隶式奴役的命运而进行十分强烈的反抗。他们往往战斗到最后一个人，宁愿杀死自己的妻子，也不愿意让她们变成奴隶。当一个西班牙人被害死时，西班牙征服者常常要杀死50—60个印第安人。1492年，爱斯班诺尔（海地）有几十万土著人，到了1548年则只剩下500人。1492—1548年西班牙殖民者在中南美洲共剿灭土著居民1200万—1500万人。为此，号称为"美洲的基督教的圣使徒"的巴托洛门·拉斯·卡萨斯在看到印第安人的死亡已威胁到西班牙的整个殖民制度时，就在1517年向国王提议，对土著居民采取宽容政策。西班牙国王查理一世和罗马教皇在16世纪30—40年代先后颁布了一些关于对待和"保护"印第安人的谕旨。

西班牙殖民统治者，在土著居民大量死亡后，从非洲运进大批黑奴，广泛地建立种植园经济体系。于是，在西属美洲的大部分地区里，农业经济占据着统治地位；而在西印度群岛，则是生产染料、糖、烟草及其他经济作物的种植经济。这种种植园经济以后被巴西的葡萄牙殖民者所仿效。

西班牙最早驱使土著居民和黑奴开采金银矿。他们首先在墨西哥，以后相继在秘鲁、玻利维亚和智利发现了众多的银矿山。他们强迫驱使印第安人和黑人在矿坑里进行艰苦的、原始的劳动，其结果是：金银如潮水般流向母国，使西班牙在美洲的殖民地成为欧洲金银的主要供应者，但每块金银都渗透着印第安人和黑人的鲜血。当葡萄牙殖民者在巴西发现金银和金刚石矿后，也采取了同样的剥削压榨方式。于是黑人奴隶制劳动在拉丁美洲普遍地建立起来了。

葡萄牙人的殖民政权和殖民体系是极不巩固的。它所采用的建立据点的殖民政策，只是建立了一些小商站，不能进一步扩张其殖民事业，甚至也不可能保护其已占据的地位。因此，他们又把在本国领土传播的天主教搬到殖民地，甚至还把血腥的异端宗教裁判所也带去了。仅就果阿一地，大约有80座教堂和寺院，内有3万名僧职人员。他们企图使土著居民信奉天主教，并使教会成为帝国的重要支柱。

葡萄牙的殖民统治的方法是极端残暴的，大大地增加了土著居民的憎恶痛恨，并激起了他们的强烈反抗。印度人在谈到葡萄牙侵略者时说："幸而葡萄牙人也同狮虎一样少，否则他们会消灭整个人类。"

西、葡殖民帝国的盛衰

16世纪，葡萄牙殖民事业的竞争对手——英国、法国和荷兰崛起，它们处处对葡萄牙商人进行挑战，并将其从东方逐步排挤出去。葡萄牙1498—1590年有620艘船只由本国驶向印度，其中有256艘留驻在东方，325艘安然返回本国，有39艘在途中沉没。但1580—1612年航行到东方的船只仅有186艘，其中有29艘留驻在东方，100艘安全返航，57艘在途中沉没。这就是葡萄牙人在东方势力走向衰落的征象，也正可说明其殖民帝国已走向衰落。

1580年，西班牙国王腓力二世借着葡萄牙王位中断的时机，自称为葡萄牙王位的合法继承人，派兵侵占葡萄牙。于是葡萄牙及其全部殖民地都变成西班牙王室的产业。腓力二世利用葡萄牙国王所拥有的对胡椒及其他商品的垄断特权，每年从印度攫得大约41300万马拉维迪的巨款以补充其经常空虚的国库。这样，西，葡两大殖民帝国合并后，大大地加强了西班牙在欧洲的经济、政治、军事和国际上的地位，增强了腓力二世与法、英争霸的实力。

然而，奉行霸权主义政策却加速了这个庞然大物走向衰落的道路。

1640年，当葡萄牙摆脱西班牙统治的时候，它已无法重建其在东方的殖民帝国，因为荷兰人和英国人在东方的地位已经获得巩固。于是这个殖民帝国只能对巴西加强掠夺和压榨了。17—18世纪，葡萄牙在巴西建立种植园经济，并广泛开采大量的金矿和金刚石，仅从事开采金矿者就达8万人。在此期间，葡萄牙在巴西的贸易扩大20倍。

尽管如此，早已走向衰落的葡萄牙殖民帝国已逐步成为后起的英国资本的投资场所，成为英国的农业附庸国。

西班牙殖民帝国与葡萄牙殖民帝国一样经历了一个由盛到衰的过程。16世纪上半叶西班牙的社会经济有着明显的发展，资本主义因素在其工商业中也得到较大的发展，但这种情况到了下半叶则起了急剧的变化。这个庞大的殖民帝国已经衰落下去，其突出表现在以下几点。

首先是帝国的农业、工业和商业均已露出衰落景象。西班牙农民所生产的农产品不足供应国内人民的需求。外国的工业产品充斥西班牙本土及其殖民地；特别是法、英等国的商人千方百计地在帝国内进行广泛的走私活动，进一步给西班牙的民族工业以致命的打击；德国、法国和英国商人控制并垄断西班牙殖民地的商业贸易甚至工矿开采企业，使西班牙本国的商人、企业主走向破产。其结果是使西班牙从美洲运回的金银转手流进西欧先进国家，促进并推动了它们的资本主义的发展。

其次是这个貌似强大的殖民帝国在同法国、英国争夺欧陆和海上霸权的斗争中，处于极其不利的地位。西班牙的统治者为了实现其称霸欧洲的野心，几乎同欧洲所有的国家乃至罗马教皇都发生战争，但都以失败而告终。腓力二世花掉巨款装备"无敌舰队"征英。在英国"海狗"（海盗）及海军抗击下，几乎全军覆没。这不但是西班牙海上霸权倾覆的外在表现，而且是西班牙殖民帝国盛衰的转折点。

最后，尼德兰资产阶级革命后，荷兰资本主义在本国崛起，这对西班牙的霸权及其殖民帝国的统治给予极其严重的打击，加速其走向衰落。因为在这次革命中，腓力二世费尽力气加以镇压，使帝国付出十分昂贵的代价，但仍无法取胜。西班牙的争霸战争与镇压人民革命，使它的国债在短期内从原来两千万杜卡特激增达5倍，仅在腓力二世统治时期就宣告国家经济破产四次，拒付外债，使许多国家的银行也遭破产。同时，荷兰共和国崛起后，这个新生的资本主义殖民强国对西班牙这个老牌的殖民帝国进行不断的挑战和袭击，不但使它的殖民经济崩溃，而且也壮大了荷兰和英国资本主义经济实力并加速其殖民事业的发展进程。到了17世纪下半叶，执欧洲和东、西印度的殖民牛耳者，已不再是西班牙帝国，而是英、荷新兴的资本主义殖民征服者了。

在16世纪的欧洲各国中，曾显赫一时的西、葡殖民帝国为何迅速地走向衰落呢？

第一，西、葡两国农业生产在国民经济发展中的落后性。在这两国，封建主义生产方式占统治的地位，无法使农业成为资本主义进一步发展的基础。特别是西班牙的享有封建特权而拥有700万只羊群的"麦斯塔"（羊主）严重地蹂躏广大地区，使农业经济受到严重的摧残。专制君主不重视农业经济的恢复与发展，使农民无法用自身的活动扩大生产规模和从事较多的商品交换。统治者制定出骇人听闻的"阿尔卡巴拉"税制，使农民重负在身，失去了生产的积极性，沉重打击了农业经济的发展。葡萄牙王国的农业经济则更加落后。因此，这两个殖民大帝国的农业没有能够在国民经济中发挥其应有的作用，无法供给本国城乡人民的粮食和手工业原料。

第二，最早的资本原始积累要素中所存在的封建性与脆弱性。西、葡两国在原始积累的时间表上是名列前茅的，它们最早进行殖民掠夺和建立殖民制度，并夺取大量财富流进母国。1541—1544年，每年从美洲运往西班牙的黄金有2900千克，白银有37000千克；而1545—1560年，黄金每年已达5500千克，白银则有246000千克。到了16世纪末叶，西班牙所开采的贵金属产量占世界总产量的83%。从16—18世纪的300年中，西班牙从美洲榨取的贵金属共达280亿法郎。这是多么惊人的巨大收入！而葡萄牙从东方等地所获得的大量贵金属，也是引人注目的。

然而西、葡两国的贵金属未能真正转化成为资本，从而使国内资本主义发展起来。这是因为贵金属主要被封建主贵族所掌握。他们将其用以购买奢侈品装饰自己和府邸，或用于非资本主义生产上去。在欧洲价格革命的冲击下，英、法、荷等国廉价工农业产品充斥西、葡本土及其殖民地。这样便使大批贵金属流入先进国家转化成资本，加速其资本主义发展的历史进程。反之，西、葡殖民帝国的工商业因受到打击而走向衰落。

第三，西、葡两国的君主专制政治与英、法等国的君主专制政治对比起来有着极为明显的不同。马克思明确指出西班牙的君主专制政治是属于"亚洲的政体"①，葡萄牙的情况也与西班牙相似，因为它们都是在收复失地运动中形成的政治制度。这种类型的君主专制主要是从封建主贵族集团的狭隘的利益出发，制定出具有反动性质的对内对外政策。这就对其本土和殖民地都起到如下的有害作用。

西班牙、葡萄牙的君主专制并不奖励发展本国的工商业，以促进资本主义的繁荣。相反，采取了打击的政策，使西班牙具有民族工业性质的呢绒业走向衰落。

专制君主制定沉重的赋税制度。特别是西班牙君主为了维护封建贵族国家的利益，充裕国库，制定出阿尔卡巴拉制度，这种交易税成为阻碍西班牙农业、工商业发展的大绊脚石。在 1537—1584 年短短的 47 年中，交易税就增长 4 倍多。在卡斯提地区，从 16 世纪中叶到 17 世纪中叶仅赋税就增加达 6 倍多。这种情况是欧洲所有国家中极罕见的现象。而葡萄牙在国内或殖民地的统治中都是以征收沉重的赋税而闻名的。

天主教会及其宗教裁判所淫威的肆虐。16—17 世纪西、葡是欧洲反动天主教会的顽固堡垒，是欧洲反宗教改革的中心。16—17 世纪天主教会的领地约占西班牙全国土地的 1/2。1668 年这个国家约有 20 万名神甫、70 万名修士和 30 万名修女。天主教会在西、葡殖民地中的势力也是十分强大，控制了殖民地的经济、政治、宗教和文化领域的大权，维护了封建制度的一切特权和等级的利益。同时，15—17 世纪初年，天主教会通过异端宗教裁判所的活动，迫害了一切先进分子，没收了千千万万资产阶级、摩里斯哥人和犹太人的财产，从而破坏了社会经济的正常发展进程，却充实了封建国家的国库，巩固了封建国家和对殖民地的统治地位。

第四，西班牙君主还制定了许多争夺霸权以及镇压本国和邻国人民革命的反动政策。腓力二世是一位极端迷信又十分狂热的天主教徒，是反宗教改革的急先锋。在他统治时期，几乎同欧洲所有的国家都进行过战争，其间只有几年没有发生战争，妄图实现个人称霸欧洲的政治野心。有些历史学家认为他是用金条、银块在进行称霸的战争而并非用武器进行战争。

由此可见，作为西、葡两国的上层建筑中的君主专制政治及宗教意识形态起着十分反动的作用，从而加速两大殖民帝国迅速地走向衰落。

---

① 《马克思恩格斯全集》第 10 卷，人民出版社 1962 年版，第 462 页。

德国宗教改革

孔祥民

宗教改革是 16、17 世纪在西欧多数国家中发生的反对天主教会和封建制度的思想、社会和政治运动。德国的马丁·路德首先倡导宗教改革，奠定了反映资产阶级利益的新教的基础。

革命导师马克思和恩格斯十分重视对德国宗教改革的研究。1850 年，恩格斯在《德国农民战争》一书中指出：德国的宗教改革并不是"神学上的争论"，而是"为着十分明确的物质的阶级利益而进行的"，是宗教外衣掩盖下的一场阶级斗争。[①] 1884 年底，恩格斯在《关于农民战争》，即为修改《德国农民战争》一书而准备的草稿中，第一次明确指出路德的宗教改革和农民战争是"第一号资产阶级革命"。[②] 这是一个非常重要的新结论。1892 年 4 月，恩格斯在《社会主义从空想到科学的发展》英文版导言中认为：路德的宗教改革是欧洲资产阶级反对封建制度的第一次大决战，是一次资产阶级大革命。[③]

德国宗教改革前夕的社会政治经济状况

在中世纪的西欧，天主教会是最有势力的封建营垒，不仅拥有天主教世界地产的 1/3，而且是封建制度的国际政治中心，垄断着意识形态和文化教育。因此，一切反封建的斗争必须采取神学"异端"的形式，首先发动对天主教会的攻击，以剥去其神圣的外衣。早在 13 世纪，西欧已经有了改革天

---

① 《马克思恩格斯全集》第 7 卷，人民出版社 1962 年版，第 400 页。
② 《马克思恩格斯全集》第 21 卷，人民出版社 1965 年版，第 459 页。
③ 参见《马克思恩格斯选集》第 3 卷，人民出版社 1972 年版，第 390—392 页。

主教会和建立廉价教会的呼声，产生了新教的萌芽。14世纪，约翰·威克里夫（约1320—1384年）提出简化宗教仪式，用英语做礼拜和建立不受教皇控制的英国教会的主张。15世纪，杨·胡斯（约1370—1415年）倡导改革运动，并终于在捷克创立了西方第一个摆脱罗马控制的民族教会。16世纪初，马丁·路德提出只有靠信仰才能得救和建立廉价教会的系统理论，促使德国和西欧各国发生了轰轰烈烈的改革运动，标志着宗教改革发展到一个新阶段。

15世纪后半期到16世纪初，德国①虽然仍是封建经济占统治地位，但工业、农业和商业进步很快，有些部门达到甚至超过当时西欧先进国家的水平。随着生产力的提高和商品经济的发展，开始出现资本主义生产，产生了最初的资产阶级。正如恩格斯所说："象西欧其他国家一样，从十五世纪起德国资产阶级在社会上和政治上的作用日益增长起来。"②

德国的商业相当繁荣。15世纪末以来，尽管汉萨同盟日益衰落，但是从意大利到北欧的商道还要通过德国。在波罗的海南岸和多瑙河、莱茵河沿岸，在商道沿线，城市密如蛛网，总数达到2300—3000个，其中大、中城市有20多个。几乎所有的人都可当天往返于附近的城镇。科隆被誉为德国城市的皇后，是德国地方贸易的中心。律贝克、莱比锡和美茵河畔的法兰克福，驰名欧洲。德国南方的城市更是一片繁荣，特别是奥格斯堡和纽伦堡。手中积累了大量货币的德国富商，像佛格尔家族等乘机投资矿山，按资本主义方式组织生产。

德国的资本主义生产，在工业中的采矿、冶金、纺织和印刷等部门里发展最快，出现了分散型甚至集中型的手工工场。德国银矿开采和冶炼技术的进步尤其突出，在15世纪末16世纪初达到国际先进水平。德国有丰富的银矿，主要分布在南方的提洛尔和中部的哈士山。哈士山的舍木尼茨矿是一个典型例子，能够用马力带动水泵分三层抽出井下的积水，共需用马90多匹。这是史无前例的大功率抽水装置，可开采数百米深的矿藏。在提洛尔，施瓦茨附近的法尔肯施泰因矿，1526年有矿工4596人，1554年增加到7460人。稍晚，提洛尔的矿井最深的达到880米，这个世界纪录维持了两三百年。采矿业的进步刺激冶金业的发展。约1451年，萨克森一带开始用新技术从一

---

①　指易北河以西的德国，不含易北河以东被德国人侵占的原斯拉夫人地区。
②　《马克思恩格斯选集》第1卷，人民出版社1972年版，第542页。

种银铜共生矿中炼出银来，银产量大增，新企业像雨后春笋般建立起来。这是宗教改革以前冶金业中影响最大的创造发明。有人估计，16世纪德国的采矿业和冶金业中约有10万名工人。甚至有人认为，16世纪中叶，仅大型矿山就有工人12万名。当时德国的总人口有1200万至1500万，矿工竟有10多万人，不能算是一个小的数字。由于资本主义关系的发展，大大提高了生产力。1460—1530年，德国的银年产量增加5倍，最高年产量300万盎司，是有名的白银大国，直到19世纪中叶没有再达到过这个水平。

农业中不论是粮食生产、经营畜牧业，还是种植酒花、葡萄、亚麻、大青等经济作物，都广泛实行分成制。分成制是由封建地租到资本主义地租的过渡形式。

资本主义的发展是德国发生宗教改革和农民战争的重要经济前提。

在政治上，德国是一个非常奇特的国家。它虽然号称神圣罗马帝国，却没有一个有权威的中央政府，没有统一的军队、法庭和货币，甚至没有明确的疆界，实际上是由七大选侯（即有权选举皇帝的诸侯）、十几个大诸侯、200多个小诸侯、上千个骑士和100多个自由城市统治着。1507年，威尼斯大使向总督和议会的报告中描写德国的状况说："授权统治帝国的皇帝，或称罗马人的国王，不能逾越法律和正义的许可办事。如果不先召开全帝国议会，他不能强迫诸侯和自由城市服从他的任何特殊要求。"教皇和诸侯操纵着帝国议会。教皇的代表不到会，议会不能召开，议案不能提出。表决时，选侯、诸侯和自由城市各有一票权，少数服从多数。教皇和诸侯肆虐的割据状态，严重地妨碍经济的发展。驱逐教皇势力和结束诸侯割据局面，进而实现国家统一，是16世纪德国革命面临的基本任务。教皇利用德国的分裂劫走大量财富，人称德国是教皇的乳牛，更是各阶层最为痛恨的现象。皇帝马克西米连一世（1493—1519年在位）也感慨地说：教皇在德国的收入比皇帝多100倍。反对教皇的斗争激发了民族意识，终于点燃德国革命的熊熊烈火。

伊拉斯莫（1466—1536年）、胡登（1488—1523年）等人文主义者对天主教会的揭露和攻击，对德国的宗教改革有很大影响。

马丁·路德与德国宗教改革运动

马丁·路德（1483—1546年）是宗教改革运动的奠基人。路德生于萨克森的埃斯列本城一个富裕市民家庭，18 岁进入埃尔富特大学，后来又去维登堡大学学习，深受人文主义和唯名论思想影响。1511 年底去罗马旅行，亲眼看见罗马教廷的腐败。在人民群众斗争的推动下，路德决心从事宗教改革。1512 年起，他任维登堡大学神学教授，专讲圣经。1515 年底到 1516 年上半年，他明确提出人只有靠信仰才能得救的主张。

1517 年 10 月，教皇派特使去德国兜售赎罪券，说什么只要购买赎罪券的钱一敲响钱柜，罪人的灵魂立刻就可以从炼狱跳上天堂。这种敲诈勒索的伎俩，使本来已经痛恨罗马教廷的德国人民终于怒吼起来了。10 月 30 日，路德写出《关于赎罪券效能的辩论》（即 95 条论纲），第二天中午贴在维登堡教堂门口，要求公开辩论赎罪券问题。他针锋相对地说：当钱投入钱柜叮当作响时，增加的是贪婪爱财的欲望，而不是灵魂升天。他得出结论说：出卖赎罪券是"欺骗"和"捏造"，是"犯了错误"，是宣传"与基督教不符的道理"。路德大胆地宣称：信徒得救一不靠教皇（教皇无权赦罪，只能肯定上帝对罪的赦免），二不靠圣礼（否定告解礼），只有靠终生"悔改"（即信仰上帝，与上帝直接交往）才是正道。当时人一眼就看出，这与天主教的传统说法截然相反。例如，1518 年 9 月 4 日，著名的人文主义者卡皮托致书路德，一方面对 95 条论纲表示"真诚和满意地赞赏"。另一方面又担心地说："我已经发现你关于悔罪的说教和其他关于赎罪券和信仰的说教，均同我们时代公认的成规截然相反。"罗马教廷书籍检查官在《关于教皇权力的对话》中声称，教皇权力至上，永无错误，"无论何人，若谓罗马教会在赦罪问题上无权如它实际所行的那样作，这样的人就是宣传异端"。显然，95 条论纲中已经包含只有靠信仰才能得救的思想，已经提出创立新教的基本原则。在中世纪，天主教会和罗马教皇握有政治、司法大权，稍有不敬就会大难临头。所以，路德的宗教改革并不是一开始就充满了改良主义的妥协性质，而是富有那个时代特征的冒险精神。路德是当之无愧的勇敢的宗教改革家。95 条论纲也有缺点，例如没有公开反对教皇，佯装教皇不知道推销赎罪券一事，甚至说如果自愿购买，赎罪券还是有用的。论纲不谈社会和政治问题，对消灭诸侯割据和封建剥削这样重大的问题连一个字也没有提，把改革的范围限制在宗教领域里。

95 条论纲震动了德国，整个德意志民族都动员起来投入运动。农民、平民认为和一切压迫者算账的时候到了，把它看成起义的信号，从此农民起义连绵不断。资产阶级、骑士甚至部分世俗诸侯也卷入反教会的浪潮之中。过去主要是地方性的反封建斗争，霎时间达到全民族的规模。路德成了德国各种反对派团结的中心，95 条论纲竟成为大家的共同纲领。出乎路德意料的是，原来用拉丁文写的 95 条论纲被群众译成人人都懂的德文，争相传抄，不胫而走，好像天使传送它们一样，两星期内传遍德国，一个月传遍基督教世界。

1519 年 7 月，路德及其追随者卡尔施塔特为一方，同教皇的代表、枢机主教厄克为首的另一方，在莱比锡举行公开辩论。在辩论中，路德的立场比两年前大大进了一步。他说，教皇是人任命的，不是上帝的代表，其权力"不是神授的"；不是教皇，而是耶稣奠定了教会的基础，信徒不服从教皇仍然可以得救；宗教会议是人召开的，其决议也可能错误，康士坦斯宗教会议宣布胡斯为异端就是错误的，因为胡斯的主张中有许多是基督教的真理。路德公开为胡斯翻案，公开否定教皇和宗教会议的神圣外衣，把颠倒了的历史重新颠倒过来，是一个勇敢的行动，终于走上和罗马教皇决裂的道路。

1520 年初，他公开号召运用百般武器讨伐教皇、枢机主教、大主教等"罗马罪恶城的蛇蝎之群"，"用他们的血来洗我们的手！"同年 6 月，路德发表《罗马教皇权》一文。这是一篇战斗檄文，是一篇驱逐罗马教会势力出德国的宣言书。路德的坚定立场，使他享有很大的声望。教皇在德国的特使报告说，德国形势十分严重："9/10 的德国人高喊：'路德'！剩下 1/10 少数高喊：'罗马教廷该死'！"

1520 年，路德先后发表三篇重要文章：《致德意志民族的基督教贵族公开书》《关于基督教自由》和《教会被掳于巴比伦》。路德的主张后来虽有变化，但基本轮廓已经确定。后两篇文章是路德的宗教纲领，主要内容是讲人只靠信仰得救，并且以圣经为根据。天主教复杂的 7 个圣礼，被否定 5 个。路德表示："严格说来，上帝的教会只有两个圣礼，即洗礼与圣餐。"这时，他对信仰的解释比较灵活，框框不多，虽然没有把信仰说成理性，可也不排斥更激进的思想。他甚至主张根据信仰"勇敢和自由"地解释圣经，不为教皇的框框束缚。稍晚，他说应该信仰自由、思想自由，不能强迫人信这信那。信仰自由是自由竞争原则在信仰方面占统治地位的标志，对冲破天主教的牢笼、解放人们的思想有巨大意义。亨利希·海涅写道："思想自由开出一朵重要的具有世界意义的花朵便是德国哲学。"路德维希·费尔巴哈说得更形象："德国的唯物主义者不是私生子，不是德国科学和外国精神非法结合的产物，他是真正的德国人，他在宗教改革时期即已出现于世，他甚至是马丁·路德的直系后裔。"恩格斯也认为：从此"教会的精神独裁被摧毁了。德意志诸民族大部分都直截了当地抛弃了它"，一种"明快的自由思想，愈来愈根深蒂固，为十八世纪的唯物主义作了准备"。①

1520 年 8 月发表的《致德意志民族的基督教贵族公开书》是路德的政治纲领，是德意志的独立宣言。有人只从宗教角度评价它，是不恰当的。公开书涉及政治、经济、宗教和文化各方面，但中心是实现德国的独立。公开书分三部分。第一部分揭露罗马抗拒改革的几个借口，即世俗政权无权干涉宗教事务，解释圣经和召开宗教会议的权力均属教皇是站不住脚的。第二部分揭露罗马教廷的腐败，像狼对待羊一样劫掠德国的财富，指出出路在于走法国的道路实现民族独立。他号召德意志贵族联合起来，反对教皇，解放德国："教皇须让我国不再受他们的不堪忍受的劫掠和搜刮，教皇须交还我们的自由权利、财产、荣誉、身体和灵魂，教皇须让皇权成为名副其实的皇权。"第三部分是改革建议。他一口气提了 27 条建议，主要内容是停止向罗马缴纳首年捐和一切收入，结束罗马任命德国主教的权力，除加冕礼外教皇没有凌驾于皇帝之上的权力（取消皇帝吻教皇脚和为他扶缰绳的规定），减少宗教节日，允许神甫结婚，反对奇装异服等。路德的悲剧在于停留在独立上，对消灭诸侯割据实现统一讳莫如深，至少是后来不反诸侯。国家不统一很难实现独立，就是实现了也不能巩固。同时，他渐渐抛弃运动中的下层人民，倒向贵族和诸侯一边。这是软弱的德国资产阶级矛盾心情的真实写照。

1520 年 6 月 15 日，教皇发出宣布路德的学说为异端的训令，罗织罪状 41 条，限期 60 天内承认错误。同年 12 月 20 日，路德在维登堡当众把教皇的训令投入火中，说"像你折磨基督上帝一样，永恒之火将折磨和燃毁你"。恩格斯对路德的行动给以很高的评价，称为"焚烧教谕的革命行为"。②

1521 年 4 月，教皇勾结皇帝查理五世在沃尔姆斯召开帝国会议，要路德去承认错误。路德经过思想斗争，终于高唱充满胜利信心的赞美诗赴会。他顶住压力，在会上宣称："除了以圣经为根据证明我是错误的外，我现在不会、将来也不会后退，因为我们决不违反我们的良心。"5 月 8 日，查理五世颁发沃尔姆斯敕令，规定 5 月 14 日以后捉拿路德。路德的革命行动受到德国人民的热情支持。一纸敕令根本无法执行。不久，德国与法国的战争爆

①　《马克思恩格斯选集》第 3 卷，人民出版社 1972 年版，第 445 页。

②　同上书，第 446 页。

发，查理五世忙于战争，长期留驻西班牙，不在德国。后来，路德改名换姓，躲进萨克森选侯的瓦特堡，将圣经译为德语，1522 年 9 月，路德译的德文新约出版（全部圣经 1534 年译妥，1542 年出版）。他的译文严肃认真，含义准确，常常为一个字用去三四周时间。他不闭门造车，经常走访群众，问问家里的母亲、胡同里的孩子和市场上的老百姓，按照他们的说法翻译。路德是语言大师，为德语的发展做出贡献。在分裂割据的德国，语言的统一也是加强各地联系的有意义的纽带。

马丁·路德的转变与奥格斯堡告白

沃尔姆斯会议以后，革命进一步深入。首先，托马斯·闵采尔站在下层人民一边批判路德，提出自己的革命主张[1]。其次，1522—1523 年爆发了骑士暴动。原来路德的宗教改革一开始就得到骑士的支持。胡登曾致书路德，希望为了祖国的自由和解放建立密切联系。胡登知道路德在沃尔姆斯会议上的坚决态度后，曾写信声援，并谴责迫害路德的高级教士。沃尔姆斯会议以后，路德却更深地投入诸侯的怀抱，骑士遂单独举行暴动。骑士暴动没有得到市民或农民的支持，以失败告终。

革命深入以后，路德一再讲道和撰文攻击闵采尔和革命群众。1521 年底，维登堡发生学生、市民冲进教堂驱逐神甫事件。一直躲在瓦特堡的路德再也坐不住了，潜回维登堡观察形势。1522 年 1 月，他出版《劝基督徒毋从事叛乱书》，伪装公允，谴责双方，要群众"镇定"，听从"教导"，千万不能乱说、乱想、乱动，并提出上帝禁止暴动的口号。他还不指名地攻击闵采尔"草率从事""违反福音"。同年 3 月，路德在维登堡接连八次讲道，攻击群众"太过火了""太激烈了"，号召大家"彼此顺服，携手相助"。他以自己为例现身说法：虽反对赎罪券和教皇，但从来不用暴力。1523 年 3 月，路德发表《论俗世的权力》，公开维护当时的政治制度，号召"缴纳税款，尊敬长官"，"服事政府，帮助政府"。这篇奇文是路德堕落的耻辱柱。

1524 年夏，德国南方首先爆发大规模的农民战争，翌年达到高潮。在滚滚的农民战争洪流面前，路德把一切旧仇忘得干干净净，罗马教廷变成无罪的羔羊。他公然号召市民、贵族、诸侯和教皇团结起来反对起义的农民，堕

---

[1]　内容详见本书《德国农民战争》一文。

落为可耻的叛徒。1524年8月闵采尔住在缪尔豪森，路德给市当局写信告密，请求镇压。1525年5月15日，当他获悉闵采尔被俘后立刻致书约翰·吕埃尔说："我希望知道怎样捉住他、他是怎样表演的，这样可以彻底弄清这个家伙的傲慢无礼。这个可怜的畜牲落到这个下场可怜又可鄙，然而，我们有什么办法！这是上帝的意旨，要使老百姓懂得惧怕。否则，魔鬼会更加肆虐。这种不幸比较可取，这是上帝的审判，动刀者必死于刀下。"同年5月，路德还发表《反对杀人越货的农民暴徒》，号召无论谁只要力所能及，应该把起义农民戳碎、扼死、刺杀、就像打死疯狗一样。路德仇恨革命达到疯狂的程度。

路德叛变以后，他从事的宗教改革蜕变成诸侯手里的工具。他虽然没有抛弃只靠信仰得救的主张，但对信仰的解释有了重大变化。路德不再讲信仰自由和思想自由了，却起劲地攻击自由意志。他一再攻击伊拉斯莫有关自由意志的观点，认为自由意志只能对挤牛奶、盖房子等小事情起作用，对信仰完全无能为力，甚至狂叫"理性是信仰之敌"。1529年10月16日，路德在提交奥格斯堡帝国议会的声明（后称"路德告白"）说得更清楚：信仰"不是人为的，也不是人力所能及的，它是神的化工"。此外，他还极力污蔑农民、美化诸侯，甚至力争与天主教会重归于好。1529年，他在一次讲道中说：诸侯虽有宏伟的城堡，穿戴宝石、金项链和丝绒，但非常"忙碌、危险和劳苦"，庄稼汉闭眼不看诸侯之苦，只看到戴貂皮帽子是不对的；其实，"国王和贵族虚有闪光的外表，而臣民才有真正的黄金"，因为诸侯的貂皮帽下思虑和忧愁之多宛如帽上之毛。1530年6月15日，路德把他亲自审定的《奥格斯堡告白》提交议会宣读，系统阐述路德教的理论。告白以给查理五世的信为序，号召基督教各派"宽容、温和与平心静气地"协商、生活在一个教会里，因为"我们大家都是基督的臣民和战士"。告白还攻击自由意志和再洗礼派。恩格斯愤怒地斥责《奥格斯堡告白》是一场令人作呕的交易，是改头换面的"市民教会制度的最后定案"，路德的宗教改革蜕变为"庸俗市民阶级性质"的"官方的宗教改革"。[①] 马克思指出："路德战胜了信神的奴役制，只因为他用信仰的奴役制代替了它。他破除了对权威的信仰，却恢复了信仰的权威。他把僧侣变成了俗人，但又把俗人变成了僧侣。他把人从外在宗教解放出来，但又把宗教变成了人的内在世界。他把肉体从锁链中解

---

① 《马克思恩格斯全集》第7卷，人民出版社1959年版，第408页。

放出来，但又给人的心灵套上了锁链。"①

路德教简化宗教仪式，废除圣像、圣物和十字架，牧师可以结婚，用地方语言做礼拜，实行廉价的教会。路德教会的首脑是诸侯，不受教皇控制。由于诸侯互不统属，德国没有统一的路德教会。德国北部和东北部的诸侯，如萨克森、麦克伦堡、普鲁士、不伦瑞克等改宗路德教，乘机夺取天主教会财产。南部和西南部的诸侯多宗天主教。德国的分裂割据依然如故。1555 年的奥格斯堡和约规定教随国定的原则，即诸侯有权决定臣民的信仰。路德教取得合法地位。16 世纪时，瑞典、丹麦和挪威也改宗路德教，建立从属于王权的路德派教会，天主教会的垄断地位从此被打破。今天，路德教是新教中最大的一派，在德国、美国和北欧诸国势力很大，拥有信徒约 7000 万人。

---

① 《马克思恩格斯选集》第 1 卷，人民出版社 1972 年版，第 9 页。

德国农民战争

孔祥民

1524—1525 年在德国爆发的农民战争，不仅是德国和西欧历史上规模空前的农民战争，而且也是继路德领导的宗教改革和济金根领导的骑士暴动失败以后，农民和平民将革命推向高潮的伟大壮举，形成了 16 世纪德国"整个革命运动的顶点"①。

社会矛盾的激化和闵采尔思想的产生

在本书《德国的宗教改革》一文里已经介绍了 15 世纪后半期到 16 世纪初德国资本主义关系的发展和政治上的分裂割据，指出驱逐教皇势力和结束诸侯割据进而实现国家统一，是 16 世纪德国革命面临的基本任务。这里着重介绍农村的情况。15 世纪时，在德国农村里既有分成制一类的半资本主义关系的发展，也有劳役制加强的趋势。劳役制的加强主要发生在西南德意志，即后来农民战争激烈进行的地区。至于易北河以东的德国，如普鲁士、勃兰登堡和波美拉尼亚一带，虽然也有封建主违背契约压榨和剥削农民的事发生，但规模远没有西南德意志大，农民的状况好得多。这里人口少，荒地多，封建主可以更多地利用垦荒发财致富。所以，在 15 世纪末 16 世纪初前后 50 年，易北河以东的农民没有受到西南德意志强大农民运动的影响。② 德国西南部则不同，随着城市的繁荣，封建主日益羡慕城市贵族的豪华生活。于是，他们"就对农民开始了新的压迫，增加代役租和徭役，越来越热衷于

---

① 恩格斯:《路德维希·费尔巴哈和德国古典哲学的终结》，《马克思恩格斯选集》第 4 卷，人民出版社 1972 年版，第 252 页。

② 参见恩格斯《关于普鲁士农民的历史》，《马克思恩格斯全集》第 21 卷，人民出版社 1965 年版，第 278 页。

再度将自由农民变成依附农民，将依附农民变成农奴，把公有的马尔克土地变成地主的土地"。[①] 他们不仅剥夺农民使用公有森林和牧场的权利，而且竭力扩大劳役制；农民除为地主耕田、收割外，还得割草、运送肥料和禾草等，剩下来由自己支配的时间十分有限。日益繁重的劳役和名目繁多的实物、货币地租同时并存，是农民战争前夕西南德意志农民状况的特点。例如，继承税就是一项沉重的负担，往往弄得农民倾家荡产。继承税的缴纳形式有时是一头好牲畜，有时是动产的 1/3，有时需缴纳一笔可观的钱。图林根曾经发生这样的事，一个农民死后竟交三次继承税：第一次牵走一头好牲畜，第二次拿去好衣服，第三次拿走死者的所有好牲畜。有的地方规定继承人必须在两周内付清继承税，否则丧失使用土地的权利。

15 世纪时德国流行一首名叫《魔网》的歌，形象地唱出了农民的惨状：

> 上帝高居九重天，可怜农民苦无边。
> 若非地主剥净皮，苦干许能混人间。
> 耕田、播种、收割忙，惊看来了地方官。
> 宣布老爷一道令，一切工作扔一边。
> 立即套马上堡塞，那里有活要你干。
> 运柴运草运粪便，一车接着一车装。
> 农活未停犁在田，这和老爷何相干？
> 农民如果有怨言，皮鞭猛抽脊骨断。

从 15 世纪末以来，德国地方性的农民起义就此起彼伏。早在 1476 年，法兰克尼亚数万农民在汉斯·贝海姆领导下准备起义，事泄被镇压。从此农民起义不断。1493 年，阿尔萨斯出现农民和平民的秘密革命组织"鞋会"。"鞋会"成员在自己的旗帜上绘一只农民穿的鞋，有一根长长的皮带。早自15 世纪 30 年代以来，起义的德国农民常常在旗帜上画只草鞋作为标志。1502 年，"鞋会"提出有重大意义的改革要求，不仅要求废除农奴制度和一切租税，而且还提出没收教产分给人民和建立统一的君主国。从那时起，这两条要求在农民平民进步集团中一再出现，直到闵采尔把它发展为没收教产实行财产公有和建立统一的共和国。1503 年春，在士瓦本出现"穷康拉德"

---

① 恩格斯：《马尔克》，《马克思恩格斯全集》第 19 卷，人民出版社 1963 年版，第 364 页。

组织，其成员除本地农民外，还有逃散到这里的"鞋会"成员。"鞋会"和"穷康拉德"两个秘密组织，为德国农民战争作了多方面的准备。

1517 年 10 月 31 日，马丁·路德贴出《关于赎罪券效能的辩论》（即"九十五条论纲"），整个德意志民族怒吼起来了。农民平民认为和一切压迫者算账的时候到了，把它看成起义的信号。资产阶级、骑士甚至部分世俗诸侯也卷入反教会的浪潮之中。过去主要是地方性的反封建斗争，迅速达到全民族的规模。一切反对派，包括农民平民，都团结在路德的周围。1521 年的沃尔姆斯会议以后，当路德的阶级本性日益暴露，变成诸侯的奴仆时，广大农民平民就抛弃了他。在杰出的农民革命家托马斯·闵采尔的领导下，终于爆发了伟大的德国农民战争，把德国革命引向顶点。

闵采尔（约 1490—1525 年）生于德国采矿业的中心哈茨的施托尔堡。据说他的父亲是个农民，被施托尔堡伯爵迫害至死。闵采尔十五岁读中学时，组织过反对诸侯和天主教会的秘密团体。他先后在莱比锡大学和法兰克福（奥得河畔）大学学习，熟悉古代作家和人文主义者的作品，精通拉丁语和希腊语。路德开始宗教改革时，闵采尔曾表示积极支持。1520 年 4 月，经路德介绍，闵采尔任茨维考城牧师。茨维考位于纽伦堡到莱比锡和北方诸城的商道上，工商业发达，盛产呢绒、啤酒，附近还有丰富的银矿。随着资本主义关系的发展，这里的贫富分化日益严重，闵采尔经常接近工人和下层人民，同流行于他们中间的再洗礼派关系密切。当路德的调子越来越低，逐渐倒向诸侯的时候，闵采尔挺身而出同他进行斗争。1521 年 4 月，闵采尔及其同伴被迫离开茨维考，辗转来到塔波尔派的故乡捷克。由于发表了《布拉格宣言》，日益鲜明地主张用暴力革命实现社会变革，他受到捷克当局的迫害，只好逃回德国，奔走于图林根和萨克森的城乡。1523 年初，他任图林根的阿尔斯特德镇牧师。这时，闵采尔的宗教政治观点逐渐形成，他毫无畏惧地攻击诸侯和天主教会，建立革命组织基督教联盟，使阿尔斯特德成为下层人民革命运动的中心。

闵采尔是一个泛神论者，在个别地方达到无神论的边缘。他反对盲目信仰，认为天主教宣传的赎罪说是给破房子刷白粉，而破房子应该拆掉重建，不能刷白粉。路德把信仰说成神的恩赐，闵采尔说信仰就是理性，人人皆有，人人可以靠它升入天堂。天堂不在来世，信徒的使命是在现世建立天堂。既然没有来世的天堂，当然也不会有来世的地狱。除人的邪念外也没有什么魔鬼。基督同我们一样也是人，只是先知和师表而已。恩格斯称之为

"革命的宗教观点"。①

　　闵采尔的政治纲领是立即在地球上"建立一个没有阶级差别，没有私有财产，没有高高在上的社会成员作对的国家政权的一种社会"，即千载太平之国。那时，应当由普通人掌握政权，实行财产公有。为达此目的，必须经过"大震荡"，即暴力革命，敲碎破盆烂罐！闵采尔的纲领是当时"刚刚开始发展的无产阶级因素的解放条件的天才预见"。②

　　闵采尔的理想和实践对 16 世纪德国革命有重大意义，是用平民方式，即非资产阶级方式消灭封建制度和统一德国的伟大尝试。由于资产阶级目光短浅，因而只有使革命超过原来的目标走得更远一点，采取更加激进的措施，也就是说只有农民平民的干预，才有可能埋葬已存在千年之久的欧洲封建制度。

气势浩大的德国农民战争

　　1524 年夏，德国南方爆发大规模农民起义，德国农民战争正式开始。年底，闵采尔和弟子普法伊费尔徒步前往南德的起义农民中去，边走边宣传，吸收志同道合的人加入基督教联盟，做了大量的工作。一些起义领袖，如瓦尔茨胡特的胡布马伊埃、苏黎世的康拉德·格雷贝尔、格利森的弗兰茨·拉布曼、梅明根的沙佩勒尔、莱普海姆的雅科布·韦埃等人，都被吸收为联盟的领导者。闵采尔的南德之行，对翌年农民战争的全面爆发，对农民纲领的明确提出，都起了极其重要的作用。1525 年 2 月，闵采尔回到图林根的缪尔豪森，直接领导这个地区的农民战争。

　　1524—1525 年的德国农民战争有三个中心地区，即士瓦本、法兰克尼亚和图林根与萨克森。东部的提洛尔、西部的阿尔萨斯等地也发生了起义。起义农民中流行着名为"穷康拉德"的歌以及黑军的战歌，说明农民的斗争矛头直接指向教皇和诸侯这两个阻碍德国统一的主要敌人，充分反映他们的革命精神。"穷康拉德"的歌词中的一节这样说：

---

　　① 恩格斯：《德国农民战争》，《马克思恩格斯全集》第 7 卷，人民出版社 1959 年版，第 413 页。

　　② 同上书，第 414 页。

我穷康拉德，我就在这里！

在田野，在林丛。

钢盔亮晶晶，盾牌清又净。

"草鞋"伴英雄！

诸侯并教皇，一对瞎眼睛。

我自设法庭，判领主死刑。

圣经，就是我的命令！

我穷康拉德，我就在这里！

猛刺吧，长矛！

横扫吧，棍棒！

　　1524年底，士瓦本南部的农民军提出"书简"纲领，明显地受闵采尔的思想影响。"书简"没有提出具体要求，从文中提到有附属条款来看，可能是具体要求的前言。它明确指出，现在城乡贫苦人受"宗教贵族、世俗贵族和政府"的沉重压迫，是违背上帝的旨意的。为了基督教的利益或共同利益（在"书简"中四次出现含有类似意思的提法），贫苦人应当团结起来加入基督教联盟，把自己和子子孙孙从苦难世界中解救出来。办法是在可能范围里用和平手段，如果办不到则采用暴力。对拒绝加入基督教联盟的人和叛徒实行"世俗的斥革"，断绝与他们的一切来往，使他们像死人一样，实际上是应处死和没收财产。显然，纲领的基本思想是革命，是打倒现存统治阶级并由普通人掌握政权，这是闵采尔的一贯主张。

　　1525年3月初，在士瓦本南方（莱茵河、多瑙河和富赫河之间）有六支农军，即埃瓦廷根一带的黑森林—郝部农军、乌尔姆南方的巴尔特林根农军、门明根的上阿部农军、乌尔察赫的下阿尔部农军、伯马廷根的湖军和莱普海姆农军，共有三四万人。在农军中闵采尔革命派是核心和骨干，但人数少，温和派占上风，主张取守势、与敌人谈判达成协议。龟缩在瓦尔德堡的士瓦本联盟的司令官特鲁赫泽斯，陷于四面楚歌，但他狡猾地和巴尔特林根、上阿尔部和湖军达成停战协议，争取到了时间。这三支农军的代表多次在门明根开会，终于在3月中旬拟就十二条要求，即著名的门明根"十二条款"，准备4月2日继续与特鲁赫泽斯谈判。"十二条款"是温和的，主要反映富裕农民的利益，它只要求废除农奴制和什一税，限制地租、徭役，归还被领主霸占的森林和牧场等，没有提出没收地主土地的问题。"十二条款"

和"书简"一样，在农民军中广泛流传。士瓦本的农军没有统一领导，缺乏良将，而且大批流氓无产者加入后，纪律松弛，士气不振，远不是诸侯军队的对手。3 月底，特鲁赫泽斯在乌尔姆纠集约 1 万人的兵力开始反扑。到 4 月底，分别击溃士瓦本各支农军的主力。

1525 年 3 月末起，法兰克尼亚爆发新的农民起义，以诺德林根、安斯巴赫、洛腾堡、维尔茨堡、班堡和比尔德豪森六个地区为中心。法兰克尼亚的农民起义规模大，斗争激烈。他们占领几百个寺院和城堡，惩办了农民最痛恨的地主恶霸。4 月初，在雷恩塔尔附近组成以著名农民领袖叶克来恩·罗尔巴赫为首的华美军，坚决镇压一个杀人如麻的伯爵，全国为之震动。华美军中有一支精锐部队叫黑军，由骑士盖尔领导，敌人闻风丧胆，正如他们唱的革命歌曲里说的那样：

> 我们盖尔黑军，暴君听见头晕。
> 长矛前进！冲向敌人！
> 烈火，把寺院烧成灰烬！
> ……
> 盖尔率领着我们！诸侯教皇是敌人.
> 农民战旗高！"草鞋"迎风飘。
> 长矛前进！冲向敌人。
> 烈火，把寺院烧成灰烬！

后来，反映资产阶级利益的文德尔·希普勒取得华美军的领导权，罗尔巴赫和盖尔被迫离开。1525 年 5 月，希普勒向在海尔布琅召开的农军会议上提出一个纲领，即"海尔布琅纲领"，又名"帝国改革纲领"。纲领要求改革教阶制度，建立帝国最高法院，取消诸侯的一切同盟，在德国建立一个强有力的中央政府。纲领还要求统一币制和度量衡，取消苛捐杂税和保护商路安全，允许农民以相当于常年租 20 倍的赎金赎买封建义务。身为贵族的希普勒，具有丰富的经验，他能够正确地认识阶级关系的现状，知道不能只代表运动中一个等级去反对其他等级，所以他的纲领反映了不同阶级的革命要求，正确地提出统一德国的主张。

"海尔布琅纲领"主张的统一，主要代表了资产阶级的利益。农民赎买封建义务固然是对贵族的让步，但最终目的也是通过采取封建主能够接受的形式把封建土地所有制逐步转变为资产阶级土地所有制。希普勒与有远见的革命家闵采尔及农民革命英雄罗尔巴赫不同，是进步势力中处于中间状态的代表人物，是形成中的资产阶级的代表人物。"海尔布琅纲领"中的统一德国方案，虽然在农民战争的特殊时期不能立刻实施，但却符合社会发展的要求，或迟或早总会实现的。如恩格斯所说，"海尔布琅纲领"的原则和要求"是封建社会的当前解体状态的稍加理想化的必然结果"。①

特鲁赫泽斯镇压士瓦本起义后，于 1525 年 5 月初进入维尔腾堡，平息那里的暴动。罗尔巴赫被俘，被慢火残酷地烧死。一度归附农军的海尔布琅城的名门望族，开始与特鲁赫泽斯谈判投降问题。正当农民们辩论希普勒的纲领的时候，特鲁赫泽斯的军队突然赶到，希普勒只得逃走。6 月初，维尔茨堡市政当局为特鲁赫泽斯打开城门，最后一支法兰克尼亚农军被解除武装。

农民战争第三个中心地区是图林根和萨克森。这里是宗教改革运动的策源地，群众基础好。缪尔豪森城的群众，早已站在闵采尔一边。1525 年 3 月 17 日，即在南德总起义之前，缪尔豪森的平民和矿工便推翻城市贵族的统治，成立"永久会议"，控制了这里的政权。闵采尔是新政权的实际负责人。不久，图林根和萨克森到处发生农民起义，形成整个德国农民战争的顶点。缪尔豪森是德国北方运动的中心，闵采尔是公认的领袖。到 4 月底，黑森邦方伯腓力普拼凑一支军队，并配合萨克森公爵的部队，进攻缪尔豪森。腓力普说，"缪尔豪森是一切冲突和不满的根基和发源地，一切叛乱行动像泉水一样从那里涌出"。他还说，这里的起义将把"普通人吸引到自己方面，并且按自己的愿望行事"，将给"罗马皇帝的尊严、所有仁慈的老爷、选侯、诸侯、一切等级、神圣帝国的政权和整个德意志民族，带来不堪忍受的灾难"。腓力普的诬蔑从反面证明了这里起义的影响大，使敌人恐慌。闵采尔组织一支 8000 人的队伍迎击，但缺乏装备和训练，他本人也没有军事经验。5 月 16 日，农民军被击溃，5000 多人惨遭杀害。闵采尔受伤被俘，遭敌人严刑拷打，坚贞不屈，壮烈就义。5 月 25 日，缪尔豪森城投降，并入萨克森领土。

三个中心地区的农民起义失败后，德国农民战争基本结束。个别地方的

---

① 恩格斯：《德国农民战争》，《马克思恩格斯全集》第 7 卷，人民出版社 1959 年版，第 459 页。

起义还在继续，有的一直坚持到 1527 年。

农民战争失败的原因

伟大的德国农民战争遭到失败后，有 10 万以上的农民被杀戮。各处农民重新陷入领主奴役之中，权利被践踏，公有地变成领主的土地，农奴制死灰复燃。不仅德国南部的农民，而且易北河以东和北部的自由农民，都先后降到了农奴的地位，担负着无限制的徭役和租税。

农民战争沉重地打击了天主教会势力。他们的寺院和教堂被焚毁，金银财宝被没收。在新教各邦，教产很快落入诸侯或城市贵族手中。德国的天主教会再也不能恢复以前的状况了。农民战争也打击了封建贵族，特别是骑士。他们到处被击败，城堡大半被毁，从而日趋没落，只有更深地依赖诸侯。

市民背叛了农民起义，自己也没有得到好处，城市贵族的统治到处恢复。城市的特权被剥夺，不得不向诸侯支付巨额赔款。帝国城市如缪尔豪森，被并入诸侯的领土。市民反对派受到挫折，很久不能重振。更严重的是，由于农奴制的普遍恢复和其他不利因素的影响，德国的工商业衰落，资本主义发展受到严重阻碍。

诸侯是唯一从农民战争失败中得到好处的集团。他们夺取了天主教会的财产，加强对城市和农民的压榨。由于一部分封建贵族大为削弱，也不得不听凭诸侯摆布。路德教也终于彻底蜕变成一部分诸侯争权夺利的有力工具，1525 年后，这部分新诸侯以德国北部为基地，同天主教诸侯展开了拼抢教会地产和势力范围的激烈争夺。德国的分裂状态比以前更为加剧了。

德国农民战争说明农民具有大无畏的英雄气概和革命精神，是革命的主力军。他们高举革命的大旗，前赴后继，英勇奋战，沉重地打击了封建制度。农民战争的杰出领袖闵采尔，坚持革命始终如一，视死如归，壮烈牺牲，表现了崇高的革命品质。然而，要推翻封建制度进而改造整个社会，单靠农民自己不可能取得胜利。"农民只有与其他等级联盟才能有胜利的机会。"[①] 可惜的是，德国农民没有找到可靠的同盟者。

---

① 恩格斯：《德国农民战争》，《马克思恩格斯全集》第 7 卷，人民出版社 1959 年版，第 398 页。

　　16 世纪的德国，阶级关系十分复杂，每一等级都妨碍着另一等级，它们之间的利害关系不是相互冲突就是极其悬殊。没有一个阶级能够把一切革命等级团结在自己周围，汇成一支巨大的革命力量。平民不是一个成熟的、独立的阶级，与现代无产阶级根本不同。他们不但不能领导农民，而且其行动往往视农民为转移。只有在闵采尔直接领导下的图林根一带，平民中萌芽的无产阶级成分暂居上风，形成了农民战争的顶点，但只是昙花一现，很快就失败了。骑士虽同封建诸侯有尖锐矛盾，但又是农民的剥削者之一，根本不可能和农民结成同盟。资产阶级虽然参加了革命，但自身力量软弱，具有极大的动摇性，当革命发展到高潮的时候，由于害怕人民措施过激而叛变革命，投降敌人。路德的一系列表现就是最好的证明。当时德国的历史发展，要求资产阶级担当领导革命的使命，但资产阶级竟然叛变了革命，把自己出卖给诸侯，正如恩格斯指出，德国农民战争所以失败，"主要是由于最有利害关系的集团即城市市民的不坚决"。①

　　农民战争的失败，也与农民自身的阶级局限性有直接关系。临时组织起来的德国农民虽然形成了三个斗争中心地区，但缺乏统一的组织和领导，三个中心地区之间的配合和呼应也十分不够，致使运动仍带有很大的自发性和涣散性，这无疑削弱了整个农民战争队伍的战斗力量。就斗争纲领而言，虽然受闵采尔思想影响制定的"书简"是极为激进和彻底的，但只有少数农民以此为纲领。多数农民的思想仍是比较保守的，带有比较简单的反抗意识。此外，农民本身也受到分裂局面的现实影响，不具备统一德国的明确认识和实际力量，因而无法消除封建割据的现象。

　　尽管德国农民战争因内外原因不幸遭致失败，但它作为 16 世纪德国"整个革命运动的顶点"，显示了德国农民、平民在促进社会变革中所具有的巨大力量。伟大的德国农民战争，也对德国近代历史上的人民运动和革命斗争产生了深远的影响。

---

　　① 恩格斯：《社会主义从空想到科学的发展》英文版导言，《马克思恩格斯选集》第 3 卷，人民出版社 1972 年版，第 391 页。

瑞士宗教改革

于　可

瑞士位于欧洲中部，与德国、法国、意大利等国接壤，历史上是西欧国际贸易商道的咽喉要地。自 11 世纪起瑞士成为神圣罗马帝国的一部分，1291 年，中部的乌里、施维茨、翁地瓦登三个州首先起来反抗哈布斯堡王朝的统治，宣布独立，脱离帝国，组成联邦。其后，相继又有苏黎世、伯尔尼、巴塞尔等 13 个州和一部分领地加入联邦，经历了 200 余年的斗争，先后击败了法、德等国封建主的武装干涉，于 1511 年签订了巴塞尔条约，取得了事实上的独立。它们在政治上实行联邦制，各州自治，联邦政府仅处理外交事务。

15 世纪末，瑞士各州经济水平发展不一，相互之间联系较少，尚未形成共同的国内市场。中部山区各州以农牧业为主，经济落后。位于国际商道上的各城市州，如苏黎世、日内瓦等，工商业较发达，与德、法的经济文化联系密切，并由此形成了两大语言区：西部以日内瓦城为中心的法语区和东北部以苏黎世为中心的德语区。这些城市州的首府多数已成为自治市，组成市议会，有充分的自治权。资本主义性质的工场手工业，特别是纺织业与制革业、商业、银钱业的发展已具有相当的规模。市民资产阶级已形成为独立的政治力量，在西欧人文主义思潮和反抗罗马教会群众运动的影响下，日益意识到掌握政权的需要，竭力反对封建制度。他们要求取消天主教会的特权与经济剥削，不断揭露教会的腐败和贪婪，主张建立民族的与廉价的教会。处于社会下层的农民和贫民更加不满封建剥削与压迫。在此基础上，于 16 世纪初叶，继德意志宗教改革之后，瑞士发生了以宗教改革为表现形式的资产阶级反封建的革命运动。

瑞士的宗教改革运动分为两个阶段：（1）以苏黎世为中心的慈温利的宗教改革；（2）以日内瓦为中心的加尔文的宗教改革。

苏黎世的慈温利宗教改革

乌尔利希·慈温利（1484—1531 年）出生于瑞士维尔德豪斯的一个富裕农民的家庭。他幼年曾受良好的教育，于 1498 年开始就读于维也纳大学和巴塞尔大学，1504 年获文学学士学位，1506 年获硕士学位。在学习期间，他深受人文主义者伊拉斯莫、科勒特和他的老师，宗教改革家威顿巴赫的影响，接受了他们的学说，成为一位基督教人文主义者。他于 1506—1516 年任拉鲁斯教堂神甫，开始研究希腊文《新约全书》，并两度赴意大利，亲眼看到罗马教廷的腐败，他的宗教改革思想初步形成。1518 年被苏黎世市教堂聘为传道士。

苏黎世是瑞士工商业最发达的城市之一。16 世纪初，该城新兴资产阶级在市议会中已占有相当的地位。他们对天主教会的腐败与搜刮不满，要求土地还俗；农民、平民对教俗封建主的横征暴敛早已民怨沸腾。在此情况下，慈温利于 1518—1522 年在德意志宗教改革运动影响下，系统地宣传宗教改革的主张，得到市民、农民和平民的支持。其改革思想在主要方面与马丁·路德有类似之处。这主要是：（1）否认罗马教皇及其神职人员的权威，主张圣经，特别是《福音书》，是产生信仰的唯一源泉。（2）建立民族的与廉价的教会，主张与罗马教廷断绝关系，教会独立；禁止贩卖赎罪券；取消祭台、祭衣；禁止偶像崇拜与朝圣；解散修道院，没收教产；取消烦琐豪华的圣礼，仅保留洗礼与圣餐两项；反对神职人员独身制。但是，他的改革思想在某些方面比路德更为激进。这些主张是：（1）彻底反对天主教的圣餐观"化体说"①，亦不赞成路德的"临在说"，而主张"象征说"，认为圣徒领受圣餐仅是一种象征，借以纪念基督耶稣的救赎，否认祝圣后的饼与酒具有神秘的力量，它只不过是一种精神食粮。对此分歧，他与路德派进行了多次争论，因各持己见未能统一。（2）摒弃了路德对封建诸侯的依赖，主张教会实行共和制，应把君主与诸侯视为暴君而攻之。此点是他与路德派不可调和的关键所在。

他的改革思想得到苏黎世城各反封建阶层的支持与拥护，广泛传播，并

---

　　①　天主教的"化体说"认为饼与酒在弥撒中祝圣后即化为耶稣基督的肉与血。路德反对此说，提出"临在说"，认为经祝圣后的饼与酒虽未化为基督的肉与血，仍旧是饼与酒，但在信徒领受圣餐时，耶稣基督确实临在其中，与饼、酒溶合并存。

付诸行动。在新兴资产阶级赞助下，苏黎世议会于1522年8月宣布教会独立，与罗马天主教康士坦斯主教区脱离关系。

1523—1531年是慈温利在苏黎世进行和实现宗教改革的时期。在此期间，他发表了两篇代表作，《简论六十七条》和《真伪宗教诠释》，全面概括了其改革主张。在市政当局的主持下，该城先后进行了三次公开大辩论，慈温利的主张得多数市民的支持，并付诸行动，改革取得了较大成果。市议会通告全体市民必须信奉新教，否则驱逐出境；封闭修道院，没收其财产改为学校；废除神职人员独身制，自由结婚；取消洗礼费与丧葬费；废除主教制与斋戒；取消弥撒礼；用德语作礼拜；清除教堂中的偶像和圣徒遗物；并将贵族豪绅清洗出市议会。

慈温利在苏黎世改革的成功，对邻近的德语区城市影响甚大。1521—1523年，沙夫豪森、圣迦伦、阿本采尔等城市州接受了慈温利的宗教改革主张；1529年，巴塞尔、伯尔尼两个大城市州也加入苏黎世的改革阵线，并得到各州广大农民的支持，声势浩大。但运动的发展遭到德语区封建保守势力较强的农业州与天主教会的嫉恨，它们将慈温利的改革视为异端，联合起来进行抵制和反对。这些州结成反改革的组织"基督教联盟"统一行动。以苏黎世为中心的一些城市州亦结成"基督教市民同盟"，针锋相对。新旧势力双方不断发生武装冲突，终于导致1531年战争的爆发。慈温利以随军牧师的身份参加作战，10月11日在卡匹尔一役中，苏黎世失败，慈温利阵亡，改革受挫。

苏黎世失败的主要原因是新兴资产阶级在运动中未真正支援农民运动，因而失去了下层的支持，并因同盟内部各城意见不一所致。瑞士德语区的宗教改革运动从此转入低潮，致使中部的部分地区继续为天主教所控制，延续至今。慈温利的改革虽然受到挫折，传播范围很小，但他至今仍被西方学者们公认为是西欧历史上与路德同时代的、第一代宗教改革家之一，并认为他在宗教改革理论方面做出了一定的贡献，对日后日内瓦的改革起到了促进作用。16世纪30年代中期，瑞士宗教改革的中心转移到法语区的日内瓦。

日内瓦的宗教改革与加尔文宗的建立

日内瓦城位于瑞士的西南部，与法国接壤，地处罗尼河上游的莱芒湖（现称日内瓦湖）畔，罗尼河由此流经法国入地中海。因此，自古以来该地

域与法国的经济文化关系密切，居民说法语，是瑞士法语区的首府。日内瓦
自恺撒时代即为一商业点，罗尼河与莱芒湖交界处有一桥梁，为各路商贾的
交汇处，商业发达。15 世纪以来，该城的首饰、皮毛、纺织、制鞋等手工业
以及信贷业和过境商业已具有相当规模，并出现了资本主义的萌芽。16 世纪
初，新兴资产阶级在政治上开始强大，不满于封建领主和天主教会的控制，
开展了争取独立与自由的反封建斗争。

日内瓦自 13 世纪以来被位于阿尔卑斯山南麓之萨伏依公国所控制。萨
伏依于 1290 年开始委派行政长官统治日内瓦；1444 年又掌握了该城主教的
控制权。因此，摆脱与驱逐萨伏依公国的政治与宗教控制势力成为这个城市
反封建的直接目标。16 世纪初，日内瓦市民大会选出由 60 名议员组成的
"六十人会议"，议员多为富商和市民上层，开始参与掌管宗教、民政和法律
事项。1526 年又增设 200 名议员的大议会，并从中选出 25 人组成小议会
（相当于常委会）。他们在德意志宗教改革和慈温利改革的影响下，与邻近的
新教城市伯尔尼和弗赖堡结为同盟，掀起反对萨伏依公国统治的斗争，终于
在 1530 年推翻了行政长官的统治，并迫使天主教会主教出走，取得了反封
建斗争的初步胜利，出现了宗教改革的热潮。

日内瓦的宗教改革可以分为两个阶段：第一阶段（1532—1538 年）是
新教改革家法雷尔（1489—1565 年）和加尔文（1509—1564 年）进行初步
宗教改革的阶段。第二阶段（1541—1559 年）为加尔文在日内瓦城建立长
老宗教会，全面进行宗教改革取得胜利的阶段。

新兴资产阶级取得政权后，1532 年 6 月 9 日，激进的新教徒在全城遍贴
批判罗马教皇、反对出售赎罪券、要求宗教改革的标语。此时法国新教改革
家，加尔文之密友法雷尔来到日内瓦。他自 1526 年开始曾在瑞士法语区的
爱格勒、伯尔尼等城市从事新教的宣传与改革工作，取得了很大进展。他到
日内瓦后，多次举行宗教改革辩论会，得到市民群众的拥护，新教信徒大
增。他们占领教堂，捣毁偶像，取消弥撒，将修道士驱逐出境。在 1536 年
初反抗萨伏依公国武装干涉取得胜利的基础上，5 月 21 日市民大会投票决定
皈依新教，规定凡属公民均应宣誓信奉福音，否则将被驱逐出境。宗教改革
取得了初步的胜利，但对如何改革教会组织与革新教义和仪式，从宗教上肯
定与巩固新的政权，尚待深入进行。在此情况下，1536 年 7 月加尔文应法雷
尔的邀请来日内瓦从事改革工作。

法国人让·加尔文是基督新教长老宗（又称加尔文宗）的创始人，新教

著名的神学家和政治家。他于 1509 年 7 月 10 日生于巴黎东北约 93 千米之诺扬的一个资产阶级家庭。加尔文曾就学于巴黎大学修哲学与神学，1528 年获文学硕士学位，继而又从父命入奥尔良大学修法学。1531 年其父死后，又转入法兰西人文主义学院，学习希腊文与希伯来文，研讨《七十士本》圣经，专攻神学。16 世纪 20 年代，人文主义思想在法国早已广泛流传，路德的主张和著作也已在法国传播，并且产生了拥护路德等改革家的新教派。加尔文在就学期间受到伊拉斯莫和法国人文主义者勒费弗尔以及激进的新教活动家的影响，逐渐转向人文主义和新教的立场。1531 年他开始参加巴黎新教徒的活动，发表《评塞涅卡的仁慈论》一文，表达了支持路德宗教改革和反对专制主义的倾向，这一作品被公认为是"典型的人文主义作品"。1533 年他因多方宣传路德的"唯信得救"等新思想，被控为异端，先后流亡于昂古莱姆、巴塞尔、斯特拉斯堡和日内瓦。在流亡生活中，他接触到许多新教领袖，思想更为开阔，并且有一段集中的时间埋头读书，潜学精进，决心将新教理论系统化、条理化。1536 年他在巴塞尔出版其代表作《基督教原理》一书，年仅 27 岁。该书表明，他接受了路德的革新的神学与政治思想，并把它加以改造和发展，使之适应于更加成熟的资产阶级的需要。初版的《原理》篇幅不大，仅八开本 532 页，但加尔文以后多次修改补充，至 1559 年，该书最后的修订版比初版的篇幅增加了 5 倍。全书共 4 卷，各卷题目依《使徒信经》的次序，即父、子、灵、教会定名，每卷约 20 章。加尔文在书中提出了长老宗神学思想的要旨及"预定论"学说，并将此前的宗教改革思想系统化、理论化。他也因此而成为欧洲第一个系统的新教神学理论家，并一度成为法国抗议宗的领袖人物。1536 年 7 月他在赴斯特拉斯堡途中经日内瓦，经法雷尔劝说留在日内瓦与他共同从事宗教改革。

该年，法雷尔与加尔文积极宣讲长老宗思想，并说服小议会接受了他们提出的两项建议，即整饬道德风尚，严格纪律，对违犯者，轻则不许领圣餐，重则开除教籍；按照加尔文所著《教义问答》和法雷尔所著《信经》改革教会。1537 年 7 月，大议会决定，所有市民均需宣誓接受新教理论，任何人有信奉天主教之嫌疑者，均须议处；妇女着奇装异服者禁锢，赌博者戴镣，通奸者游街后流放。在改革过程中，加尔文的这些建议和措施遭到部分对宗教改革不满的市民和秘密天主教徒的反对，他们结为号称信仰自由的团体，抵制改革。1538 年 2 月，反对派在大选中取得胜利，获议会多数，通过决议将加尔文和法雷尔以宣传异端的罪名驱逐出境。法雷尔前往纳沙特尔城充任牧师，在此终其余生；加尔文则去斯特拉斯堡充任该城法国移民的牧师。在此三年中，他充实了《基督教原理》的内容，并设计了长老宗的教会组织，使之适应于新兴资产阶级掌权的需要。1541 年日内瓦城支持宗教改革的一派再度掌握了实权，重邀加尔文回日内瓦主持改革大计。

自 1541 年开始，加尔文在日内瓦进行了全面的宗教改革。当年 9 月至 10 月间，在他主持下拟定了《教会宪章》，确定了以长老为中心的组织领导体制，各类神职人员的任务、职责、礼仪的具体规定和内容以及政教之间的关系等，并开始付诸实施，故一般认为 1541 年为加尔文宗诞生之年。该宗的权威机构为长老会，或称宗教法庭，由小议会推举出长老 2 人，六十人议会推 4 人，大议会推 6 人，和牧师 5 人组成，加尔文任长老会议主席。长老会负责监督信徒的宗教生活和审理宗教案件，每星期四开庭，最高处分为开除教籍，超过此限度者则由政府机关审理。

此后 20 余年，加尔文全力投入长老宗的建设以及巩固日内瓦神权共和国的工作。在改革过程中，日内瓦城的新旧势力曾进行反复的较量。1555 年，支持加尔文的一派取得了决定性的胜利，加尔文的宗教法庭获得了充分的权力，可以独立决定开除信徒的教籍。1559 年，加尔文创立了日内瓦学院（后称日内瓦大学），成为西欧改革教会、教授神学的中心学府，培训出的新教传教士不断派往法国、荷兰、英格兰和德国。同年，加尔文的《基督教原理》最后修订版定稿并出版。至此日内瓦的宗教改革以胜利而告终。在此期间，加尔文的重要著作还有：《教义问答》修订版、《论教会改革之必要》《清除特兰托会议的条文》和圣经释义多种。1564 年加尔文病逝于日内瓦。

加尔文的神学政治思想及其成就

研究加尔文神学政治思想的主要史料是《基督教原理》《教会宪章》和《教义问答》，其主要思想与成就如下。

1. 预定论，又译为前定论，是加尔文神学思想的核心。它是以路德的"唯信得救"为基础，吸收保罗与奥古斯丁预定论的内容发展而来。加尔文给预定论所下的定义是"我们所谓的预定是指上帝以其永恒的旨意决定世界上每一个人所要成就的。因为人类被创造的命运不同，永恒的生命为某些人已预定，对于另一些人，则是永罚。既然每一个人都是为着或此或彼的一个结局而创造，所以我们说，他是被预定了或生或死的"。意即上帝以其神圣的、绝对的、不可改变的最高意志对世人进行拣选，被选中者为上帝的选民，享受永世的幸福，否则为弃民，要受永罚。选民要得救与个人的祈祷、善行无关，完全在于上帝的恩惠，在于上帝所决定的人的命运。人们只能听从命运的安排。但加尔文理解的选民的得救与路德不同，路德认为得救是人与上帝的神秘结合，可享受人世间所得不到的宁静与愉快；而加尔文却认为是上帝使其充满了基督的灵，成为基督的战士，获得社会活动的能力、方法与百折不挠的信心，使之在事业上获得成功。这说明加尔文的预定论不同于一般的宿命论而有其现实的内容。他提出，谁是选民，谁是弃民，并非神秘莫测，尽管上帝的决定秘而不宣，但可以通过上帝的呼召体现出来，对每个基督教徒来说，皆应坚信自己是选民并应全力以赴地努力苦干，若某人在对社会有益的各种职业中诸事如意，硕果累累，并且道德高尚，参加教会和服从上帝所建立的政权，就是他蒙呼召成为选民的外在标志。如至死仍一无所获，毫无成就，或不积极进取，懒惰松懈，事业失败，便是弃民。因此，他的预定论学说在于"适应当时资产阶级中最勇敢的人的要求"[1]。它把资本主义原始积累时期的社会分化、商业竞争之成败的社会现象加以神化，鼓励资产阶级追求财源，发家致富，同时又使失败破产者、社会下层和没落的贵族服从命运的安排，接受上帝的决定。这一思想后来为其门徒发展为"世间使命说"，认为"靠遗产收入为生是懒惰的习惯，似乎完全是罪恶的，从事于一种没有确定的目的，又不能获得物质利益的职业，似乎是对时间和精力的愚蠢浪费，不充分利用获取物质利益的机会似乎是不关心上帝的事，懒惰是最可怕的恶行"。它鼓励信徒鄙视清闲与浪费，应珍惜、节约钱财，充分利用、掌握时机发财致富，选民不仅在现实世界上可以获得财富，而且死后得以升天堂，得到上帝的承认。因而，它更加符合新兴资产阶级的胃口，得到他们的广泛拥护。预定论批判了封建天主教会对现世的消极、保守态度，鼓励人们积极进取，充分发挥个人的聪明才智，这对于瑞士以至于西欧资产阶级的成长和资本主义的发展起到了积极的作用。

　　加尔文的圣礼观体现了廉俭与平等的思想，长老宗仅保留洗礼与圣餐两项。圣餐观介于路德与慈温利之间，主张"参与论"。他认为领受圣餐的饼与酒既非真实的耶稣的肉和血，也非仅具有纪念性质，而是在圣餐中人可以凭借信仰领受精神上的基督，实质上是"参与"了基督的肉和血。此外，为

---

[1]　《马克思恩格斯选集》第3卷，人民出版社1972年版，第390页。

了体现平等，对一般信徒实行饼酒同领的圣餐制，对饼酒的要求亦较为灵活，发酵饼或无酵饼、红葡萄酒或白葡萄酒均可。

2. 民主共和的教会组织与神权共和国。根据加尔文的《教会宪章》的规定，教会设立四种职务：长老、牧师、教师、执事。长老评议会为世俗信徒的领导机构，由日内瓦议会选举产生，每年改选一次，可连选连任，负责维持秩序，监督每一个人的生活、道德和纪律以及教会的管理。牧师为神职人员，负责解释圣经，训练与审查预备牧师，施行圣礼，并组成牧师团，"无牧师团之许可，任何人不得在日内瓦传教"。教师（包括教授与中、小学教员）负责日内瓦学校的领导工作，宣教事业和讲授圣经，以保持信徒的纯正信仰。他与牧师的区别是"牧师有如昔日的信徒，教师有如古代的先知"。执事是由信徒选举产生的不脱产的协助长老和教师的教会管理人员，主管慈善机构，负责救济和医疗工作。教会的权威机构是由议会选出的长老12 人、牧师 5 人组成的长老会，独立行使教会的司法权。如教徒有失职、行为失检或生活放荡，它不必通过政府可直接对信徒进行处理。处分分为三种即劝告、公开劝告和开除教籍。此后，西欧各国的长老派坚持了这一选举和组织制度，基层教堂由信徒选出长老管理，由长老聘请牧师。诸教堂的长老和牧师各 1 人组成教区长老会，继由各教区长老会推选出长老 1—2 人，牧师 1 人组成全国性的长老会。长老制发挥了一般信徒的管理作用，这是资产阶级反对封建专制，要求共和政治在宗教上的反映。恩格斯说：加尔文的组织原则"以真正法国式的尖锐性突出了宗教改革的资产阶级性质，使教会共和化和民主化"①。

经宗教改革后的日内瓦资产阶级政权的最高权力机构是大、小议会，由市民直接选举产生。议会与教会虽有明确的分工，教会负责宗教信仰与思想道德等精神生活，议会负责世俗事务，但二者事实上已结为一体，议会中有牧师与长老参加，长老又为议会所选派，这样就保证了二者均在加尔文新教思想指导下，制定政策，施行政纲。加尔文在日内瓦虽仅任牧师和长老会的主席，但由于其崇高的威望，事实上成为该神权共和国的最高领袖。这种共和教会体制对于反对封建君主制、巩固新生的资产阶级政权，起到了积极的作用，并为资产阶级政权提供了样板和先例，成为 17 世纪西欧资产阶级夺取、掌握政权的理论武装和旗帜。

① 《马克思恩格斯选集》第 4 卷，人民出版社 1972 年版，第 252 页。

3. 注重现实、参与政治、以法治国、改造社会是基督徒和教会的神圣义务。加尔文主张基督教会应监督国家、家庭和社会，发扬上帝之道，把全部社会生活置于基督教的典章和目的的支配之下，使社会基督教化，以新教的思想改造社会。因此，他特别强调关心政治、改造社会是每个信徒的责任，认为应培养信徒的政治意识，有条件者应在政府中担任官职，居官是诸种职业中最尊贵的职业。不担任官职者也不应逃避责任，而应积极地监督政府的政策是否符合基督教的原则。与此同时，他还强调基督徒应服从政府的权力，即使是不良的统治者，也应服从。但如果统治者违反上帝的意志，则不应服从，可以武力反抗，以刀剑对付暴君，长老会议应加以指导。他说：如果议会执掌权力，"我非但不禁止他们行使职权反对君主的暴政，我倒认为他们如纵容君主镇压人民，乃是极端的不仁不义"。而应支持人民"摧毁暴君血腥的王权，推翻专制政府"。他还强调法律，主张以法治国，认为法律是国家政治的神经系统，"法律是无言的官吏，官吏是发言的法律"。他在日内瓦期间还依靠立法改造社会风气，提高道德水平。他制定了《日内瓦法规》，强调日常生活的宗教意义，谴责散漫轻浮，并依法强制取缔赌博、歌舞、酗酒、卖淫、奇装异服等，违者申斥、罚款、判刑或驱逐出境，未成年女童如着艳丽衣裙，其母将被拘留两天。妇女梳高髻者监禁，仅"1558 年至 1559 年因犯不道德罪被起诉者 414 人，1542 年至 1564 年判罚充军者 76 人"。据旅游者记载，经过加尔文治理的日内瓦城一度秩序井然，道德高尚，纪律严明，成为当时的"模范社会"。

加尔文的宗教改革是 16 世纪西欧宗教改革运动的一个重要组成部分，它是适应时代需要的，以宗教改革为形式的一次资产阶级政治、经济和思想的革命运动，并且也是一次获得胜利的革命运动。它虽然在各方面都蒙上了一层虚幻的神学外衣，但当人们以唯物史观拨开宗教的迷雾之后，其真实的政治、经济的性质和目的便昭然若揭。

加尔文将人文主义思想寓于神学之中，他充分肯定了人在现实世界的积极作用和奋发进取的生活态度，确认了封建贵族的没落和资产阶级的兴起。在经济方面，通过改革没收了教产，申明了贷款取息、谋取利润、发展资本主义的"合理性"与"合法性"。在政治上，创立了资产阶级代议制的政权形式，从宗教上巩固了日内瓦的资产阶级的统治。因此，恩格斯将这一革命运动与德意志宗教改革运动一并称之为"第一号资产阶级革命"[①]。日内瓦

---

① 《马克思恩格斯全集》第 21 卷，人民出版社 1965 年版，第 459 页。

虽属小国寡民，但其宗教改革的影响颇为深远。加尔文所创立的长老宗教义，他的《基督教原理》《教会宪章》、圣经注释，经过清教运动为许多教派所继承，并加以发展，为尼德兰和英格兰资产阶级夺取、掌握政权提供了理论武器和旗帜，瑞士宗教改革的产物——长老宗，也迅速传播至法国、苏格兰、荷兰、英格兰、德意志西部、美洲以及东欧的匈牙利和波兰。

　　但是，我们也必须看到，加尔文的宗教改革残留了一些中世纪的痕迹与色彩，他继承了封建教会的国教思想，把长老宗教会置于至高无上、唯我独尊、控制一切的地位，将其教义渗透于政治、经济、社会生活各个方面，并且实际上将宗教和政权结为一体，控制了日内瓦政府。他还通过政府的权力排除异己，镇压他所反对的教派和个人，著名的西班牙人文主义者和解剖学家塞尔维特因反对其教义被处火刑便是明显的一例。在日内瓦不存在政教分离和信仰自由，这些封建残余在17世纪，为其后继者所摒弃。加尔文的宗教改革在西欧历史上虽属具有革命意义的进步运动，但是我们必须看到其改革思想，特别是预定论具有消极的一面，它把资本家的发财致富和劳动人民的贫困说成是上帝的安排，从而掩盖了资产阶级剥削的本质，麻痹劳动人民的斗志和反抗精神，这是我们所应注意到的。

天主教的反宗教改革

吴鹤鸣

反宗教改革的背景

自从马丁·路德在德意志发动了宗教改革运动以后，西欧各国相继掀起了宗教改革的浪潮。路德派在德国北部和中部建立后，旋即传入了北欧的瑞典、丹麦和挪威诸国。英国、法国、波兰和匈牙利也有部分路德派的信徒。16世纪20年代初，慈温利在瑞士的苏黎世创立了慈温利派；30年代加尔文在瑞士的日内瓦创立了加尔文派。英、法专制王权建立后，也同罗马教皇的势力进行了斗争。1516年，法王法兰西斯一世和罗马教皇利奥十世所订的条约中，规定大主教、主教和修道院长由法国国王任命，法国教会的大部分收入归国王所有。英国在1534年颁布了"至尊法案"，宣布英国国王是英国教会的领袖，建立了英国国教安立甘派。罗马教廷和天主教的势力遭到了很大的打击。天主教会中有些高级教士也看到当时的前景黯淡，意大利摩德纳主教、教廷办公厅的外交官莫隆尼说：英、德两国的天主教已初步遭到破坏，法国、波兰和匈牙利也要被引至这条毁灭性的道路，可能西班牙和意大利的大部分也要推向这种新教运动；"异端瘟疫弥漫天空：人人都在争论和乱谈教会的教义，人人都认为自己是个神学家，提出要在宗教上进行某些改革"。由于教会的腐败，部分教士特别是中下层教士，暗中同情新教，让新教徒领取圣餐。天主教的威信在人民中大为下降，人民对天主教的感情日益淡薄。1532年，枢机主教卡罗·卡拉法给罗马教皇克莱门特七世的报告中说：威尼斯的天主教陷于低潮，威尼斯人很少守斋和告解，而异端的书刊则到处都有。1535年，有一个德国的新教徒宣称，他们在罗马的本土上有3万个信徒。意大利的知名人士，其中包括一些妇女，同情新教的不少。在威尼斯和那不勒斯，有关宗教改革的书籍畅销。后来任罗马教皇的枢机主教皮埃尔·卡拉法对当时的罗马教皇保罗三世说："整个意大利都被路德派的异端所传染，它受到政治家和教会人士的广泛拥护。"意大利维罗纳主教悲叹地说："在他的教区内，有一万五千人已有四五年，有的甚至有十五年没有领取圣餐了。"

　　新教运动的兴起，引起罗马教廷的恐慌。罗马教廷和天主教会为了恢复自己的威信，打击新教的势力，夺回自己失去的阵地，在 16 世纪 40 年代纠集了西欧旧教国家的君主和封建反动的天主教势力，发动了反宗教改革运动。耶稣会和特兰托会议便是反宗教改革中两项重要的活动。

耶稣会的建立

　　耶稣会的创始人是伊格纳修·罗耀拉（1491—1556 年）。他出身于西班牙的一个不太富裕的封建贵族家庭。青年时从军。1521 年，当法军围攻西班牙庞柏洛纳城时，他负伤成了跛子。他感到在军界前途无望，便企图在宗教界寻找发迹之路，加入了多明我会，做了修道士。但是默默无闻的修道院生活又不能满足他的野心。1523 年，他为了急于成名，竟异想天开地只身到耶路撒冷去传道，妄想使土耳其人皈依天主教。后在该地传教的方济各会士劝说之下被护送回国。回国后他深感宗教知识不足，开始学习拉丁文，以便能阅读有关基督教的神学书籍。在此期间，他因狂热地宣称曾见过异象，两次被西班牙宗教裁判所怀疑宣传异端邪说而遭逮捕。1528 年，他到巴黎去学神学。其时，巴黎的新旧教徒在教义问题上争论颇为激烈，双方各出小册子互相攻击。罗耀拉感到原来天主教旧的修会无法重振罗马教会的声誉，遂决心组织新的宗教团体以抵制新教运动。1534 年他成立了耶稣会，1540 年由罗马教皇保罗三世正式批准。

　　耶稣会分为见习会士、会士、副手和信士四个等级。一般会士入会时须发一般修会规定的听命、贞洁、清贫三个誓愿，高级会士与信士须发第四个誓愿，即绝对服从教皇。初入会的耶稣会士要据罗耀拉所著的《神操》一书，进行为期四周的严格训练。训练期间，学员要做各种自我折磨，戴着各种腰箍和铁链，并用各种方法鞭打身体，直到出血为止；要默想罪人在地狱的痛苦，引起对罪的憎恶。训练的目的是净化灵魂，使会士的灵魂充满对上帝的热爱。

耶稣会有其一套严格的组织。最高的领导是总会长，称为"将军"，常驻罗马，后来权力极大，有"黑衣教皇"之称。各省区由省区的会长领导。下属每周要向会长汇报一次，各省区每月要向"将军"作书面汇报。会士的工作和活动都有另一会士奉命作秘密侦查。耶稣会有极其严峻的纪律，会士必须绝对服从上级，"就像自己是一具死尸一样，任人翻来倒去；或者像老人的一根手杖，服侍掌握它的主人，任凭它任意使用"。会士必须对教会绝对服从，不得违背教会的意旨，如《神操》第13条规定："耶稣会士必须与教会保持一致，如果教会把我们看来是白的东西说成是黑的，则我们应该同样把它说成是黑的。"

耶稣会的活动方针与其他修会不同：它反对远离世俗，鼓吹会士要渗入社会一切阶层，特别是社会的上层。所以他们特别乐于结交王公贵族，达官显宦，以便扩大政治影响。有的耶稣会士还担任了统治者的忏悔神父和宗教顾问，加强了对宫廷和王室的控制。耶稣会还大力兴办学校，目的是吸收上层子弟入学，通过他们施展影响。耶稣会在靠近和争取上层的同时，也十分注意在下层民众中开展活动。按规定耶稣会成员应生活在普通民众当中，奉行世俗简朴的生活方式，以便直接影响人民群众。耶稣会士为适应新的变化，也逐渐抛弃了僧院式的单调繁杂的传教方法，并对宗教艺术的现代化持宽容态度。即允许一些原来被教会认为具有刺激人们感官的内容在艺术和宣传中有所表现和存在。为了便于活动，会士可不穿僧衣，这些因素无疑扩大了耶稣会在民间传教的影响。耶稣会还认为，只要有利于自己的团体和罗马教皇，可以不择手段。以致耶稣会士为了达到目的，不惜从事造谣、暗杀和颠覆等阴谋活动。甚至对于不听命的君主也可采用这种手段。耶稣会士苏列阿斯说："信仰的教义中规定教皇有权废除异端和不顺从的国君，因而第一个遇上他的人就有权杀死他。总之，从社会福利的角度，任何人都有权杀死暴君。"

特兰托会议

1545年，罗马教皇保罗三世在德国边境特兰托召开了宗教会议，德国、意大利、法国和西班牙等国的代表参加。会议的宗旨在于反对宗教改革运动，并提出要在天主教会内部进行改革。会议一开始，在对待新教的态度问题上，就出现了两派：一派以德意志皇帝查理五世为首的妥协派，另一派以罗马教皇保罗三世为代表的不妥协派。查理五世企图缓和新旧教徒之间的矛盾，主张接受新教徒的部分改革，如俗人可领两种圣餐，牧师结婚，用德语唱赞美诗等；认为会议首先应当研究教会腐败以及同农民战争有联系的异端流行的原因，要求改革教会。保罗三世则坚决反对和新教徒妥协，认为会议首先要解决教义问题，谴责新教徒在教义问题上的错误解释，至于教会改革问题，可暂缓讨论。

会议期间，德国国内新教诸侯和皇帝开战，查理五世忙于作战，无暇顾及会议，不妥协派遂在会议上占优势。1547 年，大会就教义问题通过决议，针对新教利用《圣经》对抗教会，强调圣传①和《圣经》有同样权威，确认圣传是教会信条之一，并规定《圣经》的法定本，只有教会才有解释《圣经》的权力，不得出版与教会主张不同的《圣经》解释；肯定原罪的决议，凡是否认亚当有罪或否认亚当之罪传给整个人类者都要受革除教籍的惩罚；谴责马丁·路德"唯信称义"的主张，基督教徒必须依靠神甫施行圣礼才能得救。

查理五世对新教诸侯的战争取得胜利后，罗马教皇深恐查理五世控制会议，便借口特兰托发生瘟疫，把会议从特兰托迁到意大利博隆那继续进行，查理五世命令手下的西班牙和德意志主教抵制会议，结果会议流产休会。

1551—1552 年新教皇朱利亚三世和查理五世举行了第二次特兰托会议。部分德国新教徒参加了会议，后来因德国新教诸侯兴兵反抗，查理五世又忙于国内战争，德国新教徒也离开会议，不久会议即匆匆结束。这次会议通过了关于圣体圣事、忏悔礼和终傅礼等决议，重申弥撒礼中供奉的酒和饼一经祝圣之后即变成耶稣基督的血和身体的变体论，宣称忏悔礼和终傅礼是神所规定的基督徒得救所必需的礼仪。

1561—1563 年，教皇庇护四世又召开了第三次特兰托宗教会议。会议期间，部分人提出要求减少教皇的特权，认为主教的权力并非来自教皇，而是直接来自上帝。但此项主张遭到波兰和意大利枢机主教的否决。最后教皇的权力非但没有削弱，反而有所扩大，规定每个主教必须发誓服从教皇。第三次特兰托会议通过了弥撒圣祭、炼狱、神品和婚配圣事、圣徒遗骨和圣像崇拜等决议，宣布所有新教为异端，罗马教会的教条和仪式全部正确无误，必

---

① 圣传是古代教父传授下来的教义和历代教会的传统信仰。

须严格遵守；确认教皇在一般主教之上，教皇是教会的最高权威，教皇的权力高于宗教大会；决定增设修道院；规定神甫必须独身。

耶稣会士在第二、第三次特兰托会议中非常活跃，对会议起相当大的作用。耶稣会将军拉依奈斯参加了第二、第三次特兰托会议。他坚持不和新教妥协，坚持罗马教皇的权力高于宗教大会，坚持炼狱等信仰。

特兰托会议是反宗教改革运动的一个组成部分。大会虽然以罗马教皇为首的最顽固的天主教反动集团取得胜利而告终，但是当时欧洲有些国家的王权已日趋巩固，对罗马教皇早已不唯命是从，所以特兰托会议的文件只有意大利、葡萄牙、波兰等少数国家全部接受。

罗马教皇除了召开特兰托会议进行反宗教改革活动以外，还采取其他措施反对宗教改革运动和进步力量。

早在特兰托会议以前，罗马教皇保罗三世于1542年在罗马建立中央宗教裁判所。在文艺复兴新潮流的影响下，这种在中世纪曾经猖獗一时的宗教裁判所本来已趋向绝迹，现在，天主教的反动势力为了镇压异端和其他一切进步力量，又恢复了这种中世纪最黑暗的制度。在意大利全境，特别是在威尼斯和那不勒斯，宗教裁判所横施暴虐，许多怀疑天主教教义的人惨遭迫害。1550年，宗教裁判所甚至下令对任何在布道中不抵制和攻击新教的天主教士，也要加以审判。

1544年巴黎大学神学院开始发布禁书目录。1559年罗马教皇保罗四世公布了第一批禁书目录，规定61个出版商的书刊全部禁阅。路德、加尔文、慈温利的著作绝对禁止，有41种不同版本的《圣经》也在被禁之列。其他的如《圣经》字典、神学书籍都必须经过严密审查方得刊行。在米兰、威尼斯、佛罗伦萨、那不勒斯等地，大批的书籍被焚毁，威尼斯被焚毁的书籍每天多达1万册。

耶稣会的颠覆活动

耶稣会除了在特兰托会议积极活动外，还渗透到欧洲各国，在欧洲各国抵制新教运动和进行颠覆活动。

早在英王亨利八世（1509—1547年在位）统治时，耶稣会就申请到英国活动，但未获批准。伊丽莎白（1558—1603年在位）登位时，教皇保罗四世宣布伊丽莎白的王位为非法。1570年，教皇庇护五世又颁布教谕，谴责伊丽莎白自任为英国国教会的最高领袖，宣布把她革除教籍，并解除其臣民对她宣誓效忠的义务。耶稣会也积极配合教皇的行动，秘密派遣教士潜入英国，在英国各地进行煽动，诋毁伊丽莎白，图谋推翻她的统治。1580 年和1583 年，英国政府两次发布通告，宣布耶稣会的活动为非法，凡保护或窝藏耶稣会士者要处以叛国罪。1581 年，有三个耶稣会士被指控谋杀英国女王罪而判处死刑。1584 年，耶稣会士帕利因谋害女王而被处死刑。有证据表明，教廷对外事务大臣科莫曾参与此案件。

1603 年，詹姆士一世（1603—1625 年在位）继位，耶稣会士对他曾寄予希望，因为他是信奉天主教的玛丽·斯图亚特之子。但是詹姆士一世即位后不肯放弃英国国教会领袖的称号，继续推行伊丽莎白强化国教会的政策，遂使耶稣会士大为失望，并转而迁怒于他。他们在威斯敏斯特宫的地下室埋藏了炸药，策划在 1605 年 11 月詹姆士到威斯敏斯特宫上议院开会时炸毁上议院。但在会议前夕，阴谋败露，爆炸未成，参与阴谋的耶稣会士被判处死刑，主犯为英国的耶稣会会长。

在法王亨利二世（1547—1559 年在位）统治时，耶稣会想在巴黎开设学校，但未得到巴黎议会的批准。法国的高卢派教会反对耶稣会到法国活动。巴黎大主教和巴黎大学神学系也坚决反对耶稣会渗入法国。此后，耶稣会在巴黎销声匿迹，隐藏于穷乡僻壤，伺机再起。1560 年耶稣会表示愿意遵守法国法律和高卢派教会的教律，才被许可在法国开设学校，开始在法国各地活跃起来。在法国宗教战争时期，耶稣会士曾煽动旧教徒制造了"圣巴托罗缪之夜"，对新教徒大肆屠杀。亨利三世（1574—1589 年在位）即位后，力图利用胡格诺教徒以加强自己的地位，引起耶稣会士的不满。1589 年，亨利三世被一个多明我会的修士克兰芒暗杀，当时罗马天主教反动人士听了这个消息后欣喜若狂。教皇西克斯特斯五世高兴地说："上帝毕竟没有抛弃法国"；西班牙的一个耶稣会士马林写道："克兰芒——这个法兰西永远值得夸耀的人物，他的伟大的奇勋，应成为全体君主的教训。"1593 年耶稣会唆使退伍军人巴利埃尔暗杀法国的新教国王亨利四世，结果未成。1594 年耶稣会学校的学员查特尔因犯谋害亨利四世罪被判处死刑，6 名被指控参与谋杀案的耶稣会士被驱逐出境。查特尔供认，他在耶稣会曾听到过："谋害法国国王是合法的，因为他违背教令；人们不得服从或承认他为法国国王，直至他得到教皇的承认为止。"此案发生后，巴黎议会旋即下令：法国的耶稣会士必须在 14 天内离开法国，否则将处以叛逆罪；法国臣民不得将其子弟送往国外的耶稣会学校，否则要处以同样的惩罚。后来亨利四世改奉天主教，遂于 1603 年重新同意耶稣会进入法国。在此后的 7 年中，耶稣会在法国开设了 40 所学校，耶稣会士在法国的人数达 1400 名左右。

德国是路德宗教改革的发源地，国内政治环境复杂，新旧教诸侯统治着各邦。耶稣会在天主教诸侯统治的地区内建立学校，在新旧教徒中间制造不和，煽动旧教徒迫害新教徒，关闭新教教堂，没收新教徒的财产，强制路德派和加尔文派教徒改宗天主教。

德皇鲁道夫二世（1576—1612 年在位）曾就读于耶稣会学校，即位后在耶稣会士的影响下公开迫害新教。嗣后，德国遂成为三十年战争（1618—1648 年）的舞台。三十年战争使德国遭受巨大的损失，使帝国处于更加分崩离析的境地。

西班牙是典型的旧教国家，耶稣会的活动极为活跃。在腓力二世（1556—1598 年在位）统治时期，耶稣会在西班牙拥有 98 所学校和 2500 名会士。西班牙成为耶稣会培养骨干的中心。罗马教皇和耶稣会力图使西班牙成为欧洲反动天主教阵营的堡垒，而全盘继承并顽固信守罗马天主教会体系的西班牙政府，也自愿充当这一卑劣角色。它不仅对耶稣会的种种活动听之任之，而且提供了不少便利条件。在这种情况下，西班牙国内宗教裁判所异常猖獗，大批新教徒和犯有异端嫌疑的人被处火刑。大批有技术的摩里斯哥人因受宗教裁判所残酷迫害而流亡国外，这使西班牙经济遭到很大的损失。西班牙政府的反动政策促成了西班牙经济、文化的衰落，西班牙从 17 世纪以来，已从欧洲的大国下降为第二流国家，这在一定程度上同耶稣会对西班牙政策的影响是有关系的。

葡萄牙是耶稣会势力最强的国家。耶稣会士渗入王室，成为王室的忏悔神父。葡萄牙王萨巴斯新（1557—1578 年在位）冲龄即位，受耶稣会士控制。耶稣会士还在葡萄牙拥有大量财富，生活上骄奢淫逸。这些都引起葡萄牙人的不满。萨巴斯新的祖母喀萨林厌恶并辞退了她的忏悔神父，并向耶稣会将军历数耶稣会士在葡萄牙专横跋扈的种种行为。但因耶稣会士已左右王权，结果她反被解除了摄政王的职位。耶稣会还曾唆使萨巴斯新远征摩洛哥，国王后来战败身亡。1581 年，耶稣会士为了讨好西班牙，竟帮助西班牙吞并了葡萄牙。

1556 年西班牙王腓力二世允许耶稣会到其属地尼德兰活动。耶稣会士在安特卫普、布鲁塞尔和根特等地建立学校；原鲁文大学也处于耶稣会的控制和影响之下。耶稣会士还深入军队，充当军队的神甫，对士兵进行宣传，镇压尼德兰的革命活动。1582 年，耶稣会唆使一个狂热的天主教徒去暗杀奥兰治亲王威廉，使威廉身受重伤。在罪犯的口袋中，搜出有耶稣会的教理问答和誓愿单。两年之后，威廉死于另一刺客之手，经过审问之后，他供认是受耶稣会指使的。

耶稣会在西欧各国扑灭新教运动，反对进步活动，是罗马教廷的黑卫队。法国杰出的唯物主义者狄德罗指出："在耶稣会存在的两个世纪中，耶稣会士是无恶不作的。"

天主教势力对欧洲宗教改革运动的反攻，是 16 世纪意识形态领域内新旧两种社会思想激烈斗争的一个突出表现。而天主教反宗教改革这一逆流的出现，从根本上说，是欧洲一部分最反动和没落的封建势力企图阻止进步的社会生产力和新兴市民等级发展的时代产物。同时，对于英国这种与市民等级结成联盟，并在一定程度上推行新教改革以摆脱教廷控制的进步王权，以罗马为中心的天主教势力也采取了极力压制甚至颠覆的政策。反宗教改革的目的，无非是要把欧洲拉回到中世纪的旧局面中去，维系罗马教廷这一欧洲封建制度神圣中心的权威地位，巩固已开始动摇的封建社会的统治基础。

由于 16 世纪的欧洲封建统治势力仍很强大，天主教根深蒂固的传统影响不可能随着新教改革的出现立即消失，仍有着广泛的社会作用，加上耶稣会等反改革派组织在民众中，尤其是在农民中，具有较大的迷惑性和煽动性，致使天主教的反宗教改革曾取得了暂时的胜利。特兰托会议确认教皇是教会的最高权威，宣称天主教的教条和仪式全部无误；耶稣会在欧洲发生了新教改革的国家或地区的渗透活动，使得当地的罗马教会的势力加强起来。反宗教改革运动对西班牙、葡萄牙、意大利、捷克和波兰等天主教国家也产生了不利的影响，阻碍了这些国家经济和文化的发展。但是封建的天主教反动势力的胜利是暂时的、不巩固的。随着欧洲资产阶级的进一步兴起和民族国家的加强，进步力量和天主教反动势力之间必然要发生进一步的冲突。从 17 世纪起，耶稣会先后在威尼斯、法国和葡萄牙等国遭到取缔。1773 年，罗马教皇克莱门特十四世被迫宣布解散耶稣会。

英国宗教改革

郭　方

16 世纪上半叶，在西欧宗教改革的浪潮中，英国经过反复激烈的斗争，终于完成了宗教改革。英国脱离罗马教会，建立了以国王为最高首领的英国国教会（又称安立甘教会，圣公会）。这场改革有着多方面的重大意义。它使英国的专制王权大大加强，国家机构也进行了重大改革，奠定了英国作为一个强大的近代民族国家的基础。与工商业有密切关系的乡绅和新兴资产阶级利用宗教改革打击了教俗封建主及其统治机构，大大增强了在经济和政治上的力量。改革使英国各阶层在文化和思想意识上经历了巨大震荡，创造出了有利于科学文化发展的新气氛。有着更为激进的社会改革要求的各阶层人士和平民群众，在宗教改革中逐步形成了自己的思想纲领和组织，为后来的英国革命和北美殖民地的建立种下了根苗。前后历经数十年的英国宗教改革，在西方历史上所起的作用是巨大而深远的。

英国宗教改革产生的背景与根源

英国宗教改革运动产生的直接背景，当然是 1517 年以来由马丁·路德发难而遍及西欧的宗教改革浪潮，但是英国宗教改革之所以影响巨大，还有着源于英国本身各方面的原因。

在西欧中世纪，英国是一个处于欧陆西陲之外的岛国，远离欧洲教俗政治斗争的中心。16 世纪初，与法国、西班牙、神圣罗马帝国相比，它也是一个小国。但英国在中世纪尤其是晚期，在经济、政治、社会结构与思想文化方面具有特色的发展，为随宗教改革而来的巨大变化打下了基础。

英国自 1066 年诺曼征服以来，王权是较为强大集中的。贵族领地较小，贵族的争权主要在于对王权的政治控制，封建混战较少，战争经常是渡海对法国、尼德兰等地的侵掠。因此国王常用向贵族征税来雇用士兵代替服军役，使许多贵族专心于经营农业生产，促进了农业与商品经济的发展。14世纪农奴制开始解体，出现了力量较强的自由农民阶层。随着生产的发展，英国越来越多地向尼德兰等地出口羊毛、粮食来换取商品财富，刺激了工商业的发展。到15世纪末，出口呢绒逐步取代了出口羊毛，更使商业利润大大增长。于是一些贵族和富裕农民纷纷圈地养羊或进行专门化的农产品生产，也在养羊业发达的各地区纷纷设立呢绒手工工场，在东南部的诺里支，西南部的布里斯托尔，北部的约克均形成了养羊、制呢工业中心，在周围大片地区有着众多的牧场主、工场主、商人、手工业工人。首都伦敦更集中了为数众多的经济变革后来自全国的新兴各阶层中许多强有力的人物。经济变革的另外，则是由于圈地运动和在新经济竞争中破产，许多农民被迫离开传统居住耕作的土地，变为工人、市民和大量的无产平民。到16世纪初，英国已形成了一系列与传统的封建社会不同的从新兴贵族、富裕农民、手工场主、商人到手工业工人、无业平民等各种阶层，富有者拥有巨大财富，势力日强，而所处的政治地位与之却极不相称，贫穷者丧失传统的生活方式，面临剧变的环境，也思变革以求生路。

　　国王与封建贵族在1337—1453年这100多年中，把大量人力与财富用于与法国进行百年战争，结果以失败告终。接着在1455—1485年大贵族间又进行了自相残杀的玫瑰战争，使他们元气大伤，无力控制新兴贵族与工商业者力量的迅速增长。王权越来越依靠工商业收入作为财政来源，这是由于在此期间王权失去了建立庞大军事官僚机构以控制工、农、商业的机会，而中世纪封建王权的经济收入与财政体制又无法适应统治国家的需要。1485年建立都铎王朝的亨利七世，其家系在贵族中地位低微，与大贵族矛盾尖锐，只有依靠新兴贵族和工商业者的支持才能维持统治和镇压封建大贵族的多次反抗。而拥护王权，维持一个统一稳定的国家又是新兴贵族与工商业者所需求的。因此他们以自己的财富和力量支持王权，一方面镇压旧封建贵族的叛乱，另一方面镇压广大农民、手工业者和平民对他们加强剥削压榨的反抗，同时他们又企图限制王权不对他们进行过分的控制与索取。王权为了取得他们的支持既要留心不触动他们根本的经济利益，但又要防止他们过多地破坏封建的生产方式和社会结构，从而动摇专制统治的基础。除了在几个至关重要的工商业发达地区外，英国广大地区封建生产方式尚未受到很大触动，这里的贵族与农民虽然互相对立，却又都对新兴贵族和工商业者经济上的"侵略"抱着反对态度，他们也希望王权能对自己提供保护。英国社会新旧势力错综复杂，矛盾重重，一旦发生重大变革，进程便不可遏止。

在传统的封建势力中，最为根深蒂固，体制完整，势力强大的是教会。英国自7世纪皈依罗马教会，从诺曼征服以来历代王朝的国王都以对罗马教会效忠作为统治的理论根据。到宗教改革前夕，英国分为坎特伯雷与约克两个大主教区，21个主教区，几千个教区，层层统治着全国，还有遍布各地的几百个修道院与僧团。教会占有全国1/3以上的土地，并向所有人收取相当于财产收入1/10的什一税，各级教士均拥有教俸与土地。教会又负责为罗马教廷从英国收取年贡、彼得便士捐、首年俸等。教士拥有司法特权，教会法庭专门审理婚姻、继承、民事纠纷、思想异端等案件，收取大笔费用。教会举行婴儿洗礼、成年坚振礼、结婚、临终涂油与葬礼、听取忏悔、圣祭弥撒、教士授职七项圣礼，也要收取大笔费用，还有众多的宗教节日，圣地朝拜，圣像与圣物崇拜等，也使教会得到大笔收入。教士是属于"神品"之列，无论其本人学识行为如何。只有教士才能授予"神恩"，每个人从生到死，经济上要向教会时时纳贡，生产、生活与日常行为要受教会控制，言论、思想要受教会监督，无论任何感情表达，理性认识均要符合教会规定的信仰，若有违抗，教会可以给予种种处置，直至人处火刑，财产没收。中世纪的国王与封建领主，只有依靠教会，才得以对广大民众进行严密的控制和残酷的剥削。

但中世纪欧洲教俗两权并立，就难免为分赃而争斗。首先就是英国国王与罗马教廷争夺对英国教会控制权的斗争。最初英国国王是斗不过罗马教廷的，亨利二世、无地王约翰对教皇的挑战均以屈服告终，因为与教皇的决裂就意味着丧失对全国的统治权。但从14世纪以来，封建等级制开始瓦解，国王中央集权的力量加强，情况就有所不同了，教皇必须与国王协商交易才能从当地教会中分赃。在英法百年战争中，教廷位于法国阿维农，教皇不得不支持法国国王，英国国王与教皇的关系便大大恶化，英国议会于1353年、1355年、1393年通过了三个"教权侵越罪"法案，规定任何英国人不得不经国王批准接受教皇的通谕和教皇授职。但是不久国王与教皇由于互需利用又平息了争端。可是从此时起，教会高级人士多成为国王的大臣，因为国王既可利用教士的文化知识又可免付俸禄，教士也可因而掌握国家大权为己谋利。

但是国王与教皇修好，着重利用高级教士还有一个重要原因，就是14

世纪封建等级制与农奴制开始瓦解时，新兴市民和广大农民与城市平民中，出现了反抗教会正统神学和封建统治理论的新兴思潮和群众运动，特别在英国其势蓬勃，经久不灭。

对罗马教会正统神学的重大挑战起于英国学者邓斯·司各特（1265—1308年）。在哲学上他是唯名论者，认为具体个别的事物才是真正存在的，他认为基督教的教义、信仰根本不能用理性来说明，只是由人的基本属性——自由意志才能认识。国家和私有财产并非起源于神和自然状态，而是人类堕落产生贪欲的结果。他的后继者威廉·奥卡姆（1300—1349年），则进一步发展了司各特的思想，认为在实际说明事物时所用不着的概念是多余的，教会的教义根本不合理性，因而理性认识与信仰是完全不同的两回事。国家与私有财产只有经人民同意，才是合法的。教皇与教会对于权力和财富的要求，是完全没有根据的。奥卡姆的同事意大利人马尔西格略（1270—1342年）写了一本著作《和平的保卫者》，认为人民是立法权的根源，由人民选立的君主才是最高主权者，而教皇的权力是来自暴力，教会本来没有教皇与专门的教士，人们选出的教职人员只是为了服务，不应有立法、执法和拥有财富的权力。

更系统地提出改革教会理论的是约翰·威克里夫（1320—1384年），他认为一切权力来自上帝，而每个人均可以通过信仰和理解《圣经》与上帝相联系，不需要通过教会与神职人员。凡是掌握了《圣经》的人，就有上帝赋予的统治权，而犯有罪过者丧失统治权。罗马教会窃夺了不应有的财富和权力，因而犯罪丧失了统治权。威克里夫并指出教会举行的许多圣礼和宗教活动违背圣经。而英国是一个按照法律结成的王国整体，直接领有上帝赋予的最高统治权，因而应当不给教皇纳贡，没收教会财产，由国家管理教会。威克里夫并发动了平民传教运动，把《圣经》译为英文，脱离教堂在各种集会中向下层阶级的群众传道。尽管教皇一再命令惩处威克里夫，可是他得到伦敦市民和牛津大学的热烈拥护，国王也下令保护。但是下层群众把威克里夫的教义推进到更激进的结论。许多下层传教者，以约翰·博尔为代表，主张一切财产公有，废除农奴制和领主剥削，所有被奴役的民众应该团结起来争取自由与新生活。1381年，在新思想鼓动下，英国大部分地区发生了农民起义，起义主力攻入伦敦，杀死他们最痛恨的大主教和修道院长，要求国王废除领主与教会的特权，保障人人平等。起义被镇压后，教俗封建主意识到新思想的巨大威胁，与罗马教廷联合起来，宣告威克里夫学说为异端，开始了持续一百多年的镇压异端高潮，一切被控为异端者均可处火刑，没收财产。因大肆处人以火刑造成木材奇缺，木价上涨。但是镇压并未奏效，被称为"劳拉德派""异端"的组织和宣传活动一直在秘密发展，许多市民、手工业工人和穷苦平民纷纷加入，尤其在伦敦和英国东南部势力最为强大，为后来宗教改革拥有强大的民众基础准备了条件。

人文主义思想在英国的传播也为宗教改革创造了气氛，远在 14 世纪末，乔叟（1340—1400 年）的《坎特伯雷故事集》就对教会和教士的腐败进行大胆揭露讽刺，"劳拉德派"在宣传"财产公有，人人平等"时也引用柏拉图和塞涅卡的言论为根据。从 15 世纪末以来，文艺复兴的新思想大量传入英国，有识之士对教会教义教条的荒谬和腐败残暴统治更大为不满。著名人文主义者伊拉斯莫在英国多次讲学，他对教会进行讽刺的《愚颂》广为传播。在意大利受到人文主义教育的科勒特（1467—1519 年）在伦敦多次讲道，揭露罗马教会对《圣经》的歪曲和教士的腐败与无知。托马斯・莫尔写的《乌托邦》也讽刺了教会的黑暗统治，宣扬了财产公有和信仰自由。在宗教改革前夕的英国，无论在新兴贵族、富有乡绅、工商业者、学者中，还是在市民、手工业工人、广大的贫苦农民和城市平民中，对教会的财富和特权、经济上的剥削和思想意识的专制深表痛恨憎恶，力图除之而后快的情绪，是广为流行的。

英国宗教改革的发动与进程

1509 年，18 岁的亨利八世成为都铎王朝第二代君主。这位多才多艺的年轻国王野心勃勃，力图对内加强专制，对外侵略、扩张。亨利八世最初的政策仍是沿袭旧传统，娶西班牙公主为后，任命约克大主教渥尔塞为大法官总揽政务，标榜拥护罗马教皇，多次进军法国，企图在大陆扩张领土。亨利八世在国内继续镇压劳拉德派，当宗教改革运动初起之时，他还发表文章驳斥马丁・路德，得到教皇赐予的"信仰保卫者"的称号，渥尔塞也由于一贯讨好罗马教皇，被封为枢机主教和教皇代表。但是时势已变，进攻法国耗费巨大，屡次无功而返，西班牙通过哈布斯堡王朝的联姻合并了神圣罗马帝国，并控制了罗马教皇，根本不把英国放在眼里，使英国处于孤立危险的境地。渥尔塞以教皇代理人、教会主宰自居，大肆揽权聚财，招致广大民众痛恨教会，教会内上下层教士矛盾加剧，新兴贵族、工商业者更对渥尔塞多次企图强迫议会批准大量征税恨之入骨。在内外交困之际，亨利八世又面临王朝危机，王后凯瑟琳年过四十，只生一女，继位乏人。家系起源低微的亨利八世害怕大贵族借此夺去王位，便决心离婚另娶他的情妇安娜·波林，大贵族与教会上层却对此抱抵制态度。亨利八世多次请求罗马教皇批准离婚，但罗马教皇在西班牙势力掌握之中，自然拖延不允。亨利八世只好改弦易辙，决心利用新兴贵族与工商业者的强大力量，制服教会与教皇的抵制，并由此取得财政支持。1529 年，他罢免渥尔塞，召集议会讨论改革教会弊端。英国议会分为上下两院，上院由国王指派的几十名贵族、主教、修道院长组成，下院则由各郡和各城市各选派两名代表共 300 余人组成，他们多是新兴贵族或工商业者，是王权向之征税的阶层的代表人物，因而实际上起着更重要的作用。议员们对教会一片斥责之声，通过了几项制止教士贪污勒索的法案，但未解决重大问题，王权于是非得依靠坚定的宗教改革派不可了。

此时马丁·路德的新教思想已在原劳拉德派的信奉和同情者中广为传播，尤以学者丁达尔重新翻译的英文圣经和他用新教思想作的注释影响最大。在剑桥大学形成了研究新教思想的学者团体，其杰出人物是低级教士托马斯·克兰麦。渥尔塞原来的助手，商人、律师出身的托马斯·克伦威尔，则从多年经验中了解到改革教会与国家机构的必要。亨利八世对这两个人破格提拔，由他们具体领导了宗教改革的进程，这个进程是由王权支持的宗教改革派动员议会通过一系列重大法案实现的。

1531 年，议会与法院指控所有高级教士与教会由于接受渥尔塞为教皇代表，犯了侵犯王权罪，两个大主教区共交纳了十几万镑罚款以请求赦免，但国王坚持要教会承认国王为教会唯一保护者和最高首领，才肯答应，教会只得基本屈服。1532 年，议会又通过限制教会向罗马教廷交纳首年俸的法案，接着议会又提出了《反对主教的请愿书》，反对教会的司法特权和迫害异端，规定此后由国王指派的委员会重审和制定教会法律。1533 年议会通过了《禁止向罗马上诉法》，宣告英国是一个包括各阶层人民的政治实体，只服从最高首领国王，一切教俗法律问题均由王国各法院处理，禁止向国外上诉。此时亨利八世已任命克兰麦为坎特伯雷大主教，由克兰麦主持教会法院批准国王与凯瑟琳离婚并与安娜·波林结婚。1534 年，议会的《绝对禁止向罗马纳贡法》禁止任何人接受罗马教廷的教职与训谕和向罗马教廷纳贡，并由国王指派主教与高级圣职的候选人。《教捐免除法》免除了向罗马缴纳彼得便士捐，并由王权掌握圣俸和视察教会与修道院的财产。《国王为教会最高首领法》则规定国王与其继承人是英国教会最高首领，一切外国法律与权威完全无效。接着通过了《首年俸与什一税归属国王法案》，使国王每年可从教会得到4万镑左右的收入。至此，英国教会完成了脱离罗马教会，成为王权控制下的国家教会的过程。

在短短数年内这一系列巨大的变化，反映出专制王权急于巩固和扩大统治权，以求对外完全独立，对内把教会控制的行政、司法权力和巨大的财源夺到自己手中。但是教会势力根深蒂固，若非依赖新兴贵族、工商业者、有着强大势力的议会，和在各阶层民众中发动起来的对教会的不满，单凭王权是斗不倒教会的。而议会之所以力量雄厚，是由于它们代表全国新兴的经济力量和控制着最发达的地区，但新兴贵族和工商业者此时并非意识成熟、有组织能力的阶层，若无王权按改革派谋划步骤雷厉风行，议会也不能采取如此坚定明确的措施。在王权、议会与民众改革浪潮的联合冲击下，教会无力抵挡，只得步步屈服，而罗马教廷，神圣罗马帝国及西班牙等势力，正被宗教改革、诸侯争霸、与法国争雄等弄得顾此失彼，无法对英国造成实际威胁。

但是，有着近千年传统根基的旧教会势力，不是通过王权和议会的一系列法案就能清除的，各方面对改革的反抗纷纷而起。为镇压反抗，议会于1534年通过了《叛逆法》，规定以任何形式以至言论反对国王为教会首领者，均为叛逆，罪当处死，只有少数人敢于公开对抗王权，如大法官托马斯·莫尔、主教费希尔和几个修道院长，均在1535年被处死。多数高级教士与旧贵族为保全身家性命，只有阳奉阴违，教会除了改由国王代教皇为最高首领外，并无重大触动。身任最高首领代表的克伦威尔和大主教克兰麦也了解若不推进改革，将功败垂成。克伦威尔采取的一个重大措施就是适应王权掠夺教产的需求，在1536年到1539年解散了全部修道院，没收的修道院财产使王权每年可有十几万镑的收入。更为困难的是教义教规的改革。亨利八世除了要攫取教会大权外，是敌视宗教改革的教义和学说的，但罗马教会的教义教规是以信奉教皇为中心，不得而改。在改革派推动下首先废止的是过多的宗教节日、朝圣、圣徒与圣物崇拜等，这也就成为捣毁修道院的理论根据。这些耗费钱财、妨碍生产的宗教活动的废止适应了新兴贵族与工商业者的需要，他们更借没收修道院的机会吞并土地财富，实行圈地，剥夺农民，使广大落后地区大受震动，于1536年在北方激起了号称"求恩巡礼"的暴动。领导暴动的是一些仍保存着封建割据势力的教俗封建主，许多对破坏传统宗教和对于新兴贵族掠夺土地财富不满的农民也纷纷参加。由于南部重要地区支持改革，暴动被镇压下去，北方的一些割据势力也被消灭。由此克伦威尔等改革派认识到，一方面要加强中央集权对地方的控制，一方面要对广大民众宣传改革教义，并解决由于旧教会解体而出现的一些社会问题。于是在王廷形成了由大法官、财政大臣、枢密院长、掌玺大臣、国务秘书、国库大臣等十几位专职大臣组成的枢密会议，加强了刑室法院、请求法院等处理贵族违抗王命、财产纠纷等问题的特权法院，成立了北方法院、威尔士法院等中央专管边远地区的权力机构，加强了治安法官和教区职员对地方基层的行政、司法权力，特别企图解决由于土地变革而造成的流浪、行乞、失业、救济等问题，并设立有着层层系统的各财政部门专管王权各项财政收支。这些机构改革一方面接管了旧教会的大部分权力和职能，力图把教会变为国家专管纯宗教事务的政府机构，一方面也力图按改革的目的建立新的政治体制，以适应统一集权国家的需要。克伦威尔特地印行了马尔西格略的《和平的保卫者》，以宣传他的国家改革措施。

但是改革派在教义教规改变方面遇到更为激烈的对抗。1536 年颁布的《十条教规》废除了七项圣礼中的四项，并采用了一些路德派的教义，1537年亨利八世命起草的《主教书》却又恢复了七项圣礼。1538 年克伦威尔和克兰麦共同努力印行了英文《圣经》，并发给每个教区教堂一本，供人自由阅读，1539 年亨利八世却又授意议会通过《六条法规》，规定否认圣餐化体说，教士独身，忏悔这些旧教义者，均罪至处死。因而当时英国两种情况并行存在，在工商业发达的地区和文化中心，出现了大量的宗教改革鼓吹者，用英语宣讲圣经和人因信仰得救的新教义，反对教皇和旧教会，在原来劳拉德派流行的地区形成了势力中心，但信仰激进的新教教义的人，仍旧不断被判为"异端"处以火刑。在较为落后保守的地区，教士与地方当局对改革的命令置若罔闻，许多民众是从旧的礼仪来理解宗教，对改革的教义一无所知，无从接受。王廷的多数大贵族与高级教士只是表面不得不表示赞同改革，实际力图重新控制王权，施加影响。亨利八世则对民众改革的浪潮已无法容忍，怀疑是克伦威尔的煽动，于 1540 年 7 月以"异端""叛逆"的罪名处死了克伦威尔。1543 年颁布的《国王书》，进一步明确肯定了旧罗马教会的圣礼和基本教义教规。但是亨利八世晚年又陷于对法国的征战，财政破产，把没收来的教产大批抛售到新兴贵族和工商业者手中，使得这些人的人数与财富大大增加，特别是宫廷中的新贵族所获最多，他们的命运便与保持宗教改革的成果连在一起。而亨利八世与罗马教廷决裂，也不得不警惕旧教会复辟会夺走他的王位权力。因此在 1547 年亨利八世去世时，辅佐 9 岁的爱德华六世的 16 位枢密大臣，多数是新兴贵族和倾向改革的教士。英国宗教改革便进入了一个新阶段。

推进改革的反复斗争与初步胜利

亨利八世时期的改革已引起巨大的社会震撼。没收和抛售教会与修道院土地大大刺激了圈地运动、养羊业、呢绒工业和出口贸易的发展，加上物价飞涨，货币贬值，从中获利的新兴贵族和富裕农民开始形成了一个有经营资本主义农业倾向的乡绅阶层，而手工工场和各种商人贸易公司的发达也使新兴资产阶级的势力逐步形成。破产农民、手工业工人、流浪贫民的人数日益增加。经济社会的变革使各阶层思想活跃起来，除路德派外，新兴的慈温利、加尔文教派和激进的再洗礼派等也传入英国，只是为了加强专制王权而进行的教会改革已不能满足这些人的要求。亨利八世在统治末年就满怀恐惧地说，在每个小酒店和小旅舍都充满对于上帝教义的争论和各种宣传，应当禁止妇女、手工艺人、学徒、雇工、仆人也广泛研读《圣经》这种情况。但是要制止这种倾向是办不到的，辅佐年幼爱德华六世的新贵就决心掌握改革的主动权，进一步巩固自己的权力与财富。1547 年在克兰麦发布的训令中首先提出了人因信仰得救的明确主张，否认圣礼是得救的唯一途径，给予俗人和教士同样领酒和饼两种圣餐的权利，并要求进一步废除偶像崇拜。以此为理论根据，议会通过法令解散了两千多个属于旧行会与贵族私产的祈祷堂，又没收到一大笔土地财富，落入新贵之手。1549 年，议会通过了第一个《宗教划一法》，颁行了由克兰麦制定的第一祈祷书，规定必须用英语举行祈祷礼拜，采用了某些新教教义，对不遵行的教士则处以罚款、监禁的制裁。这次改革激起了两场暴动，一场在英国西南部保守地区，一些反改革的贵族、教士利用了落后农民对强迫改变传统宗教习俗的不满。另一场却是在发达的英国东南部爆发的凯特起义，起因于农民不满新贵利用改革圈占土地，垄断工商业，大肆压榨盘剥。起义虽被镇压，但掌权的萨姆塞特公爵却因而倒台。新掌权的诺森伯兰公爵进一步推进改革，于 1552 年议会通过了第二个《宗教划一法》，颁布了克兰麦制定的"第二祈祷书"，完全废除了罗马教会保留下来的教义教规，如认为圣餐是教士将酒和饼化为基督血肉的"化体说"，教士独身，教堂的圣坛与教士的圣衣，弥撒献祭，涂圣油和划十字的仪式等全被禁止。推动这个重大改革的，是数十年来经宗教改革教育成长起来的一批著名教士与学者，如拉替麦、里德利、胡珀等，他们深受路德、加尔文、慈温利等教义的影响。在 1553 年又由克兰麦主持制定了《四十二条信纲》，明确规定英国国教会的各项教义教规，接受了路德"唯信仰得救"和加尔文"上帝预定选民"的思想；仅保留洗礼与圣餐两项圣礼，"圣餐"由教士俗人同领酒饼，其意义是对基督的追念而非基督血肉的化身；只奉上帝基督圣灵三位一体，否认对圣母、圣徒、圣物的崇拜；否认炼狱存在和忏悔的意义；以圣经为信仰的唯一根据，否认罗马教会与其神学家制定的教义教规；教士可以结婚。但英国国教会与其他新教教派的显著不同之处，是奉国王为最高首领，但国王之权主要是行政司法权，无权干预变更宗教礼仪。主教教阶制也保留下来，其权力来源是自上而下封授，并非来自教徒的推举拥戴，这充分反映了英国国教会为专制王权服务的特点。教士虽不再是"神品"，但享有从王权而来的剥削、监督、镇压民众的特权，并保留了象征这些特权的授职、服饰、仪仗等。这成为英国国教会与更为激进的改革教派长期斗争的分歧焦点。

议会制定了更严厉的法律来推行改革，教俗人士凡不遵守宗教划一法者均严惩不贷。但是诺森伯兰公爵等掌权者却一心想从改革中进一步谋取权力财富，而忽视处理新的社会经济问题。改革派中有识之士如拉替麦等曾大声疾呼，谴责当权者只知圈地而不顾流浪农民的死活，只知没收教产而使许多学校与教育、慈善事业无法维持，只知从货币贬值中取利而不顾物价上涨的危害等，但并未引起重视。1553 年爱德华六世夭折，按继承法由亨利八世第一个王后之女玛丽继位，玛丽当然是拥护罗马教会的，于是诺森伯兰公爵就把自己的儿媳珍妮·葛雷扶上王位，以图继续掌握大权。于是反改革的贵族、教士充分利用了民众对诺森伯兰公爵的不满，只九天便推翻了珍妮·葛雷，使玛丽成为英国女王。

玛丽出于个人私怨，全力拥戴罗马教会与母后所属的西班牙王室，成为反改革势力的有力工具。许多长期失势的旧贵族与高级教士重新上台，第一步撤销了爱德华六世时的改革法案，使教会恢复到亨利八世时的状况，然后玛丽便与英国在对外经济与政治竞争中最主要的对手西班牙王太子腓力二世结婚，并奉腓力二世共为英国国王，完全违背了英国的民族利益。在 1554 年又撤销了亨利八世时的各项改革，重新使英国教会归属罗马教会，并恭请罗马教皇遣回旧贵族雷金纳德·波尔为教皇代表总管教会。但是反改革派却无力夺取新兴贵族、工商业者在宗教改革中得到的主要权益，议会要求女王与教皇代表承认宗教改革以来所有教职任命和法律判决是合法的，特别重要的，是所有拥有原来属于教会与修道院的土地和财富者，其财产权是合法的，不得受到侵犯与谴责。女王与教皇代表无力抗拒，只有认可。反改革派自知力量薄弱，便力图靠制造恐怖来维持统治，设立异端裁判法庭，大力搜捕改革派人士和信仰改革教派的下层民众，在伦敦、牛津等政治、工商业与学术中心公开处以火刑，四年间烧死 300 余人。但其效果却适得其反，大多数牺牲者坚强不屈，如拉替麦临刑时所说的："今天点燃的这支蜡炬，将会长久不熄。"克兰麦则在临刑时首先自己烧掉了写过忏悔书的右手，宣布否认罗马教皇与罗马教会。许多下层民众更是视死如归。这使得许多民众改变了观点，认为新教徒才具有真正的信仰，而罗马教会则意味着外来势力强加于英国的野蛮残暴统治，在群众中掀起了抗议浪潮。而玛丽对外屈从的政策也是有百害而无一利，使英国的呢绒出口受到西班牙的严重打击，为西班牙而同法国开战，丢失了在大陆最后的立足点加来。腓力二世对玛丽与英国国王尊号不感兴趣，一去不返。罗马教皇则因争端，将腓力二世和英国教皇代表雷金纳德·波尔开除教籍。玛丽的倒行逆施和罗马教会的势力，随着她于1558 年的去世，一同在英国消逝。

在玛丽统治期间，许多改革派的教士与学者到欧洲大陆避难，集中于日内瓦、苏黎世、斯特拉斯堡等地，许多人直接与加尔文来往，受到加尔文教思想的很大影响，他们不但进一步了解了新教的教义教规，激进派对英国国教会的王权至上，主教制和教士特权更表示了反对意见。他们提出了教会和民众有权反抗违背上帝意旨的暴君，教会应由教徒民主选举的专职人员管理，取消主教教阶制和教士的一切特权，这些思想后来成为长达百年的清教运动的基础。激进的改革者组成了各种团体，与保守观点论战，并在英国进行秘密的宣传和组织活动，造成了很大影响。

玛丽死后，按继承法由亨利八世第二个王后安娜·波林之女伊丽莎白继位，虽然她并未急于作重大改革，但改革派与反改革派间的激烈斗争使形势刻不容缓。反改革派包括大多数主教、高级教士与一部分大贵族，他们甚至拒绝向伊丽莎白宣誓服从，罗马教会当然更认为伊丽莎白的王位是非法的，于是王权不得不再一次求援于议会和改革派的教士。1559 年 1 月至 6 月，在议会与宗教会议之间，议会下院乡绅、市民代表与上院多数高级教士和一些大贵族之间进行了激烈斗争。此时宗教改革与反宗教改革的营垒与理论均已形成，在议会中占多数的改革派，由于他们代表新兴阶层，有雄厚的经济实力，得到拥护改革的广大民众特别是伦敦等英国发达地区的支持，王权也不得不主要依靠他们维护，最终获得了胜利。议会通过的《国王为教会最高统治者法》，明确规定国王对教会这种最高权力是由议会授予、规定和限制的，没有变更教义教规之权。接着通过了新的《宗教划一法》，基本恢复了1552年采用新教教义教规的"第二祈祷书"和宗教划一法，只是在女王希望达成妥协的调停下，又适应较保守者的要求才作了一些更动。同时对不遵行宗教划一法的教士俗人规定了较前更严厉的惩罚措施，并成立了宗教高等委任法院具体实行。由此，拒绝服从宗教划一法的全部大主教和主教均被免职，重新任命所有的大主教和主教，新的高级教士中多数是曾在欧洲大陆避难的改革派教士。全国近万名低级教士也必须宣誓服从改革法案，只有约200人拒绝服从而被免职。1563年，新的宗教会议通过了英国国教会的《三十九条信纲》，基本上是以克兰麦的《四十二条信纲》为基础的。至此英国国教会的组织与教义教规完全确立。在此期间，伊丽莎白女王的政府吸取前两朝的教训，一是大力稳定币值、物价、工资和实施某些救济措施，较快地恢复了工商业的繁荣和社会生活的相对稳定；二是明确规定，除了违背《圣经》的基本教义并确有明证，不得指控任何人为异端，违者严惩。这为伊丽莎白时代英国的经济文化繁荣创造了条件。

英国宗教改革的进程也体现了英国封建社会开始解体，资本主义因素蓬勃发展这个过渡时期的特点。新兴乡绅与资产阶级为壮大经济政治力量，反对旧封建桎梏的斗争，与专制王权力图巩固对内统治、对外扩张的努力，在建立一个统一集权、独立强大、提高经济竞争能力和行政效率的近代国家上，取得了一致。而在探求新的思想、新的社会生活方式以适应生产力的发展方面，新兴贵族与资产阶级和力图摆脱各种剥削压迫的劳动群众也都具有空前的积极精神。宗教改革几十年反复斗争所造成的社会经济、思想文化方面的巨大震动，给英国开创了一种新局面。英国国教会只不过成为王权一个不得力的工具，再也不能严密钳制人们的思想与活动了，培根、霍布斯、莎士比亚、哈维、吉尔伯特才得以自由发挥才能，工业家、商人、海员才得以尽情施展他们的本领，而清教派继续推进宗教改革的斗争，终于导致了英国革命的爆发和北美殖民地的建立。这对于近代资产阶级政治思想发展史上由宗教斗争到宗教宽容，再形成自由民主的概念这个过程起到了重大影响。

英国伊丽莎白一世时期的清教运动

徐晓光

清教作为欧洲改革运动中一支较为激进的教派，产生于 16 世纪中叶的英国。它的出现，受到欧洲宗教改革整个形势和加尔文教派思想的促进和影响，同时也是英国自身的宗教改革运动在激进与保守的斗争推动下进一步分化的产物。

清教先驱者的产生

16 世纪 30 年代，英王亨利八世（1509—1547 年在位）为摆脱罗马教廷对英国事务的干预以加强君主专制，在议会内市民等级和乡绅代表的支持下，以国王和议会名义颁布了一系列重要立法，迅速推进并基本完成了英国王室从上至下的宗教改革。改革的主要之点是使英国的教会最高管理权、教会法庭审理权及教会地产所有权统属英王所有，从而结束了罗马教廷在英国的长期统治。在废除罗马天主教统治的同时，亨利八世建立了以国王为最高首脑的英国国教会即安立甘教会，这是欧洲基督教世界在宗教改革运动中出现的唯一具有新教色彩的国家教派。这场改革的历史进步性是显而易见的：教权从属于王权，解决了亨利七世（1485—1509 年在位）开创君主专制时代以来国家政治所面临的最紧迫和棘手的遗留问题，英国的君主专制至此得以在教俗两界全面建立并切实巩固起来。王权在当时代表着统一和秩序，有着不可低估的历史进步作用。而英国一旦摆脱了罗马教廷和欧洲天主教世界对其社会政治、经济、文化发展方面的严重阻碍，也就形成了英国民族自身发展的有利条件。英国能够在 16 世纪的大半时间内取得整个欧洲瞩目的社会繁荣，没有亨利八世宗教改革奠定的基础是不可想象的。因而这场改革不仅是王权的胜利，也是英国民族的一个胜利。同样明显的是，改革也在客观上为新兴的市民等级和乡绅带来了某些好处。由于改革是在王权与市民等级和乡绅结成联盟的基础上发生和进行的，联结双方并在改革过程中具有举足轻重作用的是议会，这对市民等级和乡绅政治权力及影响的扩大，以及议会在英国政治制度中愈益占有的重要性之演变过程，都产生了巨大的作用。而改革中王室没收并拍卖教会地产，则使市民等级和乡绅获得大片土地经营养羊业和毛织品贸易，从而促进了英国资本主义因素的发展。

　　但亨利八世改革的保守性亦是不容忽视的。这突出地表现在：新教不是王室宗教改革的主旨和目的，而只是改革的工具。在新建立的国教会内，天主教在一般欧洲国家的组织结构、主教制度以及天主教的教义和礼仪，几乎未经触动地保留下来了。为此，不少西方史学家将英国国教会称作是"没有教皇的天主教会"，或"亨利式的天主教会"。亨利八世为了达到与罗马教廷争夺教权以强化王权的目的，在改革初期曾借重新教派力量并对他们的活动持宽容态度。一俟基本目的达到后，亨利即对新教派表现出明显的遏制甚至镇压的态度。从 1539 年亨利颁布《取缔异端的六条法令》对主张过激改革者施以重罚，到亨利晚期严厉镇压新教派人士，王权与新教派之间的关系日趋紧张和对立。

　　对亨利改革的有限成果及其对天主教体系所持的保留态度，新教派是极为不满的，国教会规定的教义承袭旧说，某些曾允许存在和宣扬的路德教教义如"因信称义"、圣经是教会的唯一最高权威等，也一概被视为异端，这是他们所不能接受的。对政府改革最感愤懑的，是新教派中激进的翼劳拉德派。这支教派产生于 14 世纪后期的下层教士之中，在思想上曾深受基督教改革运动的先驱者约翰·威克里夫的影响。但劳拉德派比威克里夫更为激进之处在于，它不但主张剥夺教会地产而且提出把土地分给农民，它不仅主张教派、教徒平等而且提出社会平等和财产平等的要求。这个派别中的许多人参加了 1381 年的瓦特·泰勒起义，后受到政府残酷镇压。但其教派思想在民间尤其是在工匠和贫苦农民中，一直具有广泛影响。亨利八世改革前夕，也是在路德教传入英国以前，在毛织业较为发达的埃赛克斯、布里斯托尔、格洛斯特、诺福克、伯克、白金汉、萨福克等郡的许多乡镇中，都出现了劳拉德派的教区及传教活动。传教者除教士外，还有按资本主义方式经营地产的乡绅，以及从事商品生产的毛织工人。他们的活动促进了改革思想在地方上的传播，激发了一部分下层民众实现新教改革的愿望。当 16 世纪 30 年代亨利八世倚重其首席大臣托马斯·克伦威尔实施政府宗教改革时，劳拉德派在工商业较为发达的东南部地区和首都伦敦的传教活动一直很活跃，这部分人希望英国趋向彻底的改革，对政府改革的保守性攻击最烈。尽管劳拉德派的人员数量及对全国改革运动的实际影响还是有限的，但这个派别激进的改革主张和在市民等级、乡绅及下层民众中的思想影响，却是不可低估的。实际上，后来英国清教除吸收导入的加尔文教派思想以外，另一主要思想渊源就是继承了本土的劳拉德派思想传统。

爱德华六世（1547—1553 年在位）时期，新教改革事业在英国获得了发展。由于新的国王政府实行宗教宽容政策，亨利八世晚期大批被迫流亡欧洲大陆的新教徒返回国内。这批新教徒中的一部分人此时已开始接受加尔文教的教义，尤其是加尔文的"预定论"和与之相关联的"拣选确证说"。这批人回国后开始在大学和教会的讲坛上宣传加尔文的教义，并积极要求国王政府和国教会在教义教规方面进一步实行改革。与此同时，不少欧洲著名的新教思想家为逃避本国政府迫害也来到英国。如德国的马丁·布瑟、瑞士的西奥多·贝扎、波兰的约翰·拉斯科、意大利的彼得·马特等，均在新教理论上多有建树。而这些人的一个共同点是，已从推崇路德教转向赞成加尔文教。他们在知识界和国教会上层人上中所作的思想鼓动，促进了加尔文教在英国的最初传播（尽管社会影响十分有限），同时也推动了以坎特伯雷大主教克兰麦为首的国教会改革派进一步实现政府的宗教改革。从 1552 年国教会的《第二祈祷书》和《四十二条信纲》里面，可以反映出这一时期较亨利八世时期的宗教改革有了很大突破。在教义规定上已看不到多少罗马式的天主教色彩，而是将路德教和加尔文教这两种新教教派的教义作了调和性的吸收。显然，英国教会这时已强烈地新教化了。

1553 年，随着爱德华六世病故和玛丽一世（1553—1558 年在位）的即位，英国的宗教改革发生了急剧逆转的变化。笃信天主教的玛丽即位后不久，便以法令形式先后废除了爱德华六世时期和亨利八世时期的一系列重要立法，它标志着玛丽政权已向罗马天主教统治全面复归。与此同时，玛丽又通过与西班牙王太子腓力联姻结成英西联盟。这样，欧洲反宗教改革的营垒西班牙便可直接插手英国事务，并对英国的新教改革事业构成了巨大的威胁。

为了清除新教势力在英国的影响，1555 年起玛丽开始公开地、大规模地迫害新教徒。因反对天主教教义而被处以火刑的达 300 人，其中包括著名的新教派人士克兰麦、拉替麦、胡珀、里德利等人。玛丽后期，迫于恐怖统治流亡于欧洲大陆的新教派人士计有 800 人。

在严峻的形势下，新教派为适应新的斗争要求开始在思想上寻求新的出路。英国清教派先驱者就是在这种背景下，在流亡于欧陆的新教派团体中首先出现的。1555—1558 年，大部分流亡的新教徒逐渐集中到加尔文教占统治地位的瑞士和德国南部地区，先后在埃姆登、韦赛尔、法兰克福、斯特拉斯堡、苏黎世、日内瓦、巴塞尔和阿劳等八个城市内，组成英国新教派团体。其中以约翰·诺克斯为代表的激进派在接受加尔文教义的基础上，提出了一些十分重要的主张。

诺克斯认为："日内瓦是自基督使徒传教以来世界上最完美的圣地"，应按照加尔文在日内瓦建立的长老制模式对英国教会进行改革。在诺克斯看来，亨利八世的宗教改革极端保守，改革后建立的安立甘教会与天主教会相比不过改头换面而已。他的一位主要支持者安东尼·吉尔比则说得更明白："改革后的英国并不比罗马的反基督统治好上多少。"为此，诺克斯派明确提出按照加尔文教的教义原则"清洁教会"，即清理英国国教会中的天主教教义和礼仪等，因而被后人称为"最早的清教徒"。尽管清教这一名称在当时的英国社会尚未出现，但诺克斯派已具有这个名称的真实含义。

更重要的是，以诺克斯为首的清教先驱者在提出清理教会中天主教影响的同时，还在吸收加尔文教义的基础上，创立了人民有权反抗暴君统治的理论。

诺克斯以加尔文的"预定论"为依据论证说，我们只能服从作为上帝选民的君主，而对未蒙上帝拣选的僭夺王位者人民有权不从。不仅如此，人民甚至有权利起义反抗暴君统治，这种起义权是上帝赋予的神圣职责。诺克斯派的重要成员克里斯托弗·古德曼也尖锐指出，人民拥戴的君主，必须是一个"切实痛恨所有罗马天主教陈规及偶像崇拜"的人。"当君主和其他执政者不称职守时应剥夺其位，如更有甚者胡作非为时上帝便会将宝剑转交到人民手上。"斯特拉斯堡流亡团体的激进派领袖约翰·波那特，则不仅肯定了人民有权反抗暴君统治，还大胆地提出弑杀暴君的行为在民众无法忍受时具有合理性。波那特还认为，上帝虽然创造了一切世俗的政治权力，但他并未规定政治统治的形式而留待"人民自行解决"。政体形式究竟采取君主制还是民主制为好，要依具体实施情况的好坏而定。显然，这种理论本身已具有鲜明的资产阶级民主主义思想。

诺克斯等人的批判虽是针对玛丽暴政的直接反映，但却由此触及对所有暴君统治乃至君主权力的挑战。因为依照中世纪"君权神授"的理论，任何君主统治即使是暴君专制都是不得违抗的。诺克斯派的观点对之是一个大胆的否定。而人民具有反抗暴君统治起义权甚至弑君权的理论，是加尔文本人从未提出过的。在这一点上可以说，诺克斯派的加尔文主义者超过了加尔文。

清教先驱者的思想，直接推动了 16 世纪下半叶的英国清教运动。伊丽莎白一世继位后所实行的宗教宽容政策，也是在清教先驱者带有强烈反抗性的思想的压力下面做出的。

伊丽莎白一世重返国教会与
清教派的最初斗争

清教思想虽萌芽于玛丽一世后期流亡于欧洲大陆的英国新教派团体，但它形成一个改革派思想体系，尤其是清教运动作为一个历史运动的兴起，却是在伊丽莎白一世统治时期（1558—1603 年）。

伊丽莎白即位后，摆在她面前的一个突出并亟待解决的问题就是宗教问题。为了避免因天主教派和新教激进派的极端要求可能导致的来自右或左的方面的社会危机，为了摆脱英国受制于罗马和西班牙的被动局面，伊丽莎白从维护亨利八世宗教改革的基本成果，即由国家管理教会和加强君主专制的立场出发，决定重建国教会，伊丽莎白在即位之初便明确表示："要像父王所做的那样致力于宗教改革。"

为了达到重建国教会的目的，伊丽莎白首先实行宗教宽容政策以谋求新教徒和广大民众的支持。她欢迎玛丽统治时期流亡于欧洲大陆的新教徒返回国内，并在国教会内对一些人委以重任，其中有七名新教活动家做了主教。但是，被重用的这些新教徒都属于流亡团体中的温和派。如升任主教的理查·考克斯就曾是法兰克福团体内反诺克斯派的领袖。考克斯派反对按照加尔文在日内瓦建立的长老制和教规礼仪改革英国教会，主张实施爱德华六世时期于 1552 年制定的《第二祈祷书》，以"保持英国国教会的面貌"。伊丽莎白借助考克斯等温和派的力量，一可达到她反对天主教敌对势力的目的，二可以此遏制新教激进派的改革要求。因此她清醒地意识到：激进派要按照加尔文教义和日内瓦模式进行改革，势必也会产生日内瓦宗教改革那种危及世俗封建统治的极端后果，这是与她重建国教会以加强君主专制的本意相对立的。

　　1559 年，伊丽莎白在议会下院市民等级和乡绅代表的支持下，先后颁布了《至尊法案》和《顺从法案》。这两个法案重新规定国王为英国教会的最高首脑，废除了罗马教廷的至上权，同时要求所有的神职人员必须宣誓向女王效忠。这使得玛丽时期一度被罗马教权和西班牙天主教政权削弱的英国王权重新得到加强，国内的天主教势力也受到排斥和打击，并由此奠定了伊丽莎白重建国教会的基础。但在国教会使用什么内容的祈祷书一事上，女王与下院的新教徒代表之间却存在着严重分歧。女王只愿借鉴比较保守的爱德华时期《第一祈祷书》（1549 年），下院新教派却主张采用爱德华时期的《第二祈祷书》（1552 年），因为那里面对天主教的许多教义作了否定和纠正。但在女王的坚持下，1559 年的国教会祈祷书仍以 1549 年祈祷书为参考，许多天主教教义和礼仪被保留下来。

　　新教派对伊丽莎白这种保守性的改革感到不满，甚至就连温和派也大为失望。如被女王任命为伊利教区主教的考克斯，就因国教会规定在教堂里保留天主教做弥撒仪式的圣坛圣杯，拒绝在教堂布道；做了索尔兹伯里主教的朱厄尔，也对他的一位新教徒朋友抱怨道："那些你我一贯嘲笑的事情，现在竟被某些人严肃而庄重地对待，似乎没有那些俗丽的服饰基督教便不存在似的。一些人在寻求奢华的衣着和礼仪并大喊未至所及，而在我看来这真是令人窒息的平庸。"

　　针对国教会保留的天主教陈腐礼仪，1561 年以劳伦斯·汉弗莱和托马斯·桑普逊为首的牛津大学新教派团体，挑起了一场"圣衣论战"。他们提出，教士参加礼拜依凭的是内心信仰，至于穿戴何种服饰无关紧要，必着圣衣是一种盲目崇拜的敬神态度，国教会做此强制性规定超出了人们自身的愿望和权利，限制了基督教自由，因而教士有权不从。

　　1563 年的宗教会议上，新教派代表开始提出清理教会中的天主教礼仪的具体要求，即《六项条款提案》。其主要内容是：除保留礼拜日和纪念基督的主要节日为圣日外，其他名目繁多的圣日都应免除；废除婴儿受洗时在孩子额头上画十字的仪式；废除信徒跪领圣餐的旧习；教士在非讲道时可不着圣衣；撤去教堂内的管风琴装置。这些要求，都反映了清教崇尚节俭反对奢华的世俗生活态度。其中减少圣日比简化仪式的要求更为重要，因为这不仅是制止教会在圣日活动中铺张无度的现象，而且是要把大多数信徒从专事礼拜不务正业的状况下解救出来（中世纪以来教会规定一年有上百天的圣日，在这些时间内是不许工作的）。这种提倡勤劳反对懒惰的改革要求，代表了新兴资产者要打破旧的伦理观念和习俗制约以谋求自身发展的迫切愿望。但这些要求，因占据高位的国教派的全力反对而最终被否决了。

在 1563 年的宗教会议上，就国教会教义信纲的制定改革派与保守派也展开了论争。在改革派的斗争和压力下，在会议最后通过的《三十九条信纲》当中，不仅采纳了一些路德教教义，同时也吸收了加尔文教的某些教义。如信纲第 28 款否定了天主教的基督化体的圣餐理论，而代之以圣餐只是在精神上纪念基督的瑞士改革派观点。更重要的是，在信纲的第 17 款中明确地写上了加尔文的"预定论"的教义理论，这是改革派在伊丽莎白初期取得的一个重要成果。但是，就《三十九条信纲》的基本倾向而言仍是比较保守的。如在承认圣经是信仰的最高权威时，又着重强调国王是现世统治的最高权威。信纲还明确反对劳拉德派、再洗礼派要求的财产平等，反映了王权和国教会对激进改革派提出变革现有经济状况的问题所抱的担忧。

在 1563 年宗教会议召开的同时，牛津大学的新教派团体继续就"圣衣论战"向国教会发难。这个团体的 25 名成员还写信给坎特伯雷大主教帕克，表示拒绝接受沿袭罗马旧教的任何礼仪，并抗议主教对大学言论自由的干预。伊丽莎白感到问题的严重性，她在 1565 年初写给大主教帕克的信中表示，不能允许国教会内部存在多样化意见而须强求一致，尤其是在教会规定使用的礼仪方面。为贯彻女王的旨意，1566 年大主教帕克发布了题为《法规》的教会手册。其中规定，凡是对国教会正宗教义和礼仪表示异议者都将受到严厉惩处。也是在这份《法规》中，大主教帕克将那些要求清理国教会中罗马天主教因素的改革派，称为"清教徒"。自此以后，清教徒这一称谓在英国社会较普遍地使用起来。

《法规》的颁行，致使女王政府和清教派之间的原有矛盾加深，仅伦敦一地即有 37 名清教牧师因拒绝服从《法规》，而被剥夺教职和财产。1566年，伦敦一些被解职的低级教士在清教牧师理查·菲茨的领导下，组织建立了第一个脱离国教会的独立教会。他们按照日内瓦教义规定进行活动，并在致女王的请愿书中大胆宣称："我们是一个得到上帝允许与国教会分离的贫困教会。"这种完全摆脱国教会体系束缚，在下层教士和民众中独立活动的团体，是后来清教分离派即独立派的起源。不过在当时参加这种分离活动的人寥寥无几，并且也没有提出什么纲领，因而还不能说已构成了一个派别。但它的产生，毕竟反映了随着 1563 年《三十九条信纲》的制定即女王重建国教会任务的基本完成，清教派同女王政府在宗教改革问题上的矛盾已日益尖锐起来，少数清教激进派已在寻求新的斗争形式。

1570 年后清教运动进入了一个新的阶段，这就是在要求改革教会礼仪的同时，进一步要求改革教会制度。由于清教派内部占绝大多数并起主要作用的，是倾心于日内瓦教会模式的"长老会派"，因此清教派的教会制度改革方案就是以长老制取代主教制。这场新的斗争是由剑桥大学的清教派领袖托马斯·卡特赖特首先发起的。

1570 年卡特赖特在剑桥的一次演讲中，大胆地提出了国教会承袭罗马的主教制度是与圣经原则相违的观点。他以加尔文在《基督教原理》一书中的立论为据，指出主教制并不见于圣经，圣经中只肯定了长老和执事在教会管理上的权力，因此英国教会应放弃主教制改行长老制。卡特赖特还指出，应建立从中央到地方的各级长老牧师评议会议，并贯彻由所在地区选举、监督和撤换教会管理人员的民主原则。卡特赖特的主张，得到了他在剑桥大学追随者的极力拥护。如威廉·查克就尖锐地讽喻说："主教制度与教皇制度一脉相承，是由魔鬼撒旦引进教会的。"

1572 年，下院清教派代表在议会中继续就卡特赖特提出的改制问题进行辩论。下院并通过了一项提案，申明清教牧师在布道活动中，有权不遵从他们认为不可接受的某些祈祷书教义规则。对此，伊丽莎白坚决反对并悍然下令，以后未经她的许可下院不得通过有关宗教问题的提案。1572 年 6 月，被激怒的下院清教派领袖约翰·菲尔德和托马斯·威尔考克斯提交了一份《告诫议会书》。文中声称：在英国我们离一个实现完美改革的教会相去甚远。按照圣经的要求，我们甚至还没有达到理想教会的礼仪面貌。文中抨击主教制是"教皇引进并为我们依然保留的，对众多教区和郡实行极权统治的个人负责制"，应立即予以废除。这份告诫书还主张，教会应将废除大主教和主教等教职节省下来的大量开支，用于资助布道、教育和济贫等事业。

这份告诫书在政府和国教会上层人士中引起的震惊还未平息，下院清教派的第二份《告诫议会书》又以更为锐利的斗争锋芒出现了，它是由托马斯·卡特赖特拟定的。这份文件的一个突出特点是：所陈内容不再纠缠于具体的礼仪之争，而是集中论证长老制取代主教制的合理性和必要性，并强调了长老制教会政体的民主性质。卡特赖特指出："根据圣经提出的例证教区信徒择定的官员，必须是他们自己选出并使其按照他们乐意的方式指导并保护他们的人。"他还指出：由长老和牧师组成的各级评议会议，"将检查用于圣礼中的任何混乱仪式，并废除那些他们认为错误或无用的仪式"。这样，卡特赖特就把改革天主教礼仪置放在首先建立长老会政体的前提之下了。

1572 年清教派的两份《告诫议会书》，其意义正如英国史学家埃尔顿指出的："它赋予清教派改革方案以一个充实而明确的纲领。"由长老制取代主教制，不仅会打破中世纪以来世代相袭的封建教阶制，而且意味着作为英国主教制度中的最高教会首脑国王将失去其至上权，长老会全国会议也将像日内瓦和苏格兰长老会统治一样，起到监督和挟持政权的作用。清教派的这种要求，实质上反映了他们所代表的新兴市民等级和乡绅要以教会改革推动政治变革的愿望。

伊丽莎白一世后期的清教运动

清教派在纲领上提出变主教制为长老制的改革主张的同时，在组织上也积极地为实践这一教会政体的改革做实际准备。1571 年，议会下院的清教派领袖约翰·菲尔德在伦敦发起组织了作为常设性机构的长老派会议。其核心成员有不少是玛丽时期流亡于日内瓦的清教先驱者，如克里斯托弗·古德曼、托马斯·伍德、威廉·威廉斯等。这个会议选举了 11 名长老主持教务并颁布教令。每周集合两次讨论与现实有关的神学问题，同时组织牧师进行民间的传教活动。这个会议实际上是按照加尔文教义原则建立的一个长老制教会雏形，与国教会的宗旨和体系貌合神离。菲尔德还准备通过会议拟定完全反映清教派改革主张的教义信纲和教规，这无疑是与国教会进一步分庭抗礼。

80 年代初，长老派运动以更大规模的"等级会议"形式出现了。1582年，在当时清教运动的中心剑桥大学，以卡特赖特为代表的长老派召集第一次等级会议。会议是由来自一些郡和教区的长老及牧师等级代表参加的。会议不仅讨论教义教规问题，而且有权委任牧师圣职，在重大问题上向他们发布指令，同时监督牧师的言行。会议是在摆脱政府控制的情况下暗中进行的，它取得了市民等级和乡绅代表，以及一些同情清教的世俗官员的支持，在很大程度上已发展为一种全国规模的组织形式。

1584 年，第二次等级会议在约翰·菲尔德的组织和下院的支持下，于伦敦再次召开。这次会议的影响更为广泛，工商业发达、清教派积极活动的英国东南部地区几乎都卷入了这一会议运动，即使在较落后的英国北部和西部郡里也有清教代表组织了地方性的会议。当时一位国教会主教写道："在每个郡里都有三至四个较小的牧师等级会议……这些小的等级会议再把它的决议和意见送往剑桥和伦敦的大型等级会议。"

在等级会议斗争形式的推动下，长老派运动至 1588 年时已发展到了高峰阶段。在伦敦、北安普敦、德德汉和温特斯柏德等地区，都相继建立了长老制教会。其中德德汉和北安普敦两地的长老会最接近于日内瓦模式，长老派从制定教规到负责管理教区秩序方面都占了主导地位。伊丽莎白女王不仅对国教会内部发生的这种离心倾向感到担忧，而且对长老派运动对专制王权构成的威胁深感恐惧。她在给苏格兰国王詹姆斯六世（即后来继承英国王位的詹姆斯一世）的信中说："在你和我的王国里，都有一个已经兴起的，具有危险倾向即不要国王而要长老制的教派，他们是要取代我们的地位以享有我们的权力。"

使伊丽莎白更感忧虑的是，在 80 年代长老派运动兴起的同时，英国也发生了更为激进的分离派即独立派运动。

与代表大商人、大企业主及乡绅上层利益的长老派不同，独立派主要代表的是中小资产者和乡绅、城市手工业者和自耕农的利益。这部分人与封建制度存在着更为尖锐的矛盾，他们不仅要求废除贵族和主教的封建特权，而且要求享有更广泛的社会平等和民主自由。作为这种平等观念在宗教上的反映，独立派的基本主张是：反对王权对教会事务的指导和干预，反对主教制也反对长老制等任何集权化的教会政体，而实行每一教会独立自主、由教区信徒民主管理的原则。这种教会形式称为公理会，是英国清教派中激进的一翼在欧洲宗教改革运动中创立的一种新的民主教会形式。

独立派兴起于 16 世纪 80 年代初。1581 年，独立派领袖罗伯特·布朗在诺里支创立了英国第一个完全分离于国教会的公理教会。1582 年布朗为逃避政府迫害，率领他的追随者们迁居荷兰的米德尔堡重组公理会。1587 年，另一位独立派领袖亨利·巴罗在伦敦也组织了强有力的公理会团体。此后，独立派的分离运动逐渐在英国各地展开。尽管独立派在当时的人数并不很多，但是它所进行的斗争与长老派相比却带有更不妥协的性质。从这个派别的领袖布朗和巴罗的思想中，就可清楚地看到这一点。

布朗一方面引证加尔文教义说："教会是一个信徒与上帝达成一项自愿契约而建立的团体。"另一方面又打破加尔文的教会应一体化并由长老统治的概念，进一步论证说，既然教会是信徒自愿组成的团体，那么不管人数多少每一教会都是独立自主的。教会权力应属于每一教会的所有成员，而无需任何超然于信徒公众权力之上的中央一统制形式（即主教制或长老制）。巴罗也指出，像任命神职、革除教籍这类权力固然不应集于主教之手，但也不应将其交与长老或牧师。这类权力应给予每一个独立的教区和每一个独立的信徒。

布朗和巴罗不像长老派那样对国教会改革抱有希望和幻想，他们认为国教会是不可指望地彻底腐化了。布朗抨击国教会主教们"干着难以数计的可恶勾当，致使他们的双脚已深陷于一切罗马化的泥潭和污垢之中无力自拔"。巴罗则宣称"国教会已堕落为一个反基督和不敬上帝的政府"。对于伊丽莎白专制王权及其反对进一步实行改革的统治政策，布朗和巴罗继承了清教先驱者的人民有权反抗不法君主统治的理论，大声疾呼民众奋起抗争。如巴罗就激愤地指出："现在君主虽因他的罪过失去了作为一个基督徒或教会成员的权利，但他竟没有失去作为国王和世俗统治者的权利，致使作为他臣民的所有富于信仰精神的基督徒，还要处在服从和被其控制的地位。"号召民众反对专制统治的呼声，在这里表现得已十分明确。

显然，以布朗和巴罗为代表的分离派改革主张，已大大超过了长老派所代表的期待君主改革的清教正统思想，也比作为清教重要思想来源的加尔文教的教义主张更为激进。这些思想不仅对伊丽莎白专制统治构成了直接威胁，而且对17世纪中叶英国革命中以克伦威尔为代表的独立派所实行的激烈变革也产生了深远影响。

在长老派运动和独立派运动的共同冲击下，1588年时国教会统治已发生了巨大的危机。从1589年国教会发表的《告诫英国人民书》中，就可从反面证明清教派的宣传鼓动已深得人心："谁攻击主教、教士最激烈，把他们骂得狗血喷头，谁就会被别人认为是最热诚的教徒。"

面对清教派步步紧逼的挑战，伊丽莎白女王感到有必要从有节制的退让转向坚决镇压的政策。而1588年后这种政策的转变条件，在伊丽莎白看来也已成熟了，这是因为在1588年英西海战以前，西班牙的哈布斯堡王朝被伊丽莎白视为英国政府的首要之敌。腓力二世暗中支持英国国内的天主教势力东山再起，同时企图通过战争扳倒英国这个在海外贸易方面的主要竞争对手。在军事冲突不可避免的情况下，伊丽莎白极力避开政府与国内反对派政治力量的直接对抗，并尽可能地争取资产阶级与清教派的支持以达到一致对外的目的。为此，在对西战争以前女王对清教运动采取了尽量克制和妥协的态度。但随着 1588 年西班牙无敌舰队的被歼灭，国外的主要威胁已消除后，这种状况就大大改变了。国内问题成了女王政府所要解决的主要问题，镇压清教运动又成了当务之急。

对西战争刚一结束，伊丽莎白就命令大主教怀特吉夫特利用最高宗教法庭审理清教派的"非法"活动。1589 年，长老派组织的全国性等级会议在强力所迫下不得不终止活动。与此同时，长老派领袖卡特赖特等人被拘禁或遭放逐。

1593 年 4 月，伊丽莎白迫使议会通过了《女王臣民服从法案》，其严厉程度超过了女王即位初年惩治天主教徒的法案。其中规定：凡年满 16 岁者，拒绝到教堂参加国教会礼拜仪式的，出席非官方秘密集会的，反对国教会现行教义教规的，将依情节轻重分别判以监禁、放逐、剥夺教职和财产以至死刑。法案刚一生效，被女王视为眼中钉的独立派领袖巴罗等即被处以绞刑。到九十年代中期时，清教运动在政府的残酷迫害下已被迫退至低潮和转入地下活动。

尽管清教运动在 90 年代以后受到了极大的摧残，但是它并没有被消灭而是经受了严峻的考验。

长老派在社会上较大规模的组织活动虽已停止，但是他们在议会下院逐渐增长的实力却已成为既成事实，使女王政府无法消除。据英国史学家迦狄纳估计，至 1603 年伊丽莎白女王去世，詹姆斯一世即位时，下院的每四位议员中就有三位是清教徒代表。即使这个数字包括同情清教的议员在内，那也是非常可观的了。在伊丽莎白晚期，议会下院的长老派代表为反抗政府的宗教迫害，为实现言论自由继续同女王展开斗争。

较长老派更不妥协的独立派，则利用他们分散灵活的斗争特点保存力量并继续进行活动。如 1600 年，在约翰·史密斯和托马斯·赫尔维斯领导下的一个独立派团体，在阿姆斯特丹建立了一个有相当影响的公理会教会。一些独立派教徒受其影响，也纷纷移居荷兰。这部分人不仅长期坚持反国教会专制的斗争，而且在斯图亚特王朝时期开始了向北美移民、建立清教殖民地的历史运动。在伊丽莎白晚期，独立派在国内的斗争也同时在进行。如一个由巴罗的追随者组成的独立派团体，在积极组织地方公理会的同时，还提出了没收主教占有的教会土地，将其分给下层教士和信徒的激烈主张。

更重要的是，清教派在保存和积蓄力量的同时，也在总结经验并逐渐转向新的斗争形式。这就是一方面坚持议会斗争，一方面从以长老派会议运动形式为主转向以布道活动形式为主。斯图亚特王朝建立后，清教派在议会内的斗争和在民间传布反国教会和反国王专制的激进思想的布道活动，都较前一时期有了显著的加强。

由于伊丽莎白时期的清教运动孕育并埋下了资产阶级反对封建专制的思想火种，随着斯图亚特时期清教运动的进一步发展，日益不满于专制统治的资产阶级、乡绅和广大民众终以清教理论为思想旗帜，在17世纪40年代掀起了推翻封建王朝的资产阶级革命。

英国 16 世纪的圈地运动

陈曦文

英国历史上的圈地运动是大土地占用者用暴力剥夺农民的土地和侵吞公有地的过程。封建土地所有制是封建主义的基础，消灭封建主义，归根到底是破坏封建土地所有制，同时破坏同它相联系的农民"份地制"（即农民不完全的、有条件的土地占有制）。这个过程在英国是从消灭农民的份地制开始的，圈地运动就是它的典型表现。英国的圈地运动经历了两个高潮，一个发生在 15 世纪末至 16 世纪，另一个发生在 18 世纪中叶至 19 世纪初。15 世纪末至 16 世纪的圈地运动是对农民份地的最初冲击，它构成了英国资本原始积累的基础。这一个多世纪正是英国资本主义萌芽时期，圈地运动用暴力手段剥夺了农民的份地，使其中部分人转化为雇工，发展起来的是资本主义农场制，同时也逐渐形成了一个租地农场主阶级。由此可见，这一运动在一定意义上说，是英国经济变革中的一个划时代的事件，马克思把它称作"为资本主义生产方式奠定基础的变革的序幕"。

圈地运动的起因与经过

"圈地"一词的含义是针对"敞地"而言的。在中世纪早期，英国农村实行的是敞地制，敞地是由分割为数百条、形状狭长的条田所构成。每块条田用小径和草垅分隔开。条田是计算田产的单位，每个农奴——维兰和自由租户所占有的田产自一块条田起至数块，数量不等，分散在庄园各处。领主的自营地也按条田计算，部分可能是连成一片的，部分则分散在维兰和自由租户的条田之中。庄园的土地除耕地以外，还有草地和荒地，都是公用地，沿袭农村公社时期的惯例，领主和农奴都可以使用，但是对农奴来说，使用草地和荒地必须遵守领主法庭的规定，在时间上和放牧牲口的数量上都受到一定的限制。无论条田、草地和荒地都没有永久性的牢固围墙。凡是铲平条田的地界，把分散的条田合并起来，使之连成一片，用固定的树篱圈围起来，就叫作圈地；或者是把荒地占为己有，用栅栏将它和外界隔离开来，也叫作圈地。圈地的目的：一是合并条田，使耕地连成一片，把分散的个体经营变为集中统一的经营，从事农业技术的改良；二是扩大牧场；三是开辟领主的私人园囿、猎场和体育竞技场等。

英国的圈地现象早在 13 世纪就已经出现，但是当时的圈地活动在各郡仅是个别现象，规模不大，没有造成深刻的社会影响。到了 15 世纪 70 年代，圈地活动急剧发展，在整个 16 世纪期间，它像波浪一样起伏，出现了三个高峰，圈地活动便发展成为具有社会性的运动，在历史上称作"圈地运动"。

呢绒业的发展，对羊毛原料的需要不断扩大，是 15 世纪末至 16 世纪初圈地活动活跃的直接原因。呢绒业是英国中世纪兴起最早，并且是最重要的一个手工行业，从 14 世纪后期起，英国的呢绒业便以急促的步伐迅猛地发展起来。以全国呢绒出口的数量为例：1354 年，输出 4774.5 匹，1509—1523 年，平均每年输出 84789 匹，1524—1533 年，平均每年输出 91394 匹，1534—1539 年，平均每年输出 102647 匹，1540—1547 年，平均每年输出 122354 匹，而在 1554 年这一年，全部产品估计为呢绒 16 万匹，克瑟密手织粗呢为 25 万匹。本国呢绒业的发展，对羊毛原料的需要与日俱增，同时英国羊毛仍然源源不断供应欧洲市场。就弗兰德尔来说，15 世纪是它的呢绒业发展的黄金时期，羊毛原料主要依赖英国输入，如果英国羊毛供应断绝，它的城市经济可能立即出现百业萧条的景象。正是由于国内外对羊毛的需要激增，养羊出卖羊毛极为有利可图。正如当时农学著作的作者安托尼·费泽贝特在 1539 年所指出的，饲养业的收益超过了谷物种植，而在一切牲畜中养羊又是最赚钱的。常言"羊腿可以使沙土变黄金"。牧羊业的发展推动圈地运动走向高潮。

15 世纪末开始的圈地活动逐渐发展为普遍的社会现象，因此圈地过程使许多庄园的传统组织结构遭到破坏，部分耕地荒芜，农村的房舍被毁，成批成批的农民被赶出家园，在社会上流浪，这些现象一时形成了英国尖锐的社会问题。农民向政府控诉、抱怨圈地、土地被剥夺的情况，在当时的资料中记载颇多。都铎王朝（1485—1603 年）政府在 1517 年组织了一个圈地调查委员会，命令调查从 1488 年起直到当时，由于圈地的缘故，有多少城镇和小村庄遭到蹂躏，有多少房屋和建筑物被拆毁，有多少耕地被改作牧场，有多少荒地变成了饲鹿的猎苑……政府调查委员会的报告尽管残缺不全，仍然是我们研究这个阶段圈地运动最重要的资料来源。从 1517 年的调查资料中可以看出，15 世纪末至 16 世纪头 10 年的圈地实际上是整个 16 世纪圈地运动的第一个高峰。

根据对 24 个郡不完全的调查和统计，1485—1517 年，共圈地 101293 英亩。在伯克、白金汉、北安普敦、牛津、莱斯特和沃里克中部 6 个郡圈地活动最猛烈，资料也保存得最完整。圈地面积达 71634 英亩，占 24 郡圈地总面积的 75% 左右。从圈地的用途来看，被圈占的土地大部分用于扩展牧场（白金汉郡占 80.8%，北安普敦郡占 84%，牛津郡占 73.2%，沃里克郡占 88.8%），出于精耕农业的需要的圈地，在上述六郡中居次要地位。这个时期圈地规模虽然不大，但是参加圈地运动的农村社会阶级和阶层却十分广泛，有世俗贵族地主（包括大贵族和乡绅），有教会的修道院长，还有不断扩大租地面积，并按新方式经营农牧业的租地农场主，甚至有自由的自耕农等。其中世俗的贵族地主是最主要的圈地者，北安普敦、白金汉、莱斯特、沃里克和约克等五郡，贵族地主所圈占的土地占全部圈地面积的百分比，分别为 53.05%、58.67%、71.2%、61.72%、64.64%。从他们圈地的次数和规模来看，均超过了教会土地所有者和租地农场主，至于自由的自耕农的圈地更是无法和它相比。在这个阶段的圈地运动中，作用仅次于世俗贵族地主的是租地农场主，伯克和牛津两郡租地农场主圈地的情况尤其突出，这是因为这两郡是英国著名的农业郡。伯克郡早在 13 世纪便向国内特别是伦敦供应大量农产品，郡内手工业也有相当发展，后来成了英国著名的呢绒业中心之一。牛津郡则供应国内外市场大量羊毛，商业发达，封建生产关系瓦解较早，进展很快，因此农民的分化剧烈，参加圈地的租地农场主也较多。根据资料记载，在这个时期里，伯克郡租地农场主所圈地占全郡圈地总面积的 49.12%，牛津郡为圈地总数的 2/3。这两郡租地农场主的特点是租入的土地极多，圈地的规模也大。对租地农场主来说，所谓圈地实际上是通过一种特殊方式扩大租地面积，他们是在得到贵族地主"许可"的前提下圈占小农的份地，驱逐小农，把世袭的分散的小农租地变为自己集中的大片租地，然后提高地租，使贵族地主得利更多。因此租地农场主的圈地往往得到贵族地主的支持。

这个阶段所圈占的土地既有公用的荒地，也有相当数量是耕地。圈占荒地的方式主要是通过公地持有人彼此订立协议实行瓜分，这些持有人是庄园法庭登录册上明文规定的有资格占有荒地的人，一般是庄园的贵族地主，也有个别的自耕农。他们圈占了荒地之后，将农民的牲口赶出去，不许他们依世代沿袭的权利在那里采集和放牧。对耕地的圈占，在大多数情况下，贵族地主是通过所谓"折换"的方式来进行的，即让农民用交出土地的办法来抵偿所欠的债务，或者是强迫农民退佃，或者是等待租约期满即把土地收回。

被侵夺土地的主要是农民中的哪一部分人呢？15世纪后期至17世纪初，在英国农村的人口构成中，租佃土地的农民大致可以分为三类，即公簿持有农、自由自耕农和租地农。公簿持有农是按庄园租佃登录册的抄本掌握土地的，佃册抄本是个书面证据。这时领主出租土地在租期和租金方面，仍然因袭过去的成规，土地出租期限不是按年计算，而是按世代计算，即出租期限为一代、两代、三代。在承租期间，公簿持有农只要按规定向领主履行了应尽的义务，领主是不能随意将他们逐出份地的，如果驱赶，在道义上和法律上都是不允许的。从这个意义上说，他们对土地的占有是获得一定的法律保障的。至于自由自耕农，他们占有的份地比公簿持有农多，租税负担较轻，实行货币地租以后，地位也有所改善，不再受任何束缚。同时他们对土地的占有受"习惯法"保护，既不会被人从保有地上赶走，也不会被勒索"任意罚金"。他们的上层甚至可以在国王法庭上提出审理权的要求，参与司法审判。自由自耕农因负担的租税轻，实际上是为自己耕种，直接利用土地为自己谋利益。他们通过采用先进的耕作方法提高生产，在出售农畜产品中增加收入。自由自耕农上层的地产还有不断扩大的趋势。早在14世纪末，公簿持有农和自由自耕农都已成了人身自由的佃农，接着逐渐发生阶级分化，一部分人沦为雇工，同时也从公簿持有农和自由自耕农中分化出了一个富裕阶层。他们向贵族地主租入大片土地，扩大经营，有的人还兼营工商业，被称为租地农。根据15世纪末至17世纪初的农村调查记录和地租折的记载，在全国的佃农中，有2/3左右是公簿持有农，1/5是自由自耕农，其余为租地农。在不同的地区比例略有出入，在诺森伯兰郡，公簿持有农占90%，自由自耕农等人数很少，在诺福克和萨福克郡，自由自耕农占36%，而公簿持有农又比其他郡少。总体来说，公簿持有农在各地都占多数，是农村人口的基本成员，依靠租种区区数亩地维持生计。在这个阶段的圈地运动中，被圈占土地的主要就是他们。例如在白金汉郡的圈地对象中，占有土地在10英亩以下的，占全郡被剥夺土地总人数的94.71%，北安普敦为78.76%，莱斯特郡为 84%，沃里克郡为 85.72%，牛津郡为 67.1%。根据 1517 年政府圈地调查委员会调查报告记载，因土地被圈占而被迫背井离乡的小农，达6931 人。这么多的劳动群众被剥夺了生产资料，造成耕地荒芜，大量的人丧失了生计，在社会上游荡，这就引起了封建统治阶级的惊惶不安。从 1488年起，英国政府陆续颁布了一系列有关圈地的法令，反对圈地，禁止将耕地改为牧场，限制养羊的数量，违者受罚。这些法令成为都铎王朝前期立法上的突出特点，说明圈地运动对 16 世纪初的英国社会震动是巨大的。

16 世纪 30 年代英国发生了宗教改革运动，英国国王从罗马教廷手中夺取了英国教会的最高领导权，成了教会的首脑。随之而来的是没收教会地产，加以赏赐或拍卖，这个过程促进了耕地的圈围和合并，使圈地运动受到了新的推动，出现了一个新的高峰。宗教改革前夕，天主教会是英国相当一部分土地的封建所有者，掌握在修道院手中的地产，年收入总值为 13.5 万镑。修道院解散以后，全部地产充公，归国王所有。根据资料统计，在1536—1547 年，国王赏赐宠臣和拍卖的教会地产共 1593 份，年收入为 9 万镑，即有 2/3 的地产易手。出卖土地的是封建王室和旧贵族地主，购买土地的主要是投机的租地农场主和市民。他们当中的一些人，将大批世代耕种份地的小农赶走，然后把他们的土地合并过来。都铎政府曾在 1548 年和 1565年两次组织圈地调查委员会，但是都只调查了两个郡的情况，其他地区也仅留下了片断的资料，因此我们难以全面了解 16 世纪中期圈地运动的规模。根据局部地区资料的反映，可以看到这样一种情况，就是在那些租地农场主势力和影响较大的地区，圈地运动的势头来得更大。以威尔特郡和诺福克郡31 个庄园的 47 块领地为例，被圈占的耕地在 75%—99% 的有 4 块，100% 被圈占的有 8 块，23 块受到不同程度的侵夺，只有 12 块完全没有被圈地运动波及。这种情况促进了大农场制进一步发展，以致在国内有些地区，掌握在租地农场主手中的土地和掌握在世袭佃户手中的土地面积大致相等。像威尔特郡租地农场主平均占有土地约 352 英亩，同时在此郡的一些庄园里，仅剩2—3 个世袭佃户，而在另外的一些庄园里甚至一个佃户也没有。在圈地运动的这个阶段里，贵族地主、租地农场主和自由自耕农等对公用地的侵占也是严重的。

圈地运动引起了农民的反抗，在圈地进展比较迅速的诺福克郡，在 1549年 7—8 月，爆发了农民起义。起义蔓延到邻近的萨福克郡，起义队伍发展至两万多人，占领了诺福克郡的首府诺里支城。起义者在他们制定的纲领中提出了制止圈地和恢复公地使用权的要求。与此同时，西南部的康沃尔和德文两郡也爆发了大规模的农民起义。农民起义的打击使圈地运动受到一定的遏制。

16世纪的圈地运动的第三个高峰开始于70年代末，延续至17世纪初。随着经济的迅速发展，英国人口（特别是城市人口）大大增加，对粮食和肉类的需要不断增多。农村这时遇到的是市民饭桌上对羊肉不断增长的需求，当代一位作家说："现在这样多张嘴要吃羊肉，这就引起羊肉昂贵。"同时呢绒生产仍然需要大量羊毛原料。市场的需要刺激了生产的发展，这是促使圈地运动重新高涨的重要因素。就英国人口增长的情况来看，1400年，全国人口为250万，1500年，估计至少300万，到16世纪末，则超过400万。伦敦是全国的政治和经济中心，其人口在1534年为6万，16世纪中叶，发展至10万，16世纪末达20万。人口稠密的大城市以及西部工业发达地区和约克纺织区，都需要大量原料和农副产品，因而推动了大农场制的发展。16世纪的英国，没有出现大规模垦荒的现象。贵族地主，尤其是租地农场主，为了增加土地收益，认为圈占农民耕地、分割公共牧场、扩大农牧业的经营、实行技术改良，是一些行之有效的方法。这种大农场或牧场的经营，远比敞地制下个体生产的产量为高，因而其地租也相应有所提高。以威尔特郡五个庄园的情况为例，1568年掌握在农场主手中的土地，每英亩缴付给贵族地主的地租，分别为1先令6便士、$7\frac{3}{4}$便士、1先令$5\frac{3}{4}$便士、1先令$1\frac{3}{4}$便士、1先令$5\frac{1}{2}$便士，而掌握在世袭佃户手中的土地，每英亩地租分别为$7\frac{1}{2}$便士、5便士、1先令$\frac{3}{4}$便士、5便士、$5\frac{3}{4}$便士。这种情况促使贵族地主和租地农场主为了自身的利益，又一次发动了对耕地和公用地的疯狂侵夺。

1607年，英国政府再度任命了一个调查委员会，就16世纪70年代末中部六个郡的圈地运动进行调查。调查的结果表明，在1607年前的30年中，圈地运动有增无减。北安普敦郡发生圈占耕地和分割公用地的事例共27335起，莱斯特郡12290起，贝德福郡10004起，亨廷顿郡7677起，白金汉郡7077起，沃里克郡5873起。1578—1607年，有69758英亩土地被侵夺，2332人被逐出家园。受圈地影响最严重的郡是北安普敦郡，1485—1517年，被圈围的土地仅占全郡面积2.21%，被迫迁移的人口为1405人；而在1578—1607年，被圈围的土地已达全郡面积的4.3%，被迫迁移的人口为1444人。凡是圈地最严重的地方农民的反抗也最猛烈，1607年，英国中部六郡爆发了声势浩大的农民起义，参加起义的大都是圈地的受害者，是英国中部农村最贫苦的居民。他们被称为平等派和掘土派。沃里克郡的掘土派曾向全国的掘土派发出呼吁，说："他们用贫困这块石头磨碎了我们的肌肉，为的是使他们自己在肥壮的羊群中活着。羊使得农村人口灭绝。羊毁灭了许多村庄，在这些被毁灭村庄的土地上，建立了对我们国家丝毫无益的牧羊场。"编年史作者斯托对起义过程做过这样的叙述："他们砍掉了栅栏，填平了沟渠，把所有被圈占的公共土地恢复为敞地，并把那些自古以来就是供农业使用的敞地，而后来被圈占了的土地，也恢复为敞地。"农民起义沉重地打击了英国的封建统治。

圈地运动的后果

近代美国学者盖伊，根据 1517—1607 年英国政府组织的几次圈地调查委员会的文献资料统计，1455—1607 年，英国 24 个郡共圈地 516676 英亩，占 24 郡土地总面积的 2.76%，被驱逐的农民有 3 万—5 万人。发生在 16 世纪的这样一个规模的圈地运动，对英国社会的冲击是巨大的，对当时英国经济的发展产生了重大而又深远的影响。

早在 15 世纪后期，英国经济变革的苗头就已经开始显露，工农业均出现了资本主义关系的萌芽，圈地运动是英国资本原始积累的典型方式，它促进了生产关系的变革。

英国农业中资本主义的最初因素表现为"分成制"，它和资本主义租地农场主经济的发展有着密切的关系。在英国的大多数地区，贵族地主出租自营领地在 15 世纪中叶已经成为普遍现象，自营领地的出租是农场制发展的基础。贵族地主将自营领地分割为若干块，分租给一批批租地农耕种，出租土地的年限有时是一代，有时以若干年为期（一般为 21—80 年，最长达 99 年），有时按贵族地主的意愿而定，双方订立契约，贵族地主同这种租佃者的关系已不是过去那种按传统惯例租地的关系，而是契约关系，双方依契约来维系，租约期满，土地有可能被收回。租地的面积通常比公簿持有农的佃册地大，有时租地还附带牲畜之类的实物，因此有的承租人除了自己投入部分劳动以外，也雇工协助耕种，成为租地农场主，产品在贵族地主和租地农场主之间瓜分。15 世纪后期，租地农场主的人数越来越多，这种经营方式有所发展和扩大，这种经营方式就是马克思所说的"分成制"，马克思称英国分成制下的租地农场主为"分成农"。从剥削形式看，分成制是农业上从封建剥削向资本主义剥削过渡的一种形式；从生产角度上看，又是从小生产向大生产过渡的一种形式。"这种形式在英国很快就消失了，代之而起的是真正的租地农场主。"① 促成这个转变的就是圈地运动。

16 世纪的圈地运动来势猛烈，波及了农村一切旧的土地占有形式，无论是贵族地主的自营领地，还是佃册地，自由地，还有公用地，都受到了不同程度的侵袭。虽然被圈占的土地不占多数，但并非个别和偶然的现象。贵族地主、租地农场主和自由自耕农当中的一部分人，侵夺了各种形式的耕地和公用地之后，赶走各种身份不同的佃农，提高地租，压低雇工的工资，把侵夺得来的土地变为专门靠雇工劳动从事经营的大地产。结果不仅提高了土地收益，增加了剥削数量，也最终改变了剥削方式。16 世纪的圈地运动促进了资本主义农场制的产生和发展。根据对 52 个庄园中的 67 个农场所作的调查，其中 37 个农场拥有超过 200 英亩面积的土地，1/4 以上农场土地多于 350 英亩。从这些数字里可以看到 16 世纪大农场制发展的规模。在这个时期里，英国农村中农牧业的资本主义经营在比重上虽然不占主要地位，但是它代表了社会经济发展的方向。

圈地运动加剧了农村的阶级分化，封建贵族阶级发生严重分裂，在一定程度上分裂为两个营垒，大贵族日趋没落，中小贵族中的一部分人逐渐资产阶级化。如前所述，在这个时期的圈地运动中，贵族地主是主要的圈地者，但是他们当中的大贵族阶层在大多数情况下并不亲自经营，除了少数人以外，大都通过把更多分散的小农租地改为集中的大片的租地，租给乡绅、市民和租地农场主经营，然后提高地租，靠征收高额地租过奢侈生活。但是好景不长，16 世纪中叶以后，席卷欧洲的价格革命使货币贬值，物价上涨，而出租土地的年限往往很长，在租约期满之前租金额固定不变。因此他们的实际收入逐渐下降。在落后的北部和西北部各郡以及没有受到圈地运动波及的地区，大贵族的数量还相当之多，他们仍然用旧的封建生产方式经营土地，向农民征收传统的封建地租，要求农民服名目繁多的徭役，他们本身则依然保持旧日的生活习惯。这个时期封建阶级中的大贵族阶层形成一股顽固的封建势力，但是他们由于固守旧的经营方式，无法与新经济竞争，经济上入不敷出，逐渐趋于没落。

---

① 《马克思恩格斯选集》第 2 卷，人民出版社 1972 年版，第 248 页。

　　在大贵族经济衰落的同时，具有资本主义倾向的新贵族在它的近旁诞生了，这是 16 世纪英国社会的特征。农村中的租地农场主是新贵族阶层的重要组成部分，他们当中的一部分人来源于乡绅，还有市民和从自耕农上层中分化出来的成员，包括租地农在内。在圈地浪潮中，他们或者是通过契约关系向大贵族租入更多的土地，或者是通过直接圈地扩大了土地的占有，或者是通过土地买卖致富，土地买卖也是新贵族阶层发迹的一个途径。由此可见，在大贵族的经济状况日趋下降的同时，租地农场主、乡绅和市民的经济实力却迅速上升。总之，他们通过各种途径获得大量地产，或者用地产做投机生意，视市场行情买进或抛出，利用买卖土地渔利，或者采用新方法雇工经营，创办资本主义性质的农场和牧场。土地对他们来说，已经不是用来剥削传统的封建地租，而是作为牟取资本主义利润的一种手段。同时，这一部分人也已经不是原有意义上的封建贵族，而是带有资本主义习惯和倾向的新人物。

　　圈地运动所引起的农村阶级分化还有着另一种表现，就是农民阶级中极少数人致富，上升为乡绅、资本主义租地农场主；同时大批小农被迫改变了原来的地位，沦为丧失了任何生产资料的雇工，或者成为流浪者。这样，16 世纪的英国社会便出现了新的阶级结构、新的阶级矛盾和新的社会问题。

　　16 世纪的圈地运动，实质上是土地关系和农业经营方式上的一个变革。它首先是由呢绒业的发展，对羊毛原料的直接需要引起的，农业变革反过来又促进了工业中资本主义因素的增长。早在 14 世纪后期，英国呢绒业便比起其他各手工行业突出地发展起来，因之资本主义因素的产生也比其他各业为早。它最早冲破行会束缚，从 15 世纪起开始向手工工场的经营方式过渡。圈地运动所造成的后果，在一极是使一部分人手中积攒了大量地产，地产成了他们的资本投放场所，使土地合并于资本；在另一极是把大批失业待雇的劳动力抛向了社会，既为资本主义农场也为资本主义手工工场的进一步发展创造了有利条件。16 世纪英国的呢绒手工工场生产获得了长足的进步。到 1565 年，呢绒出口占全部出口商品总额的 78%，羊毛次之，占 6.3%，其他所有商品仅占 15.7%。这表明呢绒业也已经成为英国的民族工业，它的出口关税构成政府财政收入的重要来源，它还影响着相当一部分人的生计。都铎王朝时期，西南部的威尔特、萨姆塞特和格洛斯特三郡是最重要的呢绒生产区，其次是约克郡的西来丁区，还有东安格利亚。西南部三郡的呢绒生产主要分散在农村，由呢绒商经营，设立中心据点，在那里计划并采购羊毛，农村破产的农民定期到那里去领取羊毛和纱线，替呢绒商纺线或织呢。这些破产农民虽然在家里工作，但原料，有时连生产工具（织机）都属于呢绒商所有，因此生产者实际上是一些领取工资替雇主工作的雇佣工人，这种生产的组织形式就是分散形式的手工工场。16世纪英国西南部地区的农村和17世纪的约克郡农村，形成了分散的手工工场网。在那里，一个呢绒商的手下往往有几百人，甚至上千人为他工作。西南部地区分散的呢绒手工工场之所以有较大的发展，是和这个地区有很多茂盛的草地，便于牧羊，从而保证了当地丰富的羊毛原料有关，也和这里圈地比较彻底，敞地制和公地制让位于圈地，因而存在许多无业的穷人有关。分散的手工工场是16世纪和17世纪英国呢绒生产主要的组织形式，与分散的手工工场同时并存的，还有集中形式的手工工场，开办这种工场的企业主，如伯克郡纽伯里地方的约翰・温彻康布，威尔特郡的马尔麦斯伯里的威廉・斯顿普，都雇用了几百个甚至上千个的织呢工和精整工等，这些雇工被集中在工场里，在企业主的监督下工作，成批地生产呢绒，企业主为此积累了大量财富。

随着工业中资本主义经营方式的产生和发展，大企业主、富有进取心的航海商人、银行和大商业公司的股东、交易所的经纪人等，逐渐形成为一个新兴的工商业资产阶级。他们当中的不少人和农村的新经济有着密切的联系。例如在呢绒业生产中采用资本主义方式经营的大企业主，有的本身也是一个大地主，大商人中花费上千镑银钱购买地产的也不乏其人。这些人很乐意对土地投资，认为这最可靠，而经营地产又易于获得贵族称号，以保证自己的社会地位。因此，他们往往拥有相当多的地产，兼营农业和牧业，其中有些人还获得了贵族头衔，跻身于贵族行列。这个时期的资产阶级和新贵族在经济上利益一致，在政治上结成紧密的联盟，成为专制王权的有力支柱，对都铎王朝政策的制定和执行，产生了举足轻重的影响。

以上事实表明：英国的工农业早在15世纪已经显露出资本主义时代的曙光，16世纪的圈地运动极大地加快了新兴的资本主义的发展步伐，就经济方面来说，它揭开了英国资本主义生产全面发展的序幕。资本主义生产方式比封建生产方式进步，但是，恩格斯指出：建立在阶级剥削基础之上的社会，"生产的每一进步，同时也就是被压迫阶级即大多数人的生活状况的一个退步。对一些人是好事的，对另一些人必然是坏事，一个阶级的任何新的解放，必然是对另一个阶级的新的压迫"①。因此，圈地运动也表明了，英国的资本主义生产方式是在广大劳动人民遭受深重灾难的基础上逐步建立起来的。圈地运动暴露了资本原始积累的血腥本质。

①　《马克思恩格斯选集》第 4 卷，人民出版社 1972 年版，第 173 页。

胡格诺战争

周以光

胡格诺①战争是 16 世纪下半叶发生于法国各封建贵族集团之间以及他们与王权之间的政治和宗教内战，持续了 36 年之久（1562—1598 年）。在这场内乱中，宗教斗争和政治斗争交织在一起，封建统治者内部的矛盾和阶级矛盾错综复杂，法国中央王权经历了深刻危机，各派政治力量进行了充分较量。最后，封建统治阶级终于联合在王权之下共同对付国内人民的起义和内战末期出现的外国干涉，从而以南特敕令的颁布确认了君主专制政体的最后胜利，结束了战争。

胡格诺战争前的法国

胡格诺战争名义上是一场宗教战争，是在法国宗教改革运动——胡格诺运动以后发生的。然而这场战争决非仅仅起因于宗教派别的纷争，其深刻的根源与当时法国社会经济和政治的变动，以及由此引起的国内阶级矛盾的激化和阶级结构的变化是分不开的。

16 世纪，法国在经济上和政治上处于变革的过渡时期。经济上，资本主义开始萌芽。法国工商业资本主义的发展，尤其是遍布于全国的、分散和集中的工场手工业的发展，以及国内外贸易的扩大使法国在当时跻身于欧洲先进国家的行列。由于法国是一个具有完善形式的封建制国家，因此资本主义成分没有能像英国那样大规模地迅速渗入农村，没有出现英国那样的新贵族使经营土地的方式资本主义化。但 16 世纪的法国农村出现了一种叫作分成

---

① "胡格诺"一词来自德文，意思是"宣誓联合的同盟者"，在法国是指信奉加尔文教的新教派别。

制的地租，即土地所有者把土地定期租赁给农民，包括向租佃者供给耕畜、农具、种子等，根据两者订的契约，按比例（1/2、1/3 或 1/4 等）交付收成。这是一种向资本主义地租过渡的租佃形式，说明封建生产关系正在慢慢瓦解，封建制开始受到震撼。

16 世纪在欧洲各国蔓延的"价格革命"对法国经济也产生重大影响。法国受到价格革命的猛烈袭击，16 世纪内，平均价格上涨 2—2.5 倍，谷物上涨 4 倍，这加速了获取定额货币地租的封建贵族的破产（到 16 世纪中，有 80% 的贵族为债务所累），使靠出卖劳动力为生的，领取固定工资的劳动者的经济状况严重恶化，手工工场的帮工和学徒的实际工资在一个世纪内下跌了一半。而资产阶级因雇用廉价劳动力和高价出售商品，农村富裕农民因交付的货币地租实际数额减少和销售的农产品价格上涨却从中得到了好处。价格革命加重了封建制度的危机，加深了农民的分化，加速了资本原始积累的进程。与此同时，价格革命也使法国经济遭到严重损失。由于各国物价上涨情况不平衡，法国是属于发生较早、来势较猛的国家，仅次于得到殖民地金银最多的西班牙，因此法国昂贵的工农业产品竞争不过除西班牙外的其他国家的产品，在国外市场销路日减，而国内市场也因劳动者实际工资降低，购买力缩小而困难日增。法国经济出现衰退现象。

政治上，法国已初步成为一个中央集权的、统一的民族国家。中世纪的法国支离破碎，封建割据势力因占有广大完整的领地而称雄一时，王室领地狭小，势单力薄。经过几个世纪的斗争，王权日益强盛，到 16 世纪前半叶，国王领地已经扩张到整个王国。当时的国王法兰西斯一世采取了一系列强化中央王权的措施：加强中央政权机关，扩大中央的军事、司法、财政等权限；摆脱三级会议制度；向各省派遣监督官限制地方权力；控制法国教会等。尽管如此，法国的王权势力还不能伸展到全国各地，个别省份仍保留关卡，地方货币仍在流通，各地区的经济联系还相当薄弱。某些地区，如法国南部和西南部的独立性很强，那里的经济同法国本土北方和巴黎的关系还不如同比利牛斯半岛和英国的关系密切，那里的城市在税收和市政自治方面保留有中世纪流传下来的相当大的特权。所有这些都说明法国当时在经济上、政治上的统一只是初具规模，专制君主制尚处于早期的形成阶段。

以上这些变化，使法国社会各阶级力量的对比和他们之间的矛盾出现了新的情况。首先表现在王权和割据势力的关系上。由于王权扩大，资本主义萌芽的出现，以及国王采取了保护工业和贸易发展的政策，割据势力的贵族等级特权受到了触犯、限制和剥夺，旧贵族阶级正在衰落，然而他们的残余势力仍很顽固，有些地方的封建领主还享有自主权。他们对王权有依附的一面，在摆脱破产危机和对付农民的反封建起义中，他们都指望得到王权的支持。另一方面他们仍幻想恢复往昔贵族的特权和自由，时时不忘要限制王权。而那些政治、经济上实力雄厚的王室旁系和大领主家族，即接近宫廷的高级显贵并没因法国社会的变动而受到影响，只是在王权威望日增，统一局面不可扭转的形势下，不敢公开反对王权。各派显贵为了各自的利益钩心斗角，但对待王权都采用一致的手法：设法控制朝廷，把国王置于自己的摆布之下，"挟天子以令诸侯"。在拥护王权的招牌下，行分立、割据之实，一遇合适时机，便把矛头对准王权。由于王权在选拔官吏和施行赏赐方面主要给予北方贵族，南方贵族深为不满，不少人改信胡格诺教派，以图通过夺取教会的财产与权力来扩大势力。因此就造成了法国南部许多贵族与王权和天主教会的对立。

其次表现在王权及割据势力各自与资产阶级的关系上。为发展资本主义，资产阶级需要统一的国内市场，统一的法制，必然和主张割据的旧贵族发生矛盾，在这一点上，资产阶级和王权是同盟者。刚刚崛起的资产阶级政治上还较软弱，需要王权的保护和支持。而在经济上王权则需要资产阶级的资助。从15世纪末至16世纪上半叶，法王为和西班牙争夺意大利领土而进行的长期战争，使王室开支大幅度增加。尽管租税猛增，国库仍然空虚。资产阶级通过购买国债、官职以及包税和向国王贷款，以解决王室的财政困难。然而由于法国特有的高额国税，资产阶级必须负担沉重的税收，甚至交纳财产捐税和被强制借贷，对此他们深感愤懑。而且北方大资产阶级和南方中小资产阶级也因各自与王权关系密切程度不同而在政治态度上各异，前者一般维护王权，后者则希望回到城市自治的时代，在主张政治分立这点上和旧贵族相同。

法国阶级矛盾在16世纪也异常尖锐，农村小生产者的破产虽不像英国由于圈地运动而那样迅速和彻底，但因资本主义因素缓慢渗入，尤其是高利贷资本对农村的渗透，使农民阶级开始分化。大多数农民在地租、苛捐杂税、高利贷的多重压榨下成为赤贫。城市里的帮工、学徒、手工工场雇佣工人也在封建行会、资产阶级和税收的剥削下挣扎度日，实际工资的下降更使他们无法生活下去。农民暴动、平民起义频频发生，例如1539—1542年里昂印刷工人举行长期罢工，1548年席卷法国西南部的抗税运动声势浩大，甚至把国王派来的地方官吏和盐税官吏打死。

总之，各类矛盾日益加剧，人民普遍对政府不满。意大利战争失利以及后来连续几个国王（法兰西斯二世、查理九世和亨利三世）的无能更使中央王权大大削弱，大封建主势力抬头，封建统治者内部迟早要进行一场较量，以最后确定维护封建主阶级政治统治的政权形式：或者回到封建割据局面，或者强化中央集权，确立和巩固专制君主制。这场较量由于法国宗教改革运动的兴起以及由此引起的天主教派和胡格诺教派的分裂，而采取了宗教战争的形式。

胡格诺运动的兴起和发展

16 世纪 20—30 年代，德国宗教改革家路德的"唯信称义"思想经阿尔萨斯传入法国，在资产阶级、匠师、下层僧侣、帮工中传播。由于法国国内对新教的迫害，大批信奉路德教的教徒纷纷东逃到瑞士和德国境内，其中就有后来成为加尔文教创始人的法国人让·加尔文。他以《基督教原理》一书向罗马教会开火，并根据他的教义在日内瓦创建了一个新的教会。40—60 年代，加尔文教继路德教之后秘密地在法国境内传播开来。北起巴黎、诺曼底，南至多菲内、罗纳河谷、普罗旺斯，东从法朗什－孔太、布尔哥尼，西到罗亚尔河谷、普瓦杜、阿尔勃莱、贝亚恩，都有新教的足迹。尤其是在远离中央王权控制的南部和西南部地区传播得更为广泛和迅速。

新教的传播不仅地区广泛，而且深入法国社会的各个阶层：各级神职人员，甚至个别高级教士；巴黎和地方不同等级的贵族；尤其是南方贵族；大中小城市的资产阶级和平民；南部地区的农民。特别是手工业者与工场主，由于他们反对封建束缚，均大多数成为胡格诺教徒。

新教之所以得人心，首先与当时天主教会的腐败有关，但不同阶级信奉新教有不同的要求。资产阶级从路德教和加尔文教的教义中找到了符合其阶级利益的思想，加尔文教的"预定论"和"廉价教会"思想为资产阶级的发财致富和政治要求提供了理论依据和行动纲领。对城市平民和农民来说，天主教会是封建统治的一部分，他们借新教反对天主教以表达他们反封建压迫和剥削的心声。封建主反对天主教是期望教会土地世俗化，此外，新教出现是对正统天主教会的反叛，封建贵族在与信奉天主教的国王的斗争中，具有离心倾向的新教思想自然适合他们的胃口。

随着新教在法国的兴起，法国政府对新教的迫害愈来愈残酷。根据 1516 年法兰西斯一世和教皇利奥十世签订的波洛尼亚条约，法王得到任命法国高级神职人员和控制部分教会财产的权力，他成了法国教会的实际领袖。新教一开始并不反对国王，但它反对国王信奉的天主教和他控制的法国教会。在国王和政府看来，作为君主专制政体的国家，只能是一个国王，一种信仰，一个教会。为维护统一的中央王权，不能允许任何有损国王权威的因素、任何分裂教会的因素的出现和存在，因此新教的存在本身就意味着对王权的威胁。法兰西斯一世最初曾一度容忍新教，这主要出于他外交上的需要：他正联合德国新教诸侯反对德意志神圣罗马帝国皇帝查理五世。他的姐姐，宗教改革的同情者玛格丽特对他也有举足轻重的影响。1534 年的"布告事件"[①]才促使他下决心对新教徒进行镇压。不到一年时间，20 来人被处死，200 多人遭放逐。在他统治末年，还授予高等法院起诉异端权。

法兰西斯一世死后，他的儿子亨利二世对新教的迫害更加残忍。1547 年，他在巴黎高等法院内设立了一个被新教徒称为"火焰法庭"的机构，专门审讯异端教徒。1547—1550 年仅 3 年间就有 4000 多人被投入巴黎的监狱等待审判。1559 年 6 月 2 日，亨利二世颁布埃库安法令，要求法院对新教徒一律判处以死刑。许多人被送上了火刑柱。从此，新教徒只有改教才有生路，否则就得逃亡或反叛。同年 7 月，亨利二世死，继任的法兰西斯二世体弱无能。天主教派首领，北方世袭显贵吉士家族作为王后的亲戚乘机控制了朝廷，他们变本加厉地镇压新教徒。

刑罚、示众、火刑迫使新教徒转入地下。他们暗中和加尔文所在的日内瓦密切来往。加尔文有组织地向巴黎和法国各地派遣受过训练的牧师，仅 1555—1562 年，就输出了约 100 人。加尔文通过他们领导了法国国内的宗教改革运动。1560 年前后，全国新教徒发展到将近 200 万人，占全国人口（1700 万—1800 万）的 1/9—1/8。

信奉新教的封建主日益增多，在他们支持下，新教神学家确认新教徒有武装叛乱的权利。第一次尝试便是 1560 年 3 月发生的胡格诺教封建贵族策划的昂布瓦兹阴谋，即企图劫持住在昂布瓦兹城堡中的幼王法兰西斯二世，以他的名义把持朝廷。后因阴谋暴露遭到血腥镇压。

1560 年 12 月，法兰西斯二世去世，其弟查理九世继位，他同样年幼无能，

---

① 发生于 1534 年 10 月 17 日夜至 18 日。新教徒把由新教牧师安托万·德·马库尔起草的攻击天主教弥撒的布告在巴黎和外省到处张贴，甚至贴到了昂布瓦兹城堡内国王法兰西斯一世的房间门口。

太后凯瑟琳·美第奇摄政。作为中央王权代表的太后考虑的是如何抑制封建贵族势力的增长，她担心吉士家族的权势越来越大，会威胁王权，于是暂时抛弃了宗教分歧，采纳大臣米歇尔·德·洛斯皮塔尔的调解政策，于1561年9至10月主持召开了波瓦西会议，试图调和两种教派，但归于失败。尽管如此，她还是于1562年颁布一月敕令，允许胡格诺教徒在城外有做礼拜的自由。但两派的敌对情绪是无法用和谈平息下去的，最后终于酿成一场内战。

从以上事实不难看出，胡格诺运动所引起的宗教冲突因贵族的参与而具有政治色彩。领导胡格诺教的主要有南方显贵波旁家族的安东·波旁、他的兄弟孔德亲王、他的妻子即那瓦尔王国①的女王让娜以及名门望族夏蒂荣家族的科里尼，其后是安东的儿子亨利·波旁。领导天主教的是北方显贵吉士家族的兄弟弗朗索瓦·吉士和洛林主教查理·吉士，和弗朗索瓦一起组成天主教派领导核心"三巨头"的还有两个军事首领阿纳·德·蒙莫朗西和圣·安德烈，他们死后，主要领导人是弗朗索瓦的儿子亨利·吉士。内战期间，还有一个支持王权，维护君主专制，主张宗教宽容的天主教派别"政治家派"，他们代表政府中的官吏和北方资产阶级的利益，但他们的主张在当时的形势下不能左右局势。

胡格诺战争的经过

胡格诺战争共经历8次战争，7次议和。根据交战对象和战争性质的变化，战争可分成三个阶段。

战争第一阶段从1562年至1577年，交战的一方是胡格诺派贵族，另一方是中央王权和支持它的天主教派贵族。

1562年3月1日，就在太后颁布一月敕令后不久，弗朗索瓦·吉士公爵带领一支卫队经过瓦西镇，偶遇一群胡格诺教徒在一个谷仓里做礼拜。这种违反一月敕令的行为发生在他的领地范围内，他认为这是胡格诺教徒的挑衅。吉士公爵命令他的卫队向手无寸铁的胡格诺教徒袭击，教徒们受到士兵的毒打，企图逃跑者被击毙，最后约23人死亡，100人受伤。

---

① 横跨比利牛斯山脉的古老王国，建于9世纪。15世纪曾归属法国南方望族阿尔勃莱家族。16世纪初，比利牛斯山脉以南部分归入西班牙版图，随着那瓦尔王子亨利继承法国王位（亨利四世），比利牛斯山脉以北部分于1607年并入法国。

瓦西镇的屠杀激起了胡格诺教徒的愤怒,孔德亲王首先发难,控制了包括奥尔良、里昂等城市的大片外省土地,很多不服吉士家族的贵族纷纷投到亲王麾下,其中就有科里尼。王家军队和天主教派三巨头为攻占卢昂,胡格诺派为进军巴黎,双方发生了激烈的战斗。最后,三巨头夺得卢昂,而在巴黎附近的战斗中两败俱伤:孔德受伤并被俘,科里尼率残部逃往自己领地;三巨头中蒙莫朗西被俘,圣·安德烈被杀,而弗朗索瓦·吉士在企图攻占奥尔良的前夜(1563 年 2 月 24 日)被一个叫作波尔脱·德·梅雷的贵族暗杀身死。吉士家族认为这是科里尼所指使,从此结下了怨仇。

吉士之死使凯瑟琳太后如释重负,她早想摆脱三巨头的控制,这次如愿以偿了。在权衡两派实力以后,她于 1563 年 3 月 19 日和胡格诺教首领签订了昂布瓦兹和约,规定除贵族可在自己家中做礼拜外,其他胡格诺教徒只能在城外建立教堂和举行宗教仪式。广大胡格诺教徒对和约极为不满,贵族们认为在谈判桌上没有得到他们期望的东西,除宗教信仰自由以外,他们还想夺得和天主教派在宫廷中平起平坐的地位。当时,从力量对比上说,胡格诺派的军队仍占据着王国中将近一半的土地,因此战争迟早还要发生。

太后为了维护专制君主的绝对权威,确保法国的统一局面,使法国全体臣民,无论是天主教还是胡格诺教徒看到法国宫廷的团结,决定让国王带领宫廷成员(其中有天主教派的蒙莫朗西、洛林主教、国王的弟弟安茹公爵,也有胡格诺派的那瓦尔的年轻王子亨利)到全国各地巡视一遍。这次历时两年多的旅行(1564—1566 年)表明中央王权在法国有一定威信,但由于两派积怨甚深,冲突终于又起。

太后在旅途中曾和西班牙天主教国王腓力二世会面,当时腓力二世正准备镇压尼德兰的新教,法国胡格诺派首领担心这是一次镇压新教的秘密协议。为争取主动,他们准备劫持国王,认为谁控制了国王也就控制了法兰西。这次行动应绝对保密,日期定在 1567 年 9 月。但太后和吉士家族到处设置密探,在事发前就得到消息,挫败了他们的阴谋。

孔德亲王不肯善罢甘休,便起兵围困巴黎,第二次战争(1567—1568 年)又起。在圣·德尼斯战斗中蒙莫朗西丧命。鉴于失去了得力的将领,加上巴黎被困,面临饥饿的威胁,太后决定议和。1568 年 3 月 23 日在隆絮莫签订停战协议,再次确认昂布瓦兹法令。

此后,天主教派又控制了宫廷和巴黎,屠杀胡格诺教徒的事件经常发生,两派并没有放下武器。1569 年 3 月,两派军队在沙朗特河两岸集结,第三次战争（1569—1570 年）爆发。这次战争中两派都补充了青年将领，天主教派中的王家军队由年轻的王弟安茹公爵亨利率领；胡格诺派中也出现了两个小将：16 岁的那瓦尔王子亨利·波旁以及 15 岁的孔德亲王之子。战斗中孔德亲王战死。科里尼率残部包围了巴黎，迫使太后停战。1570 年 8 月 8 日的圣·日耳曼敕令规定给胡格诺教徒以信仰自由，举行宗教仪式也比以往自由得多，最重要的是得到了四个具有战略价值的要塞：蒙托邦、拉沙利特、拉罗舍尔、科尼亚克。这更加巩固了胡格诺教在南部和中部的阵地。

　　战争中两派都向外国求援，吉士家族投靠的是天主教国家西班牙，胡格诺贵族则求助于新教国家英国。作为王权代表的太后试图搞平衡，因此她的对外政策摇摆不定。她虽畏惧西班牙的强大，不敢轻易得罪它，但又因法国和西班牙的利益有矛盾，因此企图和英国伊丽莎白女王接近。为配合她的外交政策，她决定在国内拉拢胡格诺派。为达此目的，她采取了联姻的办法：让她的爱子安茹公爵向英王伊丽莎白求婚（后遭女王拒绝），将她的女儿玛格丽特嫁于那瓦尔王子亨利。太后政策的暂变使科里尼得以再次进入宫廷供职，他唆使法王查理九世派军队支持尼德兰新教徒反西班牙的斗争，结果被西班牙打败。这件事使一向惧怕西班牙的太后极为恐慌。为避免西班牙入侵，她和亨利·吉士等天主教头目密谋于 1572 年 8 月 22 日刺杀科里尼，但未成功。

　　为庆祝那瓦尔王子亨利和玛格丽特公主于 1572 年 8 月 18 日举行的婚礼，几乎所有胡格诺教首领都已陪同亨利来到巴黎。谋杀科里尼事件激怒了胡格诺教徒和尚蒙在鼓里的国王，他们要求查清真相。太后怕事情败露，就向国王摊牌，以恫吓和眼泪把他制服，同时和渴望报父仇的亨利·吉士策划，一举消灭胡格诺教首领。屠杀计划在绝对保密的情况下布置下去，武装待命的天主教派以卢浮宫对面教堂的钟声为信号，同时采取行动。这就是骇人听闻的"圣巴托罗缪①之夜"大屠杀事件，发生在 1572 年 8 月 24 日凌晨。天主教士兵在他们首领带领下一夜间屠杀了约 200 个胡格诺贵族，亨利·吉士亲自率士兵刺死了科里尼。清晨 5 时，居民们发现街上到处是尸体。巴黎的天主教徒本来就对亨利和玛格丽特的婚姻不满，事件煽起了他们的宗教狂热情绪，屠杀像火焰一般迅速蔓延，持续了整整三天，妇女、儿童都不能幸免。尸体投入塞纳河，染红了河水。消息迅速传到外省和其他城市，引起连锁反

---

　　① 圣巴托罗缪是耶稣十二使徒之一，8 月 24 日为圣巴托罗缪节。

应，里昂、奥尔良、卢昂、波尔多、土鲁兹、莫城等城市都仿效巴黎，发生了类似事件。历史学家米什莱写道："圣巴托罗缪节不是一天，而是整整一个季节。"因为屠杀一直延续到当年 10 月，究竟多少人在大屠杀中丧命，无法统计。一部分历史学家作出了比较相近的估计：巴黎被杀的有两三千人，外省约有 1 万人。

胡格诺最高首领里唯一幸免于难的是与王室有血缘关系的那瓦尔王子亨利和小孔德亲王。屠杀之夜他们俩在卢浮宫内。在太后和国王的威逼下他们不得不改宗天主教，否则也难免一死。太后为她的胜利洋洋得意，以为胡格诺教派已群龙无首，教徒们也被杀的被杀，逃亡的逃亡，有一部分慑于淫威也被迫改教。然而太后高兴得太早了，南方各城市又拿起了武器，战火重又燃起，这是第四次战争（1573 年）。安茹公爵带领军队前来围困叛乱城市拉罗舍尔。胡格诺教居民虽失去了首领，但顽强抵抗，王家军队从 1573 年 2 月至 6 月多次攻城都以失败告终，最后不得不于 7 月 1 日签订拉罗舍尔停战协议，再次确认胡格诺教的信仰自由，并允许他们在拉罗舍尔、尼姆、蒙托邦三个城市举行宗教仪式。

1574 年 5 月 30 日查理九世夭折，他的弟弟安茹公爵亨利即位，称亨利三世。当时贵族集团的力量对比发生变化，天主教派内部分裂，一部分以阿纳·蒙莫朗西之子弗朗索瓦·蒙莫朗西为首主张宗教宽容，参加"政治家派"，一部分是以吉士公爵为首的强硬派。王弟阿朗松公爵因与亨利三世有矛盾而站到胡格诺派一边，逃到自己领地，举起反叛旗帜。亨利三世对此不能容忍，由吉士率 1 万人攻打阿朗松，这是第五次战争（1574—1576 年）。希望以和平方式解决争端的太后进行了干预，亲自赶到她的幼子阿朗松公爵那儿劝说，最后于 1576 年 5 月 6 日签订博利欧和约，或称"王弟和约"，内容大大有利于胡格诺派：允许他们在除了巴黎以外的所有城市做礼拜，并可占领八个要塞，除原有的四个外，再加上昂古莱姆、索姆台、布尔日、尼奥尔。

1576 年 6 月被软禁于卢浮宫的那瓦尔的亨利成功地逃离巴黎，潜回南方，重新成为胡格诺派的领袖。这时的法兰西已分裂为二。自大屠杀后，南方各城市开始成立自己的代议机构、财政机构和军队，排斥王权的势力，后来各城市联合起来成立了"南方联邦"，脱离北方和中央，而北方天主教派因不满博利欧和约，于 1576 年 6 月 8 日正式成立"天主教同盟"。作为洛林大封建主的亨利·吉士自称是加洛林王朝查理曼大帝的后裔，声言要回到封建割据时代，恢复贵族特权，限制王权，而他的真实目的是要摆脱瓦洛瓦王朝，取而代之。可见，北方封建贵族和王权矛盾也日益加深。

这时战争进入第二阶段（1577—1580 年），这个阶段的特点是两派封建主为自身利益互相厮杀，各自又单独与王权斗争。因此第六（1577 年）、七次（1579—1580 年）战争比此前五次更为激烈和混乱。其中又有两次议和，第一次（1577 年 9 月 17 日）颁布了普瓦提埃法令，限制了胡格诺教徒在博利欧和约中取得的权利，第二次弗雷克斯和约（1580 年 11 月 26 日），使胡格诺教徒获得 15 个要塞。

1584 年 6 月，阿朗松公爵去世，瓦洛瓦王朝失去了唯一的王位继承者，那瓦尔的亨利作为王室旁系波旁家族的后裔行将成为王位的当然继承人。吉士公爵早已觊觎王位，他一方面把西班牙作为自己的强大靠山，于 1584 年 12 月 31 日与腓力二世订立若安维尔条约，另一方面利用因政府加重税收而感到极度不满的北方资产阶级。1585 年几乎所有北方城市都加入了天主教同盟，吉士成了北方城市和北方贵族同盟的领袖，宣布要成为没有后嗣的亨利三世的继承人。法兰西不仅南北分裂，北方天主教同盟也与王权决裂。国王亨利三世在吉士的胁迫下不得不于 1585 年 7 月和他订立条约，给天主教派以特权，并废除以往所有和平协议，废除那瓦尔的亨利的王位继承权。新教势力当然要支持那瓦尔的亨利反抗，于是战争进入第三阶段，这场战争是围绕着夺取王位继承权进行的。这是第八次战争（1585—1598 年），也是最长的一次。因为参加的是国王亨利三世、胡格诺教的亨利·波旁和天主教的亨利·吉士，故也称"三亨利战争"。

1587 年 10 月 20 日，那瓦尔的亨利在库特拉首战告捷，但他并未立即进军巴黎，因为他不愿把国王推向吉士。吉士则相反，他以维护天主教信仰的英雄自居，骗得了巴黎天主教徒的信任。1588 年 5 月 12 日，崇拜吉士的巴黎人民在他的煽动下举行起义反对国王，即著名的"街垒日"起义。亨利三世逃出首都，于同年 12 月 23 日派人将吉士公爵暗杀。

摆脱了吉士，亨利三世便与那瓦尔的亨利联合起来围困起义的巴黎。暗杀吉士激起了天主教巴黎的愤怒，一个叫作雅克·克兰芒的狂热分子假扮使者潜入亨利三世住处，将他刺伤（1589 年 8 月 2 日）。当夜，那瓦尔的亨利赶到，临终前国王拥抱了他，并要求他改教和继承王位。这时，太后凯瑟琳·美第奇也已去世 8 个月。

亨利四世登上王位，从此他不再是一派封建主的首领，而成为法国的君主，中央王权的代表了。但是天主教同盟（亨利·吉士死后，由他的兄弟梅埃纳公爵领导）和巴黎拒不承认一个异教徒当法兰西国王。尽管亨利四世在阿尔克（1589年9月）和伊伏利（1590年3月）两次战役中获得胜利，却攻不进巴黎。掌握在天主教同盟手里的北方各城市也都不承认他。

当时的形势对于中央王权来说极为不利，可以说处于千钧一发之际。首先，法国内外很多王族的亲戚或显贵企图争夺王位，其中主要有梅埃纳公爵和西班牙国王的女儿。其次，西班牙国王竟乘人之危在巴黎各区代议机构"十六人委员会"的配合下，将驻南尼德兰的西班牙部队开进了巴黎。

面对这种危险局面，亨利四世越来越感到必须审时度势，采取政治解决的办法。由于连年战争，人民渴望和平，他决心利用时机，首先争取人民的信任，使首都向他打开大门。1593年5月16日，他宣布改宗天主教的决定，同年7月25日，他来到圣·德尼斯教堂举行改教宣誓仪式，欣喜若狂的巴黎人民向他高呼："国王万岁！"翌年2月27日，在沙尔特举行加冕典礼，3月22日，巴黎人终于被"征服"，大开城门迎接亨利四世。1595年6月亨利在封丹—弗朗塞兹大败西班牙军队，梅埃纳公爵也只得投降国王。其他天主教同盟领袖以及北方各城市也纷纷归顺王权。促使贵族转向王权还有一个原因。几十年内战，法国人民遭受巨大损失，捐税负担加重，人民无以为生，从80年代到90年代初，全国各地都发生暴动，规模最大的是席卷法国西南部和中部的"克洛堪起义"。农民高呼"打耗子"的口号攻击贵族、收税官和士兵，农民武装队伍的人数达4万。起义目标是针对整个封建统治者的，封建贵族意识到只有联合起来，团结在王权周围才能保住封建统治。这就是各派贵族倒向王权的重要原因。

由于亨利的改教，胡格诺教徒表现出不同程度的恐惧、疑虑或反抗。为了安定他们的情绪，彻底平息宗教纷争，亨利四世向胡格诺教徒作出重大让步。他于1598年4月13日颁布南特敕令。不仅像以往一样在宗教上给胡格诺教徒以信仰自由以及较大范围的做礼拜自由，而且在政治权利上允许他们和天主教徒一样可担任公职，有权向国王进谏，并在一些城市设立了两教各占半数的法庭，在军事上允许他们驻军占领144个城市要塞。这是欧洲历史上第一个主张宗教宽容的法令，它使国内和平得到恢复。1598年5月2日，法国和西班牙在韦尔樊签订和约，对外战争也告结束。胡格诺战争终于以专制王权的胜利告终。

胡诺格战争的后果

胡格诺战争这场法国内战，由于其延续时间长，波及地区广，参加阶层多，特别是斗争手段极其残酷，使法国遭受巨大破坏。

首先是人力财力的损失。普通教徒的宗教狂热，统治阶级的权势欲使战争成为一场你死我活的斗争：兄弟相残，夫妻反目，邻里亲朋互相告发，一切诉诸暴力，其惨无人道实属罕见。战争中约 400 万人丧命，有些地方几乎找不到健壮的男子。战争开销庞大，两派都要雇佣外国军队，尤其是王家军队主要由外国人组成，这是一笔浩大的支出。宫廷在财政上濒临崩溃，国债竟达到 3 亿里佛尔。人头税 1576—1588 年增加了 2.5 倍，但仍然赤字累累，国库枯竭。80 年代末，国王亨利三世竟无供私人开支的钱。那些职业雇佣军除了索取昂贵的军饷，还企图在战争中掠夺更多"战利品"，因此军队所到之处无不遭殃，无数乡村和城市被洗劫一空。战争头 10 年就至少有一半国土遭受兵燹之苦，作为主要战场的西部各省尤为严重。

战争带来的经济上的后果是灾难性的。大批从事手工业的胡格诺教徒逃离法国，其中有很多熟练匠师和手工工场主，圣巴托罗缪大屠杀后，仅逃往英国的就有 6000 人之多。外贸停止，失去了传统的销售市场和进口关税。拦路抢劫、敲诈勒索猖獗一时，水陆交通极不安全。工商业陷于一片萧条之中。作为军队抢劫主要目标的农村遭受的灾难更大。农民逃往森林或国外，有时整村不见人烟，田地荒芜，农业歉收。

南特赦令带来了和平，但并未解决宗教问题。亨利四世作为一个天主教国家的国王，在位期间一直履行宗教宽容政策，表面看来两派都支持王权，取得了和解，但宗教敌对情绪远未消除。胡格诺教徒幻想天主教的衰落；而在天主教看来，胡格诺派仍是异端，他们勉强接受了南特赦令，却认为容忍是暂时的，将来迟早要予以消灭。天主教内有不少狂热分子，尽管亨利四世已经改教，并始终恪守圣·德尼斯誓言，但他们仍把他看作异教徒国王。亨利在位 12 年内，密谋暗杀国王的事件竟达 10 多起。对刺客施以极刑也未能制止此类事件的不断发生，以至亨利四世终于在 1610 年被一个叫拉法亚克的狂热天主教徒刺死。亨利死后，南特赦令渐渐名存实亡，两派重又开战。17 世纪，新教徒又不得不转入地下，开始了流亡或抵抗的生活。许多信仰胡格诺教的手工业工人、科技人才逃亡到英国、荷兰等地，促进了英荷等国工业的发展。

从政治上来说，胡格诺战争最终确立了君主专制政体，各派封建势力相互妥协，支持王权。这并不说明中央王权已足够强大，封建割据势力已彻底摧毁，因为南特敕令使胡格诺派拥有重大的政治特权，他们所占据的地盘简直可称作"国中之国"。对于两派贵族势力，国王只能采取让步的政策进行收买。尽管如此，法国阶级力量的状况已与中世纪大不一样，封建统治阶级经过胡格诺战争的互相较量，终于意识到必须选择绝对君主专制政体才能保住封建统治。法国绝对君主制从亨利四世开始，经路易十三的首相黎塞留和路易十四的努力，逐步发展、巩固、强大起来，到路易十四时代达到顶峰。封建贵族的割据势力在政治上彻底被打垮，在一定时期内，为法国资本主义的发展创造了有利条件。

尼德兰革命

欧阳珍

中世纪后期西班牙属地尼德兰，位于莱茵河、默兹河、斯海尔德河下游以及北海沿岸，即今荷兰、比利时、卢森堡三国和法国北部的一小部分。尼德兰革命，指的是 1566—1609 年尼德兰发生的资产阶级革命。这次革命既是一场反对封建制度的斗争，同时又是反对西班牙殖民主义统治的民族解放战争。

革命前夕的尼德兰

尼德兰的莱茵河三角洲和莱茵河以南地区，古代曾由罗马统治。中世纪初期，尼德兰是法兰克王国和查理曼帝国的组成部分。11—14 世纪，尼德兰分裂成许多封建领地，多隶属于神圣罗马帝国皇帝和法国国王。1369 年，弗兰德尔伯爵的女继承人玛格丽特和勃艮第的菲利普结婚，勃艮第公爵的势力开始渗入尼德兰。1477 年，勃艮第的玛丽和奥地利哈布斯堡家族的马克西米连结婚。1516 年，他们的孙子查理继承西班牙王位，称查理一世；1519 年，又当选为神圣罗马帝国皇帝，称查理五世，尼德兰遂成为他庞大帝国的一部分。尼德兰共有 17 省，查理五世将其视为一个单位，任命总督管辖。

尼德兰南部工商业发展较早。13、14 世纪，弗兰德尔和布拉班特的城市已经有发达的行会手工业，布鲁日是重要的贸易中心。15 世纪至 16 世纪末，旧的行会生产衰落，而制造呢绒、丝绸、亚麻布、棉布、地毯、花边、肥皂、玻璃器皿、皮革和金属制品的手工工场迅速发展。毛纺织工场主要依赖西班牙羊毛，产品销往西班牙属地。15 世纪后期，安特卫普呈现兴旺景象，外商纷至沓来，葡萄牙商人从印度运来香料，在这里换取来自德国的铜、锡。16 世纪中叶，安特卫普成为商业和信贷的国际中心，有 1000 多个外国银行和商号的分支机构，还设立了商品交易所和证券交易所，港内可同时停泊 2000 余艘船只。

弗兰德尔和布拉班特的农村中，农民的份地逐渐改为封建的短期租地，租期一般为 6—18 年。一部分殷实的佃农和富裕市民购买贵族土地经营农场，或对农民采取封建或半封建的剥削方式。南方边缘省份如阿图瓦、埃诺、那慕尔、卢森堡、海尔德兰等，因封建势力强大，经济发展比较迟缓。

尼德兰北方最发达的省份首推荷兰和泽兰。16 世纪，这些地区的毛织业、渔业、造船、制绳、制帆等行业，已多半采用资本主义方式经营。代尔夫特、多德雷赫特等城市的啤酒商人，通过借贷契约和预付货款的办法，使荷兰南部许多以泥煤为副业的农民，几乎完全受他们的支配。16 世纪后半期，阿姆斯特丹日益垄断波罗的海贸易，成为安特卫普的劲敌。1540 年，尼德兰船只在阿姆斯特丹停泊，然后再通过松德海峡的占 12%，1565 年上升到 17%。北方农村封建关系一向比较薄弱，沼泽排干后常租给牧场主饲养牧畜（多饲养乳牛），也出现了贵族自行改用资本主义方式经营土地的现象。

尼德兰资本主义继续发展的主要障碍是西班牙专制制度的压迫和束缚。1556 年，查理一世退位，儿子腓力二世继承西班牙王位，尼德兰转属西班牙。哈布斯堡王朝对尼德兰肆意剥削，西班牙国库收入总额半数来自尼德兰。腓力二世一再宣布国家破产，并于 1559 年拒付国债，使尼德兰银行家蒙受很大损失。1560 年，腓力二世提高西班牙羊毛出口税，使尼德兰进口羊毛从每年 4 万包减到 2.5 万包。此外，还限制尼德兰商人进入西班牙港口，禁止他们直接同西属殖民地贸易，下令中断尼德兰的商务活动。结果，尼德兰繁荣的经济转为萧条，手工工场倒闭，工人失业。

腓力二世进一步推行专制政策，是以天主教会为主要支柱的。查理一世曾在尼德兰设立宗教裁判所，残酷迫害新教徒，并于 1550 年 9 月 25 日公布诏令，规定凡被控为"异端"者，没收其财产，男子杀头，妇女活埋或烧死，帮助异端者，与异端同罪。这个诏令以"血腥诏令"著称，腓力二世继续施行。1561 年，腓力二世将尼德兰主教职位从 6 个增加到 20 个，自己掌握遴选主教的权力。他命令尼德兰总督帕尔玛的玛格丽特，一切重大事务要听从新任教会首领，梅赫伦大主教格伦维尔的意见，并拒绝撤退遍驻尼德兰南部各地的西班牙军队。

尼德兰封建关系的解体和资本主义的萌芽以及西班牙的专制统治，引起了阶级关系的变化。

资产阶级逐步形成，其中手工工场主、农场主和一般商人比较激进，以加尔文教为旗帜，要求推翻西班牙封建专制统治，发展资本主义。大商业资产阶级，特别是南方与西班牙经济联系密切的富商，比较保守，虽然不满西班牙的统治，但持妥协态度，是资产阶级的右翼。

贵族阶级开始分化。一部分贵族，特别是北方贵族，由于采取资本主义方式经营土地，经济政治利益逐渐与资产阶级接近，成为新贵族，也参加革命斗争。大部分贵族仍热衷于封建剥削，极力维护封建土地所有制和各种特权。这些人大多信仰天主教，有一部分人倾向路德教或加尔文教，企图通过宗教改革夺取教会的土地和财产。

城市劳动群众工作繁重，工资微薄，生活困苦。1514 年莱顿的纳税名册中，63% 的居民被列为贫民。农民阶级既受封建贵族和天主教会压榨，又受资产阶级剥削，许多人被剥夺生产资料（如 16 世纪中叶，弗兰德尔有 1/3 农民没有土地），不得不到处流浪。政府颁布"血腥立法"，规定对流浪汉实行惩罚：轻者鞭笞，重者绞刑，禁止对流浪者施舍。广大农民和城市贫民强烈要求改变现状，他们加入革命的再洗礼派或加尔文教，是革命的主要力量。

当时人民群众反封建专制制度的斗争，主要表现为宗教改革。早在 1545 年，安特卫普就有人阅读加尔文教的著作。16 世纪 50 年代末，到处秘密成立加尔文教会。1560 年左右，加尔文的《基督教原理》被译成荷兰文。同年，加尔文教士开始在旷野露天传教，吸引了广大群众，不少人甚至全副武装赴会。这种盛况使天主教徒震惊，他们注意到，在劳动者失业和较贫困的地方，这种传教特别成功。

面对这种形势，政府对新教徒的迫害变本加厉，群众反迫害的斗争不断发生。1561 年，瓦朗西安当局正要对新教徒施行火刑时，愤怒的群众向宪兵投掷石块，拆除火刑柱，救出新教徒。此后，弗兰德尔、布拉班特也发生类似事件，加尔文教徒劫狱，甚至袭击修道院。也就在 1561 年，奥兰治亲王威廉、埃格蒙特伯爵、霍恩大将等大贵族，利用群众运动高涨的有利形势，开始策划反对格伦维尔，并得到玛格丽特的帮助。1564 年，腓力二世终于召回格伦维尔，撤退西班牙驻军。当格伦维尔离开以后，尼德兰举国上下一片欢腾，庆祝这个民族压迫政策执行者的去职。

1565 年 10 月，腓力二世秘密制订了镇压不驯服臣民的计划。消息透露后，群情激愤。11 月 2—3 日，小贵族正式组织同盟，推举约翰·马尼克代表同盟起草请愿书（史称《贵族和解方案》），征集到 400 人在请愿书上签名，威廉的弟弟拿骚的路易也签了名。1566 年 4 月 5 日，以布里德罗德为首的两百多名全副武装的贵族，在布鲁塞尔向玛格丽特呈递请愿书。书中表示忠于国王，要求废除宗教裁判所，缓和镇压异端的政策，尊重旧有特权，立即召开三级会议解决迫切问题。请愿书声称：若不实行这些要求，必将引起"普遍的风潮和暴动"，那时首先遭殃的将是贵族，"因为他们的家室和领地都在乡下，很容易成为暴动分子的牺牲品"。可见贵族希望的是腓力二世用让步来防止即将来临的革命风暴。这次请愿毫无所获。1566 年夏，加尔文教会要求贵族"不要在门槛前止步，要继续前行"。7 月，贵族同盟中的激进派同意和加尔文教会合作。这时，广大人民群众情绪激昂，一场更大的革命风暴即将来临。

破坏圣像运动与游击战争

1566 年 5 月，曾因同情新教而被迫逃往英国的制帽工人塞巴斯蒂安·马特，返回故乡弗兰德尔公开布道。8 月 10 日，他在斯廷沃德的圣劳伦斯修道院门外讲道后，当场约 20 个听众改宗，他们砸碎该修道院的全部圣像。[1] 14 日，他在波珀灵传道之后，又有大约 100 人破坏圣像，此后他的信徒遍及弗兰德尔城乡。破坏圣像、圣徒遗骨和祭坛的运动，迅速蔓延到布拉班特、荷兰、泽兰等 12 个省。除破坏圣像外，还销毁修道院的特权证书、地契和债券，强迫当局宣布加尔文教徒信教自由，限制天主教教士的行动。乌得勒支城的起义者，甚至干预城市的行政和司法。运动延续到 10 月底，总计破坏教堂和修道院约 5500 座。在许多地方，信加尔文教的资产阶级和贵族同盟成员也参加了运动。

"破坏圣像运动"，是尼德兰资产阶级革命的第一次行动。面对这汹涌澎湃的革命浪潮，玛格丽特不得不于 8 月 23 日发布告示，应允停止宗教裁判所的活动，允许加尔文教徒在指定地点传教，大赦贵族同盟成员。但是贵族害怕革命，自行解散同盟，转而协助政府镇压起义。加尔文教会不但不敢坚持斗争，反而号召人民"安静下来停止暴动"。只有人民群众仍然继续战斗，安特卫普和瓦朗西安两个起义中心，直到 1567 年春才平静下来。这时玛格丽特宣布 1566 年 8 月 23 日的告示不再生效，开始对起义者进行残酷迫害。

1567 年，腓力二世任命阿尔瓦公爵继玛格丽特任总督。8 月 22 日，阿

---

[1] 加尔文教反对崇拜圣像，因此教徒认为偶像玷污教堂，毁掉圣像是一种神圣的使命。

尔瓦率领 1.8 万名士兵来到布鲁塞尔。他派遣西班牙军队进驻尼德兰所有城市和要塞。9 月，设立特别法庭，即所谓"除暴委员会"，专门迫害异教徒和起义者。任何人，只要有人告密，就会遭到严刑拷问，没收财产，甚至惨遭杀害，全国绞刑架和断头台密布，火刑柱的浓烟弥漫。在阿尔瓦统治期间（1567—1573 年），横遭迫害的达 1.1 万人。贵族反对派首领埃格蒙特伯爵和霍恩大将，也于 1568 年 6 月 5 日在布鲁塞尔市集广场被当众处死。人们愤恨地称除暴委员会为"流血委员会"。

人民群众奋起反抗阿尔瓦的血腥统治。大批手工工场工人、手工业者、农民和一部分革命的资产阶级分子，潜入弗兰德尔的涅普、伊普尔、卡塞尔和奥德纳尔德的密林中，组织森林游击队，称"森林乞丐"①。他们神出鬼没、灵活机智地袭击西班牙军队，逮捕官吏、天主教教士和告密者，将他们交付森林中加尔文教宗教法庭审判处死。农民积极支援森林游击队，供给粮食，充当向导，报告敌人行踪，掩护他们退却。1570 年 12 月，布拉班特商人盖尔曼·德·廖特率 24 位勇士，在廖维斯坦城堡力拒 300 名敌军，最后全部牺牲，充分体现了尼德兰人民大无畏的英雄气概。

当 1567 年阿尔瓦率领大军逼境时，奥兰治的威廉逃往德国西北部的拿骚公国。他向尼德兰富商和加尔文教会募捐，同时依靠德国新教诸侯和法国胡格诺贵族的帮助，准备率领雇佣军进攻尼德兰。

1568 年，拿骚的路易率军攻入格罗宁根省，5 月 23 日在赫利盖尔列修道院附近获胜。7 月 21 日热姆明根（在弗里斯兰东部）之役，全军覆没。路易被"海上乞丐"搭救，才幸免于难。同年 10 月，威廉率领 3 万雇佣军担任主攻，阿尔瓦封锁了通往布鲁塞尔的道路，威廉在林堡、列日主教区、布拉班特和埃诺等地进行小规模战斗后，退往法国。1569 年 2 月，将雇佣兵解散。

此后，威廉主要向英国政府和法国胡格诺教徒求助，同意成功后将弗兰德尔和阿图瓦、埃诺让给法国，荷兰和泽兰让给英国，在神圣罗马帝国皇帝委任威廉为布拉班特选侯后，将布拉班特和其他许多省并入帝国。

1569 年 3 月，阿尔瓦召开三级会议，要求"改革"税制，即对一切动产和不动产征收 1% 的财产税，对土地买卖征收 5% 的转卖税，对一切商品交换征收 10% 的交易税。三级会议只开了一天，最初会议拒绝"什一税"，

---

① "乞丐"一词原是 1566 年贵族同盟向玛格丽特请愿时得到的称号。后来凡为尼德兰独立而斗争的战士，也都骄傲地以"乞丐"自居。

因为尼德兰商品要经过多次转手才能达消费者手中，什一税就会成为一种重复不止的惊人重税。但是在阿尔瓦的威逼下，三级会议被迫通过"什一税"，而通过后又受到各地区、各阶层的反对而一再延期，直到 1571 年 9 月才开征。开征后手工工场停工，小商店倒闭，信贷机构破产，许多劳动者陷入失业和饥饿的困境。

南北分裂与联省共和国诞生

1572 年 4 月 1 日，由让·拉·马克伯爵和柳默男爵率领的海上乞丐，分乘 24 艘船只，在泽兰省小港布里尔（鹿特丹之西的岛上）停泊。他们声称目的是从阿尔瓦公爵的横征暴敛下解放人民，要求城市当局开门献城。规定期限一过，他们便攻占这个城市。这一事件成为荷兰、泽兰普遍起义的信号。赞成革命的资产阶级分子和贵族，领导城市贫民、农民、渔民组织军队，推翻地方政权，摧毁天主教会，教堂转归加尔文教会使用。到这年夏天，除阿姆斯特丹、米德尔堡等地外，几乎整个荷兰和泽兰都摆脱了西班牙的统治，获得解放。

奥兰治的威廉热衷于组织外国雇佣军，漠视人民革命的胜利，甚至抱怨说这些小成就将会妨碍他准备采取的主要措施。拿骚的路易从法国率军进攻尼德兰，1572 年 5 月 24 日，占领埃诺省首府蒙斯。不久，威廉也率领 2 万 5 千名雇佣军从德国出发，攻入海尔德兰，直抵布拉班特，最后失利。这时来自法国的"圣巴托罗缪之夜"[①] 的消息传来，威廉顿感失去外国同盟者，形势不利，只得撤退。9 月 21 日，被围困在蒙斯的路易也向阿尔瓦的主力军投降。两天后，威廉解散残军。

当阿尔瓦集中全力对付威廉的进攻时，北方起义节节胜利。人民群众革命的民主措施，使贵族和资产阶级惶恐不安。在他们眼里，既反对西班牙，又能抑制革命力量发展的只有奥兰治的威廉。1572 年 7 月 19—23 日，荷兰省议会在多德雷赫特开会，决定承认威廉任腓力二世驻荷兰和泽兰的总督，授予他最高行政权和军事指挥权，有权任命和罢免一切高级官员。会议还决定信教（包括天主教）自由，整顿立法、行政和司法制度，为后来资产阶级共和国的政治组织勾画了一个基本轮廓。10 月 21 日，威廉就任。

---

① 见本书《胡格诺战争》一文。

　　1572 年底，阿尔瓦调兵镇压北方起义，对久特芬、纳尔登等城市实行野蛮的洗劫，当地人民群众进行了英勇顽强的抵抗。1572 年 12 月至 1573 年 7 月，阿尔瓦的军队包围哈勒姆。全城居民奋起自卫，妇女由年老的克纳华带头积极参战。终因粮源断绝，被迫打开城门。哈勒姆的保卫战，使阿尔瓦军队大量伤亡，士气低落，助长了其他城市抗战的决心。阿尔克马尔城的顽强抵抗，使阿尔瓦焦躁、愤恨，他写信给腓力二世："如果我拿下阿尔克马尔，我决心不留下一个活人。军刀要刺向每一个咽喉。"但是，他始终未能攻下该城。11 月 10日，西班牙舰队在须德海遭到沉重打击，阿尔瓦闻讯，放弃攻城，下令撤兵。

　　1574 年 5 月，西班牙军队卷土重来，包围荷兰的滨海城市莱顿，市民坚持抗战数月之久。当城中粮尽，西班牙人威胁诱降时，他们坚定地回答道："只要你们还听得见城里有狗吠猫叫的声音，就知道城市守得住……为了保卫我们的妇女、我们的自由和我们的宗教免受外国暴君的摧残，我们每个人会吃掉自己的左手来保全右手。"8 月初，海上乞丐决开堤坝，打开水闸，莱顿四郊顿时一片汪洋。10 月 4 日，海上乞丐的舰队驶来援助，敌人在遭受巨大损失后仓皇逃窜。

　　这些城市的保卫战，都是一首首可歌可泣的史诗，表明荷兰人民炽烈的爱国热情和不屈不挠的斗争精神。

　　北方革命人民的胜利，促使腓力二世于 1573 年 12 月另行委派列揆生接替阿尔瓦的职务。列揆生宣布赦免投诚的威廉部下，撤销除暴委员会，停止征收 10% 的交易税，但这些措施仍无法扭转局势。1575 年 9 月 1 日，西班牙政府宣布推迟偿还债务，使安特卫普陷入财政危机，西班牙驻尼德兰的军队，也无法继续维持。1576 年 3 月 5 日，列揆生突然死于瘟疫，由高级贵族组成的国务委员会接掌政权。领不到军饷的西班牙士兵不断暴动，抢劫和平居民，国务委员会无法控制。

　　在北方革命胜利的鼓舞下，南方革命形势成熟。1576 年 9 月 4 日，布鲁塞尔爆发起义。德·勃路耶尔指挥的城市民兵，拥护奥兰治一派的军官德·赫查和德·格林指挥的城市宪兵队，在城市贫民的支持下占领国务委员会大厦，逮捕委员。这次起义得到全国响应，革命战争的中心又从北方移到南方。

　　10 月，全尼德兰的三级会议在根特召开。荷兰、泽兰的代表要求采取更坚决的行动，但是南方各省的贵族和市民中的保守派在会议上占优势，他们对革命继续深化颇有戒心。11 月 4 日，西班牙士兵冲入安特卫普，数日间共杀害居民约 8000 人，烧毁房屋近千幢，劫掠财物计 2400 万盾。"西班牙暴行”的消息传到布鲁塞尔，促使三级会议于 11 月 8 日公布《根特和解协定》。协定规定南北双方首先联合驱逐西班牙人，然后召开新的三级会议，成立政府，解决宗教问题。新三级会议召开前，各地宗教维持现状，即南方保留天主教，荷兰、泽兰承认加尔文教的合法地位。撤销阿尔瓦对异端的一切判决。这个协定并没有付诸实施。

1576 年 11 月 3 日，腓力二世派遣的新总督唐·璜到达卢森堡。1577 年 2 月 12 日，三级会议同他签署“永久法令”。三级会议承认西班牙派遣的总督是尼德兰合法总督，交换条件是西班牙撤军和承认根特协定。北方各省反对永久法令，立即撤回他们参加三级会议的代表。5 月 1 日，唐·璜来到布鲁塞尔，7 月 24 日，公开和三级会议破裂，前往那慕尔，开始集结兵力镇压革命。

1577 年 8 月，布鲁塞尔爆发新的起义。建立革命的“十八人军事委员会”，起初只负责城防，以后逐渐同加尔文教会一同干预行政。根特、伊普尔、安特卫普等大城市也相继起义，组织“十八人委员会”，委员多为加尔文教徒，市长和民兵队长也改由加尔文教徒担任。他们驱逐西班牙军队，逮捕反革命分子。根特的十八人委员会还没收并拍卖教会财产。与此同时，强大的农民运动在弗兰德尔、布拉班特、格罗宁根、德伦特等地兴起。起义者抗交封建租税，摧毁贵族城堡，夺取贵族和教会的土地，歼灭西班牙雇佣兵。可是这些起义都是自发的，没有统一的领导。奥兰治派乘机活动，1577 年 9 月，他们邀请威廉从荷兰来到布鲁塞尔，10 月让他担任布拉班特的鲁瓦尔特①。贵族另觅神圣罗马帝国皇帝鲁道夫二世的兄弟马赛厄斯大公作为自己的傀儡。1577 年 11 月 12 日，三级会议正式承认马赛厄斯为全尼斯德兰总督。次年 1 月，在布鲁塞尔十八人委员会的要求下，威廉任副总督。南方革命民主运动的胜利果实，最后落到奥兰治派手里。

1578 年 1 月 31 日，唐·璜的军队在布拉班特的占布鲁城下大败三级会议的主力军。威廉向国外求援，5 月，法国安茹公爵的军队进入尼德兰；8 月，德国新教贵族普法尔茨伯爵也在英国支持下率军前来，但都无结果。到秋季，埃诺和阿图瓦贵族自称“不满现状者”，发动叛乱。1579 年 1 月 6 日，两省贵族在阿拉斯组织同盟。5 月 17 日，与腓力二世派遣的新总督帕尔马的法内塞签订阿拉斯条约，承认国王和总督的权力。于是西班牙在南方有了向

---

① 鲁瓦尔特是按照布拉班特的古老传统，在国内发生武装冲突时委任的领导者的称号，具有维持社会秩序的非常职权。

革命进攻的基地。威廉和三级会议坚持用妥协的方法"统一全国"，依靠外国雇佣军，反对以武装的人民为基础来建立革命军队，通过各城市十八人委员会中的奥兰治派来推行他的政策。结果封建天主教反动势力抬头，革命力量遭受损害，资产阶级的革命分子、熟练工人和手工业者大批迁往北方。

北方革命诸省密切注视南方的形势。阿拉斯联盟结成后，荷兰、泽兰、乌得勒支、弗里斯兰的延姆斯和班维斯河之间地区、海尔德兰、久特芬等地的代表，立刻于 1 月 23 日在乌得勒支签订"乌得勒支同盟"。宣布要"共同并永久地使用任何方法和方式来互相帮助，像已构成一个省份那样"，还要制定共同的军事和外交政策以及统一的货币和度量衡。5 月，威廉在盟约上签了字。第二年，格罗宁根、上艾瑟尔全部、弗里斯兰大部和安特卫普、布雷达、根特、布鲁日以及伊普尔等城市也加入同盟。虽然同盟还承认腓力二世是最高统治者，也没有设立管理整个同盟的执政，但是各省的执政权力很大，在收税、宣战、缔结和约等重大问题上发生意见分歧时，由省执政裁决。以后还组成有各省代表参加的三级会议，作为最高权力机关。乌得勒支同盟实际是一个独立国家。

1581 年 7 月 26 日，乌得勒支同盟的三级会议通过《誓绝法案》，正式废黜腓力二世。这个法案实际是脱离西班牙的独立宣言。新组成的国家称"联省共和国"，或简称为"荷兰共和国"。

从 1581 年起，法内塞向革命力量进行反扑。他利用优势兵力，包围了弗兰德尔和布拉班特的大城市，切断商路，使得城市孤立无援，最后有步骤地一个个击破。1585 年 3 月攻陷布鲁塞尔；安特卫普的保卫战持续 13 个月，最后于 8 月投降，南方革命失败。

法内塞转而向北进攻。1589 年，拿骚的莫里斯任共和国革命军总指挥。他是一个杰出的统帅，多次打击敌军，并占领了弗兰德尔和布拉班特北部许多地区。海军配合陆军作战，从尼德兰沿海到西班牙，甚至西班牙在西印度群岛的殖民地这一辽阔的海域，都有共和国的舰队在活动。在此期间，西班牙在远征英国时损失了"无敌舰队"，在干涉法国胡格诺战争时又遭失败，元气大伤，国内财政极其困难，不得不于 1606 年与共和国开始谈判。1609 年 4 月 9 日签订为期 12 年的休战协定，事实上承认了共和国独立。三十年战争结束后，在 1648 年订立的威斯特发里亚和约中，共和国正式得到国际承认。尼德兰革命在北方完全胜利。

尼德兰革命，是历史上第一次胜利的资产阶级革命，建立了第一个资产阶级共和国。革命的主要任务是推翻西班牙的专制统治，争取民族独立，摧毁封建势力，为资本主义发展扫清道路。革命的领导力量是新兴的资产阶级，革命的主力军是城市平民和农民，革命的思想旗帜是加尔文教。由于当时还处在资本主义的手工工场时期，资产阶级还不成熟，特别是南方的资产阶级，依赖西班牙的原料和市场，因此在斗争中动摇、妥协，不能领导革命成功；而北方各省胜利后，政权被大商业资产阶级和贵族联盟所掌握，这就使共和国的改革受到局限，不仅没有彻底摧毁封建土地所有制，而且限制了工业资本的发展。因此共和国经济的蓬勃发展为时不长，17 世纪下半期就开始衰落。但是尼德兰革命仍然具有重要的历史意义，马克思称它是 17 世纪英国资产阶级革命的"原型"。①

---

① 　参见《马克思恩格斯全集》第 6 卷，人民出版社 1961 年版，第 124 页。

三十年战争

徐晓光

1618—1648 年，欧洲爆发了著名的"三十年战争"。这场战争导于德意志帝国内部的宗教和政治纠纷，并主要是在德意志境内进行的。但它同时也是欧洲统一的集权国家自 16 世纪建立和加强君主专制以来，为谋求自身发展和对外扩张，并争夺地区性或全欧性霸权彼此冲突，矛盾日积的一个总爆发。法国、英国、荷兰、西班牙、丹麦、瑞典等欧洲主要国家，都卷入了这场战争。三十年战争的后果，不仅决定了德意志帝国的历史命运，而且对欧洲主要国家的力量消长和对比，以及欧洲国际关系的新原则和新局面的建立，都产生了重大和久远的影响。

德意志危机与欧洲局势

16 世纪 20 年代中期德国宗教改革运动的分裂和农民战争的失败给德国造成的形势是：原有的分裂局面进一步加剧了。割据一方、拥兵自重的封建诸侯们利用新旧教派之争，极力扩充自己的实力。宗教改革后期日渐保守的路德教，已完全蜕变为一部分封建诸侯争权夺利的工具。他们在德意志北部各邦里，通过建立以诸侯本人为首脑的路德派各个教会，使各邦的君主权力在与新的教权相结合的基础上得到加强。同时，这些新教诸侯不断侵吞天主教会的地产以扩展地盘。天主教诸侯则利用天主教会的传统势力，以及反宗教改革运动发展后路德教教派受到削弱的时机，以德意志南部和西部为基地积极地同新教诸侯争夺教会地产和势力范围，并大力强化所属各邦的君权统治。

在诸侯之间的对立以尖锐的形式出现的同时，德意志还存在着第二种甚至是更为严重的对立，这就是诸侯势力与德意志帝国政权之间的冲突。无论是新教诸侯还是旧教诸侯，因皆致力于扩大各自邦国的独立地位和君主权力，故而都反对德意志神圣罗马帝国皇帝的中央集权计划。德皇查理五世（1519—1556年在位）在1525年后，曾作过在帝国政权干预下统一教派和教会，建立英、法式的君主专制政体的努力，但因遭到诸侯势力的一致反对而陷于失败。1555年9月，查理五世在诸侯们的压力下被迫签署了"奥格斯堡和约"。和约规定：出席帝国会议的各选侯、诸侯可在路德教和天主教信仰上自由选择，即"在谁的国家，就信谁的宗教"。路德教派享有同天主教派同等的合法地位，他们可按照其信仰从事礼拜、布道等圣事活动。和约还规定，所有在1552年"帕绍条约"签订之前被新教诸侯占有的教会地产，概不追还以维持现状。"奥格斯堡和约"的制定，实际上是承认了新教和天主教诸侯有独立处理本邦事务的权力，帝国政府将不予过问。这样，德意志各邦的分裂局面就被完全固定下来了。

"奥格斯堡和约"之后，新教诸侯与天主教诸侯之间展开了更激烈的争夺。和约缔结后的60年内，即到17世纪初，新教诸侯夺取了包括大主教辖区、主教辖区及教堂、修道院在内的100多处天主教会土地。与此同时，天主教诸侯则在罗马耶稣会团体的支持下，在德意志南部和西部重新抢占了大片地区。这种争夺，已越来越伴以武力对抗的形式。1608年，新教诸侯建立了以协调军事行动为主旨的新教联盟。1609年，天主教诸侯也接着组成了天主教联盟并得到德皇的支持。

这两个军事联盟的出现，已预示着德意志境内一场大规模内战的到来。这两个联盟也都在寻找和依靠外国势力的支持。而17世纪初欧洲大国从谋求自身利益出发的对德政策，也使业已存在的德意志危机变得更加复杂化和尖锐化了。

16世纪以来，英国、法国、西班牙等欧洲大国以及斯堪的纳维亚半岛诸国已纷纷建立并加强了统一的集权国家和君主专制统治，尽管它们所走的道路有很大不同。经过宗教改革时期剧烈的政治动荡、国内割据势力的逐渐被消除、社会经济的日益发展、社会秩序的日趋稳定，以及封建王权的不断强化，至16世纪后半期欧洲的君主专制国家已面临一种新的发展。这就是在各国民族主义和国家意识开始成熟的同时，欧洲各封建王朝已进入了为谋求自身发展向外扩张，并争夺地区性或全欧性霸权的新阶段。在争抢海外殖民地和商业优势的疯狂角逐以外，在欧洲本土上各国间争斗的一个目标就是四分五裂并日趋衰落的德意志。德国位处欧洲中心，具有重要的经济、军事战略地位。在帝国有名无实的松散政体下，存在着几百个各自为政的邦国。它的疆域也是争议不定的。显然对欧洲大国君主来说，谁在德意志捞到好处，谁在欧洲的实力地位就会得到显著加强。

法国是德意志争端的积极介入者。波旁王室的第一位君主亨利四世（1589—1610 年在位）即位后，便提出"保护德意志自古以来的自由"的政策，即通过支持德意志某种割据势力进一步分裂和削弱德国。而继续削弱德意志，又同法国打击西班牙和奥地利的外交政策紧密相关。西班牙、奥地利的君主同德意志帝国君主均属哈布斯堡家族成员，西、奥不仅企图插手和操纵德意志事务，而且同法国称霸欧洲大陆，尤其是向莱茵河地区扩张的意图形成尖锐冲突。西班牙一方面通过占据意大利北部的热那亚和米兰，建立了它通向奥地利和德意志南部的一条短而安全的陆路通道；另一方面它沿法国的东部边界控制了法朗什—孔太、阿图瓦等战略要地及尼德兰南部地区，并由此建立了从意大利北部的热那亚到布鲁塞尔的另一条陆路通道。这后一条路线途经莱茵河地区，不仅严重地阻遏了法国向这个地区的渗透扩张，同时使法国的北部边界直接受到威胁。亨利四世外交政策的基本出发点，就是将哈布斯堡王朝体系作为法国在欧洲大陆的主要打击目标。为此，法国一方面要打破西班牙和奥地利在欧洲大陆建立的主要通道，为其扩张扫清障碍，另一方面法国绝不允许西班牙和奥地利干预和操纵德意志事务，它要通过支持德意志的新教诸侯达到彻底削弱德意志的目的。尽管亨利四世本人因 1610 年遇害身亡未能实现他的计划，但这项既定的外交政策在路易十三（1610—1643 年在位）继位后，为法国政府继续贯彻，尤其是在 1624 年红衣大主教黎塞留主持法国内政和外交事务以后，被更为成功地加以运用和发展。

尼德兰在 1566 年爆发了推翻西班牙殖民统治和封建制度的资产阶级革命后，于 1581 年建立了北部联省共和国，也称荷兰共和国。荷兰开始作为一个独立的主权国家进入欧洲政治生活，但其地位至 17 世纪初仍是不巩固的。虽然 1609 年西班牙被迫承认了尼德兰的独立，但它并不就此罢休而在寻找时机镇压起义势力。荷兰为有效地打击哈布斯堡王朝统治以捍卫自身民族权利，一方面继续同西班牙展开军事和外交的斗争，另一方面在德意志争端上积极支持哈布斯堡王朝的反对派。如对波希米亚贵族反对奥地利专制统治，以及勃兰登堡、普法尔茨选帝侯反对德意志帝国政权的斗争，荷兰在 17 世纪初都公开表示赞助。

在北欧，17 世纪初日渐强盛的丹麦和瑞典也对德意志争端产生了浓厚的兴趣。这两个国家先后由国王领导进行了新教改革，专制王权在此基础上得到加强。在经济上丹麦和瑞典也取得了长足的进展。丹麦认为在德意志汉萨同盟衰落后，它已成为北海—波罗的海贸易区的主人，德意志在这个地区的商业活动应受进一步限制。而丹麦国王克里斯蒂安四世即霍尔施泰因公爵，也是神圣罗马帝国的一名诸侯。他认为自己有权利做下萨克森地区的君主，并要进而占据德意志北部的波罗的海沿岸区域。瑞典国王古斯塔夫二世阿道夫自恃国力雄厚，更是雄心勃勃。他的外交语言极为明确，那就是"统治波罗的海"！1617 年起，古斯塔夫二世已向波罗的海沿岸集结军队，时刻准备出征干预德意志纠纷。尽管丹麦和瑞典两国间竞争激烈，但它们都已意识到，不把德意志完全挤出波罗的海贸易圈，任何一个斯堪的纳维亚半岛上的国家都不可能控制这个地区。为此，丹、瑞两国支持德意志的新教诸侯反对天主教诸侯和德皇的行动。尽管这两个国家是信奉新教的，但它们介入德意志冲突并非是为了拯救那里的新教事业，而是出于各自的经济利益和争夺地区性霸权的实际需要。

英国斯图亚特王朝的君主詹姆士一世（1603—1625 年在位）对牵动整个欧洲局势的德意志争端，自然也不愿袖手旁观。1613 年詹姆斯之女与德意志新教联盟的首领，普法尔茨选帝侯弗雷德里克五世的婚姻，也使英国将不可避免地卷入德意志内部冲突。尤其是 1623 年詹姆士一世与西班牙王室联姻结盟的计划，最终遭到哈布斯堡王朝拒绝后，英国转而采取并加紧了它与法国、荷兰、丹麦、瑞典在对抗哈布斯堡王朝方面的协调行动。

这样，17 世纪初的德意志危机由于欧洲大国的积极介入，已注定将演变成一场全欧性战争。站在德意志新教联盟后面的是法、荷、英、丹、瑞等国，站在天主教联盟和德皇后面的则是西班牙及罗马教皇。尽管各国间的正式盟约大部分是在三十年战争爆发后缔结的，但在战争前夕双方的这种对抗格局和力量组合，实际上已经形成。

波希米亚的战火

1618 年开始的三十年战争，是由波希米亚新教势力反对德皇任命极端的天主教徒斐迪南为波希米亚国王一事直接引发的。

自 14 世纪以来，波希米亚地区（即捷克，当时属奥地利王朝治下的一个王国）在民族问题和宗教问题上，始终同德意志帝国的统治政策存在着尖锐的矛盾。波希米亚人属斯拉夫民族，公元 5 世纪进入这个地区建立国家，9 世纪接受基督教，后被强行纳入神圣罗马帝国的版图接受德意志人的统治。至 13 世纪时，德意志封建主通过多次移民浪潮已渗透和控制了波希米亚地区。14 世纪初至 15 世纪中叶的 100 多年时间里，没有一位波希米亚国王是由捷克本民族的王公贵族出任的。捷克民族中蕴藏的反德意志情绪，经 16 世纪民族压迫愈益深重后变得更为强烈。1615 年，波希米亚等级会议通过了若干带有民族主义倾向的决议，如在官方和社会公开场合，及教堂礼拜活动中禁用德语，以及包括德意志人在内的移民子女必须学会使用捷克语等明文规定。而在宗教问题上，波希米亚与德意志帝国的冲突更形尖锐。

先于马丁·路德宗教改革出现的著名的杨·胡斯改革运动，就是 15 世纪初在波希米亚地区爆发和展开的。虽然胡斯改革和其后由捷克人民掀起的胡斯战争（1419—1434 年）相继失败，但毕竟打下了新教改革事业的牢固基础。16 世纪欧洲宗教改革运动广泛开展以后，胡斯派、路德派、加尔文派和捷克兄弟派等新教派别在波希米亚都取得了较大的发展，其社会影响和政治影响大大超过了天主教派势力。德意志皇帝鲁道夫二世（1576—1612 年在位）在 16 世纪末和 17 世纪初，曾试图通过高压政策迫使波希米亚新教势力屈服于天主教势力，但因阻力甚大无法推行，不得不在 1609 年 7 月签署了"大诏书"。这份文件承认了波希米亚新教派的合法地位，并允许这个王国实行宗教信仰自由的政策。鲁道夫二世的继任者马蒂亚斯（1612—1619 年在位），也是基本承认大诏书原则的。但这种暂时和平的局面，在 1617 年 6 月德皇马蒂亚斯决定任命施蒂里亚公爵斐迪南担任波希米亚国王时，便迅速发生变化。

斐迪南是极端仇视新教势力的天主教徒，他上任后，立即破坏并欲取消德皇鲁道夫二世在大诏书中允诺的信仰自由政策，着手打击和迫害波希米亚的新教势力。作为对此暴政的迅速反应，愤怒的新教贵族代表在 1618 年 5 月 23 日于布拉格召开的波希米亚等级会议上，严词斥责了几位皇家委派的官吏并将他们掷出会议厅的窗口，以示对斐迪南和帝国中央政权的抗议。"布拉格窗口事件"遂成为三十年战争的触发点。而这场战争的最初阶段，即是在波希米亚地区进行的，史称"波希米亚战争时期"（1618—1623 年）。

布拉格窗口事件发生之后，波希米亚新教贵族紧接着在 1618 年 6 月实行了一系列重要措施。即宣布废除斐迪南的波希米亚王位，驱逐天主教耶稣会团体成员，召集民兵组建军队，以及谋求德意志境内的新教诸侯势力和英、法、荷等外国势力的军事支持。

1619年起，波希米亚起义军在新教贵族领导下攻入奥地利并向维也纳方向推进。同年8月26日，波希米亚等级会议宣布选举德意志新教联盟的首领，普法尔茨选帝侯弗雷德里克五世为新国王，彻底否认了斐迪南对波希米亚的统治权。但事隔两天之后即8月28日，德皇马蒂亚斯的猝然病逝却给了斐迪南一个增长权力的好机会。依照马蒂亚斯的遗嘱，在法兰克福的帝国会议上，斐迪南当选为神圣罗马帝国的皇帝。而在名义上，他依然兼任波希米亚国王。斐迪南即位后，便谋求德意志天主教联盟的军事支持以迅速镇压波希米亚起义。为此他做出将把普法尔茨的选帝侯资格转让与天主教联盟首领巴伐利亚公爵的许诺，天主教联盟则答应派出2.5万人的军队听候皇帝调遣。与此同时，波希米亚起义军方面也很快得到了德意志新教联盟以及荷兰、英国和萨伏依王国的军事和经济支持，使其一度在奥地利东面的军事行动中有所进展。但问题的严重性在于，波希米亚主要依靠的新教联盟其内部是分裂涣散的。具有最强实力的萨克森王国为从帝国政权手中获得更大的地盘，已单方私下同德皇达成妥协，联盟的首领普法尔茨选侯也在关键时刻表现犹疑和软弱。这种不利因素很快在战争中反映出来。

1619年末至1620年，天主教联盟军队在其统帅梯利男爵率领下，迅解奥地利之围并转向进击波希米亚。天主教联军在瓦尔德菲特与皇家军队会合后，纵兵直扑布拉格。1620年11月，敌对双方在布拉格以西高地白山展开激战，波希米亚军队伤亡惨重，撤守布拉格。而在天主教联军兵临城下的紧要关头，被波希米亚新教贵族选为国王的普法尔茨选帝侯弗雷德里克却逃离战斗，跑到尼德兰避难去了。布拉格陷落后，起义军首领和战士遭到残酷屠杀，城内一片恐怖景象，新教徒的财产也多被没收。

波希米亚沦陷后，作为其主要联盟者的普法尔茨选侯国也面临险恶的处境。1620年底，西班牙从尼德兰南部调集参战的一支2.4万人的军队，在斯皮诺将军率领下攻占了莱茵河西岸的普法尔茨地区。德意志天主教联军也在征服波希米亚之后，调转头来攻打上普法尔茨地区。1622年9月联军夺取了首府海德尔堡，并在温普芬和霍切特两地战役中取胜，从而控制了整个普法尔茨地区。1623年，天主教联军又乘胜攻占了新教诸侯控制下的威斯特发利亚和下萨克森地区。

波希米亚战争平息后，天主教联军首领巴伐利亚公爵根据战前与德皇达成的协议，获得了原属普法尔茨的选帝侯资格并占有了上普法尔茨地区。波希米亚受到毁灭性的打击。王国境内一半以上的地产被没收和转手，约有 13 万捷克人被迫流亡。在重施天主教化和德意志化政策的同时，天主教诸侯控制区域的大批德意志移民迁入波希米亚。1627 年 5 月，德皇颁布了新的法规。其中规定波希米亚及其邻近地区皆属哈布斯堡家族的世袭领地，取消各等级的选举权，议会仅限于讨论财政开支问题。波希米亚原有的自治结构和民族权利，已全然丧失了。

全欧性战争的形成与发展

德皇斐迪南二世依靠天主教联盟和西班牙支持在波希米亚战争中取得的胜利，使那些想通过支持德意志新教联盟插手德国事务的欧洲国家感到不安，他们不能坐视德皇权力正在恢复和增长的这一现实。

北欧强国丹麦在英、荷、法的暗中支持下（其中财政援助主要是荷兰提供的），首先在 1625 年挑起了对德战争。三十年战争由此进入第二阶段，即丹麦战争时期（1625—1629 年）。

1625 年初，丹麦国王克里斯蒂安四世亲率大军侵入德意志西北部，并得到那里一批新教诸侯的军事策应。与此同时，由曼斯菲尔德率领的一支英军由西面进占波希米亚，特兰西瓦尼亚的新教选侯卡博尔率军从东面向奥地利和巴伐利亚进攻。为了有效地组织抵抗，1625 年 4 月，斐迪南二世任命波希米亚大贵族，富有军事和政治才干的华伦斯坦为皇家军队总指挥，梯利将军统率的天主教联军将配合行动。1626 年 4 月，华伦斯坦的皇家军队在德绍击败了曼斯菲尔德的英军。梯利的联军也于同年 8 月，在德意志的西北部击溃了克里斯蒂安四世的丹麦军队。

华伦斯坦获得战场主动权后，举兵向德意志北部推进。为了达到控制波罗的海出海口的战略目的，1626 年他率军占领了波美拉尼亚和麦克伦堡，1627—1628 年又从丹麦手中夺回了汉萨同盟时期的重要港口维斯马和罗斯托克。至此丹麦已完全失去它在德意志的立足之地，不得不在 1629 年签订律贝克和约退出战争。

律贝克和约规定，丹麦将终止一切干涉德意志的行动，同时保证了斐迪南对德意志的统治和他在哈布斯堡家族中的霸权地位。这项和约不仅将德皇权力延伸到波罗的海沿岸，而且预示着德意志帝国在皇权扩展的基础上实现中央集权化的可能性。

1629 年斐迪南颁布了"归还教产敕令"，要求将新教徒占有的教会地产重归天主教会。这实际上反映了德皇要通过统一敕令达到加强帝国权力的目的。

丹麦的战败与德皇权力的加强，促使北欧的另一强国瑞典在 1630 年对德宣战。瑞典国王古斯塔夫二世不能容忍德意志在波罗的海区域势力的扩展，并欲打破华伦斯坦协助德皇加强德意志中央集权的计划。瑞典的公开参战，使三十年战争进入了第三阶段，即瑞典战争时期（1630—1635 年）。

1630 年 6、7 月间，古斯塔夫亲率瑞典军在乌西德姆登陆，迅速越过波美拉尼亚、麦克伦堡以及德意志北部其他一些小邦，向德国中部推进。德意志新教联盟中的两支主要力量勃兰登堡和萨克森选侯国，也很快地配合行动。在这种局势下，德皇斐迪南二世却做出了一项错误决定。这就是在 1630年 7 月的雷根斯堡选侯会议上，听信了一部分天主教诸侯对华伦斯坦的谗言指控（实际上出于对华伦斯坦加强中央集权计划的抵制心理），罢免了华伦斯坦的军事指挥权。这项措施的后果是严重的，虽然梯利率领的天主教联军在马格德堡等战役中偶有小胜，但战场的主动权却操在瑞典国王手中。1631年 9 月，瑞典军队在萨克森军队的配合下，在萨克森的布雷顿菲尔德战役中予天主教联军以歼灭性的打击。10—12 月，古斯塔夫二世率军进入德意志西南部地区，并攻占了维尔茨堡、法兰克福等重要城市。为了在德意志建立起瑞典的势力范围，古斯塔夫二世将夺占的，原为天主教诸侯所有的南部大片地区，作为瑞典的封地授给德意志的新教诸侯。1632 年 4 月，古斯塔夫又率军攻入巴伐利亚并占领了除因哥尔斯达特以外的绝大部分地区。

在瑞典军队势如破竹的进攻态势下，斐迪南为扭转败局不得不重新起用华伦斯坦为统帅。华伦斯坦重整皇家军队和天主教联军之后，对军事部署作了适当调整。他首先率军将 1631 年进占布拉格的萨克森军队赶出波希米亚，接着实行战略性撤退把瑞典军队从维也纳和尼德兰南部吸引到萨克森，以集中优势兵力决战。1632 年 11 月，双方在吕岑一地发生激战，这是三十年战争中规模最大的一次战役。瑞典军队以微弱的优势获得了胜利，但杰出的军事统帅，富有远见的政治家古斯塔夫二世却在此役中阵亡。

吕岑战后稍事休整，瑞典军队在 1633 年 4 月又组织了由其发起，由法国资助，由德意志各新教诸侯参加的海尔布琅同盟，准备新的厮杀。德皇和天主教联盟方面的军队，不久却出现内讧。1634 年 1 月斐迪南再次将华伦斯坦解职，军权交由皇太子（即后来的斐迪南三世）执掌。西班牙军队将协同皇家军队作战。1634年8—9月，交战双方在土瓦本的诺德林根会战，瑞军大败。此役决定了瑞典转向退却和暂时休战，建立不久的海尔布琅同盟也随之解体。而此时皇帝和天主教联盟方面的军队也是精疲力竭，没有多少战斗力了。1635年5月，萨克森新教诸侯与皇帝签署了布拉格和约，随后各新教诸侯也相继与皇帝议和。

就在德意志各派力量经自相残杀已消耗殆尽之时，原通过幕后外交和财政援助支持丹麦、瑞典及德意志新教联盟采取军事行动的法国，开始公开地走向战场收拾残局了。它与瑞典结成军事同盟，在欧洲大陆打击和削弱德意志和西班牙的哈布斯堡王朝体系。三十年战争由此进入最后阶段，即法瑞同盟战争时期（1635—1648年）。

首席大臣黎塞留为法国制订的具体战争计划是，一方面打击和夺占西班牙在意大利和尼德兰南部的属地，并使西班牙无力援助德皇和德意志天主教诸侯势力；另一方面举兵开入德意志以建立自己的势力范围。在意大利战场上，法军在南部通过与萨伏依、曼图亚等小国的合作重创西班牙军队，同时在北部切断了西班牙从米兰、热那亚到尼德兰的重要通道。在尼德兰南部战场上，法军与荷兰协同作战并于1640年占领了阿图瓦等重要城市和地区。1643年法军在阿顿尼斯战役中再次获胜，从而确定了对西战争的胜利局面。

在德意志战场上，法国与瑞典协同作战也取得了顺利的进展。在德意志南部和西部，法瑞联军在1637年占领了阿尔萨斯，并相继夺得了布雷萨克等一系列要塞城市。在德意志北部和东部，瑞典军队在托尔斯滕森将军率领下，重新控制了波美拉尼亚和麦克伦堡，并于1636年10月在勃兰登堡的威茨托克击败了皇家军队。1642年6月，瑞军攻占了摩拉维亚首府奥洛莫乌茨，同年9月，又在萨克逊的布雷顿菲尔德重创皇家军队。

1645年起，法瑞军队兵分两路，一支从德意志北部穿越波希米亚，一支由西部穿越黑森和巴伐利亚，目标直取维也纳。1645年2—3月，托尔斯滕森率领的瑞军在波希米亚南部的扬考战役中，给皇家军队以致命的打击。其后瑞军开入奥地利并占领了施泰因等城市，1647年起，法瑞联军从奥地利转向攻打巴伐利亚。1648年5月，在楚斯马斯豪森，法瑞联军大胜巴伐利亚和皇家军队，自此完全控制了德意志战场局势。

1648年8—9月，德皇被迫与法国、瑞典以及一些新教诸侯先后缔结和约。同年10月24日，参战各方正式签署了威斯特发利亚和约。

三十年战争到此宣告结束。

威斯特发利亚和约与欧洲势力的划分

作为第一次全欧性战争的战后和约，威斯特发利亚和约使欧洲国家的版图发生了重大变化。

法国从和约捞到了最大的好处。16世纪中叶，法国通过支持德意志新教诸侯而从对方得到的麦茨、土尔、凡尔登等主教区，其占有权在和约中被正式确认。更重要的是，法国从德意志西部获得了它垂涎已久的阿尔萨斯地区，以及莱茵河东岸的菲利普斯堡和布雷萨克等重要城市，从而实现了法国向莱茵河地区扩张的夙愿。此外，法国还得到了意大利北部皮埃蒙特地区的比内罗洛，这对西班牙在意大利北部的扩张势力无疑是一个有力的钳制和威胁。显然，法国在黎塞留对外政策指导下参战的基本目的已经达到了，这就是在领土扩张的同时建立起了它在欧洲大陆的霸权地位。

瑞典作为一个主要战胜国其势力也得到极大扩展。它不仅占有了德意志北部的西波美拉尼亚地区以及维斯马、麦克伦堡，而且获得奥得河、易北河及威悉河三条河口的占有权。这使瑞典牢牢地控制了德意志北端的波罗的海沿岸地区及通商河道，从而确立了它在波罗的海区域的地区性霸权。

荷兰在威斯特发利亚和约中被正式承认独立。作为欧洲一个新的主权国家，荷兰在1648年以后开始大踏步地走向欧洲政治舞台。而在争夺海外贸易和殖民地方面，荷兰依凭政治上的统一和国内资本主义经济的发展，至17世纪中叶时已成为领先于英、法两国的佼佼者。

德意志帝国的地位在和约条款中受到了严重的削弱。因德国四条大河（即莱茵河、奥得河、易北河及威悉河）的河口为法国和瑞典分别占有，国内贸易受到严重阻碍，海外贸易亦处于一筹莫展的境地。德意志经济自此严重衰落了。与此同时，分裂局面也进一步加深。根据法国提出的保留各邦自由权力的建议，和约第八款规定所有德意志的选侯、诸侯，都保有完整的本邦主权，他们甚至有权与非德意志的欧洲国家缔约结盟。在宗教事务上，1555年奥格斯堡宗教和约中提出的"在谁的国家，就信谁的宗教"的原则，被再次肯定下来。稍有不同的是，不仅天主教派和路德教派有信仰自由，加尔文教派也被赋予了同等的权利。而一种教派支配一邦后，该邦的其他教派信仰者如不服从将被限令迁移到其他地区。这样，德意志分裂为300多个邦国的局面被完全固定下来。

德意志几个势力较强的选侯国和诸侯国的势力划分，在和约中也有了新的变化。普法尔茨在战争中被德皇剥夺的选侯地位得到恢复，巴伐利亚也正式得到选侯地位并占有了上普法尔茨地区。卢萨拉亚划归萨克森，勃兰登堡—普鲁士则得到了波美拉尼亚东部地区。这种划分明显的后果在于，在德意志帝国政权彻底衰落的同时，德意志境内一些选侯和诸侯国的实力却得到增长。如勃兰登堡—普鲁士公国即在战后迅速勃兴并向外扩张，在此基础上于18世纪初建立了异常强盛的普鲁士王国。实际上，德意志在三十年战争后的历史发展道路不仅表现为整个帝国的衰落过程，而且表现为一些邦国崛起兴盛的趋势。

作为哈布斯堡家族支系，又与德意志帝国存在从属关系的奥地利王朝，在和约中既保留了原有的统治区域（由奥地利、波希米亚和匈牙利三个王国组成），又扩大了自身的独立性。和约的有关条款规定，仅西里西亚部分地区和下奥地利可在教派信仰上自由选择，王朝所辖的绝大部分地区实行天主教统治。而在稍后一段时间里，下奥地利和西里西亚的新教势力也被镇压下去。1648年后，奥地利王朝沿天主教统治和专制主义的路线急剧扩充发展，并逐渐脱离德意志帝国体系成为一个独立的、由哈布斯堡家族统治的主权国家。准确地说，威斯特发利亚和约标志着奥地利历史的一个转折点。

三十年战争之后欧洲世界的势力划分，从威斯特发利亚和约订立一直延续到1660年才告完结。1658年，法国在德意志西南部地区组建了莱茵联盟，使其能够进一步插手和控制德意志事务。1659年，法国又迫使西班牙签订了比利牛斯和约，推进了法国的西南部边界，这标志着西班牙的哈布斯堡王朝统治经三十年战争愈益衰落。至此，法国在欧洲大陆的霸权地位已巩固下来。

伴随着威斯特发利亚和约的签订，欧洲国际关系中的一项新原则也建立起来了，这就是"民族国家主权至上"的原则。在中世纪，西欧各国的国家政治生活始终受到罗马教廷的干预和控制，王权要在很大程度上听从教权的摆布，致使民族利益和国家利益在事实上得不到尊重和保护。这种以罗马为中心的西欧神权一体化，自16世纪西欧各国发生宗教改革运动和建立统一的民族国家以后迅速解体，开始被独立的、享有主权的民族国家的政体形式所取代。但在16世纪的大多数时间里，因欧洲各国深深卷入新旧教派冲突，各国政府奉行的宗教信仰又不相同，教派纠纷和教权斗争在欧洲国际政治生活中的影响依然存在并很强烈。这种情况一直持续到三十年战争时期。在这场战争中，新教和天主教两大教派的矛盾和斗争仍突出地表现出来。不同于前的是，三十年战争中起主导作用的已不是宗教纷争，而是政治方面国家利益至上的原则在起支配作用（如信奉天主教的法国为分裂和削弱德国，支持德意志新教联盟即是一例）。三十年战争的结束，标志着宗教改革时代的结束。以后欧洲再也没有以宗教对抗形式出现的国际冲突或战争了。威斯特发利亚和约签订后，"民族国家主权至上"的原则被正式肯定下来。欧洲各民族国家无论采取何种政体形式或宗教信仰，在享有独立和主权方面及共同参与欧洲国际事务方面都是平等的。处理欧洲各国之间的纠纷，最后要通过欧洲各国政府参加的国际代表会议加以共同商议和解决。

经三十年战争和威斯特发利亚和约形成的这项国际关系原则，不仅对18、19 世纪的国际关系史产生了重大作用，而且其影响一直延续到 20 世纪的当代世界。

莫斯科公国的兴起

尹 曲

莫斯科城最初的历史

莫斯科旧址是在涅格林纳河和莫斯科河之间的一块高地上，现今的克里姆林宫西南。据说，莫斯科这个地区原是贵族库奇科的庄园。公元 11 世纪中叶，罗斯托夫—苏兹达尔王公"长手尤利"在统治期间（1125—1157年），曾以武力夺取了这块土地。据编年史记载，1147 年 4 月 4 日，尤利在莫斯科庄园欢宴契尔尼哥夫王公。这是古代文献中第一次提到莫斯科，因此，这一年被看成是莫斯科历史的开端。1156—1158 年，尤利在这块高地上筑起一道木墙，将其变作一座城堡，从而奠定了莫斯科城的基础。

1237 年末，拔都率蒙古军从科洛姆纳向莫斯科进军，莫斯科居民奋力抵抗，终因兵力悬殊而告失败，守将菲利普·尼扬克战死，居民被屠杀的达2.4 万人，这个事实说明莫斯科已发展到一定规模。

莫斯科公国的兴起

1252 年，拔都任命亚历山大·涅夫斯基为弗拉基米尔大公。当时，谁取得大公称号，谁就兼有诺夫哥罗德王公和普斯科夫王公的权位，并据有弗拉基米尔、佩雷雅斯拉夫里、科斯特罗马、下诺夫哥罗德等重要城市。因此东北罗斯王公，都为争夺大公称号彼此相互残杀。这正合蒙古统治者的心意，他们坐山观虎斗，从中坐收渔利。

1263 年，亚历山大·涅夫斯基死后，莫斯科作为一个独立的世袭公国传给他的幼子丹尼尔。他就是新莫斯科王朝的奠基者。这样，在 13 世纪中叶，东北罗斯又兴起了一个新的封建王国——莫斯科公国。它与特维尔、罗斯托夫、里亚赞诸国相比，还显得十分弱小。但由于莫斯科具有优越的地理条件，有利于它的发展。它位于东北罗斯的中央地带，四周有纵深的防护林带，不易受外族侵扰，使居民能在较为安全的环境中，从事工农业生产，加速了经济的发展。莫斯科还是河网中心，莫斯科河、奥卡河穿流而过，与伏尔加河、顿河相连，南达里海、黑海，北通斯摩棱斯克和诺夫哥罗德，是几条商路的枢纽，利于促进莫斯科公国经济上的繁荣。

14 世纪初，科洛姆纳、佩雷雅斯拉夫里、莫查依斯克先后合并于莫斯科公国，使原有领土差不多增加了一倍。被合并的地区在经济上和战略上也很重要。科洛姆纳土地肥沃、人口稠密。莫查依斯克位于莫斯科上游，是公国西境最重要的据点。佩雷雅斯拉夫里森林资源丰富，盛产鱼和盐，为公国提供大量财富。

莫斯科公国夺取俄罗斯霸权的过程

1304 年，蒙古人册封的安德烈·亚历山德罗维奇大公去世。莫斯科的尤里·达尼洛维奇和特维尔的米海尔·雅罗斯拉维奇开始争夺大公权位。他们来到金帐汗的首都萨莱，请求解决争端。蒙古统治者害怕莫斯科公国强大起来，对自己不利，于是册封特维尔的米海尔·雅罗斯拉维奇为弗拉基米尔大公（1305—1318 年在位）。他急于铲除自己的对手，曾两次（1305 年、1308 年）攻打莫斯科，但均以失败而告终。

1312 年，脱脱汗死去，乌兹别克汗继位，他转过来支持莫斯科，以削弱特维尔的势力。1315 年尤里·达尼洛维奇应召前往萨莱，他俯首听命，因而受到册封。乌兹别克汗还把妹妹康查卡公主嫁给尤里，并派万户侯高加德护送尤里·达尼洛维奇回莫斯科。

但特维尔拒绝将大公职权移交尤里·达尼洛维奇，并带领军队截击尤里。在距离特维尔 40 俄里的博尔帖涅沃村，双方展开一场血战，莫斯科惨败。康查卡公主和尤里的兄弟鲍里斯被俘。尤里·达尼洛维奇向金帐汗求援，并控告米海尔毒死他的妻子康查卡公主。1318 年 11 月米海尔·雅罗斯拉维奇被乌兹别克汗处死，尤里·达尼洛维奇才完全确立大公的职位（1318—1325 年在位）。

1325 年，米海尔的儿子季米特里与尤里在金帐宫廷相逢，为了报杀父之仇，季米特里将尤里杀死。大汗下令将凶手处决，但大公尊号却册封给米海尔的另一个儿子亚历山大（1326—1327 年在位），意在煽起罗斯王公之间的纠纷，以巩固自己的统治。

尤里死后，莫斯科王公的职位由其弟伊凡·达尼洛维奇继承（1325—1340 年在位）。他善于利用各种外交手段，窃取大汗的权力，制服他的竞争者。1327 年，金帐汗的特使乔勒汗在特维尔横征暴敛，引起特维尔人的起义，乔勒汗被处死。伊凡利用这一事件，打击特维尔。他前往萨莱觐见乌兹别克汗，然后奉旨带领一支蒙古军，残酷地镇压特维尔人的起义，使特维尔公国遭到严重破坏，城市和乡村变得一片荒芜。同年，他又派遣总督到诺夫哥罗德去，平定了那里的"骚乱"，并强迫诺夫哥罗德人向大汗献纳两千银币和大量礼品。因此，伊凡于 1328 年得到治理弗拉基米尔大公领地的敕令。但他并不以此为满足，还给自己加上一顶"全俄罗斯大公"的冠冕。

不久，金帐汗又任命他为全罗斯的征税人。伊凡利用这一特权，大肆搜刮，中饱私囊。他不惜用重金去贿赂金帐汗的妻妾、近臣，甚至汗本人，从而巩固了他的权势。由于他善于敛财和经常用金钱为自己开路，故有"钱袋伊凡"之称。

为了战胜敌手，伊凡还竭力争取教会的支持。他用重金贿赂总主教彼得，把主教驻节地由弗拉基米尔迁至莫斯科。因总主教有权任命和审判其他城市主教，所以经常以革除教籍来迫使其他公国屈从于莫斯科政权。

从伊凡开始，大公政权和莫斯科王朝紧密地联系在一起。弗拉基米尔大公的称号，几乎为伊凡的子孙所垄断。特维尔、诺夫哥罗德、普斯科夫等公国，都先后匍匐在伊凡的脚下，很难与他争雄。金帐汗也一直被利用来充当莫斯科公国扩张的工具。因此编年史家称颂伊凡"给整个俄罗斯带来了和平与安全，鞑靼人的进攻也停止了"。马克思认为在伊凡统治时期（1325—1340 年）"莫斯科的势力遂奠定了基础"。①

"钱袋伊凡"死后，莫斯科公国的势力范围已扩充了好几倍，他自己的世袭领地也不少，在伊凡的遗嘱中，曾把 54 个村庄分给自己的儿女。

伊凡的后继者，也不断为加强莫斯科政权而进行不屈不挠的斗争。特别是在底米特里·伊凡诺维奇统治时期（1362—1389 年），他充分利用内外有利条件，开始完成统一东北罗斯的事业。

---

① 《马克思恩格斯文库》俄文版第 8 卷，莫斯科 1939 年版，第 149 页。

1362 年，底米特里在总主教阿列克塞的支持下，以重金贿赂缪里德汗，因而获得弗拉基米尔大公的称号。为了防止敌人的进攻，他下令重修莫斯科城墙。整个城墙改用白石砌成，长约 2000 米，宽约 3 米，高 2 人许。据记载，此项工程浩大，仅运石料一项，每日动用的爬犁，就达 4500 架之多。从此以后，莫斯科成了易守难攻的城堡。

底米特里对反叛者坚持武力征服的方针。他首先制服苏兹达尔—下诺夫哥罗德公国，并于 1367 年 1 月与该公国公主叶芙吉亚结婚。从此，下诺夫哥罗德一直是莫斯科公国得力的盟友。接着攻打里亚赞公国，通过莫科尔尼谢沃战役，使里亚赞王公奥列格所率领的军队遇到致命打击，只好向莫斯科称臣纳贡。1368—1370 年特维尔与立陶宛联盟，两度进军莫斯科，曾围城 10 月，因莫斯科防守坚固，未能攻破，被迫撤军。1375 年底米特里联合 17 个公侯的兵力攻打特维尔，围困达一月之久，特维尔被迫投降，承认莫斯科大公为"长兄"，放弃争夺大公的权利，并保证一道向鞑靼人进攻。至此，东北罗斯开始实现政治上的联合，莫斯科成为这一地区的军事、政治中心。从蒙古统治下解放出来的历史重任，已落到莫斯科公国的身上。

莫斯科公国与蒙古统治者的斗争

金帐汗的内讧，也有利于莫斯科公国的兴起。1357 年扎尼别汗死后，他的儿子比尔吉贝汗继位，他害怕亲族篡权，曾将 12 个兄弟杀死，连年仅 8 个月的幼弟也未能幸免。1360 年到 1380 年，大汗易人 20 次，仅在 1361 年，汗位便更迭 6 次。为了争夺汗位，宫廷内部刀光血影，豆萁相煎，悲剧一幕接一幕。随着中央权力的衰落，金帐汗出现群雄割据的局面。据史料记载，有 5 个埃米尔（地方总督）拥有精良骑兵达 3 万之多，他们各据一方，不听大汗调遣。大封建主布拉特·帖木儿占领保加尔及伏尔加河流域许多城市，使保加尔地区从金帐汗国版图分离出来。大封建主脱海占领纳鲁恰契，建立起独立王国；普鲁特河和德涅斯特河之间的摩尔达维亚人也乘机摆脱蒙古人的统治，全国一片混乱。

莫斯科大公底米特里见时机已到，也于 1374 年停止向金帐汗纳贡，不承认蒙古人的统治。这标志着莫斯科的公开反叛。底米特里还借给儿子洗礼之名，在佩雷雅斯拉夫里召开领主和僧侣代表大会，共商抗击金帐汗的大计，并在南部国境线奥卡河一带筑起鹿砦式的防线。

当时，掌握金帐汗实权的马麦汗，赶忙派遣使臣萨雷·阿卡率领 1000 名士兵至下诺夫哥罗德，以册封弗拉基米尔大公为诱饵，令其与莫斯科解除盟约，但遭到拒绝，使臣被投入监狱，随从士兵被处死。马麦汗见计不成，又施一计。1375 年他将弗拉基米尔大公头衔赐给特维尔公国。但莫斯科拒不交权，并兴兵征服特维尔。马麦汗不甘心自己的失败，于 1376 年亲自出兵攻打东北罗斯。莫斯科大公底米特里率兵渡过奥卡河，击退来犯之敌。1377 年春，莫斯科和下诺夫哥罗德配合，主动出兵攻打马麦汗下属的保加尔汗国，又获全胜，鞑靼士兵阵亡 7000 人，保加尔汗阿桑被迫求和，赔款 5000 卢布，接受莫斯科大公赏赐的"印记"和派出的官员。

马麦汗为了彻底镇压莫斯科公国的反抗，1378 年派别吉奇率重兵攻打莫斯科，双方会战于沃查河（里亚赞境内），蒙古军陷于罗斯军的重围，5 名将领阵亡，士兵死伤无数。底米特里满载战利品，凯旋而归。马克思在评价这次胜利时写道："1378 年 8 月 11 日，底米特里·顿斯科伊在沃查河完全击溃蒙古人。这是同蒙古人进行的第一次正规战役，俄罗斯人获得了胜利。"[①]

沃查河战役的失败，使马麦汗恼羞成怒，决定与莫斯科大公进行决战。1380 年夏天，他亲率 25 万至 40 万大军，沿顿河溯流而上。在莫斯科旗帜下的罗斯大军总数为 15 万人左右。1380 年 9 月 8 日清晨，双方会战于库里科沃原野。底米特里身先士卒，多处负伤。罗斯军左翼被突破，在此千钧一发之际，底米特里大公命令伏军出击，反败为胜。马麦汗仓皇逃走，遗尸 5 万余具。罗斯军也损失 12 名诸侯、483 名波雅尔（贵族）和不少士兵。马克思高度赞扬这次战役："1380 年 9 月 8 日库里科沃原野之战，底米特里获得全胜。"[②] 从此底米特里大公，被尊为"顿斯科伊"（即"顿河英雄"之意）。

马麦汗在库里科沃战役失败以后，被白帐汗脱脱迷失取而代之，马麦汗逃到克里米亚，不久被擒杀。1382 年脱脱迷失汗卷土重来，突袭莫斯科，底米特里未及防范，遭到失败，被迫纳贡。

但库里科沃战役毕竟动摇了蒙古人的统治，粉碎了蒙古人不可战胜的神话。它进一步确立莫斯科的领导地位，激发了俄罗斯人民的爱国热情，这次战役成为民族解放斗争的新起点。东北罗斯各公国更密切地团结在莫斯科公

---

① 《马克思恩格斯文库》俄文版第 18 卷，莫斯科 1939 年版，第 151 页。
② 《马克思恩格斯文库》俄文版第 8 卷，莫斯科 1939 年版，第 15 页。

国的周围，双方力量对比已发生决定性变化，局势朝着有利于莫斯科公国的方向发展。底米特里在位的末期，名义上仍臣服于金帐汗，但实际上是独立的。这表现在1389年他临终的遗嘱中，把历来须经大汗册封的弗拉基米尔大公国，作为自已的世袭领地移交给长子瓦西里。金帐汗无可奈何，只好默认。

在瓦西里一世统治时期（1389—1425年），莫斯科公国最大的成就是向东南部扩张。1393年前后，瓦西里一世利用金帐汗脱脱迷失与其强敌帖木儿火并的机会，兼并下诺夫哥罗德公国、木罗姆公国，以及戈罗杰茨—麦谢尔斯基、塔鲁萨两个地区。瓦西里在位的末期，所有莫斯科公国的领地都毗连在一起了。瓦西里一世死后，由于莫斯科王朝的内讧，俄罗斯中央集权化的进程趋于停滞状态。但到了伊凡三世执政时期（1462—1505年），莫斯科公国终于摆脱了蒙古统治者，实现了俄罗斯东北部的初步统一。

俄罗斯中央集权国家的形成

孙成木

俄罗斯中央集权国家的建立，是长期历史发展的必然结果。在西欧，中央集权国家的形成往往是同资产阶级关系的产生和封建制度的解体相联系的。俄罗斯中央集权国家则是在封建主义上升的时代建立起来的。封建土地所有制向纵深发展，跨越各个公国的界限，为建立统一的中央集权国家奠定了基础。历史上形成的强大而有组织的大俄罗斯人担负起统一民族的历史使命。抵御外敌斗争的需要，加速了中央集权国家的形成。斯大林指出，东欧国家"由于自卫（抵御土耳其人、蒙古人和其他人的侵犯）的需要而加速的中央集权国家的建立早于封建主义的消灭"。[①]

13世纪，当罗斯处于封建割据状态时，蒙古族的入侵，把东北罗斯置于自己的统治下。西南罗斯和西部罗斯（后来的乌克兰和白俄罗斯）则为寻求保护而归并于波兰和立陶宛。

东北罗斯社会经济的发展状况

14世纪，东北罗斯名义上是一个臣属于金帐汗国的弗拉基米尔大公国，实际上仍然保持着各公国的分裂局面。

"蒙古鞑靼人建立了以破坏和大屠杀为其制度的一整套恐怖统治。"[②] 这给社会生产力带来严重的破坏。但是，由于人民的辛勤劳动和英勇顽强的反抗斗争，终于使社会经济逐渐恢复和发展起来。

---

① 《斯大林全集》第5卷，人民出版社1957年版，第14页。
② 马克思：《18世纪外交史内幕》，人民出版社1979年版，第67页。

东北罗斯主要经济部门是农业。14—15世纪，农业劳动人口有了增加，耕地面积扩大了，出现了新的村庄。农业耕作技术不断得到改进。除二圃制外，三圃制已在逐步推广，代替落后的伐林耕作制和休耕制。除了用木犁外，也应用装有铁犁头、铁滑板和铁犁板的犁。主要种植黑麦、小麦、燕麦、大麦等谷物及经济作物——大麻、亚麻。畜牧、狩猎、捕鱼、养蜂等家庭副业也有了发展。农业所需的手工业生产相应提高。

农业生产力的发展，引起封建主对土地的贪求。封建土地所有制获得迅速的发展。大封建主大量兼并村社农民的土地。莫斯科大公、王公本身就是大地主。大公伊凡·卡里达占有分布在各地的村庄达40个，失明大公瓦西里有村庄125个以上。波雅尔（大贵族）依仗王公的支持，大肆扩充地产，他们通常为一个王公服务，同时在其他公国也占有土地。教会、修道院封建土地所有制急剧发展起来。僧侣封建主不但和王公、贵族一起广占农民的土地，而且通过信徒捐献、王公施舍以及典押、交换的方式增加地产。大主教、主教还以经营商业、高利贷榨取的财富参与土地掠夺。莫斯科大主教几乎在所有公国和县邑都拥有土地。谢尔盖耶夫三圣修道院还在许多公国占有土地。14—15世纪，大公、王公以服役为条件，把土地分给军事扈从使用（只有在服役期间才使用）。这种土地所有制称为有条件土地所有制。这种封地的暂时占有者称为服役贵族或封地贵族。由于莫斯科大公推行扶植服役贵族的政策，有条件土地所有制从15世纪开始大大发展起来。封建土地所有制的发展打破了各个公国之间分裂割据的束缚，为政治集中打下深厚的基础。服役贵族依靠大公政权获得土地，因此，他们成为支持中央集权的主要社会力量。

随着封建土地所有制的发展，越来越多的农民群众遭受封建主的盘剥，陷于对封建主的依附地位，沦为农奴。在不断加强的封建压迫下，各种依附农民的差别逐渐消失。14—15世纪，农村的基本劳动群众已开始通称为"克列斯季扬"（农民）。

在封建主的奴役下，农民不得不起来反抗。他们从控告、逃亡、拒绝服劳役，直到举行暴动。封建主之间为争夺劳动人手也经常发生争端，互相招诱对方的农民到自己土地来。在这种情况下，只有把全国统一在一个中央政权之下，建立强大的国家机器，才能把农民束缚在封建主的土地上，镇压农民的反抗。俄罗斯中央集权国家就是基于封建主加强对农民进行统治的需要而建立起来的。

14—15 世纪，东北罗斯城市手工业和商业也有了恢复与发展。14 世纪末，《俄国城市一览表》中提到的城市，在弗拉基米尔—苏兹达尔有 55 座，在梁赞地方有 30 座，在斯摩棱斯克地方有 10 座，在诺夫哥罗德和立陶宛地方有 35 座。城市手工业已很发达，尤其金属加工业、武器制造业和防御建筑业有很大进步。莫斯科、诺夫哥罗德等城市有铠匠的聚居点。他们制作铠甲、头盔、环甲、剑、矛。莫斯科至今还保留着"大铠匠街""小铠匠街"的名称。铸造业也很有起色。不但能铸钟，而且能铸炮。已经能生产覆盖屋顶和门扇的铅、铜薄板。铸造、镶嵌、打造的技术相当高超，精致的金银十字章、圣像、首饰、器皿、腰带都是莫斯科王公们的传家宝。石头建筑获得恢复和发展。木料建筑仍普遍应用。铸币业作为新兴的手工业部门出现了。产生了独立的俄罗斯币制和金属货币单位——卢布和戈比。

在各城市内，商业非常活跃。莫斯科、诺夫哥罗德利用水陆交通便利，同各地建立商业联系，在北方，同立陶宛和波罗的海沿岸各个城市联结起来，在南方直通克里米亚、沿伏尔加河与东方各国贸易。随着商业的发展，形成了几个拥有巨大资本，从事独立商业活动的商人集团，即"客商""客商帮""呢绒帮"。富商大贾有的可直通官府，以致许多王公、贵族都欠他们的债。但是，除了少数富商外，大多数城市基本群众（手工业者、小商人）和广大农民群众一样，都是封建主掠夺的对象。因此，在城市中曾多次爆发了大规模的反封建起义，如 1304—1305 年在科斯特罗马和尼日涅—诺夫哥罗德的起义，1340 年在托尔日卡的起义，1382 年在莫斯科的起义，1418 年在诺夫哥罗德的起义等。这些起义都还是分散的、自发的，但是严重地打击了封建统治阶级，迫使大公政权必须考虑市民的利益。另外，市民为发展手工业、经营商业，要求罗斯土地政治上的统一，也支持大公政权反对分裂割据势力的斗争。

这样，14—15 世纪，东北罗斯由于社会生产力的提高，农业、手工业、商业等都有了发展，加强了各地区之间的联系。社会经济的发展为统一的俄罗斯中央集权国家的建立创造了前提。

莫斯科公国统一东北罗斯的过程

在东北罗斯各公国中，莫斯科公国发展最快，国势日益强盛，终于成为统一事业的核心。莫斯科的兴起有着深刻的原因。莫斯科周围的农业、手工业发达，封建土地所有制迅速发展。莫斯科是重要交通要道必经之地，同各公国的联系便利。它离蒙古统治者和其他敌人直接蹂躏的地区较远，处境比较安全，有利于人民的生息。此外，莫斯科王公积极领导了同外敌入侵的斗争，提高了莫斯科在各公国中的威望。

13 世纪，莫斯科成为莫斯科公国的首都。13 世纪末至 14 世纪初，莫斯科公国开始显示出在各公国之间的重要作用，并对邻近各公国进行兼并，1300 年兼并科洛姆纳，1302 年兼并佩雷雅斯拉夫里，1303 年兼并莫查伊斯克，使疆土扩大几乎两倍。特维尔公国是莫斯科公国的劲敌。为从金帐汗国取得治理弗拉基米尔大公国的权利，莫斯科王公和特维尔王公进行了长期的斗争。

到伊凡·达尼洛维奇统治时（1325—1340 年），莫斯科公国显著强大起来。1380 年，莫斯科大公底米特里·伊凡诺维奇在库里科沃战役击败蒙古人，莫斯科保持住大公国的称号和对其他公国的领导地位。底米特里·伊凡诺维奇第一次依据遗嘱，而不是按照金帐汗国的批准，亲自把治理弗拉基米尔大公国的权力转交给他的儿子瓦西里一世。

莫斯科大公权力的增长，日益成为邻近各公国的威胁，也使莫斯科公国内部竭力保持自己的权势和地位的封邑王公和大贵族割据势力感到畏惧，因而一些封邑王公和大贵族便伺机挑起反对大公政权的战争。1425 年，瓦西里一世死，瓦西里二世继位。大公继承问题成为分裂势力发动内战的借口。内战一直延续到 15 世纪 40 年代。莫斯科一度掌握在加里奇反大公政权的势力手里。1446 年 2 月，瓦西里二世前往谢尔盖耶夫三圣修道院。加里奇王公底米特里·舍米亚卡派兵潜入修道院，将瓦西里二世逮捕，剜去双眼（因此被称为失明大公），然后流放到乌格利奇城。

底米特里·舍米亚卡当权后，立即给大地主发放保持大量优惠和特权的证书，企图恢复封建割据时代的旧秩序。但是，他的倒行逆施，不但引起同莫斯科王公和教会有联系的封建主的不满，而且激起莫斯科市民的强烈反抗。底米特里·舍米亚卡不得不将瓦西里二世释放。许多对舍米亚卡统治不满的臣属很快聚集在瓦西里二世周围。1446 年 12 月，瓦西里二世进入莫斯科，重掌大公政权，结束了 20 多年的封建战争，巩固了莫斯科作为统一东北罗斯的核心地位。到瓦西里二世末年，莫斯科大公国在政治上已控制着数个公国，在军事上击败了鞑靼人新的进犯和分裂势力的活动，在疆域上拥有东北罗斯一半的土地。因此，进一步完成东北罗斯的统一和独立的条件已经具备。

14 世纪末，已有个别公国，如尼日涅—诺夫哥罗德和木罗姆失去独立，成为俄罗斯国家的成员。封建战争结束以后，统一东北罗斯的工作进入决定性阶段。伊凡三世在位时（1462—1505 年），基本上完成了东北罗斯的政治统一。1463 年，雅罗斯拉夫尔归附于莫斯科大公国。1473 年，在各公国之间的谈判文件中，雅罗斯拉夫尔已作为莫斯科大公国的成员被提及。1474 年，罗斯托夫公国也并入统一的俄罗斯国家。这样，伏尔加河上游地区连成一片了。

莫斯科公国在统一事业中最大的障碍是诺夫哥罗德波雅尔共和国。诺夫哥罗德波雅尔为对抗莫斯科，曾筹划邀请立陶宛大公到诺夫哥罗德。伊凡三世便找到了干涉诺夫哥罗德事务的借口，于 1471 年召开了专门的军事会议，制订了出征诺夫哥罗德的计划。在舍伦河的会战中，诺夫哥罗德的军队大败。然而，根据这次会战后签订的条约，诺夫哥罗德只是受到抑制，仍保持自己独立的地位。以后，诺夫哥罗德由于内部阶级矛盾尖锐化，故在与莫斯科的竞争中处于劣势。1477 年，诺夫哥罗德当局派遣使节去见莫斯科大公时称他为"国君"，而不是像从前那样称他为"老爷"。伊凡三世以此为借口，要求在诺夫哥罗德行使作为专制君主的全部权力。诺夫哥罗德拒不接受这些要求。伊凡三世于是出兵包围诺夫哥罗德。1478 年，诺夫哥罗德被迫求和，完全接受莫斯科的条件，取消诺夫哥罗德的独立，政权转归莫斯科大公。

诺夫哥罗德波雅尔共和国消灭后，特维尔公国四周为莫斯科大公国领土所包围。特维尔王公米哈伊尔·鲍利索维奇也同立陶宛大公勾结。这引起莫斯科大公的不满。1485 年，伊凡三世率军进入特维尔。米哈伊尔·鲍利索维奇逃亡到立陶宛。特维尔便并入莫斯科大公国。

俄罗斯统一国家的基本形成，为彻底摆脱蒙古统治创造了条件。这时，金帐汗国已分裂为几个汗国：喀山汗国、阿斯特拉罕汗国、克里米亚汗国、大帐等。趁金帐汗国衰弱之时，伊凡三世于 1478 年停止向它纳贡。1480 年夏，金帐汗国的阿合马汗率军侵入奥喀河支流乌格拉河右岸，准备向莫斯科进攻。莫斯科宫廷闻讯派军直趋乌格拉河另一边。阿合马见莫斯科大军到来，不敢贸然渡河。但伊凡三世亦采取观望态度。两军对峙，直到冬天。蒙古军队因严寒、缺粮，失去战斗力，又无援军可以指靠，被迫撤离乌格拉河。在回到伏尔加河下游时，阿合马在内讧中被杀死。从此，两百多年来压在罗斯人民头上的蒙古统治被推翻了。

从合并诺夫哥罗德和特维尔之后，莫斯科统一东北罗斯的事业已取得决定性的胜利。伊凡三世又于1500—1503年发动了对立陶宛的征战，夺取了奥喀河和杰斯纳河上游的大片土地，包括契尔尼哥夫、戈梅利、布良斯克和北诺夫哥罗德。到瓦西里三世时（1505—1533年在位），莫斯科又合并了普斯科夫（1510年）和梁赞（1521年），从立陶宛夺取了斯摩棱斯克（1514年）。这样，1462—1533年，莫斯科公国的领土从43万平方公里扩展到280万平方公里，形成幅员广大的俄罗斯统一国家。

中央集权国家机构的形成

随着俄罗斯统一国家的形成，开始建立中央集权的政治制度。在许多文献中，伊凡三世已被称为"全罗斯的沙皇""专制者"。莫斯科被称为"第三罗马"。15世纪末到16世纪初，开始出现新的国家管理机构，这种国家机构区别于封建割据时期的国家机构，有一个统一的政权，有全国统一的行政组织，全部政权集中在大公手里。在大公下面设立分掌中央各部门行政事务的衙门。地方官由大公任命的总督担任。废除了先前由各王公独立指挥的扈从队，建立了以服役贵族为主体的常备军。税收、铸币、邮政也渐趋统一。1497年，颁布了全国统一的法典。这部法典规定封建国家有权严厉镇压人民的反抗，限制农民从一个地主名下转到另一个地主名下的权利，规定农民只有在指定的日期，即在秋后尤里日（11月26日）前后各一个星期才可以出走，开始在全国范围内确立农奴制度。当然，新的国家管理制度起初还很不完善，波雅尔仍拥有很大的势力。波雅尔杜马（最高管理机关和咨议机关）和大公一起共决国策。只是到伊凡四世（1533—1584年在位）改革后，新的中央集权国家的政治制度才得以巩固和完善起来。

15世纪末到16世纪初，以莫斯科为中心的俄罗斯中央集权国家的形成是俄国历史上和欧洲历史上的具有重要意义的事件。马克思在评述伊凡三世的历史功绩时曾指出："惊惶的欧洲，当伊凡在位之初，几乎不知道夹在鞑靼人和立陶宛人之间还存在着一个莫斯科公国，这时看到一个庞大的帝国突然出现在它的东部边境而弄得目瞪口呆；甚至使欧洲发抖的土耳其素丹巴耶济德本人也破天荒第一次听到了这个莫斯科公国的傲慢的语言。"[①] 统一的俄

① 马克思：《18世纪外交史内幕》，人民出版社1979年版，第70页。

罗斯中央集权国家的建立，为国内经济和文化发展创造了比较有利的条件，也是抵御外来侵略、争取民族独立的必要前提。斯大林说："只有联合为统一集中的国家，才能指望有可能真正发展文化和经济，有可能确立自己的独立。"①

　　俄罗斯中央集权国家的形成，是以农奴制度的发展为基础的；反过来，它又促进了农奴制度的进一步发展与巩固，加强了对劳动人民的封建压迫与剥削。

---

　　①　斯大林：《贺词》，苏联《真理报》1947 年 9 月 7 日。

伊斯兰教与阿拉伯半岛的统一

马肇椿

伊斯兰教的主要内容

伊斯兰教，在中国又称回教、清真教、天方教，是公元 7 世纪初穆罕默德首传于阿拉伯半岛的麦加城，以后在世界各地获得广泛传播的宗教，与佛教、基督教并称为世界三大宗教。"伊斯兰"，意为"顺从"，即顺从唯一真主"安拉"的意志。一个信仰伊斯兰教的人称为穆斯林。现在全世界有 8 亿多人信仰伊斯兰教，分布各大洲，特别集中在西亚、中亚、北非、东南亚各地。伊斯兰教传入中国已有1300 多年的历史，现在全国共有 10 个少数民族信仰伊斯兰教，即回族、维吾尔族、哈萨克族、东乡族、柯尔克孜族、撒拉族、塔吉克族、乌孜别克族、塔塔尔族和保安族，共 1400 余万人（据 1982年人口普查数字）。

伊斯兰教包括理论与实践两个部分。理论部分包括信仰（伊玛尼），即信安拉、信天使、信天经、信先知、信后世。实践部分包括伊斯兰教徒必须遵行的善功和五项宗教功课（简称"五功"）。所谓"五功"即念"清真言"、礼拜、斋戒、天课、朝觐，简称"念、礼、斋、课、朝"。现分述如下：

（一）伊斯兰教的信仰

伊斯兰教的基本信条（即所谓"清真言"）是："万物非主，唯有真主；穆罕默德是真主的使者。"这里的真主，就是阿拉伯语的安拉。一个人只要承认这点，并用清楚的语言表白自己的信仰，在名义上就可以称为穆斯林。在这一基本信条之下，又分为五项信仰：

1. 信安拉。确信安拉是唯一的真主，反对多神和偶像崇拜。伊斯兰教认为真主是不可见的宇宙万物的创造者和恩养者，清算日的掌权者，全能、全知、大仁、大慈、无始、无终、独一无二、永生、自存、无形象、无所在、无所不在、不生育，亦不被生。《古兰经》中列举了安拉的美名达99个之多，集中到一点，就是"信主独一"。在一个盛行多神拜物教的社会里，对安拉的这一概念，具有统一信仰的划时代的意义。

2. 信天使。伊斯兰教认为安拉创造万物，天使也是安拉创造的。安拉派遣天使管理天国，但他们并无神性，只是执行安拉的命令。《古兰经》认为，人是安拉在大地上的代理者，天使也要向人祖下拜。人看不见天使。伊斯兰教在天使论中给哲卜利勒以最高的地位，据说是他把安拉的启示传达给穆罕默德。

3. 信天经。伊斯兰教认为《古兰经》是安拉的语言，是通过穆罕默德而降示的一部安拉的经典，也承认在穆罕默德以前历代先知所传的经典如《旧约》《新约》等为"天经"，但认为它们有的已经失传，有的经过后人篡改而失真，只有《古兰经》是最后、最完善的一部天经，为穆斯林所遵行。

4. 信先知。伊斯兰教认为在每个民族那里都会出现一个先知，作为安拉的使者，向人们"报喜信，传警告"，但穆罕默德却被认为是最后的一位先知和安拉的使者，即"封印的圣人"。《古兰经》中所提到的先知，绝大多数是《旧约》和《新约》中记载的，这说明伊斯兰教是集闪族宗教（包括犹太数、基督教、哈尼夫思想、伊斯兰教等）之大成的宗教。

5. 信后世。伊斯兰教的后世论，是《古兰经》中最生动的部分。第75章被称为《复生章》，认为世界将有一天，一切生命都会停止，进行总的清算，所有曾在这个世界上生活过的人，都将"复活"，集中起来，接受安拉的审判，决定赏罚，善人进"乐园"，恶人进"火狱"。后世的信仰，一直是历代先知的教训的主要部分，伊斯兰教把它列为信条之一。

有些学者把"信前定"列为信条之一，成为"六信"。所谓"前定"，就是说，世间发生的一切事情，不论善恶，都是出自真主的意志。"前定"是伊斯兰教的一条重要教义，但在是否列为第六信仰上，伊斯兰教学者中尚有争议。

（二）伊斯兰教的五功

伊斯兰教实践包括"五功"，它是一个穆斯林必须履行的宗教义务。"五功"的内容是：

1. 念"清真言"。"万物非主，唯有真主；穆罕默德是真主的使者"。

这是信仰的表白（即"作证"）。当众表白一次，名义上就是一个穆斯林。

2. 礼拜。这是穆斯林面向麦加"克尔白"（天房）祈祷的宗教仪式，主要有：每日五次礼拜，分别在晨、晌、晡、昏、宵五个时间举行；每周一次的星期五聚礼（主麻拜）；每年开斋节和古尔邦节的会礼。

3. 斋戒。每年在教历九月（"莱麦丹"月）斋戒一月，每天从黎明到日落禁止饮食和房事等。莱麦丹月是《古兰经》开始下降和穆罕默德开始为圣的月份。

4. 天课。这是伊斯兰教的宗教课税。信徒的资财达到一定数量时，每年必须提出其中一部分散给贫苦的穆斯林。天课原来是一种自由施舍，后来成为按信徒财产的不同种类以不同比率由国家征收的宗教税。近年来，在一些伊斯兰教国家中，天课与国家税收分开，又变成一种宗教性的自由施舍。

5. 朝觐。伊斯兰教规定，一个穆斯林，在身体健康、经济能力许可、旅途安全的情况下，一生中至少应去麦加朝觐一次。一年一度的麦加朝觐，是世界性的穆斯林大集会。

一些伊斯兰教者想在"五功"之外增加一项"圣战"（为安拉之道而战），成为"六功"，但不为大多数学者同意。

伊斯兰教不仅是一个宗教，而且是一个思想体系，一个伊斯兰教作为主导因素的文化。"政教合一"是伊斯兰教社会制度的特征。

伊斯兰教的主要经典是被称为"安拉的语言"而为穆罕默德所传述的《古兰经》；穆罕默德的言行录——哈迪斯（圣训），是《古兰经》的补充。教法（沙利亚）是后来伊斯兰教学者根据《古兰经》和圣训，并参考被征服地区的法律和风俗习惯，因时制宜而制定的穆斯林"行为的规则"或"法典"。研究教法的学问叫作教法学（斐格赫）。因对教法问题的看法不同而出现了许多教法学派，如哈乃斐派、马力克派、沙斐仪派与罕百里派。中国穆斯林在教法上遵行哈乃斐派的主张。伊斯兰教有许多传统的风俗习惯，例如饮食、婚姻、丧葬、宰牲等，都具有深厚的历史、民族、宗教和社会根源。伊斯兰教禁食自死物、血液、猪肉、未诵安拉之名而宰杀的牲禽等，还有禁酒，在《古兰经》中都有明文规定，在当时是对古阿拉伯人饮食禁忌上的一大改革。穆斯林严格遵守《古兰经》上的这些规定。但"为势所迫，非出自愿，且不过分的人，（虽吃禁物），毫无罪过"。

伊斯兰教主要有三大节日：开斋节（教历10月1日）、古尔邦节（教历12月10日）和圣纪（先知穆罕默德的诞辰，教历3月12日）。伊斯兰教有三大圣地：麦加、麦地那和耶路撒冷。伊斯兰教有两个主要教派：逊尼派（多数派）和什叶派（少数派）。什叶派也有自己的圣地和节日。什叶派的圣地有纳贾夫、卡尔巴拉（以上在伊拉克），库姆和马什哈德（以上在伊朗）。什叶派的节日有阿舒拉节（教历 1 月 10 日）等。

伊斯兰教的发源地——阿拉伯半岛

伊斯兰教的发源地——阿拉伯半岛，是世界第一大半岛，总面积相当于中国的 1/3。它地当欧亚非三洲的要冲，东接波斯湾，南临阿拉伯海，西隔红海与非洲相望，北以努弗德沙漠与"肥沃的新月"地区（伊拉克、叙利亚和巴勒斯坦）相连。因为它三面为海水包围，其余一面是浩瀚的沙漠，所以当地居民便称它为"阿拉伯人的孤岛"。但正是这个"孤岛"，自古以来就是东西交通的枢纽，交通的变化对阿拉伯历史具有决定性的影响。

阿拉伯半岛是一块干燥的高原。夏天的阿拉伯，是世界上最炎热的地带之一。半岛的内陆高原，气候特别干燥，因而造成一望无垠的沙漠。沙漠中的绿洲和沿海的耕地，是阿拉伯半岛的主要经济领域。也门这块地方，处于东西交通的孔道，农业和商业都比较发达，被称为"阿拉伯福地"，对整个阿拉伯有着重大的影响，在历史上是外国侵略者必争之地。但是在伊斯兰教产生前夕，汉志地区的麦加，已发展成为东西贸易的重镇，掌握着整个半岛的经济命脉。

阿拉伯半岛是闪族（或译塞姆族）的第一故乡，阿拉伯人是闪族的一个重要分支。若干年以来，半岛的土地经过了一个不断干燥的过程，许多可耕土地变成了辽阔的沙漠。生产力的不断下降和人口的不断增长，导致了半岛人口过剩的危机。在伊斯兰教以前，从公元前 3500 年左右到公元前 500 年左右，阿拉伯半岛的居民经历了多次因周期性经济危机而造成的民族大迁移。公元 7 世纪阿拉伯人的最后一次民族大迁移，是半岛上的闪族居民大迁移的继续，但这次却是在伊斯兰教旗帜下进行的。

在伊斯兰教产生前夕，阿拉伯社会的主要特点有以下两个方面。

第一，贝都因人的游牧生活方式和意识形态。在贝都因人的社会里，个人只有作为一个部落的成员时才有自己的权利和义务。部落是以男性血统关系为纽带的社会组织。部落的生活依赖集体所有的羊群和骆驼，并依靠掠夺附近定居民和过境的队商。部落的领袖——赛义德或舍赫，由部落中年长者推选，他有一个咨议性的"长老会议"，由各族代表组成，称为"麦吉里斯"。部落的生活受到前人的习惯——"逊那"的节制。部落的成员如受到其他部落的人的伤害，本部落的人有义务通过"血族复仇"的习惯来向凶手本人或他的一个族人进行报复。由此而引起的流血斗争往往持续若干世代，甚至导致整个部落的灭亡。互相掠夺牲畜、妇女和财富是阿拉伯人值得夸耀的事。唯一能制止这种残暴行为的就是血族复仇的部落习惯法。

沙漠生活的危险性和残暴性，使阿拉伯人在一切行为中都是恣行无度的。阿拉伯人以爱好饮酒著称，常常夸耀要把酒店喝光。赌博之风盛行，一次赌博能使人倾家荡产。他们引以为豪的是英雄的胆略，数不清的牲畜，妇女的贞节与美貌，行为的优胜，诗人的口若悬河。尤其是诗人特别受到人们的尊重，因为阿拉伯人非常爱好诗词，认为诗词具有超自然的本原。

伊斯兰教兴起以前的阿拉伯半岛盛行多神的拜物教，人们认为在树木、石头和泉水中都有精灵栖居，还崇拜他们所不能理解的自然现象如日、月、星辰等，后来《古兰经》曾教人们"不要向日月叩头"。各部落都有自己所崇拜的神。当时的阿拉伯人把安拉看成是众神中首要的神。穆罕默德的父亲名叫阿不都拉，意即"安拉的奴仆"。麦加城内有座古庙，名叫克尔白，是半岛各部落宗教活动的中心，其中供奉着各地区各部落的神像，有的就是一块石头。在伊斯兰教兴起前，阿拉伯社会出现一些反对多神崇拜，寻求正统宗教思想的人，他们倾向于一神崇拜，被称为"哈尼夫"即"崇正者"。当时犹太教与基督教等一神教已传入阿拉伯半岛，前者在麦地那、海白尔，后者在奈芝兰、也门等地建立基地。但他们不满于这些与外来侵略者有联系的宗教，而要走先知"伊布拉欣（亚伯拉罕）之道"。阿拉伯人自称是伊布拉欣之子伊斯玛仪的后裔。穆罕默德在传教前曾与具有哈尼夫思想的人有联系，并受他们思想的影响。

第二，商业重镇麦加的兴起。穆罕默德所属的古来什部落的祖先，在几代以前就迁居到麦加所在的河谷地区，并把它发展成为一个兴盛的商业中心。麦加位于红海之滨，是几条重要商道的交点，南通也门，转往非洲和印度；北达巴勒斯坦、埃及和叙利亚；东往伊拉克。麦加本身是一片不毛之地，古来什人并不生产任何可以出售的商品，但是他们作为中介或商人，却变成了执东西贸易之牛耳的巨富；他们经营的商业规模很大，种类繁多。财务方面建立了银行贷款和国际货币兑换业务，并发展了档案制度。古来什商人与拜占廷、阿比西尼亚和波斯边区发生了商业契约关系，进行广泛的贸易。他们每年冬夏组织两次大规模的队商。冬去也门，夏去叙利亚。这些队商是麦加的商人和投资者公会所组织的合作事业。每个公民不论穷富都可进行投资。这些队商拥有2500头骆驼，运载着贵重货物，伴随着大量的驼夫、向导、保镖和信使。麦加的主要活动就是为这些企业提供资金，从中收取很高利息。

在麦加附近有一些集市贸易，最重要的是乌卡兹集市。这些集市贸易构成了麦加商业的一部分，并有助于扩大麦加在周围游牧人中的影响和威望。麦加的商业导致了这个城市与外部世界的联系，它使穆罕默德对犹太教和基督教经典有所了解。它也导致了麦加内部贫富悬殊和阶级分化。当部落的权力过渡到商人贵族手中的时候，部落内部的团结宣告瓦解，平均主义的思想消失了，过去寡妇和孤儿所享受的照顾也没有了。贪得无厌的放高利贷者加重了对负债的商人和破产者的剥削，使阿拉伯社会不少人变为奴隶。社会秩序的动荡不安，为穆罕默德进行宗教改革和社会改革的新思想提供了肥沃的土壤。

公元525年和575年，埃塞俄比亚和波斯帝国先后侵略也门，以及部落战争的连绵不绝，造成了半岛西部商道的中断和麦加商业的衰落。与此同时，半岛以北拜占廷和波斯两大帝国，经过长期的战争，已经两败俱伤。这一切为"穆罕默德的革命"提供了有利的条件。

穆罕默德结教与阿拉伯半岛的统一

伊斯兰教的首传者穆罕默德（570—632年）出生于麦加古来什族哈申家族的一个没落贵族家庭。他诞生的那年，也门总督亚伯拉哈率领"象军"侵犯麦加未遂。于是这年便被称为"象年"。《古兰经》105章（象章）提及此事。

穆罕默德诞生时，父亲阿不都拉已死。按照阿拉伯贵族的习惯，他的母亲把他托给一个贝都因妇女抚养。接着，他6岁丧母，8岁丧祖父。祖父临终时托孤于他的叔父艾布·塔里布。穆罕默德幼年失学，不会读写，曾为人牧羊，12岁随叔父到叙利亚经商。在这段经商的过程中，他接触了基督教和犹太教的教义，并对当时的阿拉伯半岛社会获得一些初步的了解。25岁时，穆罕默德受雇于麦加城内的一个富孀赫底彻，为她去叙利亚经商，后来就和她结了婚，那时赫底彻已40岁，比他大15岁，但他们的生活是美满的。婚姻为穆罕默德的未来事业准备了物质的条件和地位。赫底彻的堂兄吾尔格是个基督教学者，他丰富的宗教知识给予穆罕默德以很大的启发。

据《布哈里圣训实录》记载，莱麦丹月（阿拉伯历九月）末的一个夜晚，当穆罕默德正在麦加附近的希拉山洞潜修冥想（这是当时具有哈尼夫正统思想倾向者的习惯）时，据说安拉派遣天使哲布利勒给他传来了第一次"启示"，命他为圣（安拉的使者和先知）。经过一段间歇之后，他又获得第二次启示："披大衣的人哪！起来警告吧！"真主安拉的启示就是《古兰经》。《古兰经》是穆罕默德在 23 年（610—632 年）传教期间陆续宣布的安拉的启示。

先知穆罕默德传教过程分为麦加时期（610—622 年）和麦地那时期（622—632 年）。他在麦加开始传教时，以秘密方式在近亲密友中进行了三年，首先信教的是圣妻赫底彻、他的堂弟阿里、密友艾布·伯克和先知的释奴载德，接着信教的有少数古来什上层人物奥斯曼、祖拜尔、赛尔德、阿布都拉赫曼、艾尔卡目等。后来扩大到受古来什商人贵族迫害的哈申家族、奴隶及社会下层。612 年穆罕默德开始向麦加广大居民公开传教。传教内容主要是安拉的独一性、偶像崇拜的欺骗性、审判日的迫切性，以及信者进天堂、不信者进火狱等教义。当时，古来什贵族信者甚少，很多人只不过是把他看成一个疯子或一个借宗教谋利的人。后来，当穆罕默德传教越来越积极，并公开攻击麦加当时的宗教，影响到古来什贵族的政治经济特权的时候，古来什人对他和他的信徒的反对和迫害便强化起来，由讽刺直到施加暴力。614—615 年，穆罕默德便命令信徒分两批先后迁往埃塞俄比亚。古来什贵族的迫害反而使伊斯兰教的信徒日益增加，特别是穆罕默德的劲敌欧麦尔（未来的第二任哈里发）的信教使古来什贵族大为震动，对整个哈申家族进行封锁和断绝婚姻、经济关系达三年之久（616—619 年）。619—620 年，穆罕默德的保护人艾布·塔里布和圣妻赫底彻先后逝世，古来什人乘机对他加紧迫害。穆罕默德被迫于 620 年逃往塔伊府，但由于当地贵族的排斥，只停留了 10 天，便被迫返回麦加。

返麦加后，穆罕默德积极寻找新的出路。这时候出现了奇迹性的"夜间旅行"——"登霄"的传说。相传穆罕默德于夜间乘"飞马"自麦加至耶路撒冷，升上七层天。耶路撒冷遂成为伊斯兰教的圣地之一。穆斯林以每年教历 7 月 27 日为"登霄节"。

620 年穆罕默德从塔伊府回到麦加后，继续传教，并在六名来自麦地那的哈兹来之族朝觐者那里找到了传教的对象，他们认为穆罕默德就是《圣经》中所说的"预许的先知"，因此他们都信奉了伊斯兰教。621 年和 622年朝觐期间又有两批麦地那的朝觐者拜见了穆罕默德，信仰了伊斯兰教并和他们订立了两次"亚喀巴协定"，最后决定邀请穆罕默德到麦地那。古来什贵族闻讯，决定采取最后手段，企图杀害穆罕默德。穆罕默德获悉这一阴谋后，就趁夜和密友艾布·伯克从小路逃出麦加。在古来什人的追捕下，经过长途跋涉，他们于 622 年 9 月 24 日到达麦地那，受到先期到达的伊斯兰教徒和当地居民们的隆重欢迎和热烈拥护。麦地那原名"雅斯里布"，随即改名为"麦地那纳比"（先知的城），简称麦地那（城市）。这次迁移（"希吉来"）是穆罕默德传教事业的转折点，也是伊斯兰教历史的第一个转折点。后来欧麦尔担任哈里发时，就下令把"希吉来"发生的那一年阿拉伯太阴历元旦（相当于公元 622 年 7 月 16 日）定为伊斯兰教纪元的开始。

穆罕默德到达麦地那后，伊斯兰教进入一个新的阶段，即由传教时期进入行教时期。在这一阶段，穆罕默德做了几件大事：

一是建立制度。开始建立清真寺（库巴寺及先知寺），定星期五为聚礼日（主麻日），并建立一日五次礼拜及"宣礼"（呼唤礼拜）制度和"五功"制度。最初穆斯林以耶路撒冷为"朝向"（礼拜时面朝的方向），但在迁移麦地那 16 个月后，就把朝向改为麦加"克尔白"圣寺。

二是建立穆斯林公社（"乌马"），以伊斯兰教的共同信仰代替血统关系为社会关系的基础。宣布穆斯林都是兄弟。

三是发表各族人民共同遵守的新宪章。对犹太人采取团结政策，其中主要有：

1. 穆斯林和犹太人应相处如一个民族。
2. 双方互相尊重宗教信仰。
3. 如一方因受侵略而与第三方面发生战争，另一方面应予支援。
4. 如麦地那遭到攻击，双方应共同保护它。
5. 先知是一切争端的最后裁判者。

这一宪章的主要宗旨在于团结包括犹太人在内的各族人民，共同防御不甘心失败的古来什人对麦地那的攻击。

四是加强组织军队，保卫麦地那穆斯林公社的安全。穆罕默德亲自率领军队进行防守活动，封锁麦加至叙利亚的队商道路。穆斯林先后与古来什贵族进行了三次武装斗争：白德尔战役（624 年）、吴侯德战役（625 年）、联盟战役（627年），使古来什贵族遭到了彻底的失败。

至于麦地那的犹太人，他们一直不愿与穆罕默德合作，特别是在穆罕默德反对古来什贵族进攻的三次战役中，他们乘机大搞反对活动。但犹太人内部是不团结的，穆罕默德迅速采取行动，对三个犹太人的部落进行了各个击破，把他们逐出麦地那，从而大大巩固了穆罕默德在麦地那的统治，为进一步征服麦加解除了后顾之忧。

628年春，穆罕默德率领穆斯林1400人去麦加进行一次"小朝"，但被古来什人阻于离麦加九英里的侯德宾亚，遂与古来什人签订停战10年的"侯德宾亚和约"。古来什人允许穆斯林第二年前来朝觐三天，届时古来什人空城以待。并规定阿拉伯各部落可以自由参加麦加或麦地那任何一方的联盟。穆罕默德利用和约所规定的休战机会，派出使者，携带国书，前往东罗马、波斯、埃及、埃塞俄比亚等国，向各国君主宣传伊斯兰教，获得不同的反应。

630年，古来什人破坏和约，帮助伯克尔族袭击了曾与穆罕默德订立同盟的赫札尔族，于是和约失效。穆罕默德迅速采取行动，组成万人大军向麦加进发。古来什人派艾布·苏富扬前来谈判。艾布·苏富扬归信了伊斯兰教。穆罕默德对古来什人采取了宽大政策，保证安全。于是穆斯林军不战而进入麦加城。穆罕默德进城后的第一项工作，就是清除克尔白古庙的一切偶像，据说共有360座之多。他一面捣毁偶像，一面高呼："真理来临了，虚妄已消灭了；虚妄确是易消灭的。"克尔白仍为圣殿，那块被阿拉伯人奉为神圣的黑石也被保存下来，管理克尔白的大权仍由原来的人掌握。接着宣布大赦，不咎既往。全城居民，包括反对穆罕默德最激烈的人，都归信了伊斯兰教。这样，穆罕默德不仅征服了麦加，而且征服了一贯反对他的敌人的心，为进一步统一阿拉伯半岛准备了有利的条件。紧接着，穆罕默德又在麦加与塔伊府之间的侯乃尼击败了几个部落的进攻。他们在穆罕默德的宽大政策的影响下，接受了伊斯兰教。穆罕默德决定以麦地那为这个政教合一的国家的首都，而以麦加为宗教的中心。同年，穆罕默德得到叙利亚边境集中了大量东罗马军队的消息，亲自率领远征军3万人向叙利亚边境进发。但到了台布克时，发现敌军并未集中，于是他率军返回麦地那。穆斯林军所到之处，阿拉伯各部落纷纷归信伊斯兰教。

631年朝觐期间，穆罕默德派艾布·伯克为朝觐团长，并派阿里在麦加当众宣读了与偶像崇拜者断绝关系的宣言，规定今后只许伊斯兰教徒朝觐，非伊斯兰教徒不许朝觐。这次宣言标志着偶像崇拜在阿拉伯半岛的终结。《古兰经》第九章一开始就反映了这个具有划时代意义的宣言。

教历第 9 年，即公元 630—631 年，在伊斯兰教历史上称为"代表团年"，因为这年阿拉伯半岛远近各部落纷纷派代表到达麦地那，向先知穆罕默德致敬，表示忠诚。先知向他们宣传了伊斯兰教义和政策，并和他们进行协商，要求他们避免部落偏见和摩擦，宗教信仰由各人自定。各部落承认麦地那的宗主权，并交纳天课。到了教历第 10 年即公元 632 年时，整个阿拉伯半岛在伊斯兰教旗帜下已基本上变成了一个统一的阿拉伯民族国家。

教历第 10 年末，即公元 632 年 3 月，穆罕默德率领 11 万 4 千穆斯林到麦加，亲自领导了第一次经过改革的朝觐，这次朝觐只有穆斯林可以参加。这是穆罕默德一生中最后一次朝觐，所以它被称为"辞别朝觐"。在这次朝觐中，穆罕默德发表了著名的辞别演说，总结了伊斯兰教义的精神，指出众人的生命财产和荣誉都是不可侵犯的；穆斯林和穆斯林是兄弟，彼此都是一个兄弟社会的平等成员，不应互相压迫；取缔拜物教和愚昧的习惯以及蒙昧时期的"血族复仇"；禁止高利贷；男女相互之间都有一定的权利；一个奴隶也可做长官，如果他执行安拉经典的命令，等等。穆罕默德说，他给穆斯林留下了安拉的经典（《古兰经》）和圣训。他在辞别朝觐的另一次讲话中，对他的全部讲话的主要精神加以说明："真主是独一的，人类的祖先也只有一个。阿拉伯人不比非阿拉伯人优越，非阿拉伯人也不比阿拉伯人优越；白人不比黑人优越：黑人也不比白人优越，除非是在（对安拉的）虔诚上。"接着，穆罕默德向全体穆斯林宣布他已完成自己的使命，伊斯兰教已经形成。

穆罕默德回到麦地那后不久，就患热病。教历 11 年 3 月 12 日（星期一），即公元 632 年 6 月 8 日，穆罕默德在完成了自己的历史使命——伊斯兰教的形成与阿拉伯半岛的统一之后，就与世长辞了。他逝世前曾任命艾布·伯克代为执行领导礼拜的任务，后来艾布·伯克当选为"哈里发"（继任人），一些部落曾发生叛乱，但很快就被哈里发所平定，使阿拉伯半岛的统一获得巩固，并为阿拉伯人向半岛以外发展创造了条件。

阿拉伯帝国的崩溃

7 世纪初期，随着伊斯兰教的兴起，产生了政教合一的麦地那国家，统一了阿拉伯半岛。从 7 世纪 30 年代起，麦地那国家开始了阿拉伯人的军事征服活动，到 8 世纪中叶，把从印度河到大西洋、从中亚到中非的辽阔地域并入了自己的版图，建立了横跨亚非欧三洲的阿拉伯大帝国。

为了巩固帝国的统治，倭马亚朝（661—750 年）和阿拔斯朝（750—1258 年）的君主（称哈里发）仿效拜占廷和萨珊波斯的统治，从中央到地方建立了复杂的官僚机构和庞大的军队。为了将辽阔的帝国各地区紧密联系起来，设置了直达首都的驿站。为了使辖区内各族人民阿拉伯化，帝国政府将阿拉伯语定为官方通用语言，并大力传播伊斯兰教。这后两方面取得了重大成果，伊斯兰教被广泛接受，阿拉伯语在伊拉克、叙利亚、巴勒斯坦、马格里布代替了当地居民原有的语言，形成了今天的伊斯兰世界和阿拉伯世界。可是语言和宗教的一致，并没有巩固帝国的统一，随着帝国内各种社会矛盾的发展，终于走向崩溃。

帝国的第一次大分裂

建立在阶级压迫、民族压迫和宗教歧视基础上的阿拉伯帝国，始终充满着以宗教形式出现的连绵不断的人民大起义。

早在正统四代哈里发时期（632—661 年），伊斯兰教内就形成了三大教派：逊尼派，为伊斯兰教的正统派，得到倭马亚朝和阿拔斯朝的统治阶级的支持；什叶派，为阿里及其后裔的追随者，在不满逊尼派统治的居民中，特别是在受到不平等待遇的非阿拉伯人穆斯林中，有大量的信徒；哈瓦立及派（又称军事民主派），为广大被剥削压迫的群众所拥护。因此，阿拉伯帝国内的人民起义，多是在什叶派和哈瓦立及派的旗帜下进行的。

倭马亚朝统治时期，随着中央集权机构的建立，豢养官吏和军队成了国家的巨大开支；对马格里布、西班牙、中亚和信德地区的征服活动，需要大量军费；加以哈里发和贵族生活奢侈，大兴土木，在城市内甚至在沙漠中建筑宫殿、别墅和清真寺，仅修建大马士革"倭马亚大寺"就耗资 560 万第尔汗。所有这些费用，都是通过战争掳掠及对被征服地区人民搜刮人头税和土地税而来，广大人民不堪忍受，这便为什叶派和哈瓦立及派的反倭马亚朝起义准备了条件。

685—687 年，什叶派的领袖穆赫塔尔假托真主穆罕默德后裔穆罕默德·本·哈乃非叶的名义，在库法地方发动起义。虽然遭到血腥镇压，但却产生了什叶派的马赫迪思想（救世主再世说）。哈乃非叶死后，穆赫塔尔坚持说，他并没有死，只是隐居在麦加附近的一个山中，适当时候又将作为救世主重临人间，给世界带来正义。穆赫塔尔死后，穆·本·哈乃非叶之子艾卜·哈什米继续领导哈乃非叶派的斗争。他因无子嗣，临死前便将自己对哈里发地位的要求转让给穆罕默德的叔父阿拔斯的后裔。

716 年，阿拔斯的后裔穆罕默德·本·阿里取得了哈乃非叶派的领导权，教派改称阿拔斯派。穆·本·阿里死后，他的儿子易卜拉欣继承领袖地位。经过 30 年的准备，阿拔斯派得到各地什叶派的拥护。747 年，哈里发麦尔汪二世下令处死易卜拉欣·艾卜。穆斯林举起阿拔斯派的旗帜在呼罗珊东部发动了起义。在波斯农民、手工业者、商人和部分地主（德赫干）支持下，当年 6 月 9 日就攻占了呼罗珊省会木鹿。740 年，又夺取伊拉克首府库法。同年 10 月 30 日，易卜拉欣之弟艾卜勒·阿拔斯在库法城清真寺自立为哈里发，接着挥师西向，750 年 7 月在大扎卜河（底格里斯河支流）左岸击溃了麦尔汪二世率领的 1.2 万人的大军。4 月 26 日，攻占倭马亚朝首都大马士革。8 月 5 日，在埃及卜绥尔城的一座基督教堂外面，捕杀了企图逃亡的哈里发麦尔汪二世，倭马亚朝由是灭亡。

阿拔斯朝对倭马亚家族实行了斩草除根的大屠杀政策。向伊斯兰世界各地派出密探，搜寻前王朝后裔，躲在地窖里的也遭杀害。幸免于难的倭马亚族王子阿卜杜勒·赖哈曼，化装成老百姓从伊拉克逃出，经巴勒斯坦、埃及、马格里布，于 755 年到了休达。在倭马亚朝旧部支持下占领了西班牙东南部。756 年 5 月 14 日，在瓜达尔基维尔河岸阿卜杜勒·赖哈曼打败了支持阿拔斯朝的西班牙总督势力，接着夺取了首府哥多瓦，建立了独立的艾米尔公国，也称后倭马亚朝。从 756 年起统一的帝国正式一分为二，开始走向崩溃瓦解的道路。

在倭马亚朝解体，阿拔斯王朝建立的过程中，不仅什叶派为主力的人民起义发生了重大影响，哈瓦立及派在马格里布、西班牙和伊拉克等地领导的人民起义也给帝国统治以沉重打击。起义势力还在马格里布地区建设了萨杰马拉马萨、塔赫尔特及特累姆森三个哈瓦立及派的国家，并使新的阿拔斯朝丧失了对凯鲁万以西地区的控制。

阿拔斯朝从建立之日起，不仅面临着马格里布地区哈瓦立及派的挑战，在帝国东部还遇到了一系列新的人民反抗斗争。

什叶派对于自己协助缔造的新王朝感到失望，后转向抵抗。785 年，易德里斯·伊本·阿卜杜拉在麦加领导了什叶派起义。失败以后，他逃到摩洛哥，在柏柏尔人支持下，于 788 年在非斯建立了什叶派的易德里斯王朝（788—985 年）。

阿拔斯朝对广大波斯人民采取的镇压政策，也激起了波斯人民的反抗，由此爆发了由艾卜·穆斯林的追随者组织的一系列暴动。755 年，孙巴德在尼沙不尔附近的村庄发动起义，得到波斯西部农民的支持，响应者达 9 万到 10 万人，很快占领了一批城市，三个月后才被帝国派出的军队打败。两年之后，伊斯哈格·土耳克领导了一次类似的暴动。767—768 年，吴斯塔德西斯又领导了呼罗珊起义。

776—778 年，艾卜·穆斯林起义的参加者，被称为"蒙面先知"的洗衣工哈希姆·伊本·哈金领导了河中地区农民起义。起义军以布哈拉为据点，占领了许多城市和寨堡，逼近撒马尔罕城下，他们夺取本地封建主和阿拉伯贵族的土地自行分配，在山区突厥游牧部落支持下坚持斗争达 13 年。

帝国东部地区的这些起义，虽然没有像西部的马格里布地区那样形成独立国家，但它使阿拔斯朝的统治基础在政治上、军事上和经济上都受到沉重打击。

封土制的实行和封建割据的开始

8 世纪末至 9 世纪初，哈里发哈伦·拉西德（786—809 年在位）至麦蒙（813—833 年在位）统治时代，阿拉伯帝国进入鼎盛时期。当时，随着征服活动停止后国内和平的出现，封建生产关系的发展及统治者将被征服者的部分租税用来发展灌溉，以及国界关卡的消除和货币的统一，帝国的经济繁荣起来。

伴随着经济繁荣而来的是统治阶级日益豪奢和王室内讧加剧，从而促进了封建制的实行和割据的局面的出现，也使阶级矛盾进一步激化。

曼苏尔哈里发即位后就大兴土木，营建官室。762年建成的新都巴格达，费时四年，役使人夫10万左右，耗资达488.3万第尔汗。到哈伦·拉西德统治时，皇宫和贵族官邸就占去全城面积1/3，而且富丽堂皇，极尽豪奢。

王公贵族也挥金如土。哈里发艾敏（809—813年在位）赐给他叔父易卜拉欣·伊本·麦海迪一人的赏金就达2000万第尔汗，这个数字约等于麦蒙时代埃及一年土地税现金收入的总和。就是这个易卜拉欣在举办一次宴会时，用150条鱼的舌头做成一盘菜，价值达1000第尔汗。按当时劳动人民的收入计，真是"富家一盘菜，穷人九年劳"。①

在阿拔斯朝，官吏的薪俸和士兵的饷银，费用也大得惊人。穆尔台迪时代（892—902年在位），首相的月薪就是1000第尔汗。麦蒙时代，埃及法官的月薪是4000第尔汗。士兵的薪饷，在该朝第一位哈里发在位时，步兵平均每年约960第尔汗（口粮、津贴除外），骑兵加倍。步骑兵人数在麦蒙时代，仅伊拉克一地就有12.5万名。穆格台迪尔时期（908—932年在位）扩展到16万人。

所有这些庞大的开支，由于征服战争已经结束，不能指靠掳掠而只能从增加赋税中取得。9世纪30年代至60年代，呼罗珊与叙利亚巴勒斯坦两地实物税和现金税合计的年收入，由原5286万第尔汗增加至7469.6万第尔汗，增长43.3%。

阿拔斯朝统治下的劳动人民不仅苦于官府的横征暴敛，还深受王室内讧之苦。哈伦·拉西德生前曾指定长子艾敏为第一继承人，次子麦蒙为第二继承人，并把帝国分给他们两人，麦蒙的领地在呼罗珊省。但在艾敏继位的第二年，麦蒙就发动了长达四年（810—813年）的战争，夺取了哈里发王位。此后又同他叔叔易卜拉欣为争夺哈里发宝座进行了两年混战（817—819年）。这六年的内讧战争，使巴格达城大半变成废墟，全国陷入混乱，人民

---

① 曼苏尔建巴格达城时，一个小工的日工资仅为1/3第尔汗。必须一天不停地劳动9年，并分文也不动用，才能凑足这一盘菜的费用。

苦不堪言。而震撼帝国的人民大起义，也于此时在西部和北部爆发。

埃及东北部的阿拉伯农民、城市贫民、边境游牧人和尼罗河三角洲的科普特人，早在802—804年，就联合组成起义队伍，拒租抗税，打击富商。815年，他们和攻占亚历山大城的阿拉伯难民起义军互相呼应，威胁到整个埃及和叙利亚。831年，哈里发麦蒙御驾亲征，才把起压镇压下去。

816—837年，阿塞拜疆地区爆发了巴贝克领导的人民起义。小贩出身的巴贝克主张没收大封建领地，实行土地公有，取消捐税，恢复公社制度。因此深得贫苦农民、手工业者和奴隶拥护，起义队伍达30余万人。起义军从阿塞拜疆出发，南到波斯西南地区，北到里海各省，西到亚美尼亚东部，坚持斗争达21年之久，多次打败政府军，给巴格达朝廷造成了严重威胁。

在人民起义的打击下，阿拔斯朝开始实行世袭封地制以巩固自己在各地的统治。

800年，哈伦·拉西德把伊菲里基亚授予易卜拉欣·伊本·艾格莱卜作为世袭封地，只要求他每年交纳4万第纳尔的年金。在此基础上形成了艾格莱卜王朝（800—909年），从此阿拔斯朝对埃及以西不再行使权力。827—902年，艾格莱卜朝多次进攻并征服了西西里岛和马耳他岛，控制了地中海地区，成为帝国内第一个强大的割据势力。

820年，麦蒙把呼罗珊总督职位和伊拉克以东的全部土地赐给了波斯籍大将塔希尔·伊本·侯赛因。822年，野心勃勃的塔希尔在星期五的祈祷中去掉了哈里发的名字，拒绝对哈里发效忠。这样，又一个强大的割据势力塔希尔王朝（820—872年）在帝国东部兴起。王朝的艾米尔名为哈里发的总督，实属独立君主。他们的领土扩张到印度边境，首府也从木鹿迁到尼沙不尔。

显然，帝国内的封建割据局面已初步形成。

禁卫军专权和封建割据的发展

836—945年，帝国的军事制度和税收制度发生了重要变化。随之而来的是禁卫军专权，王室衰落，地方割据势力进一步发展起来。

军事制度的变化是奴隶禁卫军的出现。

阿拔斯朝初期，由于征服战争结束，军费开支必须降低，而什叶派和各族人民起义仍时有爆发，加上边远省份实际独立，其守备部队脱离哈里发控制，巴格达朝廷不得不建立自己的卫戍部队——哈里发的禁卫军。禁卫军主要由呼罗珊人组成，他们是帝国军队的核心。

833 年麦蒙死时，禁卫军中的一些人支持他的儿子阿巴斯做哈里发，反对他指定的继承人——他的兄弟穆耳台绥木。后来穆耳台绥木（833—842年在位）即位后改编了禁卫军，并用柏柏尔人、苏丹黑人，尤其是突厥人等奴隶组成了一支新的禁卫军，叫作马木路克（奴隶军团）。哈里发认为，被割断了氏族、民族和国家联系的奴隶作为士兵，将比自由战士更忠于自己，因此从中亚大量购进能吃苦耐劳的突厥青年组成军队。穆耳台绥木时期，禁卫军中的奴隶士兵已多于自由的呼罗珊人，并且由骁勇善战的突厥将领指挥。

随着奴隶军团势力的增长，他们日益傲慢横行，不仅在民间造成危害，而且对哈里发统治也构成威胁。哈里发穆台瓦基勒（847—861 年在位）曾企图重征阿拉伯部队以取而代之，但被突厥禁卫军杀死。从此开始了禁卫军专权的时期（861—870 年）。在此期间，一个又一个的哈里发被他们拥立、废黜、杀死。哈里发穆耳台兹（866—869 年在位）由于不能支付禁卫军所要求的 5 万第纳尔的薪饷，就被废黜、拷打，最后死于狱中。

哈里发穆耳台米德在位时（870—892 年），他的弟弟穆瓦法格当权，才消除了突厥禁卫军的专权局面。但是 10 年的禁卫军专权，使哈里发的尊严和威信扫地已尽，中央政府的官僚机构受到严重削弱。与此同时，长达 14 年的桑给奴隶大起义（869—883 年），在政治、军事和经济上也沉重地打击了帝国统治。哈里发已经无力控制地方势力的独立和分裂。一个个割据性的封建王朝相继出现。

867 年，萨法尔王朝（867—903 年）兴起于锡吉斯坦。这个王朝的奠基人叶尔孤卜·伊本·莱伊斯·萨法尔原为铜匠，曾率领人民起义。他先被锡吉斯坦总督任命为驻军司令，867 年继承总督。他把势力扩张到了巴里黑和喀布尔，并于 872 年攻占尼沙不尔，消灭塔希尔朝。当哈里发穆尔台米德拒绝承认他为呼罗珊总督时，他率军反对哈里发，兵逼巴格达。这次进攻虽被打退，可是他继续占有波斯东南部的许多地方。

868 年，突厥将领艾哈迈德·伊本·图伦在埃及建立了图伦王朝（868—905 年）。他原是被哈里发派去任总督助理，但到达后不久就宣布独立。他拥有奴隶禁卫军 10 万人。887 年，叙利亚总督去世，他乘机出兵进占叙利亚。哈里发要求他给予财政援助，用作镇压黑奴起义军费，被他拒绝。

874 年，萨曼王朝（874—999 年）兴起于河中和波斯地区。萨曼朝的创始人自称波斯萨珊朝后裔，在塔希尔朝灭亡后即以布哈拉为首府，宣布独立。900 年，他从萨法尔朝手中夺取呼罗珊，903 年，将萨法尔朝灭亡。在以后的 30 多年中，整个河中和波斯地区都并入了萨曼王朝的版图。王朝的统治者名义上是阿拔斯朝的总督（艾米尔）和收税官（阿米勒），实际上是独立的波斯君主。他们赞美波斯文化，鼓励复兴波斯文学艺术，具有极大的民族独立性。

892—945 年，阿拔斯朝的首都从萨马腊迁回了巴格达。哈里发穆克台菲（902—908 年在位）曾一度试图加强中央权力，并从图伦朝手中收回了埃及（905 年）。但禁卫军专权的形势已不可逆转，其后继位的两任哈里发穆格台迪尔（908—932 年在位）和嘎希尔（932—934 年在位）就先后被禁卫军首领废黜。

由于许多省区独立，国家收入本已减少，而军人专政下的贪污浪费、奢侈腐化，进一步导致了国库空虚，无钱发放官兵薪饷。哈里发穆格台迪尔时期已不得不实行包税政策，即把赋税包给各省的地方长官或军事首长，除将预定款额上交哈里发外，其余的就用作本地的兵饷与官俸。这种包税制度无疑加强了地方总督或将领的权力，加速和巩固了帝国的分裂割据。

929 年，摩苏尔总督建立了什叶派的哈木丹尼王朝（929—1003 年）。后统治了美索不达米亚和叙利亚北部地区。935 年，突厥将领穆罕默德·伊本·突格又在埃及建立了伊赫什德王朝（935—969 年），后把叙利亚、巴勒斯坦、麦加和麦地那纳入了他的版图。

实际上，至 936 年时，原在各方面都具有绝对权力的哈里发，只保留了他的宗教职能。之后，阿拉伯帝国的历史就成为分立的各王朝的历史了。

945 年 12 月，一个军事集团布伊家族攻占巴格达，开始了阿拔斯朝历史上的布伊人统治时期。布伊家族虽以哈里发名义统治穆斯林世界，但他们的主要势力和施政重心集中在波斯和伊拉克。这种地区利益集团执政，使阿拉伯帝国的分裂局面继续维持下去。

帝国的第二次大分裂

从 9 世纪末起，帝国境内爆发了什叶派的易司马仪派领导的一系列革命斗争，导致了帝国的第二次大分裂。

易司马仪派是 8 世纪中叶在什叶派内部分化出的一支激进教派，因拥戴易司马仪为第七代伊玛目（什叶派首领）而得名。9 世纪中叶，易司马仪派的宣教师（达伊）阿卜杜拉制订了利用宗教摧毁哈里发政权取而代之的计划，并向全国派出宣教师进行宣传鼓动、组织起义的工作。

易司马仪派中最革命的一翼是卡尔马特派。他们主张社会平等（不包括奴隶），财产公有。为此得到贫苦农民、手工业者和贝都因人的拥护。从 890 年起，他们在伊拉克、叙利亚和巴林发动了多次起义。899 年，巴林地区的起义军攻占哈萨（即今胡富夫），以此为都建立了卡尔马特国家。这个国家存在了 150 多年，影响遍及帝国南北，到 1057—1058 年才被塞尔柱人的军队灭亡。

易司马仪派在北非的活动取得了更显著的成就。893 年，也门籍易司马仪派宣教师阿布·阿卜杜拉随柏柏尔人朝圣者到了卡比利亚，在农业部落基塔麦人中传教并组织了一支军队。从 902 年起，他率军向艾格莱卜朝发动了猛烈的进攻。909 年 3 月 27 日，占领首都拉卡达。909 年，阿布·阿卜杜拉在拉卡达宣布易司马仪派的伊玛目欧贝杜拉为哈里发，法蒂玛王朝（909—1171 年）由此产生。

法蒂玛朝的建立是阿拉伯帝国历史上的重大事件。在此以前，多数地方小王朝名义上仍承认阿拔斯哈里发的宗主地位，现在法蒂玛朝不仅否定了阿拔斯哈里发的宗教领袖地位，而且在政治上要建立一个易司马仪派国家来统治整个穆斯林世界。因此，它的出现预示着帝国的更严重的分裂。

为了实现征服整个伊斯兰教世界的目的，法蒂玛朝在 913—915 年、919—921 年，曾两次远征埃及，但遭到失败。它在马格里布地区的征服活动也遭到了后倭马亚朝的抵制。917 年法蒂玛朝曾攻占纳库尔公国，922 年又进军摩洛哥并一度迫使易德里斯朝和马德拉尔朝沦为属国。但后倭马亚朝出兵干预，很快夺回了这些地区。

法蒂玛朝第四代哈里发穆仪兹（952—975 年在位）执政后期，大将昭海尔·绥基利率海陆军又多次发动西征，967 年终于肃清了后倭马亚朝在马格里布的影响。

968 年，昭海尔率领 10 万大军东征埃及。969 年，占领伊赫什德朝首都弗斯塔特及其控制下的西部阿拉比亚和叙利亚。970 年，开始在弗斯塔特北郊营建新都开罗，972 年建成，973 年 6 月穆仪兹迁都开罗。

法蒂玛朝的势力扩展到阿拉比亚和叙利亚后，与巴林省的卡尔马特国家和统治着摩苏尔、阿勒颇等地的哈木丹尼王朝发生了冲突，并威胁着控制巴格达的布伊朝。尽管哈木丹尼朝和布伊朝都是什叶派国家，尽管法蒂玛朝哈里发是卡尔马特人的伊玛目，但是现在他们一致联合起来反对法蒂玛朝，并在971年、974年两度攻入埃及。虽在其后被迫撤出，但却阻止了法蒂玛朝向伊拉克推进，使名存实亡的阿拔斯哈里发能够继续存在。

到10世纪70年代，阿拉伯帝国正式一分为三：阿拔斯朝（东大食、黑衣大食）、后倭马亚朝（西大食、后白衣大食）、法蒂玛朝（南大食、绿衣大食），形成了鼎足之势。而以法蒂玛朝的版图和势力为大。

外族入侵和帝国的灭亡

11世纪以后，国际形势发生了显著变化。西欧地区随着城市的兴起和商品货币关系的发展，分裂的封建国家逐渐走向统一，西欧封建主发动了以十字军为名的东侵运动。在中亚和东亚草原上，突厥人和蒙古人的游牧部落先后统一起来，他们的部落贵族也走上了扩张道路。这使分崩离析的阿拉伯帝国处于东西夹击、腹背受敌的困境中。

统治着西班牙和摩洛哥地区的后倭马亚朝进入11世纪就衰落了。出身于阿拉伯人、柏柏尔人和斯拉夫人的封建王公争权不已，各自通过禁卫军将自己的傀儡扶上哈里发宝座。从1009年起的21年间，废立过9个哈里发，其中有3个是两度下台。1031年，末代哈里发希沙木三世（1027—1031年在位）被废囚禁，后倭马亚朝灭亡。西班牙穆斯林地区分裂成了20个左右相互混战的封建小国。北方的基督教王公们乘机南下，1085年夺取托勒多，并欲进占整个地区。

1061年，摩洛哥地区兴起阿尔摩拉维德朝（1061—1147年），统一了从塞内加尔到阿尔及尔的广大地区。这个王朝的奠基人优素福·伊本·塔什芬（1061—1106年在位）应西班牙穆斯林之请，率领2万军队渡过海峡，于1086年10月23日在已达霍斯附近的宰拉盖，打败了卡斯提国王阿尔方索六世的30万大军。接着统一了西班牙各穆斯林小国。继起的阿尔摩哈得朝（1147—1269年），是更强大的穆斯林国家，统治着西班牙穆斯林地区和整个马格里布。1195年的阿拉科斯战役，基督教王公的军队再度惨败。他们的再征服运动遭到有力的阻遏。

西班牙的基督教王公在反穆斯林斗争中逐步走向联合①，并得到来自法国的十字军的支援。1212 年的拉斯·那瓦斯·德·陶罗萨（在哥多瓦以东70 公里处）战役，基督教联军使阿尔摩哈得朝的 60 万大军遭到惨败。联军乘胜挺进，1236 年夺取哥多瓦，1248 年占领塞维利亚，到 13 世纪末，西班牙穆斯林地区只剩下格拉那大一隅之地。1269 年，阿尔摩哈得朝被摩洛哥非斯地区兴起的马林朝（1248—1554 年）灭亡。其后，在马格里布东部兴起了以突尼斯为都的哈夫斯朝（1236—1574 年），中部兴起了以特累姆森为都的阿卜德瓦德朝（1235—1554 年）。伊斯兰的西部世界再没有出现足以抗击基督教国家的强大力量。1469 年亚拉冈王子斐迪南与卡斯提的王位继承人伊萨伯拉结婚，1479 年两国正式合并。1492 年 1 月 2 日，基督教军进入格拉那大城。阿拉伯帝国的西部地区就此全部丧失。

11 世纪，阿拉伯帝国的东部地区也被西突厥人的塞尔柱朝（1037—1194 年）统一起来。塞尔柱人原游牧于中亚，956 年，在布哈拉地区皈依了逊尼派伊斯兰教。1037—1077 年，打败加兹尼朝，占领了呼罗珊，又灭布伊朝，囊括了它的全部领地。后从拜占廷帝国手中夺取了小亚细亚的大部，从法蒂玛朝手中夺取了叙利亚地区。这样，东起喀什噶尔，西到地中海岸的辽阔地域都纳入塞尔柱帝国的版图。1055 年 12 月 18 日，塞尔柱人首领吐格鲁尔（1037—1063 年在位）领兵进入巴格达，哈里发嘎义木（1031—1075 年在位）被迫任命他为摄政王，赐以"素丹"称号。从此，阿拔斯朝哈里发为塞尔柱人控制，仅保有宗教首领地位，政权悉归素丹。

塞尔柱帝国的统一局面十分短暂。由于长期战乱造成的经济破坏和伴随商路转移而来的商业衰落，塞尔柱人已经不能实行征收赋税供养军队的旧制。1087 年，素丹马里克沙（1072—1092 年在位）的首相尼采木·木勒克实行了军事封建制度，将征服的土地作为伊克塔赐给亲王，由他们向素丹提供一定的兵丁。由是形成了罗姆素丹国、图土希素丹国、克尔曼王国等独立的封建小王朝，波斯地区的大塞尔柱王朝只保留了名义上的宗主国地位。素丹摩哈美德（1104—1117 年在位）死后，帝国进一步分裂成无数的小邦，各邦又皆受制于阿塔毕（素丹的陪臣、藩王的太傅），形成了大马士革、阿

---

① 718 年，在西班牙半岛西北部建立的阿斯图里亚王国，在扩张过程中，于 11 世纪初形成雷翁和卡斯提王国。1230 年，雷翁王国并入卡斯提王国。778 年查理曼占据半岛东北部。843 年，帝国瓦解后形成那瓦尔王国、亚拉冈王国和巴塞罗纳伯国。1137 年，巴塞罗纳伯国并入了亚拉冈王国。

勒颇、摩苏尔、辛贾尔、阿塞拜疆、法里斯、拉里斯坦等一系列阿塔毕王朝。

1117 年，桑扎儿登上大素丹宝座时，统治范围只限于他的呼罗珊和阿姆河流域的领地。伊拉克成了摩哈美德素丹后裔统治的小王朝（1117—1194年），他们以素丹名义继续控制着巴格达哈里发。1157 年，桑扎儿死去，大塞尔柱王朝灭亡。其领地被花剌子模①兼并。1194 年，花剌子模沙台卡史（1172—1199 年在位）打败并杀死了伊拉克素丹叶格鲁尔（1177—1194 年在位），塞尔柱人对哈里发的控制最后结束。

塞尔柱人征服时期的战乱及征服后的分裂，给人民带来了极大灾难，因此以阿萨辛派或罕沙顺派为名的易司马仪派在波斯和叙利亚发展起来。1090年起，他们在波斯占据了阿拉木图堡（里海南岸的加兹温西北）和几个要塞。1140 年起又在叙利亚占据了许多寨堡。阿萨辛派的首领们住在地势险要的阿拉木图堡，指使信徒对统治阶级的军政人物进行了一系列暗杀活动。他们还粉碎了哈里发和素丹们的屡次进攻，在统治阶级中造成了极大恐怖。

正当阿拔斯朝哈里发处于无权地位，塞尔柱帝国分裂瓦解，阿萨辛人斗争活跃的时候，以教皇为首的西欧封建主发动了大规模的十字军东侵。1096年后，罗姆素丹国、图土希素丹国和法蒂玛朝都对十字军进行了英勇的抵抗，终因力量分散，被敌人占去大片土地，建立了耶路撒冷王国、安条克公国、的黎波里伯国和埃德萨伯国。衰弱腐朽的巴格达哈里发和塞尔柱素丹对十字军侵略心怀恐惧不敢抗争，致使战局不断恶化。在这样的情况下，塞尔柱朝将领赞吉在人民支持下，一度担负起领导抗战的任务。1127—1154 年，赞吉和他的儿子努尔丁统一了从摩苏尔到大马士革的辽阔地域。1144 年灭亡埃德萨伯国，接着粉碎了 1147—1149 年的第二次十字军东侵。

但阿拔斯朝内部涣散、缺乏统一领导的致命弱点，很快在更凶猛的蒙古人入侵面前暴露出来。1218—1225 年，成吉思汗率领大军灭亡了花剌子模，蹂躏了帝国境内的大片地区。以后又不断入侵波斯和小亚细亚，甚至推进到萨马腊。1253—1258 年旭烈兀又率领蒙古军队西侵。1256 年攻占阿拉木图及其附属寨堡，灭亡易司马仪派。1258 年攻占巴格达，杀死三十七代哈里发穆斯台耳绥木（1242—1258 年在位），阿拔斯朝最后灭亡。

11 世纪中叶起，法蒂玛朝也开始走向衰落。号令不出宫门，统治集团内

---

① 　素丹马里克沙的花剌子模总督建立的国家，存在时间为 1077—1231 年。

部互相倾轧，政局十分混乱。国家财政也日益困难，加之水灾和瘟疫相继产生，已是国破民穷。1071 年和 1098 年诺曼人入侵，先后占去西西里和马耳他。1071 年塞尔柱人夺走叙利亚。1099 年十字军攻占耶路撒冷。到十一世纪末，法蒂玛朝的领土只剩下埃及、西部阿拉比亚和部分巴勒斯坦。1153 年，阿斯盖兰沦于十字军之手，埃及本土已丧失屏障。1164—1169 年耶路撒冷王国的十字军大举入侵，首都开罗不久被围。1169 年努尔丁应邀率军来援，胜利后留下部将施尔科任法蒂玛朝首相，施尔科不久死去，由其侄萨拉丁继任。1171 年，萨拉丁废法蒂玛朝末代哈里发，自立为素丹（1171—1193 年在位），建立了阿尤布朝（1171—1250 年）。

萨拉丁上台后做的第一件事，就是以逊尼派代替什叶派，命令在星期五祈祷中为阿拔斯朝哈里发祝福。他把全部精力用于驱逐十字军的圣战。1186 年完成了利比亚、汉志、也门、叙利亚和哲齐赖（北美索不达米亚）地区的统一。1187 年立即向十字军国家发起进攻，收复了耶路撒冷，以及除泰尔、的黎波里、安条克和少数小城镇外的所有城市，还打败了第三次十字军（1189—1192 年）。他的继承人粉碎了入侵埃及的第五次十字军（1217—1221 年）和第七次十字军（1248—1250 年）。

1250 年，马木路克朝（1250—1517 年）取代了阿尤布朝。新王朝消灭了叙利亚地区阿尤布王子们的割据势力，把苏丹北部纳入自己的版图，重建全国的驿站制度，兴修水利，奖励农商，发展成为政治上统一、经济上富裕的强大国家。尽管它一开始就面临着十字军勾结蒙古军东西夹击的险恶形势，但仍然取得了反侵略斗争的胜利。

1260 年 7 月 3 日（一说 9 月 3 日）的阿音·扎鲁特战役，素丹古突兹（1259—1260 年在位）和拜伯尔斯（1260—1277 年在位）率领的军民使蒙古军遭到西侵以来的第一次惨败，杀死蒙军主将怯的不花及不少将卒。此后，马木路克素丹们又在 1281 年的霍姆斯之役消灭了 4 万蒙古军，还打败了伊儿汗合赞的三次入侵（1299、1300、1303 年）。横扫欧亚两洲绝大部分地区的蒙古军始终未打进非洲，这是马木路克朝的功绩。

在阻击蒙古侵略军的同时，马木路克素丹对十字军发起了不断进攻。在 1263—1291 年的短短 28 年中，攻克了十字军盘踞的全部据点。历时近两百年的十字军东侵以彻底失败而告终。

马木路克朝和阿尤布朝一样，信奉逊尼派伊斯兰教。1260 年的阿音·扎鲁特战役后，马木路克素丹在大马士革发现了从巴格达大屠杀中逃出的末代阿拔斯哈里发的叔父，1261 年 2 月，将他迎到开罗，为他举行盛大的就任哈里发仪式，加上穆斯坦绥尔的尊号。哈里发掌握全国宗教基金，主持素丹的就职典礼，成为使素丹王冠合法化的工具。因此，整个马木路克时代，阿拔斯朝的后裔一个个被扶上哈里发宝座。

残酷的封建剥削和争权内讧，使马木路克朝走向衰落。1498 年瓦斯科·达·伽马开辟了从欧洲经好望角到印度的新航路，东西方货物不再经红海埃及商道，印度洋上的穆斯林商船又遭葡萄牙舰队攻击，国家岁入的主要来源因此丧失，政治、经济和军事力量进一步削弱。就在此时，小亚细亚地区兴起的奥斯曼土耳其人已占据欧亚两洲的大片土地，并拥有当时最先进的武器——滑膛枪和火炮。1516 年 8 月 24 日，达比格草原（阿勒颇北一日程）之役，马木路克军大败，素丹干骚（1500—1516 年在位）战死。1517 年 1 月 22 日，开罗陷落，马木路克朝灭亡。奥斯曼素丹赛里木一世（1512—1520 年在位）把从俘虏中找到的哈里发穆台瓦基勒带回了君士坦丁堡，并以侵吞公款罪把他投入监牢①，上演了 250 多年的假阿拔斯哈里发王朝的闹剧至此最后收场。

---

① 在奥斯曼素丹苏莱曼一世时（1520—1566 年），哈里发被放回了埃及，1543 年死于开罗。

阿拉伯文化

唐宝才

公元 7 世纪至 13 世纪，当欧洲还处于科学的落后时期，阿拉伯帝国就已经显露出它的文明曙光。帝国境内的各族人民在吸收古代埃及、巴比伦、希腊、罗马、印度、波斯和中国的优秀文化成果的基础上，创造了光辉灿烂的阿拉伯文化，在数学、天文学、物理学、化学、医学、文学艺术、历史、地理、哲学等方面都取得了辉煌的成就，为人类文明做出了巨大贡献。

阿拉伯文化产生的历史背景

阿拉伯帝国幅员辽阔，其疆域东起印度河，西临大西洋，北界咸海，南迄尼罗河，地跨欧、亚、非三大洲，古代文明的发祥地埃及、两河流域和波斯都囊括在内。阿拉伯半岛内陆，大部分地区是广袤无垠的沙漠或草原，气候炎热，雨量稀少，土地贫瘠，因此适合游牧，不宜农耕。半岛上的游牧民族生活非常艰苦，他们抬头是蓝色的苍穹，低头是茫茫的沙漠或草原，这种自然环境培育了游牧民坚强、勇敢的性格。部落间"血族复仇"的习俗盛行，为争夺水草，常发生残酷的战争。半岛西南部的也门地区雨量充足，土地肥沃，有林园之美，被称为"阿拉伯半岛皇冠"。

半岛内陆的阿拉伯人，又叫贝都因人，5—6 世纪时，还处于原始公社制阶段。氏族部落有共同使用的牧场，他们逐水草而居，过着漂泊不定的游牧生活。6、7 世纪之交，原始公社逐渐解体。氏族贵族占有肥沃的绿洲和草地，拥有很多的奴隶和牲畜，并开始奴役贫苦的牧民。半岛西部的汉志地区，是古代东西方重要的商业要道。印度的香料，中国的丝绸，由阿拉伯人从这条商路运到叙利亚、埃及一带，然后转运到东罗马帝国。在这个地区有两个重要的商业城市，一个是麦加城，另一个是麦地那城。麦加靠近红海，是南北交通中心。麦加城的居民，大都属于古来什部落。城内有一座克尔白天房，里面有一块黑色陨石和 300 多个偶像，被古来什人视为神物。古来什部落的贵族享有守护克尔白古庙、征收麦加市集税和管理麦加唯一水源渗渗泉的特权。另外，他们还经营商业，贩卖奴隶，成为有势力的商业贵族，而一般的氏族成员则被迫依附于他们，有的甚至沦为奴隶，阶级关系比较紧张。

外部的条件也加剧了阿拉伯社会矛盾的发展。公元 525 年，与阿拉伯半岛一水之隔的埃塞俄比亚，受东罗马帝国的支持，入侵也门。570 年，波斯又将也门置于自己的统治之下。连绵不断的战争，使也门的社会经济遭到严重破坏。而且，波斯另外开辟了一条经由波斯湾和两河流域通到地中海的商路。商路的改变，对阿拉伯社会经济又是一个沉重的打击。总之，在这个历史阶段上，阿拉伯社会内外矛盾交织在一起，十分尖锐。因此，阿拉伯贵族迫切要求统一各部落，建立一个强大的阿拉伯国家，对内镇压奴隶和平民的反抗，对外抵御外族的侵扰，保护商路，发展商业经济，并进一步向外扩张掠夺新的土地和财富。为此，阿拉伯贵族感到需要有一个一神教，用它来作为一面旗帜，把分散的阿拉伯部落联合起来。这个一神教，就是伊斯兰教。

伊斯兰教的创始人是穆罕默德（570—632 年），他出生在麦加古来什部落的一个没落贵族家庭。这个自幼失去双亲的孤儿对阿拉伯半岛和阿拉伯人产生了深远的影响。610 年左右，穆罕默德依据阿拉伯人固有的宗教信仰，参照犹太教和基督教的教义，创立了伊斯兰教。伊斯兰教是严格的一神教。它把原来古来什部落的主神安拉（亦称真主），奉为唯一的宇宙之神，穆罕默德自称是安拉的使者，并严格禁止崇拜多神和偶像。由于穆罕默德的教义贬低了传统部落神的地位，使麦加城渐渐失去了宗教中心的意义，影响部落贵族和富商的领导地位，以及他们从神庙、市集所获得的经济利益。因此，他们多方迫害伊斯兰教徒。622 年，穆罕默德为了免遭古来什部落的迫害，率领一批信徒迁移到雅斯里布，并把雅斯里布改为"麦地那"，意为先知之城。穆罕默德运用伊斯兰教团结了多数阿拉伯部落。630 年，在"向麦加进军"的口号下，他率兵攻克了麦加城，同时也与麦加的贵族商人达成妥协，将克尔白神庙改为清真寺，麦加定为伊斯兰教的圣地。此后，穆罕默德征服了阿拉伯半岛的其他地区，到 632 年穆罕默德去世时，大体统一了阿拉伯半岛。

穆罕默德去世后，由他最亲近的弟子继承他的事业，称"哈里发"，意为安拉使者的继承人。最初四任哈里发大肆向外扩张。他们乘波斯、东罗马连年战争，力量削弱之机，指挥骑兵攻占了波斯和东罗马广大地区，又征服了叙利亚、巴勒斯坦、埃及、伊拉克、的黎波里和伯尔克等地，为阿拉伯帝国的形成奠定了基础。661 年，倭马亚家族出身的叙利亚总督摩阿维亚继任为哈里发，定都大马士革，建立倭马亚王朝（661—750 年）。中国历史上称为白衣大食。7 世纪末，倭马亚王朝继续向外扩张。在西线，首先攻克迦太基，消灭拜占廷在北非的残余势力，然后占领了西班牙；在东线，倭马亚王朝扩张到中亚、印度河下游地区。到 8 世纪初，阿拉伯人已经控制了中亚大部分地区，到达了帕米尔高原，邻近唐代的中国边疆。在北线，阿拉伯人占领了南高加索。到 8 世纪中叶，阿拉伯帝国的版图，东起印度河流域，西临大西洋，北界咸海，南至尼罗河，成为地跨亚、非、欧三洲的大帝国。

倭马亚王朝对外的征服和掠夺，引起了各地人民强烈的不满。747 年，奴隶出身的阿布·穆苏里姆在呼罗珊的莫夫以减轻赋税为号召，发动起义。中亚一带的农民纷纷响应。750 年，参加起义的各阶层人民推翻了倭马亚王朝，但起义的成果却落到了艾卜勒·阿拔斯手里。750 年，阿拔斯出任哈里发，建立了阿拔斯王朝（750—1258 年），中国历史上称为黑衣大食。762 年，哈里发曼苏尔迁都巴格达，建立中央专制制度，集政、教两权于一身。哈里发之下有维齐即宰相辅佐，下有各部大臣，管理税收、司法、军需等事务。在阿拔斯王朝时期，维齐权力加强，有权任命或罢免行省总督，甚至世袭职位。

阿拔斯王朝最初的 100 年间，即 8 世纪中叶至 9 世纪中叶，是阿拉伯帝国最强盛的时期。当时农业、手工业、商业都很发达。在农业方面，两河流域为全国水利最发达的地区，河渠纵横，沃野千里，物产丰富。由于农田水利的发达和耕作方法的改进，水稻、棉花等成了普遍种植的农作物。另外，还有大量水果（如橙子、柑子、橘子）、蔬菜（如茄子、羽扇豆）、植物（如甘蔗、蔷薇、紫花地丁）、各种坚果（如胡桃、扁桃杏、榛子）等。手工业在很多地区获得发展，著名的产品有西亚地区生产的地毯、挂毯、丝织品、棉织品、毛织品、锦缎，波斯的高级地毯，伊拉克的金丝和半金丝头巾，叙利亚的玻璃，埃及的纺织品，都是世界上深受欢迎的产品。珠宝业也很发达。农业和手工业的迅速发展促进了商业的繁荣。巴格达的码头停泊着几百艘各种各样的船只。巴士拉、开罗、亚历山大等口岸也成了水陆贸易中心。在帝国市场上，有从中国运来的瓷器、丝绸；从印度和马来群岛运来的香料、矿物和染料；从中亚细亚运来的红宝石、青金石、织造品；从斯堪的纳维亚和俄罗斯运来的蜂蜜、黄蜡、毛皮；从非洲运来的象牙、金粉。阿拉伯商人从事活跃的海外贸易，足迹遍及亚洲、欧洲和非洲。中国的广州、泉州、扬州等地都是阿拉伯商人频繁来往的港口。

经济发展和商业繁荣促进了阿拉伯文化的昌盛。首都巴格达不仅是阿拔斯王朝的政治中心，而且也是闻名世界的工商业和文化中心。为了促进文化的发展，阿拔斯王朝大量起用知识分子，翻译希腊等国的古典著作，进行研究，并做出许多新的贡献。哈里发麦蒙（813—833 年在位）在巴格达创办了一座著名的智慧宫，这是科学院、图书馆和翻译局的联合机构，帝国的许多科学家和翻译家都集中在这里，进行学术活动和创作。可谓人才济济，百花争艳。总之，阿拔斯王朝时期是阿拉伯文化的黄金时代，在天文、数学、医学、文学艺术等方面都取得了卓越的成就，出现了前所未有的繁荣昌盛局面。

阿拉伯文化的特点，概括起来有两点。第一，多民族性。阿拉伯帝国是一个多民族的集合体，除阿拉伯人外，还有埃及人、印度人、波斯人、西班牙人、叙利亚人、柏柏尔人，等等。各族人民通过相互接触、相互影响，逐渐融合渗透，在长期的生产斗争和阶级斗争中共同创造了阿拉伯文化。可以说，阿拉伯文化是各族人民辛勤劳动和智慧的结晶。第二，注意把学习与创新结合起来。埃及、叙利亚、美索不达米亚、波斯等地，都是世界文化发展较早的地区。阿拉伯人在征服这些地区之后，不仅接受当地民族文化的影响，而且又吸收希腊和印度文化的许多成分，创造了新的阿拉伯文化，为人类文明做出了重要贡献。

光辉灿烂的阿拉伯文化

阿拉伯人在长期生产斗争和社会生活实践中，创造了丰富的自然科学，在数学、天文学、物理学、化学和医学等方面都取得了新的成就，为世界科学文化做出了重要贡献。

一提到数学，人们自然就会想到阿拉伯数字和十进位法。其实，阿拉伯数字和十进位法并不是阿拉伯人的首创，而是由印度人发明和改进的。原来，阿拉伯用 28 个字母作为记数符号，欧洲人使用繁复的罗马数字，在数字运算上十分不便。8 世纪，阿拉伯人发现印度数字和十进位法的优点，于是便在帝国境内推广应用。随后，阿拉伯人又通过西班牙，将印度数字传入欧洲，逐渐代替了罗马数字，并传播到世界各国。这就是我们使用的阿拉伯数字。印度数字和十进位法的传播，对数学的发展起了重要作用。

阿拉伯人在数学方面，除了传播阿拉伯数字和十进位法外，对代数学、几何学和三角学都有所贡献。阿拉伯数学家已知二次方程式有两个根，他们用二次曲线解三次方程式和四次方程式，并能运用代数解几何题和用几何解代数题。在几何学方面，他们研究了面积、体积和有规则的多边形，并把多边形与代数方程式联系起来，以求得未知数。他们算出圆周与直径的比例为3.14159。在三角学方面，阿拉伯人已经掌握了球面三角形的基本原理，并在测量角度和三角学中首先使用正切、余切、正割、余割、正弦、余弦，还发现了正切与余切、正割与余割、正弦与余弦间的函数关系，使三角学成为一门独立的学科。花拉子密（780—约850年）是阿拉伯最著名的数学家，他创立了代数学并发明了代数符号。

天文学是一门与数学有密切关系的学科。阿拔斯王朝建立后，非常重视科学发展，派人到各地收集珍贵的科学手稿，大量翻译希腊、印度古典著作，其中有2世纪古希腊天文学家托勒密所著的《天文学大成》和印度重要的天文学著作《西德罕德》（阿拉伯人读成《信德欣德》）。在哈里发麦蒙时代，阿拉伯人在巴格达、大马士革、哥多瓦、开罗、撒马尔罕等城市建立了天文台，用自己制作的比较精密的天文仪器，如象限仪、平纬仪、方位仪、日晷仪、天球仪、地球仪、星盘等，夜以继日地观察天象，详细记录各种数据。阿拉伯天文学家经过长期的观察和研究，在天文学方面取得了一系列重要成就，如发现太阳远地点的进动（即太阳在离地球最远点的进行运动，实际上是地球运行轨道上离太阳最远点的前进运动）；观察了二分点[①]的位置；提出了地球绕太阳运转的学说；论证了地球是球体及地球自转等。

此外，阿拉伯天文学家通过长期对天象的观测和研究，还校正了托勒密《天文学大成》里的二分点的岁差[②]和岁实[③]的误差。当时，印度、希腊等国

① 即黄道和天赤道相交的两点。每年3月21日前后，太阳由南半天球进入北半天球通过天赤道的那一点，称为"春分点"；每年9月23日前后，太阳由北半天球进入南半天球通过天赤道的另一点，称为"秋分点"。

② 地球自转轴的进动使春分点沿黄道向西缓慢运行，速度每年50.24角秒，约25800年运行一周，这种现象叫"岁差"。

③ 相当于回归年一词。回归年即太阳视圆面中心相继两次过春分点所经历的时间。

的许多天文书籍对地球圆周长度说法不一，为了弄清楚这个问题，阿拉伯天文学家在幼发拉底河以北的辛贾尔平原和约旦的巴尔米拉附近，对子午线的长度进行实地测量，并以此算出地球的圆周为二万多英里及其直径长度。他们还绘制了天文图和星象图及"麦蒙天文表"。苏菲所著的《恒星图象》一书，被认为是伊斯兰天文学的杰作之一。在历法方面，他们创造了太阴历和太阳历。太阴历用于宗教仪式，太阳历则用于农业。回历太阳历的平年为365 天。历 128 年，置闰 31 次。逢闰年增置一闰日为 366 天。地球绕太阳一周需 365 天 5 小时 48 分 46 秒，按回历太阳历计算，须积 8 万多年才误差一天，这比儒略历和格列高里历（即今天世界上所通用的公历）都要准确，这是何等精确的历法。总之，阿拉伯人在天文历法方面做出了重要贡献。阿拉伯著名的天文学家有巴塔尼、比鲁尼。巴塔尼（约 858—929 年）是一位有独创精神的天文学家和数学家。比鲁尼（973—约 1048 年）生于中亚花剌子模。他的贡献是多方面的，而以天文学和数学成就最大。

在物理、化学和光学等方面，阿拉伯人也有新的贡献。阿拉伯物理学家曾对各种物质的比重进行了精深研究，他们所列比重表的数据都是比较精确的，与现代数据十分接近。他们研究了液体平衡和物体运动的速度、距离、时间三者间的关系，并取得了显著成绩。阿拉伯人还应用物理知识和力学原理制造杠杆、天平、水钟、自动供水机和许多机械玩具等。阿拉伯物理学家还分析了回声，并把对声音的研究成果用到音乐上。在光学方面，阿拉伯科学家也有精辟的见解，解释了人眼的构造及各部分的功能，说明物体上的光线反射入眼中才产生视觉，从而纠正了希腊科学家认为光线是从眼中射出的谬误。并证明了光线在相同物质中传播是处在同一直线上，研究了光的反射、折射问题，分析了诸如月亮周围出现光环等许多自然现象。阿拉伯科学家对古希腊科学家欧几里得关于光的"投射角与反射角相等"的定律作了如下的补充："投射角与反射角常在同一平面上。"中世纪阿拉伯最著名的物理学家是伊本·海赛姆（965—1038 年）。

在化学领域内，阿拉伯人注意实验，改进了蒸馏、过滤、升华等化学方法，能制造硫酸、硝酸、氢氧化钠、氧化汞等许多化合物，并将化学运用到制药、制革和玻璃等工业上。阿拉伯人还曾用磷作原料，制成一种闪闪发光的人造宝石。我们今天使用的一些化学用品的名称，如苏打、酒精等都是来自阿拉伯语。有些化学术语是通过阿拉伯著作的拉丁语译本传入欧洲的。贾比尔·本·哈扬（埃及人，702—783 年）是阿拉伯最著名的化学家，也是阿拉伯炼金术的鼻祖。

在医学方面，阿拉伯人继承和发展了希腊等民族的医学遗产，并取得了很大成就。在距今一千多年前，阿拉伯人就已经知道酒精的提取方法，比欧洲人早 300 年左右。阿拉伯医生在为病人施行手术时就注意消毒，使用麻醉剂。他们成功地培养出牛痘苗，用动物（如猴子）进行医学试验，用水银化合物治疗皮肤病。阿拉伯医学家对药物也很有研究，能配制出许多药品，对于伤寒、霍乱、天花、麻疹等疾病，他们也有比较有效的治疗方法。拉齐（865—925 年）是阿拉伯伟大的医学家，也是中世纪最负盛名的临床医师，被誉为"阿拉伯的盖伦（古罗马名医）"。继拉齐之后，最著名的医学家就是伊本·西拿（980—1037 年），拉丁文名叫阿维森纳。阿维森纳是一位知识渊博的实验家和医学理论家，也是著名的临床医生。

阿拉伯文学内容丰富，绚丽多彩。7 世纪搜集编成的《古兰经》不仅是影响深远的宗教经典，而且也是阿拉伯文学史上的一部名著。阿拉伯文学宝库中除了风格各异的作家所创作的作品外，还有丰富多彩的民间故事集。《一千零一夜》（中文又译作《天方夜谭》）就是阿拉伯人留给全人类的一份宝贵的文学遗产。《一千零一夜》的内容极为丰富，描写生动，它包括寓言、童话、恋爱和冒险故事、名人轶事等，这部绮丽动人的故事集反映了中世纪阿拉伯帝国各族人民的社会生活和风俗习惯，显示了古代阿拉伯人民高度智慧和丰富的想象力。《安泰拉传奇》和《卡里莱和笛木乃》这两部故事集在阿拉伯文学中占有重要地位。《安泰拉传奇》主要描写安泰拉（他也是阿拉伯蒙昧时代著名的悬诗诗人）一生的英雄事迹。《卡里莱和笛木乃》是一部著名的寓言童话集，此书的背景是一个叫白得巴的印度哲学家向国王布沙林直言上谏，引起国王大怒，把他投入监狱。后来国王又感到后悔，接受白得巴的忠言，并让他出任宰相。白得巴为国王布沙林写这本书，是以禽兽生活故事为题材，劝人为善，借鸟兽之言说明许多寓意深长的哲理。卡里莱和笛木乃是书中两个聪明伶俐和富有经验的狐狸。中世纪的阿拉伯文坛上，名家荟萃，其中代表人物是阿布·努瓦斯、查布兹和穆泰奈比。

阿拉伯人有自己独特的工艺美术。那些受人欢迎的地毯、陶器、玻璃器皿和用于装饰的图案等都有悠久的历史。大马士革出产的瓷砖被用来装饰建筑物。阿拉伯字母比其他语言的文字更适合作装饰图案，因而成了伊斯兰艺术的重要花样，甚至成了伊斯兰教的象征。阿拉伯工艺美术者运用几何图案、植物图案和阿拉伯字母在建筑物的装饰上雕绘出精致优美的花纹，别具一格。中世纪阿拉伯人修建了许多富有特色的建筑物。由高耸入云的宣礼塔和圆顶等构成的清真寺，映衬着蔚蓝的天空，为世人瞩目。尖塔、圆顶和弓形结构已成为伊斯兰建筑艺术的象征。大马士革的倭马亚清真寺和耶路撒冷的圆顶清真寺是伊斯兰教保存至今的宏伟壮丽的两大古代建筑物。

阿拉伯人在地理、历史、哲学等社会科学方面也取得了重要成就。阿拉伯人指出太阳、月亮和所有的星对地球各个方向的所有的人来说，在同一时间里并不存在升起和落下之分，验证了地球是圆的，并著书流传至今，这是阿拉伯人在地理上的一大成就。阿拉伯地理学家把找到的尼罗河发源地以及埃及、英国、法国、阿拉伯半岛、波斯湾、中国等国家的名称标在地图上，绘制出早期亚、非、欧地图，其准确性大体上与现在地图上的位置接近。希腊人测定的经纬度的误差超过了度，而阿拉伯人的误差不超过分。这些是阿拉伯人给后人留下的宝贵地理资料。阿拉伯使者、旅行家和商人的足迹几乎踏遍东半球。阿拉伯人的地理知识是相当丰富的。他们还把旅途中的见闻记录下来，使后人增长了不少知识。夏里夫·易德里斯和雅古特是中世纪阿拉伯著名的地理学家。

阿拉伯的历史学最初是以记载穆罕默德及其弟子的事迹为主，后又出现了编年史和人物传记。阿拉伯的历史学家们为研究阿拉伯史和世界史做出了自己的贡献。有的研究了一些国家的国别史；有的则研究了世界史，从创造世界讲起，直到伊斯兰教历302年（914—915年），把历史事件按伊斯兰教历年代编排起来；有的则提出了历史发展的理论，等等。泰伯里（838—923年）和马斯欧迪（？—956年）是阿拉伯伟大的历史学家。

在哲学领域中，阿拉伯人的主要贡献是将希腊哲学思想与伊斯兰教的观念互相融合，即把信仰与理性、宗教与科学调和起来，创立了阿拉伯哲学新学派——阿拉伯亚里士多德学派。它包括一个鲜明的思想，即推崇理性，提倡以理性思考为哲学的基础。这对欧洲当时的文化和科学发展起了促进作用。肯迪（约801—871年）、法拉比（870—950年）和伊本·路西德（拉丁名阿威罗伊，1126—1198年）是阿拉伯著名的哲学家。

阿拉伯文化的地位和影响

阿拉伯文化绚丽多彩，它和古代希腊、罗马文化一样，在世界文化中占有重要的地位，对亚洲、欧洲文化的发展都产生了深远的影响。

　　阿拉伯帝国和伊斯兰教在亚洲、非洲影响很大。在阿拉伯帝国的扩张过程中，成批成批的阿拉伯人迁徙到巴勒斯坦、叙利亚、两河流域及北非，改变了这些地区的民族成分。伊斯兰教已成为世界三大宗教之一，其影响仅次于基督教。随着伊斯兰教的传布，阿拉伯文化在亚洲和非洲产生了很大影响。阿拉伯文字是一种拼音文字，共有 28 个字母，音节优美。8 世纪中叶到 10 世纪末叶，阿拉伯文已成为国际性通行文字，在那个时代，凡是西方人要受高等教育，常须学习阿拉伯文。今天，阿拉伯文已成为阿拉伯国家的共同文字，阿拉伯语成为共同的语言，而波斯文、乌尔都文等都采用了阿拉伯的一些字母和词汇。阿拉伯的数字十进位法不仅在亚洲得到广泛传播，而且已为世界所通用，对于促进世界科学文化的发展起了重要作用。

　　然而，受阿拉伯文化影响最大的还是欧洲。当时，欧洲各国完全为基督教会所统治，科学文化十分落后。因此，阿拉伯文化的传入，对欧洲的自然科学、社会科学和文学艺术的发展起了促进作用。例如，著名的数学家花拉子密关于代数学的著作，于 12 世纪被译成拉丁文（拉丁文是当时欧洲各国通用的文字）传入欧洲后，作为欧洲各大学的主要数学教本，一直沿用到 16 世纪。太阳中心说的创始人哥白尼在其所著的《天体运行论》一书中，多处引证了著名阿拉伯天文学家巴塔尼的观测数据。今天，在欧洲的语言中，宇宙中一些星座和星的名称以及一些天文学术语，都来源于阿拉伯语。阿拉伯物理学家关于所有物体都被地球中心吸引的见解为后来牛顿发现万有引力定律起了一定作用。著名光学家肯迪的光学著作曾被西方广泛采用，对英国思想家，实验科学的先驱者罗吉尔·培根产生过积极影响。著名化学家贾比尔·本·哈扬的许多著作被译成拉丁文，作为欧洲大学的教材，对欧洲化学的发展起了推动作用。在医学上，被誉为"医中之王"的阿维森纳的代表作《医典》对西方医学的发展影响很大，12 世纪被译成拉丁文，1473—1500 年间，拉丁文译本就出版了 15 次，还被译成希伯来语，广为传播。一直到 17 世纪，《医典》还是欧洲大学的教材之一。17 世纪中叶到 19 世纪末，法国、德国和荷兰等国仍在出版发行此书。阿拉伯文学对欧洲文学的发展影响较大，文艺复兴时期，但丁的《神曲》、薄伽丘的《十日谈》、塞万提斯的《堂·吉诃德》等作品，在取材、写法和风格上，都曾借鉴于阿拉伯文学著作。对世界文学有重要贡献的《一千零一夜》被广泛译成各种文字，受到各国人民的喜爱。

　　阿拉伯文化向西欧传播，主要通过西班牙。西班牙的哥多瓦和托勒多是阿拉伯文化的中心之一。当时，欧洲各国的学者纷纷来到这里，进行学习和研究，并把许多阿拉伯文的著作，其中包括希腊文译本，都译成拉丁文。这样，阿拉伯文化就通过西班牙传入欧洲，对欧洲文化的发展及文艺复兴运动起了推动作用。

阿拉伯人在文化上的贡献，还表现在沟通东西方文化交流方面。阿拉伯帝国与中国的唐朝有着频繁的经济往来。陆路主要通过著名的"丝绸之路"；海路可直达中国的泉州等港口。中国的广州、扬州等地也成为阿拉伯商人经常往来之地。随着阿拉伯商人的到来，阿拉伯文化也传入中国。1338 年，阿拉伯人扎马鲁丁在北京建立观象台时，制造了天球仪等七种阿拉伯天文仪器。1280 年，中国天文学家郭守敬改订中国历法时，就曾参考阿拉伯天文学家伊本·尤尼斯等人的著作。阿拉伯医学和药材也传入中国，如乳香、没药等被中国广泛采用。明朝大药物学家李时珍的《本草纲目》里收集了不少阿拉伯药物和治疗方法。中国的文化也对阿拉伯文化做出了贡献。8 世纪中叶，中国的造纸术、指南针和火药传入阿拉伯，然后由阿拉伯人传入西方。罗盘用于航海，有力地促进了欧洲航海事业的发展。中国也是最早发明印刷术的国家，刻版印刷在唐代已很盛行，并先后传至朝鲜、日本、越南、菲律宾、伊朗等国，经阿拉伯人传到非洲和欧洲。中国的瓷器从 7 世纪传入埃及，阿拉伯语"瓷器"一词发音为"悉尼"，意即中国。总之，阿拉伯人在促进东西方经济往来、文化交流方面起了重要作用。

中古史上突厥人的国家

邓新裕

自古以来，在历史发展的长河中，不断有新的民族崭露头角。进入中世纪后，突厥民族崛起，在历史上留下了巨大的影响，在中古初期，建立了地域辽阔的突厥大帝国，在世界史上占有相当重要的地位，这是不可忽视的。突厥民族本是北亚的游牧民族，狭义的突厥，系指最初于6世纪中建立帝国的突厥人，实际上其民族成分仍极其庞杂；以广义而言，则包括为数众多、所有属于突厥语系的各部族，如高车部、铁勒诸部，等等，此前的月氏、乌孙及其他部族也都包罗在内，而以突厥为整个民族的统称。突厥人建国后，过了两个世纪，早期的突厥帝国一旦成为过眼云烟，其他突厥部族又纷纷立国。其中一部分更从亚洲腹地向西扩展，甚至远达欧洲。一时从中亚迤逦西下，连片皆是突厥人国家的疆域，一直延伸到欧亚大陆接界处。中古之时是突厥民族频繁活动的时期。以下先述突厥人如何草创国家，历经盛衰兴亡，并略述继起的突厥人国家。

早期的突厥帝国

突厥民族最早的发源地在叶尼塞河上游。据中国史籍记载，秦汉时代突厥民族的居地达到贝加尔湖畔，史书称为丁零。当时僻处匈奴的北方，隔着匈奴，未与中国接触。突厥一名，最早见于中国史籍，在6世纪时首先为中国使用，专指泛布于北方的突厥民族的一支，以阿史那氏为首领的突厥部族。"突厥者，其先居西海之右，独为部落，盖匈奴之别种也，姓阿史那氏""突厥阿史那氏，盖古匈奴北部也。居金山之阳，臣于蠕蠕，种裔繁衍"。突厥语称"金山"为"阿尔泰山"。该族即叶尼塞河畔突厥先祖的后裔，后来因故迁居阿尔泰山与天山山脉之间。除了突厥民族的这一支外，就整个民族来说，其栖居的地域则远为广阔。当时已知，从贝加尔湖向南，至蒙古以北，从吉尔吉斯草原往西，至咸海和里海一带，都散居着属于突厥语系的部族，数目繁多，族名各异。

关于突厥族名的起源，众说纷纭。一种说法以为取自突厥语"头盔"。"金山形似兜鍪，俗号兜鍪为突厥，且以为号"。另一种说法认为，汉音采自 TÜRK 的蒙古语系复数形 TÜKÜT，意为"强有力者"，由属于蒙古语系的柔然人传入。这始终是突厥学家争论未决的问题。考古学家曾在阿尔泰山地区发现一些古墓址，但是绝大部分早被掘盗，并遭摒弃，很少能提供突厥早期的实物证据。随着突厥族在 6 世纪时崛起，南下与中国发生广泛的接触，中国史籍中保存了大量有关突厥的记载。这些丰富的文献资料都是反映突厥早期情况的信史。

突厥人善骑射，性情悍勇，过着逐水草而居、以射猎为业的游牧生活。他们居往在穹庐毡帐中，以粗布皮裘为衣，兽肉奶酪为食，遵循披发左衽的习惯，刻木为数。突厥的风俗，男子好摴蒲赌博为戏，女子喜蹴鞠踢球，与匈奴略同。突厥习俗轻病故，重战死，死后在墓前立石柱，以石柱数表示生前杀死的敌人数。相传突厥人的始祖是狼所生，习俗崇狼，在牙帐前竖狼头纛，表示不忘旧。这表明突厥是以狼为图腾的部族。卫士称附离，即狼。甚至可汗也以狼为号，附离可汗的名称也是从突厥语"狼"音译而来的。

5、6 世纪时，突厥人已经发展了锻铁业。中国和希腊的旅行记都提到锻铁在突厥族中占有重要地位。突厥帝国在乌浒河（今阿姆河）以北的一处边境重地称为"铁门"，显然是有实物的。过往该地的旅客目睹山中隘口上赫然竖着一道饰有铁铃的铁门。

5 世纪时，在突厥民族分布的亚洲北部广大地域周围，其形势是，历来由强悍的游牧民族占据的中国朔方，置于柔然统治之下；在中亚一带是另一强国嚈哒，与波斯毗邻。从 5 世纪上半叶起，突厥部族依附于柔然，即蠕蠕，在中国西北境内为柔然当铁工。过了 100 年，至土门为首领时，突厥强盛起来，试图摆脱从属地位。546 年，铁勒部来伐柔然。土门率领部下迎击，大破铁勒，收降其所有部众，大大增强了突厥的实力，确立了它日后四出征讨的基础。土门乘势求婚于柔然，柔然首领阿那瓌大怒，派人辱骂土门："尔是我锻奴，何敢发是言也。"土门杀了柔然使者，决定独立。他自称伊利可汗，于 552 年发兵击破柔然，阿那瓌兵败自刭。突厥人在鄂尔浑河上游建立了政权。土门的儿子木杆可汗于 555 年灭了柔然，突厥取代柔然成为控制中国朔方的游牧民族，漠北一带都归它所有。

突厥四处扩张，在东方驱走了契丹，把疆域扩展到大兴安岭；它并吞了北方的结骨，进一步向北亚扩张；还向南攻取土谷浑，据有青海之地。突厥崛起后，很快征服了塞外所有的地区，其势力一直达到长城城垣之下。

长城以内的繁华境地向来对塞外的游牧民族具有极大的吸引力，突厥又继续虎视眈眈地进窥中国。当时正值中国南北朝时期，中国内部的对立给突厥造成可乘之机。北周和北齐害怕遭到这个强敌的入侵，都派使者向突厥进贡财帛，希图交好外敌，借以制服对方。突厥统治者充分利用了北周和北齐的抗争，坐收渔利。它每年从生产先进地区获得数十万匹锦绵绸缎和大量其他贡品，然后将这些丝织品经丝绸之路销往中亚，并继续贩运至波斯和东罗马各地，牟取巨利。

周齐两国交兵，突厥还在其间操纵。周武帝娶了突厥可汗之女阿史那氏作皇后，突厥屡次与北周联兵讨伐北齐。577 年，北周灭北齐后，突厥又扶植北齐王属，帮他举兵抗周。北周又与突厥和亲，征选王室宗亲之女下嫁突厥可汗。此时，突厥的气势咄咄逼人，对中国的内部纷争起着举足轻重的作用。从此，突厥民族长时期里在外交和军事上与中国往还，延续了好几个世纪。

这时突厥正处于勃兴时期。它灭了柔然之后，在西方与一度是中亚强国的嚈哒接壤。嚈哒又称白匈奴，6 世纪中叶以前半个多世纪内是当地最大的国家之一，领有粟特、大夏等地，最为强盛。嚈哒南下与另一大国萨珊波斯对峙，它多次进攻波斯，侵地掠土。波斯受到嚈哒极大的压力。西突厥的统治者是土门可汗之弟室点密可汗，正式的官职称为叶护，地位仅次于可汗①。该地是突厥的分封国，从属于突厥国家。广阔的西域展现在西突厥的面前，室点密率兵继续西进，与嚈哒接触。在 562 年以前，突厥几次打败了嚈哒，攻入它的领土。

波斯受嚈哒的压制已久，萨珊王朝见宿敌受到突厥武力的进攻，决定联合突厥对付嚈哒，一雪前耻。波斯王科斯洛兹与突厥联姻。在 563—567 年之间，突厥和波斯分别出兵，从南北两面夹攻嚈哒。嚈哒内部又发生酋长喀图尔弗斯背叛事件，使它更是穷于应付。最后两国共同灭了嚈哒，瓜分了它

---

① 当时西突厥首领室点密的官职为叶护，可汗的称号是 583 年东西突厥分裂后，西突厥对开国始祖的尊号。

的领土，嚈哒君主也被杀死。按照双方达成的协议，突厥和波斯大致以乌浒河为界，突厥取得了乌浒河以北的领土，波斯收回了乌浒河以南，包括重镇巴尔黑在内的领土。

突厥占有中亚的领土，达到它的极盛时期。从6世纪中叶起的短短数十年中，突厥统一了从北亚延续至中亚草原地带的所有游牧民族，建立起东至辽海、西至里海、南自青海、北达贝加尔湖，版图巨大的突厥帝国。突厥可汗居住的牙庭设在乌德鞬山，即今杭爱山脉以南。牙帐前高高飘扬着缀有金狼头的可汗大旗。后世的突厥人提到他们的祖先开国时，很引以为自豪。鄂尔浑河畔发现的突厥阙特勤碑用史诗般的语言讴歌突厥先祖的业绩：

"当上方苍天下方黑地开辟之时，人类的子孙亦出生于其间矣。人类子孙之上，我祖宗土门可汗及室点密可汗实为之长。既为之长，即与突厥人民制定统治国家的制度。天下四隅，悉为敌人，我祖悉征讨之，使之遵守和平，垂首屈膝。东至兴安岭，西至铁门，悉为我居之地。"至此，草原上毡帐中的所有部落都合并在突厥人国家之中，自匈奴时代以来，游牧民族又一次完成了大统一。其持续时间既久，影响且极为深远。

突厥帝国的脱颖而出，在欧亚大陆产生了一种新力量。新兴的突厥介于几个古老的大帝国之间，与中国、波斯、东罗马频繁交往，对欧亚形势产生了很大的影响。突厥占据中亚的粟特以后，控制了中西贸易的要道丝绸之路，提高了它的国际地位。中国的丝绸向来是向西方输出的重要商品，中亚和欧洲都大量输入，尤其东罗马帝国，对丝绸的需求极大。粟特和波斯是中国与欧洲贸易的重要中转点，大量的丝织品途经粟特，然后取道波斯运往东罗马。许多商人从事丝绸贩运，竞争很激烈。粟特的丝绸贸易十分发达，经营丝绸的商人人数最多。粟特商人见突厥国势很强，为获得更多的利益，乘机说服新的突厥统治者，要求波斯允许他们进入境内通商。

波斯除了输入各式丝织品外，还输入大批生丝。中国的生丝是波斯的重要原料，这些原料一部分被抬高价格后销往东罗马帝国，另一部分在当地加工织成丝绸。波斯大量输出用中国生丝织成的丝绸，较之转手输出成品，利润更高。突厥使者携带丝绸赴波斯，提出直接通商的要求。波斯要独占本国的商业利益，拒绝了这一要求。它照价收购了全部丝绸，然后当众焚毁。突厥再次派遣使团前往波斯，非但没有进展，整个使团只有几人生还。波斯当局把突厥使者的死因归咎于水土不服。突厥相信，这些使者是被波斯当局毒死的，认为连续两次出使都受到波斯的凌辱。

突厥的西部边陲靠近东罗马帝国，历史上东罗马和波斯是宿敌，从上古时代以来混战不休。6 世纪初起，两国又不断发生战争。突厥决定直接和东罗马通商，并联合东罗马攻打波斯。突厥使者于 567 年到达东罗马都城拜占廷，向皇帝查士丁尼二世提交可汗的国书。东罗马派使者随同突厥来使返国，回访突厥帝国。以后又多次遣使访问突厥，567—576 年，两国间礼尚往来，邦交很密切。从而突厥和东罗马建立了贸易关系。突厥人开辟了一条新商路，绕道里海以北把丝绸等商品直接运往拜占廷。同时，两国在政治上结成联盟。在突厥的策动下，东罗马加紧进攻波斯，突厥也对波斯大肆征伐。两国从东西两方发起的攻击，使波斯腹背受敌，难以抵御。时过不久，波斯从嚈哒手中收复的乌浒河以南领土都被突厥占领。

突厥帝国从早期起就分为东西两部分，由土门及其弟室点密分治，以东突厥可汗为最高统治者，西突厥的统治者为叶护，等于副可汗。可汗以下是许多游牧领主，称为设，统率军队，分别掌握地方政权。每设下隶许多伯克。伯克是氏族贵族，管辖几个巴克，即氏族。这些统治者都拥有大群牲畜和家奴。此外，被征服部族的首领被授予俟利发和俟斤的称号，由可汗派遣称为吐屯的官员监督，征收贡物，对这些部族进行间接统治。处于国家底层的是草原上的广大游牧民，称为布屯。

突厥地域广大，统治权力极为分散。在名义上西突厥从属东突厥，保持统一。但可汗的控制范围仅限于牙庭所在的东部，对遥远的西方则鞭长莫及。实际上西突厥具有很大的独立性。在东西突厥的关系中早就预伏着分裂的危机。按照惯例，可汗死后汗位传给兄弟。581 年，佗钵可汗死去，他的侄儿大逻因为是庶子，未能继位，而立了佗钵之子奄罗为可汗。大逻便对此极其不满，向奄罗挑战，奄罗把汗位让与佗钵另一侄儿摄图，称为沙钵略可汗，自己退居第二可汗。大逻便被封为阿波可汗。连同西突厥的达头可汗，突厥国中四个可汗并存，矛盾很尖锐，出现分崩离析的征兆。

与此同时，隋朝统一了中国北方，加强了防御力量，并利用突厥的内部矛盾，进而对东西突厥进行分化。隋朝遣使向达头可汗赠送狼头旗，与西突厥建立友好关系，使东西突厥之间相互猜疑。582 年，沙钵略可汗大举侵犯长城，被隋军击败。西突厥未派兵参加这次进犯。583 年，阿波可汗大逻叛离东突厥，投奔西突厥，突厥内部发生了一场混乱，东突厥和西突厥正式分裂。此后东突厥辖有从蒙古至乌拉尔山脉的北部地区，西突厥控制从阿尔泰山至锡尔河之间的地区，相互对峙。东西突厥的分裂大大削弱了突厥帝国的实力。

中国于隋统一全国后，对外采用进取政策，更留意经略北边。突厥内部仍纷乱不止，隋朝乘机大施离间之计，突厥争执的任何一方如敢入寇，则大加挞伐。东突厥内也发生离异，最后突厥可汗为隋朝扶植的启民可汗所取代，从而出现了一个东突厥归附时期。隋炀帝狩巡北方，可汗亲趋行官朝见，并邀他到大帐，执礼极恭。当日情景有诗为证，隋帝即兴赋诗中有"穹庐向日开，呼韩顿颡至"[①] 和"何如汉天子，空上单于台"等句。

这种状况延续至隋末，继位的东突厥可汗乘乱再次入侵中国，在接着的群雄割据年代里，突厥又插手各派间的争斗，称霸一时，直至唐初还十分跋扈。唐初，中国一面结好西突厥，一面施计离间东突厥内部，抑制突厥势力的扩张。

不久，中国恢复了雄厚的力量，进入了历史上的盛唐治世，突厥面临着一个强大的中国。东突厥由于长年兵连祸结，横征暴敛，国内民众不堪负担，怨声载道，游牧统治者与牧民阶层的矛盾很尖锐。加之，铁勒部的薛延陀和回纥又举行反抗，摆脱了从属地位。东突厥已处于内外交困的局面，政治危机交织着经济危机。这时连年天降大雪，大批牲畜冻饿而死，草原上发生了饥馑。中国为消除边患，唐太宗于 629 年委派李靖进兵讨伐东突厥，630 年正月，唐军灭了东突厥，生擒颉利可汗。

西突厥控制着西域的广大领域，东突厥亡后它继续存在了一段时期。640 年，唐朝攻陷了高昌，与西突厥接境，此后西突厥与唐频繁发生冲突，西突厥多次寇犯唐朝边境，它的势力逐渐被唐削弱。651 年，西突厥将领阿史那贺鲁夺取了政权，自称沙钵罗可汗，他自恃实力强大，几度侵入唐境，唐朝派兵征讨。657 年，唐将苏定方击败西突厥，擒获沙钵罗可汗，至此西突厥也宣告灭亡。

东突厥亡后约 50 年，唐室边防松弛，突厥阿史那部族又东山再起。682 年，亡散的突厥人在阿史那氏后人的号召下聚合起来，占据了大片东突厥的旧地，在再次征服了北方的铁勒部后，又把牙帐迁回乌德鞬山，竟重新恢复了过去的突厥帝国，史称第二突厥帝国。重建的突厥帝国据有漠南漠北，它从中国索取了大量丝帛、谷种和农具，索回了以前的突厥降户，实力大增，

---

① 诗中"呼韩顿颡至"句："呼韩"本是匈奴君主单于的称号，这里指突厥启民可汗。本句描述可汗叩首觐见的情状。

一度还把势力渗透到西突厥旧领。第二突厥帝国同中国的关系经历了穷兵黩武的大肆侵扰阶段，直至毗伽可汗及其弟阙特勤执政时代最终同中国达成和议。此后双方使臣时有往来。毗伽和阙特勤分别是突厥史上的名君和贤臣，毗伽本人十分仰慕唐风，此时的突厥已饱受中国文化的熏陶。

继阙特勤亡故后，734 年，毗伽可汗被属下大臣毒死，国中立即起了激烈的内争，突厥国家濒临衰亡。744 年，回纥与其他部落联兵进攻突厥，占据漠北为己地，第二突厥帝国解体。

自从匈奴时代以来，中国朔方的游牧民族长期停留在奴隶制社会中，根据史料来看，早期突厥人国家仍处于奴隶社会阶段。征服战争中掳掠到的人口都被作为奴隶，占统治地位的突厥部族与被征服部族之间也是奴隶制的隶属关系。突厥通过与各文明古国通商，取得了大量物资，又通过侵略战争等手段，从先进地区获得许多人口和财帛及其他物品，这些人力物力当然增强了突厥的经济力量。随着突厥国家与邻国经济往来的加强，它的社会生产力有了发展，萌生了封建因素。另外，由于突厥国家置身于各文明古国之间，突厥的社会制度不断受到周围各国的封建制度的潜移默化，在西突厥方面受到波斯和被征服的西域各国的影响，在东突厥方面主要受到中国的影响，先后都进入了封建社会。至第二突厥帝国时期，鉴于长期受到唐代经济文化和封建制度的影响，突厥社会已不只是单一的游牧经济，突厥人也从事农耕，农业已成为经济因素之一。

突厥帝国多次发动大规模的征服战争，扩张无度。然而，突厥人在控制欧亚腹地的时期里，对中西交通做出了很大的贡献。欧亚间的商路保持畅通，东西方精神和物质文明的接触和交流在突厥的影响下更为频繁。

1889 年，在鄂尔浑流域发现了一系列第二突厥帝国时期的突厥碑文，碑上的突厥文记述了突厥的起源及其黄金时代，直至东突厥复兴期等史实。突厥在北亚游牧民族中最早留下关于他们活动情况的记载。

虽然阿史那氏的突厥帝国消亡了，但是取代它统治的回纥也是突厥民族的一支，中国朔方的游牧民族聚居地仍在突厥民族的控制下。9 世纪中期，回纥被同族的黠戛斯驱走，黠戛斯是占据该地的最后一个突厥民族，直至 10 世纪初。

突厥人迁移后建立的国家

早期突厥帝国对世界历史的影响是极其深远的，此后突厥民族建立的国家接连出现，其中很多曾起过重要的历史作用。西突厥的旧疆最初隶属唐朝，751 年后，为阿拉伯帝国控制。过了一个世纪左右，阿拉伯帝国衰落，为突厥民族的活动开创了一个有利的时机。

早在回纥势力强盛时，游牧于巴尔喀什湖以东的突厥部族葛逻禄由于受到回纥的巨大压力而向西移动，迁至天山以北的疏勒以及伊塞克河以西一带。随着东突厥旧地突厥国家的消失，西方的葛逻禄成为最强大的突厥部族，乘阿拉伯势力削弱，10 世纪前半期已在中亚建立了喀拉汗王朝，突厥语"喀拉"指黑色，喀拉汗即"黑汗国"之意。喀拉汗君主的汗名前都冠以"桃花石"① 的称号。在 6 世纪末东罗马的记载及鄂尔浑河突厥碑文中，这一名称系指中国，这表明喀拉汗自称从属唐朝，如同先前葛逻禄曾属于唐朝一般。

自从 8 世纪阿拉伯人来到后，中亚成为伊斯兰教逐步传播和推广的地区。喀拉汗朝是最早信奉伊斯兰教的突厥王朝。据阿拔斯朝的记事所载，"10 世纪中期约有十万帐突厥人皈依伊斯兰教"。喀拉汗朝在东方的回纥和波斯境内的萨曼王朝的双重影响下，文明程度较高。它与波斯萨曼王朝保持商业往来，后来却重蹈过去突厥与波斯关系的覆辙，两国终于爆发了战争。与此后建立的突厥国家相比，"桃花石国"还不是一个盛极一时的强国，它的疆域没有越出中亚的范围。

8 世纪中期阿拉伯人远征中亚时，掳走一批突厥人，充作奴隶。从 9 世纪中期起，阿拉伯阿拔斯朝征募突厥奴隶充当哈里发的禁卫军。这支奴隶军队的人数时有增加，势力越来越大，终于造成突厥禁卫军尾大不掉的局面。到后来，甚至连哈里发的废立大权也操在突厥军官之手。在中亚和波斯等地，为数众多的突厥人皈依了伊斯兰教后，取得了担任雇佣兵的资格。总之，阿拉伯帝国各地的突厥奴隶纷纷加入了雇佣军。

阿拔斯朝大权旁落的同时，原属阿拉伯的波斯已呈现分裂割据状态，建立了萨曼王朝和布伊王朝。萨曼王朝的突厥奴隶禁卫军首领阿尔普特勤屡建军功，逐渐擢升为呼罗珊总督。962 年，阿尔普特勤因与继位的新王不和，带领突厥军远走东南方，到达今阿富汗境内，攻下伽色尼城，自立为国，据

---

① 桃花石 Taugash 原意是汉族。13 世纪初长春真人邱处机西行抵西域，听到该地居民用桃花石称呼汉人。此词来源众说不一，一说来自"唐家子"的译音，又说来自"大汉"或"敦煌"的译音。

波斯东部建立了伽色尼王朝。这是在波斯境内第一个突厥人建立的国家。

阿尔普特勤之后，他的族人继立为王，但当时伽色尼仍承认萨曼王朝对它享有宗主权。在突厥喀拉汗王朝与波斯萨曼王朝发生的武力冲突中，992年，喀拉汗兴兵侵入萨曼波斯，打败了波斯军，进入都城布哈拉。萨曼朝君主要求伽色尼给予支持，以与喀拉汗抗衡。995年，伽色尼军前往驰援，却攫取呼罗珊为己有，并将萨曼朝直接置于武力威胁之下。萨曼波斯处于两个虎视眈眈的突厥国家的包围中，岌岌可危。999年，喀拉汗和伽色尼夹击萨曼朝。伽色尼王马穆德率军在木鹿城战败波斯军，不久，喀拉汗军再次兴兵攻陷布哈拉，灭了萨曼朝。接着，伽色尼和喀拉汗约定以乌浒河为界，中分了萨曼朝的领土。

创建伽色尼的突厥奴隶来自伊斯兰世界，久已熟识波斯境内封建国家文物制度的昌明。伽色尼兴起后也成为一个信奉伊斯兰教的封建国家，与先前突厥人以游牧为主的行国迥然不同。伽色尼由于受到当地文明的浸润，已真正发展为一个定居国，其文明程度更胜过喀拉汗。伽色尼国家遵行以前波斯萨珊王朝的国家制度，并任用波斯人为行政官员。

马穆德统治时期，伽色尼又成为一个帝国。他登位后成为独立君主，不久就得到巴格达哈里发的承认。马穆德作为一个强悍人物，集军政和司法大权于一身，君临该国，俨然是个绝对的专制君主。伽色尼帝国与马穆德的黩武与侵略是分不开的，从公元1000年起，马穆德开始远征印度。他带领一支强大的军队侵入印度北部，所向披靡。马穆德向来以伊斯兰教保护人自居，入侵后大肆打击印度其他宗教势力。伽色尼兵锋所到之处，马穆德纵部下洗劫城市，焚烧印度的佛寺神庙，杀戮无数。大量的印度珍宝和财物被掠往伽色尼城，用以装饰点缀这座都城。马穆德先后17次向印度发动征服战争，一直侵至恒河流域，吞并了旁遮普地区。

除了杀戮征服以外，马穆德也十分赞助文学和艺术事业。他提倡并亲自参加学术讨论，甚至还创办了一所大学。许多穆斯林诗人学者受他奖掖。伽色尼城是当时中亚的文化与学术中心。

经过伽色尼帝国的扩张，突厥人国家的领土从中亚向南亚伸展。伽色尼立国达200年之久，此后接连兴起了廓尔王朝和奴隶王朝等好几个突厥人的王朝，突厥人沿着伽色尼的征服道路继续深入南亚，不断夺取印度领土，在印度建立了以突厥人为统治者的德里素丹诸王朝。在一个漫长的历史时期里，印度为突厥民族所统治。

11世纪初，突厥人开始了民族大迁移，居住在西突厥旧地的昭武九姓突厥人从中亚出发，向西迁移。这些突厥人在跨出中亚草原后都接受了伊斯兰教信仰，然后进入一度全部由阿拉伯帝国辖有的地区。正当突厥人蜂拥而来时，阿拔斯朝衰微，阿拉伯领域内的波斯出现伽色尼突厥国家，容纳同族的突厥人进入这一地区。这些突厥人皈依了伊斯兰教，更易于与阿拉伯帝国内的伊斯兰教居民融合，随即向阿拉伯的纵深地带长驱直入。

迁徙队伍分成几路，其中一支塞尔柱突厥人，最初的首领是塞尔柱。这一部族按照通常游牧民族的惯例，以酋长塞尔柱的名字命名。塞尔柱部族早于985年前与其他昭武九姓突厥人分离。在公元1000年前后，塞尔柱把族人带到锡尔河流域，在那里改信了伊斯兰教。不久，塞尔柱人越过锡尔河向西移动，此时他们已有国家组织，不过当时尚处于落后的游牧状态，是一个典型的行国，经常剽掠四邻，尤其是呼罗珊地区。

塞尔柱人迁移以来，趁伽色尼对外进行战争，不断扩大势力，逐渐兴起。伽色尼帝国在马穆德死后发生了封建内讧，旋即成了强弩之末。在塞尔柱突厥人与伽色尼的角逐中，他们由塞尔柱之孙吐格鲁尔贝格[①]率领，越过乌浒河大举西下，1038年攻取尼沙不尔。1040年，塞尔柱与伽色尼在距木鹿城不远的丹丹坎一决雌雄，在决战中塞尔柱军大败伽色尼军，伽色尼残兵弃阵溃退。接着，吐格鲁尔率军连下好几个城邑，略取呼罗珊全境，把伽色尼军全部赶往他们在今阿富汗境内的发源地。吐格鲁尔在丹丹坎奏捷后，当上塞尔柱国的首领。

塞尔柱突厥人主宰了呼罗珊后，占据了一片历史悠久的定居区。塞尔柱人如同同族的伽色尼人，进入古代文明区域后，受到阿拉伯和波斯文明的影响，改变了以往的游牧习性，采取定居的生活方式，他们很快熟悉了原来地区的政治组织和行政结构，建起一整套繁复的国家机构。吐格鲁尔定都尼沙不尔，他已不再仅仅是游牧部落的首领，而是堂堂一国君主。吐格鲁尔和继承的君主都起用富有施政经验的波斯人担任行政要职。

呼罗珊是中亚通向西亚的交通枢纽，塞尔柱领有这一地区，即控制了进入波斯以西广大地域的大道，而该地区政治上的动荡不安，为塞尔柱人继续西进敞开了门户。吐格鲁尔贝格命人镇守呼罗珊，他本人领兵继续进发，去

---

　　①　吐格鲁尔贝格一名中，"贝格"是突厥贵族称号，义同前文突厥官号中的氏族贵族"伯克"。"贝格"与"伯克"谐音，两名为同词异译。

征服西方的土地。

　　波斯西部处于当地人建立的布伊王朝的统治下，吐格鲁尔的军马深入波斯腹地，攻打都邑伊斯法罕。善于冲锋陷阵、能征惯战的塞尔柱突厥战士缺乏攻占坚城的经验，在伊斯法罕的高城深垒下围攻了一年之久，1051 年，困在城中的守军才粮尽出降。吐格鲁尔十分景仰伊斯法罕城的宏伟规模，于是迁都于此。塞尔柱人国家的领域渐次向西推移。1054 年，又征服了阿塞拜疆，该地封建主向塞尔柱纳土。塞尔柱人在向西推进的过程中，没有大肆摧毁阿拔斯朝的物质文明，保存并发扬了它的成就。

　　塞尔柱人虎视眈眈进窥西亚。当时的阿拉伯帝国都城巴格达，阿拔斯朝已大权旁落，朝政被布伊王朝的艾米尔所把持，哈里发俯首听命于布伊王朝。为了摆脱这一控制，哈里发嘎义木向塞尔柱突厥人求援，他召吐格鲁尔的军队来巴格达，以消灭布伊王朝。吐格鲁尔于 1055 年领兵进入巴格达，废黜了布伊王朝的艾米尔，使哈里发脱离波斯人的操纵，支持哈里发摇摇欲坠的地位。西亚伊斯兰教居民把吐格鲁尔贝格看成伊斯兰教的保护人。吐格鲁尔贝格自称素丹，哈里发封他为"东方与西方之王"，承认他是哈里发的正式代表。从此阿拔斯王朝所有权力都落到塞尔柱突厥人之手，哈里发仅是象征性的宗教领袖而已，阿拉伯帝国至此名存实亡。塞尔柱人随即夺取了整个波斯，在伊拉克肃清了哈里发的敌手，逐渐把疆土推进到小亚细亚的欧亚大陆交界处。这样，塞尔柱人把一个东起中亚，拥有西亚的大帝国置于阿拉伯帝国之上。

　　塞尔柱帝国于素丹阿尔普阿斯兰（阿斯兰突厥语意为"狮子"）及其子马里克沙时达到极盛时期，文治武功十分卓著。塞尔柱突厥人于 1071 年在曼齐克特打败了东罗马帝国的军队，拜占廷所属小亚土地尽归其所有。继塞尔柱人之后，其他突厥人潮水般大量涌入西亚。昭武九姓的一支奥斯曼突厥人乘着他们的先人塞尔柱人凶猛推进的势头，也逐渐向西迁移，在小亚细亚立足。日久以后，在塞尔柱帝国的废墟上重建了一个大帝国，囊括西亚全域，更西入欧洲，这就是著名的奥斯曼土耳其国家。

　　值得加书一笔的是：塞尔柱兴起后，又有出自奴隶的突厥人在中亚建起了花剌子模国，中国史称"回回国"。先是塞尔柱素丹马里克沙的突厥侍奴努什特勤任花剌子模总督，1138 年，他的后人阿齐兹脱离塞尔柱独立，奠都乌尔鞬赤（又名玉龙杰赤）。马里克沙死后，塞尔柱王朝中衰，分裂为许多小王朝，与花剌子模并存。花剌子模夺取塞尔柱王朝的残地，攻灭廓尔王朝，发展为一个大国，版图最大时，所属领土规模与塞尔柱帝国相去不远，取代了塞尔柱帝国的地位。后来花剌子模突遭蒙古军侵入，该国末代王子扎兰丁曾率兵英勇抵抗入侵的蒙古人，坚持多年。这一事迹引起了世界史学家极大的同情和兴趣，流传下许多佳话和传说。在 13 世纪蒙古人的征服狂潮中，花剌子模和各塞尔柱小王朝大都不复存在，西亚的突厥国家暂时消失了。

从早期突厥帝国为发端，又经过突厥民族西迁，突厥人建立了许多国家，对世界历史的发展，曾产生了重要影响。

奥斯曼帝国的崛起

朱克柔

1453 年，奥斯曼土耳其人攻占拜占廷帝国首都君士坦丁堡。这是一个具有世界意义的大事件，它标志着一个崭新的世界帝国的建立。伊斯兰世界对此感到振奋，而欧洲基督教国家明显地意识到了严重威胁。仅仅一个半世纪以前，奥斯曼土耳其人的国家还只是小亚细亚众多的突厥（土耳其）人公国中并不引人注目的一个，是什么原因使他们能如此迅速地崛起呢？几个世纪以来，历史学家进行了大量的探索和研究，取得了很大成绩。但是有些问题，由于史料缺乏，至今仍没有得出满意的解释。

安纳托利亚的伊斯兰化和土耳其化

奥斯曼人属于突厥民族的乌古兹人，这已是世人公认的事实。但他们属于乌古兹人的哪一支、他们在什么时候进入安纳托利亚，史学家们至今未达成一致的看法。大部分人认为奥斯曼人属于乌古兹人的卡耶支，但也有人认为源出博佐克支。历来传说奥斯曼人原先住在呼罗珊的马汉地区，13 世纪在蒙古人的压力下西迁。部落首领苏莱曼带领 5 万游牧人进入小亚细亚，在埃尔祖鲁姆度过 7 年，后决定重返故地马汉。苏莱曼在阿勒颇附近渡幼发拉底河时被急流冲倒淹死。苏莱曼的其中两个儿子率领大部分人马继续返回中亚，另两个儿子埃尔图鲁尔和丁达尔则带领 400 多帐迁入安纳托利亚，归顺塞尔柱人的罗姆素丹国（亦称科尼亚素丹国）。这个传说并不十分可信，近年来的研究表明，那个埋葬在幼发拉底河岸边的苏莱曼沙赫，并不是奥斯曼人的祖先，而是罗姆素丹国的创建人。因此，奥斯曼人在 11 世纪进入小亚细亚的说法就流行起来。

11 世纪中叶是突厥人向小亚细亚迁居的第一个高潮。在此之前只有小股的突厥人在小亚定居。1040 年住在河中地区的塞尔柱人入侵伊朗，很快征服了整个伊朗、阿塞拜疆、伊拉克等地后建立了庞大的国家。从 1047 年起塞尔柱人统率下的乌古兹各部落开始系统征服小亚细亚，他们分两路从东面和南面侵入小亚细亚。1071 年他们在曼齐克特战役中大败拜占廷军队，俘虏了拜占廷皇帝。突厥人的势力一直伸展至小亚细亚西北部马尔马拉海和爱琴海岸。尽管不久因遭到西方十字军的反击，突厥人被迫退出马尔马拉海和爱琴沿岸地区。但突厥人在小亚细亚定居已成为不可改变的事实。这一时期进入小亚的突厥人总数在 30 万—100 万，克纳克、萨卢尔、阿弗沙尔、卡耶、卡拉曼、巴扬德尔等部落在征服移居小亚细亚中起了重要作用。在这个浪潮的末期，建立了小亚细亚土地上最早的突厥人国家：以锡瓦斯为中心的丹尼舍孟德国（1085—1178 年）和以科尼亚为中心的罗姆素丹国（1077—1308年）。罗姆素丹国在 13 世纪 30 年代国力达到极盛，在经济文化方面都取得了明显的进展。

13 世纪中叶蒙古军队入侵前后，出现了突厥人移居小亚的第二个高潮，除乌古兹人外，克普恰克人、佩彻涅格人、花剌子模人、察合台人等讲突厥语的不同集团也进入安纳托利亚。由于蒙古人的压力，也部分由于新增添的民族因素，13 世纪下半期出现了突厥人对安纳托利亚西部地区的第二次征服。由于缺乏攻城器械，突厥人通常采用饥饿、断水的策略，经过长期围困，才能夺取设防的城市和要塞。14 世纪初，曼德列斯河和格迪兹河之间的地区落入土耳其人之手。

随着突厥人势力向安纳托利亚全境的扩张，伊斯兰教的影响也随之扩展开来。与在中亚等地方看到的情况相似，神秘主义的托钵僧团在伊斯兰教的传播中起了重大作用。在城市，伊斯兰教的传播主要得力于梅夫莱维叶僧团，在游牧民和农村中，贝克塔什僧团的影响是主要的。

小亚土耳其化和伊斯兰化的过程持续了四个多世纪，一直要到 15—16 世纪才最终完成。但 13 世纪末无疑是这一过程中的关键时刻。14 世纪上半期游历安纳托利亚的著名阿拉伯旅行家伊本·白图泰就讲到，他在安塔利亚等希腊人居住地区遇到的异教徒都已不懂希腊语，而讲不纯的土耳其语。13 世纪末卡拉曼公国的统治者第一次规定土耳其语为官方用语，取代早先在塞尔柱国家流行的波斯语和阿拉伯语。小亚东部的土库曼人的白羊国君主乌宗·哈桑在 15 世纪还把古兰经译成土耳其语。这些表明当时小亚的土耳其化伊斯兰化过程走得已相当远了。到 16 世纪初这个过程可以说已最终完成。

根据 16 世纪初的税收材料，安纳托利亚的纳税户中穆斯林超过了 92%，而基督徒仅占 7.9%。

奥斯曼国家就是在这样的民族背景下在小亚细亚出现并发展起来的。它依靠的远不是自身 400 多帐的力量，而是作为边境贝伊、加齐首领，不断从各突厥人集团中吸取补充力量。

奥斯曼国家的建立及其向欧洲扩张的第一阶段（13 世纪中叶—1402 年）

13 世纪中叶，罗姆国素丹将厄斯基色希尔西北几十千米处的卡拉贾达赐给埃尔图鲁尔做牧场，让他负起守卫边境的责任。埃尔图鲁尔从毗邻的拜占廷手中夺取了瑟于特、多马尼奇等地，这成为奥斯曼国家最早的发祥地。1281 年奥斯曼（1258—1324 年）继承其父埃尔图鲁尔担任部落首领后，继续兼并拜占廷领土卡拉贾希萨尔、比莱吉克、亚尔希萨尔等要塞，定都耶尼谢希尔。1289 年罗姆国素丹被迫承认他夺取的全部领土为其封地。1299 年（或 1300 年）奥斯曼利用罗姆素丹国崩溃、小亚许多突厥贝伊独立的时机，正式宣布独立。根据建立这个国家的部落首领的名字，新国家被称为奥斯曼国家。但直到奥斯曼逝世，他所建立的国家还算不上名副其实的国家，奥斯曼也不是真正意义上的国家首领。他的国家既无固定的收入来源，又无正常的行政管理制度，收入全部靠掠夺战利品，氏族加齐传统盛行，奥斯曼不过是加齐中最重要的一个，是"部落首领，加齐英雄"。奥斯曼死后留下的财产只是几件武器、十来匹马和一两百头羊。

奥斯曼国家的真正缔造者是奥斯曼的儿子奥尔罕（1324—1360 年在位）。他即位不久，就攻占了围攻多年的布尔萨，并将首都迁移到这里，开始建立正规的步兵（亚亚）和骑兵（米塞莱姆），初步发展了国家的行政组织，中央设立迪万（国务会议），任命其兄阿拉丁为维齐（大臣），向城镇派遣法官，开始铸造钱币，第一次使用素丹称号。

13 世纪初，小亚的突厥人公国几近 20 个，其中较有名的是：屈塔希亚的盖尔米扬国，巴勒克西尔的卡拉西国，马尼萨的萨鲁罕国，艾登的艾登国，伊斯帕塔的哈米特国，阿达纳的拉马赞国，马拉什的聚尔卡达里耶国，科尼亚的卡拉曼国等。正如伊本·白图泰所指出，突厥人公国中最强大的是盖尔米扬国和卡拉曼国。盖尔米扬有发达的纺织业、银矿和繁荣的商业，农业种植水稻，已有充足的财力进行公共工程建设，招揽各地的宗教学者。它的军队平时达4万人，必要时可增至20万人。而奥斯曼国家即便在奥尔罕时期，也仅有步骑兵2.5万—4万人。

针对当时所处的国际环境，奥斯曼国家统治者一开始就制定了一条行之有效的对外方针：对同种同教的突厥邻国保持友好关系；对伊朗蒙古王朝相当长一段时间内称臣纳贡，以免刺激对方；而用全部力量对付处于风雨飘摇中的拜占廷帝国，软硬兼施，不断蚕食它在小亚西北部的领土。奥尔罕相继夺取了伊兹尼克（1331年）和伊兹米特（1337年）等地。到14世纪30年代末，拜占廷在小亚的领土仅剩从黑海岸的锡累到于斯屈达尔的一小块狭长地带。

1345年奥斯曼土耳其人在向欧洲扩张方面跨出了重要一步。奥尔罕利用卡拉西国统治者死后兄弟内讧的机会，通过对双方的支持，巧妙地兼并了原卡拉西国的土地，从而全部控制了马尔马拉海南岸地区，从查纳卡累渡过达达尼尔海峡进入欧洲的格利博卢半岛只是时间问题了。

拜占廷帝国内部争权夺利的斗争，给奥斯曼人提供了渡过海峡干预欧洲事务的机会。拜占廷皇帝约翰六世康塔库曾为了同约翰五世巴列奥略争夺皇位，竟向奥尔罕求助。奥尔罕立即派出6000人去欧洲相助。事成，奥尔罕娶约翰六世的女儿狄奥多拉为妻。此后，1349年、1354年奥尔罕又两次派兵去欧洲援助其岳父康塔库曾。第一次为拜占廷从塞尔维亚人手中收复了萨洛尼卡；第二次击败了约翰五世招来的塞尔维亚、保加利亚联军。奥斯曼人和先前的其他突厥人不同，他们不再满足于援助之余的抢劫掳掠，而企图在欧洲定居下来。他们拒绝拜占廷关于归还格利博卢半岛的要求，声称穆斯林法律不允许他们这样做。康塔库曾无奈，但迫于舆论压力，只好向塞尔维亚和保加利亚国王求援，但都遭到拒绝。保加利亚国王说："三年前我劝你不要同土耳其人缔结邪恶的同盟，现在暴风雨来了，让拜占廷人经受住这一切吧！要是土耳其人来进攻我们，我们知道怎样来捍卫自己。"显然，保加利亚国王并不重视奥斯曼人在欧洲出现所包含的全部潜在危险，而只想坐视拜占廷的失败。但是，奥斯曼人在格利博卢半岛的定居，不仅对拜占廷的命运，而且对整个巴尔干半岛人民，甚至中欧各国人民的命运来说，都是一个有重大转折意义的事件。

14世纪下半期，奥斯曼土耳其人在欧洲扩张取得了决定性的进展。1361年穆拉德一世（1360—1389年在位）采取大规模军事行动，攻占了君士坦丁堡和多瑙河通道上最强大的要塞埃迪尔内，进而控制了马扎里河谷。穆拉德使大批土库曼人从亚洲移居新征服的地区，同时把许多基督徒农民从巴尔干迁往安纳托利亚，并以此为基地，开始对保加利亚、塞尔维亚等地进行系统征服。他先后征服了西色雷斯和马其顿高地（1371—1375 年）；攻入保加利亚中部，占领索菲亚（1376 年），迫使保王承认奥斯曼的宗主权；1386 年攻占尼什，塞尔维亚王拉扎尔也被迫称臣纳贡。1389 年 6 月，塞尔维亚、保加利亚、波斯尼亚、阿尔巴尼亚等国结成联盟，在匈牙利和瓦拉几亚的支持下，与奥斯曼军队在科索沃决战。穆拉德一世在战役中虽被塞尔维亚勇士刺杀，但奥斯曼人仍取得了最终胜利。科索沃决战结束了多瑙河以南地区巴尔干人民的有组织抵抗。波斯尼亚和瓦拉几亚在 1391 年臣服奥斯曼国家。两年后，奥斯曼人在保加利亚建立直接统治。

1396 年，来自法国、英格兰、苏格兰、比利时、荷兰、伦巴德、萨伏依、德国的骑士组成一支庞大的十字军，加上匈牙利国王西吉斯蒙领导的匈牙利军队和瓦拉几亚军队，总兵力在 6 万—7 万。他们从布达佩斯沿多瑙河向尼科波利进发，9 月在要塞附近安营扎寨。半个月内未发动进攻，而静待素丹集结军队。骑士们行动傲慢，声称："天塌下来自有我们的矛头顶着！"尽管身处前线，骑士们在兵营里仍忙着寻欢作乐，赌博嫖妓。在决战的关键时刻，骑士们因担心被匈牙利王抢去头功，竟不准匈军迎战奥斯曼非正规部队，而命令全体骑士出击。结果惨遭败北，一万多名基督徒被俘，除 24 人外，全部被处决。尼科波利战役后的半个世纪内，欧洲人再没有尝试组织新的十字军来驱逐奥斯曼人。

奥斯曼人在欧洲对基督教徒作战取得的胜利，大大增加了奥斯曼国家的财力和军力，从而提高了它在小亚突厥人国家中的地位和威望。1360 年安卡拉阿希组织①的首领率先改换它对盖尔米扬国的忠诚，而归顺奥斯曼国家。接着穆拉德为儿子巴耶济德娶盖尔米扬国统治者的女儿为妻，从而获得该国的屈塔希亚、西马夫等地区。穆拉德还用从欧洲战争中掠夺到的巨额钱财收买了哈米特国的大部分领土。巴耶济德（1389—1402 年在位）统治初期，又先后兼并了萨鲁汗、艾登、门泰谢等国的领土，并对不驯服的卡拉曼国进行征讨。拜占廷皇帝、塞尔维亚国王、保加利亚国王都派出军队帮助奥斯曼

---

① "阿希"一词在阿拉伯语中含有"兄弟"之意。阿希是带有宗教文化性质的手工业者的组织。13—14 世纪时它在小亚地区拥有强大的经济和政治实力，安卡拉甚至还有一个阿希共和国。

人。穆拉德军队纪律严明，禁止抢劫，买卖公平，赢得科尼亚市民同情，他们背着统治者与奥斯曼人商量献城，反映出小亚人民渴望统一的愿望。卡拉曼统治者被迫表示臣服。奥斯曼国家的领土已扩大到整个安纳托利亚，南至爱琴海和地中海，东至锡瓦斯、开塞利和幼发拉底河上游。

14 世纪末奥斯曼人在欧洲巴尔干地区和亚洲安纳托利亚地区已占有广大领地，一个帝国的雏形已初步具备。苏丹巴耶济德异乎寻常地于 1394 年向埃及马木路克素丹卵翼下的哈里发派出使节，要求后者正式赐封他为"罗姆素丹"。与此同时，巴耶济德采取措施企图夺取拜占廷帝国首都。1396 年他在博斯普鲁斯海峡亚洲岸边修建炮台与安纳多卢希萨尔——安纳托利亚要塞。1400 年奥斯曼军队又一次从陆上围攻君士坦丁堡。看来，君士坦丁堡注定要成为新帝国的首都了。但是，来自中亚帖木儿的入侵威胁，迫使巴耶济德解除对君士坦丁堡的包围，拜占廷帝国的覆灭和新帝国的出世因而推迟了整整半个世纪。

占领君士坦丁堡与奥斯曼帝国的建立

1402 年 7 月，巴耶济德军队与帖木儿军队在安卡拉附近发生恶战，奥斯曼军队彻底失败。巴耶济德本人及两个儿子成了帖木儿的阶下囚。帖木儿在离开小亚细亚返回中亚之前，有意恢复了原先各突厥人公国的地位，卡拉曼的领土比过去还有所扩大。巴耶济德的三个儿子也各分得一份，长子苏莱曼领有奥斯曼国家的欧洲领土，另两个儿子伊萨和穆罕默德则分割了小亚西北部的领土。不久，帖木儿又放回了巴耶济德的另一个儿子穆萨。于是四位王子相互间展开了一场长达 10 年的混战，直到 1413 年穆罕默德（1413—1421年在位）才取得王位。他登位不久，又面临国内大规模的人民起义。奥斯曼王室的内乱和社会动荡，给巴尔干人民提供了摆脱奴役的希望。但巴尔干各地的封建统治者并没有抓紧时机联合起来反对奥斯曼人。他们满足于奥斯曼人的暂时让步，为了换取减免贡赋或收回部分失地，他们往往竞相参加奥斯曼王室的斗争。结果奥斯曼国家很快从内乱和动荡中恢复元气。

穆拉德二世（1421—1451 年在位）进一步巩固了在欧洲的统治。15 世纪 40 年代初，匈牙利人取得了几次对土战争的胜利，曾迫使穆拉德二世签订塞格德和约，承认塞尔维亚、瓦拉几亚自治。欧洲再次发起组织十字军，沿多瑙河直逼黑海沿岸要塞瓦尔纳。穆拉德用重金收买热那亚人，将奥斯曼军队从亚洲迅速调往欧洲，出其不意地在瓦尔纳打败匈王符拉迪斯拉夫率领的十字军。这一仗和随后的第二次尼科波利战役，再次确立了奥斯曼人对巴尔干半岛的绝对统治，塞尔维亚成为奥斯曼的一个行省。在亚洲，穆拉德二世先后兼并了帖木儿恢复的艾登国、门泰谢国、泰凯国和盖尔米扬国，对卡拉曼国则通过联姻和利用其统治家族的纷争进行控制。基本上统一了原先的属地。

1451 年穆罕默德二世（1451—1481 年在位）登上素丹宝座。他一登位就把夺取拜占廷首都君士坦丁堡、完成建立帝国大业作为自己的历史使命。当时，一位会见过他的意大利旅行家记载说：穆罕默德二世宣称"现在时代变了，他要从东方到西方去，就像过去西方人来到东方一样。世界的帝国只能有一个，只能有一个宗教，一个王国，要缔造这个联合，世上没有比君士坦丁堡更合适的地方了"。1451 年冬，他命令宰相哈利勒帕夏等三位大臣在博斯普鲁斯海峡最狭处的欧洲岸边，即安纳多卢希萨尔的对面，建成一座雄伟的碉堡，取名博加兹凯森（意即切断博斯普鲁斯海峡），后改名为罗梅利希萨尔。他还下令建造大批兵船，铸造各种口径的大炮，为围攻君士坦丁堡做周密准备。

拜占廷帝国从 13 世纪初遭受第四次十字军东征的沉重打击以后，早已名存实亡。它在亚洲的领土一个世纪前已丧失殆尽，在欧洲，它的权力所及也仅限于君士坦丁堡一地。它的历代君主，从 1363 年起就时断时续地处于奥斯曼素丹附庸的地位。14 世纪末奥斯曼人获得了在君士坦丁堡建立土耳其人居住区和在加拉塔驻军 6000 人的权利。拜占廷在奥斯曼领地的包围下尚能苟延残喘，全凭城市所处的优越的地理位置和坚固的城墙。君士坦丁堡三面环水（南面东面濒马尔马拉海和博斯普鲁斯海峡，北临金角湾），陆地一面又有三重城墙，易守难攻。8 世纪初，君士坦丁堡经受住了阿拉伯人的围攻。奥斯曼人从 14 世纪末起对君士坦丁堡进行过几次围攻，由于无法摧毁坚固的城墙和切断城市从海上与外界的联系，每次围攻仅以拜占廷皇帝的赔款订约告终。这一次，拜占廷皇帝君士坦丁十一世预感到形势十分险恶，曾派出使节，要求穆罕默德停止修建要塞，但遭到断然拒绝。素丹只有一个条件，皇帝可以在其他地方得到一块他所需要的土地，但他必须交出城市。

君士坦丁十一世决定抵抗奥斯曼军队的侵略。他一方面下令储备粮食、武器，修复并加固城墙；另一方面为了争取罗马教皇的援助，同意东正教会与拉丁教会联合的计划。但统治集团内部矛盾重重，相当多的人反对同罗马拉丁教会联合的主张，他们说："我们不要拉丁人的援助，也不同他们联合。"亲土派的海军司令则公然声称："宁见土耳其的头巾统治全城，也不要拉丁王冠。"统治集团中的这种政治分裂状况，实际上帮了土耳其人的忙。

1453 年 4 月 6 日，围城正式开始。穆罕默德亲自督率 15 万大军兵临城下，其中包括 1.2 万耶尼切里（土语意为新兵）。一支强大的舰队在马尔马拉海上游弋，把大城围得水泄不通，企图切断君士坦丁堡与外界的一切联系。当时全城人口有 6 万—7 万人，守军仅 6000 多人，加上来自威尼斯、热那亚等地的援兵 3000 人，总兵力不超过 1 万人。尽管双方兵力悬殊，城内军民却个个义愤填膺，决心以死捍卫城市。4 月 12 日，奥斯曼军队首次用大炮轰击城墙，18 日起发动一次又一次的突击，有几次城墙被轰开了缺口，城壕被填平，但很快被守卫者修复，奥斯曼军队遭到重大损失。4 月下旬，穆罕默德在热那亚人帮助下，利用涂油的木板滑道，硬把 70 多艘兵船从加拉塔方面拖进了金角湾。原来金角湾入口处用大铁链和沉船堵塞，奥斯曼兵船一直无法进入湾内。奥斯曼人从金角湾方面发起进攻，使守城者的形势进一步恶化。但全城军民不为所动，个个奋勇当先，争相杀敌，出现了一幅可歌可泣的动人场面。在一个多月的时间内，奥斯曼军队仍无法摧垮守城者的意志和毅力。

5 月下旬，奥斯曼军队内部对围城问题产生了严重分歧。包括宰相哈利勒帕夏在内的一些大臣借口风闻西方援军前来而力主解围，素丹穆罕默德却认为西方基督教国家矛盾重重，他们不可能组成强大的联盟，也不可能前来救援君士坦丁堡。素丹声言："假如他们是骑着猪来，他们也早就该到了。"他果断地决定继续围攻。5 月 29 日凌晨一两点钟，奥斯曼军队发出总攻信号，对君士坦丁堡进行最后一次猛攻。前一天，素丹亲自巡视各兵营，宣布他"除了房屋和城墙以外，不寻求任何其他战利品。各种金银财宝和俘虏都归你们所有"的承诺，并准许士兵破城后可尽情抢劫三天。但是，最初发动的两次攻击仍然被守卫者击退，黎明时素丹派耶尼切里发起最后攻击，奥斯曼军队终于冲进了围城。大多数守卫者英勇战死，皇帝本人也死于乱军之中。土耳其人进城以后大肆烧杀抢掠，一位亲历围城的编年史家写道："强盗们到处逞凶行事，把所有碰到的人都捆绑起来：男人用绳子捆在一起，女人用她们的头巾绑起来……土耳其人残酷地杀害那些留在家里、因疾病和年迈不能走出家门的老头和老太婆。所有的人，甚至连马伕和面包匠都参加抢劫，把抢到的东西拿走。"被土耳其人掳走卖为奴隶的市民共 5 万人。

奥斯曼军队占领君士坦丁堡几小时后，素丹穆罕默德骑白马经托普卡珀门进入城内，直奔圣索菲亚教堂而去。他宣布改教堂为清真寺，圆屋顶上的十字架从此为新月标志取代，千年古教堂成了奥斯曼帝国强盛的见证人。土耳其人征服君士坦丁堡，不仅结束了千年帝国拜占廷的统治，而且奥斯曼帝国以伊斯坦布尔（君士坦丁堡的土耳其名称）作为政治行政中心之后，它的对内控制和对外扩张力量由此倍增。此后，奥斯曼帝国威势直线上升，对欧亚国际局势的影响越来越大。穆罕默德统治期间，奥斯曼最终征服了塞尔维亚（1459 年）、波斯尼亚（1463 年）、克里木（1475 年）、阿尔巴尼亚（1478 年），并统一了小亚细亚。穆罕默德晚年开始使用"两地（指罗梅利亚和安纳托利亚）和两海（指爱琴海和黑海）的主人"的称号。16 世纪初，素丹赛里木（1512—1520 年在位）先后打败伊朗沙法维王朝和埃及马木路克王朝，占领了叙利亚、巴勒斯坦（1516 年）和埃及（1517 年）等阿拉伯地区。奥斯曼帝国从此成为地跨亚欧非三洲的世界大帝国，到苏莱曼统治时期（1520—1566 年）奥斯曼国势臻于极盛。

奥斯曼帝国的社会政治制度

奥斯曼国家在短短的一个半世纪内，从边境的小公国发展成世界性的大帝国。它成功的原因除有利的地理环境和国际形势外，无疑应从它自身的社会政治结构的发展中去寻找。

在奥斯曼国家建立初期，阿希组织曾起过不小的作用。奥斯曼国家最初几位统治者与阿希关系密切：奥斯曼贝伊是阿希的成员，其岳父是厄斯基色希尔附近阿希组织的长老；奥尔罕由阿希推上王位；穆拉德一世本人就是阿希的一位长老。阿希的支持，无疑是奥斯曼国家初期迅速发展的因素之一。阿希不仅提供强大的经济支援，而且提供国家发展所必要的行政管理知识、经验和人才。

作为加齐和边境战士，奥斯曼人在对基督教徒的战争中获得了小亚许多土库曼部落的支持。但是，加齐传统在奥斯曼人中并没有发展为宗教狂热。他们并不一味采用高压政策，而是兼用怀柔策略，吸收异教徒参加自己的事业。奥斯曼国家初期最著名的几个统治家族中，就有埃弗雷诺斯奥卢和米哈尔奥卢等出身于基督徒的家族。他们对奥斯曼国家的建立和发展起到的重大作用，有些是奥斯曼本部人无法取代的。

马克思在评论奥斯曼帝国的军事成就时指出，奥斯曼国家"是中世纪唯一的真正的军事强国"。[①] 奥斯曼国家有一套严密的军事制度。耶尼切里兵团在奥斯曼军事史上占有特殊地位。这是一支常备步兵团，始建于 14 世纪 60 年代初。当时，穆拉德一世下令从战俘奴隶中组织了 1000 人的兵团。15 世纪 30 年代正式推行"代夫希尔梅"制度，即血税制度，主要从巴尔干被征服民族中征集 8 岁到 20 岁的青少年，送往小亚土耳其农民中进行土耳其化和伊斯兰化教育，再进行严格的军事训练，供补充耶尼切里兵团以及宫廷服役之用。因此，从起源和组成人员的地位看，耶尼切里兵团实际上就是伊斯兰国家史上盛行的奴隶兵团的变形。耶尼切里纪律森严，必须集体住在兵营内，绝对听从自己长官的命令，终身不准结婚[②]，不得从事商业和手工业等活动，整天在训练或作战中度日。他们装备精良，特别能吃苦耐劳，在对外侵略扩张中往往起着中坚作用。耶尼切里人数不多，16 世纪中叶以前未超过全部军事力量的 10%。

奥斯曼军队的主要支柱是封建领主西帕希组成的非正规骑兵。这种封建骑兵与帝国实施的土地制度有关。奥斯曼国家 80% 的土地归国家所有，称米里。此外还有教会土地（瓦克夫）和私有地（穆尔克）。国有地通常分哈斯、泽美特和梯马尔三类。哈斯是王室成员的领地和高级文武官员的禄田，其收入在 10 万阿克切[③]以上。梯马尔和泽美特是以服军役为条件赐给有军功人员的土地，收入不足 2 万阿克切的土地为梯马尔，2 万至 10 万阿克切的土地为泽美特。获得这种军事赏赐地的主人根据其收入多少，提供一定数量的士兵（每 2000 或 3000 阿克切装备一名骑兵——杰贝利）。战时，他们必须带领规定数量的骑兵上前线，骑兵的武器装备和粮饷全部由领主负责。这使国家免除了一笔十分可观的军事负担。15 世纪末，帝国共有 1 万个领主，至少可提供 6 万多名骑兵。

历史学家通常把这种制度称作军事采邑制，突出强调了军事行政制度和土地制度的一致。法律对梯马尔领主和农民的权利与义务作了明确规定。梯马尔领主必须住在领地内，负责监督土地的状况、播种质量和农民的税收。领主必须给农民分配份地，并不能随意剥夺其租种的权利。农民的义务是耕

---

① 《马克思恩格斯文库》俄文版第 6 卷，莫斯科 1939 年版，第 189 页。
② 赛里木一世时准许耶尼切里结婚。
③ 奥斯曼帝国最早的货币单位，银币，1328 年首次铸造，重 1.2 克，一直使用到 17 世纪末。

种土地，不能无故弃耕；要向领主交纳地租、牲口税、婚姻税、磨坊税等；给封建主运送粮食到指定的谷仓，修建房屋，甚至有义务招待领主的食宿（领主在同一农户留宿不得超过三天）。法律没有完全禁止农民停耕出走，但他应交纳停耕税并征得原封建主的同意。国家对梯马尔领地仍实施严格的监督控制：梯马尔主人只能将领地的一小部分传给儿子；领地上的某些税收仍由政府官员为国库征收；中央政权经常调查和登记梯马尔领地和人口。换言之，国家和莱亚（农民）之间仍保留有一定的联系。一些土耳其史家据此美化这种制度，认为梯马尔制度是内部和谐和完美的制度。这并不符合历史实际。法律的规定，国家的监督，没有也不可能改变领主与农民之间的剥削与被剥削的关系。在实践中，农民停耕的可能性几乎是不存在的，因为农民首次获得份地应交300阿克切的塔布（证件）税。对于无故弃耕外逃的农民，法律赋予封建主在10—15年追捕并遣返原籍的权利。在奥斯曼国家上升时期，领主的主要财源依赖于掠夺战利品，国家的监督限制还能在一定程度上调节封建主与农民的关系，农民所受的剥削还不算十分苛刻，甚至比奥斯曼人统治前还稍有减轻。

奥斯曼国家在发展过程中受小亚塞尔柱王朝、伊朗蒙古王朝和拜占廷帝国的影响，逐渐形成了一套比较完整的中央集权的行政管理制度。素丹位于统治集团的最上层，集世俗和宗教权力于一身。作为宗教首领，他使用"埃米尔·穆米尼"（正教徒统治者）的称号。素丹主持召集中央迪万。迪万通常由大臣（维齐）、度支官（德弗特达尔）、大法官（卡迪阿斯克尔）和尼尚哲所谓的"四根柱子"组成。维齐最初只有一名，后逐渐增多。首席维齐（宰相）是仅次于素丹的最重要的国家领导人，是素丹的当然代表，负责除财政和司法事务外的全部军政事务。维齐职位最初由阿希、穆斯林学者和土库曼贵族担任，穆罕默德二世于1453年处决哈利勒帕夏以后，其职位为卡珀库卢（素丹奴隶）出身的人垄断。大法官是迪万中唯一不是奴隶出身的成员，对素丹具有一定的独立性。尼尚哲负责给国家文书加画素丹签名的标志"图拉"，他同国务会议秘书（雷伊斯·屈塔普）不是同一个人，其地位比后者重要得多。

15世纪以前，各省总督主要负责军事任务，地方行政管理方面最强大的人物是卡迪（法官），他直属中央迪万的大法官。卡迪的助手苏巴舍掌管警察局局长和警察，负责地方治安和把征收的税款送交中央。卡珀库卢控制中央政权以后，地方上形成了以总督为首的新的管理体制。

奥斯曼国家的对外扩张，给各被征服民族带来了巨大的灾难，许多人或死于战火，或流离失所，或被卖为奴。但战争过后，帝国中央集权的统治，在一定时间内保证了相对稳定的社会秩序，对社会生产力的发展起到了一定的保护作用。奥斯曼人对被征服地区的社会政治制度，一般不作太多的触动，许多地区的封建统治者在相当长时间内保持了自治的权利。即便在实行直接统治的地区，不少原先的封建主仍保留了土地。例如，奥斯曼人在阿尔巴尼亚实施梯马尔制度，在总共 335 个梯马尔中，175 个属阿尔巴尼亚的穆斯林，60 个属阿尔巴尼亚的基督徒，只有 100 个才属安纳托利亚来的土耳其人。奥斯曼人占领君士坦丁堡后，立即采取措施恢复和活跃城市生活。穆罕默德派人去全国各地，宣布给愿意到伊斯坦布尔居住的人们分配住房，减免赋税，同时恢复希腊总主教区，准许基督徒在总主教领导下享有宗教、文化方面的自治权。这种政策在一定程度上促进了社会秩序的安定和生产力的恢复。

在奥斯曼帝国建立过程中，上述政治、社会、军事等制度起过一定的积极作用，但它们没有也不可能使奥斯曼帝国长治久安。从长远看，帝国的对外扩张不仅使它与邻国特别是中欧各国的关系紧张，促进了中欧民族国家的形成，而且加剧了国内的民族、阶级矛盾，削弱了对外侵略的实力。对外扩张的失败，反过来又恶化国内局势，导致地方封建势力的强大，中央政权的削弱和统治制度的混乱。16 世纪中叶以后，奥斯曼帝国经历短暂的停滞阶段，很快进入衰落瓦解阶段，成为西方殖民列强的争夺对象。

蒙古西征

余大钧

有关蒙古族最初的记载见于中国唐朝，称为"蒙兀室韦"，其起源地在额尔古纳河一带，以狩猎为生，后逐步向西发展到肯特山一带，发展为游牧生活，形成了分为许多部落的部族社会。12 世纪末，由于游牧经济发展，各部落间的往来与斗争均大大增加，有了取得统一的倾向。经过 30 余年的征战与联盟，13 世纪初，蒙古乞颜氏首领铁木真，统一了蒙古地区各部落。1206 年，他被尊奉为成吉思汗，建立了蒙古汗国。成吉思汗建立了以部落分支为基础的严格军事组织，尤其是与游牧生活相结合的骑兵，亦兵亦民，最大限度地发挥了全部蒙古人的战斗力量。汗国建立后，成吉思汗多次出征西夏、金朝，取得巨大军事胜利。1209 年，今新疆吐鲁番地区一带的维吾尔部归附蒙古。1218 年，蒙古军征服叶尼塞河上游的乞儿吉思部及西伯利亚南部的各森林部落。同年，蒙古军攻灭了西辽（在今新疆及中亚地区）。在蒙古汗国日益强大，军事力量不断增长之际，1218 年在花刺子模王授意下竟发生了屠杀、洗劫蒙古派出的庞大西行商队的严重挑衅事件。于是，从 1219 年起，成吉思汗统率蒙古大军发动了对花刺子模国等地的西征。

成吉思汗西征

花刺子模地区位于咸海南，阿姆河下游，自古是一个经济繁荣地区。8世纪前期，它被阿拉伯人征服。9 世纪后期阿拉伯帝国瓦解后，它又先后臣属于萨曼王朝、伽色尼（哥疾宁）王朝、塞尔柱突厥帝国。11 世纪末，塞尔柱突厥帝国算端（今译素丹）任命了一个奴隶出身的突厥大臣阿努失帖斤（努什特勤）的儿子忽都不丁为花刺子模地区都督，并允许他袭用花刺子模王的称号。忽都不丁的后裔起而反叛塞尔柱帝国，后来攻杀塞尔柱末代算端，取而代之，势力扩展到今天伊朗西部。1200 年忽都不丁四世孙马合谋（今译穆罕默德）继承王位后，打败古耳王朝（一译廓尔王朝，辖境在今阿富汗），迫使它臣服。后来又干脆灭掉该王朝，吞并了它的辖境。马合谋王又大败西辽，夺取了西辽西部辖境，并于 1212 年攻杀西黑汗王朝末代君奥斯曼（一译斡思蛮）汗，占据撒麻耳干（今乌兹别克斯坦撒马尔罕）。于是，马合谋王建立起了一个包括中亚地区以及伊朗、阿富汗等地的庞大帝国。他甚至妄图征服中国，创建一个前所未有的世界大帝国。但是，未待他实施他的狂妄企图，一个强大的敌人已崛起于东方。不久，浩浩荡荡的蒙古大军已向他开来。

1215 年，成吉思汗大败金朝及进占金京城中都（在今北京市）的消息传到了中亚。马合谋王闻讯后，急于探听蒙古的实力，便派出一个使团来到成吉思汗处。成吉思汗接见了使团，表示愿与花剌子模王和好，并允准双方商人自由通商。

继 1216 年左右，花剌子模商队来到蒙古通商之后，1218 年春，由成吉思汗派出一队 450 人的庞大回教徒商队，用 500 头骆驼驮载金银、丝绸、毛皮前往花剌子模国贸易。当到达花剌子模国边境讹答剌城（在今哈萨克斯坦共和国境内锡尔河中游东面）时，讹答剌城长官亦纳勒赤黑贪图商队财物，竟诬指商队为间谍，将他们全部扣押，并写信报告花剌子模王马合谋。马合谋王下令将商人全部杀掉，货物没收。只有一个替商队赶骆驼的人逃了回去，把消息传给了成吉思汗。

成吉思汗闻讯，十分愤怒。他先派遣三名使臣到花剌子模交涉，要求交出凶手亦纳勒赤黑。花剌子模王不但拒绝了这个要求，而且下令杀死为首的蒙古使臣，并将其余两名使臣剃去胡须后逐回。

于是，两大强国之间的一场大战势不可免了。

成吉思汗决定亲自出征花剌子模。在出征之前，成吉思汗做了充分的准备。1218 年，他先派遣哲别率领一支蒙古军消灭了盘踞西辽的乃蛮王屈出律，扫除了进军道路上的障碍。接着，他召集蒙古亲王、大将们召开了"忽里勒台"（最高国事大会），最后决定留下他的幼弟铁木哥·斡赤千镇守漠北，并委派大将木华黎负责继续攻打金朝，由成吉思汗亲自率领诸子、诸将和大部分蒙古军西征。随同出征的还有金朝、西夏新降附的汉军、契丹军、河西军以及大批工匠，归附蒙古的畏吾儿、哈剌鲁首领也率领军队从征。出征的军队总数约 15 万人（一说约 20 万人）。

1219 年夏，成吉思汗屯驻于额尔齐斯河。秋天，成吉思汗统率蒙古大军从额尔齐斯河进军花剌子模国。

花剌子模王拥有 40 万军队，其辖境河中（锡尔、阿姆两河之间地区）、花剌子模、伊朗等地均为经济富庶地区，因此他的国家的经济力量也十分雄厚。但是形成不久的庞大花剌子模帝国是不稳固的，国内有不同种族的部落、民族，存在着民族矛盾。统治集团中间也存在着矛盾。庞大帝国的建立主要依靠突厥、康里部族的军事力量。突厥、康里军事贵族们拥有强大军队实力，互相争权夺利。军事贵族们横暴地掠夺、压迫新征服地区的各族人民，引起各地人民的憎恨。在最高统治集团内部也有矛盾。太后秃儿罕出身于康里部，扶植其弟侄担任将帅、高官，形成对花剌子模王马合谋的严重威胁。因此，马合谋对其母后、外戚、突厥、康里将领们全都不信任。统治集团内部的深刻矛盾，庞大帝国内的尖锐民族矛盾，使花剌子模国丧失了团结抗战、一致对外的力量。

1218 年杀死蒙古使臣后，马合谋王召集军事会议商讨与蒙古作战的对策。有人主张应集中大军于锡尔河畔，以逸待劳，一举击败蒙古军。但是马合谋王不敢采纳这一良策，他害怕将军队集中起来，一旦战胜蒙古军后，就会有人控制庞大军队将他推翻。他将 40 万军队分散到各个城堡，分兵把守，企望蒙古军不能攻下主要城堡后，不久自行退走。万一战事十分不利，他准备退守阿姆河以南。

1219 年 9 月，成吉思汗大军抵达讹答剌城下，进行围攻。由于城防坚固，未能攻克。成吉思汗遂将大军分为四支：留下察合台、窝阔台统率一支军队继续围攻讹答剌城；派遣长子术赤统率右路军进攻锡尔河下游毡的等城；派遣阿剌黑等统率左路军沿锡尔河上溯，攻取别纳客忒、忽毡（在今塔吉克斯坦）等城；自己则偕同幼子拖雷统率主力，横越沙漠西南，趋不花剌（今布哈拉）城。

当时马合谋王亲自统率 11 万军队驻守在新都撒麻耳干，城防坚固。成吉思汗企图先分兵四路，攻克撒麻耳干东、西、北方面的城堡，从几方面逐渐收拢，然后集合大军合围撒麻耳干，切断马合谋王退往花剌子模地区或呼罗珊（今土库曼共和国南部、伊朗东北部及阿富汗北部）的道路，一举将他擒获。

1220 年 2 月，成吉思汗到达不花剌城下，将该城包围。经过三天围攻后，守城诸将因守军仅两万余人，无心坚守，在夜间率领全军突围。蒙古军受到意外袭击，急忙后撤，但不花剌军并未乘胜反攻，只图逃跑，结果被蒙古军追上，全部歼灭。第二天，不花剌教长等向蒙古军献城迎降。蒙古军洗劫了全城，把它付之一炬。

1220 年 3 月，成吉思汗从不花剌东进，围攻撒麻耳干。蒙古军驱使不花剌全部成年男子从征，让他们担任运输、挖围城堑壕等劳役，并在攻城时将他们布列在最前面，强迫他们冲杀在前。

在此之前，马合谋王听说蒙古军已从各方面逼进撒麻耳干，慌忙带领一部分军队离开撒麻耳干，退到阿姆河南岸。当时撒麻耳干城守军尚有四五万人。

成吉思汗到达撒麻耳干城下时，得到捷报：术赤已攻克毡的城和锡尔河下游各城。察合台、窝阔台经过 5 个月的围攻，这时已攻克讹答剌城，他们率领军队与成吉思汗会合，并将降民驱赶来随军攻城。

围城最初两天，成吉思汗亲自沿着城墙四周，实地勘察城墙防护、外围工事以及各城门军力虚实，反复选择适当突破口。战斗从第三天起开始。经过两天战斗，第五天，城内教长、官员们开城投降。蒙古军进城后，立即拆毁城防构筑，将居民驱逐出城，然后在城内进行洗劫。当天晚上，成吉思汗下令屠杀投降的康里军士兵。不久，又下令将居民中的 3 万名工匠分赐给诸子和亲属，并征发 3 万壮丁随军作战。其余数万居民则在缴纳巨额赎金后许其回城，他委派了契丹人耶律阿海为达鲁花赤（镇守官），镇守此城。

成吉思汗占领撒麻耳干后，让其主力部队暂时休养，并派遣哲别、速不台统率 3 万蒙古军渡过阿姆河去追擒马合谋王。

1220 年初，马合谋王将军队屯驻在阿姆河南岸，想守住阿姆河一线。但他和康里将领们的矛盾使他无法组织力量抵御蒙古军，康里诸将不服从他的调遣，并随时想把他搞掉。因此当河中地区各城相继失陷时，他不顾儿子札兰丁的反对，离开阿姆河南岸到东南面哥疾宁（今阿富汗加兹尼）去，想在那里组织军队抵抗蒙古军。但在途中却险遭随从康里将士们的暗算，于是他慌忙改道向西，疾驰到你沙不儿。不久，他得知蒙古军已进入呼罗珊境来追擒他，便又匆匆离开你沙不儿继续向西，逃到可疾云，最后经哈马丹、祃桵苔而逃到了里海的一个小岛上。1220 年 12 月，他在这个小岛上病死。

哲别、速不台奉命统率蒙古军追击马合谋王。1220 年 5 月，他们进抵巴里黑（在今阿富汗马扎里沙里夫之西），城民迎降。同年，他们经你沙不儿、徒思、刺夷、祃椤苔而等地，追至里海西岸。他们蹂躏了阿塞拜疆各地后，在里海西岸木干草原驻冬。一部分蒙古军在追入祃椤苔而时，俘获了秃儿罕太后。

马合谋王死后，其子札兰丁嗣位。1221 年初，札兰丁与其弟埋葬了父亲后，从里海岛上回到花剌子模京城玉龙杰赤，准备保卫该城。成吉思汗闻马合谋诸子驻守于玉龙杰赤，便派遣术赤及察合台、窝阔台各率所部进入花剌子模地区，围攻玉龙杰赤。这时一部分康里将领不服札兰丁，阴谋将他杀害。札兰丁获知这个情况后，匆忙带着 300 名随从出奔呼罗珊，到那里去纠集兵力以继续抵抗蒙古。

玉龙杰赤守军顽强地保卫该城。由于术赤与察台合不和，号令不一，蒙古军连攻数月未能攻克该城，伤亡颇大。成吉思汗遂命窝阔台统一指挥全军，集中力量展开总攻。在蒙古军猛烈进攻下，守军终于不能坚持。蒙古军登云梯冲入城中。该城虽被攻破，但守军仍奋勇巷战，顽强抵抗，经过七天激战，蒙古军付出巨大代价，才占领全城。蒙古军将居民全部驱赶到城外，除将工匠（共有 10 万人）遣送蒙古，妇女、儿童掳为奴婢外，其余居民多被杀死。接着在洗劫了城内财物后，蒙古军决阿姆河堤灌城。往昔繁华的花剌子模京城，竟成了水乡泽国。

与此同时，成吉思汗派出拖雷率军攻取呼罗珊各城，追击札兰丁。他自己统率蒙古军攻克巴里黑城，将居民屠杀。继而围攻下巴里黑以西的塔里寒诸山寨后，在塔里寒高原上避暑。

1221 年 2 月，拖雷军 7 万人（一部分为俘虏队伍）围攻马鲁。守军突围未成，马鲁长官派遣使者到蒙古军营求降，拖雷花言巧语抚慰了他，许以城降不杀。但马鲁长官献城投降后，蒙古军却将守军、居民全部驱赶到城外，除选留工匠 400 人外，全部杀死。马鲁城被夷为平地。1221 年 4 月，拖雷军经过猛攻，攻下你沙不儿城，将守军及居民屠杀殆尽。不久，又攻下也里城。

同年，札兰丁避开蒙古军的追击，到了哥疾宁，他在那里收集的各地军队共六七万人。他整顿军队后北上，进屯八鲁湾（在今阿富汗喀布尔之北），与蒙古军遭遇，获得小胜。不久，成吉思汗派遣失吉忽都忽率领 3 万蒙古军来战，又被札兰丁打败。这是蒙古军西征以来遇到的最大一次挫败。札兰丁胜利的消息传开后，被蒙古军占领的一些城市纷纷起义。但是，札兰丁未能利用这次胜利扩大战果，麾下的一些将领为争夺战利品发生了内讧，一部分将领率部离去。札兰丁势孤，只得退回哥疾宁。这时，成吉思汗会合拖雷、窝阔台、察合台的部队亲自统率大军追来。札兰丁闻讯，急忙撤离哥疾宁，后退到印度河边。1221 年 11 月，成吉思汗追至印度河，双方在河边展开激战。札兰丁大败，他跃马跳进印度河，泅水而去。后来，他到了伊朗、外高加索等地，继续与蒙古进行斗争，直到 1231 年死去为止。

1222 年春，成吉思汗屯驻在大雪山（今兴都库什山）以南。他派遣八剌等率军 2 万进入印度追击札兰丁，但因水土不服而退回。他又分遣蒙古军去镇压了各城的起义。他想取道印度、吐蕃班师，但没有成功。入秋以后，他决定循原路返回，遂渡过阿姆河，回到撒麻耳干地区驻冬。

1223 年初，成吉思汗东渡锡尔河，驻军于忽兰巴失草原。1224 年夏，成吉思汗回到额尔齐斯河驻夏。1225 年春，他在第二子察合台、第三子窝阔台、第四子拖雷伴同下回到了蒙古，长子术赤则留在钦察草原上。

同年，五年前被成吉思汗从撒麻耳干派去追击马合谋王的速不台、哲别所部，也回到了蒙古。

这支军队于 1220 年末追击马合谋王到里海西岸后，1221 年继续掳掠外高加索及伊朗等地。1222 年，蒙古军越过高加索山北进，侵入黑海、里海北面的钦察各部落驻地。钦察各部落与高加索山北麓的阿兰人联合，蒙古军无力摧垮。哲别、速不台遂派遣使者与钦察人缔结和约，破坏了钦察人与阿兰人的联盟，然后加以各个击破。被蒙古军击败后，钦察的一些部落西逃到南俄罗斯境内，他们以忽滩汗为首，向勇敢的加里奇诸侯姆斯季斯拉夫（《元史》作密赤思老）求援。姆斯季斯拉夫联合南俄罗斯各地诸侯结成反蒙古军的联盟，他们公推基辅诸侯罗曼诺维奇为盟主，决定在俄罗斯境外迎击蒙古军。

俄罗斯诸侯与钦察人的联军尽管队伍庞大，但缺乏统一指挥，诸侯们各行其是，步调不一。1223 年 5 月 31 日，在今乌克兰境内的迦勒迦河畔，联军与蒙古军展开激战。由于姆斯季斯拉夫在临战前与盟主罗曼诺维奇发生过争吵，当姆斯季斯拉夫为首的俄罗斯军队随在钦察军之后，向蒙古军出击时，罗曼诺维奇竟驻守在山头上，按兵不动，坐观成败。蒙古军猛扑钦察军，钦察军不支后退，冲溃了后面的俄罗斯军队。于是联军大败，六个俄罗斯诸侯阵亡。基辅诸侯罗曼诺维奇被蒙古军围攻了三天后，向蒙古军投降。最后，俄罗斯军全被屠杀。蒙古军队长驱直入南俄罗斯境，并沿第聂伯河进至黑海北岸，攻陷了速苔黑城。

1223 年末，蒙古军东归，经过伏尔加河及今哈萨克斯坦草原，于 1225 年回到蒙古。

西征结束后，成吉思汗在中亚各地设置达鲁花赤，并命回教商人牙剌瓦赤总督中亚一切军政事宜。

拔都西征

哲别、速不台统率的蒙古军尽管在迦勒迦河畔打败了俄罗斯诸侯和钦察人的联军，但是并没有完全征服钦察诸部落，更没有征服俄罗斯。因此，当成吉思汗的第三子窝阔台于 1229 年继承蒙古大汗后就考虑再次派遣蒙古大军进行西征。

1235 年，蒙古大汗决定再次远征钦察、俄罗斯等未征服诸国，由成吉思汗各支子孙率领军队出征。参加出征的有术赤的儿子拔都、斡鲁苔、别儿哥、昔班，察合台的儿子拜苔儿、孙子不里，窝阔台的儿子贵由、合丹、孙子海都，拖雷的儿子蒙哥，等等。由长房的拔都担任西征大军的统帅，由老将速不台担任实际指挥作战的主将。出征的军队总数约 15 万人，其中除蒙古军外，还有被征服的各族部队。

1236 年，蒙古军到达伏尔加河中游，击败不里阿耳人。这年秋天，蒙古军攻破不里阿耳人的京城，焚毁了该城。接着，征服了不里阿耳全境及其邻近部落。

1237 年春，蒙古军进入钦察境内。住在乌拉尔、伏尔加两河之间玉里伯里山一带的钦察部首领忽鲁连蛮、班都察父子率部投降。另一钦察部落首领八赤蛮不肯投降，他率领部众在伏尔加河下游森林里袭击蒙古军。蒙哥率领蒙古军包围森林，追踪八赤蛮至里海的一个岛上，擒杀八赤蛮。

同年冬天，蒙古军沿伏尔加河北上，进攻俄罗斯东北部。由于俄罗斯各公国的诸侯相互有矛盾，他们不能团结一致抵抗蒙古军的入侵，12 月，蒙古军侵入梁赞公国境内。梁赞诸侯尤里·伊戈列维奇拒绝向蒙古投降、纳贡，于是蒙古军大举围攻梁赞城。经过五天的围攻，12 月 21 日，梁赞城被攻破后焚毁，居民遭到屠杀。尤里曾向弗拉基米尔、契尔尼戈夫的诸侯求援，但没有得到一兵一卒的援助，梁赞城是在孤立无援的情况下被蒙古大军攻陷的。

1238 年 1—2 月，蒙古军相继攻陷莫斯科、罗斯托夫、特维尔、弗拉基米尔等十几座城市。3月初，蒙古大军北进，包围了诸侯尤里·弗谢沃洛多维奇所统率的弗拉基米尔—苏兹达尔军队，尤里战死，军队被歼灭。同月，蒙古军向北进军诺夫哥罗德。由于沼泽地带的阻碍，蒙古军进到距离诺夫哥罗德100俄里的地方，退兵南下。在南下途中，蒙古军在科泽尔斯克这座小城下围攻了两个月，才将该城攻破。城破后，全部居民遭到屠杀。由于俄罗斯人民的顽强抵抗，蒙古军的伤亡颇大。蒙古军继续南下，到达伏尔加河上游，击败钦察部首领忽滩汗。忽滩汗率领残部逃到了匈牙利境内。同年冬天，蒙古军进攻阿兰人的国土，围攻其都城篾怯思。经过三个月的围攻，到1239年2月才攻破该城。阿兰国主杭忽思投降。

1239年，蒙古军再次进攻俄罗斯。主力部队进向俄罗斯南部和西南部，只有一部分兵力被派往北方。这一年，蒙古军攻克南俄罗斯彼列雅斯拉夫尔、契尔尼戈夫等城。同年12月，一部分蒙古军冲入克里木半岛。

1240年秋天，蒙古大军围攻基辅城。基辅诸侯米哈伊尔逃到了波兰，守军及居民在将军德米特尔领导下保卫基辅城。蒙古军在城的四周架起火炮，昼夜不停地炮轰城墙，猛烈攻城。11月19日，蒙古军在城墙上打开一个很大的缺口，冲进城里，占领了基辅。被俘的守军和无辜的居民们都遭到屠杀。接着，蒙古军向西推进，攻入加里奇公国境内，攻陷其首府弗拉基米尔—沃伦城及境内其他各城。加里奇诸侯丹尼尔逃到了匈牙利。

1241年，蒙古大军分兵两路：一路由拜苔儿、斡鲁苔、兀良合台等率领侵入波兰，一路由拔都、速不台等率领侵入匈牙利（马札儿）。

当时波兰分裂为若干封建领地，国王波列斯拉夫四世以克拉科夫为京城，只能管辖克拉科夫、桑多米尔两地区，其余封建领地各自为政，不听他的号令。1241年2月，蒙古军在进向克拉科夫的途中，攻破了桑多米尔等城，一路烧杀、掠夺。3月，蒙古军击败波兰军，占领克拉科夫城。波列斯拉夫四世逃往摩拉维亚。蒙古军乘胜侵入西里西亚境内，围攻其首府布列斯拉夫。经数天围攻，未能攻克该城，蒙古军遂放弃围攻，继续前进。西里西亚诸侯亨利二世集合波兰军、日耳曼军及条顿骑士团共3万人于里格尼茨城准备作战。4月9日，双方交战于里格尼茨城郊。波兰军大败，死亡甚众，亨利二世战死。5月初，蒙古军侵入摩拉维亚境，攻略各地。5—6月，蒙古军围攻奥勒穆茨城，久攻不下，伤亡颇重。6月末，蒙古军不得已撤围退走，到匈牙利与拔都大军会合。

拔都统率的蒙古大军分为三支侵入匈牙利：由昔班率领一支军队从北面

波兰、摩拉维亚侵入，由合丹率领另一支军队从东面摩尔达维亚侵入，拔都亲自率领主力从加里奇直扑匈牙利京都佩斯城。

当时匈牙利疆土较辽阔，北面包括斯洛伐克，西南面直到亚得里亚海东岸，包括克罗地亚、波斯尼亚和达尔马提亚。但实际上匈牙利国内分裂为许多封建领地，诸侯们不服从国王别剌四世的号令。

1238 年冬，以忽滩汗为首的钦察人逃入匈牙利境内。钦察人入境后扰害人民，甚至有奸淫妇女者，引起匈牙利人民的痛恨。

1241 年初，蒙古军侵入匈牙利，匈牙利人认为招来外祸的是逃入的钦察人，便把忽滩汗等几名钦察首领拘禁起来。3 月，蒙古军进至佩斯城郊，一部分匈牙利军出战，大败被歼。匈牙利人迁怒于钦察人，将忽滩汗杀死。于是钦察人与匈牙利人互相仇杀，国内大乱。

4 月，别剌四世集合各地援军，统率 6 万军队从佩斯出战，蒙古军退到赛奥河（《元史》作潲宁河）以东。匈牙利军驻扎在赛奥河西岸，以重兵守桥。拔都遣兵夺桥失利，速不台率领一支军队从下游结筏渡河，绕到匈牙利军后方。拔都再次猛攻守桥军，夺取桥梁过河。于是匈牙利军受到前后夹攻，被蒙古大军团团围住。匈牙利军连战皆败，别剌四世突围逃走，溃不成军。蒙古军追击上来，杀死匈牙利军无数。不久，蒙古军乘胜攻陷佩斯城。

1241 年夏秋两季，蒙古军驻扎在多瑙河以东休养兵马，并派遣出一部分军队攻掠斯洛伐克、捷克等地。8 月，有一支蒙古军进至维也纳附近的纽斯塔特，由于奥地利大公、波希米亚王联军的抵御，蒙古军退走。同年冬天，拔都将大军集合起来，从冰上渡过多瑙河，攻陷匈牙利旧都格兰城。

1242 年初，拔都派遣合丹率领一支军队追击别剌四世。这时，窝阔台的讣闻传来，拔都遂统率大军东还。合丹率军一直追击到亚得里亚海东岸，其后经过塞尔维亚与拔都会合，一同东返。

1243 年初，拔都到达伏尔加河下游，建都于萨莱，建立了一个疆域辽阔的国家——钦察汗国（又名金帐汗国），这个新汗国的疆土东起额尔齐斯河，西至多瑙河（包括新征服的摩尔达维亚和保加利亚等地），南部辖有克里木半岛和北高加索。俄罗斯各公国也向钦察汗国缴纳贡税，长期成为钦察汗国的藩属。

旭烈兀西征

成吉思汗西征时，没有擒获花剌子模王札兰丁。13 世纪 20 年代初，札兰丁从印度回到波斯，先夺得起儿漫、法儿思二州，继而从其弟手中夺得亦思法杭、伊拉克、额哲木等地。1224年，他遂被波斯各地诸侯尊奉为君主。继而他又占领外高加索地区。于是，他在波斯西部重建了花剌子模王国，建都于帖必力思。

1229年窝阔台即位后，立即派遣绰儿马浑率领3万军队去攻打重建的花剌子模王国。1230年，蒙古军经呼罗珊进至阿塞拜疆。札兰丁慌忙离开帖必力思，逃入木干草原。其后，在蒙古军的追击下，他东奔西窜，最后，逃到今土耳其东部一座山里。1231年8月，他被当地居民杀死。

消灭札兰丁后，蒙古军继续驻留在波斯，对波斯各地进行征服活动，虽经过20年，却没能把波斯全部征服。

1252年，拖雷之子，继承蒙古大汗的蒙哥决定派遣其弟旭烈兀统率大军出征波斯地区，除从各支亲王的军队中每10人抽出2人组成一支大军外，还抽调了1000多名炮手、工匠从征。

1252年6月，先锋部队先行。1253年10月，旭烈兀统率大军出发。一路上缓慢前进，到1255年9月时到达撒麻耳干。1256年，旭烈兀进入波斯境，进攻易司马仪教派在波斯建立的木剌夷国，同年冬天，在蒙古军攻克了许多城堡后，木剌夷国末代君主鲁克纳丁投降，该国人民被蒙古军屠杀殆尽。

1257年春，旭烈兀驻扎在哈马丹，准备进兵巴格达，灭掉黑衣大食阿拔斯王朝。9月，旭烈兀派遣使者命令哈里发（回教教主，阿拔斯王朝君主）穆斯台耳绥木投降，穆斯台耳绥木拒绝投降。于是旭烈兀命令蒙古大军向巴格达进攻。

1258年1月，蒙古大军将巴格达城包围得水泄不通，从四方面同时发起猛攻，并架起大炮轰击城墙。2月初，蒙古军攻占一部分城墙，哈里发见无法继续抵御，便亲自率领教长、法官等出城投降。蒙古军入城后，大肆杀掠，居民被屠杀者达数十万人。灭掉了阿拔斯王朝后，旭烈兀于1259年9月进兵叙利亚。1260年1月，蒙古军攻陷阿勒颇城，4月，攻占大马士革城。这时，蒙哥死讯传来，旭烈兀决定班师。他留下大将怯的不花率领2万蒙古军继续攻打叙利亚各地。

9月，埃及马木路克王朝算端忽秃思（古突兹）率领军队前来，与蒙古军交战于大马士革之南阿音·札鲁特。蒙古军大败，怯的不花战死。埃及军乘胜占领大马士革、阿勒颇等城，叙利亚全境成为埃及的疆土。埃及军的这次胜利，遏止了蒙古军向埃及和非洲的扩张。

旭烈兀通过西征在波斯地区建立了伊儿汗国。汗国的疆土东起阿姆河，西至小亚细亚，北邻钦察汗国，南至印度洋，其京都为帖必力思。

蒙古西征给中亚、西亚、东欧等地区的人民带来了深重灾难，无数人民惨遭屠杀，各地的经济、文化也遭到严重破坏。但是另一方面，由于蒙古铁骑冲破了亚欧各国的疆界，客观上也促进了东西方交往的沟通和经济、文化的交流。由于蒙古各汗国横跨欧亚两大洲，蒙古征服者又吸收了各地区的文化和生产技术，逐步同化，统治乌拉尔山以东直至俄罗斯、东欧大部分地区的钦察汗国，在俄罗斯的统治一直维持到 1480 年，后来被称为"鞑靼人"的蒙古族后裔至今生活在伏尔加河一带。察合台汗国则在中亚细亚与突厥人逐步同化，信奉伊斯兰教，1370—1405 年西察合台的首领帖木儿曾建立一个横跨亚洲的大帝国。帝国瓦解后，其后代巴卑尔又入主印度，建立了莫卧儿帝国。伊儿汗国在 12 世纪末 13 世纪初在合赞汗统治下改信伊斯兰教，与波斯人进一步同化，直至 1388 年因封建内战与外族入侵瓦解。到 1368 年中国元朝灭亡前，各汗国一直奉元帝国大汗为首领，威尼斯人马可·波罗到元大都（今北京）朝见忽必烈并担负贸易与外交的使命，写下了《马可波罗游记》，就是当时东西方文化交流最突出的事例。

帖木儿帝国

池　齐

帝国的兴衰

　　帖木儿帝国，14世纪末期崛起于中亚，因其创立者为帖木儿，故名。

　　帖木儿（1336—1405年）生在中亚细亚的渴石，属于突厥部落巴尔拉斯的一个家族，为贵族后裔，先人与成吉思汗同族。他早年是个普通军官，英勇善战。在作战中受过伤，成了跛子，所以被人称为"跛子帖木儿"，这几个字在欧洲拼为帖木兰。当时中亚由察合台汗国统治着，政局混乱，东西分裂，出现了一些小邦。帖木儿利用错综复杂的形势，纵横捭阖，军事征讨与政治活动相结合，不断扩大自己的权势。他先投靠统治着西察合台的哈兹罕。哈兹罕死后，投奔侵略河中地区的图格鲁克·帖木儿，被封为家乡渴石的总督。不久升任图格鲁克·帖木儿的儿子伊利亚斯的参议，协助伊利亚斯统辖撒马尔罕地区。但是遭到伊利亚斯亲信的排挤，被迫弃职出逃，遂与哈兹罕的孙子侯赛因联合起来，反对伊利亚斯。侯赛因是帖木儿的妻兄，正不得志，颇欲起事。两人聚合了相当的兵力，把伊利亚斯赶出河中地区，建立两人的联合统治，断断续续维持了几年。伊利亚斯已继承图格鲁克·帖木儿的职位，战败后再也无法恢复元气，不久死去。但是帖木儿又开始打击侯赛因，与后者的敌人联合起来。1370年，他在巴尔赫包围了侯赛因，俘虏并杀掉这个对手，成了河中地区唯一的统治者，号称"吉星相会之主"，后改称素丹。他发动四次征战，征服阿姆河下游的花剌子模，接着开始大规模地四处扩张。

　　1381—1396年，他掠取了西南方的阿富汗、波斯、伊拉克，先后占领赫拉特、大不里士、伊斯法罕、设剌子、巴格达等城。一路上烧杀抢掠，破坏严重。在萨布扎瓦尔、伊斯法罕，将俘虏的尸骨与砖石、泥块混在一起垒起尖塔。他又由中亚出发向西北，攻入金帐汗国，占领亚美尼亚、高加索，到达顿河、伏尔加河流域。但是没有更远地深入俄罗斯的北部地区，因为他并不想把征讨的重点放在寒冷的北国。

1398 年，他对东南方的印度发动了侵略战争。先锋队 3 万骑兵，由他孙子皮尔·穆罕默德·贾汉吉尔率领，于 1397 年底渡过印度河，击败了印度军队，翌年 5 月已占领乌奇、木尔坦等地。这时帖木儿率领的主力也出发了。9.2 万骑兵的大军浩浩荡荡通过地势复杂的阿富汗山区，渡过印度河，与皮尔·穆罕默德会合，随后通过旁遮普向德里方向进军。古城巴特尼尔留下了他的战迹。提帕勒浦尔火光冲天。兵戈所及，余下的是一片残垣断壁。1398 年底，帖木儿骑兵已饮马朱木拿河，抵达德里城郊。这时，他下令杀死了大批战俘。据说是害怕他们在未来的激战中砸开手铐，抢劫营帐，与敌人里应外合。著名的德里战役就这样在一片血海哭号中开始。德里素丹那西尔 – 乌德 – 丁·马穆德率领 1 万骑兵、4 万步兵迎战。这并没有什么威慑力，真正可怕的倒是印度 120 头象军。它们凶猛可怕，冲击过来，战场上尘土蔽天，日轮无光。何况象的长牙上还系有锋利有毒的匕首。帖木儿惊恐地下令在驻地四周挖掘深沟，沟旁栽上木桩，上面布满铁钩、小叉，又将许多水牛拴在桩上，构成多层次的防护体。然后从敌军背后发动攻击，击溃印度的骑、步兵。并用火来驱赶那些失去主人的战象，这些庞然大物像家兽一样逃散了。德里素丹国的政治中心——德里的大门向帖木儿敞开了。侵略者入城，大肆屠杀、抢劫。有些兵士得到了 150 名战俘的奴隶，男男女女、老人儿童被带出城或遣送中亚。战利品，诸如丝绸、锦缎、金银器皿、钱币古玩、宝石、珍珠、玛瑙，真是不计其数。但是帖木儿并没有长时间地逗留在印度，1399 年 1 月 1 日他离开德里，向东北方向运动，沿着喜马拉雅山迅速前进，先后攻下密拉特、查谟等地，不久经印度河回国。这前后只半年多时间，古老的印度已有数以万计的人民遭杀戮，大批城市建筑被摧毁。一些史书说，帖木儿"所到之处，尸骨遍野，目不忍睹"。仅在德里激战前，在城郊就屠杀了 10 万名战俘。然而，这些叙述有失真之处。"10 万名"之说就是一种估计。当时并没有留下确切的记载，后人说法不一。或曰被杀的只有5 万人或者更少。看来，他对印度的破坏是被他的崇拜者和反对者怀着不同的动机夸大了。当然，他终究是打垮了德里素丹国的图格鲁克王朝。图格鲁克王朝本来已到崩溃的边缘。统治集团内部互相倾轧，内战不停，政治经济危机深重。帖木儿的入侵，加速了这个王朝的覆亡。

1400 年帖木儿又在西面开始了对奥斯曼土耳其的战役。奥斯曼土耳其人当时正以咄咄逼人之势向东、西两方推进。西边，以欧洲大陆为侵略目标，势力伸到巴尔干半岛的色雷斯，包围君士坦丁堡。东边，吞并了小亚细亚东部的一些小王国，侵入亚美尼亚，到达两河流域，占有锡瓦斯，威胁到帖木儿的藩属。这样就与向西扩张的帖木儿发生了冲突。双方终于爆发争夺西亚的战争。

1400 年帖木儿洗劫了锡瓦斯，下令活埋 4000 名顽强抵抗的守军。奥斯曼帝国境内对素丹统治不满的臣民以及小亚遭受土耳其侵略的小国君主、贵族纷纷请求帖木儿的援助。1402 年，帖木儿大规模向小亚细亚进军了。如果说前几年帖木儿在中亚、南亚、波斯等地已身经百战，展示了他的军事才能，那么现在倒真正遇到一个强硬的对手。土耳其素丹巴耶济德一世有"雷电"之称，率领着强悍的军队，凶猛异常，等候着帖木儿。他与帖木儿的决战发生在 1402 年 7 月 20 日，安卡拉城的东北。据当时人的计算，双方参战的达百万人。帖木儿方面有中亚军队、小亚军队，还在阵前排列了印度战象 32 头。土耳其方面，以欧洲骑兵为主力，装备精良，披挂盔甲。在人数上更居优势。可是右翼是由被征服的小亚细亚人组成的，看到自己的君主已投靠帖木儿时，就丧失了斗志，宣布投降。只余下左翼的欧洲骑兵继续战斗。激战至夜，巴耶济德仅余部卒万余人，饥渴难耐，疲惫不堪。巴耶济德想冲出重围，不幸马蹶，被擒。被擒以后，他倔强不服，想逃跑，未果，反而被囚禁得更严。次年死去。

在彻底战胜奥斯曼帝国后，帖木儿将占领的小亚细亚归还给小邦的君主和巴耶济德的几个儿子。只要求他们承认是自己的藩属。可以说，帖木儿对安纳托利亚的侵略是比较克制的。但是帖木儿的胜利对欧洲的政局有很大的影响。他的进军牵制了土耳其人，土耳其人不得不缓和对欧洲的攻掠，直到 1453 年才攻陷君士坦丁堡，灭亡拜占廷帝国。

但帖木儿也没有在安卡拉一带停下自己的铁蹄，他又西进到爱琴海边，攻占了圣·约翰骑士守护着的斯米尔纳，地中海的波涛冲刷着他的征尘，守城的西方骑士的首级被胜利者抛入浪花之中。至此他成了中亚与西亚的霸主。东接中国、印度，西逼爱琴海，北抵咸海、里海、黑海，南至波斯湾、阿拉伯海，那幅员辽阔的地区或向帖木儿膜拜朝贡或归他直接管辖。1404 年撒马尔罕举行了庆贺胜利的盛大宴会。霸主踌躇满志，但不以此为满足。他开始向东方最强大的中华大明帝国发动他最大的侵略行动了。在长期准备之后，20 万装备齐全的军队渡过冻结厚冰的乌浒河。北风凛冽，白雪漫天，没有阻止这位侵略者的狂妄行动，但不可预测的疾病却侵袭了他，使他长眠不起，怀着一个不可实现的侵略野心死去，把一个庞大然而统治并不稳固的帝国留给后代去掌管。

帖木儿死后，王位争夺战延续数年，末了他的儿子沙哈鲁继承王位。沙哈鲁当政 40 余年（1405—1447 年），把主要精力投之于国内的建设，做出极大的努力以恢复因他父亲的掠夺和战争给西亚带来的破坏。他将国都由撒马尔罕南迁到赫拉特，更便于控制波斯一带；他扶持文学艺术事业的发展，使赫拉特成为当时政治、经济、文化的中心之一。

沙哈鲁之子兀鲁伯曾长期协助其父治理国事，在国都南迁后，他留驻撒马尔罕为发展天文学、继续开拓河中地区做出了贡献。1447 年沙哈鲁死后，兀鲁伯继位。他仅仅统治了两年（1447—1449 年），便为其子阿布杜勒·刺迪夫所杀。

兀鲁伯死后，帖木儿帝国江河日下。阿布杜勒·刺迪夫在位只半年多，在出游时被杀，首级被昭示于众。15 世纪下半叶经历了阿布杜勒·米儿咱（1450—1451 年在位）、阿布·赛义德（1452—1467 年在位）、阿赫默德（1467—1494 年在位）、侯赛因·拜哈拉（1468—1506 年在位）等人的统治。他们对发展文学艺术还有些作为，但不能保证帝国的稳定发展。统治集团内部王位的争夺日益加剧，周边各国、帝国内的各个地区日益摆脱中央控制。河中地区与呼罗珊相对立，侯赛因·拜哈拉长期统治着呼罗珊，不承认河中地区王系的主权地位。至于伊朗西部地区更只能间接控制。到了侯赛因·拜哈拉统治的后期，再也不能抵挡乌兹别克人的进攻。乌兹别克人多年来一再向帖木儿帝国在中亚的主权挑战。1500 年他们在昔班尼汗率领下占领了河中地区。侯赛因·拜哈拉死去的第二年即 1507 年，他们占领了呼罗珊，帖木儿帝国从此在历史上消失了。

帝国的社会政治经济状况

帖木儿帝国信奉伊斯兰教。统治者以伊斯兰教的保护者自居。伊斯兰教的教职人员在社会上有崇高的地位。

政治体制上有中央、地方两级政府。中央政府设大臣会议，由七人组成。一人管理行政，包括商业贸易、财政、治安在内；一人管理军事；一人管理客旅和无主的产业；一人管理素丹王室的宫廷事务；另外三人掌管边境和内地事务。地方有大州、小州之分，各有长官三人。一人掌民事，一人掌军事，一人掌无主产业。又设军事及民事辅佐人员协同处理政事。

基本军队由40个蒙古部落构成。各个部落按照其人数调发士卒。一切后勤物资以及运输所需的牲畜，都要由民间征集而来。兵种有先锋队、轻装部队、骑兵、流动督察部队等。还有管理军事机械的技术人员。军队中也有不少外国人。帖木儿招募兵士不限国籍、不限地位，连败军的士卒也被录用。

国内有一套系统的司法制度。据出使帖木儿帝国的卡斯提使臣克拉维约报道："帖木儿每次出征，军中置有法官多人，随时接受诉状，加以裁判。帖木儿将民、刑各事，及行政诉愿分开。一部分法官专理刑事案件，另一部分则处理官吏贪污案件……境内司法，有条不紊，职责之划分，极为清楚。"他又把首都撒马尔罕城中"好斗之人以及首倡作乱者，皆送上战场"。因而"城内治安，极为良好。其严肃之处，使居民彼此之间，不敢口角。邻居相处，彼此亦无敢有故意欺侮凌辱之处"。有些官吏因擅作威福，对人民残忍暴虐，滥用职权，被帖木儿处以死刑，没收财产，如撒马尔罕省长底纳即是。赫拉特城，据中国明代两度（1414年、1416年）出使该地的使节陈诚所见，也是秩序井然，那里"不用刑法，军民少见词讼"。

帖木儿注重国内外的商业贸易发展，曾为印度、波斯东部地区开辟了一些陆上的新商道。他曾致书法国国王，要求法国派商人来，并说世界由于有商人活动才能繁荣起来。

帝国各地区间有畅通的大道。道上遍设驿站，建有供使者住宿的馆舍，并备有换乘的马匹。较大的驿站，常备良马百匹，多至200匹。帖木儿之使者每至一驿，立将原马交与站上更换新骑，继续前进。马匹如在途中疲乏或倒毙，使者即自路上所遇到的骑者（包括王公、贵族）借用坐骑，赓续前进，绝不停顿。这样安排既使各地消息灵通，也能保持密切联系，有利于商业贸易。

帝国政府很重视城市的建设。一些城市虽然毁于战火，但不少城市得到发展与保护。在建设过程中，利用各种方式集中技术工匠。帖木儿占领、劫掠著名城市设剌子、巴格达、大马士革、德里等城，很大程度上是为了掠夺财富和技术力量去建设中亚。为了充实他的国都撒马尔罕，"不惜用种种手段，招致商人来此贸易。并于所征服的各城市中，选拔最良善、最有才干及有巧艺之工匠，送来此间"。大马士革的珠宝商、丝织工匠、弓矢匠、战车制造家及制琉璃、瓷器的陶工、土耳其的造枪匠、镂金匠、建筑师等各行业手工艺人都送往该城。来自各处的技术匠师数目超过15万人以上。所以"此都中凡百行业，皆无缺乏专门技工之感"。首都之外，繁盛之村落中，也有"帖木儿从所征服之各地移来人民，充实其间"。这些工匠、移民皆被逼而来，很不自由。但是帖木儿对他们生活的某些方面也有安排。送往途中，移民"有骑牛者，有骑驴者，亦有牧放畜群而来者，逢村吃村，遇站吃站，因帖木儿之规定是如此"。在城市中曾营造了一些大工程。建造撒马尔罕时，派定官员督率工程的进行。全城有统一的规划，划定拆除线，线内民房、旧屋一律清除。拆后，两旁建筑立刻动工。工人分昼夜两班，完工极为迅速。建成商肆后，所有百货，都集中到商场里。花园及果林之间，皆开辟广场和往来大道。最华美、最富丽的楼房、别墅、亭、园、台、榭，都建在四郊。

除了撒马尔罕，还有不少城市得到重建与扩建。如沙鹿海牙，曾于蒙古人西征时被毁。1392年帖木儿重新建设，移民充实。出现"人烟繁庶""园林广茂"的景象。又如阿姆河畔的古城迭里迷，1407年开始在旧城附近另筑新城，"城之内外居民数百家牲畜蕃息……新旧城相去十余里"。

在边陲地区，结合防御、出征的需要修建一些桥头堡，并把那里发展成新的居民点。如在阿史不来河上建了一个堡寨，并采取措施恢复该地区的农业。在热海也建筑了另一个堡寨，在卡布尔河谷和木干草原地区修建了大型的灌溉工程。

在重建、扩建、新建一些城市的同时，还有不少城市在繁荣发展，如俺都淮、八剌黑、塞蓝、建失干、卜花兜（布哈拉）、苏丹尼叶、尼沙卜儿、安胡叶、替而米兹等。它们大都方圆10余里，城池雄伟，人口稠密，有多达万户家口的。有的以农业生产为主，城市沟渠完整，五谷丰登；有的商货云集，是商业的中心，各国商旅汇聚城中，民物富庶，消遣场所皆备。

帖木儿帝国处于沟通亚欧大陆大干线（即丝绸之路）的中段。有相当一段，特别是中亚，是地理条件最差、交通极不便利、经济落后的地区。那里或为干旱无雨的沙漠荒原，或为陡峭绝壁的崇山峻岭，猛兽、毒虫相杂，盗贼、强梁出没，行人却步，商旅稀少。又经常受到游牧民族的侵袭、骚扰，不能长期有效地保证安全与繁荣。帖木儿帝国在这里兴起后，实现了中亚与西亚的统一。东西通道站驿相望，道路无阻，远地商旅，咸得其济。在广阔的版图内，一度出现兴盛的景象。帖木儿帝国对这个地区的建设，做出了自己的贡献。

帝国的文化成就

帖木儿帝国的文化相当发达，出现了所谓"帖木儿帝国时期的文艺复兴"，有自己的特色，内容比较丰富。

在当时文化的一些不同领域内帝国都取得了相当的成就，拥有一批水平较高的代表人物。

在文学方面，有著名的诗人、文学家哈菲兹、杰米、纳瓦里等人。沙姆谢－丁·穆罕默德·哈菲兹（约 1320—1389 年）是波斯中世纪最杰出的抒情诗人之一。他长期居住在设剌子，有"神舌"之称。帖木儿帝国建立前他就发表了大量诗歌。波斯划归帖木儿统治后，他继续从事创作活动。他热烈向往理想的自由与现世幸福，抨击宗教人士的虚伪；赞美纯洁的爱情与孩子的天真，以此歌颂人与人之间的美好情感。他的语言细腻精练，音调铿锵优美，富有感染力。努尔－丁·阿布杜尔·拉赫曼·杰米（1414—1492 年），主要活动在赫拉特地区，是神秘派的诗人和著名的学者。据说他著有 46 部重要著作，内容包括抒情、浪漫和神秘主义诗歌，阿拉伯文法，韵律学，散文，音乐，圣人传记，乃至《古兰经》评注。在广泛的领域里，享有极高的声誉。米尔·阿里·希尔·纳瓦里（1440—1501 年），是突厥诗人、史学家、政治家，是用地方方言写作的最优秀的文学家。当时帝国内大量的文学作品仍然是用波斯语、塔吉克语写作，纳瓦里以自己的创作活动证明了方言文学的艺术价值。

在美术方面，15 世纪时有著名的赫拉特派和撒马尔罕派。最著名的画家是卡美尔·埃尔－丁·毕在德（1440—？），曾居住在赫拉特。他把旧的赫拉特派发展到顶峰，又是后来西部波斯各派的创始者。他精彩的肖像画，勾画出人物身体的特征，表现出内心活动。其画马图也备受赞扬。

在史学方面，史学家希哈卜－乌德－丁·阿卜杜勒·宾·拉特甫剌·喀瓦菲，又名哈菲兹·阿不鲁，生于赫拉特，他最著名的著作——《历史精华》是部四卷本的通史，1423 年开始撰写。书中记载了 1419—1421 年沙哈鲁派遣使团访问中国的详细的经过。那次外交活动是中国与帖木儿帝国友谊史上的一件大事，哈菲兹·阿不鲁根据使团成员之一吉亚斯－乌德－丁的日记整理出这段史实，真实、详尽，沿途各地的风土人情、政治经济、法律制度都有记载。卡马鲁德·丁·阿布杜尔·拉柴克是沙哈鲁时著名学者、外交家。他著有《沙哈鲁史》一书，记载了沙哈鲁时期许多事件，其中也包括前述沙哈鲁遣使访华一事。15世纪末16世纪初还有祖孙两代史学家米尔克完德（1433—1498年）与克完德米尔（1475—1535年）。他们着重研究波斯地区的历史。《洁净的庭园》是米尔克完德的代表作。它是一部七卷本的通史，叙述15世纪以前波斯社会、王系的发展。孙子克完德米尔为此写了一部节本。

在建筑上，多用釉彩花砖装饰、建造。镶嵌花饰主要色调是宝蓝色，交映着淡红色或其他悦目色调，雕镂既精，色彩又美，金碧辉煌，十分壮观。当时最华丽的建筑物是帖木儿的陵墓"古尔·阿弥尔"与沙哈鲁的加米大清真寺。"古尔·阿弥尔"是一座八角形的建筑，造在一所清真寺的圣龛后面，凿开圣龛作为墓门。墓室是十字形的殿堂，外层是一庞大的植物球根状的穹顶。穹顶表面由密密的圆圈形棱线组成，纵向排列。建筑物的通体用玻璃砖贴面，发出灿烂耀眼的光泽。加米清真寺，主体部分是一个敞厅，四面都有大拱门，用色彩鲜丽的花砖装饰。朝西南方面有一圣堂门廊，顶上是大圆穹顶，蓝色。院中间两座高高的尖塔，拔地而起，也是用花砖建造的。在门廊和华丽的壁龛下面则是一个雕花的布道坛。整个建筑的结构巍峨完美，十分壮观。

在天文学方面，最大成就是撒马尔罕的天文台和《兀鲁伯天文表》。天文台建于1420年，装有巨型象限仪，半径40米。兀鲁伯本人也是一个天文学家。他率领一批学者从1417年开始对1000多颗恒星进行了30年的位置观测，根据所得的丰富资料在1447年编成一份天文表，称《新古拉干历数书》，是16世纪以前水平最高的天文表。当时有人称兀鲁伯是"皇位上的学者"，与亚历山大大帝相媲美。

帖木儿帝国文化在发展中吸取不同民族的优秀成果，交融汇合，展现了新貌。在文学上，颇受波斯作品的影响，但又对波斯文学有所发展。启迪着诗人哈菲兹灵感的课题乃是波斯古典诗歌中的永恒题材——反对封建压迫，歌颂真挚的爱情。在美术方面，它兼受波斯和中国的影响。当时的赫拉特派和撒马尔罕派，最后都为波斯派所同化。有些画家曾随外交使团出使中国，有机会研究中国明代的画法。在表现花卉和鸟兽的方式上，呈现了中国艺术和波斯绘画的典雅明快风格。在建筑上所采用植物球根状的圆顶，也有仿效中国风格的。

帖木儿帝国与印度也有不少文化上的交往。哈菲兹诗人声誉远播印度，曾受两位君主的延聘，但因故未往。著名语言学家菲鲁扎巴迪访问过印度。前述史学家卡马鲁德·丁·阿布杜尔·拉柴克，1442 年任帝国使节出使印度，留下关于印度维查耶那伽尔王国社会、行政的详细记载。1437 年，德干巴曼王国素丹阿赫默德·沙·巴曼尼还在马洪地方为帖木儿帝国一位圣人赛义德·努鲁丁建造过坟墓。

当时还兴起了富有地方色彩与民族特点的"突厥文化"。"突厥文学"虽受波斯文学的影响，但所用的却是察合台语言，即河中地区特有的突厥方言。突厥诗歌逐步发展起来，并开始同波斯诗歌角逐，到 15 世纪后期，发展到了高峰。建筑上也呈现出突厥民族的特色。突厥民族喜爱用彩色的毡毯，其上五彩缤纷、绚丽美观。陶瓷装饰上也反映出这种艺术风格。突厥文化不但在帖木儿帝国时期流行，而且在帝国灭亡后的 16 世纪的大部分时期内仍继续保持其生命力。

帖木儿帝国文化高潮的出现，与帝国历代统治者的支持分不开。帖木儿家族中不少人喜爱文学艺术，爱护学者、诗人和艺术家。被后人赞誉为"艺术与科学的伟大保护者"。但更重要的是，这个高潮是以帝国经济繁荣、国际交往密切为基础的，是当时形势的产物和客观现实的反映。

帖木儿帝国的统治者在征讨、侵略过程中烧杀抢掠，破坏惨重，但是又在中亚、西亚建设上做出了自己的贡献，与那些彪悍凶狠的落后游牧民族的首领是有所不同的。当然帖木儿与其子孙能在经济、文化建设与东西方的交往方面有所建树不能简单归结于他们个人的性格、欲望。正如恩格斯所说："主要人物是一定的阶级和倾向的代表，因而也是他们时代的一定思想的代表，他们的动机不是从琐碎的个人欲望中，而正是从他们所处的历史潮流中得来的。"[①] 他们生活的时代，西欧已开始孕育着资本主义萌芽；东方的大明帝国封建经济也处于极盛时期；中亚与西亚在花剌子模兴起后，经历了蒙古帝国的统治，产生了振兴、崛起、沟通东西方的强烈愿望。历史潮流是要求加强各地区的联系，更快地发展经济。帖木儿及其子孙正是反映了这种历史潮流与倾向。

当然，我们不能忽视他们的建树都是在征战的暴力中实现的，那些繁荣

---

① 《马克思恩格斯选集》第 4 卷，人民出版社 1972 年版，第 343—344 页。

的城市是被征服的各族人民建造的，茂盛的园林是各族人民血泪所浇灌的，华美的建筑是各族人民高超技艺的结晶。透过阿姆河畔异邦俘虏的阵阵哭泣、撒马尔罕城头外域工匠的斑斑血迹，我们看到了帖木儿的残暴，看到了帖木儿建设国家的决心与凶狠手段矛盾的结合。帖木儿家族建设沟通中、西亚的道路亦是被侵略的各族人民灾难之路，是帖木儿帝国自身被诅咒而不能长治久安的悲剧之路。因而，帖木儿帝国只能勉强维持 100 余年，所留下的只是令人遗憾的叹息和值得深思的回忆！

印度戒日帝国

高　兴

公元 7 世纪前半期的戒日帝国，是印度中世纪史上的重要历史阶段。它结束了笈多帝国灭亡以后北印度出现的分裂混乱的政治局面，建立了中世纪前半期北印度的第二个统一帝国。这时印度政治统一，经济、文化繁荣，对外联系也显著加强。戒日帝国时代作为印度封建社会形成和封建制度得以确立的重要阶段，也表现出印度早期封建社会的许多典型特点。

帝国的建立

从 6 世纪中叶笈多帝国崩溃以后至 7 世纪初期，印度在政治上重新陷入分裂，出现了封建邦国林立、互相争霸的局面。北印度重要的封建王国便有五个，即萨他泥湿伐罗国、羯若鞠阇国、翔罗拿苏伐剌那国、迦摩缕波国及摩腊婆国。它们各自向外扩张，彼此征战不已。

6 世纪嚈哒人入侵北印度期间，原笈多帝国的封臣又建立了萨奈沙王国。当嚈哒人的入侵势力受到削弱后，这一王国开始强盛起来。萨奈沙王国统治的中心区域位于土地肥沃的恒河—朱木拿河地区，农业十分发达。在交通方面又是北印度至中印度，及北印度通往旁遮普、犍陀罗、克什米尔、中亚和西亚的通商要道。这一地区自古也为兵家必争之地，是中亚外族入侵北印度的门户。因而在经济上和战略上占有重要地位。萨奈沙王国自身强大以后的重要目标，就是在向外扩张的基础上统一北印度。

7 世纪初北印度各封建王国争斗的结果，出现了两个政治上互相敌对的军事联盟集团。萨奈沙王国与羯若鞠阇国为一方，翔罗拿苏伐剌那国与摩腊婆国为另一方。翔、摩联军在军事行动上很快得手，羯若鞠阇国边境告急。

公元 604 年，翔、摩联军利用萨奈沙王国因国王病亡不能及时援助羯若鞠阇国的时机，举兵突袭并攻占了羯国都城曲女城。萨奈沙国王子闻讯后，立即于 605 年登上王位并亲率军队去解曲女城之危。萨奈沙军队取得了胜利，但年轻的国王由于轻信敌方伪善求和的诡计，放松了警惕，不幸被谋杀。国王遇害使萨奈沙王国一时陷于混乱，在危急局面下，国王的弟弟喜增于 606 年 10 月毅然登位，挑起了艰难的重任。新国王号戒日（尸罗阿迭多），从而开始了戒日王（606—647 年在位）的统治时代。

戒日王即位后便率军向曲女城进发。途中，他派使臣与东印度迦摩缕波王结成军事联盟，双方约定从东西两面夹攻敌方。不久，戒日王收复了曲女城，并将军权交由大臣般底，转向攻打翔罗拿苏伐剌那国。戒日王为了扩展自己的实力和政治影响，在把羯若鞠阇国紧紧拉在身边的同时，又与萨他泥湿伐罗王国结成了联盟。612 年，最初的"戒日帝国"在这三个王国联合的基础上建立起来，首都也由萨奈沙迁往曲女城。从此以后，曲女城成为印度最大的政治中心。由于当时北印度的经济重心也由恒河流域东部地区向西移至中上游地区，这种局面也有利于戒日王在北印度建立大范围的统一帝国。

612 年以后，戒日王以新的军事征服开始实现他雄心勃勃的统一事业。他一连打了 30 余年的仗，赶走了嚈哒入侵势力，统一了北印度绝大部分。有的历史学家称他是穆斯林统治印度以前，印度教统治时代的最后一个伟大的帝王。戒日王的庞大计划是，力图恢复笈多帝国沙摩陀罗·笈多·海护王时代印度政治、军事、经济、文化兴盛的局面。但他在完成统一南北印度的军事征伐过程中，向南印度德干地区的扩张却遭到失败。

620—630 年，戒日王与南印度霸主遮娄其王国的统治者补罗稽舍二世（609—642 年在位）之间进行了一次激烈的斗争。补罗稽舍二世强有力地防守着那马达河上的各个军事通道，大败戒日王南征的军队。戒日王率军退回北印度，被迫接受以那马达河为戒日帝国的南部边界线。此次战役的失利是对戒日王一生的军事征伐事业的致命性打击，迫使他从此放弃了统一南印度的计划。

但戒日王对东、西印度的军事征伐却取得了胜利。643 年，戒日王在迦摩缕波王的海军援助下进行了甘杰姆战役，灭亡了翔罗拿苏伐剌那国并并吞了孟加拉、比哈尔和奥里萨地区的广大领土，在摩揭陀建立了他的统治。在西印度，戒日王征服了伐拉毗王国。此外，戒日王还进行了对信德和克什米尔的远征，但未取得结果。至此，戒日帝国的领土除了拉其普特、克什米尔、信德以及西旁遮普外，北从喜马拉雅山南麓，南至那马达河；西北占有东旁遮普，东北则达迦摩缕波。戒日帝国的版图已近于笈多帝国时代，成为南亚地区一个强大的统一帝国。

社会经济发展状况

戒日帝国时代，新兴的封建制度促进了印度社会生产力的发展。早期封建制盛行的封建赐地，以及戒日帝国对农民采取的"人无徭课，赋敛轻薄，徭税俭省"的农业政策，促使某些领有赐地的婆罗门到新的落后地区大量开垦处女地和传播新的耕作方法。各地普遍出现了"稼穑殷盛""谷稼丰盈"和"花果繁茂"的农业繁荣景象。在农业生产技术方面开始施用肥料，并推广适合小农经济个体劳动使用的轻便农具，即由一农夫单独架牛耕种的铁铧犁。重要的粮食作物有稻米、大小麦、豆类，经济作物则以油料、棉花、甘蔗、蓝靛为主。蔬菜水果也种类繁多。

工业也取得了一定的发展。城市手工业最发达的部门是棉纺织工业。马土腊是当时棉纺织业中心，所出产的细班氎棉布大量运销国内外，邬阇衍那和迦湿弥罗（克什米尔）出产的白氎棉布也十分著名。其他城市手工业部门，如粮食加工、榨油、制糖、造船、铁制农具、锅釜、象牙雕刻、丝织品等，亦很繁荣。玄奘高度评价印度当时生产的铁制兵器说："刀、剑、钺、斧、戈诸戎器莫不锋锐。"

在中世纪早期，印度的城市手工业生产主要是为封建王公生产奢侈品和武器的行业，与广大农村联系甚小，在封建制经济中仅占少量比重。广大农村手工业者和工匠的活动则附属本村社，为自给自足的自然经济支配，与商品经济没有关系。戒日帝国时代，印度内地的城市缺乏稳固的经济发展基础，绝大多数都不是真正的工商业中心，只是政治、宗教、文化中心及封建王公集中的消费基地，城乡经济联系薄弱。当时随着封建赐地的大量增加，加以受政治中心西移至上游的影响，印度内地尤其是恒河中下游地区的许多古代以来的著名大城市，出现了工商业贸易衰落、货币流通减少的景象。玄奘记载说："波吒厘子（华氏城）荒芜虽久，基址尚在""王舍城外部已坏，无复遗堵，内城虽毁，基址犹峻""摩揭陀城少居人，邑多编户"。这充分说明了印度中世纪早期内地城市工商业经济衰落、货币交换活动停滞的现象。北印度恒河流域只有上游为数不多几个新兴的政治和宗教中心城市，例如曲女城、萨奈沙和钵罗耶伽却成为"异方奇货"的商品集散城市。内地商业贸易的大宗项目是棉纺织品的贸易。这是由于棉布为各阶层主要消费品之一，棉纺织业遂成为主要的一个手工业部门。

戒日帝国时期国内的工商业经济虽出现普遍衰落的现象，但它并不是全面衰落，沿海港口城市仍然是工商业经济中心，继续保持着繁荣兴盛的局面。沿海港口城市的商业贸易关系有两个方面：一是通过海港城市之间的贸易，沟通了与内地各地尤其是南北印度之间的贸易联系；二是通过频繁的对外进出口贸易，保持与东西方各国的国际贸易联系。例如，恒河三角洲的耽摩栗底（今塔姆卢克）由于"国滨海隅，水陆交会"，遂成为东印度海上交通及与中国和东南亚各国进行贸易、文化交流的重要港口城市。法显曾在此地上船经斯里兰卡返国，后来义净也由广州经苏门答腊到此港开始踏上印度次大陆。西海岸的伐拉毗和苏剌陀国也以对外贸易繁荣而著名。西印度沿海港口城市主要与波斯湾各国、阿拉伯世界、拜占廷、东非、埃及等国进行国际贸易，东印度港口城市则与东南亚地区和中国进行贸易及文化交流。但西北印度的边境城市如富楼沙、旦义始罗的工商业经济由于遭受嚈哒人入侵的破坏，只有木尔坦保持了贸易中心的地位。内陆与波斯、中亚、西亚的商队贸易有明显下降的趋势。出口贸易的大宗商品是棉织品（特别是细平纹棉布）、香料、蓝靛、丝绸、药材、蔗糖、粮油、贵重木材、皮革、象牙、珠宝和珍禽异兽。输入品主要是黄金、白银和铜、铅。印度中世纪对外贸易的长期出超和黄金白银的大量流入，使沿海城市工商业经济一直保持繁荣兴盛的局面。

出口贸易当时出现的新情况是：由于拉其普特骑士的增加，扩大了阿拉伯良马进口的需要；自笈多王朝末期以来，印度丝绸工业生产下降，出口减少，这可能是由于西印度许多重要的丝绸手工业行会成员中断了传统的行业，从事其他职业；西印度港口城市与西方尤其是拜占廷的丝织品贸易下降，更主要的是由于唐代中亚和海上丝绸之路上交往的增加，从而带来了大量的中国丝绸。虽然印度海外商人在海湾地区和东地中海沿岸建立了商业殖民据点，但这一时期印度与西方的贸易开始衰落，为此，印度商人更多地依靠与东南亚的贸易，导致他们在广大东南亚地区建立了许多商业和传教据点，对这一地区的社会发展带来广泛深刻的影响，形成了历史上的所谓"大印度"，开始了东南亚"印度化"的时期。

戒日帝国工商业贸易的繁荣，与帝国政府采取"商贾逐利，来往贸迁，津路关防，轻税后过"的轻税政策有很大关系。封建国家对某些商品，例如对酒类、棉纺织品、糖、香料、油类、铁器、皮革价格的控制，贸易的管理和监督远不如孔雀帝国严厉。因此商业活动不像孔雀王朝那样为国库提供较多的收入。商人的经济实力比手工业者强大，城市富商购买土地，赠给寺院。沿海港口城市的商人行会首领享有某些政治特权，封建帝王在颁发给他们特许状的敕书中规定将土地和城市的某些特权赏赐给他们，并规定他们享有一定的自治权利。

手工业者和工匠按阇提联合在种姓会议中，服从种姓组织的规章约束，并且依附商人行会首领、大领地和庙宇。由于内地城市市场经济陷于低潮，有些城市手工业工匠不能在城市里为其产品找到充足的市场，便流入村庄向农户供应产品，因此依附于村社内的高级种姓。手工业者的经济活动局限于地方，没有竞争自由，这也反映了城市封建经济的闭塞性特点。

封建制的确立

从 2 世纪至 6 世纪的贵霜王朝和笈多帝国时代起，印度就已开始向中世纪封建社会过渡。但由于印度国土辽阔，社会政治经济文化存在着复杂的多样性和发展水平的严重不平衡，又受着当时印度特殊历史条件所造成的保守因素的消极影响，所以向封建制度的变革经历了长期的、缓慢的过程，到戒日帝国时代封建社会才最后形成和确立。土地分封赏赐是印度封建制形成的主要途径，在封建化进程中起过重要作用。中世纪印度封建制经济的主要核心封建土地关系，主要产生于封建国家将大量国有土地裂土分封以及永久赐地私有化的深入发展。戒日帝国时代，全国土地的最高所有权名义上属国王所有，但通过封建帝王将大批土地和村庄封赐给各级封建主——文武官吏、藩王、寺庙和婆罗门等高级僧侣，这些永久封赐的土地都成为封建主的私有领地，并可世袭占有。受赐的封建主有权享用土地或让他人耕种土地，他已经取得了实际上的土地所有权。通过封建帝王的再分封，有些较大的封建主还有权将领有的赐地再进一步分割封赐给下级附庸，不必得到封建帝王或上级封建主的批准。根据当时的一些法典和铭文资料看出，国王与土地实际耕地者之间的土地获利者有四种之多。因此，在封建国家与农民之间开始出现了一个中间剥削阶级——封建土地贵族。

封建国有土地"王田"实际上分为三类：（1）封建帝王直接占有并由国家征收田赋的土地，田赋收入是国家财政支出和王室费用的主要来源；

（2）职田（禄田）是封建帝王作为俸禄封赐给政府高级官吏的赐地；（3）福田（即教田）则是封建帝王布施给庙宇、婆罗门和佛教高僧的赐田，作为宗教方面服务的报酬。当时的一些法典规定：如果土地已经被占有了三代，则除了根据国王的意旨外，不可被剥夺。戒日王同时代的其他封建君主的赠地文书规定：村庄赐地所应交纳的一切赋税，以及使用强制劳动的权利、实物和黄金收入，对十种犯罪权利的审判权，受赐者及其子孙后代都有权享用，无论他将土地自己经营还是出租任何人，包括政府官吏都不得干涉。受赐贵族除享有对其永久赐地的所有权以外，还取得了行政管辖权、司法审判权，并拥有禁止国家军队、政府官吏进入其赐地的权利。印度教神庙和佛教寺院拥有更多的赐地，而且赐地一旦转入神庙和寺院之手就不可能再转让给世俗封建贵族，它们的封建地产和所控制的封建依附农民越来越多，并享有各种各样的豁免权利，所以经济实力雄厚，成为封建制经济的中心之一，对加速封建化的进展起着重要作用。

由于大量的村庄被赏赐给土地贵族，村社农民享有的土地权利以及其他的传统的权利就转到受封贵族手中。封建土地贵族利用他们对赐地的权力，迫使村社农民向其交纳封建地租和服徭役。土地贵族对农民也使用暴力，行使司法和行政管辖权力，迫使农民束缚于由他们直接控制的土地上。他们有法定的权力控制受赐土地上的依附农民，使他们不得脱离村庄。但同时又有将农民从耕种的土地上驱逐的权力，使农民不能保有永佃权，经常遭受被夺佃的威胁。这些情况使大批农民沦为隶属于封建土地贵族阶级的封建依附农民。由于封建帝王赐地是以村社为单位连同其中的农民一起赏赐的，所以这些赐地上的农民"户不籍书"，封建国家的官府不再编制他们的户口册。随着封建主义的超经济强制的加强，赐地领有者和直接生产者农民的身份和地位都发生了新的性质上的变化。赐地领有者成为封建土地贵族阶级，取得了对沦为封建依附农民的直接生产者人身的支配权力。这些村社原来的自由农民，便沦为隶属并依附于本地区某一个具体的主人——封建土地贵族的封建依附农民。这类新型的直接生产者虽然仍是不自由的，但隶属程度不像奴隶那样是绝对的人身的被直接占有，依附关系比较缓和。

佛教寺院和印度教庙宇不但拥有大量的封建地产，而且所控制的封建依附农民也越来越多。在 5 世纪法显访印时的笈多帝国时代，他所见到的一些寺院只有"众僧民户（寺院拥有的封建依附农民）数十家而已"。到了 7 世纪戒日帝国时代寺院拥有的封建依附农民就大量增加。土地分封的单位是

"邑"或"封邑",封邑有大有小,基本上是一个村庄或一个村社,一般有农户200余户。封建依附农民仍旧组织在古老的村社经济结构内。村社内的农民和手工业工匠各自按照种姓制度规定的职业,租佃高级种姓封建土地贵族的土地,从他们那里取得土地使用权。印度村社制度下的封建剥削关系逐渐发展起来,强制劳动的性质发生了变化。婆蹉衍的《情欲经》明确规定:村社之主在农业生产和纺纱织布等家庭手工业劳动中,有使用低级种姓依附农民的农妇的强制劳动的权力。

对农民剥削形式的性质也发生变化。原来大部分村社自由农民交纳给奴隶制专制国家的田赋(巴伽,即地租与地税合一)形式的国税,已经转化成为由封建土地贵族向依附农民收取的封建地租。关于封建地租的数量,以佛教寺院为例,封建实物地租的剥削量仍约相当于土地总产量的1/6,有时因季节而有增减。据义净记载,孟加拉地区佛教寺院的封建地租剥削量为土地产量的1/3。佛教寺院对封建依附农民还进行一小部分强制劳动剥削。例如那烂陀寺每天傍晚和黎明,寺院中之杂务劳役皆"户人"和"净人"所做,曲女城的印度教日天祠庙宇各有净人千户充其洒扫。寺院和庙宇还剥削依附农民修缮寺庙的强制劳役。赐地的受赐者对所赐予的村庄的荒地、牧场、丛林、柴林、树林及池塘、水源拥有所有权,他们对利用这些东西的农民征收赋税。随着封建化进程的发展,封建强制劳役的征派扩大到自由农民和手工业工匠身上。其中除大部分由国家征课使用于修建城堡、水利灌溉外,还包括看守和保养村庄的道路和桥梁、侍候来村庄巡视的政府官员。受封赐土地的封建土地贵族享有征课他们的依附农民以名目繁多的强制劳役的权利。村社之主偶尔也在其所经营的田庄上使用农民的强制劳动进行农业生产和手工业劳动。在封建君主赐给城市商人的特许状中,规定他们可以有剥削铁匠、木匠等熟练工匠及搬运夫从事强制劳役的特权。高利贷债权人还迫使无力偿还债务的负债农民和手工业工匠以强迫劳动偿还债务。

首陀罗和吠舍是两个与社会生产联系非常紧密的劳动种姓,他们最易受到社会经济变化的影响。印度封建制度的社会经济关系形成的标志之一与首陀罗种姓在农业生产劳动中的地位的新变化有密切的关联。因为他们作为中世纪印度封建社会中的一个主要从事农业生产的劳动种姓正在兴起,并构成农业人口中的绝大部分。在古代奴隶制社会中,农业被看作是一种洁净的行业。法经规定首陀罗不得从事农业生产劳动,只能从事手工业和为高级种姓服务的各种贱业杂役劳动。后来《摩奴法典》和《述祀法论》规定首陀罗可以在村社的份地上"自由"地从事农业生产劳动，从笈多帝国时代开始，大批首陀罗就转化为农业劳动者。后来这种趋势不断发展，到封建制经济关系形成和最后确立的戒日帝国时代，首陀罗成为租佃封建贵族土地的农民。与此同时，首陀罗的经济条件和社会地位较之奴隶社会阶段有了相对的提高和改善，这对封建制经济的形成和确立有重大意义，因为大部分新型农民——封建依附农民的主要来源是由封建制租佃农民构成的。

封建依附农民的第二来源，是由经济条件恶化了的，原来的广大下层吠舍种姓自由农民转化而来的。由于外族入侵带来社会经济的破坏以及阶级分化，他们沦为封建依附农民，并被排除于吠舍种姓之外，在经济条件和社会地位上与首陀罗种姓日渐接近，几乎没有差别。两个劳动种姓最后合流，结合成为一个"混合"种姓，即新的首陀罗种姓，并构成封建依附农民的绝大部分。当然也有一小部分封建依附农民是由一般奴隶和家内奴隶转化而来的。与孔雀帝国和笈多王朝时代不同，在戒日帝国的印度社会中农业生产劳动受到统治阶级的鄙视，低级种姓职业变化十分显著，吠舍种姓的职业地位上升，商人和高利贷者的地位抬头，农民被排出吠舍种姓加入到首陀罗的行列，一切农业生产劳动都被看作只是首陀罗种姓和贱民的职业。首陀罗种姓出身的封建依附农民被束缚于土地上，连同赐地一起赐给婆罗门等僧俗土地贵族。印度封建社会中的直接生产者的大部分——封建依附农民并不是完全的农奴而是"半自由"的或"自由"的封建依附农民。印度的封建依附农民依靠村社共同体能在相当程度上保持自己人身的自由，在人身上并不属于封建领主。在中世纪印度，对封建依附农民的强制劳动也并不是农业生产劳动中的主要部分。印度在封建制度确立以后，虽然也可以看到在极少数的封建庄园中使用封建依附农民的强制劳动，他们被称为"农夫"，但是封建劳役地租形式的强制劳动没有发展成为封建剥削的主要和普遍形式，实物地租才是封建剥削的主要形式。强制劳动也往往是短期的。没有农奴制这一点，是印度中世纪封建制度的主要特点。马克思曾指出："印度没有农奴制，而农奴制是一个重要因素。"[1] 这主要是因为在中世纪印度封建化过程中，虽然全部或大部分土地几乎都被封建主占有，但他们一般不直接经营自己的庄园。所以印度封建制度的经济特征在于，并不存在封建剥削阶级的大农场或

---

[1]　马克思：《科瓦列夫斯基〈公社土地占有制，其解体的原因、进程和结果〉一书摘要》，人民出版社 1965 年版，第 70 页。

大庄园，封建制农业经济的主要结构是村社里的小农经济。

戒日帝国的政治制度、宗教和文化

由于这一时期封建主义的政治经济因素所形成的特点，使戒日王没有条件统一南北印度并建立一个强大巩固的统一帝国，最终只能利用封建纽带在北印度建立一个较大的封建王国。戒日帝国各部分的政治联系比笈多帝国时代弱，只有部分地区直属帝国中央政权，其余是二三十个半独立的封建藩国，在内部享有很大的权力。因此帝国实际上是许多封建小王国的结合体。戒日王以武力强迫地方封建藩国承认他为北印度的宗主，向帝国中央交纳贡赋和提供军队。为了统治帝国，他亲自监管行政，驻跸各地区及许多藩国，其营帐所在地实际就是帝国临时行都。

玄奘描述戒日帝国时代印度的政权机构"政教既宽，机务亦简"，但也建立了一套"刑政甚肃"的官僚机构。中央政府有曼特里巴里夏德（大臣会议），由摩诃沙曼多（大臣）、摩诃罗阇、达乌德沙萨达尼迦（大司寇）组成，辅佐戒日王进行统治，并影响他的外交政策。戒日王采用通天王即"至高无上统治者大王中之王"的称号，集军事、行政、立法、司法权力于一身，是帝国最高的统治者。随着帝国不断扩展，戒日王的军事力量更为强大，拥有象军6万、马军10万、步军5万。他除掌管重大朝政外，还亲自审理司法案件。地方行政组织分为省（布克提）、区（沙安那皮斯）、县（毗沙耶）。农村基层行政组织仍旧是政社合一的村社。

戒日帝国时代由于赐地可以逐级分封，又缺乏一个强有力的中央政权，因此政治上产生了封建等级制结构。封建贵族的权力和地位是以封赐地的大小及其直接控制的封建依附农民的多少来决定的。2—7世纪结合着由不同的政治关系，封君与封臣、高级官吏、婆罗门和佛教僧侣、寺院、行会首领，乃至村社之主形成的各级封建主，组成封建等级制臣属关系。戒日帝国还有30余个封建藩臣，即藩王。他们向戒日王称臣纳贡，定期朝觐。

戒日王的宗教政策，是佛教与印度教和其他宗教兼收并蓄。为了利用各教派为其封建统治效劳，他将大量国有土地和国库钱财慷慨布施，供养婆罗门和佛教僧侣及寺院。他早期是印度教湿婆派信徒，并崇拜太阳神。晚年由于与玄奘的友谊而受其影响，过多地倾向佛教，并以护法王阿育王为榜样，对佛教大力支持和保护。于是佛教在印度重又抬头，但这是佛教在印度教兴起和得势之后，在日益衰落过程中的最后一次回光返照。

　　戒日帝国时代是新兴的印度教湿婆教派和毘湿婆教派（即薄迦梵教派）兴盛时期，婆罗门种姓的宗教和社会政治势力相当强大，以曲女城为例，佛教与印度教是"邪正二道，信者相半"。

　　戒日帝国时代印度有三大学术文化中心。北印度的那烂陀寺是全印和世界著名的佛教及学术文化中心，除研究各派宗教哲学外，也从事医学、数学和天文学的研究。它兴建于笈多帝国时代，玄奘在该寺研究佛教和讲学时有六大院，全印高僧、名流学者会聚于此。671 年义净访印时，那烂陀扩大到八大院。在西印度，伐拉毘的寺院可与那烂陀齐名。南印度帕那瓦王国首都建志补罗（黄支）是第三个学术文化中心。此外，乌阇衍那是数学、天文学研究中心，且义始罗则以医学研究驰名。

　　戒日帝国时代是印度梵语古典文学由盛转衰的过渡时代。在宫廷戏剧发展的同时，民间演出的各种地方口语戏剧也盛行起来。戒日王对文学非常推崇，极为奖励扶持人才，他本人就是造诣很深的诗人和剧作家，撰写过《龙喜记》《珠缨》《爱见》三本剧本。他在宫廷中网罗会聚了拜拿（印度中世纪三大古典小说家之一，著有《戒日王传》《曷利沙本行》等）等著名文人，促进了当时文化艺术事业的发展。

玄奘访印与当时的中印关系

　　7 世纪玄奘访印及其与戒日王的亲密关系，不仅对中印文化交流的扩大做出了巨大的贡献，而且导致戒日帝国与唐帝国双方建立正式的外交关系，从此开始了中印两国君主在政治上的接触。

　　玄奘在唐帝国极盛时期访印求法，在印度十四五年，足迹遍及印度，其中在戒日帝国度过 8 年。631 年，玄奘入东印度王舍城北之那烂陀寺，从主持寺务的戒贤法师学大乘瑜伽行派广博精深的《瑜伽师地论》，并向各地法师学《十二因缘论》。641 年，玄奘在那烂陀寺主讲瑜伽行派的《摄大乘论》和《唯识抉论》，这是中国法师在印度最高学府讲学，深受远近僧徒欢迎。当时印度宣讲佛学之风甚盛，高僧和名流学者聚集那烂陀各抒己见。玄奘参加了那烂陀内外的一系列佛教理论的论战，获得极高声誉，并终于使其他人折服。

　　玄奘抵印后，戒日王慕名求见，并于 643 年在曲女城举行盛大的大乘佛教法会欢迎玄奘。到会藩国王公 20 余人，大小乘佛教高僧、婆罗门名流学者 5000 余人，法会尊玄奘为坛主，宣讲大乘佛学理论达 18 天，以博学宏达赢得"大乘天"和"解脱天"的尊贵称号。戒日王又邀请他乘大象巡行，借此将大会盛况宣告于众，从此玄奘盛名传遍全印。曲女城法会后，威信日高的玄奘更受戒日王敬重，他又被邀请参加在钵罗耶伽举行的第六次大乘佛教无遮大会，在印影响更为广远。

钵罗耶伽无遮大会之后，玄奘于 645 年唐太宗贞观十九年回到长安，带回梵文本佛经 657 部。他在戒日帝国印度时期的宗教学术活动，推动了当时印度的学术研究，发展了大乘瑜伽行派的哲学思想，扩大了大乘佛教在印度的影响。他还把老子的《道德经》及在印度早已失传了的《大乘起信论》由汉文译成梵文传布到印度，为中印文化交流做出了杰出的贡献。他返国后撰写的《大唐西域记》是世界文化宝库中的瑰宝，为研究中世纪早期印度的历史和文化以及中印交通史提供了丰富翔实的珍贵史料。

通过玄奘对盛唐文化的介绍，戒日王对印中结为友好睦邻关系的愿望也更加迫切。641 年即唐贞观十五年，印度摩伽陀王向唐朝派遣外交使节。不久，唐太宗也遣梁怀璥为首的中国使节团，答访戒日帝国。梁怀璥抵印时，戒日王欣然亲自出迎并接受中国使节呈递的国书。643 年即唐贞观十七年，唐太宗又遣李义表为正使、王玄策为副使取道吐蕃和泥婆罗（尼泊尔）二次访印，厚礼献赠戒日王。戒日王盛情欢迎，并以火珠、郁金、菩提树回赠中国。五年之后，唐遣王玄策为正使、蒋师仁为副使的外交使团第三次出使戒日帝国。但戒日王已于 647 年末逝世，国内发生内乱，戒日帝国瓦解。原大臣阿罗那顺篡位自立，在反戒日王的婆罗门大力支持下，破坏了中印友好的外交政策。甚至发兵半途狙击并杀害了使团人员 30 余人，劫夺了印度诸国赠送唐朝的礼物。王玄策等奔往吐蕃，得到松赞干布派出的精兵 1200 人相助，泥婆罗 7000 骑兵也前来助战。王玄策与蒋师仁率两路人马向曲女城进击，经过连续三日的战斗，阿罗那顺战败弃城而逃，后又纠集溃兵再战，终为蒋师仁俘获。王玄策和蒋师仁缴回被劫的印度各国所送的礼物，协助印度军民平定了内乱，安定了曲女城的秩序，随后立即撤兵。648 年 5 月，阿罗那顺被押解至长安，得到唐太宗的宽大处理。阿罗那顺自此留在中国，死后刻其石像存于唐太宗之昭陵。

王玄策访印期间，伽摩缕波国拘摩罗王由于对中国老子哲学感兴趣，向中国使团索取老子肖像及《道德经》的梵文译本。唐太宗命玄奘及道教学者译成梵文本传至印度。唐太宗遣使至印度取熬糖法，为此印度大菩提寺沙门八人和工匠两人，于贞观年中来中国传授制糖技术，后用越州甘蔗制成了石蜜。657 年，唐高宗显庆二年，王玄策第三次出使印度，由拉萨经泥婆罗入印，到佛陀伽耶朝拜，绘成《佛迹图》，又至摩诃菩提寺立碑铭。

　　戒日帝国时代，中印友好外交关系和经济文化交流获得了空前发展。中国的造纸术传入印度，花生、大豆和荔枝也引进印度。大批天竺佛教高僧传播佛法、翻译经传，促使佛教在中国广泛传布。

德里素丹国的兴亡

王邦维

10 世纪末以来，印度不断遭到从中亚地区来的外族的侵略。原在今阿富汗境内的突厥人和阿富汗人在信仰了伊斯兰教以后，持续地向印度进行大规模的侵略和扩张。1206 年，入侵的突厥人以德里为中心，建立了印度土地上的第一个伊斯兰教国家，历史上被称作德里素丹国。其疆域在最强盛时，西起印度河流域，东至今孟加拉地区，北至喜马拉雅山下，南至科佛里河流域。德里素丹国经历了五个王朝，前后 300 多年，直到 1526 年始归于消灭。在整个印度次大陆的历史上，德里素丹国时期是一个重要的转折时期。在德里素丹国建立之前，印度 8—13 世纪处于小国林立、许多短暂的王朝频繁交替、内战不断的混乱状态，没有一个较大的政治中心。德里素丹国是第一个地域广大、统治较为稳定的国家。它奠定了伊斯兰教在印度次大陆的地位，对后来的印度社会政治制度与社会生活有着十分重要的影响。

德里素丹政权的建立

伊斯兰教进入印度，最早是在 8 世纪。711 年，称雄一时的阿拉伯人在征服了伊朗和阿富汗地区后，进而侵入印度西部的信德地区。但是阿拉伯人对信德的占领并不持久。8 世纪中叶，他们退出了印度。963 年，信奉伊斯兰教的突厥人在阿富汗境内的伽色尼建立了一个国家，这个国家的统治者一直对印度实行进攻和掠夺的政策。仅在 1001—1027 年，伽色尼王朝的素丹马穆德就先后入侵印度 20 余次，屠杀人民，掳掠大量财富，破坏城市与乡村，一度还把占领的旁遮普地区置为一省。入侵者们还用武力传布伊斯兰教，迫害信仰印度教的居民。这给印度带来了巨大的灾难。

12 世纪中叶，地处阿富汗境内的赫拉特与伽色尼之间的廓尔王国开始强大起来。1173 年，廓尔王朝的素丹吉亚斯－乌德－丁·穆罕默德带领军队占领了伽色尼，同时开始夺取伽色尼王朝在印度境内的属地。廓尔素丹的弟弟穆伊兹－乌德－丁·穆罕默德（通常被称为"廓尔的穆罕默德"）带领军队，越过开伯尔山口，在 1179 年攻占白沙瓦，1185 年攻占锡尔科特，1186年攻占拉合尔。伽色尼王朝至此最后灭亡。

廓尔人继续向北印度一带扩张。1193 年，他们占领德里。穆伊兹－乌德－丁·穆罕默德在攻占其他一些地方后，留下他的副将库特布－乌德－丁·艾巴克镇守德里，然后带着掠得的大量财富，回到了伽色尼。

库特布－乌德－丁·艾巴克原是属于穆伊兹－乌德－丁·穆罕默德的一个奴隶。他是突厥人，由于能干和勇敢，因而受到主人的赏识和提拔，最后获得很高的地位。在当时中亚的伊斯兰军队里，这种奴隶出身的将领很多。素丹们常常从自己贴身的奴隶中选拔大臣、将领，以至自己王位的继承人。1194 年，库特布－乌德－丁·艾巴克攻下贝拿勒斯。1198—1199 年又攻下卡瑙季等城市，把势力进一步扩大到恒河平原地区，并且巩固了在德里与古吉拉特地区的统治。在这同时及稍后，廓尔军队的另一位将领，伊克提雅尔－乌德－丁·穆罕默德·巴克提亚也占领了比哈尔和孟加拉的部分地区。伊斯兰入侵者深入到了印度本土的广大地区。

1205 年，廓尔的穆罕默德在中亚遭到一次严重的军事失败。1206 年他被人刺杀。他死以后，廓尔王朝实际上就灭亡了。廓尔王朝各地的将领本来就拥有很大的权力，有的便宣告独立。在德里的库特布－乌德－丁·艾巴克这时已经统辖着以德里为中心的很大一个地区，便也自立为素丹，建立了一个新的国家。因为他出身奴隶，他建立的王朝后来便被称为奴隶王朝。这个国家以后的王朝虽有更迭，但一直以德里作为首都，国王都称作素丹，因此历史上就称为德里素丹国。

奴隶王朝（1206—1290 年）

库特布－乌德－丁·艾巴克在 1210 年死去。经过争夺，他的女婿伊杜米思做了素丹（1211—1236 年在位）。伊杜米思继承他前任的事业，继续巩固和扩大这个新建立的伊斯兰国家。他首先战胜了对他地位威胁最大，与他竞争、对抗的其他穆斯林军事贵族，又小心保护西北边境，避免与成吉思汗的蒙古军队直接对抗。他先后把木尔坦、乌齐、孟加拉等地从他的对手手里夺取过来，置于自己控制之下。他还向拉其普特族的印度王公多次发动战争，攻占过兰特姆波尔、曼多尔、瓜廖尔、比尔萨、邬阁衍那等城市。这一系列征战的结果，使德里素丹国成为北印度当时并存的许多国家中最强大的一个国家。

伊杜米思在世时，他手下的出身奴隶的突厥贵族形成了一个有势力的集团，称为"四十人集团"。在他死后，四十人集团的贵族们左右他的儿女们互相争夺王位，势力更加增长，实际上控制了国家的政治权力。贵族们互相之间也有激烈的权力斗争。

1246年，一位新的素丹登位，四十人集团中一位名叫吉亚斯－乌德－丁·巴尔班的贵族在素丹宫廷里掌握了很大的权力。巴尔班很能干，他也是出身奴隶的突厥人。他开始时担任"纳伊布"（素丹的代理人）的职位，1266年正式做了素丹。

作为德里素丹国实际上的统治者，巴尔班掌握权力有40余年之久。在他统治的时期内，他努力提高素丹的最高权力和影响，想办法削弱四十人集团中其他贵族的地位。他重新改组军队，在军事上实行改革，加强各级国家机器，对人民施行更严格的统治。他尽力平定国内所有的骚乱，派军队清剿德里附近的梅花特丛林地区的盗匪，又残酷镇压了朱木拿河和恒河流域地区的人民起义。在稳定了德里地区的统治后，巴尔班进而对付在孟加拉搞分裂、力图脱离德里素丹控制的穆斯林贵族，亲征孟加拉，平息了那里的叛乱。同时在西北方，巴尔班基本上抵抗住了蒙古人的入侵。

卡尔基王朝（1290—1321年）

巴尔班在1287年死去。1290年，一位突厥贵族贾拉尔－乌德－丁·菲罗兹·卡尔基推翻了巴尔班的继承者，做了素丹。他建立的新王朝称作卡尔基王朝。许多老的突厥贵族不支持他，认为他没有真正纯粹的突厥血统。可是新的素丹用职位和金钱大量赏赐支持他上台的贵族们，又尽力抚慰那些对他不满的贵族，巩固了自己的地位。菲罗兹·卡尔基在位的时间不长。1296年，他的外甥兼女婿阿拉－乌德－丁杀死了他，然后做了素丹（1296—1316年在位）。

阿拉－乌德－丁统治时期可以算是德里素丹国最为强盛的时期。他野心勃勃，力图扩大他所统治的版图。阿拉－乌德－丁直接统辖了一支强大的雇佣军队。为了维持雇佣军队的开支，他一方面多次对邻国发动劫掠性战争，夺取财富，另一方面在国内增加各种赋税，加紧对农民，尤其是印度教农民的剥削。1296 年，他带领军队，第一次越过温底亚山，劫掠德干地区富裕的德瓦吉里城；1299 年，他征服了古吉拉特；1301 年夺取拉贾斯坦的兰特姆波尔；1303 年攻占奇托尔；1305 年攻占马尔瓦的曼都、邬阁衍那等城。这些战争行动，使拉其普特的印度王公们不得不承认德里素丹的宗主地位，同时又打开了进一步进攻南印度的通道。1306—1313 年，阿拉-乌德-丁派遣他手下的将领四次远征德干，打败了这一地区内的印度王公，迫使他们承认他的宗主地位，还获得大量的实物和战利品。伊斯兰军队到达了印度半岛的最南端，德里素丹国在整个印度的影响和势力也达到顶点。

蒙古人在阿拉-乌德-丁时期仍然多次入侵印度的西北边境地区。1297 年，他们侵入到旁遮普。1299 年，蒙古军队几乎到达了德里。1303 年，他们差点包围了德里城。可是这些进攻都没成功。阿拉-乌德-丁的军队打退了他们。

在内政方面，阿拉-乌德-丁实行了一些强制性的政策，力图从人民群众身上搜刮更多的金钱，以维持他的庞大的军队和政府的开支。他提高土地税，税率是生产物的一半，又增设其他种种新税，在北印度的一些地区，第一次开始实行根据土地丈量的结果而纳税，代替过去的向土地所有者收取某种贡物的做法。对印度教徒的措施尤其严厉。对他手下的贵族和军士，他收回了一部分原来属于他们的免税的土地，尽量用现金作为他们的薪饷。为了维持军队和国内秩序的稳定，他又用行政命令规定德里地区市场商品，尤其是军需品的价格。这些措施，对加强他的专制统治起了一定的作用，但也引起人民的各种反抗。利益受到损害的一些封建主也对之不满。

图格鲁克王朝(1321—1414 年)

阿拉-乌德-丁死于 1316 年。四年之后，素丹的位置被一个改宗伊斯兰教的印度将军胡斯鲁·汗夺取。这引起了突厥贵族的不满和反对。驻守旁遮普的突厥贵族吉亚斯-乌德-丁·图格鲁克乘机带兵攻入德里，杀死胡斯鲁·汗，自立为素丹，建立了新的图格鲁克王朝。

吉亚斯-乌德-丁·图格鲁克在卡尔基王朝时代曾因成功地抵御了蒙古人的入侵而著名。他当了素丹以后最大的成绩是把自巴尔班死后就一直独立的孟加拉重新置于德里政权的控制之下。他死于 1325 年。他的儿子穆罕默德·伊本·图格鲁克继承他做了素丹。

穆罕默德·伊本·图格鲁克继续奉行前任素丹们向南扩张的政策。他力图直接控制德干地区，在南印度实行伊斯兰教的统治，这就是他的主要目的。1327 年，他决定把德瓦吉里作为第二首都，改名为道拉塔巴德，强迫德里的一部分居民迁移到那里去。但这一行动并不成功。

就在穆罕默德大力侵略南方之时，西北方和孟加拉都发生了叛乱，蒙古入侵者又长驱直入，几乎抵达德里城下。素丹镇压了这些叛乱，又用大量的礼物把蒙古人打发走。为了支持不停的战争行动，需要大量的开支，素丹只得"10 倍 20 倍地"增加税收。农民有的家破人亡，有的不堪忍受，逃入森林，进行武装反抗。1329 年，为了弥补不断增加的军费，避免国库中金币和银币的流失，穆罕默德命令铸造铜币，代替金银币流通。可是新币质量低劣，不能取信，因此出现大混乱。这个计划终以失败结束。

穆罕默德·伊本·图格鲁克统治的后期是德里素丹政权由盛而衰的转折点。1335 年，德里素丹国管辖南印度南端的马巴省的穆斯林总督宣告独立，成立马杜赖素丹国，德里方面没有能采取镇压行动。随后不久，南印度本来已经臣服了的印度王公利用北方发生叛乱，也纷纷独立。他们建立了一些新的国家，其中最重要的是维查耶那伽尔国。在此后的十多年里，穆罕默德南北奔走，东征西讨，忙于平定几乎每一个省份里都在发生的叛乱，实际上已经失去了对南方的控制。德瓦吉里等地的守将脱离德里而自立，1347 年在德干地区建立了一个称为巴曼尼的独立的伊斯兰国家。德里素丹政权从此不再拥有过去广大的领土与最高的权威。

就在穆罕默德统治时期，1341 年，中国的元朝皇帝曾派遣使节来到德里。素丹也同样回派了使者。

穆罕默德·图格鲁克在 1351 年死去，临死前他正着手平定古吉拉特的叛乱。他的表兄弟菲罗兹·沙继任为素丹。新的素丹面临着比他的前任更为困难的局面。虽然他仍然对孟加拉、信德、奥里萨等地采取了一系列的军事行动，并且取得一些胜利，但是德里的中央政权还是不能有效地控制这些地区。各地的穆斯林贵族与印度王公们独立的越来越多。1388 年，菲罗兹死去。他死以后，他的继承人各自在一批有权势的贵族的支持下互争王位，素丹的权威更加被削弱。古吉拉特的穆斯林总督在 1390 年宣告独立。拉其普特族的印度王公们不断地起义。1394 年，穆斯林贵族们甚至拥立出两个素丹。地方独立、起义、内战，使德里素丹国迅速地开始瓦解了。

帖木儿的入侵与德里素丹国的衰亡

　　帖木儿的入侵给了德里素丹政权最致命的打击。1398 年，来自中亚撒马尔罕的帖木儿在征服波斯、阿富汗和美索不达米亚以后，率大军侵入印度。他的军队一路烧杀劫掠，给印度人民带来巨大灾难。12 月，帖木儿到达德里城下。在攻城之前，他命令把军营里所有的印度教徒俘虏统统杀死，死者据说有 10 万人之多。德里被攻陷后，城中的财富被洗劫一空，居民几乎也全遭屠杀，只有少数具有技艺的工匠活了下来，作为奴隶被送到撒马尔罕。

　　帖木儿在 1399 年春离开印度。他给德里留下的几乎是一片废墟。1401年，图格鲁克朝的素丹马穆德重新回到德里。虽然他名为素丹，但实际统辖的范围仅仅限于德里附近一带。在德里以外的地区，穆斯林的贵族与拉其普特的印度王公互相混战。古吉拉特、马尔瓦、江普尔等地及其他许多新的旧的小王国纷纷独立。拉合尔、木尔坦、提帕尔浦尔及信德的一部分则掌握在帖木儿留下的部将基兹尔·汗·赛依德手里。德里素丹这时名存而实亡。

　　马穆德是图格鲁克朝的最后一位素丹，他在 1413 年死去。1414 年，德里落入基兹尔·汗·赛依德手里。他宣布自己为素丹（1414—1421 年在位），建立了赛依德王朝（1414—1451 年）。可是他和他的后继者并不能恢复起德里素丹过去在北印度的宗主地位。到处是独立的小国，与邻近地区国家的战争仍不时发生，赛依德王朝的权力仅及于德里以及旁遮普一带。

　　1451 年，旁遮普的总督，阿富汗人巴鲁尔·罗第（1451—1489 年在位）领兵占领德里，建立了罗第王朝（1451—1526 年）。巴鲁尔·罗第和他的后继者采取一些较为成功的军事行动，平定了朱木拿河和恒河流域地区，江普尔和比哈尔先后被征服。德里政权的力量这时稍有恢复，但还是只等于北印度的一个诸侯国。北印度其他地区则分裂为孟加拉、古吉拉特、马尔瓦、克什米尔、拉其普坦拿等几个部分，相互混战不休。

　　罗第王朝后期，国内又出现内乱。1524 年，旁遮普总督道莱特·汗·罗第和另一位贵族阿拉姆·汗·罗第为了争权夺利，引诱帖木儿的后裔巴卑尔进入印度。1526 年，巴卑尔统率莫卧儿军队在德里附近的帕尼帕特打败罗第王朝的军队，然后占领了德里。素丹易卜拉欣·罗第死在这场战争之中。历时 300 多年的德里素丹国家最后结束，印度从此进入一个新的时期——巴卑尔和他的继任者建立的莫卧儿帝国的时期。

政治和社会经济情况

德里素丹国是一个封建的伊斯兰教国家。统治阶级的上层都是来自中亚的军事封建贵族,多数为突厥人、阿富汗人或波斯人。素丹是国家的最高统治者,拥有立法、司法、行政和指挥军队的所有大权。有的素丹为了提高自己的政治影响,还接受伊斯兰教的神权领袖哈里发对自己地位的承认,但仅仅只是在名义上而已。素丹政权的基础实际上是一支庞大的雇佣军队。在一般情况下,素丹都亲自统领军队。素丹的军队由于拥有比较强大的骑兵,士兵中很多是从中亚来的职业军士,战斗力较强,又善于集中兵力、机动作战,因此在与印度本土分散不和的各个封建王公作战时,往往都能取胜。这是突厥军事贵族能够迅速征服北印度,在德里建立伊斯兰封建政权的原因之一。

但是德里素丹政权300年来一直不能算是一个十分稳定的政权。素丹的专制权力经常受到挑战。地方上拥有军事和政治实力的穆斯林贵族一有机会,便往往脱离德里政权而独立。他们或者互相攻伐,或者伺机夺取素丹的王位。素丹的宫廷里又为了争夺王位而不断发生阴谋与政变。素丹与贵族,新贵族与老贵族,旧的穆斯林贵族与由印度教改宗的新穆斯林贵族之间经常爆发流血的冲突。在素丹强大的军事进攻下,印度王公有的退入山区,坚持抵抗;有的虽然被迫承认素丹的宗主权,但时时也想恢复独立。素丹们多是好战的暴君,他们横征暴敛,虐杀无度。人民群众不能忍受素丹和穆斯林贵族残酷的民族压迫与阶级压迫,常常被迫反抗,发动地区性的起义。在伊斯兰教内部,下层的穆斯林群众也不满上层贵族的统治和压迫,用各种形式进行反抗斗争。这些时时都威胁着素丹的政权。

德里素丹国的前期和中期,在素丹政权具有较强的军事和政治力量时,北印度大部分地区还能呈现某种程度的统一。素丹把直接占领的地区划分为省,派遣穆斯林贵族进行管理;另外又在承认素丹的宗主权、交纳贡物的条件下,让一些被征服的印度王公保持他们在某些地区原来的统治。素丹的军事力量最后到达的南印度地区更是这样。但是这种统一在实行程度上很有限,而且十分短暂。一旦素丹政权的力量减弱,各地又迅速出现小国分裂、互相混战的局面。

　　由于德里素丹国的建立，北印度的封建制度这时发生了一些新的变化。素丹把占领的土地划分为一些"伊克塔"，分给穆斯林贵族管理。领有伊克塔的贵族称为"穆克提"或"瓦利"。穆克提或瓦利在自己领有的伊克塔里几乎享有与素丹相同的那种权力和地位。他们管理伊克塔的所有事务，可以有一支军队，但必须服从素丹的命令，必要时参加素丹的军事行动。从伊克塔得到的税收穆克提保留一部分，交一部分给素丹。伊克塔既是一级行政管理区划，又有些类似于西欧封建时代的军事采邑。13世纪以后，在伊克塔的下面又分为"斯克"，由"斯克达尔"领有。斯克下面有"帕尔格纳"，最小的行政单位仍然是村社，村社由世袭的官吏或"潘查耶特"（五人委员会）管理。穆斯林封建主虽然享有对占领土地征税，迫令农民贡献实物和提供其他劳役服务的权力，但一般并不破坏印度农村原来的村社制度与其自身的社会生活方式。但到14世纪后期，伊克塔已转变为贵族的世袭财产。伊克塔制度使有势力的穆斯林封建贵族很容易实行地方割据。封建贵族利用自己掌握的军事力量，常常不服从德里的中央政权，甚至发动叛乱，或者互相混战。除了贵族的封建领地外，素丹有归自己直接管辖的王室土地"卡利沙"；伊斯兰教的寺院和神职人员有素丹赠予的土地"伊纳姆"和"瓦克夫"，这些土地永远归受地者支配。对服兵役的士兵也曾经分给过土地。

　　素丹国家封建剥削的主要形式是向人民征收赋税。非穆斯林的农民要交纳收成的1/3到1/2作为土地税。穆斯林农民则要少一些，他们交纳1/20到1/10。使用了国家修建的水利灌溉设施的土地还要征收灌溉税。经商必须交纳商业税。非穆斯林商人交纳的商业税税率要比穆斯林商人高一倍。城市里的手工业者也必须向国家纳税。非穆斯林的青年男子还得交纳人头税。素丹可以根据需要提高税率或再征收其他名目的税。卡尔基王朝的阿拉-乌德-丁曾经增设过马税和畜牧税。素丹在每一个地区派有专门的收税官。收税官手下有世袭的税吏或包税人。官吏和包税人对农民层层剥削，又加重了农民的负担。

　　在德里素丹国时期，值得注意的是社会中还有很大数量的奴隶存在。素丹菲罗兹·图格鲁克据说有4万名奴隶。穆斯林贵族们所有的奴隶也很多。奴隶多数来自战争的俘虏、被征服的印度王公的家属及人民。在你死我活的政治斗争中遭到失败的穆斯林贵族的家属也可能成为奴隶。虽然出身突厥族的奴隶中有个别的因为战功或才干得到主人的信任而被提升，但绝大多数奴隶的地位仍然是可悲的。

由于农民和其他劳动者的努力，在德里素丹国统治的 300 多年里，虽然大大小小的战争不断，北印度地区的社会经济仍然有较大的发展。菲罗兹·图格鲁克时期修建的五条运河，给德里地区及朱木拿河和恒河流域地区的农业灌溉提供了方便。农业和手工业技术进一步提高，为社会不断地提供财富。城市逐渐恢复和发展，城市里有各种手工业作坊，生产各色各样的手工业产品。城市里还修建了规模宏大的清真寺及其他建筑物。首都德里成为印度的政治中心，也成为北印度最大的城市。国内的商业贸易有新的发展。和外国的，尤其是伊斯兰教国家之间的海外贸易的规模也逐渐扩大，发展很快。但是，人民辛勤劳动创造的物质财富，大部分仍然被素丹与封建贵族们占有，供他们享受，或者消耗在无休无止的不义战争中。广大劳动群众依旧过着艰难的生活。他们用各种手段反抗统治阶级的压迫和剥削，直至发动中小规模的武装起义，但都被镇压了下去。

宗教和文化

伊斯兰教是德里素丹国的国教。素丹和穆斯林贵族用武力和其他政治手段大力传播伊斯兰教，因此这段时期伊斯兰教在印度获得了很大的发展。不是穆斯林就不可能担任重要的官职，所以一些印度封建主改信了伊斯兰教。一般的印度人也有改信伊斯兰教的。为了脱离在印度教的种姓制度中深受歧视和压迫的地位，低级种姓中改信伊斯兰教的印度人尤其多一些。他们通常被人称为"新穆斯林"。这个时期内又由中亚拥来大量的移民，使穆斯林的数目在居民中大大增加。各地建立了许多清真寺。素丹政权对"异教"采取敌视打击的态度。但是在南印度，包括北印度的部分地区，如拉其普特的印度王公的国家里，印度教的传统仍然保持着。在某些情况下，新穆斯林也有改信印度教的，不过数量很少。

素丹统治地区内尖锐的阶级矛盾和民族矛盾，也反映到了宗教运动中。素丹和穆斯林上层贵族属于伊斯兰教中的正统派——逊尼派，许多下层穆斯林民众则属于与逊尼派相对立的什叶派与苏菲派。素丹不仅打击迫害印度教徒，也敌视这些伊斯兰教内部的异端。这引起了穆斯林群众的反抗。但这个时期内影响最大的是所谓的"虔诚派"运动。

虔诚派音译为巴克提派。它是印度教的一种教派运动。虔诚派起源于南方，宣传它最著名的人物有罗摩难陀和喀比尔。

　　罗摩难陀生在 14 世纪后期至 15 世纪前期。他本来学习印度教毗湿奴派的教义，后来在北印度宣传经过他修改和发展的主张，认为只有虔诚的信仰才能获救。他虽然是婆罗门出身，可是主张平等对待所有种姓的信徒，也包括妇女。他有 12 位有名的弟子，喀比尔就是其中之一。

　　喀比尔是北印度贝拿勒斯的一位织匠，据说在一个穆斯林的家庭里长大。喀比尔反对偶像崇拜，也反对种姓制度。他否认伊斯兰教与印度教之间有什么差别，试图调和这两种宗教。他常说："喀比尔是安拉和罗摩（印度教大神毗湿奴的化身）的儿子。"又说："在世界开辟之初，既没有突厥人，也没有印度人；既没有种族，也没有种姓。"他的弟子中既有印度教徒，也有伊斯兰教徒。

　　喀比尔认为不同的宗教和不同的神只是名称上的差别，真正的神只有一个，就像黄金只有一种，只是被加工成各种首饰才有不同的名字一样；那些因为宗教观点不同而打仗的人是无知；所有的人只要虔诚地信奉神，就是平等的。他很聪明地说："如果崇拜石头能接近神，我就会崇拜一座山；如果（在恒河里）沐浴能获得解脱，那么青蛙便是头一个。"他用普通人民熟悉的地方语言宣传他的教义，说："梵语是井中的水，人民的语言才是奔流的河。"经过他的宣传，虔诚派运动在北印度地区有很大的发展，追随他的下层群众，尤其是手工业者和商人很多。他的行为引起了伊斯兰统治者的不满。据说罗第王朝的素丹曾经几次想杀死他，可是没有成功。他死于1518 年。

　　虔诚派运动后来还延续了几个世纪，发展到印度各个地区。除了新来的伊斯兰教外，它成为印度中世纪时期影响最大的教派运动。它虽然是一种宗教思想运动，但是表现出一定的不满社会现实、希望实行某些改革的倾向，因此在群众中具有较大的影响力。当然，作为一种教派运动，它仍然在思想上有很大的局限性。宗教运动反映社会政治的变化，已经是古代印度的传统历史现象。

　　德里素丹国后期在虔诚派影响下，从事宗教宣传活动的另一位比较有名的人物是那纳克（1469—1538 年）。他创立的宗派后来称为锡克教，在莫卧儿时期形成一种新的独特的宗教。

　　在德里素丹国时期，印度古典的梵语文学已经衰亡，地方方言文学开始兴起。罗摩难陀、喀比尔都使用印地语传教和写作。各个地方语言，印地语、孟加拉语、旁遮普语、信德语、古吉拉特语、拉贾斯坦语、马拉提语以及南方的泰卢固语、泰米尔语都开始出现自己的文献。跟随穆斯林征服者传入印度的波斯语和印地语长期混合，形成一种新的语言——乌尔都语。德里素丹的宫廷诗人埃米尔·胡斯鲁（1253—1325 年）最先用乌尔都语创作诗歌。他很著名，据说他的作品有 99 种之多。在这一时期，还出现一批由穆斯林作家和旅行家撰写的历史著作，以波斯语的为最多。

由于宗教信仰的关系，素丹和穆斯林贵族修建了许多清真寺。有的素丹还建造宫殿与陵墓。德里附近的库特布·米纳尔尖塔修建于奴隶王朝前期，至今高高耸立，是印度早期伊斯兰建筑的典型。波斯风格和印度风格逐步结合，形成印度伊斯兰建筑的独特风格。北印度的音乐、舞蹈和绘画等艺术，也逐渐接受中亚伊斯兰文化的影响，而有新的变化发展。

德里素丹国的建立、兴盛和灭亡，构成了印度中世纪史的重要一段。德里素丹政权是印度的第一个伊斯兰国家政权。印度中世纪时期的政治经济制度、社会生活、宗教文化，以至语言等都由此发生很多重要的变化。影响所及，至于今日。德里素丹国对北印度地区封建制度的发展变化影响尤大。继它而建立的莫卧儿帝国也是一个伊斯兰封建政权，承袭了它的某些制度。

莫卧儿帝国的建立

葛维钧

莫卧儿帝国是一个由异族入侵者在印度建立的巨大帝国。它是由巴卑尔开创，而在阿克巴时代最终形成的，先后经历了几十年的斗争。民族矛盾与统治阶级内部的矛盾纵横交织，战乱频仍、社会动荡、生灵涂炭是这一时期的主要特征。

德里素丹国的衰败

德里素丹国（1206—1526 年）在图格鲁克王朝的穆罕默德素丹（1325—1351 年在位）时，疆域扩展到最大限度。但是，由于穆罕默德实行了横征暴敛，强行迁都，发行代用货币等一系列不得人心的措施，他也招致了人民的反抗和贵族的叛乱。所以，也正是在他的统治下，帝国开始分裂。1398 年帖木儿入侵印度，攻陷德里，烧杀焚掠，加速了德里素丹国的崩溃。到赛依德王朝的阿拉姆沙在位（1445—1451 年）时，国王的统辖范围已经只限于德里城及其周围的一些村镇。

接替赛依德王朝的是阿富汗人统治的罗第王朝。罗第王朝在最初 60 年间，通过征讨和得力的行政措施，在一定程度上恢复了中央权力，财政收入状况也有所改善，恒河和朱木拿河流域的大片土地重获统一。但是这种统一很不稳固，德里素丹国的颓势已经无法扭转。

1517 年，易卜拉欣·罗第即位。他勤于政务，比较关心人民的疾苦，因此社会生活一度相当繁荣。但是他犯了一个严重的错误，就是破坏了自己和当政的阿富汗贵族的关系。贵族的势力在罗第王朝是很大的，他们掌握着实际权柄，所以前代帝王对于他们都采取笼络态度，与他们同食共坐，给他们高官厚禄。易卜拉欣一反其父祖的习惯，决心维护王权，压制贵族。他宣称

"王权不认亲族"，坚持贵族的下属地位。过去在国王面前一直可以就坐的大臣，现在被迫站立阶下，双手交叉在胸前，以示恭敬。他把不中意的老臣打下去，甚至投入监狱，用年轻人代替他们。随着国王和贵族之间矛盾的加深，叛乱发生了。卡拉首先发难，接着蔓延到卡瑙季（均在今北方邦）。许多贵族都是父子兄弟站在不同方面。叛乱终于被镇压下去，然而在这场自相残杀的内战中，罗第王朝的精锐力量却已消耗殆尽。易卜拉欣并未从这次叛乱中吸取教训，反而在战后和大批贵族陷入了更严重的对立。他曾以 10 个村庄加上大量金币的赏格，购人行刺一个地方首领。各地贵族深感自危，纷纷拥兵独立。比哈尔的巴哈都尔汗自称素丹。很多地方领袖集合在他的麾下，凑成一支拥有 10 万骑兵的军队，占领了从比哈尔到桑巴耳（在今北方邦）的大片土地，直接威胁着德里和亚格拉。易卜拉欣驰书旁遮普，向省总督道莱特·汗·罗第求援。道莱特·汗没有及时发兵，而是先派自己的儿子迪拉瓦尔汗到亚格拉了解局势。易卜拉欣企图胁迫迪拉瓦尔汗答应他的要求，但是后者设法逃出了亚格拉。结果，道莱特·汗不仅没有东进勤王，反而向西邀请占据着喀布尔的巴卑尔发兵，让他保护自己在旁遮普的统治，脱离罗第王朝而独立。与此同时，易卜拉欣的叔叔，一个意欲假手外部军队夺取王位的人，也来请巴卑尔入侵印度。

巴卑尔（1483—1530 年）是莫卧儿帝国的开创者，他久已垂涎印度，此时得到了送上门来的东征借口。

巴卑尔的野心

巴卑尔是帖木儿的五世（一说六世）孙。帖木儿出身于突厥化的蒙古贵族家庭。由于巴卑尔又可以将他的血统从母系上溯到成吉思汗，所以由他在印度开创的帝国便称作"莫卧儿"帝国，即阿拉伯语或波斯语的"蒙古"帝国之意。

1494 年，巴卑尔 11 岁继承父亲的费尔干纳小王国，并成功地挫败了来自四方的并吞阴谋。他是一个早熟的军人和政治家。一生几乎都是在流亡和征战中度过。但他也有相当高的文化修养，他用突厥语写的《自传》是一部有价值的史学和文学著作。其中不仅记载了他亲历的重要事件，还描述了各地的自然景物和风土人情。他著有一本突厥语的诗集，并用波斯语写诗，还创造了一种诗体。他的野心是要做当年帖木儿那样的征服者，时刻想占据昔日帖木儿的都城撒马尔罕（在中亚乌兹别克斯坦境内）。1494 年，他首次攻打撒马尔罕失败。三年以后，再次出征。他将该城围困了七个月，终于从他的堂兄弟拜逊库尔手里夺到了它。三个多月以后，费尔干纳发生叛变，他只好弃城回兵镇压。1500 年 11 月，他又一次攻下撒马尔罕。但是这一次他也只占领了七个月，便在乌兹别克领袖萨依巴尼汗的围攻下，带着几个亲兵逃走了。费尔干纳已回不去，因为那里又发生了第二次叛变。两年以后，叛军勾结萨依巴尼汗在阿克西大败巴卑尔，把他赶到费尔干纳南面的山里。在中亚重建帖木儿帝国的计划破产了，于是他把注意力转向南方。

1501 年，巴卑尔的叔叔乌鲁克·拜格死了，他是喀布尔的统治者。王子阿卜杜尔·拉扎克冲龄继位，不久就被推翻。一个从坎大哈（在今阿富汗南部）来的蒙古贵族穆齐姆取代了他。然而穆齐姆未能获得当地贵族和人民的支持，阿富汗境内陷入混乱。此时，巴卑尔手下又聚集起一批被萨依巴尼汗从昆都士（在今阿富汗北部）赶出来，无家可归的蒙古人。1504 年 10 月，他带着这批人越过艰险的兴都库什山，乘乱袭取了喀布尔。穆齐姆逃跑了，但是拉扎克并未复位。巴卑尔给他一块封地，把他打发掉了。不久，他又占领了伽色尼，十分轻易地就成了阿富汗的主人。1507 年，他采用了"帕迪沙"（"大王"）的称号，自立为帖木儿帝国的统治者。

1510 年萨依巴尼汗败死于波斯人手下，巴卑尔征服撒马尔罕的热望再次燃烧起来。1511 年，他在波斯人的帮助下占领了布哈拉和撒马尔罕。但是，他未能按照波斯人的要求在撒马尔罕的逊尼派教徒中间推行什叶派教义。他们的关系冷淡下来。撒马尔罕人民对他也同样不满。他们把他当成了什叶派异端。乌兹别克人利用巴卑尔的不利地位，首先攻取布哈拉，然后趁巴卑尔前来救援时打败了他。他只好撤回阿富汗。巴卑尔在中亚建立帖木儿帝国的美梦就这样永远破灭了，从此他再也没有回去过。

第一次帕尼帕特战役

巴卑尔的下一个目标是印度。形势对他是有利的。

在西亚，波斯人和乌兹别克人正陷入激烈的冲突之中，他们争雄不下，无暇抑制巴卑尔在阿富汗的发展。

在印度，罗第王朝已经衰败并终于陷入内乱。信德、克什米尔和奥里萨遍布独立王国。北印度最强大的国家是美华尔，它的统治者拉那·桑伽通过战争和外交手段已将拉贝普他拿（今拉贾斯坦）所有的拉其普特人首领置于自己的统治之下，准备在削弱了邻国马尔瓦和古吉拉特之后，进一步夺取德里和亚格拉。南印度最强大的国家是维查耶纳伽尔。它和这里的其他小国正处在不断的争战之中，对于北方的事务既无兴趣，也无力量插手。

1519—1520 年，巴卑尔三次侵印，但都是试探性的，未曾深入。1524年，德里素丹国罗第王朝的一位贵族阿拉姆·汗来到喀布尔面见巴卑尔，请求他进兵印度，把自己送上王位。同时，旁遮普总督道莱特·汗决心反对素丹易卜拉欣，也派人到巴卑尔这里，表示承认他对于旁遮普的领属权，要他帮助自己对抗易卜拉欣。这一年巴卑尔第四次侵印。然而他估计自己兵力不足，走到锡尔欣德（在今旁遮普邦东部）就回去了。阿拉姆·汗和道莱特·汗都没有达到自己的目的。此后，阿拉姆·汗又以割让拉合尔及其以西地区引诱巴卑尔亲自出兵，也未成功。两个叛臣经过一番钩心斗角，决定携手，联合起来向德里进军。他们对素丹易卜拉欣的营地采取了一次夜袭行动，但是被打败了。他们夺取王位的活动至此全部破产。

与此同时，巴卑尔协同波斯人打退了乌兹别克人的进扰，解除了日后东侵的后顾之忧。1525 年 11 月 17 日，巴卑尔集合部队离开喀布尔向印度进发。12 月 16 日渡过印度河，此时他的军队包括非战斗人员共有 1.2 万人。他顺利攻占了拉合尔，并取道锡尔欣德和安巴拉进逼德里。素丹易卜拉欣也率领一支大军离开德里，迎击入侵者。他的两股先头部队在袭击巴卑尔时被打败了。巴卑尔沿朱木拿河继续南下。1526 年 4 月，两军在帕尼帕特相遇。

帕尼帕特位于朱木拿河两岸，这里常常是决定印度命运的地方。从西北方入侵的敌人如果能够穿过险要的开伯尔山口，就可以长驱直入，到达萨特累季河和朱木拿河之间的大平原，因为旁遮普的各条河流冬季不乏可以涉水而过的地方，很难沿河凭险把他们阻挡住。下一个便于决战的地方就在大平原上，常常就选在帕尼帕特。在这里，守军凭借数量众多以及德里和亚格拉就在身后这些优势，比较容易取胜。

这时，巴卑尔的军队已经增加到 2.4 万人，但易卜拉欣有 10 万人，外加 1000 头战象。巴卑尔建起了很长的防线。它的右端紧接着帕尼帕特城，左端是深沟和用树枝扎成的鹿砦，中间由 700 辆战车拉成一线，用牛皮绳绑在一起。每辆战车之间有 6—7 个胸墙，用以掩护火枪手和炮兵。战车防线还留出了很多空当，足以使 50—100 名骑兵并排通过。4 月 12 日，巴卑尔做好了迎击进攻的准备，可是八天过去了，并无动静。4 月 20 日晚，巴卑尔派人进行了一次偷袭，未能成功，不过它达到了预期的另一目的——促使对方采取行动。4月21日清晨，易卜拉欣的阿富汗军队出动了。他们向巴卑尔军方向迅速扑来，然而就在快要到达莫卧儿人防御阵地的时候，前锋部队犹豫起来，放慢了脚步。后面的队伍继续压向前方。兵士挤在一起，开始出现混乱。巴卑尔抓住战机，立即派两端的分队包抄过去，打击敌人的后方；同时左右两翼也向前猛冲。他及时增援了受压的左侧，并命令中间部队开火。阿富汗人挤在一起，既无法挥动武器，又无法前进或者后退。战斗进行到中午，阿富汗人彻底溃败，死亡1.5万人（一说2万人），其余全部逃跑了。素丹易卜拉欣·罗第也战死阵前。莫卧儿人能够以少胜多，并不是偶然的。巴卑尔经验丰富，且拥有炮兵和精良的骑兵。他和突厥人、蒙古人、乌兹别克人、波斯人以及阿富汗人都打过仗，从他们那里学会了使用火器及各种有效的战术。而易卜拉欣，用巴卑尔的话说，则是"一个缺乏经验的年轻人，调动军队粗心大意。前进时不讲秩序，停止或后撤时不讲方法，不多想几步就贸然接战"。他还使用传统的方法，靠大象作战。这些大象从未见过炮火，结果反而在混乱中踏死了很多自己人。他的军队尽管人数众多，但大多数是匆忙拼凑起来的雇佣兵，不能团结一致。

帕尼帕特战役结束了罗第王朝在印度的统治。历时300余年的德里素丹国就此灭亡。

巴卑尔很快就占领了德里和亚格拉。他的胜利为莫卧儿帝国的建立奠定了第一块基石。1526年4月27日，在德里大清真寺的礼拜仪式上，他被称为"印度斯坦的皇帝"。

他成功地说服了他的军队留在印度，并逐渐克服了由于当地人民的敌视而造成的给养上的困难。不少罗第王朝的残余封建主发现巴卑尔并不像帖木儿那样是一个来去匆忙的劫掠者，而是有长期打算的占领者，便放弃了敌意，表示归服。巴卑尔为了笼络他们，恢复秩序，便把北部平原一块块划分开来，让他们前去征服。这一政策很快奏效，不久他就掌握了北部平原的大部分。

卡努亚战役和哥格拉战役

这时，巴卑尔的主要敌人还有两个：拉其普特人和前罗第王朝在各地的阿富汗军事首领。

拉其普特人是印度教徒，他们骁勇善战，不怕牺牲，常以马革裹尸为荣。他们的首领拉那·桑伽是一个经验丰富的军事家。他身经百战，受伤达80余处。尽管他已经失去一臂一目，拖着一条跛腿，但作战依然身先士卒。他最初准备利用莫卧儿人的入侵，夺取罗第王朝的统治权，所以曾与巴卑尔协议，在军事行动上互相配合。可是，当他发现巴卑尔无意离印，从而破坏了他的计划时，便断然改变立场，宣布承认已故易卜拉欧·罗第的弟弟马茂德·罗第对印度的主权，并开始庇护流亡的阿富汗贵族。巴卑尔与拉那·桑伽之间的决战至此已不可避免。

1527年3月，巴卑尔被困在亚格拉以西约60公里的卡努亚村。拉那·桑伽以8万兵力围住了他的4万军队。恐惧和惊慌笼罩着莫卧儿人的军营。巴卑尔也深知局势险恶，但他并不气馁。3月17日早晨9点半两军接战。拉其普特人的左翼首先发动进攻，巴卑尔及时向自己的右翼派出了援兵。莫卧儿人拉响了大炮。在炮火和增援部队的帮助下，他们的右翼重创了敌人的左翼，打退了他们的进攻。拉其普特人又勇猛地扑向莫卧儿人的左翼，但莫卧儿人并未后退，同时让其侧翼纵队绕到敌人的后方。拉其普特人凭借兵员上的优势，冒着炮火一层层地压上来。巴卑尔动用了后备部队，并带领中军向前冲去。厮杀延续了10个小时。到晚上，拉其普特人终于溃败。拉那·桑伽身受重伤，第二年便忧愤而死。

卡努亚战役在某种意义上比第一次帕尼帕特战役更为重要。后者标志着已经没落的德里素丹国的灭亡，前者却标志着强大的拉其普特联盟的失败，勾销了他们在政治上很快复兴的可能。卡努亚战役是巴卑尔征服印度的一个新阶段。此前，巴卑尔还是在为争夺王权而战；此后，他就是为巩固这一权力而战了。他的势力的重心也从喀布尔移到了德里和亚格拉。

阿富汗贵族中没有降服巴卑尔的还占据着桑巴耳、卡尔皮（均在今北方邦）、巴亚纳、多普尔（均在今拉贾斯坦邦）、瓜廖尔、埃塔瓦（均在今中央邦）等地。他们尊帕尼帕特战场上逃出来的马茂德·罗第为领袖，继续抵抗。比哈尔地方的阿富汗人也拥立比哈尔汗为王。努斯拉特则据有孟加拉。

1528年，10万阿富汗人联军以马茂德·罗第为首集合在比哈尔。比哈尔成了阿富汗人抵抗莫卧儿人的最后一个大据点。1529年初，巴卑尔率军东征。5月6日，两军在恒河与哥格拉河的交汇处遭遇。莫卧儿人在对方密集的炮火下强行渡过哥格拉河，并派分队攻击他们的侧翼。经过激烈的战斗，背腹受敌的阿富汗军队全线崩溃。马茂德·罗第逃往孟加拉。努斯拉特则与巴卑尔缔订和约，保证互相尊重边界。巴卑尔将比哈尔的一部分据为己有，另外的地方分给投降的阿富汗首领，条件是承认他的主权地位。哥格拉战役摧毁了阿富汗人最重要的据点。它也是巴卑尔最后一次大战。

经过三次决定性的战役，巴卑尔成了西起阿姆河、东至哥格拉河、北起喜马拉雅山麓、南至瓜廖尔这一片巨大土地的统治者。

胡马雍的困境

1530 年 12 月 26 日，巴卑尔以 47 岁（一说 48 岁）病殁于亚格拉。长期的奔劳、嗜酒、吸食鸦片以及印度炎热的气候是使他致病早逝的主要原因。他虽然在四年之内征服了北印度大部分地区，但并未辅以有效的行政措施，因此莫卧儿帝国距离政治统一还很遥远。他也没有建立完整的财政制度和法律制度。显然，对于莫卧儿的统治者来说，这个帝国还是很不巩固的。

巴卑尔的长子纳西尔－乌德－丁·穆罕默德·胡马雍在其父死后四天即位。他继承的帝国问题成堆，因此处境相当困难。巴卑尔的早逝使他没有时间巩固自己对印度的征服，他在贵族和军队中大量散施钱财珠宝带来了帝国财政的困难。皇族内部并不团结。胡马雍的两个表兄弟穆罕默德·扎曼和穆罕默德·苏丹在他即位不久就开始反叛。由于在穆斯林中间长子继承权并未强行贯彻，所以他的三个异母兄弟卡姆兰、阿斯克里和兴达尔都在觊觎王权。宫廷中的贵族也在策划阴谋，企图夺取王位。此外，他的军队也是十分混杂的，察合台人、乌兹别克人、波斯人、阿富汗人和印度本地人都有。这样一支军队只有在巴卑尔那样强悍有力的统帅手下，才能保持战斗力，而在软弱的胡马雍手里，他们只是一批由冒险家组成的乌合之众。

胡马雍所面对的敌人依然是不可轻视的。阿富汗人虽然被巴卑尔打败了，但是并未彻底垮台。分散在各地的阿富汗贵族随时准备反叛，他们所缺少的只是一个坚强而有能力的领袖。此时舍尔汗（后来称舍尔沙）出现了。他领导的阿富汗人几乎使当初巴卑尔的功业付诸东流。此外，占据古吉拉特的巴哈都尔沙对于胡马雍也是严重的威胁。

即位不久，胡马雍就把大量土地分给了他的几个弟弟：卡姆兰得到坎大哈和喀布尔，阿斯克里得到桑巴耳，兴达尔得到阿尔瓦尔（在今拉贾斯坦邦），嗣后又听任卡姆兰占去旁遮普和喜萨尔一费鲁柴。这是一个严重的错误。这样分散资源和实力对于莫卧儿帝国的安全是很不利的。不过有的史学家认为他必须这样做，因为蒙古和突厥人的惯例就是如此，否则兄弟之间立即就会爆发战争。无论如何，这一分封的结果是严重的。他尤其不应把帝国的西北部给卡姆兰，因为这里是莫卧儿军队招募可靠兵员的主要地方。

胡马雍和阿富汗人的斗争

　　胡马雍毕竟认识到了阿富汗人的威胁。1531 年，在即位后几个月，他就对布德尔汗德地区的卡林贾尔要塞发动了一次进攻，因为他怀疑那里的印度酋长亲阿富汗人，担心他会攻占北面的卡尔皮并倒向巴哈都尔沙。但是在他刚刚围住这一要塞时，便传来消息，说舍尔汗已占领丘纳尔，而素丹马茂德·罗第也正在向江普尔（两地均在今北方邦）进发。他只好从印度酋长那里勒索一笔钱财，匆匆解围而去。

　　他在陶鲁亚地方打败了阿富汗人。马茂德·罗第再次落荒而逃。马茂德从此威信扫地，再也不能充当阿富汗人的领袖。胡马雍转而围攻丘纳尔，无奈四月不下，只好与舍尔汗订了一个盟约：舍尔汗承认胡马雍的主权，并让自己的儿子到他的帐下服务；后者则给前者拨去一部分军队，作为对他的帮助。这样，胡马雍只得到了一个敷衍了事表示归顺的空诺，而舍尔汗则获得了一个自由发展财力和军力的机会。

　　古吉拉特的巴哈都尔沙和南印诸小国订立了一系列条约，并吞并了马尔瓦和赖森（在今中央邦）。他与孟加拉的努斯拉特等阿富汗重要首领结盟，准备共同反对胡马雍，夺取德里。胡马雍决定进军马尔瓦。这时巴哈都尔沙正在围攻拉其普特人的著名要塞齐图（在今拉贾斯坦邦）。齐图派人向胡马雍求援，但他未能及时派出救兵。齐图终于陷落，并遭三日洗劫。在莫卧儿人夺取统治权力的斗争中，拉其普特人具有举足轻重的作用，而胡马雍就这样错过了赢得他们的同情和支持的绝好机会。但是，他在离齐图约 100 公里的曼达索尔截住了满载而归的巴哈都尔沙，切断了他的一切供应，迫使他连夜逃走。胡马雍紧紧尾追，直把他从曼杜、查姆彭纳、阿默达巴德、坎贝，赶到古吉拉特南端的第乌岛。

　　胡马雍占领古吉拉特和马尔瓦以后，胜利冲昏了头脑，整日在马尔瓦的首府里歌舞宴乐，吸食鸦片。留守古吉拉特的阿斯克里同样政务荒疏，结果很快就爆发了反莫卧儿人的起义。巴哈都尔沙乘机重返古吉拉特。阿斯克里败走亚格拉。胡马雍担心阿斯克里将亚格拉据为己有，遂离开马尔瓦匆促回师。马尔瓦旋即为亲巴哈都尔沙的军队所占。胡马雍就这样在到手一年之内又轻易失去了这两个非常重要的地区。

当胡马雍与巴哈都尔沙周旋的时候，舍尔汗正在比哈尔巩固自己的地位。他在丘纳尔养精蓄锐，很多阿富汗贵族聚集到他的麾下。努斯拉特死了，孟加拉留给了他软弱的儿子。舍尔汗乘机将自己的势力伸展到孟加拉。1537 年他开始攻打孟加拉首府高尔。直到此时，胡马雍才看到抑制舍尔汗的必要。

1537 年 7 月，胡马雍发兵东征。他没有经赴孟加拉，却首先围住了丘纳尔。六个月（一说三个月）以后，丘纳尔陷落。在军事上，占领丘纳尔无疑是胡马雍的一个胜利，然而在战略上却是一个重大失误。他本来可以及时赶到孟加拉，与其素丹联合起来，挫败舍尔汗的计划。但是他在比哈尔延搁太久，在这段时间里，舍尔汗攻陷高尔，掠走了全部财宝，并按照计划发展了自己的实力。胡马雍兵不血刃便取得了高尔，但是此时舍尔汗已经完成对孟加拉的远征，回到了比哈尔，留给胡马雍的只是一座满目疮痍的废墟。他在高尔留驻了八个月。有人说他是在悠闲和宴乐中打发日子，也有人说他是在利用这段时间恢复秩序和休整军队。但无论是在干什么，他还是不应留在孟加拉。舍尔汗趁此机会攻占了卡拉、巴纳拉斯、桑巴耳等地，并围困了丘纳尔和江普尔，实际上已经截断了胡马雍的归路。兴德尔也在亚格拉叛变了，并且杀死了胡马雍派去的使节。1539 年 3 月，这些消息传到胡马雍那里，他只好留下 500 守兵，急忙赶回亚格拉。

他取道南比哈尔的大路而归，舍尔汗亦前往堵截。两军在恒河边的乔萨（在今比哈尔邦和北方邦的交界处）相遇。他们从 4 月开始对峙了两个月。舍尔汗故意拖延是为了等待雨季的到来，因为莫卧儿人驻扎在恒河与卡兰纳萨河之间的低洼地带，雨季对他们十分不利。6 月 25 日，舍尔汗佯作抽兵攻打一个比哈尔土著部落，次日凌晨突然从三面袭击莫卧儿军队。莫卧儿人伤亡惨重。胡马雍的妻室亦为舍尔汗所获。他自己慌不择路，骑马冲入恒河被一个船侠救起，安置在皮筏子上，侥幸逃命。

舍尔汗在取得这一胜利以后，迅速东进，打败留守的莫卧儿人，占领了孟加拉。此时，他已掌握西起卡瑙季，东至阿萨姆的大片土地。1539 年 12 月，舍尔汗自立为王，称舍尔沙，并且开始用他的名字铸造钱币。

1540 年，胡马雍拼凑了一支大军，再次讨伐舍尔沙。他与舍尔沙在卡瑙季隔恒河相持了一个多月。5 月 17 日，舍尔沙乘莫卧儿人向高地移防之机，猛扑上去。莫卧儿军大乱，纷纷溃逃。胡马雍慌忙登上一只大象，泅过恒河，带着少数兵卒回到亚格拉。卡瑙季之战是胡马雍和舍尔沙之间的决定性战役。胡马雍的军队丧失殆尽，再也无力立足于印度土地，在舍尔沙的追迫下，只好放弃亚格拉，经过德里和锡尔欣德，逃往拉合尔，开始他 15 年的流亡生活。

巴卑尔奠基的莫卧儿帝国在胡马雍的手里暂时失去了。胡马雍失败的原因是多方面的，就其在政策和策略上的失误来说，主要有：把大片土地乃至关键地区分封给同床异梦的兄弟；忽略国家财政问题；没有争取拉其普特人的支持；在占领了古吉拉特和马尔瓦这两个重要地区以后没有采取有力措施保住这一成果，以及没有及时地抑制巴哈都尔沙和舍尔沙的强大，等等。胡马雍毕其一生未能有力地掌握住印度局势。

舍尔沙和苏尔王朝

舍尔沙是印度中世纪史中最引人注目的人物之一。他在莫卧儿人入侵及其在印度建立起牢固的统治之间，曾经成功地领导了驱逐入侵者的印度—穆斯林复兴运动。

舍尔沙原名法立德，先祖是居住在白沙瓦附近苏尔部落的阿富汗人，在罗第王朝初期移居印度境内。他自己则是在比哈尔的萨萨拉姆长大的。1522 年，他在比哈尔的统治者巴哈尔汗·洛哈尼手下服务时，由于才干出众而获得舍尔汗的称号，不久又被升任副职，兼巴哈尔汗的儿子的老师和保护人。巴哈尔汗死后，他成了比哈尔的实际首脑。他又通过和丘纳尔统治者的寡妻结婚而获得了这个要塞。1533 年他打败了孟加拉统治者马茂德沙及其同盟者为了抑制他而发动的军事进攻，从此成为最有影响的阿富汗人领袖之一。

在胡马雍向古吉拉特的巴哈都尔沙进攻的时候，舍尔汗利用时机扩充自己的实力，并迫使孟加拉的统治者向他割地纳贡。巴哈都尔沙被胡马雍逐到第乌岛以后，许多著名的阿富汗贵族就集合在这个正在崛起的东部首领之下。这又加强了他的势力。此后，他在乔萨和卡瑙季两役重创了莫卧儿军队，迫使胡马雍放弃印度斯坦，逃往拉合尔。莫卧儿人对于印度的侵略从此告一段落。

1539 年底，舍尔汗自立为王，称舍尔沙，建立了历时 15 年的苏尔王朝。1540 年，他进驻德里和亚格拉，并逐步把势力扩展到旁遮普、木尔坦、信德、拉贾斯坦和马尔瓦。然而，正当他的事业取得顺利进展的时候，1545 年 3 月，他突然死于一次偶然的火药爆炸。

舍尔沙具有重要地位不仅仅是因为他成功地驱逐了入侵者，更主要的是他在行政方面做了一系列对后世产生过深远影响的改革和创新。他的农业政策是：采取国家向农民直接征税的办法，杜绝中间盘剥；重新清丈土地，估计土地质量，原则是估税时宽大，收税时严格；采取一切措施保护农田，凡因战争而破坏了土地，要向农民赔偿。他取消了繁复的商税，规定只在入境和销售两地课税，以此鼓励商业的发展。他也修筑了很多道路，并在路边植树建馆，以利商旅和邮传，他所铺设的最长的干线是从索尔干纳（在达卡附近）经过亚格拉、德里，直到印度河的一条，至今还在使用。为了照顾不同的宗教信仰，在旅店里对留宿的印度教徒和伊斯兰教徒均分别安置。他废除了已经贬值的旧币，重新铸造金、银、铜币。这些钱币在莫卧儿王朝和英国入侵时继续使用，直到 1835 年。在司法上，他尽力表现得不以法徇私，贵族并无法律特权，他曾经严厉处置过自己的亲属。舍尔沙的经验为以后阿克巴的体制在很多方面准备了范式。

苏尔王朝在舍尔沙去世以后 10 年灭亡。

胡马雍重回北部

1554 年，舍尔沙的侄子通过谋杀篡得王位，自称穆罕默德·阿迪尔沙。他是一个懒惰的花花公子。苏尔家族的其他人不承认他的统治，纷纷独立。德里的王位成了他们激烈争夺的目标。

苏尔王朝的内乱诱使胡马雍卷土重来。他请求波斯统治者塔马斯伯帮助，以遵守什叶派信条和日后割让坎大哈为条件，取得 1.4 万人的军队。1554 年 11 月，胡马雍攻得白沙瓦，此后一路顺利，直到拉合尔。次年 5 月占领旁遮普。守卫这里的苏尔王朝贵族逃到了西北部的山里。7 月胡马雍重回德里，接着又夺得亚格拉和桑巴耳及其附近地区。

1556 年 1 月 24 日晚，当胡马雍急急忙忙从藏书楼出来，准备参加宵礼的时候，跌下楼梯，摔破头颅，两天以后死去。但他执政时期建立的业绩，为日后莫卧儿帝国的巩固和强盛奠定了根基。

阿克巴建立的莫卧儿帝国

正在旁遮普的贾拉尔－乌德－丁·阿克巴继承了其父胡马雍的王位。当时他还不满 14 岁，由培拉姆汗摄政。

阿克巴面临着重重困难：莫卧儿人在德里的政权很不稳固，他们实际上只占有德里、亚格拉、桑巴耳及其附近地区。北印度的大部分地方还在阿富汗首领和苏尔王朝留下来的几个贵族手里，这些贵族——阿迪尔沙、塞干达尔沙和易卜拉欣沙——还想重掌王权。拉其普特人也在坚持斗争。西北边境的坎大哈时时受着波斯人的威胁，因为胡马雍并未如约把它割让给他们。此外，阿克巴的政府经济窘迫，帑藏虚竭，捐税不靠武力便无法征收，包括德里和亚格拉在内的许多地方正由于缺雨和两年的兵燹而陷入严重的饥荒。然而，比所有这些困难更直接的危险来自喜穆。

阿迪尔沙尽管无能，但他的首相喜穆却是一个精明干练、经验丰富的政治家。他在胡马雍去世以后，很快攻占了亚格拉、德里和桑巴耳，控制了从瓜廖尔到萨特累季河这一大片土地。他在德里宣布独立，采用了"超日王"的称号。考虑到当前的困难和对手的强大，阿克巴的大臣们建议他退回喀布尔，但他采取了培拉姆汗的主张，决心向德里前进。他和喜穆的军队在帕尼帕特相遇。1556 年 11 日 5 日，第二次帕尼帕特战役打响。喜穆凭借绝对优势的兵力取得了最初的胜利。但是一支流矢突然射中他的眼睛，使他失去知觉。他的军队因丧失主帅而惊慌失措，顿时瓦解。喜穆被擒。阿克巴（一说培拉姆汗）亲手杀死了他。第二次帕尼帕特战役结束了莫卧儿人与阿富汗人的长期争夺。剩余的阿富汗贵族已不足道。正是从这一战役开始，莫卧儿帝国走上了不断扩张的道路。

1560 年，阿克巴亲政。此后 40 年间，他扩大领土的活动从未停止。他彻底摧毁了阿富汗贵族的残余势力，利用怀柔策略，包括和亲手段争取了大部分拉其普特领袖人物为他服务。他也镇压了地方和王族内部的多次叛乱。在统一了印度北部以后，他又征服了南印的一部分，形成了西起喀布尔和坎大哈，东到布拉马普特拉河，北自克什米尔，南至哥达瓦里河上游的巨大的莫卧儿帝国。

阿克巴建立了完整而统一的行政体制，制定了促进农业和鼓励经商的政策。他通过消除民族歧视，鼓吹宗教宽容，提倡不同文化互相融合等手段，在一定程度上缓和了国内的复杂矛盾，终于使莫卧儿王朝的统治逐渐稳固地建立起来。在阿克巴统治下，印度曾达到空前的统一与繁荣。

日本大化革新

禹硕基

　　大化革新是日本从奴隶社会向封建社会过渡的社会变革运动，它和明治维新是日本历史上划时代的两大里程碑。这次社会变革是在日本奴隶制岌岌可危时，受中国隋唐封建制的强烈影响而发生的。革新后建立起来的律令体制参照了中国的隋唐制度。因革新始于大化年间，故称大化革新，亦称大化改新。

部民制的衰落

　　公元 3 世纪下半叶，以大和（今奈良县）为中心的畿内地区，兴起了奴隶制国家，因产生于大和地区，史称大和国家。大和国经一个多世纪的征伐战争，于 4 世纪末基本统一了日本全土。统一国土之后，与中国的南朝刘宋，朝鲜的百济密切交往，积极摄取大陆先进文化和生产技术。3 世纪末至四五世纪，大批侨居朝鲜的中国人和百济、新罗、高丽人迁徙到日本。他们带去先进的思想文化和农业、手工业的生产经验，为日本经济文化的发展做出了巨大贡献。在中国、朝鲜先进生产技术的影响下，大和国的社会生产力迅速发展起来。5 世纪中叶以后，出现 "U" 字形锄刃和锹刃，代替过去长方形铁板的两边折叠而成的锄刃和锹刃，平直的镰刀也改造成弯曲的。6 世纪以后，铁制农具已逐渐普及到全国各地。铁制农具的改良与普及，极大地促进了农业生产的发展。治水造田事业，在 5 世纪仅仅局限在大和、河内、山城等畿内地区，但及至 6 世纪，已经遍及全国各地。新式铁锄和铁锹的出现，为耕种旱田作物创造了有利条件。6 世纪，旱田作物的耕作方法已经传播到关东地区。随着旱田耕作方法的推广，人口也由冲积平原扩散到丘陵地带和山间高地。

6 世纪中叶，大和国的奴隶制生产关系已不适应生产力的发展水平，引起社会危机。大和国奴隶制生产关系的形式是"部民制"。"部民"指"部"的成员，"部"是朝廷和贵族占有的人民集团，冠有职业名、地名、贵族名等。部民的种类有从事农业生产的"田部""部曲"和从事某种专门职业的"品部"。田部和部曲分别在皇室的直辖领地"屯仓"和贵族的私属领地"田庄"从事农业生产。品部为朝廷生产特定的贡纳品或定期到工房进行手工业生产。部民虽有家室和少量财产，但没有生产资料和人身自由，主人可以任意赠予别人。因此，部民是一种奴隶。

在部民制的基础上建立起来的统治体制是"氏姓制"。"氏"是由族长的血缘家族和非血缘家族组成的社会集团。氏的首领为"氏上"，他们拥有私有领地田庄和私有民部曲。氏的一般成员为氏人，是自由民，有势力的氏人拥有奴婢。"姓"是天皇授予氏上的表示身份尊卑的世袭称号，种类有臣、连、君、别、直、造、首、史、村主等，受姓臣、连的贵族地位最高，其中最有势力者称大臣、大连，参与朝政。大和朝廷通过这种氏姓等级制度来维持奴隶制统治。

部民制的危机，表现为经济衰败，阶级矛盾日渐激化。在大和国后期，氏姓贵族更加穷奢极侈，对部民的压榨也越来越凶残。他们"各置己民，恣情驱使""各率己民，随事而作"，甚至役使部民"修治宫殿，筑造园陵"，残酷地摧残社会主要生产力。结果，出现了"五谷不登，百姓大饥""老者噉草根而死于道里，幼者含乳与母共死"的悲惨景象。这正是经济衰落的生动写照。随着经济的破坏，统治阶级内部的矛盾日益加剧。氏姓贵族大肆兼并土地，为了争夺土地，相互争战不已。由于皇室不断霸占地方贵族的土地，扩大自己的直辖领地屯仓，皇室和地方贵族的矛盾也很尖锐。当时，上下相克的事件屡屡发生。氏姓等级制度也出现了混乱状态。《孝德经》记载："父子易姓，兄弟异宗，夫妇更互殊名，一家五分六割。由是争竞之讼，盈国充朝，终不见治，相乱弥盛。"

氏姓贵族的残酷压榨，逼使部民起来造反。起初，他们以逃亡的形式，反抗奴隶主贵族的残暴统治。《钦明经》写道，在白猪屯仓"脱籍免课者众"。可见，6 世纪中叶，逃亡的部民甚多。后来，反抗的方式发展为同奴隶主贵族进行武装斗争。他们聚集于山泽林薮，出其不意地打击奴隶主贵族。统治阶级诬称这些人为"盗"或"贼"。626 年（推古天皇 34 年）"天下大饥"，不堪忍受痛苦的部民和平民揭竿而起。奴隶主贵族惊呼："强盗窃贼，并大起之，不可止。"这种部民的斗争，沉重地打击了奴隶主贵族，震撼了部民制的基础，为封建制的建立扫清了道路。

在部民斗争的冲击下，有一部分奴隶主贵族逐步认识到部民制已无利可图，于是改变剥削方式，采取出租土地征收地租的租佃制。大化元年诏书描述革新前社会状况时说："有势者分割水陆以为私地，卖与百姓，年索其价。"这里的"卖"字系出租之意，这句话译成现代汉语便是，"有势者霸占水、旱田地，作为自己的私有土地，租给百姓（自由民），每年收地租。"除了奴隶主贵族外，富裕的平民也将多余的土地出租给无地少地的平民和逃亡的部民，征收地租。在大和国的后期，随着生产力的发展，从自由民中成长起来财力雄厚的家长制大家庭。他们将家庭成员无力耕种的土地出租给邻近"百姓"和逃来的部民。租佃制产生于部民制走向没落的时期，在这种制度之下，百姓不再沦为部民，而是佃农化了，部民也逐渐加入佃农的行列。这种封建剥削形态的产生和发展加速了部民制的崩溃。

统治集团的内部冲突

在部民制走向衰落的时期，从朝廷内部出现了企求改变统治方式，以整肃社会秩序，稳定政局的新兴势力。苏我稻目（？—570 年）是 6 世纪中叶涌现出来的新兴势力的代表人物。他曾任宣化（535—539 年）、钦明（539—571 年）两朝的大臣。由于苏我氏和大陆移民有着密切的关系，稻目便于吸收中国、朝鲜的先进文化和思想，成为朝廷中的开明政治家。苏我氏是依靠大陆移民，在朝廷中掌管财政而起家的。据《古语拾遗》记载，在雄略朝（456—479 年）时期，稻目的曾祖父苏我满智宿称统辖大陆移民，管理朝廷的"三藏"①。苏我稻目于 555 年（钦明天皇 16 年）在吉备五郡设了白猪屯仓，但逃跑的部民很多。稻目为了改变这种局面，569 年（钦明天皇 30 年）派胆津去白猪屯仓，编制田部户籍。天皇嘉奖胆津定籍之功，赐姓白猪史，封官为田令。由此看来，编制户籍的办法果然奏效，制止了部民逃跑的现象。制定田部户籍是重大改革措施。由于建立了户籍，过去以部为单位被奴役的田部，变成以户为单位进行生产和向国家交纳年贡的小生产者。他们是国家依附农民的先行者。

---

① 三藏：斋藏，内藏，大藏。

苏我稻目的政治主张遭到大连物部尾舆为代表的守旧势力的坚决抵制。物部氏是朝廷中掌管军事的名门贵族，是主张维护原有统治方式的守旧势力。稻目与尾舆的矛盾，在崇佛问题上尖锐化了。552 年（钦明天皇 13 年），百济圣王献给日本朝廷佛像和经论。[①] 钦明天皇问群臣可否崇拜佛教。当时，稻目主张崇佛，而尾舆和主管神事的中臣镰子表示反对。天皇把佛像交给稻目，允许试拜。后来，国内适逢瘟疫，死者甚多。物部尾舆和中臣镰子上奏天皇，把这场灾祸归罪于崇佛，要求掷弃佛像，他们经天皇同意，把佛像投进难波的堀江，又纵火烧掉了伽蓝。稻目主张崇佛的政治目的在于，通过信仰佛教来代替"氏神"的崇拜，以统一全国的思想，削弱氏姓贵族的势力，加强皇权。而物部氏则坚持崇拜氏神，以维护日趋衰落的部民制和氏姓制。

587 年（用明天皇 2 年）用明天皇死后，以皇位继承问题为契机，稻目之子苏我马子和尾舆之子物部守屋进行决战。当年 7 月，马子率贵族的联合军队在衣摺（今东大阪市衣摺）讨灭了守屋，世代名门物部氏从此灭亡。

打败物部氏之后，苏我马子在朝廷握有实权，他立泊濑部皇子为天皇（崇峻天皇）。崇峻天皇因不满马子在朝廷专权，于 592 年（崇峻天皇 5 年）被马子暗杀。崇峻天皇死后，推古天皇即位。翌年，天皇立用明天皇的遗子厩户皇子为皇太子，并任命为摄政。后来，世人称厩户皇子为圣德太子（574—622 年）。

圣德太子的改革

圣德太子是著名的思想家和政治家。他自幼聪明好学，曾就读于高丽僧惠慈和五经博士觉哿，吸取丰富的中国先进思想和文化。他接受中国的尊王大一统思想，试图通过加强皇权的途径，挽救社会危机，为此实行了一系列改革。

603 年（推古天皇 11 年），制定十二阶冠位[②]，翌年开始实施。冠位是按才能和功绩，由朝廷授予贵族个人的不可世袭的荣爵。冠位制的实行，在

---

① 《上宫圣德法王帝说》记载，百济圣王向日本朝廷赠送佛像、经论的时间是 538 年。

② 十二阶冠位：大德、小德、大仁、小仁、大礼、小礼、大信、小信、大义、小义、大智、小智。

某种程度上起到了抑制氏姓门阀势力、提高皇权、选拔人才的作用，并促进了贵族的官僚化和官僚体制的形成。

604 年（推古天皇 12 年），颁布 17 条宪法。17 条宪法是贵族的行为规范，并非国家的根本法典。《宪法》的条文，大都出自中国诸子百家的典籍，而尤以儒家的居多数。儒家的"三纲五常"是贯穿《宪法》的核心思想。《宪法》规定："承诏必谨，君则天之，臣则地之""国非二君，民无两主，率土兆民，以王为主。"这些规定是为了削弱氏姓贵族的势力，提高皇权。《宪法》还提到"国司，国造勿敛百姓"，"农桑之节，不可使民"等条款，试图缓和阶级矛盾。

圣德太子还采取提倡佛教的政策。594 年（推古天皇 2 年）下诏"兴隆三宝"①，17 条宪法也提到"笃敬三宝"。太子带头在班鸠宫旁边建立班鸠寺，亲自在宫中讲解佛经，又写作《三经义疏》，注释胜鬘经、维摩经、法华经。结果，在全国出现了弘扬佛法的局面。太子提倡佛教的目的是统一全国的宗教信仰，以提高天皇的权力。

为了摄取中国先进思想和文化，圣德太子恢复了中断一个多世纪的中日邦交，并向中国隋朝派遣了留学生。太子改变过去向中国请封、朝贡的态度，采取对等的立场。607 年（推古天皇 15 年），小野妹子使隋时递交炀帝的国书称："日出处天子致书日没处天子无恙。"608 年（推古天皇 16 年），小野妹子第二次出使隋朝时带去的国书写道："东天皇敬白西皇帝。"这反映了太子建立中央集权国家的强烈愿望。太子遣小野妹子第二次赴隋时，派去高向玄理等四名留学生和僧旻、南渊请安等四名学问僧。这些学生后来归国后，在大化革新中发挥了巨大作用。

圣德太子的改革，在一定程定上削弱了氏姓贵族的势力，提高了皇权，为中央集权制的建立打下了基础，并通过向中国派遣留学生，实行冠位制等形式，培养了人才。所以说圣德太子的改革是大化革新的准备，是先声。但是，圣德太子的改革，仅仅局限在上层建筑领域，而这种上层建筑领域里的改革也是很不彻底的，冠位制是在没有废除氏姓制的基础上实行的，而且实施的范围仅在畿内及其周围地区。17 条宪法作为道德训诫，只能起到教化作用，没有多大约束力，所以，削弱氏姓贵族势力，提高皇权是有限的。太子的改革没有触及部民制，因此，解决当时社会危机是根本不可能的。

_____

① 三宝：佛，法，僧。

大化革新的出现

622 年（推古天皇 30 年），圣德太子病逝，改革事业随之停止下来。苏我马子对太子的改革，采取消极抵制的态度，因为提高皇权，削弱氏姓贵族的势力，不利于苏我氏在朝廷专权。因此，太子死后，马子自然不会继续推进改革事业。626 年（推古天皇 34 年）马子死后，其子苏我虾夷继任大臣，独揽朝廷大权。628 年（推古天皇 36 年）推古天皇病死，虾夷排斥圣德太子之子山背大兄王，第二年拥立田村皇子即位（舒明天皇）。在皇极朝（642—645 年）时期，虾夷之子苏我入鹿登上政治舞台，专擅朝政。他痛恨圣德太子的名望，反对他的改革事业。入鹿为了根除改革事业的后继者及拥立古人大兄的障碍，消灭了山背大兄王。古人大兄是舒明天皇和马子的女儿法提郎媛所生的皇子，与苏我氏有密切的关系。山背大兄王事件说明，统治阶级内部新旧势力的斗争日益激化。苏我虾夷和苏我入鹿父子与其祖辈苏我稻目不同，他们不断扩大田庄增加部民，加强以东汉氏为主力的私兵，打击改革势力，已成为极力维护部民制的奴隶主贵族的总代表和社会变革的最大绊脚石。

社会危机越来越严重的 7 世纪三四十年代，圣德太子派到中国的留学生陆续回国。623 年（推古天皇 31 年）归国学问僧惠日等上奏天皇："留于唐国学者，皆学以成业，应唤。"天皇可能采纳了这个意见，召唤在唐学习的学生。僧旻于 632 年（舒明天皇 4 年），惠隐、惠云于 639 年（舒明天皇 11 年），南渊请安和高向玄理于 640 年（舒明天皇 12 年），回到日本。他们去中国留学二三十年，学到了丰富的中国思想文化和隋唐两朝的统治经验，回国后积极进行传播，在部分贵族中产生强烈影响。在部民斗争的冲击和中国封建政治经济制度的影响下，出现了以中臣镰足（614—669 年）和中大兄皇子（626—671 年）为代表的革新人物。中臣镰足是大夫中臣御食子的长子，自幼好学，博览群书，尤其反复诵读中国兵书兼政书《六韬》。他曾受教于僧旻和南渊请安，丰富了知识，开阔了眼界。镰足在中国先进思想和社会制度的影响下，立志打倒苏我氏，实行变革。舒明朝（629—641 年）之初，他称病推辞中臣氏在朝廷的世袭职务祭官，来到摄津三岛的别墅，与住在难波的轻皇子结交。但后来见轻皇子器量不足便返回飞鸟，接近舒明天皇之子中大兄皇子。两人志同道合，成为知交，在就学于南渊请安的往返路上，商讨消灭苏我入鹿，夺取政权，以唐制为蓝本，进行变革。644 年（皇极天皇 3 年）春，从苏我氏中分化争取了与入鹿素有矛盾，又有声望的大夫苏我石川麻吕。尔后，又吸收了以守卫宫门为世袭职务的佐伯连子麻吕、葛城稚犬养连纲田等人，组成了革新派。645 年（皇极天皇 4 年）6 月 12 日，革新派利用皇极天皇在宫中接见"三韩"[①] 使者的机会，杀死了苏我入鹿。随后，革新派以法兴寺为根据地准备迎接虾夷的反攻，同时派人说服苏我氏一派归顺。当时，皇族和朝廷的重臣大都站在中大兄一边。守卫虾夷、入鹿宅门的东汉氏也解除了武装，四处逃散。虾夷见大势已去，于 6 月 13 日焚宅自尽。消灭虾夷、入鹿父子之后，革新派立即组成了新的政权。6 月 14 日，轻皇子即位为孝德天皇，中大兄为皇太子，阿倍内麻吕为左大臣，苏我石川麻吕为右大臣，中臣镰足为内臣，留学中国的僧旻、高向玄理为国博士。国博士是高级政治顾问。革新政权于同月 19 日，仿效中国建年号为大化，有步骤地开始实行改革。当年 8 月，分别往东国和倭（大和）六县（高市、葛木、十市、志贵、山边、曾布）派遣国司和使者，命造户籍，校田亩。9 月，遣使诸国，没收武器，登记人口，为下一步改革做了准备。12 月，首都由飞鸟迁至难波。646 年（大化 2 年）正月元日，发布《改新之诏》。《改新之诏》是革新的纲领，这一纲领在实施过程中不断充实提高，至 701 年（大宝元年）以《大宝律令》的法律形式被肯定下来。从 645 年诛灭苏我入鹿到 701 年《大宝律令》的制定，大化革新经历了大约半个世纪。革新的主要内容如下。

在经济上，废除了部民制，建立了封建国家土地所有制。政府把全国的土地和人民收归国有，变成"公地公民"，在此基础上实行了班田收授法与租庸调制。班田收授法是，政府每隔六年班给六岁以上的男女口分田，其数目为男子二段[②]，女子为男子的 2/3，"官户"[③]、公奴婢与良民相同，"家人"[④]、私奴婢的男女分别为良男良女的 1/3。受田人对口分田只有使用权，没有所有权，他们死后，土地归还国家。除了口分田外，政府按户分给少量的园田宅地，这些土地经允许可以买卖，只是绝户时归公。山川薮泽为公用。分得口分田的农民负担租、庸、调和杂徭、兵役。租，是实物地租，每

---

① 三韩：高句丽、百济、新罗。
② 段：又称"反"，是地积单位，相当于 9991.73 平方公尺。
③ 官户：官有的贱民。
④ 家人：私有的贱民。

段租稻 2 束 2 把①，约当收获量的 3%。庸，是劳役，凡正丁每年到都城服劳役 10 天，但原则上，交纳庸布 2 丈 6 尺来代替，次丁减半。调，是按丁别交纳的地方特产。杂徭，是地方国司役使农民从事水利、土木工程等事业的劳役，规定正丁为 16 天，次丁为 30 天，少丁为 15 天。兵役，是正丁的 1/3 轮流充当士兵，在一定时期受各地军团的训练，其中有的作为"卫士"到首都服役一年，有的作为"防人"到大宰府服役三年，武器粮食自备。

在政治上，建立了中央集权制，规定了身份制度。中央设二官、八省、一台、五卫府。二官即神祇官和太政官，前者掌管神事，后者处理行政事务。太政官下设中务、式部、治部、民部、兵部、刑部、大藏、宫内八省。一台即弹正台，掌管肃正风俗，监督官吏的机构。五卫府即门卫府，左、右卫士府，左、右兵卫府，是守卫宫廷的军事机关。地方设国、郡、里三级行政单位，分别由国司、郡司、里长治理。在政治军事上的要地首都、摄津、九州分别置左、右京职、摄津职、大宰府。

在身份制度方面，国民分为"良民"和"贱民"，良民包括皇族、贵族和公民。皇族和贵族享有种种特权，如，按位接受位田、位封、位禄，按官职受职田、职封，按功受功田。又有三位以上者之子孙、五位以上者之子，到规定的年龄，受一定位阶和官职，这叫荫位制。有位者一律免庸调。他们在法律上，还有减刑的特权。公民包括革新前的平民和革新后被解放了的部民，他们占人口的绝大多数。公民在法律上被规定为良民，具有一定的人身自由。贱民包括"陵户"②、官户、家人、公奴婢、私奴婢，约占人口的 10%，大都集中在畿内。他们不得同"良民"通婚，两者之间非法所生之子从贱。

革新后，国家把土地一举集中到自己手里，班给农民以口分田，以租庸调的形式，征收地租和课以徭役，而班田农民则紧缚在田地上，依附于国家。这正是封建国家土地所有制所具有的特点。在封建国家土地所有制下，国家既作为土地所有者，同时又作为主权者同直接生产者相对立。在这里，国家就是最高的地主，主权就是在全国范围内集中的土地所有权。

由于实行了封建国家土地所有制和新的身份等级制度，阶级关系发生了根本的变化。革新后，氏姓贵族变成领取俸禄的封建官僚贵族。位田、职

---

① 束、把：1 束为 10 把，一把为用手抓满 3 次稻谷量。

② 陵户：守卫皇陵的"贱民"。

田、位封、职封是国家发给贵族的俸禄。受田的贵族对土地没有所有权，病死或离职时还给国家。位封、职封是食封制的形式，封主占有封户交纳租的一半和庸、调的全部，但不完全占有封户的人身。封户是分得口分田的公民，并非奴隶。封建官僚贵族的剥削对象是公民，剥削方式是占有公民的租赋。公民在法律上有人格，拥有占有权的口分田和可以买卖的园田宅地，有固定的租费和徭役，对山林沼池也有使用权。部民已经改变了过去没有生产资料和人身自由的身份地位。只是品部和"杂户"虽系良民，但因在生产中所处的地位没有改变，其地位还较低贱。

大化革新并没有彻底废除奴隶制，贱民作为奴隶保留下来，但他们在社会生产中已退居次要地位，主要从事非生产性杂务。因此，奴隶制生产关系不起主导作用。

日本经过大化革新，废除了部民制，建立了封建国家土地所有制和中央集权制，由奴隶社会过渡到封建社会。

改革与反改革的斗争

"一种社会制度之被另一种社会制度所代替，乃是一个复杂的长期的革命过程。"[1] 在长期的大化革新过程中，革新势力和守旧势力之间进行了尖锐复杂的斗争。

645 年 9 月，革新政权建立不久，古大人兄皇子谋反。苏我入鹿被杀后，他以"勤修佛路，奉祐天皇"为名，避居吉野，勾结守旧势力策划叛乱，但因同伙自首，事遂暴露。中大兄立即派兵吉野，讨灭了古人大兄皇子。

649 年（大化 5 年）3 月，发生了右大臣苏我石川麻吕之变。苏我日向诬告其异母兄石川麻吕要损害皇太子，中大兄迫使石川麻吕自尽。石川麻吕是与入鹿有矛盾，被拉到革新队伍里来的，但思想仍旧保守，跟不上革新形势的发展。大化四年，废止古冠时，他和左大臣坚持戴古冠，以抵制新的官僚体制。中大兄趁日向告发的机会，除掉了深入改革的障碍。

石川麻吕之变发生的第二年，穴户国司草壁连醜经向朝廷献白雉。朝廷认为白雉的出现是吉祥之兆，于是举行盛大庆祝仪式大赦天下，改元白雉。这充分反映了革新派大功告成，万事大吉的思想情绪。

---

[1] 斯大林：《与英国作家威尔斯的谈话》，人民出版社 1953 年版，第 15 页。

653 年（白雉 4 年），中大兄为了便于控制守旧势力，奏请孝德天皇还都飞鸟，天皇不同意。中大兄不顾天皇的反对，率领皇族和群臣，回到飞鸟。孝德天皇陷于孤立，第二年病死在难波。

孝德天皇死后，中大兄之母前皇极天皇重祚，称齐明天皇。齐明年间（655—661 年）大兴土木，修建宫殿，加重了人民的徭役负担，引起人民的强烈不满。

孝德天皇之子有间皇子，借人民群众的不满情绪，阴谋叛乱。658 年（齐明天皇 4 年）11 月，天皇和皇太子去纪伊的牟娄温泉疗养期间，留守官守旧势力的代表人物苏我赤兄举出齐明天皇的失政，鼓励有间皇子谋反。有间皇子欣然同意，但后来，苏我赤兄见皇子一伙准备不足，事难成功，于是摇身一变，一面派人包围有间皇子的宅邸，一面派驿使报告天皇。有间皇子被中大兄绞死在藤白坂（今和歌山县海南市）。

中大兄为了转移人民的不满情绪和守旧势力的视线，大举征讨北方少数民族并出兵朝鲜。658 年（齐明天皇 4 年）和 660 年（齐明天皇 6 年），朝廷派阿倍比罗夫征伐虾夷的肃慎。660 年，百济受唐和新罗联合军的进攻，濒于灭亡。日本朝廷应百济遣使鬼室福信的求援，派兵朝鲜。663 年（天智天皇 2 年），日军在白村江战役中惨败于唐和新罗军队。战败后，为了防备唐和新罗军的进攻，在筑紫、对马、长门、大和、濑岐等要地修建城池。这次侵朝战争的失败，加重了国内阶级矛盾。人民对沉重的战争负担不满，守旧势力借此机会向革新政权施加压力。中大兄为了缓和统治阶级内部矛盾，采取对守旧势力妥协、退让的政策。664 年（天智天皇 3 年），肯定诸氏之氏上，赐予一定的民部、家部，部分恢复了部民制。这无疑是倒退之举。

667 年（天智天皇 6 年）3 月，迁都近江的大津。668 年，中大兄即位，称天智天皇。当年，命中臣镰足制定《近江令》。令共 22 卷，但全部失传，不知其内容。670 年（天智天皇 9 年），政府为了防止人民逃避徭役而逃亡，编制了户籍，因庚午年制定，史称"庚午年籍"。

侵朝战争和修建宫殿、都城、城池等土木工程，不仅给人民带来灾难，也增加了地方中小贵族的负担。664 年部分恢复部民制，有利于大贵族，但对于地方中小贵族，并没有带来多大好处，所以地方中小贵族对近江朝廷不满。

这时，皇室内部天智天皇同其弟大海人皇子（？—686 年）之间的矛盾相当尖锐。大海人皇子是很有才能和胆略的革新政治家和军事家，在天智天皇即位时被立为皇太子，是法定的皇位继承者。671年（天智天皇10年），天皇任命他的宠儿大友皇子为太政大臣，剥夺了大海人的皇位继承权，还恢复了左右大臣制，任命对革新事业不满的苏我赤兄为左大臣，中臣金为右大臣，苏我果安、臣势人、纪大人三人为御史大夫。他为了维护年轻的大友皇子的地位，吸收守旧的大贵族组织了政权。大海人不仅受到排挤，就连生命也没有保障。他为了摆脱这种危险境地，以出家为名，离开近江来到吉野。当年12月，天智天皇病死，政权落到守旧的大贵族手中。

近江朝廷一面积极备战，一面严密监视大海人。大海人在吉野收到这些情报，决定举兵。672年（弘文天皇元年）6月，他离开吉野，来到美浓，以此为根据地动员东国的军队。当时，东国的国司、郡司纷纷加入大海人的队伍。大海人抢先占领了不破、铃鹿两关，切断近江朝廷与东国的联系。7月，大海人皇子的数万大军进攻近江、大和，打败了近江朝廷的军队，大友皇子自缢而死。这次内战因发生在壬申年，故称"壬申之乱"。

大海人皇子之所以仅仅用一个月的时间打败近江朝廷，其主要原因是得到东国新兴封建官僚贵族国司、郡司的积极响应。而近江朝廷则相反，失去地方中小贵族的支持，朝廷四处派遣调兵的使者，但均没有成功。

壬申之乱是以大海人皇子和大友皇子之间皇位之争为契机而发生的，但实质是革新势力和守旧势力之间的一场决战。

673年（天武天皇2年）2月，大海人在飞鸟净御原宫即位，称天武天皇。他采取政治经济措施，继续推进了革新事业。

第一，废除一度恢复了的部民制。675年（天武天皇4年）下诏，废除664年天智天皇规定的氏上私有部民的制度，并取消了赐予皇族、贵族的山林原野。这是坚持革新事业的重大措施。

第二，实行皇亲政治，增强天皇的权力。天武天皇在位14年间没有任命一个大臣，完全依靠皇族进行统治，严防守旧的大贵族钻进朝廷，篡夺政权。为了提高皇族的地位，684年（天武天皇13年），制定"八色之姓"①，重新排列氏姓位次，对五世以内的皇族授姓"真人"，列在八姓之首。

681年（天武天皇10年），着手修改《近江令》，编纂《飞鸟净御原令》。令分22卷，是否有律，尚难断定。《飞鸟净御原令》也全部失传。同

---

① 八色之姓：真人、朝臣、宿祢、忌寸、道师、臣、连、稻置。

年，天皇命川岛皇子、刑部亲王撰写国史，以提高皇威。

大海人在壬申之乱中打败守旧的近江朝廷，夺取政权，坚持革新的方向，确保了封建制的继续发展。

镰仓室町时期的幕府政治

赵建民

日本的幕府政治，与世界各国封建统治相比较，是一种独特的政治形态。它始于 12 世纪末，终于 19 世纪中期的明治维新前夕，共经历了近 700 年的历史。"幕府"的原意是将军的办公政厅：1192 年（建久 3 年）源赖朝任"征夷大将军"，他已在镰仓设置了办公机构，日本史上的第一个幕府政权由此得名。① 从镰仓幕府开始，实际掌握国家最高权力者，从天皇那里获得征夷大将军称号，表现为武士阶级控制国家政权。因此，幕府政治也就是武家政治。

镰仓、室町幕府时期，从政治形态或政权形式而言，经历了武士阶级的中央集权，地方武士势力的分权统治，最后又趋向集中统一，为建立君主专制奠定基础的历史过程。无论是中央集权还是地方分权，均是军事封建主的统治。军事封建主掌权的幕府政治，也就成为日本封建社会发展过程中的一个重要政治特点。

两种政权并存的独特政局

日本自大化革新以后建立的国家政权，是以天皇为中心的皇室贵族政权；而镰仓幕府开始的幕府政权是军事封建主的政权。尽管两者都属封建统治，但不仅性质上有区别，而且这两种不同性质的政权曾长期并存，与幕府政权存在的同时，天皇政权以院政②的形式存在。这是由于日本历史发展过

---

① 日本史上的幕府政权有三个：镰仓、室町和江户。是以建立的地点或将军的姓来称呼的，如室町幕府也称足利幕府；江户幕府也称德川幕府。

② 日本史上的一种政权形态，天皇让位出家以后，仍以上皇和法皇身份，设置政厅，行国政。起于 1086 年（应得 3 年）由白河上皇创设，1086—1166 年称为"院政时代"。此后院政时有断续，一直存在到 1840 年（天保 11 年）。

程中，武士的社会影响以及与皇室贵族之间的矛盾离合、势力消长所致。

11 世纪的日本，封建贵族内部斗争激烈。在中央政权中，分为皇室和外戚两大集团。由于他们都缺乏军事实力，就不得不拉拢地方武士。而这时的武士势力又以本州东部的源氏集团和以本州西部的平氏集团为最强。他们也都卷入了当时斗争的旋涡。在斗争中，天皇与外戚两败俱伤，中央政权落入平氏集团之手。平清盛的官邸设在京都的六波罗，故称他的政权为六波罗政权，这是从皇室贵族政治向武家政治过渡的政权。

平清盛掌握了中央政权，由于上层统治者的蜕化，引起下层武士的不满，这就给源氏集团提供了夺取政权的良机。在源、平两氏斗争中，源赖朝于 1180 年（治承 4 年）的椎模石桥山之战中失败，逃入镰仓。镰仓是物产丰富的鱼米之乡，地势险要的战略要地，也是源氏经营多年，与当地武士有密切联系的地区，因此，源赖朝以此作为据点，与平氏作斗争，并致力于建立起自己的政权。1180 年 10 月，源赖朝经富士川会战，打败平清盛大军，被尊为"镰仓殿"。平源相争又经 1184 年（寿永 3 年）摄津的一谷和 1185 年（文治元年）瀼歧屋岛的会战，最后在长门的坛浦战争中全歼平氏军队，平氏政权覆灭。源赖朝在这些源平会战中，只是指派其弟源义经、源范赖出征，自己驻守镰仓，从事政权建设。1183 年（寿永 2 年）源赖朝向院政上奏，提出三条意见：（1）平氏强夺神社佛寺的田地应如数归还原来寺社；（2）院宫诸家领如被平家掳掠的也应归还本主；（3）对归降回来的平家武士谅解其罪，不可处斩。这个上奏得到上皇的支持，于同年 10 月 14 日颁布了《寿永宣旨》，承认源赖朝在东海、东山两道的统治范围，承认他的统治权，使源赖朝在关东确立的行政权合法化。在以后讨伐平氏过程中，向西发展，实现全国统治就有了可能。1192 年源赖朝任征夷大将军，标志着他所建立的地方政权成为对全国范围的统治。自此开始，镰仓幕府政权与天皇政权并存。一般称天皇政权为公家，幕府政权为武家。公武长期并存。

为什么会形成这样两种不同政权的长期并存呢？究其原因大致有三：第一，皇室在经济上、政治上都还有相当大的势力，经济上皇室领地长期保存，政治上皇族成员、中央贵族、佛教寺院结为一体，实力雄厚，而从中央到地方的一套行政机构仍在起作用。这就使得新兴的幕府不但不能取代皇室，而且表面上还得依靠皇室这个权威来扩张自己的势力。第二，幕府的势力内部矛盾也很多。它和皇室有矛盾的一面，也有相互利用的一面，这就形成在发展过程中幕府与皇室有时冲突、有时妥协的局面。1185 年（文治元年）11 月 28 日，源赖朝采纳大江广元的建议，即派北条时政去京都，向院厅要求设置守护、地头，第二天就得到院厅批准。此后，源赖朝又提出要朝廷驱逐反镰仓派的公卿贵族，用亲镰仓派者任朝廷的"议奏"，以图控制朝廷政务。这也得到院政同意，但在实施中并不顺利，如地头制就遭到贵族、寺社庄园领主的抵制。源赖朝迫于形势也妥协让步，同意对地头制加以限制，1186 年（文治 2 年）6 月，停止在权门势家庄园内设置地头，后又进一步退让，同年 11 月规定除现在叛谋者的庄园外，一律停止设置地头职。这个限制使源赖朝控制的地区缩小到仅以镰仓为中心的东部地区。第三，武士将领为防止部下谋叛，经常向部下灌输效忠皇室的观念，利用皇室的传统权威来控制部下。源赖朝曾在背后斥骂后白河法皇是"日本最大的大天狗"，但表面上却对皇室表示虔诚，要"苟以忠贞奉公，继家业守朝家""天下落居之后，万事当仰君王裁定"。这样他就更不能推翻天皇，而只能借助天皇号令天下了。

由于上述原因，形成了公武两种政权的同时并存。尽管幕府实质上已是国家最高的权力机关，但在形式上天皇政府仍然存在，而且幕府的最高首领将军还得由天皇任命。幕府与天皇政权同时并存的局面几乎贯穿于幕府政治的始终，形成了日本所别具一格的独特政局。

军事封建主的中央集权统治

镰仓幕府所经历的 140 余年，大体可分为三个阶段：1192 年起到 1221 年（承久 3 年）的承久之乱，为初创阶段；自承久之乱到 1274 年（文永 11 年）、1281 年（弘安 4 年）两次元军征日，为全盛期，军事封建主的中央集权得到完善和加强；从元军征日到 1333 年镰仓幕府灭亡，是其衰落阶段。

源赖朝建立起来的军事封建主的统治，就政权形式而言，大体经历了如下变化：

1. 1192—1203 年，镰仓殿的独裁统治，这是以源赖朝为首的将军独裁统治。在中央，进一步完备了先前设立的政所、侍所、问注所三个机关，政所是在 1191 年（建久 2 年）由公文所扩大后改称的，是幕府的行政机关，首长初称别当（后改为执权），由大江广元担任；侍所是幕府的军事机关，首长也称别当，由和田义盛担任；问注所是幕府的司法机关，首长称为执事，由三善康信担任。在地方，全国各地和庄园内设置守护、地头。守护是幕府委派的地方官，是一国（相当于省）的军警头目，掌握军事、警察权，维护地方秩序，监督御家人履行义务。地头是幕府安置于各地庄园内的管理人，掌握庄园内的警察权、土地收益权，维持治安和征收年贡。此外，还在天皇政府的所在地京都，设置京都守护，监视天皇行动。在边远地区设置镇西奉行（年州地区）、奥州奉行（本州东北部）。1199 年（正治元年）镰仓幕府的开创者源赖朝死去，由长子源赖家任将军职，继为镰仓殿。但是，这时幕府的实权却掌握在他的母亲北条政子和外祖父北条时政手中。1203 年北条时政废赖家，立年仅 12 岁的实朝（赖家的弟弟）为将军，北条时政自为执权，操揽幕政。

2. 1203—1224 年，北条氏执权政治，这是北条时政、北条义时父子的统治。北条时政为篡夺权力，与北条政子谋划，把将军职一分为二：关西 38 国的地头职归赖家的弟弟千幡（实朝）；全国的守护职及关东 28 国的地头职归赖家的长子一幡。这当然会引起一幡的外祖父比企能员的不满。比企能员举兵进攻实朝和北条氏，结果北条时政诱杀了比企能员，比企一族及一幡均遭消灭。1205 年（元久 2 年）北条时政去世，由其次子北条义时继为执政，1213 年（建保元年）他先灭掉担任侍所别当的和田氏一族，并兼任侍所别当；又在 1219 年（承久元年）暗杀了实朝，京都迎来了一个年仅两岁的小孩藤原赖经（源赖朝的远房亲戚）做傀儡将军，从此镰仓幕府的实权完全落到北条氏一族之手。形成了与先前源氏的镰仓殿同样的独裁政治。

趁幕府内部权力斗争之机，京都朝廷的贵族积极发动了反幕府活动。1221 年（承久 3 年）由后鸟羽上皇颁布院宣，讨伐北条义时，结果后鸟羽上皇未能如愿，幕府经北条政子的积极活动，内讧停止，并一致进攻京都。这次贵族和武士之间的战争，史称"承久之乱"。从此以后，武家政权对公家政权占了绝对优势，一改以前幕朝间的力量对比。幕府对朝廷施行了严厉的惩治：流放后鸟羽上皇为首的皇族于隐岐、佐渡、但马、备前等地；没收凡参加反幕活动的贵族领地达 3000 余处，并将这些领地赏赐给战争中立过功的御家人，还给以地头职，称为"新补地头"；在京都设置了六波罗探题，代替原来的京都守护，由北条泰时亲任，负责监督京都朝廷贵族的活动，并有掌管西部地区的行政权、司法权。

3. 1224—1268 年，执权政治由独裁制改为合议制。承久之乱后，北条泰时为缓和武士阶级内部矛盾，巩固自己的统治，把执权政治从独裁制改为合议制。他采取了两项有效措施：第一，设置"连署"和"评定众"。1224

年（元仁元年）设置连署职，即把原来一名执权，改由二名担任，其中一名称连署。1225 年（嘉禄元年）设置类似议会的评定众，由三善氏、三浦氏等 11 名有势力的家臣充当，讨论和决定幕府的重要政务，原来的政所、问注所只担当财政、裁判事务的工作。后来，在北条泰时的孙子北条时赖任执权时，于 1249 年（建辰元年）增设"引付众"，以辅佐评定众。第二，制定"贞永式目"。1232 年（贞永元年）北条泰时根据源赖朝以来的武家奖惩条例，由评定众三善康连等人商议，编成了一部法典《关东御成败式目》，共 51 条，因在贞永元年制定，故亦称"贞永式目"。北条泰时统治期间，拥有承久之乱以来没收的 3000 余处贵族领地，经济比较富裕；六波罗探题、评定众、连署等的设置，使政治机构更加完备；贞永式目的制订，成为武士政权的法律准则。所以这一时期政治有所刷新、经济得到发展，是镰仓幕府的鼎盛期。

4. 1268—1333 年，得宗专制政治。北条氏的专权自北条时赖到北条时宗时更趋强化。1268 年（文永 5 年）北条时宗任执权后，依靠出身于北条氏嫡系家族（日本史上称作"得宗"）的官僚，经常以他的私邸为据点，议决幕府重要政事。这种以私邸为据点的聚会，称作"御寄合"。抗元胜利后，幕府统治集团内部的对立激化。1285 年（弘安 8 年）发生了有实力的御家人安达泰盛反叛，为得宗的被官平赖纲所击败的"霜月暴动"。中央政权更趋集中于得宗一族之手，幕府的中央机构形同虚设，评定众完全被御寄合所代替，过去幕府的人事调动皆由评定众决定，如今则明确规定"诸人官途事，自今以后罢评定众之议，直听御恩裁决"，完全由得宗的时赖摆布。

但是，得宗专制的出现，并不意味着中央集权的加强，恰恰说明了它的衰落。得宗专制政治激化了各种矛盾，加上当时担任执权的北条高时无所作为，政事荒废。在这种形势下，皇室贵族势力认为是重振皇威的良机。1318 年（文保 2 年）即位后的后醍醐天皇，在 1321 年（元亨元年）废院政、行天皇亲政，并开始了紧张的倒幕活动，先后策划 1324 年（正中元年）的"正中之变"和 1331 年（元弘元年）的"元弘之乱"。后醍醐天皇的这两次活动都因计划泄露未获成功，失败后被幕府流放。在幕府方面，1333 年（元弘 3 年）被指派镇压地方武士反抗活动的足利高氏在途中举旗反叛，攻击京都六波罗探题。紧接着的是关东上野的豪族新田义贞率关东地方武士攻入镰仓。北条高时及其主要家族成员自杀。在反幕府的浪潮中，统治长达 140 余年的镰仓幕府宣告灭亡。

从中央集权向地方分权统治的转变

镰仓幕府灭亡以后，以后醍醐天皇为首的京都贵族政权一度恢复。1334年改年号为"建武"，以象征日本皇室的"中兴"，所以史称"建武中兴"。但好景不长，1336年（建武3年）5月，足利尊氏攻占京都，建武中兴也宣告失败。

足利尊氏初名足利高氏，是源氏旁系后裔，在镰仓幕府中颇有势力，后在后醍醐天皇倒幕活动中，趁机倒戈，成为建武政权中的第一功臣，天皇赐以"尊"氏。但是，足利尊氏本存对北条氏取而代之之心，因未得后醍醐天皇重用，便于1335年（建武2年）又揭起叛旗，1336年正月攻入京都，一度遭到挫败；同年5月再度攻入京都，拥立光明天皇作傀儡，11月7日颁布《建武式目》作为施政纲领；1338年（延元3年）8月，获征夷大将军称号，在京都建立起足利幕府。后来，在1378年（天授4年）由足利义满迁往京都室町，因此，足利幕府也称室町幕府。室町幕府时期是战乱动荡的时代，幕府政治没有像镰仓时期那样的中央集权政治，而只是一个地方大封建主的联合政权，实行的是地方分权的封建统治。

从镰仓幕府到室町幕府，就政治形态而言，发生了从中央集权到地方分权的转变。这个转变也充分表现出前后两个幕府在经济基础和阶级支柱诸方面存在着显著的差别。

源赖朝建立的镰仓幕府，能够巩固下来，主要原因是有了牢固的经济基础和可信赖的阶级支柱。幕府所拥有的土地分为三种：一是将军的家领，称"关东御领"，系征伐平氏有功，由皇室将原属平氏在全国各地的500所庄园赏赐给他；二是将军的封地（知行国），称"关东御分国"，主要分布在伊豆、相模、上总、下总、信浓、越后、骏河、武藏、丰后等九国；三是关东进止所领，即为源赖朝在国衙领地或庄园内有委派官员之权的领地。上述地区的经济收入都归幕府，源赖朝实际上就是全国最大的庄园主，幕府的经济基础就是庄园制经济。镰仓幕府的防御支柱是御家人。源赖朝起兵以后，投在他麾下的武士领主，得到御家人地位，以后又被授予守护和地头等官职。这样，这些武士与将军之间建立了封建的主从关系：御家人有对将军"奉公"的义务，战时出征服役，平时承担勤务、勤役以及交纳京都警卫、修造驿道和宫殿神社等费用的赋役，将军给御家人以"御恩"，授给新领地。如果御家人不尽上述义务，就得被剥夺御家人身份，收回所给领地。

建立在庄园制和御家人制这一经济、阶级基础上的镰仓幕府，特别是在承久之乱以后，北条泰时任执权时期达到鼎盛。但从1268年（文永5年）北条时宗任执权时起，镰仓幕府便开始由盛变衰。促使社会矛盾日益尖锐的基本原因是地头的非法行为，使庄园的所有权发生变化。地头作为幕府派驻庄园的政治代表，拥有治安警察权、征收年贡及管理土地权，但到任后往往不满足所拥有的权力，常常凭借幕府权威，在庄园内胡作非为，不断侵蚀庄园领主的利益。为了解决这一矛盾，在幕府裁决无效的情况下，领主和地头经过协商，采取了两种办法：一是"地头请所"法，领主以停止派遣使者、庄官到庄园办理事务为条件，地头同意每年不论年景好坏，概不拖延向领主交纳年贡，地头就掌握了庄园的实际支配权。二是"下地中分"法，庄园领主同意将庄园土地的一部分划归地头所有，划分后双方互不干涉对方在所属土地上的一切事务。由于地头请所、地下中分法的实行，地头势力伸张，庄园领主衰弱，原来只拥有警察、征税权力的地头，一跃而为拥有土地的地头领主。这样，庄园土地所有制就发生变化，由原来庄园领主所有变为领主、地头共同所有。

1274年（文永11年）、1281年（弘安4年），元朝发动两次征日的军事行动（史称文永、弘安之役），因元朝征日师出不义，日本取得了胜利，这对幕府政治产生了深刻的影响。一方面，幕府为了防卫外敌，动员了关西武士，扩大了幕府的统治范围，取得了在关西地方征收年贡物资的权力，使幕府的经济实力，比公家政权占优势；关西一带的守护职都集中到北条氏之手，在九州守护之上设置镇西探题，加强了北条氏在关西的统治。但是，另一方面，又孕育着镰仓幕府衰落的致命因素，表现为御家人制的危机，具体表现是中小武士的破产。抗元战争虽然取得胜利，但幕府却不能解决参战之官兵的恩赏问题，不能像在承久之乱时那样，从政敌手中得到赏给御家人的土地，因幕府不能满足御家人的要求，这就破坏了由"奉公"取得"御恩"的主从关系的基础。御家人为谋求恢复自己的实力，强占公地，蚕食庄园，加速了地头庄官脱离庄园主，脱离幕府，成为独立领主。幕府为防止御家人的破产，于1297年（永仁5年）颁布了"德政令"，禁止御家人的土地买卖，规定凡非御家人和商人买了御家人土地的，必须无偿归还原主，也不再受理向御家人贷款的诉讼。德政令的颁布，非但没有实效，反而引起经济混乱，商人抬高物价。高利贷者不再向御家人贷款，加速了御家人的贫困和没落，促进了御家人制度的崩溃。

抗元战争胜利以后，镰仓幕府面临的，除了中小武士的破产外，还有守护大名势力增大的问题。幕府为解决财政困难，加重了对农民的压榨，农村荒芜，饥馑频发，农民以逃亡的形式进行反抗。一些原来跟幕府没有结成主从关系的，由百姓名主上升为武士的"非御家人"，在货币经济比较发达的地区，发展自己的势力，并把反抗幕府的下层力量武装起来对抗幕府，这些人被日本统治者称为"恶党"；还有一些不满幕府的御家人，出于反抗幕府、积蓄自己实力的需要，往往拉拢恶党，甚至成为恶党的巨魁。所以，镰仓幕府由盛转衰的历史演变既是御家人发生分化的过程，也是地方大封建主强大起来的过程。镰仓幕府的垮台和室町幕府的建立，就是这个历史演变过程的体现。

室町幕府跟镰仓幕府不同，它不拥有御家人那样的封建主从关系很强的家臣。为了增强幕府实力，加强封建主专制，只能依靠各国守护的力量，1352 年（正平 7 年）足利尊氏以他儿子足利义铨的名义，发布"半济令"，赋予守护征收属于公家贵族寺院领有庄园的一半年贡为军粮的权力。一半上交，一半由守护领国内的武士瓜分。因此，守护就合法地获得支配各庄园一半以上土地的权力。此外，幕府还给守护征收公领年贡的权力（即称"守护请"）、"刈田狼藉"的判断权、判决的执行权以及其他权力。所以，守护在领国内的势力大大增强，蚕食庄园，并能变庄园的代官和武士为自己的家臣，使领国内的庄园逐渐归到守护的手中。守护完全成了领国内的最大封建主——守护大名。室町幕府正是以这种守护领国制为其经济基础，以守护大名——大封建主为阶级支柱所维持的。这就必然使室町幕府成为分裂割据、分权统治的局面，幕府只不过是各国守护大名的联合政权，这也必然使室町幕府时期成为战乱不止、动荡不安的时代。

地方分权封建统治的政治形态

室町幕府共经历了近 240 年，其时可分作三个阶段：前期为南北朝对峙（1336—1392 年），史称南北朝时期；中期（1392—1466 年），其中足利义满统治时期是室町幕府的全盛期；后期为封建大名混战（1466—1573 年），史称战国时期。北方割据、分权统治是室町幕府的重要特点。

1336 年，后醍醐天皇在足利尊氏两次攻入京都后，逃往吉野深山，建立南朝，并自称正统，与足利尊氏拥立的光明天皇的朝廷（称北朝）对峙，由此形成了南北朝对峙的分裂局面。当时南北朝势力甚为悬殊，为什么南朝能继续存在长达半个世纪？这是因为南朝能在幕府的内讧的缝隙中求生存。足利尊氏的弟弟足利直义和幕府执事高师直之间，为争夺幕府实权发生了内讧，足利直义策划征讨高师直，而高师直迫使足利尊氏革除足利直义职务，足利直义逃入南朝，与其联合声讨高师直。1351年（正平6年）2月17日，足利直义率南朝军与足利尊氏、高师直等率领的北朝军会战，结果北朝军失败。足利尊氏罢免了高师直父子的职务，与足利直义议和。但是，足利直义和足利尊氏及其子足利义铨之间又为互争权势，发生对立。足利尊氏父子为铲除足利直义的势力，致函南朝，表示愿意请南朝天皇回京都亲政。幕府内讧为南朝再兴提供良机，趁足利尊氏讨伐足利直义之时，南朝军攻入京都，把足利义铨逐出京都。此时，足利尊氏又摒弃南朝，转而挟持北朝，拥立了后光严天皇为北朝天皇，足利尊氏的幕府统治总算暂趋稳定。1358年（正平13年）4月30日足利尊氏病死，足利义铨继为第二代将军。1367年（正平22年）12月I7日义铨死，足利义满继为第三代将军。足利义满在1392年（明德3年）11月13日致函南朝，要求实现南北统一，提出了四个条件：第一，象征皇权的三种神器和皇位让给北朝；第二，今后皇位由皇室两派交替继承；第三，各地的国衙所领有的庄园领地全归南朝支配；第四，分散在各地的长讲堂所有庄园归北朝所有。南朝后龟山天皇收函后，表示同意。纷争了半个多世纪的南北对峙局面终告结束。

足利义满担任将军期间，是幕府的中央集权体制完善的时期。这个完善也是在足利义满对地方势力进行压制和削弱，陆续击败各地方势力的基础上进行的。足利义满为了抑制守护势力的增长倾向，于1390年（明德元年）乘东海地方大名土岐康行族内混乱之际，打败土岐康行，史称"美浓之乱"。1391年（明德2年）又制造借口挑起与山名氏的争端，足利义满打败了他，史称"明德之乱"。山名氏是以山阴为中心，控制了日本1/6的地区，充任十一国守护的大名。1399年（应永6年）又挑起与身兼六国守护、中国地方最大的大名大内氏之争，消灭了大内义弘，史称"应永之乱"。1398年（应永5年）确定了"三管领四职"制度，组成室町幕府的领导核心。室町幕府的最高首领与镰仓幕府一样，也是将军。将军以下设相当于镰仓幕府时的执权的管领，管领下有政所、问注所、侍所三个机构，但权力小于镰仓时的政所，仅管理幕府的财政税收及诉讼等事务。此外，跟镰仓一样设置评定众、引付众，前者由山名、赤松、细川、畠山、大内等有势力的守护大名24人组成，与将军、管领合议庶政；后者是前者的辅助机关，主要处理有关诉讼事务。在地方上，也与镰仓幕府一样设置守护职，特别是在一些形势险要的关东、九州、奥羽等地，分别设置了关东管领、九州探题、羽州探题、奥州探题。关东管领犹似小幕府，下设政所、侍所、问注所、评定众、引付众等组织机构。所有这些机构的负责官员，均由有势力的守护大名担任。幕府为了防止有势力大名世袭权的发生，并使其相互牵制，规定了管领职务由足利氏一族有实力的细川、畠山、斯波氏三家轮流担任，仅次于管领职的侍所长官、所司等职由京极、一色、山名、赤松四家轮流担任。

幕府的这种做法，目的是要在同守护大名保持均势的情况下，维护他的统治。但事实上并不可能，有势力的守护大名还是经常发生叛乱，对抗幕政。1438年（永亨10年）足利持氏发动了"永亨之乱"，竟想用武力夺取将军地位；1441年（嘉吉元年）发生了"嘉吉之乱"，将军足利义教竟遭"四职"之一的赤松满祐杀死。这种局面在日本史上称作"下尅上"，造成这种状况的部分原因是由于各地的守护、地头并不是室町幕府完成统一后任命的，而是在幕府实现统一前已经存在，所以，在一定程度上说，是幕府依靠了他们才完成统一的。这些名义上由幕府任命的地方官，实际上他们并不听命于幕府，相反经常发生暴动来对抗幕府，等到幕府开始衰落，就进一步形成地方割据的统治。

为建立中央集权的统一国家奠定基础

室町幕府后期，史称"战国时期"，地方封建势力的增大，幕府无法加以控制。地方大名之间为了争夺地盘和权势，相互混战，形成了地方割据局面。这个时期的政治特点是大名之间的相互混战和此起彼伏的农民起义。

大名之间的混战，最有影响的是1467—1477年的"应仁之乱"。这次战乱起因于幕府八代将军足利义政的后嗣问题。足利义政在1462年（宽正3年）派人召回出家为僧的弟弟足利义视，以他为其继承人，并令管领细川胜元为之执事。然而，1465年（宽正6年）义政之妻日野富子生了一个男孩，取名义尚。日野富子打算将幼子立为将军的合法继承人，因此仇恨义视，她就利用当时山名宗全与细川胜元因争夺幕府实权而相互倾轧之机，要求山名宗全作为义尚的保护人。由此，幕府内部就形成了细川胜元支持足利义视、山名宗全支持足利义尚的两个对立集团。细川胜元召畿内、北陆、四国和中央地区的守护大名，集 16 万之众；山名宗全召山阳、山阴、东山、东海等较远地区的守护大名，集兵 11 万余。双方军兵云集京都，细川胜元军据守京都东北部称东军；山名宗全军据守市中心之西称西军。战争长达 11 年之久，长期混战，各有胜负。终因山名宗全、细川胜元相继去世，参战的守护大名因各领地内统治不稳，不得不抽兵返回领地，战争自行结束。战争的结果，一是使京都化为一片焦土，废墟荒野，满目凄凉，正如一位下级官员战后返京都所写下的一首感伤诗所云："汝知京都艳，今朝遍荒野，黄昏云雀飞，悲凉泪满颜。"二是经过战乱，足利将军家和幕府重臣各家四分五裂，一蹶不振。自应仁之乱以后的 120 余年时间里，战乱不息，"室町霸业衰，中原乱如麻，天地杀气满，山河战场多"，刀光剑影，战乱遍布全国。如在甲、信、越地区①上杉谦信与武田信玄之间在 1553—1564 年发生过五次拼搏，其中川中岛会战甚为激烈，上杉谦信战胜了武田信玄。在东部沿海地区，群雄崛起，其中三河国的松平广忠和他的儿子松平家康（即德川家康），尾张国的织田信秀和他的儿子织田信长，势力最强盛。

在守护大名的战乱中，最受苦的是广大农民，他们在连年的战乱中，要缴繁重的年贡和苛捐杂税，加上自然灾害的影响，生活愈益恶化，陷于绝境。因此，从 15 世纪中叶起到 16 世纪中期，日本国内不断爆发农民起义。一向宗武装暴动成为农民斗争的主要形式之一。② 1474 年（文明 6 年）以加贺国为中心，一向宗农民起义，斗争达到高潮。起义利用了加贺国豪强富樫政亲和富樫幸千代兄弟之间的矛盾，在一向宗的旗号下，举行武装暴动。他们以乡村为据点，反对守护征召伕役、拒纳赋税年贡、驱逐守护委派的官员等，致使幕府势力不敢深入乡村。1482 年（文明 14 年）一向宗农民起义军控制了整个加贺国，该国守护只存空名，加贺国成了"百姓掌权之国"。不久，在近畿的南山城爆发了有名的山城国农民起义。南山城地处要塞，常是守护大名必争之地，自 1483 年（文明 15 年）以后，畠山政长和畠山义就为争夺山城，开展了混战。战争越持续，人民越贫困，达到山穷水尽的地步。农民们要求结束混战，于 1485 年（文明 17 年）12 月，南山城发生了以农民

---

① 甲——甲斐，信——信浓，越——越中、越后，即现在的山梨、长野、新潟、富山等县。

② 一向宗即由亲鸾创始的净土真宗。披着宗教外衣的农民在近畿、东海、北陆等地举行武装起义，对抗战国大名。

为主体的起义，上自 60 岁的老人，下至十五六岁的青少年举行集会，并建立了以地侍、国人为核心的领导集团，称"三十六人众"，迫使畠山政长和畠山义就两方面军队都撤出山城。后来，三十六人众又在平等院再次集会，研究和制定了"月行事"制度，即按月轮流处理行政事务。三十六人众领导集团商讨和决定的事宜，由月行事贯彻执行。山城国农民起义获得了"民主自治"的时间持续长达八年之久，这在日本历史上是前所未有的，具有重大的历史意义。

守护大名的混战和农民起义，使守护大名的势力受到挫伤和打击，逐渐丧失了权威，担任数国或一国守护的人有的离开自己的领国，将领国的统治权委交给守护代（副守护）或家臣。因此，这些守护代或家臣乘机发展自己的势力，有的还达到超过守护的地步。守护大名混战和农民起义中，唯一得到好处的是一些在地方上拥有实权的幕府中、下级将士和国人领主，他们趁乱世之危，扩充权势，抢占一城、一国，进行割据统治，这就形成了战国大名。这些战国大名，与以前的守护大名所不同的在于：守护大名是幕府任命，受幕府统治，虽在其统治范围内，有一定的独立性，但不能超越幕府的权限。而战国大名则完全独立于幕府体制之外，成为与幕府相对立的统治一地、一国的强权地方领主。在他们控制的地域内，就成为君主，以军事力量为后盾，他们所控制的地区成为一个独立王国。这样，就逐渐确立了战国大名领国制，形成了封建分裂和地域割据的政治社会形态。

群雄鼎立的战国大名，为能战胜竞争者，须得稳定民心和增强自己的经济实力，因此，他们采取了"富国强民"的政策。允许以前逃亡的农民返回家乡，并招引他国农民迁来本国居住。改革旧的税制，不许地头任意追加赋税额。兴修水利，开垦农田，耕地面积显著增加，农业生产出现了新面貌。重视金矿、银矿的开采，冶炼技术也有改进。在农业、矿业发展的基础上，手工业生产也得到发展，宣布废除原来"座"的独占特权，允许手工业自由经营，招揽手工业者居住城镇，受到免除户税和徭役的优待。对商业实行保护政策，免除商人的徭役和关税，在领国内广泛建立市场，形成了区域性贸易圈，开放"乐市""乐座"，实行市场自由开放政策。地方商业活动的开展，进一步推动了全国范围内的物资交流活动，促进商品经济的发展。

战国大名为积蓄自己的力量，重视农业生产，奖励工商业，这在客观上促进了商品经济的发展，从而给国内统一准备了经济条件。又因战国时期的农民起义已经不是单纯地为了经济利益，而是在为夺取政权而斗争，所以封建统治者需要建立起一个强有力的统一政权来对付农民起义。此外，分裂割据的局面妨碍着各地商人进行贸易活动。这种客观形势就要求日本全国统一。尾张国大名织田信长就是顺应这种客观形势，用武力进行统一全国的活动。他先后打败了 36 个战国大名，最后于 1573 年（天正元年）进入京都，赶走了末代将军足利义昭，早已仅存躯壳的室町幕府宣告灭亡。

织田信长在进行全国统一的活动中，于 1582 年（天正 10 年）被部下叛将明智光秀在京都本能寺谋杀，后由丰臣秀吉继承其业，相继平定了近畿、四国、九州、关东、奥羽后，在 1590 年（天正 18 年）完成了全国的统一，这为后来德川家康建立中央集权的统一国家奠定了基础。

古代美洲文化

裴慧敏

早在哥伦布发现新大陆的数千年以前，印第安人就在美洲土地上独立地创造了发达的古代美洲文化，逐渐形成了名著于世的玛雅、阿兹特克和印加三大文化中心。古代美洲文化是世界古代文明的重要组成部分，给人类文化宝库增添了极其丰富的内容。

玛雅文化

玛雅文明是古代美洲印第安人文化的摇篮。它的所在地分布于现今墨西哥南部尤卡坦半岛、危地马拉、伯利兹、萨尔瓦多、洪都拉斯一带，因由玛雅族创造而得名。基于玛雅文化在美洲印第安文化中创立最早，并发展到相当高的水平，故玛雅人有"美洲的希腊人"之称。

根据考古发掘的资料证明，玛雅文明的形成期即前古典时期，在公元前1200年至公元300年。那时玛雅人开始在尤卡坦半岛中央佩腾盆地及其周围山谷进入定居的农业生活，开始建筑平顶金字塔和祭坛，形成了早期的祭祀中心，并在其附近形成居民点。

300—900年，玛雅文化发展到鼎盛时期，即古典时期。在此期间，玛雅的早期祭祀中心逐渐形成为规模较大的建筑群，并迅速发展成100多个城邦，其中以危地马拉北部的提卡尔、墨西哥恰帕斯州的帕冷克和洪都拉斯西部地区的科班等城邦最为著名。提卡尔城邦建有300多个大小金字塔，方圆50平方英里，估计当年曾有居民4万余人。这里是古玛雅人祭祀太阳神的第一座伟大的圣城。到公元900年时，玛雅文化不知因何突然中断，大部分玛雅城邦被遗弃，许多庙宇遭到破坏，居民纷纷往北迁移到尤卡坦半岛的石灰岩低地平原。

9—16 世纪，称为玛雅的后古典时期。10 世纪开始，墨西哥中部的托尔特克人侵入玛雅低地平原，占领奇钦—伊查，并以此作为自己的都城。托尔特克人将冶金（主要是冶铜）技术引进玛雅，使玛雅进入金石并用时代。1194 年，玛雅班（玛雅人的最大一个城邦）攻占奇钦—伊查，镇压了当地居民的反抗，随后又战胜另一个对手乌斯马尔，统一了整个玛雅地区。1244 年，奇钦—伊查人又反攻占领了玛雅城邦，此后他们与玛雅人杂居，逐渐被同化，也被人们通称为玛雅人。到 15 世纪，柯柯姆王朝夺取玛雅班政权，迫害玛雅班居民。1441 年玛雅班的居民发动起义，抢劫和烧毁了玛雅班城。在此 100 多年中，尤卡坦半岛各城邦之间长期内战，土地荒芜，瘟疫流行，玛雅文化便逐渐处于衰落状态。

1519 年，玛雅人首次同西班牙殖民者首领科尔特斯率领的远征队进行交锋，杀死敌军 70 余人，迫使科尔特斯停战求和。1521 年，西班牙殖民军征服墨西哥中部的阿兹特克人后，便再次率军进攻玛雅地区。1597 年，玛雅最后一个反抗据点失守，从此光辉灿烂的玛雅文化便遭到西班牙殖民者的肆意摧残。

在前古典时期，玛雅人只是以祭祀中心作为居民点，由一个主要氏族世袭统治。古典时期，玛雅的氏族公社开始解体，出现了按地区结合的农村公社和城邦，并开始阶级分化。他们的最高统治者是哈拉奇·维尼克，意思为真人，职位世袭，与上层祭司一起共掌军事、政治和宗教大权；其次是地方官员哈达巴，直接统治公社社员；最下层的是奴隶，他们一般来自战俘、囚犯和负债人。

玛雅是以农业为基础的社会。玛雅人种植土豆、棉花、番茄、可可等，他们是世界上最早培育玉米的居民。土地属于公社所有，分给各家种植，各家单独收割、保管和交换收获物。生产工具主要是木棒和石斧，石斧用以砍树开地，尖木棒用以挖坑下种，直到 10 世纪后玛雅人才使用铜制或青铜农具。他们为了扩大种植面积和提高农业产量，在坎佩切南部的里约伯克区广泛进行人工造田，并在危地马拉和贝利塞的两林区建筑密如蛛网的沟渠网。据说玛雅农业在古典时期就已有较高的生产水平，依靠农业已能维持两三百万人的生活。

玛雅人饲养火鸡和狗，从事养蜂采蜜、捕鱼狩猎等活动。此外，他们还用燧石和黑曜石制造武器和工具，用黏土、木材和石头制造各种器皿，以棉花和龙舌兰的纤维制造绳索与粗布，并能制造各种精美的首饰、神态万端的雕像和神像等手工艺品。

随着生产力的逐步提高，玛雅人逐渐有了剩余产品，交换日益频繁，每个城邦的中心都成了集市贸易的中心，各城邦之间和各部落之间亦有贸易活动。布匹、蜂蜜、燧石武器、食盐、鱼乃至奴隶，都成为交换的重要商品。交换的主要媒介是可可豆、小铜斧和铜铃等。奴隶价格低廉，一个奴隶只能换几粒可可豆。

玛雅人是古代世界文明地区中首创文字者之一。他们的象形文字不仅表意，而且表音。据考证，共有800多个象形符号，以这些符号组成两万多个词汇。现存的玛雅象形文字，有的刻在石碑和庙宇的墙壁上，有的雕在玉器和贝壳上，有的绘在陶器上，有的写在鹿皮或树皮上，内容十分广泛，包括天文、历法、历史和神话等。在科班城一条著名的金字塔的"象形文梯道"上，玛雅人竟在上面刻有2500个象形文字。玛雅人还有在城邦树立"纪年石碑"或"纪年柱"的习俗，现已发现纪年石碑数百块。仅在玛雅中部的卡拉穆尔城就有103块。大部分石碑上刻有立碑城邦的名称、立碑的年代、当时的大事以及神明和祭司的头像等。竖立"纪年石碑"有一定的周期，基本上是20年竖立一块，个别的是5年或10年竖立一块。已经发现的石碑中最早的是立于公元292年的提卡尔城，持续大约1200年之久。这些石碑已成为考证美洲古代史最可靠的文献资料。玛雅人的象形文字主要由少数高级祭司所掌握，并由他们负责将玛雅的大事记载在手抄本上。西班牙殖民者入侵玛雅地区后，烧毁了许多象形文字手抄本。现今保存下来的只有四本。根据收藏的地点和发现者的名字分别被命名为《德累斯顿手抄本》《马德里手抄本》《格马里耶手抄本》和《巴黎手抄本》。可惜这些手抄本上的象形文字还不能被人们全部释读。

玛雅人的历法和天文知识达到了古代世界的极高水平。他们为了农事和祭祀的需要，细致观察天象和气候的变化。他们在奇钦—伊查建有世界著名的天文观象台，它呈圆形，建筑在高达22.5米的高台边上，内部有螺旋形的梯道和回廊。从上层北边窗口通过厚达3米墙壁形成的对角线向外瞭望，右边恰好看到春分和秋分日落的半圆；从上层南边窗口的对角线看出去，正对地球的南极。他们通过观察天象，可以准确地预测日食，能比较精确地计算出金星绕太阳一周需要583.92日。玛雅人在观察天象中逐步积累了丰富的历法知识。早在公元初年，他们就创立了太阳历，以地球绕太阳一周为一年。每年18个月，每月20天，外加5天"禁忌日"，又每4年一闰加1天，总计一年为365.2420日。这个数字比起希腊人计算出一年为365.2425日的历法更接近于我们今天科学的天文测量365.2422日。

玛雅人在制定历法和日常生活中经常以手指和脚趾帮助计数，逐渐创造了自己独特的二十进位法。在数学上，他们很早就发明了最基本的符号"零"，比欧洲人使用这一符号早800年。在数字的书写上使用三种符号，以点表示"一"，以横表示"五"，以一个眼睛似的椭圆形符号表示"零"，以此变数，例如"⸫"表示六，"〓"表示十三，等等。

玛雅人的建筑术的发展大都与宗教活动有关。他们的城市一般都有大规模的建筑群，其中心建筑物都是金字塔坛庙。坛庙的两边陪衬着巨大的宫殿和其他庙宇。此外，还有供居民集会的广场和供娱乐用的球场。这些建筑群气势雄伟、肃穆壮观，富有整体感。在玛雅人建筑物中最有代表性的是金字塔。这些金字塔与埃及金字塔不同：埃及金字塔是尖顶，玛雅金字塔是平顶，故称为平顶金字塔；埃及金字塔是帝王的陵墓，而玛雅金字塔则一般作为神庙的基座。平顶金字塔外壳均以石块垒成，以石板或泥灰砌成梯道，塔的内部填以泥土，塔顶建有庙宇。奇钦—伊查金字塔高30米（台基高24米，坛庙高6米），每边宽55米，四边都有90级梯道通向塔顶。北面梯道的底部还有石刻像，饰以似乎正在游动的羽蛇。整个工艺布局美观大方。

玛雅人的雕刻和绘画也很出色。仅以1946年在墨西哥恰巴斯州波南帕克发现的玛雅壁画为例，此壁画建于8世纪，画在高约7米、总长16米称为"画厅"的三间房屋内，其内容有贵族仪仗队的行列、战争与凯旋、惩罚俘虏、庆贺游行和交纳贡税等场面。此画色彩绚丽、线条清晰，人物神态逼真，充分显示了玛雅人卓越的艺术才能。它的成就堪与印度的阿旃陀、克里特的克诺萨斯艺术相媲美。

在宗教方面，玛雅人的最高之神是太阳神伊查姆纳，它被尊为上帝的化身，是白昼和黑夜的主宰者和文字的创造者。其次普遍信奉的是雨神查克，因为玛雅地区缺乏淡水，降雨是保证农业丰产和居民生活的必要条件。此外，他们还信奉玉米神、可可豆神等五谷之神。

阿兹特克文化

大约在公元前12世纪，玛雅文化中心区西北部的墨西哥湾沿岸（今天的维拉克鲁斯州和恰巴斯州）就出现印第安奥尔梅克文化。奥尔梅克文化延续整整七个世纪，到公元前 5 世纪就开始逐步衰落下去了。

公元前 2 世纪，墨西哥城东北约 30 英里的特奥蒂瓦坎又开始出现巨大的祭祀中心，居民达 5 万之多，建立了以太阳金字塔、月亮金字塔和"亡人街"为代表的文化中心，创造了美洲前所未有的都市文化。到 650—700 年，特奥蒂瓦坎遭到外族入侵，被侵略者掠夺焚烧，只留一堆废墟。

大约到公元 9 世纪，印第安托尔特克人崛起，取代了特奥蒂瓦坎，在墨西哥城东北 50 英里的图拉建立了新的印第安文明中心。到 1060 年图拉城被毁，托尔特克人便逐渐向尤卡坦和其他地区转移。

墨西哥的奥尔梅克文化、特奥蒂瓦坎文化和托尔特克文化被史学者称为墨西哥前古文化，这些文化对阿兹特克文化的形成具有重要影响。

阿兹特克人是托尔特克人中的一支，因原先住在阿兹特兰而得名。传说阿兹特克部族神威齐洛坡奇特里曾指示阿兹特克人说，如果在哪里见到一只鹰叼着一条蛇站在仙人掌上，那么这个地方就是你们的定居之地。1069 年，阿兹特克人在其酋长墨西的率领下开始向墨西哥南部迁移。经过两个多世纪的颠沛流离，1325 年，阿兹特克终于在新酋长特诺奇的带领下到达特斯科科湖的一个岛上，果然看到一只鹰叼着一条蛇站立在那里的神奇现象，于是他们便定居下来，开始建立新的城市。为纪念他们的新首领，便把这个新城起名为特诺奇蒂特兰城；又为了纪念已故首领墨西，后来又将这个城称为墨西哥城。他们称自己是墨西卡人或特诺奇卡人。

1426 年，阿兹特克人与特斯科科部落和特拉科潘结成联盟，继续向外扩张，征服了附近的其他部落，到最后一位首领蒙特祖马二世（1475—1520 年）时，阿兹特克已成为墨西哥谷地的盟主，其疆域北至契契梅克边境，南至中美洲的玛雅地区，人口 600 余万，发展到了它的极盛时代。1519 年，西班牙殖民者科尔特斯率军登上墨西哥东海岸，与敌视阿兹特克的部落结盟，向阿兹特克人发起进攻，辗转数年，至 1521 年科尔特斯终于攻占特诺奇蒂特兰，阿兹特克"帝国"宣告灭亡。

阿兹特克帝国的首府是特诺奇蒂特兰。特诺奇蒂特兰城分为四个大区，大约是四大胞族的最初居住地，胞族下面又分 30 个氏族，按血缘关系居住，后来血缘关系日渐淡薄。各个氏族有相对的独立性，享有处理内部事务的权力，并由各氏族选出代表参加部落议事会，共管部落事务。再由部落议事会议推选出阿兹特克的酋长。阿兹特克的酋长不仅管理阿兹特克部落，而且是三个部落组成的部落联盟的统帅，但许多重大事务都由三个部落酋长组成的联盟议事会决定。在西班牙殖民者入侵时，阿兹特克已开始阶级分化，氏族首领、部落酋长、祭司等逐渐构成阿兹特克的统治阶级，他们有私有财产和私有土地，其土地由集体代替耕种；普通平民无私有土地，土地仍归氏族所有，分给家族耕种；最下层的是类似农奴的被征服者，他们往往要承担各种贡赋和劳役，还要作为供奉神的祭品而遭杀害。

阿兹特克人以务农为生，主要作物是玉米、豆类、蔬菜、棉花和龙舌兰等，此外还种植烟草等农作物。他们能在湖面上打木桩，然后扎上木筏，铺上湖泥，以扩大种植面积，这就是著名的"浮动园地"。阿兹特克人的农具比较原始，一般用尖木棒（有时还在木棒尖端包上铜），翻土耕种。他们知道施肥和人工灌溉，所以产量较高。

阿兹特克的手工业已从农业中逐步分离出来，成为独立的部门。其手工业制品比玛雅人进步，已能普遍制造铜器，掌握铸造、压印金器和以宝石镶嵌装饰品等技术。1520年，欧洲著名工匠杜勒见到蒙特祖马"皇帝"送给西班牙国王的金银器时曾赞美道："我一生从未见过有像这些礼品合我的心意。在这些礼品中我看到了珍异的艺术品，惊奇遥远的地方的那些人的聪明才智。"阿兹特克人还有较高的织布和刺绣的技术，尤以羽毛镶嵌最为著名。它以鸟羽缀贴编织成各种色彩缤纷、光艳夺目的头饰和礼品，这是古代美洲特有的工艺品之一，获得人们的赞赏。

阿兹特克帝国已有商业交换活动。在首都特诺奇蒂特兰城的脱拉梯罗奇有一个大市场，四周石柱环绕。居民每到一定日期就携带着蜂蜜、香草、布匹、陶器和羽毛镶嵌物来到这里，进行交换。在交换中，一般都是以货易货，但有时也有以可可豆作为交换媒介代替货币职能的现象。

阿兹特克地处墨西哥盆地，首都多湖泊。他们为了发展交通，大量修筑运河，使各湖泊紧密相连，以大小船只沟通各部落之间的联系。他们的陆路交通也很发达，在主要大道上都设有驿站，各站距离一般为6英里，由专职信使接力传递信件，昼夜兼程。皇帝蒙特祖马吃饭时，每天都有从数百里以外海滨运来的新鲜鱼虾。比较发达的水陆交通促进了阿兹特克帝国的政治统一和经济繁荣。

阿兹特克人以擅长于城市建筑而著称。在设计和建筑首都特诺奇蒂特兰中充分反映了他们的才智。他们在特斯科科湖畔定居不久，就开始营建此城，到1487年才正式竣工，前后有200余年的建筑历史。他们首先在岛的中央建起庙宇，以此为中心修筑两条南北、东西的交叉大道，将全城分为四个市区。他们在市区中心即全城的制高点建筑以大庙为主体的建筑群，其中包括有供皇帝和贵族居住的 78 座房屋和宫殿。宫殿上饰满羽蛇浮雕，栩栩如生。蒙特祖马的宫殿金碧辉煌，并有白石亭台，栽种着各种奇花异草的花园。此外，市中心还有特拉德洛克神庙，它是一座大型金字塔，高达 35 米，塔基很高，两边各有两排 120 级台阶供人们上下。还修筑了三条 10 米宽的石堤，把湖岛与湖岸相接。在石堤上每隔一定距离就修一条横渠，以使湖水相通，船只来往，平时以吊桥相连，如遇外敌侵扰，又可拉起吊桥，使其无法通过。在特诺奇蒂特兰城东部还修有 11 千米的长堤，以防雨季到来时湖水泛滥淹没城市。到西班牙殖民者占领此城时，全城面积达 13 平方千米，房屋 6 万幢，人口达 8 万人，成为当时世界上大城市之一。

宗教活动在阿兹特克生活中占有重要地位。据统计，仅在特诺奇蒂特兰城就修筑了 40 个坛庙，而且大都建造在中心地区。阿兹特克人特别信仰部落保护神威齐洛坡奇特里，即战争和狩猎之神；其次是特拉德洛克神，即管雨、雷、电的山神。此外，他们还崇拜托纳蒂乌太阳神、玉米神乃至花神等。他们以十字架作为宗教的象征，把"国王"当作神的化身。他们还有以人为牲的恶习，每次出征前和战争胜利归来，总要把人当祭品押上祭坛，用刀挖出心脏来敬献给神，特别是献给他们的部落保护神威齐洛坡奇特里。据某些西班牙史学家记载，一次祭神供奉牺牲，最多时曾达 2 万人。

阿兹特克文化是在托尔特克文化基础上，并吸收墨西哥其他部落文化成就而发展起来的。他们用的太阳历，同玛雅人的历法非常相近。一年定为 365 天又 6 小时，分为 18 个月，每月 20 天，每周 5 天。每天都有特定的名称，如猴日、雨日等。每 50 年为一轮，每一轮之末要举行盛大的"新火"仪式庆祝。从特诺奇蒂特兰的废墟中人们曾发掘到重要文物太阳石（又称历石），直径 12 英尺，重达 24 吨，刻有精致的浮雕图案，这是阿兹特克人借助复杂的几何图案来计时的一部著名的石质日历。阿兹特克人的文字主要是以图案构成的，并已初步具有象形文字的萌芽，它比玛雅文字落后。他们的医学同宗教密切结合，已掌握有一定的医药知识，例如以奎宁治疗疟疾，毛地黄治心脏病，乃至采用土法麻醉等。据说他们已经懂得使用近千种有医药价值的草药。

印加文化

　　大约在公元前 1500 年，许多印第安人就在南美安第斯山中部的秘鲁和玻利维亚高原及其滨海地区定居下来，过着以农业和渔业为基础的生活，逐步形成了查文文化、帕拉斯卡斯文化、纳斯卡文化、莫契卡文化、提阿华纳柯文化、瓦里文化和契姆文化等分散的文化中心。根据遗址的发现，这些印第安人已开始种植南瓜、菜豆、棉花、玉米、马铃薯、花生等农作物，并能纺织色彩绚丽的棉毛织品和制造彩绘图纹的陶器等。但当时这些印第安人还没有创造文字，仅能以结绳或以萌芽性的绘画文字来表述他们的某些思想和记录某项活动。这些文化在美洲历史上称为前印加文化。它们被秘鲁高原库斯科附近崛起的印加部族所统一和融合。

　　印加部族原来是南美安第斯山区克丘亚族的一个分支。"印加"意思即"太阳之子"，最初是其国王的尊号，后来亦成为该部族的统称。关于印加族的起源有这样一种传说，太阳神在库斯科以东 35 千米的帕卡里坦普地方，创造了一男一女，并让他们结为夫妻，这就是传说中的印加第一个国王芒科·卡帕克和他的妻子玛玛·奥柳。芒科根据神的旨意率领部落到达库斯科征服了其他部落，教导那里的农民学会了农耕和各种手工艺，并创造了印加帝国。印加帝国总共有 13 个国王。在第九代印加执政者帕查库蒂（1438—1471 年在位）及其儿子图帕克（1471—1493 年在位）统治期间，他们开始征服附近的部落，扩大了印加帝国的版图。到第十一代瓦伊纳·卡帕克（1493—1526 年在位）时，帝国到达它的鼎盛时期，所统治的面积由哥伦比亚到达智利中部（包括秘鲁、玻利维亚和厄瓜多尔），南北长达 3000 英里，人口达 600 万，成为美洲最大的帝国。印加人被称为"新世界的罗马人"。到卡帕克的孙子瓦斯卡尔（1525—1532 年在位）时，因为其弟阿塔瓦尔帕（1532—1533 年在位）争夺王位，互相火拼，自相残杀，严重削弱了印加帝国的力量，给外敌入侵创造了条件。1533 年，印加帝国被西班牙殖民者灭亡。

　　印加帝国有着一套严密的行政组织系统。帝国印第安语称为"塔万廷苏约"，意即"四方"，表明这个帝国以库斯科为中心，分成四个大行政区域（苏约）。在每个大行政区域下面分若干省（库卡拉），每个省下面又分若干个区（马尔卡）。一个区相当于一个农村公社。印加国王被尊为太阳神在人间的化身，是政治、军事和宗教首脑，实行政教合一的统治。四大行政区域都由印加贵族出身的总督进行严密控制，并由这些贵族组成议事会，与印加国王共商全国大事。国王对地方控制很严，地方长官每隔一定时期就被召到中央汇报工作；国王还常常到全国巡视，了解情况，检查工作，并听取沿途人民的申诉。在决定国王的继承人时，要倾听议事会的意见并得到它的许可。新的"国王"只在原国王的正妻诸子中挑选，其他诸子无继承资格。

印加帝国的土地名义上为国王所有，可分为三大类：一是太阳田，其收入供建筑神殿、祭祀以及充作维持众多僧侣和女巫的生活费用；二是印加田，其收入供应王室和一切行政开支；三是公社田，其收入供公社和社员使用。在公社社员分配土地时，每个公社的男子可分得一块份地（图普），面积大约等于64公亩。每生一个男孩，父亲可增加一块份地；生一个女孩只可增加半块份地。份地为公社社员暂时占有使用，定期重分。在被征服地区，则把1/3土地留给被征服者，1/3给印加人，其余1/3留给国王本人。印加帝国的一切土地都由公社社员耕种，公社社员必须先耕太阳田和印加田，然后才能耕种公社和个人的土地。

在印加社会里已出现私有制和明显的阶级分化。印加官员自己也有相当数量的土地，还有权驱使手艺人为其劳动。公社社员除份地外，也具有部分私有土地，包括院落、房屋、仓库或杂物房和园地，由父亲传给儿子，世代相传。但这些人必须交纳赋税和服劳役。地位最低的是雅纳库纳，相当于奴隶。这些人来自被征服部落，他们被迫脱离家庭为主人服务，他们的后代仍保留雅纳库纳的身份。这些人的数量相当大，据统计，1570年即印加政权覆灭后37年，秘鲁尚有4.7万名雅纳库纳。

印加是世界农业文明的摇篮之一。在安第斯山上修有层层梯田，筑有总计113千米长的水渠，还建有1400米长、15米深横跨峡谷的引水渠槽。他们使用青铜制造的斧、刀、镰和锄等农具，还懂得使用羊驼粪和鸟粪作肥料，以提高农业产量。印加农民培植了40多种农作物，如玉米、花生、木瓜、番茄、龙舌兰等，对世界农业的发展有着巨大的贡献。

印加帝国的手工业和采矿业也有一定发展。印加政府基本上控制了全国的羊驼饲养和毛织业，由它规定在一定时期剪毛，分别交各皇室仓库，然后再由政府官吏把这些羊毛分到各个家庭给妇女纺织，并严格规定纺织的品种和数量。帝国的矿藏也属于政府所有，政府强迫矿山附近的农民进行开采。

印加帝国十分重视交通事业。印加政府为了加强其统治，曾修筑两条贯穿全国南北的大驿道：一条是高原道路，起自哥伦比亚，贯穿厄瓜多尔、秘鲁、玻利维亚、阿根廷，抵达智利，全长约 5600 千米；另一条是沿海低地道路，北起南纬一度，经厄瓜多尔、秘鲁，进入智利中部，全长 4000 千米。两条大驿道宽为 5—8 米。大驿道所经之处，逢山修筑隧道，遇水架设吊桥或桥梁。大驿道有专门擅长长跑的驿吏负责传达政府的命令。它的沿途设有专供驿吏居住的驿站，并建有专供国王和政府官员住宿的行馆。为了保证大驿道的畅通，还指定专门工人负责养护路面。据亲自到秘鲁大驿道考察的洪堡说："印加大道是人类最伟大的工程之一，它可以与意大利、法国、西班牙各国的大道相媲美。"著名史学家普列斯科特甚至说：秘鲁大驿道"可以吓倒现代最勇敢的工程师"。

印加人是擅长于建筑的民族，有"印第安建筑工程师"之称。建筑于海拔3000米高原盆地的库斯科城，巧夺天工，气势磅礴，达到了很高的水平。库斯科城中心是一个大广场，广场四周是供神的庙宇、印加王的宫殿和贵族的官邸等组成的建筑群。外面是居民住宅区。最外层是郁郁葱葱的高山峻岭。而库斯科城犹如蜘蛛网的中心，由大驿道把它同全国各大行政区联系起来。印加政府为加强首都安全，在库斯科城周围的高山上和大驿道隘口筑有高大的城堡，城堡外面还建有"之"字形的城墙。库斯科城的建筑非常坚固，此城虽经五六百年风雨侵蚀，历经几次强烈的地震，但许多城墙至今仍然屹立于山谷之中。

印加人的婚姻制度与其他印第安人不同，一切都由政府代办。政府规定男子满 24 岁、女子满 18 岁必须结婚。结婚有一定的程序，往往先由政府选定一个吉日，将达到结婚年龄的青年男女召集到村镇广场，然后由地方政府官员给他们选择配偶结为夫妻。公社成员都没有自己选择对象的自由。印加国王和政府官员实行多妻制，但一般居民则实行一夫一妻制。青年男女结婚后，由他们居住的村庄为他们布置新房，并给他们分配一定数量的份地。

印加人最崇拜太阳神，他们认为印加王是太阳的化身，而自己则是太阳的儿女。他们为崇拜太阳神，建筑了巨大的太阳神庙。库斯科的太阳神庙规模最大，占地约 400 平方米。此庙有一个大殿，墙壁四周装饰有厚厚的黄金片。大殿内有一个以黄金铸成的太阳像，面朝东方，并镶有各种宝石和翡翠。它在早晨的阳光照射下放射出耀眼的光彩。太阳神庙旁有印加人献给太阳神的"黄金花园"。园中到处都装饰着黄金和白银制成的花卉、芳草以及嬉戏奔逐的飞鸟走兽。该庙像是一座以黄金筑成的庙宇，故有"金宫"之称。印加人除崇拜太阳神外，还崇拜月亮神，认为月亮神是太阳神的妹妹或妻子。印加人还崇拜印加王，印加王死后要被制成木乃伊，在神庙中保存下来，受到人们的崇拜。每当盛大节日，祭司就抬着它们去游行。印加人在出征时，也把它们抬到战场，以协助印加人取得战争的胜利。

印加人还具有较高的天文学知识。在库斯科太阳神庙广场中心矗立着一个天文仪表"日表"。这是一根石柱，地面上有一条与石柱直角相交的直线，以石柱的日影来测定时间和季节。库斯科城东郊和西郊还建起四座圆柱形石塔，用以观察太阳，以确定夏至和冬至。印加的历法阴阳结合。太阴历以月亮圆缺一周为一月，一般以 12 个月为一年，一年为 354 日；太阳历则以冬至为岁首，一年为 365 又 1/4 日。

印加的文字比玛雅原始，采用结绳记事，以绳索的结和颜色作为文字符号的办法，称结绳文字。印加人称为"基普"，即以一根毛绳或棉线绳，在上面垂直地系上成排的细绳。在垂着的细绳上距主绳不同的距离处拴上结头。与主绳最远的结是个位，再上一位是十位，然后是百位、千位。细绳的颜色表示一定的事物，如白色代表白银、黄色代表黄金等。

从以上叙述可以清楚地看到，美洲古代印第安人在劳动中，在与大自然的斗争中充分显露出自己的智慧和才能，创造了光辉灿烂的文化。在农田建设中，阿兹特克的人造浮动园地、印加的层层梯田，别开生面，使人望而赞叹；在天文学上，玛雅古代天文学家对太阳年的计算误差只有 17 秒，对金星运转周期的计算 50 年误差只有 7 秒，简直达到难以置信的准确程度；在建筑上，阿兹特克的特诺奇蒂特兰，印加的库斯科和大驿道以及耸立在拉丁美洲地区的无数个雄伟壮观的太阳金字塔和月亮金字塔，都表现出很高的技术水平；在文化艺术上，玛雅的象形文梯道、波南帕克壁画被列为世界古代文化中罕见的艺术珍品。这一切，都是美洲古代印第安人的智慧结晶，将永久在世界文化宝库中闪闪发光。

古代印第安人尤其在农业方面对世界做出了重大贡献。根据研究，古代印第安人从美洲野生植物中共培育出 60 多种农作物和蔬菜新品种。在粮食作物中，有玉米、马铃薯、木薯、甘薯以及各种豆类；在经济作物中，有花生、橡胶、烟草和可可等；在蔬菜中，有番茄、辣椒、南瓜和西葫芦等。这些农作物在发现新大陆后被逐渐传播到世界各地。目前这些作物的总产值占世界农业总产值的一半以上。所以古代印第安人在人类发展史上是占有重要地位的。

附录　世界古代史大事索引[*]

---

　　* 本大事索引的整理和撰写分工如下：第一分册：刘健、郭子林、邢颖；第二分册：张炜、王
超华。胡玉娟、吕厚量参与修改。

　　① 世界古代史大事前面的阿拉伯数字系事件发生的时间，后面的汉码表示《外国历史大事集》
古代部分的分册数，阿拉伯数字为页码。一，29 即古代部分第一分册第 29 页。

中国社会科学出版社"社科学术文库"
已出版书目

1. 冯昭奎：《21 世纪的日本：战略的贫困》，2013 年 8 月出版。
2. 张季风：《日本国土综合开发论》，2013 年 8 月出版。
3. 李新烽：《非凡洲游》，2013 年 9 月出版。
4. 李新烽：《非洲踏寻郑和路》，2013 年 9 月出版。
5. 韩延龙、常兆儒编：《革命根据地法制文献选编》，2013 年 10 月出版。
6. 田雪原：《大国之难：20 世纪中国人口问题宏观》，2013 年 11 月出版。
7. 中国社会科学院科研局编：《中国社会科学院学术大师治学录》，2013 年 12 月出版。
8. 李汉林：《中国单位社会：议论、思考与研究》，2014 年 1 月出版。
9. 李培林：《村落的终结：羊城村的故事》，2014 年 5 月出版。
10. 孙伟平：《伦理学之后》，2014 年 6 月出版。
11. 管彦波：《中国西南民族社会生活史》，2014 年 9 月出版。
12. 敏泽：《中国美学思想史》，2014 年 9 月出版。
13. 孙晶：《印度吠檀多不二论哲学》，2014 年 9 月出版。
14. 蒋寅主编：《王渔洋事迹征略》，2014 年 9 月出版。
15. 中国社会科学院财经战略研究院：《科学发展观：引领中国财政政策新思路》，2015 年 1 月出版。
16. 高文德主编：《中国民族史人物辞典》，2015 年 3 月出版。
17. 李细珠：《张之洞与清末新政研究》，2015 年 3 月出版。
18. 王家福主编、梁慧星副主编：《民法债权》，2015 年 3 月出版。
19. 管彦波：《云南稻作源流史》，2015 年 4 月出版。
20. 施治生、徐建新主编：《古代国家的等级制度》，2015 年 5 月出版。
21. 施治生、徐欣如主编：《古代王权与专制主义》，2015 年 5 月出版。

22. 何振一:《理论财政学》,2015 年 6 月出版。

23. 冯昭奎编著:《日本经济》,2015 年 9 月出版。

24. 王松霈主编:《走向 21 世纪的生态经济管理》,2015 年 10 月出版。

25. 孙伯君:《金代女真语》,2016 年 1 月出版。

26. 刘晓萌:《清代北京旗人社会》,2016 年 1 月出版。

27. 陈之骅、吴恩远、马龙闪主编:《苏联兴亡史纲》,2016 年 10 月出版。

28. 朱庭光主编、张椿年副主编:《外国历史大事集》,2017 年 3 月出版。